霸屏营销

短视频营销

DUAN SHIPIN YINGXIAO

—— 无崖子◎著 ——

花山文藝出版社

河北 · 石家庄

图书在版编目（CIP）数据

短视频营销 / 无崖子著 . -- 石家庄 : 花山文艺出版社 , 2020.6
（霸屏营销 / 陈启文主编）
ISBN 978-7-5511-5151-1

Ⅰ . ①短… Ⅱ . ①无… Ⅲ . ①网络营销 Ⅳ . ① F713.365.2

中国版本图书馆 CIP 数据核字（2020）第 079886 号

书　　名：霸屏营销
BAPING YINGXIAO
主　　编：陈启文
分 册 名：短视频营销
DUAN SHIPIN YINGXIAO
著　　者：无崖子

责任编辑：郝卫国　董　舸
责任校对：卢水淹　张凤奇
封面设计：青蓝工作室
美术编辑：胡彤亮
出版发行：花山文艺出版社（邮政编码：050061）
（河北省石家庄市友谊北大街 330 号）
销售热线：0311-88643221/29/31/32/26
传　　真：0311-88643225
印　　刷：北京一鑫印务有限责任公司
经　　销：新华书店
开　　本：850 毫米 ×1168 毫米　1/32
印　　张：30
字　　数：900 千字
版　　次：2020 年 6 月第 1 版
2020 年 6 月第 1 次印刷
书　　号：ISBN 978-7-5511-5151-1
定　　价：149.00 元（全 5 册）

一面是经济寒冬，一面是短视频火热。

根据酷鹅用户研究院在 2019 年 6 月所发布的调查报告，短视频持续保持高增长态势，独立用户数达 6.4 亿。

短视频行业有哪些新趋势？

用户为何会刷到停不下来？

短视频如何编辑才能让其更优质？

短视频如何运营才能收割更多流量？

短视频如何实现快速营销和变现？

首先，短视频作为一个新的媒介方式，有别于传统媒介，所有内容都通过视频来表达，与纸质媒介的不同之处就在于内容具有生动性，可以以最快的速度吸引用户的关注。

视频内容的独特性和新奇性是最关键的，也是在商业竞争中不容忽视的重要因素。

对于短视频平台而言，只有不断鼓励用户出产更多优质的内容，才能更快地占据更大的市场份额。

其次，短视频营销的市场规模将会不断扩大。其中涉及了短视频的变现问题。相较于商业广告的贴片和冠名方式，短视频更适合植入软性广告。除此之外，不少的短视频团队也开始涉足短视频与电商结合的变现模式，这种变现模式正在被越来越多的人接受。

随着内容投资创业热潮的不断翻滚，很多企业、团队，甚至个人都投入到了这场激烈的战斗中。短视频在今后的发展中将呈现出多元化、多样化和专业化的特点。

短视频平台只是一种变革后的媒介形式，使内容的表达与呈现更加丰富多元，互动性更强。

和传统的长视频相比，短视频的内容更加精简。但值得肯定的是，智能手机的普及和人们越来越碎片化的时间，给短视频提供了广阔的生存空间。

谁顺应了大势，谁就能将短视频营销做到最好。

本书共分为八章，分别介绍了新媒体时代短视频营销的特点和属性、短视频的盈利模式、如何选择短视频营销的平台、如何建立短视频制作团队等内容。

希望本书的出版可以为相关从业者提供有益的参考和借鉴，制作出更加优质的短视频，实现短视频营销的利润最大化。

作者

2020 年 1 月

01 短视频：多屏时代的创业风口

越刷越有趣的短视频…002

选对适合自己的平台…009

短视频营销的 4 个特点…012

短视频创业的 3 个要素…015

02 短视频营销最火爆的 6 大平台

抖音：一个迅速崛起的娱乐营销流量池…024

快手：真实生活中的短视频营销…027

秒拍：专注年轻化营销…029

西瓜：综艺类短视频营销…035

火山：圈层化的短视频营销…038

美拍：女性经济视域下的短视频营销…044

03 找准调性：适合才是最好的

专业领域媒体化…050

图文包装模板化…054

选题创意联合化…058

用户分析算法化…062

内容驱动数据化…068

04 策划先行：好策划才有好作品

按照大纲安排素材…074

在脚本与剧本中取舍…077

镜头流动：引导观众，营造影响…081

背景音乐：与画面呼应，强化音乐感…086

05 拍摄制作：寻找质量与成本的平衡点

拍摄器材的选择…090

脚架的选择…099

灯光照明设备的选择…105

巧用场地提高制作水准…111

4 种不同天气的应对方案…112

光线运用的几个技巧…115

短视频的构图法则与后期制作要点

中心构图，明确主体…118

三分线构图，平衡画面…120

前景构图，层次分明…122

圆形构图，规整唯美…126

后期制作必须学会的 6 种软件…129

短视频剪辑与优化的 4 个方法…131

短视频剪辑必须注意的 7 大事项…135

快速引爆：低成本也能 100 万 +

如何取一个 100 万播放量的视频标题…140

如何提高今日头条的短视频播放量…145

如何提高美拍的粉丝关注数…150

如何通过短视频给微信公众号导流…154

总结经验方法，提高更新速率…158

08

流量变现：短视频的盈利

内容付费…164

打赏订阅…167

渠道分成…171

广告植入…175

电商合作…179

01

短视频：多屏时代的创业风口

当微博、微信、贴吧、论坛等新媒体平台凭借着平民化、个性化等优势在极短的时间内掀起了一股传媒界的热潮，短视频也在伴随着这些新媒体平台的崛起而扶摇直上。今日的短视频早已不再是简单的仅供人们在茶余饭后消遣的谈资，而是成为一个可以直接决定新媒体影响力的因素，是能与多种商业要素相对接的“新蓝海”。

越刷越有趣的短视频

身边“唰唰唰”地刷抖音、快手之类的人越来越多。

短视频有“毒”。和阅读图文太久会累不同，刷短视频不仅不累，往往还越刷越有精神。很多时候，两三个小时一“刷”而过，浑然不觉。

国外的 SocialBeta 将短视频定义为“短视频是一种视频长度以秒计数，主要依托于移动智能终端实现快速拍摄与美化编辑，可在社交媒体平台上实时分享和无缝对接的一种新型视频形式”。

短视频平台首先出现在国外，如 Instagram、Vine、Snapchat 等。国内此类产品的起步稍晚于国外，相继有抖音、快手、美拍、微信短视频等入局。具体来说，短视频有三大特点（如图 1-1）。

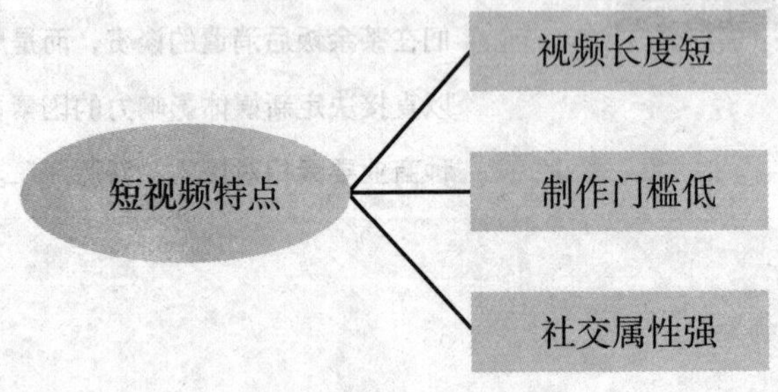

图 1-1 短视频具体特点

一是视频长度短，一般控制在30秒左右。二是制作门槛低，无须专业拍摄设备。三是社交属性强，其传播渠道主要为社交媒体平台。

短视频的出现既是对社交媒体现有主要内容（文字、图片）的一种有益补充，同时，优质的短视频内容亦可借助社交媒体的渠道优势实现病毒式传播。

短视频是对于传统媒介方式的革命，也是其补充，传统媒介的内容表达方式主要是文字和图片，是静态的；而短视频的内容表达方式是视频，是动态的。相对于静态的内容表达方式，动态的更容易吸引人的注意力。

为此，一种新型的媒介内容表达方式问世。基于其属性的原因，表达什么样的内容就是接下来要讨论的问题了。这也就很容易理解媒介的本质属性、传播内容。传播什么样的内容就是媒介根据自身的优势和特点而定的。

随着视频营销概念的火热以及众多成功案例的出现，各个企业也开始逐渐重视起短视频这个新型媒介，并借助短视频输出自己的文化和产品，以此来营销自己。

尽管短视频是最近几年为人们所熟知和关注，实际上，短视频的崛起并不仅仅局限于微信端，其发展的时间也绝对不是一天两天的事情。如果从专业的角度来分析，短视频领域的演进总体上经历了3个时期（如图1-2）。

图 1-2 短视频的演进

1. 蓄势期（2012 年 ~2014 年）

从 21 世纪初开始，移动互联网的普及速度明显加快。到了 2012 年，智能手机、室内无线网络、室外 3G 网络得到了广泛普及，此时短视频工具也开始应运而生并出现了短视频行业发展早期的“三巨头”：腾讯推出的微视、美图秀秀旗下的美拍、新浪推出的秒拍。伴随着短视频的兴起，其观众已经初具规模，但由于题材狭窄、制作粗糙等原因，这个时期的短视频行业总体上还处于“不温不火”的状态，其“主战场”也以传统的网页端为主，尚未在其他平台产生足够的影响力。

2. 转型期（2014 年 ~2015 年）

2014 年，比 3G 网络更为先进的 4G 网络开始普及，同时各大运营商积极开展提速降费工作，而移动视频经过几年的铺垫也收获了一批比较成熟的观众。在发展环境持续利好的情况下，短视频行业也开始了悄然的转型之路。这一时期最明显的变化就是短视频的推送渠道开始从单一化走向多元化，就是从传统的视频网站开始向微信端、微博端及其他 App 端扩张。也正是因为从 2014 年起，短视频的传播渠道实现了质的飞跃，所以这一年称为“中国移动短视频元年”。

3. 爆发期（2016年至今）

从2016年开始，短视频开始向新媒体领域全面发力。这一时期，短视频不仅在优酷、腾讯等平台掀起了一轮又一轮的话题狂潮，也在微信端、微博端获得了极大的关注，大批资本和专业人士纷纷进入短视频领域。此时，短视频不但在内部完成了题材多元化的转型，更在外部完成了传播渠道的改弦更张。现在的短视频已经将微信、微博等作为自己的主要传播载体。

经过了多年的发展，今天的短视频早已从新媒体发布内容的陪衬变成了主角，而伴随其一路走来的，是无数人力资源和资本的大量涌入。

首先是有识之士的参与。短视频在互联网行业一日更胜一日的火热，引起了很多有识之士的关注。很多精通短视频技术和短视频内容策划的专业人士纷纷投入到短视频内容制作的创业大潮中，并在短短的几年时间里凭借自身的努力和行业的契机迅速成为新媒体行业的新星。

2013年，《外滩画报》总编辑徐沪生辞去职务，并于第二年创办了视频新媒体“一条”；

2014年，“蓝狮子”出版中心总编辑王留全从任上离职，并于同年创建了自己的互联网出版企业“赞赏”，紧接着他又进行了二次创业，创建了视频新媒体“即刻视频”；

2015年，《三联生活周刊》副主编苗炜辞去职务，并创建了新媒体“拇指英雄”；

2016年5月下旬，原《澎湃新闻》首席执行官邵兵正式宣布离职，转而投身短视频领域，并于同年10月创办了自己的视频新媒体“梨视频”。

……

看完了上面讲述的这些案例，相信大家已经能够真切地感受到短视频对于新媒体行业乃至整个新闻业的冲击。事实上，短视频领域的火爆程度早已超出了预期，向整个新兴经济领域扩展。除了这些“科班出身”的专业人士，一些非科班出身的创业者，也纷纷加入短视频的创作大军中，而这其中的佼佼者便是孙继海。

2016年2月，孙继海创办了自己的新媒体品牌——“嗨球”。嗨球主攻体育领域的短视频社交。在孙继海看来，他希望自己创办的嗨球能够成为可供运动员们发声的渠道和强化运动员与粉丝之间联系的纽带，并借此平台培育出成熟的足球文化。孙继海利用电话沟通、微信交流等方式，已经成功邀请了超过300名职业运动员入驻嗨球。

孙继海作为一名曾经的职业运动员，从其退役前的个人履历中，人们丝毫看不出他和短视频有什么交集。然而现在的孙继海，却以嗨球创始人兼董事长的身份真真切切地走进了短视频领域。短视频巨大的发展前景由此可见一斑。

值得注意的是，在今日的新媒体领域为人所津津乐道的“网络红人”，也大多得益于短视频文化的兴起。号称国内“第一网红”的papi酱，在财经界有巨大影响力的吴晓波，成功将知识打造成视频的罗振宇等，都是通过优质、专业的短视频才在各类新媒体上获取了大量粉丝。

科班出身的行业高手也好，半路出家的创业小白也罢，短视频正以无可争辩的热度吸引大量的有识之士投身其中。相信以上列举的这些人绝不是从事短视频创业的全部成员，未来还会有更多的人成为短视频创业大军中的精英。

其次是巨额资本的投入。短视频的崛起不仅吸引了大量人才的涌入，也获得了资本的青睐。

在资本方看来，短视频毫无疑问是“离钱最近的新媒体”。既然能为自己带来可观的回报，那么大规模的投入自然就是值得的。于是，在其他新经济形态中多次出现的融资盛宴，在短视频领域再次上演。

2016 年 3 月，通过短视频成为“网红”的 papi 酱获得了 1200 万元的融资，该笔融资由真格基金、罗辑思维、光源资本和星图资本共同进行。

2016 年 11 月，中国手机视频行业的“独角兽”企业“一下科技”完成了来自新浪微博、上海广播电视台、微影时代共同参与的 5 亿美元的第 5 轮融资。这既是一下科技融资历程中单笔融资金额最多的一次，同时也创造了中国手机视频行业单笔融资金额最多的纪录。

如果说 papi 酱和一下科技所获得的融资已经足够惊人的话，那么接下来的统计数据则更会让人瞠目结舌。

根据 2016 年短视频内容生态报告的统计，仅在 2016 年一年，有关短视频内容创业的融资已经超过了 30 笔，包括秒拍在内的12家短视频制作企业在2016年全部完成了融资。而在投资这些短视频的“金主”中，不乏红杉资本、华映资本等著名创投基金的身影，其中真格基金、基石资本两家基金在2016年全年的短视频投资更是超过了3次。

资本之所以如此钟爱短视频，主要还是因为其在商业模式转化方面具有更为多样的可能性。随着短视频自身的演进，未来还会有更多的资本参与到这个领域中。

事实上，所谓的短视频就是我们通常所说的短片视频，是一种网络内容的传播媒介，通常是在互联网上播放时长在10分钟以内的视频信息。随着手机终端的大范围普及和网络环境的改善，以短、平、快为主要特点的短视频内容逐渐获得各类新媒体、粉丝和资本的钟爱。

在短短5年的时间里，短视频的总播放量从不足4亿到总播放量过百亿，行业内共发生了多笔融资，累积获得了破百亿元以上的投资，最终成为规模超过600亿元的市场。

活跃在朋友圈和微信群的短视频，不仅已经成为时下观众最为青睐的传播内容，而且其本身也正在进行着更深层次的探索和更广泛领域的对接。

广大创业者只要在实践中能对短视频领域的红利有深刻的认识，并及时把握住短视频这波“离钱最近”的新媒体创业浪潮，那么自己在新媒体领域“长风破浪会有时，直挂云帆济沧海”就不再只是幻想，而是能够真正实现的愿景。

选对适合自己的平台

从目前短视频领域的发展趋势来看，短视频平台可以分为以下几种类型（如图 1-3）：

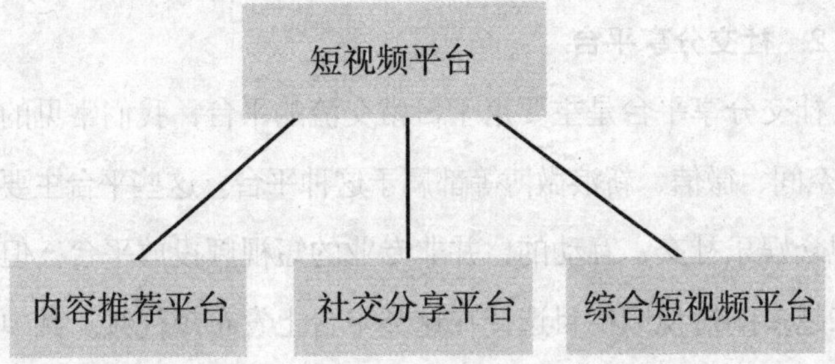

图 1-3 短视频平台的几种类型

1. 内容推荐平台

该类型中具有代表性的当属今日头条、优酷、爱奇艺等视频平台和新闻资讯类平台。它们的主要作用就是对上传到该平台的短视频内容进行推送，只是作为内容提供者。内容推荐平台的最大特点是平台本身就积累了大量的观众，观众黏性大。

因此，很多短视频栏目都选择在这些平台上发布视频。内容推荐平台虽然有大量的原始流量且观众质量极高，但是有利就有弊，优质的平台对内容的审核要求也是极高的。短视频团队要想获得在这类平台的视频投放，要经过多个环节的筛选，只有符合条件的短视频才能被推荐到平台上进行播放。

在这类平台上发布内容，短视频团队获得的利益主要来自渠道分成、内容贴片、广告等途径。虽然这类平台能提供给短视频团队丰富的资源和福利，但是无法让短视频团队进入社交圈，也就无法让短视频团队突破平台发展的固定模式，从而完善平台模式。这也是很多短视频原创团队无法在该类平台上建立起自己的品牌效应的原因。

2. 社交分享平台

社交分享平台是主要用于日常交流的平台，我们常见的如QQ空间、微信、新浪微博等都属于这种平台。这些平台主要是供观众娱乐社交、互动的，并非专业的短视频投放平台，但是越来越多的短视频栏目选择在这类平台上发布短视频。其中最大的原因就是，这类平台信息传播速度快，覆盖观众范围广。且这类平台在观众的日常生活中使用频率高，观众对这些平台中的内容关注度高。因此，社交分享平台成为短视频发布的又一渠道。虽然都是内容的提供者，但是和内容推荐平台的区别在于，社交分享平台本身不给短视频内容提供流量推荐。当然这其中不包括新浪微博，我们都知道在微博上发布任何内容，只要创作者愿意花费一定的金额，平台就会进行不同程度的投放推广。

在大部分的社交分享平台上发布视频内容，主要是依靠观众的转发分享来获得点击量。并且由于这类平台社交性、互动性强的特点，非常有利于短视频形成自己的品牌效应和影响力。最典型的papi酱、日食记等原创短视频，就在新浪微博上获得了大量粉丝，火得一塌糊涂。

3. 综合短视频平台

以上两种类型的短视频平台主要是起到搬运工的作用。而综合短视频平台，除了内容传播分享和社交的作用之外，还包括对短视频内容的制作。可以说，综合短视频平台集合了以上两种平台类型的多种作用。

这类短视频平台是社交与PGC（Professionally-generated Content，专业生产内容）以及UGC（User-generated Content，用户生产内容）模式相结合的多元化形式，观众在这类平台上既是内容的生产者，也是内容的观看者。常见的综合短视频平台有美拍、秒拍、快手等。

在这类平台上不仅可以浏览他人的短视频并进行互动、转发，还可以利用平台上的工具进行简单的视频制作。由于这种简单的视频制作，使得很多观众都十分感兴趣，也使得这类平台每天都有大量的短视频内容产出。

但是，由于综合短视频平台的侧重点都是围绕短视频，单一的内容形式使观众对这类平台的黏性并不高，相比之下观众更依赖于社交平台。除此之外，短视频内容同质化严重也是这类平台所面临的一大问题。

在短视频红利时代，很多相似的平台应运而生，造成综合短视频平台之间竞争激烈。因此，搭建这类平台最关键的任务是提高观众的黏性。短视频创业不是一件容易的事情，要想做好并获得长久发展，就需要处理好每个阶段的任务。

和做内容相比较，做平台虽然更容易在极短的时间内产生巨大的影响力，但是在竞争如此激烈的环境下，平台未来的发展是不可预测的。

短视频营销的 4 个特点

相较于其他传统营销手段，短视频营销所具备的优势非常明显。

首先，短视频更走心。短视频比图文更能抓住人的注意力，并让观看者产生代入感。图文是静态的，而短视频是动态的，在画面呈现的同时还会伴随走心的音乐、语调、剧情、旁白等，迅速走入观众的内心。因此，这对于企业来说是一种完美贴合的广告形式。对于用户而言，短视频这种更为立体全面的视听一体化的形式更能调动他们丰富的情感。

其次，短视频具有较强的互动性。无论是双击点赞，还是留言“吐槽”，抑或是转发、翻拍，互动形式多种多样。这些都大大增强了营销与被营销之间的互动性，也让人们更乐于接受。

再者，短视频的营销渠道多样化。只要一条短视频拍得好，就能在多个平台形成宣传效应。

目前，短视频营销已经成为一种营销利器。其实，以产品营销为目的的短视频通常需要具备以下特点（如图 1-4）。

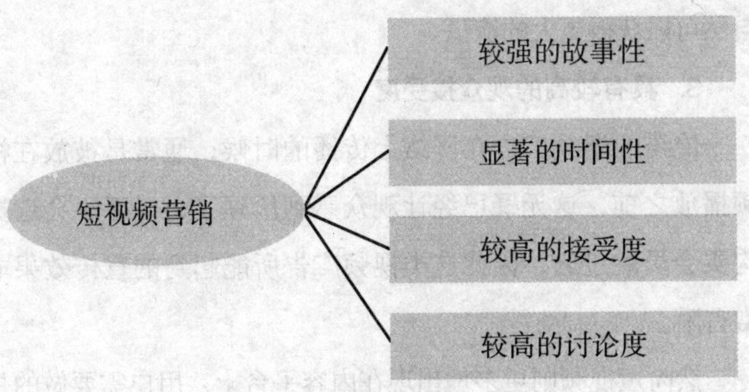

图 1–4　短视频营销的特点

1. 需要具有较强的故事性

相比起普通广告，营销类短视频的时间会长一些，它往往需要在短则几十秒多则几分钟的时间内讲述一个较为完整的故事。它并不会直接与观众对话，对某个产品进行推销，而是通过故事让观众了解到品牌的文化与观念，可以算得上是为用户塑造一种品牌形象，让自身品牌更富有魅力，更立体化。

2. 需要具有显著的时间性

一般这种短视频的时长会在五到十分钟之内，几乎和课间休息以及工作间歇的时间相当，算得上是占据了客户的碎片时间。

但由于此类短视频特有的故事性，能让观众产生想要看完的冲动，这样就能让观众心甘情愿地把时间花在该内容平台上。

当下的内容竞争的核心不是竞争用户的数量，而是竞争获取用户的时长，一个可以完美占据用户碎片时间的短视频广告，自然可以获得更大的流量。

3. 具有较高的观众接受度

传统的视频广告在网络上传播的时候，通常是被放在视频播放之前，这无疑已经让观众感到厌烦了，以至于会选择购买会员跳过它，因此这类视频广告所能起到的宣传效果非常有限。

然而短视频则更多地出现在内容平台上，用户需要做的是自发性地去观看，一般不会产生反感情绪，接受度一般说来要高得多。

4. 具有较高的观众讨论度

一般不会有人去讨论一条仅有十几秒的广告，广告里面的内容不外乎对某个产品的推销，并不值得花时间去讨论。但像那种讲述了某个故事的短视频广告就不同了，一般都会引起广泛的讨论。

例如苹果发布的一条名为“三分钟”的短视频就引起了广大网友对春运这一社会热点的共鸣，同时其选择使用的拍摄工具也引起了众多网友的吐槽与讨论。

类似这样的议论自然会为短视频带来热度，进而变成一个热点，那么就会有更多的人去观看那条短视频，从而参与讨论，这样传播的目的也就达到了。这些都是网友自发进行的传播，从头到尾都没有官方的影子，完全不会让人感到不适。

就目前来看，短视频营销相比起传统营销模式具备比较大的优势。那么在未来，我们也可以期待短视频营销领域实现跨越式发展，助力品牌和企业的营销活动。

短视频创业的 3 个要素

不可否认，在互联网领域中短视频已经成为内容传播的一种重要方式，甚至成为互联网行业乃至整个创业圈的新风口。伴随着来自行业内部的重视，各类企业纷纷加入短视频的创业大潮中，以期分得一块“蛋糕”。

然而蛋糕虽好，若想得之却不是一件容易的事情。在短视频变现过程中，需要对视觉、流量、转化等三者进行细致把握和完美融合（如图 1-5）。

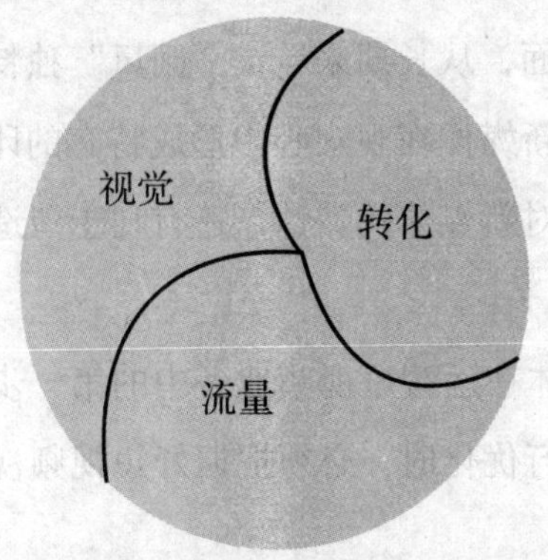

图 1-5　短视频创业三要素

视觉对应的是感官上的享受，是短视频自身品质的直观体现。而流量对于短视频来说则是观众在认可其视觉呈现后带来的一种自然而然的副产品。至于转化率，其本质上就是对流量的变现。

1. 视觉之于短视频——对外宣传的“敲门砖”

当观众点开一个短视频时，呈现在眼前的，首先是短视频的内容，也就是行业内部通常所说的视觉呈现。在拥有短视频的新媒体平台为观众推送短视频时，炫酷而富有美感的视觉呈现不仅能带给观众极大的视觉冲击，更能为新媒体平台本身带来良好的效益。可以说，视觉呈现之于短视频，就好比是后者在对外宣传过程中的“敲门砖”。

一方面，从短期来看，优美的画面能够带给观众视觉上的享受，继而使之沉浸其中。这样就能在极短的时间内迅速吸引观众关注，特别是急需“冷启动”的新组建的新媒体，让短视频的画面更有吸引力就好比是战场上的第一仗，首战必胜。另一方面，从长期来看，“画风”独特的视觉呈现，可以使短视频新媒体在观众心中形成特有的印象，这样不仅能够增强观众对新媒体的黏性，还有利于塑造新媒体的品牌个性。

作为新媒体在运营短视频业务中的第一步，运营人员在对视觉呈现进行优化时，必须把握好短视频视觉呈现的两个特点。

（1）简

“简”是指环境简单，短视频不同于电影，既不需要纷繁复杂的情节，更不需要宏大的场景。所以在拍摄背景方面，应当从简。但是简单并不意味着简陋，为了呈现出良好的视觉效果，运营者应当把环境布置得富有质感。

（2）快

“快”是指情节进展节奏快，观看短视频的观众一般都比较缺乏耐心，但又希望在较短的时间内了解一个故事或一种知识。轻快的画面呈现无疑能够迎合观众的这种需求，同时快速切换的画面本身也能带给观众目不暇接、意犹未尽的感觉。

为了让短视频的视觉呈现更富吸引力，同时也为了让短视频具备“简”和“快”这两个特点，短视频新媒体既要通过各种技术手段把短视频的画面做出精致的感觉，增强画面质感，又要将现实场景和虚拟动画场景结合起来，使视觉呈现效果更生动。

2. 流量之于短视频——促进自身发展的能量来源

互联网行业一直强调“流量为王”，这一点对于短视频新媒体来说同样重要。一方面，充沛的观众流量意味着关注或了解短视频新媒体的观众较多，这可以直接提升短视频新媒体的知名度和影响力。另一方面，足够多的流量也是短视频新媒体进行广告投送、内容电商、企业并购，乃至与其他新媒体同行竞争的物质基础。

无论是从增加名气这个“务虚”的角度，还是实现变现这个“务实”的角度，流量之于短视频，毫无疑问是短视频新媒体促进自身发展的能量来源。而这种关键作用，也就注定了任何一家短视频新媒体都必须将通过发布短视频来为自己带来流量，当成一项必须做到的基本功。

然而，正如罗振宇在某场演讲上所说的那样，中国国民的总时间到了今天，已经达到了饱和，从今往后很难再有新增的流量了。当今短视频创业领域的实际情况，也印证了这个悲观的说法：短视频领域的流量开始越来越多地向头部聚集，内容深度化、专业化的新媒体得到了观众更多的偏爱。面对严峻的形势，短视频新媒体必须采取更有针对性的措施，以争取有限的流量。

从当前的形势来看，要想稳定地获取流量，短视频新媒体的从业人员至少要做到以下两点：

（1）为短视频拟一个富有吸引力的标题

正所谓“每个人都是充满好奇的宝宝”，每个人的内心深处都有猎奇心理，当短视频的标题具备了神秘感甚至是悬念时，观众自然会出于好奇心一探究竟，这时流量便产生了。

（2）拓宽短视频的题材选择范围

纵观当前的短视频领域，以情景喜剧为主的泛娱乐内容无疑占据了绝大部分，然而总是在短视频里表演段子难免会让人感到乏味。同时，人们对和自己生活息息相关的美食、健身等题材还是存在一定需求的，所以相关短视频新媒体运营者如果能够让自己的短视频涉及面更广一些，就可以获得更可观的流量。

3. 转化之于短视频——将关注变成盈利

根据专业机构的统计，早在网页端互联网时代，有视频的网络媒体的流量转化率往往要比没有视频的网络媒体高出两倍还要多。而到了今日这个资讯异常发达、信息极度过剩的移动端互联网时代，短视频更是成了各类新媒体获得流量转化的标配手段。在此背景下，短视频新媒体运营者应当时刻思考的不应是是否进行转化，而应是怎样加快转化。

和传统的电视媒体、纸质媒体一样，在互联网世界炙手可热的新媒体从本质上来说，依然是企业。既然是企业，那就必须考虑盈利。作为短视频新媒体核心产品的短视频，更应该起到提升转化率的作用。事实上，短视频存在的最终意义，就是充分地呈现信息，建立和观众之间的黏性，继而刺激变现。

作为互联网行业公认的“离钱最近的媒介形式”，短视频在流量转化、内容变现方面具有不可比拟的优势。

一方面，和传统的图片、文字等媒介相比，短视频可以凭借更低的成本和更广维度的观众建立连接。

另一方面，和网络中的另一个媒介——直播相比，短视频占用观众的时间较短、重复率更低、灵活性更高，备受有推广需求的企业的青睐。

短视频领域的火爆，从侧面反映出移动互联网从早期的工具属性转变为平台属性的趋势，而这个转变过程正好为多样化的变现模式创造了产生和发展的条件，而新的变现模式也在一步步影响传统变现模式的升级换代。从短视频领域目前所处的发展阶段来看，短视频领域还没有形成一套成熟稳定的流量转化体系，不过这并不影响短视频领域的“领头羊”企业对商业变现道路的探索。在这方面，一条、二更两家短视频新媒体可以说是率先垂范的典型代表。

2016年8月，一条旗下的“一条生活馆”正式上线。“一条生活馆”本质上是个手机购物平台，通过这个平台，一条的观众可以购买各种商品。无论是日用百货还是家具，无论是电子产品还是护肤用品，甚至是线下的培训课程和旅游产品，都能在一条的专属卖场上找到。实际上，一条已经和线下的500多家供应商达成了合作。

一条通过搭建电商平台进行流量变现，可以说是当今短视频领域最直接、最常见的变现方法。不过与纯粹的电商不同的是，依托生活美学的短视频建立起来的一条生活馆，更像是一种兴趣电商。

和一条简单的另建电商平台不同，二更在流量变现方面，走的是和短视频内容制作息息相关的商业定制广告之路。

在广告定制业务领域，二更已经完成了对CK、太平鸟两家时尚企业的商业定制广告制作播放任务。通过和这些知名品牌的营销合作，二更不但获得了可观的收益，而且自身的品牌知名度也得到了提高。

二更为知名企业定制广告，既赚到了钱，又赚到了名，真可谓名利双收。事实上，不管是兴趣电商模式，还是广告定制模式，对于短视频新媒体来说，都是从短视频的角度切入，通过高品质的内容获得观众和流量后，再将其进行变现的标准商业化方式。只要能够高效率地转化，那么任何方式都值得一试。

对于短视频新媒体来说，短视频带给观众的，首先是视觉上的震撼，在此基础上观众开始为本平台提供流量，伴随着这个过程，观众的身份从初始观众到核心观众的转化便得以实现，这便是视觉、流量、转化这3个要素完美融合的具体体现。视觉、流量、转化三者并不是完全孤立的，而是互相促进，互相影响的。我们身处的商业环境正在变得越来越年轻，对从短视频生产一直到最终转化为收益的商业模式的探索也应该与时俱进，时刻创新。

02

短视频营销最火爆的6大平台

移动互联网的发展，为短视频创业者提供了更多的机会。对于短视频创业者而言，用户量的多少始终是衡量其创业成果优劣的重要标尺。

基于此，如何吸引高质量的用户就成了摆在广大短视频营销人员面前的重要课题。

因为，找准自己的定位，选择适合的平台，提供用户感兴趣的内容，等等，对于短视频营销而言都是非常重要的几个方面。

抖音：一个迅速崛起的娱乐营销流量池

抖音是一款专注年轻人的音乐短视频社区平台，该软件于2016年9月正式上线，是一个集合了短视频拍摄和音乐创意的短视频社交软件。用户可以通过这款软件选择歌曲，并录制短视频，形成一个音乐短视频作品。

2019年7月30日，李现入驻抖音，短短几天内，“粉丝”数突破2000万。截止到目前，其第一条抖音点赞数突破2600万，创造了惊人的“粉丝”互动记录。

这无疑是一场“抖音式”娱乐能量的集中爆发。李现官方账号正式入驻抖音前，其在抖音站内的热度就发酵已久，直接话题视频播放量超百亿，衍生话题中，超过十个话题播放量以亿次计。对这位“当红炸子鸡”，抖音毫不吝啬地展示了自己的娱乐热情与流量实力。

2019年8月13日，抖音在上海举办“IN D制娱－抖音娱乐营销沙龙”，分享短视频时代抖音娱乐营销的全景生态布局。

抖音在最开始的时候，使用了“潮”“酷”“时尚”等标签，很显然这个定位让抖音在开始发力时占据了优势，快速聚集了一批以一、二线城市年轻人为主的用户。

根据抖音对用户年龄及区域分布的统计，抖音用户中85%为90后用户，70%以上核心用户（高活跃度用户）来自一、二线城市。目前，抖音已经成为市面上最火爆的短视频平台之一。

抖音将“潮”“范”“魔性”“脑洞”等关键词作为其娱乐化营销的重点，在 C 端，这些核心关键词吸引了许多年轻人紧跟抖音设定的这股潮流，以此为主题进行视频创作；在 B 端，大量运动、时尚、旅行等品牌由于其产品定位符合抖音的调性，纷纷选择在抖音上进行适合自己品牌和产品的营销。在抖音为 MICHAEL KORS 定制的短视频大赛中，其启用吴佳煜等多位网络红人为 MICHAEL KORS 定制短视频，将抖音的优势体现得淋漓尽致。

一般来说，抖音有着四大特性（如图 2–1）：

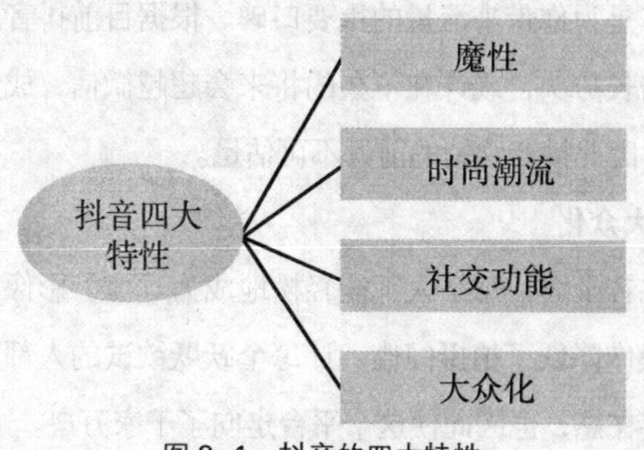

图 2–1　抖音的四大特性

1. 魔性

抖音的视频内容几乎有着相同的特点，它们可以很轻松地吸引住用户的关注，通过传递一种神秘的情绪，吸引用户的目光，让用户沉浸其中欲罢不能。因此，如果你也想做出能迅速吸引用户目光和情绪的短视频，那么也可以模仿抖音那种切镜头、迅速录像、夸张的表演方式，让用户在你的视频当中“成魔成瘾”。

2. 时尚潮流

抖音一开始的用户定位十分年轻化，整体 VI 视觉识别体系的风格也十分独特，这象征着他们未来的用户主流正在从 80 后、90 后往 00 后转移。

3. 社交功能

在抖音的评论区经常出现一个现象，即网友评论比视频本身还要吸引人。

因此，永远不要忽略你的产品在网络营销时的各种评论，它们也许是为你带来流量的重要口碑。根据目前抖音用户群体的火爆增长势头，或许在不久的将来会超越微信，成为新的社交平台，因此抖音营销的前景不可估量。

4. 大众化

在抖音上面，每个人都能轻松地成为导演，影像简单化和傻瓜式操作降低了拍摄门槛，让每个跃跃欲试的人都能在抖音上找到存在感，也因此使这个平台走向了千家万户。

基于抖音平台的娱乐化特点和以上优势，企业和品牌可以根据自身定位，录制相应的短视频在该平台进行营销推广。

“记录美好生活”是抖音的新口号。这句没有什么鲜明特点的话，开始使抖音从小众逐渐走进大众的视野，也是他们逐渐扩大目标用户群体的一种体现。

快手：真实生活中的短视频营销

相较于抖音，快手的起源似乎更加接地气，它因为一篇文章而火爆全网，在《残酷底层物语：一个视频软件的中国农村》这篇文章里，描述了一个与一、二线城市完全不同的，以三线以下城市、乡镇农村为主要用户的短视频 App。

在这个快手 App 里没有时尚元素，没有网红脸，视频的主要内容围绕着做饭、种地、工地搬砖、跳广场舞等社会底层人民生活场景展开。

这种与日常生活息息相关的视频内容迅速吸引了广大网民的注意力，目前，快手用户已经超过 7 亿，活跃用户也已超过 1 亿，庞大的用户量证明了它的实力。

快手与抖音在口号的建立上十分类似，“记录世界，记录你”，这句话显得没有什么明显辨识度。

快手创始人宿华也表达了同样的价值观：“记录本身就是一个平淡的词，没有情感和情绪。”

相较于抖音有点“浮夸”的特点，快手的特点显然是“真实”，这也表达了两个平台的不同定位：浮夸的世界也许令人向往，但朴实的世界才更贴近生活。

有人在网上评论二者的差别：“抖音上边小哥哥、小姐姐看起来颜值很高，都很带劲，但时间久了，翻来覆去就那点东西，偶尔解闷还好。而快手更像是一个集市，十分真实，尽管鱼龙混杂，但是总能找到你想要的。”

这也正是快手吸引年轻人的策略，来快手，看一种差异化的、接地气的、真实的世界。

也许连快手也没有想到，他们在放弃时尚、潮流这样的元素后，竟然还能聚集大量的用户，成为不同于娱乐化营销的另外一种平台。

因此，在快手上可以看到另外一种机遇，如果你能贴近它的真诚实在的特点，创作出吸引大众用户的视频，并且让用户通过观看视频一步一步产生好感，成为你的“粉丝”和潜在客户，那么在这个平台上进行短视频营销也必将产生良好的效果。

海鲜哥是快手平台上的一位网络红人。顾名思义，海鲜哥的视频几乎都与海鲜有关，再进一步了解，他的视频中所展示的海鲜都属于自家产品。

他利用人们对渔业的好奇，通过对日常生活工作的记录，向大众呈现了各个环节。例如：他会通过拍摄进货时的细节，让大家了解到海鲜交易的环境和交接货的内容。他还会录制做菜环节，教大家如何烹制海鲜。另外，他还会利用网上火爆的吃播浪潮，对吃海鲜的过程进行直播。

通过这样生动真实地展现海鲜交易、烹饪、食用的各个环节，让用户在对一个领域建立新的认知的基础上，也对海鲜哥的产品有了了解。一旦有用户认为这些产品是健康的、干净的、美味的，自然会带动产品的销量。

基于短视频的属性，一定要牢牢记住利用好“短”这个字的特征，也就是说，要在极短的时间内，撬动用户的购买欲，促进产品的营销。

虽然视频的重点是营销，但是不能仅仅把它制作成一个广告视频，那样只会引起观众的反感。

想要在快手平台做好短视频营销，最重要的是做到真实接地气，直观反映生活原貌，保护好短视频原有的乐趣，同时利用短视频营销的优势，更生动真实地呈现出产品状态，让观众能够被吸引。

例如一顶帽子，仅仅放在店里展示，也许会因为外观不够吸引人而无人问津。但当有人戴着这顶帽子走在街上，或者通过其他方式进行展示，使周围的人可以更加直观地看到这顶帽子戴在头上的效果，就可以让周围的人更有代入感，从而激发大众的购买欲。

因此，可以利用快手平台带入生活场景的便利性，为观众展示商品在生活中的用途、状态等，从而可以更加有效地激发观众的购买热情。

秒拍：专注年轻化营销

无论哪个时代，年轻人永远是潮流的风向标，具有最强劲的购买力。因此，各大品牌商都会努力把握年轻人的潮流动向，让自己的产品能贴近年轻人的喜好和需求，让他们喜欢自己的产品。

可是作为短视频营销平台，如何能让自己的品牌更好地达成年轻化战略目标呢？秒拍就抓住了这个商业热点，进行了自己的“年轻化一站式服务”，通过一系列年轻化营销活动、年轻化内容、年轻化渠道、年轻化用户来完成这个目标（如图2-2）。

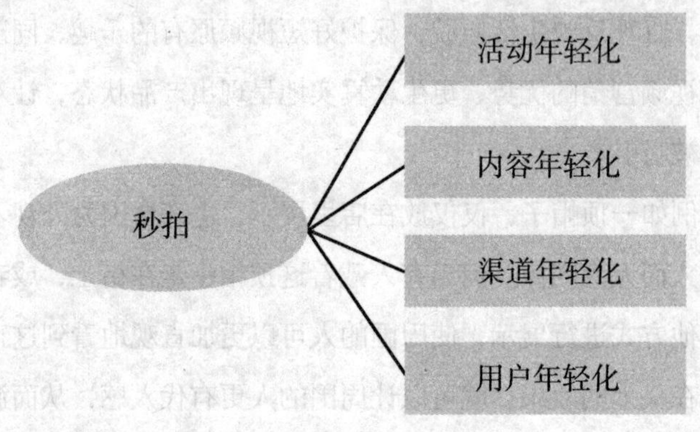

图 2-2　秒拍的年轻化一站式服务

1. 活动年轻化——提升趣味性，拉近与目标用户之间的距离

早在短视频行业兴起初期，秒拍就作为老牌短视频平台，开始在视频营销领域深耕。由于图文信息流的营销方式思维单一，他们很快就将重点转移到视频营销上，开启了更加多元的活动。

例如，秒拍与肯德基之间合作过一次极具趣味性的营销活动。他们在圣诞节时期，共同发起话题活动——圣诞吃鸡，他们利用了热门游戏的元素拉近了一部分年轻人的距离，又邀请了人气偶像鹿晗、朱一龙、罗云熙、陈子由拍摄圣诞愿望视频进行宣传，进一步吸引了大批“粉丝”上传自己的“圣诞愿望”。肯德基、“吃鸡”和偶像因素叠加，轮番提升了视频营销的趣味性，直触年轻用户 high 点。

其中，偶像明星以其超高人气，成功吸引了众多年轻用户的参与；而外表酷似圣诞老人的“肯德基爷爷”“对着炸鸡桶许愿”“圣诞季”“吃鸡”等元素，既有趣又能引发年轻人对于童真的渴望。最终活动视频总播放量超过 2100 万，在获得了巨大流量的同时，还为门店带来了实际销量转化，将更加“暖心”“年轻化”的商业品牌形象植入消费者的内心。

此外，秒拍还经常利用偶像明星的力量，发起了“粉丝”打卡活动。被邀请的超级人气明星包括 TFBOYS、朱一龙、任嘉伦、马思纯、邓紫棋、王力宏等，这些明星所覆盖的“粉丝”群体十分广泛，因此带来了很多参与者。这些参与者通过拍摄秒拍全新广告、标志，为明星加油。最终，这项活动在秒拍以及明星的带动下，由于更为贴近年轻人的兴趣，话题总阅读量超过 10 亿，并吸引了大量用户参与，也为品牌曝光以及建立自己的口碑奠定了基础。

2. 内容年轻化——明星、UGC、MCN 赋能

秒拍最核心的内涵是明星效应，目前在秒拍入驻的有 TFBOYS、贾乃亮等 3000 多位明星。明星在秒拍上带来了年轻化的内容，以及天然的流量和话题。明星通过在秒拍上发布新歌 MV、生活日常、影视剧预告等，每一个元素都可以引发大批年轻用户和“粉丝”的热议，产生了许多的话题，甚至引领了另外一种时尚潮流。

秒拍还与各大 MCN 机构合作，例如 papitube、洋葱视频、咯吱一下等知名 MCN 机构。这些 MCN 出产的内容，都有几大特点：产品质量高、追热点、引发共鸣、贴近年轻人。秒拍也正是因为这一点，与他们建立了很好的合作关系。一方面，大量的 MCN 机构在秒拍持续产出高质量视频；另一方面，秒拍将进一步对优质内容进行大力扶持，保证了平台年轻化内容的稳定性：可谓双赢。

此外，秒拍之所以能够聚集大量年轻人的原因，还在于月活跃量近 3 亿的 UGC 用户为秒拍提供了源源不断的年轻化内容。

大量的新主流用户通过在秒拍上拍摄视频进行分享，分享的内容包括生活日常以及追星。用户通过发布生活日常视频，对自我进行表达，引起他人的关注；而追星相关的视频，则极大地促进了年轻用户之间的交流，满足了一部分用户对明星生活的好奇。

3. 渠道年轻化——社交属性实现了内容营销的价值最大化

秒拍通过与微博的链接，拥有自己天然的优势，成功地实现了自己的社交属性。据艾瑞数据提供的微博用户画像显示，2018 年 3 月，微博月活跃用户数突破 4 亿，其中 30 岁以下的用户占比为 53.69%。庞大的用户活跃量，以及年轻人更热衷对内容进行分享和讨论的特点，保证了秒拍内容的传播力度，更好地释放了营销内容势能。

4. 用户年轻化——秒拍新主流用户成主力

秒拍的自我定义为年轻化产品，因此拥有众多年轻用户。秒拍发布消息称，未来将通过结合明星战略以及年轻化定位，进一步发掘目标用户需求，为用户提供更多契合内容，从而让平台更多地聚集优质的新主流用户。

所谓的“新主流用户”即一、二线城市中那些高学历、高收入，爱美、爱玩，热衷休闲娱乐，擅于自我表达，追求新鲜事物，个性化十足的年轻用户。

据相关数据显示，秒拍月度活跃用户数为 2.86 亿，在全网短视频用户渗透率排名第一。其中 35 岁以下用户占 70%，北上广用户占 14%，本科及以上学历用户占 40%。

新主流有其年轻化的特点，更容易接受新鲜事物，并且更乐于对自己认同的内容进行积极传播。这对于品牌而言是一种优势，他们利用新主流用户所带来的巨大流量，打造更为积极的品牌口碑。同时，这些新主流用户也极具购买力，因此对于很多品牌而言，这些用户也相当于海量的潜在客户。

营销活动、内容、渠道、用户，是形成秒拍年轻化营销的一站式服务的重要因素。

秒拍通过年轻化营销活动、年轻化内容、年轻化渠道、年轻化用户，为品牌完成年轻化营销提供了一站式服务。

2016年起，上海迪士尼度假区与秒拍展开了持续的深度合作，目的是吸引更多年轻人前往游玩。接下来，秒拍还整合了各类资源执行了全方位多元化的营销策略。在发起“迪士尼万圣节”“春天心故事”“迪士尼新年篇”“玩具总动员”等主题活动后，秒拍还邀请明星以及PGC助阵，拍摄视频进行宣传，号召更多的年轻用户参与推广。除此之外，秒拍还联合一下科技旗下其他产品共同发力，全方位覆盖和触达更多用户，达到活动的全方位营销。

此外，秒拍还与MCN机构咯吱一下平台合作，结合其潮流栏目“暴走街拍”，深度定制了迪士尼的年轻化内容。

该栏目还通过打造迪士尼“情侣档”“家庭档”的街采栏目，建立与消费者之间的联系，引发消费者的共鸣。通过“暖男向前冲”“幸福停车”两期短视频的话题采访内容，打动受众，提升用户对品牌的好感度。

最后，通过与微博联手，共同在网络渠道上对相关活动内容进行全面分发，从而获得了上千万的播放量及过亿的话题阅读量，用户纷纷对优质内容进行互动和转发，使该话题触达更多的目标用户。

以迪士尼的活动为例，见证了秒拍如何将内容准确传递给平台更多年轻用户的过程。他们正是通过年轻化的营销活动来引起年轻用户的关注和参与，再通过年轻化渠道，对年轻化内容进行传播。最终，年轻用户反哺品牌活动，完成短视频营销的一站式服务，形成营销闭环。

西瓜：综艺类短视频营销

现在的短视频营销领域中，西瓜视频是一个不容忽视的平台。

2018 年 8 月 2 日，西瓜视频正式宣布全面进军自制综艺领域，打造移动原生综艺 IP。

2018 年 10 月 12 日，西瓜视频发布九档综艺片单，涵盖移动原生综艺与微综艺两大内容类型。

1. 微综艺

得益于短视频的火热，微综艺逐渐进入综艺市场，此类节目时长在 15 分钟左右，以短小精悍、节奏轻快、网感强烈、话题度高而著称，再加上垂直细分题材，迎合了广大网友的口味，深受各大平台推崇。

以鹿晗本人为核心，以广大的“鹿饭”群体为传播半径的国内首档纯网纪录片式互动真人秀节目《你好，是鹿晗吗》八集播放量高达 1.6 亿。

郭德纲首档短视频脱口秀《一郭汇》入驻西瓜视频，上线 24 小时，播放量破 1300 万。

商业模式方面，目前，微综艺大都以冠名、赞助、特约为主。

相较于传统综艺广告十几秒的转瞬即逝，短视频的表达方式能让广告主不仅凸显品牌诉求，更能够将品牌属性与节目内容精准匹配，锁定核心用户，从而实现广告价值。

2. 原生综艺

西瓜视频曾计划打造 9 部综艺节目，包括移动原生移动综艺《头号任务》《考不好没关系？》及 7 部微综艺《西瓜拌饭》《理娱客》《我和哥哥们》《丹行线》《遇见台湾，遇见金马》《海角甜牙》《侣行·翻滚吧非洲》。

目前，整个综艺领域都开始呈现出创新乏力的问题。西瓜视频打造的移动原生综艺和微综艺或许会是国内综艺市场的突破。

不仅如此，西瓜视频在进行内容营销方面也具有独特优势（如图 2-3）。

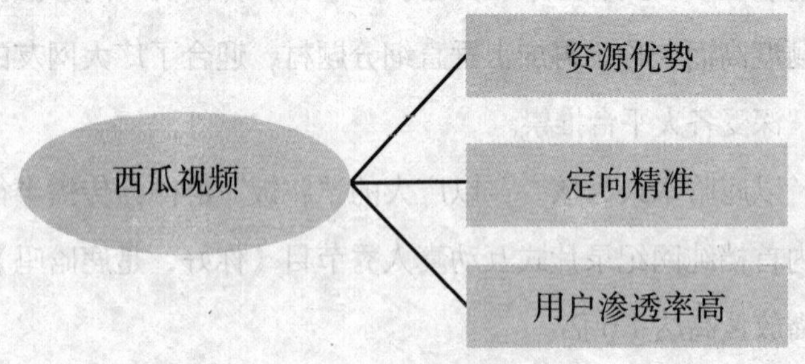

图 2–3　西瓜视频在内容营销方面的独特优势

1. 资源优势

西瓜视频在 UGC 层面打造了集内容制作、“粉丝”运营和商业变现于一体的内容生态平台。其用户增长迅猛，月活用户超过 1.5 亿。

2. 定向精准

西瓜视频有着一套十分明确细致的定向标准。具体而言，基础定向如用户性别、年龄段选择；地域定向覆盖全国四十多个城市，3000 个商圈，精确到省、市、商圈区域；用户环境定向细分到设备类型、操作系统、手机型号、网络类型选择；兴趣定向包含了共计 186 个兴趣标签，如游戏、科技、金融、餐饮、理财、汽车、体育等，对目标人群进行了十分详细的分类。

3. 用户渗透率高

有数据显示，在主要短视频平台同领域用户渗透率中，西瓜视频渗透率达到 56.0%，排名第一；快手渗透率为 55.1%，排名第二。

对于短视频平台而言，针对用户特点进行精准投放是十分重要的，而提供优质的内容可以打造显性竞争优势。

西瓜视频正是看到了精准投放的重要性，因此利用海量数据的分析，在用户增长的同时率先做出布局。

首先是通过短视频整合用户播放数据，进行用户倾向判断，以短带长。在此基础上，引导用户在观看过程中找到兴趣要点，逐渐完成从观看到消费的闭环。西瓜视频以建立互动场景为基础，在此基础上通过强势内容进一步吸引用户。

西瓜视频利用人们对综艺类视频越来越高涨的热情，以及不同于传统综艺的长节目架构形式，推出了更符合受众观看心理的微综艺内容，西瓜视频推出的这种节目形式，一方面由于时间较短而很容易被大众接受；另一方面，它紧随热点的新鲜优质内容也满足了人们了解时事的需求。

除了这些优势以外，更重要的一点是，西瓜视频展现出了更加流行有趣的内容与形式，这也是它比传统新闻视频更具吸引力的原因，它用通俗易懂的形式能让大众更容易接收到重要信息。

当然，想将创意变为现实还需要考虑具体的应用，而即使最优质的内容想要得到广泛传播也离不开营销推广。很显然，西瓜视频的营销变现能力不容小觑。

例如：在汽车营销方面，西瓜视频优质团队推出了《侣行——穿越东欧》等微综艺节目，凭借全新的创意玩法，高度人文化的全新视角，以及高质量的内容拍摄，使该微综艺节目得到广泛好评的同时，也获得了更多汽车品牌的合作推广。

西瓜视频也因此展现出强大的原创能力，得到了更多合作汽车品牌的青睐。

综合来看，西瓜视频的综艺特性，也将成为西瓜视频在短视频营销中的优势。

火山：圈层化的短视频营销

目前，短视频营销已逐渐成为企业营销的主要方式之一，原因在于各种短视频 App 深受用户喜爱，无形中拉近了品牌与用户之间的距离，品牌因此在短视频营销中获得了新的机遇。

火山小视频是一款 15 秒原创生活小视频，通过小视频帮助用户在展现自我的同时，迅速获取内容，获得“粉丝”，发现同好。

在火山小视频的用户身上，可以看出非常鲜明的特征：

一是年龄在 25~35 岁的用户占比超过一半，显示出年龄层次的轻熟化趋向。这说明火山小视频的用户中出现了越来越年轻群体，这与有着相同年龄定位的品牌相契合。但同时也给品牌一个重要的启发，目标客群并不能一味地追求年轻化，需要在青年用户和中年用户中，根据其消费决策能力等方面的特质，寻找一个平衡点。在这区间拓展目标客群，才能获得更大的利益。

二是三、四线及以下城市的用户占比高达 52.3%，显示出了用户下沉。根据 CNNIC 第 42 次《中国互联网络发展状况统计报告》，三线以下城市的网民在占比上正呈现快速上升形势。因此，如果将三、四线城市作为未来品牌营销的重点，那么可以提前针对这些区域的用户进行短视频营销，获得品牌营销的主动权。

三是用户的消费能力十分强大，这主要体现在两个方面：一是用户对他人消费有着极强的带动能力，可以推动对方促成消费；二是个体的消费转化，主要依靠网络红人带货、直播打赏等形成转化。

四是符合细分化、垂直化的方向。垂直领域人群持续聚集，为形成价值机遇奠定了良好的基础。

有数据显示，2020年后，中国短视频行业月独立设备数的环比增长速度逐渐放缓，短视频行业需要开始寻找新的突破口。因此，未来短视频行业需要探索更有潜力的用户经营和商业模式，在存量市场之外开拓新的市场。火山小视频也正是抓住了新市场深度拓展的发力点，才进行了此次平台的升级。

此外，三、四线城市网民的占比还在不断扩大，依旧保持着很强的增速。这也侧面反映了，“人群红利”在三、四线城市市场依旧存在。目前在火山小视频上，有大量三、四线城市新增网民因为找到兴趣点而沉淀了下来，在未来，这样的规模还会随着网民的增加而不断扩大。因此，火山小视频在未来的目标之一就是，帮助品牌在三、四线市场拓展目标客群，从而进行营销。

基于平台与用户的调性，火山小视频以圈层化的趋向为营销重点（如图2-4）。

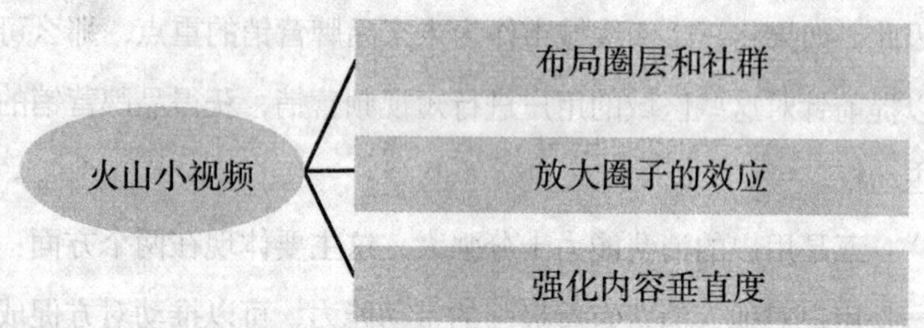

图2-4　火山小视频圈层化趋向的营销重点

一是在大方向上布局圈层和社群，三、四线城市的用户群体通过熟人关系（亲戚、朋友）和深入的行业兴趣建立起了十分紧密的社交圈层，这使他们有着更稳定的生活环境和稳固的社交关系。这种社交圈层使他们彼此之间关系更加紧密，进而影响到他们的消费决策。这与火山对三、四线城市用户的重点拓展和挖掘方向其实是相一致的。

社交圈层影响了社交电商的快速增长，2018 年，社交电商的年增长率超过了 439.2%，这个庞大的数字可以证明一切。

二是玩法上全面放大圈子的效应。火山小视频为了使更多兴趣相近、志同道合的人找到适合自己的圈子，上线了火山圈子。在圈子功能里，用户还可以选择成为一圈之主，来维护这个圈子的和谐和活跃性。

未来，火山直播还会签约更多优秀的头部主播，对频道进行精细管理。这些主播的目标并不仅仅是吸金，还需要成为具有榜样作用的公众人物，努力提升主播自身的内涵。

三是在内容的生产上，会对内容垂直度进行强化。火山平台上的美食、舞蹈、旅行都属于强势垂类。2019 年，火山推出头部 IP 计划，对更多垂类进行强化，鼓励培养出更多优秀的垂类作者，从而创作出更加优质的内容反馈给垂类兴趣爱好者。

那么，短视频营销人员可以通过火山小视频的这些特性得到哪些启示呢?

其一是从用户运营的角度来说，圈层的向心力是通过兴趣的聚合来拉动用户的提升而形成的。

火山特征鲜明的人群圈层是由多样个体的依托而形成的。这些圈层分别是：以生活消费为依托的中坚力量圈层、以人群兴趣为依托的城镇休闲圈层、以行业垂直为依托的职业技能圈层。

圈层可以使圈内的用户产生共鸣、认同和归属感。他们产生于新兴的互联网消费群体，以同样的兴趣爱好、价值取向等聚集，形成圈层。圈层里人之间的包容性会远大于圈外人。因此，以圈层化来深度拓展用户成为重要的方向之一，兴趣属性强或者品牌特色鲜明的内容和产品，更受他们的青睐。

其二是从内容的生产和投放上，无论是贴近生活的内容、职业化内容还是时尚内容，总是能通过圈层内群体的转发扩散促进传播的裂变，最终有效渗透到圈层之外，进一步扩大目标群体的范围。

在火山小视频上，既可以找到与自己有着相同兴趣爱好的圈中人，又可以找到职业上有相同学习意愿和追求的圈中人，这样可以同时从生活和职场两个维度共同包裹用户，让火山不仅仅能让用户在工作之余通过娱乐解压消遣，又能促进其在职场上与他人一起共同成长。这促使了火山与用户之间更强的连接性。

其三是从玩法的提升上，圈层与直播功能互相渗透，使网络红人与用户之间的连接更加紧密，更容易影响用户的思维模式。

每当一个网络红人产出内容，这个内容就会显示在他的置顶主页上，并根据网络红人“粉丝”的社交关系进行分发推荐，所以网络红人的“粉丝”会看到网络红人分享传播的品牌内容。

然后，“粉丝”又会根据网络红人的视频进行模仿，产出新的 UGC 内容。

网络红人上传的内容还会通过信息流资源进行深度推广，通过分析不同用户的兴趣，对用户进行精准推送，实现对兴趣人群的全面覆盖。

每当兴趣人群对该内容做出点赞、评论、模仿、合拍等行为，又会以不同形式触发对内容的进一步扩散，影响到那些潜在人群的点击观看。当越来越多的人加入该话题当中，这个内容就被引爆了。这是内容从内向外扩散传播的路径，将会吸引潜在兴趣人群的关注，最终形成价值沉淀，包括品牌认知、品牌涨粉、产品购买、人群数据标签等。

其四是圈层营销。从营销的转化上看，缩短了从吸引力到消费力的心理回路。

这主要有三种体现：一是由于二、三线城市的休闲特性，消费者往往拥有较多的闲暇时间，与身边亲戚朋友的交往更加频繁，能够互相影响；二是当地人群消费的风向往往靠中坚力量带动和影响；三是作为本行业精英的职业人群，往往能在行业内发挥影响作用，能为特定行业的营销提升说服力。

最后，圈层营销可以实现从线上影响力到线下影响力的转移，之后再由线下回流至线上，由此实现新用户的拓展。

在短视频娱乐化、碎片化倾向越来越明显的当下，面对并不是今天才出现的社群化运营、圈层化营销思路，可以将社群化、圈层化与短视频的用户拓展及品牌营销相结合，这也无疑在 2020 年为火山小视频营销提供了新的视角。

美拍：女性经济视域下的短视频营销

一提到女性短视频社区，很多人首先想到的还是它——美拍。

美拍这个视频类 App 凭借功能丰富、时尚好玩等特性，成功吸引了一大波“粉丝”。自 2014 年面世以来，作为微博上最有影响力的企业，它的官博也一直盘踞于微博前十位。

美拍算得上是目前原创能力最强、女性用户最为聚集的短视频社区。因此，它也吸引了大批以女性受众为主的广告主进行投放。微播易平台交易数据显示，2017 年，在各视频平台成交额的数据中，美拍占比高达 44%，是 2017 年最受广告主青睐的短视频平台。

除了美拍自身的优势之外，美拍持续不退的热度也和所属公司的营销策略息息相关（如图 2-5）。

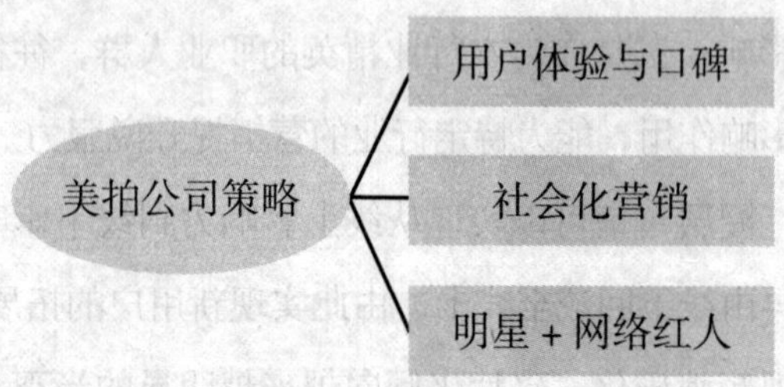

图 2-5　美拍公司的营销策略

1. 良好的用户体验与口碑

早在美拍上线之前，美拍的幕后开发者美图公司所发行的

美图秀秀和美颜相机两款 App 便已深受用户喜爱，尤其在女性用户中建立了十分良好的口碑，这也成为美拍能在产生之初就聚集大量“粉丝”的重要基础。

青出于蓝胜于蓝，美拍在美图秀秀和美颜相机的基础上，集合其优势，并带来了全新升级和飞跃，让用户在制作视频和直播的同时，能够使用唯美的滤镜，这一点对于同行业产品而言，可谓极具核心竞争力，受到广大女性用户的一致好评。

美拍的良好口碑从美图秀秀和美颜相机延续至今，无论是上线之前的 IOS 平台公测，还是正式上线之后采取的免费模式，都使用户在得到良好体验的同时交口称赞，互相推荐传播，美拍也因此轻而易举地获得了大量的用户。

如果一个产品想要获得良好的口碑传播效应，那么它一定要先给用户带来良好的体验。只有产品经得起消费者的检验，切实满足了消费者的某种需求，用户才会愿意主动帮助产品进行推广。

充分尊重女性使用偏好的美拍，在软件设计逻辑很自然地杜绝了烦琐与复杂，使用起来简便而高效。美拍 iPhone 版上线仅 1 天，即登 App Store 免费总榜第一，并连续 24 天蝉联榜首。

圈住女性用户，就意味着滚滚财源。脱胎于美图公司的美拍，也有着天然的女性用户基础。在借势女性经济上，美拍很自然地赢在了起跑线上。

2. 良好的社会化营销效果

社会化营销，即产品通过微博、微信等信息互动平台进行宣传推广的一种方式。

美拍深知任何主流媒体应用的成功都离不开社交，因此将“10 秒视频 + 社区”的应用作为自我定位。他们在前期用户导入上，试图将绑定微博和 Facebook 的用户连同社交关系一起导入美拍社区；为了提高关注度，又利用一键分享到其他平台的方式。这两步使美拍自身的影响力逐步扩大，并得到了很可观的传播效果。

3. “明星 + 网络红人”双重吸粉

在美拍进入市场之初，“粉丝”用户借助明星推广而得到快速壮大。很多用户下载美拍 App，是由于自己的偶像也注册了美拍，他们想通过平台获取偶像的信息，甚至和偶像互动。这个时期，由于明星效应，对用户产生了很强的吸引力。

之后，除了明星传播之外，一批网络红人突然在美拍上涌现，帮美拍成功吸了不少“粉丝”。

就国内目前的娱乐环境来说，知名网络红人所受到的关注度，可以与一线明星比肩。

美拍的用户主要为 90 后的年轻人，甚至也包括 00 后。

美拍也正是知晓明星、网络红人对这类群体的强大吸引力，因此通过明星 + 网络红人的营销套路，将短视频营销发挥到了极致，紧紧抓住了用户的眼球，因此很多用户即使用了很久美拍也依旧没有放弃。

随着消费升级和中国短视频社交的发展，短视频营销逐渐在中国兴起。美拍也依靠着不断地更新拍摄剪辑玩法创意吸引着源源不断的新用户和短视频创作者，同时不断通过平台运营、大数据智能推荐和美拍达人扶持，占住视频社交与短视频营销两大风口，逐渐在美拍诞生了包括 papi 酱、小蛮、HoneyCC、刘阳 Cary、喵大仙、扇子等一批优质短视频原创作者，成为各个细分垂直短视频领域拥有话语权与影响力的一批短视频创作者。

最后，美拍通过事件营销吸引用户。

事件营销只要策划得好，就能以小博大，给企业带来惊人的曝光率。美拍很好地利用了事件营销这一制胜的神器，在一系列参与度高的话题活动策划中，打造出了最经典的“全民社会摇”。

“全民社会摇”活动是用户通过将经典摇滚歌曲，加上美拍上的特效，根据自己的音乐品位和节奏，剪辑出自己独特的“摇滚”视频，每个人都可以创造出独一无二的音乐，这一点立刻吸引了很多“粉丝”的追捧与积极参与，活动仅开展两天就拥有了近百万的播放量，在微博阅读量一度高达 1.8 亿，带来了强劲的热度。

并且，在互联网社交产品中，女性用户往往被视为一种资源而非用户本身，因为在视频社区中，一个女性用户就能吸引数十个男性用户的到来，他们的社交欲望会更强烈，陌陌、探探实际上都包含着这一层产品逻辑。

所以美拍除了策划话题活动，还邀请全民女神全程直播时装周看秀，该过程全部由美拍平台播出，这为美拍带来了超多的“粉丝”量，大家通过在线观看和对女神表白的形式，扩大了美拍的品牌传播力。

此外，美拍孵化众多女性短视频达人，比如MCN机构洋葱视频创始人聂德阳曾经讲过，办公室小野实际上最早是在美拍上运营并成功引爆的。而像古风美食达人李子柒、大胃王密子君等全网知名的达人，都来自美拍，美拍又见证着这些达人从成名走向内容变现。

纵观美拍这几年的营销之路，可以说各种营销方式齐上阵，集合成了一部网络整合营销的教科书。一方面他们以此扩大了产品的知名度，另一方面他们吸引了更多的用户参与进来。

以女性族群为营销热点的女性经济发展势头越发迅猛，“为她服务”已成为目前流行的经营策略。在未来，美拍将会持续深耕女性文化，将女性经济的道路走得更远。同时，美拍将扩大自己的内容范围，力争让女性用户喜欢的同时，也让男性用户在上面找到兴趣所向。

03

找准调性：适合才是最好的

所谓的品牌调性，说得通俗一些就是品牌的外在表现而形成的市场印象，是消费者对品牌的看法或感觉，等同于人的性格。调性对品牌成败的影响程度远远超出常人的想象。但是却不能违背品牌属性，只有合适的才是最好的。否则，这个品牌就很难走远，这是自由市场的潜规则。

专业领域媒体化

伴随网络的快速发展，如今的社会已经开始向媒体化演变，人们无论是发布信息还是获取信息，无论是个人决策还是商业决策，几乎都离不开媒体。媒体化是整个商业市场的大势所趋。移动互联网技术使得整个内容工业的生态得到重构，信息传播效率得到了翻天覆地的变化，在这种社会大背景下，即使一个非常小众的受众群体也蕴含着巨大的商业机会。移动互联网时代，每个人都可以成为媒体人。

随着生活水平的显著提高，人们的消费需求也在潜移默化地改变着，越来越多的人开始关注自己的个性化需求，追求高品质。在这样的社会背景下，传统的短视频平台遇到挑战，特定领域的视频内容增长迅速。短视频生产机构视知传媒创始人兼 CEO（首席执行官）马昌博曾经表示："未来单纯靠娱乐吸引用户的短视频平台会陷入困境，而致力于发布有用信息、提供专门知识、帮助解决问题，最终为用户节省时间的优质短视频平台会异军突起。"

随着短视频行业的快速发展，行业竞争的加剧，短视频产品愈加丰富，只有更精准、更深入的视频内容才能得到大众的青睐。所以，更强调视频内容细分和视频内容专业化的短视频新媒体被认为是网络媒体的未来。

短视频新媒体制作流程并不复杂，内容也并不需要像电视台一样包罗万象，这就要求短视频创作者必须专注于自己所做的视频内容。把有限的资源集中在某些特定的领域或某种特定的需求，量身定制的短视频内容更容易开创新领域，抢占消费者。只要你的视频满足了一部分人的需求，就一定能够得到这部分人的关注和认可，从而带来流量和用户，实现变现。

在专注内容方面，企鹅团的创始人“醉鹅娘”王胜寒的表现无疑是较为鲜明的。王胜寒专注于研究红酒文化，《醉鹅红酒日常》系列视频，讲述了如何醒酒，如何分辨酒的种类，如何做好酒和餐的搭配等关于红酒的知识。目前，这个视频已经成为国内颇具影响力的脱口秀。基于这个视频，王胜寒在新媒体平台也获得了超过100万的粉丝，《醉鹅红酒日常》也成为很多葡萄酒学校的准教材，而王胜寒也成为红酒界的启蒙老师。

那么，如何才能更好地专注于自己所做的视频内容，成功吸粉呢？

1. 找准定位，确定内容方向

短视频表现的形式多种多样，覆盖领域也比较广。对短视频内容创业者来说，定位是一件非常重要的事。一开始就定位好视频内容，认准一个点去精耕细作，不仅容易得到粉丝认可，而且吸引到的粉丝也会更加精准，后期可以结合的商业模式就更加丰富。

美拍是美图秀秀出品的最火的短视频社区之一。美拍爆红的最大原因之一，就是以拍出优质视频为市场定位，根据爱美是女性最大天性，针对女性需求，找准市场，成为国内举足轻重的短视频社区。

可以说，精准的定位是美拍取得成功非常重要的一步。相反，如果没做好视频内容定位，就很难吸引粉丝订阅。即使一开始吸到了粉丝，后期还是难以转化。比如你做一个厨艺展示的短视频，却没有做好视频内容定位，每天都发布卖房信息显然是不合适的。

2. 要有自己的特色

所谓的特色就是与众不同的地方，这就像是一道菜，只有属于自己特色的味道，并且能满足大众味蕾的需求，才能得到大众的持续喜爱。而短视频也是如此，只有保留自己的特色，发挥自己的优势，这才能够更好地竞争。比如，papi 酱的特色就是变音、连续快节奏转场和吐槽。

在笔者看来，特色甚至要比专业性更重要一些。毕竟大众在短视频内容上并不过多追求知识深度，他们关注的往往是热点与专业结合的东西，从这个角度上说，有意思的视频要更具发展潜力。

3. 要有新鲜感

保证视频内容的新鲜感，这是为了让信息更加有时效性和新鲜度。在这一点上，短视频的内容，一定要做到给人眼前一亮的感觉，第一眼的感觉是非常重要的。当然新颖的形式包装，也是需要的。比如，微电影也是非常好的形式。随着短视频的发展，形式上的包装发挥的作用将不可小觑。

4. 保持敏感度

社会上有着各种各样的热点话题，有热点就有关注，这也是短视频的发挥余地。这需要短视频创作者要有敏锐的眼光、及时关注、深度挖掘。对于社会热点，每一个人都会有自己的评判标准。但是很多情况下，很多人会越过道德的边缘妄加议论，这是一种不道德的想法，所以对于内容上的热点，短视频企业需要理智地对待社会热点，用更加理性态度来正确引导，这也是社会责任感的体现。

5. 持续创新，不能重复

短视频内容要及时更新，我们要保证每一节视频内容都不重复。如果重复，大众感觉视频内容不新鲜，不仅没有再看下去的欲望，对短视频的印象也会大打折扣，甚至还会不再关注我们后期推送的其他视频。

这方面，“一条”做得很不错，基本能够保障每天至少推送出一条原创生活短视频，内容从来不重复，每天都给用户耳目一新的感觉。

当然，视频内容创新也有利于吸引大众，稳定粉丝。

6. 要提供思想性的视频

这是非常重要的一点，生活需要娱乐，更需要智慧。有思想有高度的视频能够更有效地吸引大众眼球，增加粉丝黏度。当然，偶尔需要提供一下服务性的作用，比如帮助大众解决一些实质性的问题。现在的网民知识水平都很高，知识共享是非常有吸引力的。比如，如果有的粉丝发现自己关注的短视频节目出现了常识性错误，肯定会提出质疑，降低忠诚度，也有可能立刻取消关注。

做好视频内容定位，在擅长的领域做到专业，专注一个领域，把它发挥到极致，从而满足特定用户的需求。有需求就会有供给，从而给短视频创业者更多的机会，只要短视频的内容满足了一部分人的需求，就一定能够得到这部分人的认可，从而带来流量和用户，实现变现，从而带动短视频行业的可持续发展。

图文包装模板化

在短视频内容生产方面，我们需要考虑如何让视频画面变得受用户喜爱，这就涉及对短视频图文内容进行包装的问题。一个短视频栏目要想受到用户的关注，除了需要持续不断地输出优质内容，还需要做好图文包装，让观众有好的观看体验。

精致的图文包装为短视频内容起到锦上添花的作用，观众可能会被短视频优质的内容所吸引，也可能因为视频的后期包装而增加关注。因此，对短视频的图文包装也是不可忽略的一个环节。

图文包装是很多短视频栏目后期制作的一个过程，为保证视频整体效果的统一，我们在后期对图文进行包装的时候也应该做到合理规范，那么具体应该怎么做呢？

1. 把握好整体结构

图文部分的包装，甚至包括对视频片头片尾的包装，我们都需要形成一套方案，要让整个视频内容形成一体。这就需要把握好短视频内容的整体结构，而对视频结构的把握主要包括内容的完整性、流畅性和严谨新颖。

首先在内容上要保证完整统一，图文包装一定要符合整个视频的风格。避免出现短视频前后风格不统一，让观众莫名其妙。其次，还应该注意，添加图文信息一定要和视频内容自然过渡，不要对图文内容进行牵强附会的包装。

当然，在保证图文包装合理性的基础上，我们也应该突破固有的模式，让我们的包装形式更加独特、新颖，为观众营造出更优质的视觉效果，从而引起观众的兴趣。

2. 简洁醒目

简洁醒目是我们做短视频图文包装的最根本要求，图文在视频中的核心作用在于对内容的辅助性表达。而在动态的视频画面中，图文出现的时间是较为短暂的，同时在画面上的显示面积也是有限的。

因此，在后期对图文进行包装时一定要做到简洁而醒目，要让观众可以快速轻松地获得相关的信息，这也是提高观众观赏体验的一种方式。而过于复杂冗长的图文信息，在很大程度上会降低短视频的视觉效果，从而影响观众。

除此之外，我们在后期对短视频进行图文包装时，一定要注意包装频次不能太多。短视频本身的播放时间不长，不要让后期的图文包装掩盖住优质的视频内容，这样容易让观众分不清主次。适当地包装，不要让短视频看起来花里胡哨，要将后期包装的侧重点更多地放在对视频细节的处理上。

3. 形成独特风格

图文包装是为了使整个短视频更加完美、美观和更具有吸引力。而所谓的风格，就是我们需要对添加的图文内容有一个整体的构思。图文内容体现了我们对视频播放中每一个画面的理解。由于短视频种类繁多，因此我们在进行图文包装时，一定要形成一套自己的风格。

图文包装风格一定要根据短视频栏目的类型、内容、定位等方面进行考虑，一旦风格确定了，就要保证前后一致性，毕竟图文是需要贯穿整个短视频的。

魔力 TV 旗下的造物集，就一直沿用明亮、日式小清新的风格。风格的选择和栏目的定位，以及视频内容都十分吻合，给观众传递出素雅、安静的画面效果。整个短视频前后风格都趋于一致性，因此视频整体的画面效果不会显得过于突兀，同时还极大地增强了用户的观看体验。

造物集在图文包装上形成了自己特有的风格，并一直延续到每一期节目中的这种做法不仅有利于形成自己的标签，同时还增加了栏目的辨识度，加深了观众的印象。

面对短视频领域不断的专业化和市场化，打造自有品牌的意义变得更重大，而要打造出强势的品牌，就需要以一套独立风格和不可复制的图文包装为基础。

4. 开放式图文包装

我们需要形成一套完整的图文包装，但并不意味着这套包装就是封闭的。面对短视频市场环境的瞬息万变，我们需要一套开放式的，适合短视频持续发展的图文包装。只有开放式的包装才能在短视频栏目不断发展的同时增添更多新鲜的内容。

不要让形成的图文包装体系束缚了短视频栏目的发展，而是要让图文包装设计融入我们的短视频栏目。即使面对栏目新的变化方式，图文包装设计也可以始终贯穿和延续下去。

短视频进行图文包装有助于突出栏目的个性和特征，能增加观众对栏目的识别能力。在同质化的环境下，除了在内容上要更加新颖、有创新，在图文包装上也要风格独立，这也是区别于其他栏目的一种方式。因此，我们需要形成一套自己的图文包装风格，让图文包装不断地模块化，使包装形式成为短视频栏目的有机组成部分，这样更有助于我们的可持续性发展。需要强调的是，图文包装只是为短视频起到点缀的作用，真正吸引观众的还是短视频的内容，好内容才是留住观众的关键。

选题创意联合化

对于短视频创作者来讲，选题是核心。所谓选题，就是要做一个什么样的题材。在内容运营阶段，视频团队的发展和生存主要依赖于能不断地推送出更多优质内容的片子。从一定的角度上看，有创意的选题实际上是一个视频团队发展思路和盈利模式的创新，同时也是一个视频团队提高竞争力的关键环节。各个短视频栏目，只有不断创新推出新颖、有特色的内容，才能从同质化严重的行业市场中脱颖而出，并向着更好的方向发展。

对于很多内容创作者来说，以内容为王的关键就是要有个性化的形象，这也是短视频创作最困难的一部分。在短视频领域中，领先栏目早就已经掌握大部分的流量和用户，而后期的团队就只能望洋兴叹了。在竞争越来越激烈的情况下，多个栏目团队同时追求一个热点事件，使得很多选题已经不再新颖。

那么在短视频的选题上，我们具体应该怎么做，才能在选题上更具有创意呢？

1. 选题场景化

在某一具体的情境中，大部分人都会有相同的行为反应。无论是运营具体产品，还是做内容运营，本质上都是为了满足或解决用户的需求。而用户的需求都是在现实生活场景中存在的，场景中不能被满足的需求都是用户的痛点。

因此，场景化的选题能够直击用户痛点，挖掘出用户最真实的需求。这样一来，我们创作的短视频内容就更容易引起观众的共鸣，受到观众喜爱。

短视频做好选题场景化，就需要将不同的场景依次罗列出来，根据不同场景挖掘出用户相对应的需求，最后根据这些需求进行视频内容的策划。这样就能让短视频内容和用户之间关联起来，从而更好地满足需求。

我们可以简单地将选题场景划分为以下 3 种类型：

（1）观众感兴趣的场景

为短视频做选题，可以选择大部分观众都感兴趣的场景，这些场景虽然不是观众们的亲身体验，但是同样对用户有很强的吸引力。

大部分家庭里都会有猫、狗等各种萌宠，他们总是会为主人带来欢笑与温馨。当大家一看到“猫咪抱着一沓钱死活不撒手，太可爱了”这个标题，都会不由自主地点开这个短视频看一看，看看和自己家的宠物有没有相似之处，或者就是觉得很好玩。而选题的明确，也可以让观看者在看到题目时，就会在脑海里脑补画面，这就是选题场景化的表现。

像这样的短视频发布者，有着合适的短视频题材，就很能引起观众的注意。这种有着明确主题的短视频题材，会让用户有代入感，能够引起观众极大的兴趣。

（2）重现用户体验过的场景

上一点说到的场景，是指用户没有体验过的，而这一点，我们就要求短视频创作者在做选题时，选择一些用户经常会遇到的、经常体验的真实场景。

结账抹零是我们生活中经常遇到的场景，除了吃饭，很多消费场景都会遇到抹零的情况，这样的短视频选题就是用户最真实的场景再现。

短视频以用户经常体验的场景作为选题，能吸引大量的观众打开。同样的场景是很多用户都有过的体验，但是每个人的行为反应和解决方式都是不同的，当用户面对这些高频场景时，通常都有点开看看他人会有什么样反应的冲动。因此，这种类型的场景化选题，也很受观众喜爱。

（3）引起共鸣的隐晦场景

这类场景在观众生活中出现的概率并不高，但对观众有很强的吸引力，能快速引起短视频和观众之间的情感共鸣。这样的选题就属于低频场景，简而言之，这类场景很容易击中用户的痛点。

例如，“对于前任留下的‘遗物’我们该怎么处理”“女生被分手，都会伤心吗？”等，这类选题并不是经常出现的场景，却是很容易触动观众的内容，可以轻而易举地引起共鸣。

总之，场景化的选题一定要根据不同的场景罗列出用户的需求。唯有如此，才能针对不同的需求去收集和寻找内容素材，才能保证短视频的内容优质。

2. 个性选题

突出个性也是短视频选题的创意表现，观看同一个短视频的用户，他们的需求、特点、喜好都存在着较大的差异性。对于短视频而言，当我们满足的用户越多时，我们就会获得更多的好处，这些好处主要体现在短视频栏目的粉丝数量和知名度等方面。而要满足如此大数量用户的需求，就要先将用户进行细分，从而根据不同类型的用户提供个性化的内容。

3. 多角度思考

面对同一个话题、同一个事件，大家都从同一个角度去进行短视频内容创作，就很难引发观众的兴趣。而要做创意选题，就需要对同一个话题或同一个热点有独特角度，选择区别于大多数人的角度进行创作。

对于很多已经被选择过的短视频选题，如果我们没有足够把握从一个新视角出发进行创造，就不要再考虑继续创作，只有新鲜的事物才能刺激观众打开的欲望。因此，针对同一个事物，在做选题时可以发挥团队中每个人的思维进行思考，不同的人看待同一件事情的角度往往不同。

头脑风暴，能帮助我们从多角度思考，找到创意的短视频选题。

4. 与用户互动

短视频要做好创意选题，往往不能忽视的就是和观众之间的互动，能够引起观众积极互动的选题，流量自然也不会太低。就以美食类的短视频为例，当我们教用户做一道复杂的菜后，用户只会夸赞这道菜很美观很有食欲，却不会跟着一起做。因为这道美食的制作过程太复杂，需要的材料也很多，这就不容易引起与用户的互动。相反，使用普通的原材料，几分钟就能做出的精美菜肴，却更容易让用户尝试，亲自动手制作。

因此，短视频选题一定不要忽略和用户之间的互动性，互动高的视频选题才是观众喜爱的。

不要妄想一个选题的点击量在一夜之间就能大增，高点击量的短视频背后，往往是内容创作者的精挑细选。找到更精准的、更有创意的短视频选题，才是创造优质内容的首要工作。

用户分析算法化

随着经济的飞速发展和科学技术的进步，我们逐渐进入大数据时代。身处这个时代，短视频新媒体运营者不能只把大数据当成茶余饭后的谈资，也不能只把它当作对未来的企划，大数据应该是当下必须把握住的战略级技术。无论是从新媒体经营的角度出发，还是从用户的视角看大数据时代，新媒体运营者都应该靠大数据来提高新媒体运营的效率。

总而言之，大数据时代的到来，让短视频充满了无限可能。

短视频新媒体是诞生于互联网的新兴产物，从它的社交特征中可以提取出大数据应用必须具备的特点，那就是增加用户和社群黏性。

人是社交动物，而且社交属性极强，从出生到死亡都会处在某种社群之中。比如在一个小区之中，大人多是待在家中休闲娱乐或做家务，小孩则多会跑到小区空旷地带一起玩耍，他们便形成了两个截然不同的社群。

随着互联网的兴起，社群的建立跨越了时空的障碍，其构成也变得越来越复杂，而对于短视频营销的目标用户来说，他们也是一个社群。

可是，短视频营销中如何才能科学地认识自己的用户社群，并且提高短视频新媒体和用户社群之间的黏性呢？这可并不是一件容易的事。

首先，新媒体运营者不能对短视频用户做到实时跟踪。从静态来看，短视频用户社群的人数庞大，不同社群的不同用户对短视频的观看习惯和喜好类型都各不相同。哪怕是彼此兴趣相似度极高的用户之间，在实际接触同样的短视频内容时，也会在具体行为上表现出些许不同。

其次，同样的社群里，用户对短视频的欣赏习惯和偏好也在时刻发生着变化，这是站在动态的视角上最值得注意的内容。可要想捕捉到这些变化，依靠传统的技术手段根本无法做到。

那么只有大数据，才能在面对内在复杂又时刻处在变化之中的用户社群时，对这个自组织化以及去中心化的环境进行全方位的分析，从而在统计出的数据中，找到增强用户黏性的最佳方案。

在日常的运营中，短视频营销人员若是能对大数据进行科学且充分的运用，不但能在后台有理有据地分析每一个用户，而且还能在前端有效地投放各种信息。具体来说，可以从两个方面入手（如图 3-1）。

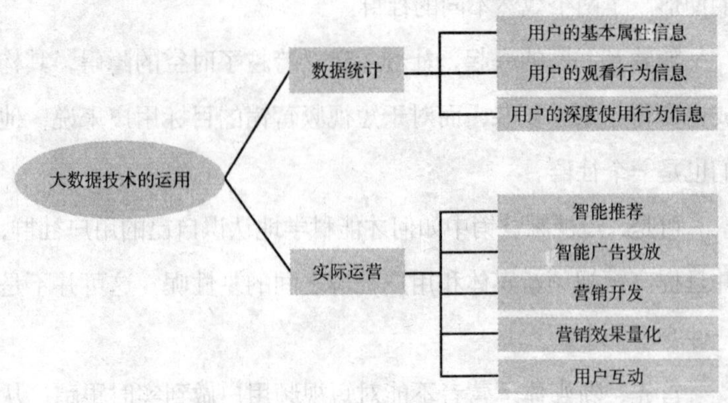

图 3-1　大数据技术的运用

1. 数据统计

大数据技术在各行各业的应用中，最为基础的功能就是数据统计，那在短视频领域也不会例外。短视频行业对大数据的应用，主要是围绕用户的运营而展开的。

（1）用户的基本属性信息

大数据技术通常用来获取用户的年龄、性别和其所处的地域，还有用户观看短视频所用的终端设备，以及所处的网络环境类型（WIFI 或 4G 网络，5G 网络）等信息。对短视频新媒体运营来说，越早获得用户的基本信息就越好，从而就能更早地对用户进行分类，这为后期进行更细致以及更具体的用户分类提供了最基本的素材。

（2）用户的观看行为信息

获取了用户的基本信息之后，短视频营销人员就需要对用户在实际观看过程中的行为进行量化统计。

比如：用户打开短视频应用登录账号、退出短视频应用的具体时间段，用户活跃度，等等。而且用户活跃度的信息中还要包含所关联的用户具体活跃天数以及每天活跃的时间等。那为什么要对用户观看和活跃时间进行如此细化的统计呢？主要是为了方便短视频新媒体能够更为高效地安排短视频的播放顺序以及新视频的发布时间。

此外，大数据技术还能获取用户观看的内容，其中包括用户在一段时间内观看的所有类型的短视频，还包括每个类型的短视频在该用户观看总量中的比例。能够准确地统计用户所观看的短视频内容，就可以直接让短视频新媒体了解用户的喜好。这不但有利于短视频营销人员更有针对性地推送短视频，还可以科学地引导短视频的创作。

（3）用户的深度使用行为信息

短视频营销人员除了要对核心用户的基本信息以及日常观看行为信息进行大数据统计之外，还应该对核心用户的深度使用行为信息进行专门的统计。深度使用行为信息除了用户搜索短视频的行为，还包括在观看短视频时的点赞、评论、转发等行为。而且，用户在新媒体平台通过观看短视频进行的直接消费行为更需要进行细致的统计。

核心用户的深度使用行为，不单单关系到维护工作，还关系到短视频新媒体的整体经营效益和流量变现。所以，营销人员在对深度使用行为信息进行大数据统计时，必须做到翔实和准确。

有一点需要注意的是，虽然利用大数据技术主要是对用户信息进行统计，但是并不意味着短视频营销把关注点完全放在用户上就可以了。实际上，一家短视频新媒体的经营状况不仅仅取决于用户的情况，还有可能受到整个行业的影响。所以，短视频新媒体在有余力的情况下，除了进一步提高自己的运营效率，还应该对自己的合作伙伴甚至是行业竞争对手进行实时的大数据分析与统计。

2. 实际运营

在完成了数据统计的工作之后，短视频营销人员接下来就要将统计数据结果运用到短视频新媒体的日常运营中来。因为数据本身并不能自动转化成效益，营销人员通过多种途径才能将结论转化为具体的行动。

（1）智能推荐

收集到了用户的基本属性信息和观看行为信息，对其进行梳理和分析之后，营销人员就可以筛选出最受用户喜爱的短视频类型，从而把这类短视频单独拿出来，放入新媒体界面的推荐栏之中，这样就实现了智能化的短视频内容推荐。

（2）智能广告投放

新媒体营销人员借助大数据技术掌握了用户的全部信息之后，就可以有效地针对用户的喜好与需要合理地投放广告，其中包括了投放的时间、投放的形式以及广告的内容等。

（3）营销开发

短视频新媒体营销人员可以凭借对用户深度使用行为信息的分析，更加科学、高效地策划营销活动。营销人员借助大数据技术的统计，可以让营销活动的主题、形式、时间和用户的习惯、喜好一一对应，通过这样策划出来的营销活动，在全面满足用户需求的同时，还能减少不必要的成本。

（4）营销效果量化

一般营销活动结束后，都需要评估营销效果，短视频营销在这方面依然可以运用大数据技术。量化后的统计数据不但可以直观地反映营销活动所获得的效果，方便营销人员进行比较。而且，量化后的数据还能变成实用的经验，为往后的营销活动提供非常有价值的参考。

（5）用户互动

不论是微博、贴吧，还是微信公众号，现在的短视频新媒体如果想持续地吸粉，就必须和用户进行互动。营销人员在与用户互动的过程中，如果使用事先通过大数据技术总结出来的有效方法和用户进行沟通交流，不仅能够迅速地获得用户的认可，而且还能更加直接地把握用户的需求。

无论是在理论层面，还是在实践层面，大数据技术在短视频行业取得的巨大推动作用，都是有目共睹的。相关的短视频营销人员只要通过对大数据信息进行整理和分析，就能够高效地实现信息流和经营之间的联通。

而只要能够有意识地对潜在的数据资产进行发掘，其自身就可以转化为显性的收益。因此，在大数据时代，众多的短视频新营销人员应该充分意识到大数据技术对自身的价值并在实践中充分利用。

内容驱动数据化

拍摄短视频，需要我们通过相机记录每一个画面。数据化运营同样是这个道理，记录下短视频发布后的各项数据指标，不但能够帮助我们看到观众的行为反馈，而且对日后短视频内容创作和运营都有着重要的作用。

由于播放时间短的特点，短视频需要在内容创作时着重考虑如何在短时间内快速抓住观众的视线，这在很大程度上促进了短视频创新力的提高。这种视频模式的转变，使我们更加注重内容创新。而对于很多短视频团队来说，找到最合适的内容方向和方式是面临的一大苦恼。一些比较火的内容方向，很多顶级大号已经做到极致并未留下太多余地。而做一些小众的内容方向，并不能在短时间内帮助我们快速积累流量。

我们将视频发布到线上，无非就是想要提高栏目的曝光度、视频点击量、视频播放量等，从而收获一定的利益。变现是我们的最终目的，但是无论选择什么样的变现方式，只有在初期通过内容积累一定的流量，才能实现后期的转化。

对于很多短视频团队来说，前期做内容，后期做电商，因此从一开始就需要切入用户细分群体中，而这就很考验团队的数据挖掘能力。那么，我们需要如何通过数据来调整短视频内容运营这一环节呢？下面我们就一起来具体分析一下。

1. 互动数据

通过分析短视频投放后的数据，为我们优化视频内容提供帮助。因此，一定要定时将后台数据导出并进行仔细分析整理。例如，可以将时间限制在一个月或一星期内，将该范围内我们投放过的短视频数据进行导出。看看哪些短视频的点击量高、哪些评论数量高、哪些收藏次数多等。通过对这些数据整理之后，再进行先后排序。对排名处于前几位的短视频进行分析，总结它们都具有什么特点。

播放量和评论量是观众和短视频之间互动的数据表现，除此之外视频的转发量、收藏量也都是观众互动的表现。通过对这些基本数据的分析，就可以很直观地看出观众喜爱什么类型的短片，这就为我们今后在短视频内容方向上做出选择。通过对互动数据的研究，我们总结出好视频有以下特点：

（1）评论数量高

评论数量高的短视频，就表明该视频的内容能激发观众强烈的表达欲望，说明观众被视频内容中的槽点所触发，从而引发讨论。那么下次在创作短视频的时候，就可以再加入一些能够引起讨论的点。

（2）转发量高

高转发量的短视频，说明了该视频内容有较强的传播性。

观众想推荐给其他人或者以此表达自己的个人观点和态度。那么，我们就能大致掌握观众们的心理或性格特点，对日后选择内容创作话题有很大的帮助，不断创作出符合观众口味的短视频。

（3）收藏量高

观众发生收藏视频的行为，就极大说明了视频内容对他们有意义、有用，收藏之后还会发生再次观看的行为。分析收藏量的同时可以结合转发量数据进行思考，收藏量高而转发量低，就可能说明视频内容传播具有一定的局限性，可能涉及用户的隐私。

这些基本数据的分析，对短视频内容策划是很有帮助的。多次的数据比对，可以帮助我们实现对短视频内容的不断优化，让其越来越趋近于观众的喜好。只要被观众青睐，那么，观众自然也会因为喜爱视频内容做出相应的反馈行为，这样一来就不用担心流量问题了。

但是需要注意的是，当我们多平台同时进行视频投放时，要尽量选择推荐平台的数据进行统计分析。因为在推荐平台上发布短视频，平台推荐量是不受平台工作人员的个人意向影响的，而是完全依靠观众行为进行判断。所以，要选择像今日头条这类推荐平台的数据，才更加真实有意义。

2. 播放完整率

除了第一点提到的基本数据以外，还应该注意短视频的播放完整率这一数据。视频的播放量、评论量、转发量等数据更加倾向于用户对视频内容的喜爱程度的表现，而播放完整率则是最能直观反映视频效果的重要指标。

对于短视频内容创作者来说，通过对该数据的研究找到播放过程中，用户最集中的跳出点进行分析。为了提高观众播放视频的完整性，结合跳出点的时间，将短视频的内容加以整合，在观众选择跳出视频播放之前，用内容吸引住他们的目光。

视频开头要避免冗长复杂的叙述介绍，要让视频内容更快地切入正题，让观众有看完短视频的欲望。而对于视频后续结尾的介绍，也应该尽可能地压缩时间，考虑将这部分融入视频内容中去体现。

一个短视频的播放完整率高，那么就说明该视频的内容很吸引观众，观众希望看到视频的全部内容。而要提高观众对内容的喜爱，不但要求内容选题有特色，同时也要正确把握好视频播放时间，将最精华的内容浓缩到最短的时间内，这才是对短视频内容最好的把控。

3. 退出率

短视频的退出率高低和内容也有很大的关系。一般来说视频退出率高有两种原因：一种原因是，视频的内容对用户来说没有吸引力，观众没有往下看的欲望自然就选择退出；另一种原因是，短视频标题很新颖很吸引人，但是视频的内容和标题却不相符，观众心理落差大当然就退出了。

很多团队为了追求高数据量，就会夸大标题，反而得不到实质性的效果。因此，在内容方向的选择上，一定要根据团队的定位选择用户喜爱的话题内容。可以多结合一些事实热点话题，让短视频的内容更加的新颖、丰富、有趣。这样才能更加吸引观众，降低视频的退出率。

另外，在保证短视频内容质量的同时，也不要忽略标题的影响，要根据内容取标题，才不会出现题文不符的情况。退出率是检查视频内容是否受欢迎的重要指标。

几个简单的小数据就能让内容驱动更数据化，数据有依有据，才能帮助我们不断优化短视频内容，为内容的方向和选择提供帮助。不仅仅是今日头条，越来越多的视频平台都开始为短视频团队提供更加详细精准的视频播放情况数据。

除了关注上面的几个数据之外，后台提供的每一个数据都可以进行分析，挖掘数据、分析数据是短视频运营的日常工作。只要完整地分析数据，从中发现问题，都有利于我们对视频内容的优化分析。只有对这些数据进行详细的分析，我们才能挖掘出用户真正喜爱的内容，并将这些内容准确地推荐给用户，以此不断地吸引用户，增加用户黏性，反过来，这对视频内容的生产也会起到引导作用。

04 策划先行：好策划才有好作品

无论是新媒体运营还是商业运作，策划都有至关重要的作用。对于短视频而言，策划是为了更深层次地诠释内容，将作品的中心思想表达得清清楚楚，实现资源的优化配置。不同的策划水平直接关系到后期的各种活动，因此只有好策划才能有好作品。

按照大纲安排素材

对于每个运营者来说，拥有自己的素材库是很有必要的，但是仅有素材不行，还需要会选择素材，安排好每次短视频拍摄需要的素材。而素材的安排就要根据短视频内容来进行选取。在策划拍摄短视频时，我们会对主题内容进行一个大概的规划。

大纲属于短视频策划过程中的工作文案，因此写作大纲一定要注意把握两点要素：一点是要在大纲中呈现出短视频的几点要素，包括：主题、情节、人物、结构等，另一点是要能一目了然地看到短视频所要传达的信息。

一个合格的大纲必须要包括以上几个方面，才能在接下来的策划工作中为短视频安排相应的素材，从而丰富短视频内容。短视频最重要的就是素材，如果视频素材选择合理，视频标题不是太烂，那么短视频播放量也就不会太差。

相反，如果素材安排不恰当，即使标题再好，播放量也不会高到哪里去，因此就要按照大纲的几点基本要素安排素材。

1. 主题

大纲中必须包含的一个基本要素就是主题，主题就是短视频所要表达的中心思想，可以简化成一句话——你想要向观众传递什么信息。主题是最容易被忽略的，但却是决定短视频质量的关键。

每个短视频，都是在表达某种中心思想，而素材就是中心思想的支柱。有了支撑点、依靠，才能撑起主题，才能使短视频更有说服力。因此，在安排素材时一定要紧扣视频主题。我们经常会说“量体裁衣”，套用在这里就再合适不过了。

即刻视频在制作“真味法国系列”短视频时，为了突出以法国为主题，就与法国团队合作拍摄，让画面更地道。整体短视频拍摄背景都是法国的都市街景，在背景音乐素材的选择上也以法国情调的音乐为主。视频以法式风格为主，包括视频中出现的文字素材也都是用法语的形式体现出来。

除了“真味法国系列”，即刻视频每拍摄一个系列的视频，都会结合相关主题，选择相关的拍摄素材，连画面背景音乐都紧紧围绕主题。

如果说大纲的中心思想是“体”，那么要选择的素材一定是要和主题有着密切的关系且合适的。素材的选择不在于多少，而在于是否能真正地表达短视频内容的主要思想，使主题更加鲜明。

主题是短视频的中心思想也是创作者的拍摄意图，即使是相同的物、相同的事件、相同的景色，由于创作者的拍摄意图不相同，那么素材的安排选择也就大相径庭。因此，在为短视频安排素材时，一定要符合主题表达的内容，明确短视频的风格，要毫不犹豫地剔除与主题没有直接关系的素材。

2. 故事情节

大纲中的故事情节包含了两部分，一部分是故事，和我们写文章经常会提到的六要素一样，包括：时间、地点、人物、起因、经过、结果。另一部分就是情节，是指短视频中人物所经历的波折。

故事情节是短视频拍摄的主要部分，而素材的收集也是为这一部分而准备的，拍摄需要什么样的道具，视频中人物需要什么样的造型，什么样的背景，什么样的风格，什么样的音乐，都是通过故事情节而定的。

通过设定主题，可以有初步的拍摄思路，筛选出适合的素材，而对故事情节的了解，就能更加精确地挑选出合适的素材，并且能在现有素材的基础上进行创新。

只有在弄清楚故事情节的发展之后，才能运用各种各样的素材内容来丰富视频。除了在拍摄时要根据故事情节选择素材，在后期剪辑时，剪辑师也需要弄清楚故事的整体脉络，才能知道哪些素材剪辑到一起更合适。

3. 短视频题材

短视频大纲内容还包括对视频题材的阐述，不同题材的作品有不同的创作方法和表现。短视频的产生时间虽说不长，但是早就山头林立了，各种题材应有尽有。而我们常见的就有：幽默类、生活技巧类、数码类、美食类等。

不同类型题材所对应的素材各不相同，这里以科技数码类的短视频为例。数码类产品本身具有复杂性，且更新速度较快，虽然能够给我们带来源源不断的各种素材，能够保持观众的持续关注，但是在这类视频拍摄时，一定要注意对素材的时效性进行严格的把控。这就需要获得第一手的素材，快速进行处理、制作然后进行传播。

针对科技数码类的短视频，早一秒播出带来的价值是极高的。因此，在安排素材时一定要紧贴视频题材，根据题材的特点来搜集素材。

在短视频策划初期，大纲所传递出来的信息是至关重要的，大纲的内容大致为拍摄建立了一个框架结构，无论是后期拍摄还是安排素材，都和大纲有着千丝万缕的联系。按照大纲的方向一步一步进行才能保证短视频拍摄的质量。

在脚本与剧本中取舍

脚本和剧本是短视频策划中存在的两种截然不同的表现方法，虽然表现出的内容存在差异，但是很显然它们都是为了服务于视频剧情而存在的。脚本侧重于表现故事脉络的整体方向，相当于主线。

与脚本不同的是，剧本呈现出的内容更加详细，除了包括视频内容的整体脉络，还加入了各种细节因素，甚至包括短视频内容发生的时间、地点、人物动作、对话等细节。

在策划短视频时，对于脚本还是剧本的选择也是非常重要的，要根据实际情况来做考虑。短视频最大的特点就在于短，将主题浓缩在小部分时间里，既保证主题明亮又保证内容精简。因此在短视频策划时，大多创作者都会选择脚本进行最初的规划。

脚本可分为文学脚本、分镜头脚本和拍摄提纲 3 种类型，每种类型所使用的短视频类型也各有不同。

1. 拍摄提纲

拍摄提纲相当于为短视频搭建出一个基本框架，在短视频拍摄之前，将需要拍摄的内容进行罗列整理出来，类似于提炼出文章的主旨。选择拍摄提纲这类的脚本，大多是因为拍摄内容存在着不确定因素。

摄影师提前做好大致方向，在拍摄的过程中可以根据实际做灵活处理，因此这种类型的脚本更适用于纪录片或故事片的拍摄。

拍摄提纲对脚本内容没有刻意的限制，摄影师允许在现场自由发挥。但是，对短视频后期的修改指导却是有限的。因此在选择脚本类型时，要考虑到我们拍摄短视频的方向和内容，是否存在诸多的不定因素。

只要不存在这方面因素，就最好不要选择该类型。否则，会给后期制作、修改的时候带来不必要的麻烦。

2. 分镜头脚本

在脚本的三大类型中，分镜头脚本是最细致的。每个分镜头脚本的写作会将视频中的每一个画面都体现出来，包括对镜头的要求也会一一写出来。分镜头脚本创作起来是最耗费时间和精力的，也是最复杂的。

而快餐时代，人们越来越重视时间消耗和效率，短视频正好具有满足人们这种心理的潜质，内容精简、信息量大、主旨鲜明、生动形象。因此对于一般的短视频而言，拍摄内容不会很复杂，因此选择分镜头脚本进行策划比较少。

分镜头脚本对视频的画面要求很高，更适合一些类似于微电影的短视频所使用，这种类型的短视频由于故事性强，对视频更新周期没有严格限制，创作者有大量的时间和精力去策划，因此完全可以使用分镜头脚本，既能保证严格的拍摄要求，又能提高拍摄画面的质量。

3. 文学脚本

文学脚本是在拍摄提纲的基础上增添些细节内容，更加丰富完善脚本。文学脚本和上面两种脚本类型相比，更加灵活，它会将拍摄中的可控制因素罗列出来，而将不可控因素放置现场拍摄中随机应变。因此在时间和效率上都大大提高，很适合一些不存在剧情，直接是画面和表演的短视频。

例如罐头视频就是运用这种脚本方式，罐头视频属于生活类的短视频，每期视频会向观众展示一种生活小技巧。视频内容直接就是画面和手动操作的过程，不存在剧情表演。因此在拍摄时重点更加倾向于对镜头的控制和要求，这也是文学脚本的一大特点。

3 种脚本分类分别适用于不同类型的短视频，但并没有具体地划分哪些短视频适合哪种类型的脚本。短视频策划时脚本追求的是内容尽可能丰富完整，化繁为简。因此很多人在策划短视频时并非严格按照每个类型的脚本要求进行写作。而是选择介于脚本和剧本之间的一种新的改良方式，我们都知道脚本更倾向对画面的设计，剧本更加偏重于情节的把握。短视频形式多样，单纯的脚本形式或剧本满足不了创作，因此需要二者相互结合。

《陈翔六点半》以幽默情节短剧为定位，一度在互联网短视频中崛起，数次跃居头条短视频营销力排行榜的榜首。他们的成功离不开团队策划、合作。

就拿六点半团队来说，他们策划中使用的脚本形式就是介于脚本和剧本之间的一种新形式，《陈翔六点半》的每个短视频都包含了场景表演，涉及了人物对话、动作、旁白等，因此常规的脚本形式不能满足需求。

除此之外，在后期的修改制作时，还会将剧中人物的声音进行特殊处理，这也是剧本中所涉及的内容。类似于《陈翔六点半》一类的短视频，由于包含情境表演的内容，因此在创作脚本时更加注重对人物的刻画。而对人物的设计就属于剧本的范畴了。

对于一些剧情表演和技能表现结合的短视频，选择这种介于脚本和剧本中间的改良方式，不但能满足对画面的设计，而且加上对话还能体现视频的故事情节。

在脚本和剧本中取舍，不应该过于刻板，要结合短视频的特点，对脚本做出一些创新和改良。不要局限于脚本的条条框框，将视频创意的拍摄细节、思路、人物对话、场景等内容丰富到视频脚本中，将一切需要的内容留下，那些不可控的，没有用处的内容全部去除掉。这样一来不但节省时间和精力，而且还能让短视频获得最好的效果。

总而言之，对于短视频脚本，在保证精简的同时还要力求内容的丰富流畅。根据每次拍摄视频的特性，选择适合的脚本类型。

镜头流动：引导观众，营造影响

镜头的移动牵扯到视频中空间、时间的变化，而观众在观看视频时所感受到的时间变化与节奏变化，都是因为镜头流动而产生的。短视频是以镜头为最基本的语言单位，而流动性就是镜头主要的特性之一。

镜头的流动性除了表现在拍摄物体的运动之外，还表现在摄像机镜头的运动。每个事件都有其事态发展的过程，而在短视频中就是通过镜头流动，将一切事件的发展过程如实、流畅地表现在屏幕上，让短视频的视觉表现力增强。通过镜头流动可以使画面更加充满魅力，引导观众并且营造出独特的意境。

1. 镜头角度

镜头角度的选择，也是镜头流动性中包含的一方面。镜头的角度对短视频画面呈现的效果尤其重要，角度可以是正面、侧面和背面。不同角度的拍摄，镜头带来的作用也会有所不同。而短视频运营者选择的拍摄角度通常也代表着对视频内容的看法。

（1）鸟瞰式

鸟瞰角度就是直接从被拍摄物的正上方拍摄，属于高角度的镜头拍摄。鸟瞰式的镜头角度会营造出震撼宏伟的感觉，给观众一种全知的感觉。

二更视频出品的名为《一个人的美食：重味道的暗黑料理》的短视频纪录片，主要介绍如何将 3 种奇臭的食材结合形成一道新料理。片头部分就运用了鸟瞰式镜头。

视频开头主人公自述为了寻找美食不会在乎花费的时间和精力，跋山涉水也要找到。此时画面就选择鸟瞰式镜头，周围的自然环境占据画面大部分，而主人公的身影就显得极其渺小，会让观众觉得目的地很偏僻，路途很遥远，让观众有一种置身于其中的感觉。

这种角度的拍摄方式，会使周边的环境占据镜头的大量面积，而使视频中的关键人物显得格外渺小。使观众觉得视频中的人物要被环境吞噬，从而才能表现出视频中人物的无力、无助、陷入困境等情况，营造一种紧张的气氛，引导观众身临其境。

用这种类型的角度拍摄，是为了突出环境而减少角色的重要性，从侧面刻画角色的卑微、害怕。

（2）仰角式

和鸟瞰式角度相反，仰角镜头会增加短视频中被拍摄物的高度，也更加容易突出主角的重要性。在很多短视频中，仰角拍摄多用于对人物形象的刻画，仰视的角度通常会让观众产生恐惧、尊敬、高大、庄严、带有威胁性的感觉。

同样还是运用二更的例子——《这女人真会演》，短视频的主人公是被我国香港地区的媒体称为“舞台剧女王”的焦媛。视频为了称颂她为了舞台剧执着奉献的事迹，多次运用了仰角式镜头，从视觉上突出了人物形象的高大威严，让观众对她产生由衷的敬佩之情。

仰视角度都带有垂直感，让被拍摄物从观众面前开始推进，使观众站在主角的视角，引导观众在心理上产生同样的感觉。这类型的镜头角度是很常见的，而这个角度的拍摄大多都是为了强调英雄主义。

（3）水平式

水平式的拍摄角度是很多短视频都在运用的，这种镜头角度拍摄后的视觉效果和观众平时生活中观察事物相似，观众看到的人或物不容易变形。选择水平镜头角度，大多会让观众感到公平、公正、冷静、客观。

短视频会选择这类角度，而不选择带有主观意识的镜头，大多是为了向观众传递自己的价值观，不对视频中的事物展开价值判断，和剧中主体保持平等对待的状态。

运营者不通过镜头角度传递自己的价值观，只是为了引导观众自己做出判断。水平式的角度更加有利于客观、全面地表现出视频中人物的真实面目。

（4）倾斜式

倾斜镜头是比较特别的一种拍摄角度，这样的拍摄会让视频中的人看起来快要摔倒了。这种角度的镜头拍摄是最不常用的，因为倾斜式镜头角度拍出来的画面，会给观众心理上带来压迫、焦虑的感觉。倾斜式的角度比较适用于一些暴力的情境，会成功地引起关注，带给观众焦躁不安的感觉。

除了以上 4 种基本的镜头角度外，还有很多处于以上两种角度中间的。镜头角度的略微变化，可能要表达渲染的情绪就会变化，虽然是同样的人或事，但给观众带来的感觉和要向观众传递的信息就会有所不同。

2. 镜头流动速度

对于很多拍摄短视频的摄影机而言，本身就可以制造出一些特定的效果。镜头流动速度可以让短视频更加有节奏感。假设镜头快速地从一个事件移开，观众在不知道剧情的情况下就产生极大的好奇心，想知道到底发生了什么事。

而很多短视频拍摄中，为了增加视频的悬疑效果，给观众展示一些没有预期的东西，摄像师就会放慢镜头流动的速度，刻意延缓从而满足观众的期待。为了给观众呈现出不同的视觉效果和气氛营造，都可以通过镜头流动速度来控制。

在叙事性的短视频中，镜头的流动速度都是根据情节的需要进行调整的。镜头流动快速向前可以更突出某一关键人物，而镜头缓慢后行，将整个场景中的人或是物置于同一个画面，有利于突出某些关键重要的信息。

总而言之，镜头流动速度会使短视频更具有表现力，如犹豫悬疑式镜头、宏伟壮观式镜头等。镜头流动速度能明显控制观众对视频的感受，能轻易地将观众引导到视频中的特定情境中，给用户带来不同的观看感受。

3. 镜头切换

短视频拍摄时，我们需要将所有的拍摄素材进行串接形成完整的片子，这就会出现我们经常看到的画面切换的效果。过多的镜头切换会打扰到沉迷于视频中的观众，不但会让观众对某一段时空的信息产生空白，而且会增加眩晕感。

镜头相当于一门语言，视频中的人物特点、表情变化、情绪波动等，都可以通过镜头表现出来。因此，在切换画面的选择上，尽量选择视频中的转折部分作为前后的衔接点，从而保持视频内容的流畅性。

镜头切换一定要考虑到前后的逻辑性，合理过渡才能引导观众按照拍摄的思路去观看视频。

4. 镜头焦距

焦距在短视频中起到润物细无声的作用，每一个画面的焦距使用都是为了视频能更好地呈现出来。焦距正常的镜头如同人的眼睛一般，是最常用到的镜头。而除了标准镜头，很多短视频拍摄也会运用到其他类型的镜头。

长焦镜头会压缩事物之间的距离，适合引导观众进入到一种紧张的情节中，使画面更加逼真。和长焦镜头对应的还有短焦镜头，短焦镜头的视觉效果和长焦相反，镜头离画面主体很近，比较适合运用在情感表达的画面上，这样才能让观众感同身受。

而介于以上两种镜头中间的还有中焦镜头，这种镜头的使用不但可以让观众的视觉更放松、舒适，而且使用起来更灵活些，可以根据环境的不同自由选择。

焦距是短视频拍摄过程中最重要的元素，选择不同焦距的镜头，在很大程度上会影响整个短视频画面的构成和达到的视觉效果。

镜头流动带给观众的是不同视觉效果的画面。要想策划好并拍好短视频，镜头流动是必须要考虑到的一个问题。我们要清楚地知道如何运用不同的镜头焦距、角度、流动速度、切换，去打造出一个有意义并符合预期的短视频。

镜头就像一种语言艺术，要尽可能地通过镜头的表现力去替换旁白字幕的使用。

背景音乐：与画面呼应，强化音乐感

为短视频配乐是一件令人头疼的事情，因为不存在固定的公式模式，所以大多时候只能凭借主观意识去选择音乐。不同人偏好的音乐风格大有不同，因此短视频成片后的效果也是完全不同，说到底给短视频配乐就是一件仁者见仁，智者见智的事情。

合适的背景音乐，不但能增强短视频画面传递的感情，还能让视频更有代入感，调动观众的情绪，满足用户视觉与听觉上的享受。

当然，要选择和视频成片匹配的背景音乐，还需要短视频运营者掌握足够丰富的音乐素材，然后才能挑选出符合成片风格的音乐。虽然挑选背景音乐有很大一部分是根据个人主观情绪来选择，但是其中存在的门路技巧还是有迹可循的。

1. 音乐节奏感

短视频的播放节奏和内容上的情绪大多都是通过背景音乐带动起来的，不同于普通的叙事类视频，短视频的画面更有冲击力。

而这种冲击力的表现，主要是通过背景音乐和短视频画面节奏的相互匹配。一段音乐都有不同层次的转换，而这个时候也正是短视频层次转换的时候。在后期对短视频精剪时，画面的切换要跟着音乐的节拍去剪，这样才能让画面更带感。

既保证背景音乐与短视频内容相互呼应，又能强化音乐感，让画面和背景音乐毫无违和感。精彩的短视频都是张弛有度的，因此，对背景音乐整体节奏的把握也应该是有高有低、有缓有急的。快节奏的背景音乐配合着短视频画面，切换得快一些，才能让画面看起来是随着音乐进行舞动。

2. 音乐类型的选择

上一点中我们提到了音乐的节奏要和短视频的画面互相匹配，但是在音乐类型的选择上也不要一味地追求节奏和所谓的“感觉”，从而忽略了音乐对视频内容造成的隐性干扰。短视频中添加背景音乐，只是为了在视觉的基础上，让观众的听觉也动起来。通过两者的结合，让视频中的剧情更加震撼。

背景音乐起到的只是辅助配合的作用，在音乐类型的选择上要更倾向于突出短视频的主要内容。纯音乐是常常用来做背景音乐的，因为纯音乐和其他类型音乐相比自身带有的感情色彩较少，避免观众将注意力由视频内容转移到背景音乐上。

3. 内容表达一致

很多音乐的歌词内容和短视频之间并不存在关联，甚至音乐中所要表达的内容和视频的主旨思想相违背，这样的背景音乐反而会给短视频带来一定的负面影响。在选择背景音乐的时候，一定要清楚音乐所表达的内容。

而对于没有歌词的音乐，尽量选择风格和短视频贴近的作品。背景音乐的选择关系到主观情绪问题，短视频配乐要考虑到情绪设置的对象，是视频中的人或者是一个画面，然后再根据特定对象的情绪来选择背景音乐。

4. 丰富的素材库

短视频运营者需要有丰富的音乐素材库，但是对于有实力的团队来说，请专业人士为短视频量身定做背景音乐是再好不过的选择。而对于很大一部分缺乏资金的团队来说，使用现有的音乐才是最佳的选择方案。

要想让背景音乐和短视频完美结合，需要有丰富的素材资源。总体而言，为短视频添加背景音乐是一个由难到易的过程，需要运营者多听、多积累，才能培养出一定的乐感。

05

拍摄制作：寻找质量与成本的平衡点

所谓“工欲善其事，必先利其器”，要想拍摄出优质的短视频，对于器材与拍摄绝对不能忽视。面对不同种类的器材，应该如何选择、如何应用，是考验制作团队的大问题。同时，每个短视频所表现的场景都是不同的，需要的场景不同，选择的光线设置和拍摄技巧也要有所差异。本章将对这一方面的内容做出详细的介绍。

拍摄器材的选择

拍摄短视频一定要正确选择摄影机，一般可以从资金预算、摄影机功能和短视频题材几方面综合考虑。

1. 选择拍摄器材时要考虑团队的预算

短视频团队在选择拍摄设备时，可以从拍摄器材的预算上考虑。

（1）预算为零

预算只有零元的话，就只能使用手机来进行短视频的拍摄了。如果一个短视频创作团队刚刚起步，没有多余的预算，可以采取这种方式来节省开支，把主要的资金都放在视频内容的创作上。创作团队处在初期阶段，还不需要购置太高档的摄像设备。

现在市面上的手机所具备的摄像功能基本上能够满足团队的创作需求，而且手机还可以下载许多不同的软件，也可以满足短视频团队对视频进行文字、图的特殊处理需求。因此，在团队资金不是非常充足的情况下，手机是完全可以替代其他拍摄设备的。

（2）预算为 3000 元左右

即便手机所拍摄的视频效果并不会很差，但和专业的摄像设备相比也还是有一定差距的。所以如果短视频团队发展到了一定的规模，但拍摄的场地还不是很大，对动态镜头的要求不高的话，可以考虑入手一台单反相机，比如佳能 800D 系列的单反，镜头是 18 到 55mm 焦距的，价格也比较实惠。并且单反相机操作起来也算方便，对使用者的水平要求并不高。

（3）预算为 7000 元以上

当短视频团队的资金非常充足，而且对短视频内容以及画面质量的要求非常精细，那么就可以入手一个品牌的一系列相机，想要相机配置高级点的可以选择 800D 系列，镜头焦距在 18 到 135mm 的单反相机。而这样做的目的就是，两台相机配合使用，而且同一品牌的系列相机，能够避免光线不同所导致的色彩上的差异，同时也可避免短视频团队花费大量时间去适应新的机型。

除了这些，当然也可以选择直接购买一台业务级别的摄像机。因为业务级别的摄像机通常都是集成度非常高、非常专业的拍摄设备，当然，相应的价格也会提高，一般都是万元起步。

2. 选择时要考量拍摄器材的功能

一部视频的画面清晰度、色彩以及流畅程度，往往是由拍摄器材所决定的，所以如果想拍摄一部能够快速吸引用户成为“粉丝”的短视频，第一就要先知道在拍摄短视频之前，这部视频的创作到底适合用怎样的拍摄器材来拍。由于社会科技水平逐步提高，视频拍摄器材的科技含量也越来越高，所以想要选择合适的设备，首先要考量的就是它的便捷度和操作方式，而且要知道，不同的人所追求的拍摄效果也都是不同的。

优质的画面通常都是由精良的拍摄器材呈现出来的，这非常有助于提高用户的体验。因此对于一个短视频团队来说，设备的选择可从以下方面着手。

目前大家所熟知的短视频拍摄器材有手机、摄像机、单反相机这三种类型的设备，那么如果想要短视频最终的播放效果符合心理预期，所使用拍摄器材的功能就显得尤为重要了。以下，可以了解到刚才提到的拍摄器材具体有哪些不同的拍摄效果。

（1）清晰度上有所区别

在创作短视频的时候，视频的清晰度是最关键的。现在人们观看的短视频的画面大多是彩色的，假如说拍摄的短视频画面清晰度很低，那么即便画面的配色再绚丽，即使内容做得再好，用户的观看体验也是很难得到提高的。好在，现在的智能手机如苹果、三星这些昂贵的高端机，摄像头已经异常强大了，乃至超过了一般的摄像机设备，比如索尼 PJ610 这款摄像机，虽然说是全高清，然而画面的清晰度也就只能达到 720P，不过 PJ820 在清晰度上就比 PJ610 好了许多。

（2）不同设备在变焦上有所区别

拍摄器材在功能选择上还有一个重要的因素，那就是变焦。变焦实际上可以分出许多种类来，比如说数码变焦、光学变焦、双摄变焦等。表面上说起来，在望远拍摄要放大远处的物体时，需要使用这几种变焦能力，可实际上能够在放大图像的基础上保持缓慢的清晰度就只有光学变焦能做到。

根据被拍摄物体的位置远近不同，需要使用的变焦倍数也是不一样的。一般情况下，越是远距离的拍摄越是需要更大的变焦倍数。然而市面上的很多智能机说是都具备变焦功能，可是碍于技术条件和手机自身体积限制，它们更多地采用了数码变焦方案。

但是数码变焦只是强行把取景的图像放大了而已，并没有改变镜头的焦距，这就是为什么有人在非常远的观众席上用手机拍大型演出或是体育赛事的时候，虽然采取了数码变焦，可拍出来的画面还是难以辨别出人像。

至于摄像机以及单反相机这些专业级别的拍摄器材，是能够更换镜头的，所以在变焦这项功能上它们有更多的选择。只要根据被拍摄物体的远近距离，选择不同的镜头以及变焦倍数，那么拍摄出来的作品就会有更高的清晰度，也会更加真实。

如上所述，只要可以满足短视频团队的日常拍摄需求，选择手机这种简单的拍摄器材就好。

而如果是要根据不同场景选用不同镜头和变焦倍数，就只有单反相机或者是摄影机这些专业级别的拍摄设备才能满足短视频的拍摄需求。

（3）不同设备在防抖上有所区别

在手持设备拍摄的过程中，人的手是会抖动的，那么为了减少甚至是防止视频在拍摄过程中由于抖动而造成影像模糊的情况，就需要防抖功能的介入。通常拍摄环境的光线较好时，防抖功能不能发挥显著作用，但是当拍摄环境的光线比较暗的情况下，画质的提升就需要依赖防抖功能了。

拍摄设备中常见的防抖方式有两种：电子防抖和光学防抖，

防抖功能的加入虽然可以提高画面质量，然而并不是每一个设备都具备防抖功能。

而光学防抖又可以分为机身防抖和镜头防抖。机身防抖就是直接在设备上添加一个抖动的感应器，它能够感应到抖动的幅度，接着移动感光的组件，从而抵消抖动产生的影响。而镜头防抖就主要是在拍摄器材镜头内部安装一组能够活动的 PSD 镜片，这样每当在拍摄途中出现了抖动，设备就能够自动检测出抖动的方向，从而移动 PSD 镜头到抖动所在的方向上，弥补抖动所带来的影响。不过这样的设置是非常复杂的，而且成本非常高，所以只有在那些高端的摄像机上才会配备。

而 CCD 防抖，也就是电子防抖，采取的是数字电路来对画面进行防抖处理，而这项技术实际上就是通过降低画面质量来弥补拍摄过程中抖动所造成的影响。

电子防抖所需要的技术成本是非常低的，所以许多的普通数码相机都有电子防抖的功能。而如果拿电子防抖和光学防抖进行比较的话，无疑是光学防抖更胜一筹。

智能手机还在不断地发展进步，越来越多的品牌手机也都加入了光学防抖的功能，一般由于手抖造成的模糊的问题都可以解决。虽然手机加入了防抖功能，可是效果仍然没有单反相机以及摄像机那么好。

那么，在选择拍摄设备的时候，若是需要用到防抖功能，就尽量不要选择只有电子防抖的设备了，因为电子防抖的效果都不如一般的卡片机，最好选择有五轴防抖功能或者有光学防抖功能的设备。

（4）不同设备之间在便携实用性上有所区别

单单从拍摄的时长来说，一部手机的电池所能支持拍摄的时长是远远不如专业的摄像机和相机的，但手机却是拍摄设备中最具便携性的。

虽然有一些口袋摄像机，在便携性上比手机还要好，但是这类口袋摄像机的光圈会很小，采取的也是定焦，在实际使用过程中可能还比不上手机。

（5）不同设备之间像素有所差别

构成图片与影像最小最基本的单位就是像素了，一般来说，像素都是以英寸为单位的，表示的是图像的分辨率大小。要是把一张图片或是影像放大来看，上面全都是一个个小方点，这些小方点就是像素了。拍摄器材的颜色越丰富，所需要的像素位数就越高，这样拍摄出来的画面也就越真实。

在许多手机、相机和摄像机等设备的配置说明上写明的像素信息，其实指的是这个设备所支持的有效范围里最大的分辨率。许多人单纯地认为拍摄设备的像素越高，画质也就会越好，实际上，这是一个误区。

现在就用手机和相机举个例子，视频拍摄的时候所截取的其实是中间的像素，比如采用两千万像素或一千两百万像素的相机一起进行视频拍摄时，一千两百万像素的相机截取的是传感器六分之一的像素进行视频拍摄，而两千万像素截取的则是十分之一，这样下来在感光性上就差了很多。

现在市面上的主流手机的像素都保持在一千两百万像素左右，有部分手机的像素都已经达到了两千万甚至还能往上，这样的手机已经能够满足大部分短视频团队的拍摄需求了。

相比之下，单反相机的像素大多还停留在一千五百万上，那些有更多专业需求的短视频团队也可以选择两千万以上像素的单反相机。拥有这样配置的单反相机，完全能够满足短视频团队的正常后期处理。

而许多摄像机的像素基本保持在三百万左右，因为摄像机主要拍摄的还是动态的画面，所以要考虑的是画面的流畅程度，像素太高的话反而会导致视频在网络上播放的时候出现卡顿的现象。

当然，选择拍摄器材不要只把像素作为唯一的参考，应该结合许多功能综合考虑，最终才可以选择适合的拍摄器材。一般来说，现在市面上的手机、摄像机、单反相机的像素都是可以满足短视频团队的拍摄需求的。

（6）不同设备的手动功能有所区别

手机主要是被当作一种通信工具而并非是专门的拍照或者录像的工具，所以它的手动拍摄功能非常有限，一般只有闪光灯、快门延时、手动定焦、放大缩小和滤镜选择这些简单的功能。

而摄像机和单反相机就恰恰相反，它们的手动功能非常多。在单反相机上，你可以看到非常多的功能按键，其中包括菜单功能键、照片浏览、照片回放、照片删除等基本功能，此外，还会有手动功能转盘、快门按键、手动调节光圈等等。

使用者可以根据不同的拍摄需要来任意切换功能，比如在晚上拍摄视频，可以把快门的速度从 1/25 秒改成 1/6 秒。那么感光度便会降低到八百，从而让视频的画面变清晰。而摄像机就更不同了，它属于高端的专业级别的拍摄器材，相比前面提到的那两样设备，它的手动功能更加丰富。

不管是光圈调节、镜头调节还是灯光调节，摄像机基本包含了单反相机和手机的所有手动功能，而且，不同品牌的摄像机，又会有各自特有的功能。换句话说，摄像机基本上可以满足短视频团队拍摄的所有需求。

3. 选择拍摄器材时需要考虑短视频的题材

短视频团队在器材的选择上虽然需要考虑到器材的功能以及资金问题，然而也还是需要配合短视频内容的需求来选择，所以短视频拍摄的题材也要考虑进来。

（1）题材是微电影或是情景剧

通常这些类型的短视频都是故事性较强的，所以在画面的表现和画面质量上有较高的要求，对拍摄器材的要求也自然而然要高许多。一般这类题材的短视频都需要拍摄较长的时间，因此在选择上更倾向于一些便携的拍摄设备。考虑到这些因素，可以大致把选择范围放在手机或单反相机上。

像情景剧和微电影这种短视频，可能需要根据剧本内容切换许多不一样的场景，所以要配合不同的焦距和不同效果的镜头才可以突出主题。虽然手机使用起来非常轻便，但是由于拍摄功能相对单一，比较难适应这类题材的需求，因此不建议创作时使用。

所以许多团队在拍摄情景剧或是微电影时会倾向于选择单反相机，用单反相机拍摄出来的画面质量非常清晰，而且还能随意切换不同种类的变焦镜头，可以完美胜任这些题材的拍摄，较为常用的单反相机有佳能的 5D3、80D 或者是索尼的 A6300 等。

除了这些，单反相机之所以能成为许多团队的首选拍摄器材，是因为单反相机拍出来的素材可以方便团队进行简单的后期处理以及加工。

（2）题材是街头恶搞和直播类

这类短视频通常具备一个共同的特点，那就是呈现的是真实场景，不太需要切换各种各样的镜头，也不太需要刻意追求短视频的画面质量和美感。短视频的内容主要围绕的是主角的语言和行为举止，所以这种短视频对拍摄器材没有太高的要求，仅用手机就可以满足日常拍摄需要。

而且这种短视频不用经过复杂的后期制作，甚至一些短视频完全不需要二次处理，可以直接通过手机上传到网上，方便又快捷。

（3）题材是采访和教学类的短视频

教学类的短视频，在拍摄之前应该先考虑拍摄的画面是否能直观形象地向观众展示，然后才是考虑画面质量。所以在拍摄器材的选择上，要优先考虑那些待机时间长、对焦能力强、控制方便、录音功能强的拍摄设备。

那么基于多方面的考虑，拍摄这类题材的短视频就需要选择那些功能较多的摄像机。如果团队的预算资金有限，那就选择功能较好的家用 DV 机。对于那些资金充足的团队来说，便可以考虑那些高端的摄像机。

总而言之，短视频团队在选择拍摄器材之前，一定要根据实际情况，才能找到合适的设备，从而完善短视频初期的画面效果。

脚架的选择

不管是业余的摄影爱好者，还是专业的短视频拍摄技术人员，三脚架对于短视频的拍摄来说都是必不可少的。只要是喜欢拍摄短视频的团队，没有人不知道三脚架的主要作用是什么，那就是稳定摄像机，改善视频画面质量，从而更好地完成短视频的拍摄，最终吸引“粉丝”关注。但切勿盲目选择三脚架的类型，在那之前得先确定好短视频内容的方向。

拍摄短视频有很多内容方向可以选择，比如团队拍摄的内容主要为街拍，所需要的三脚架就一定要轻便，还不能是那种会引起周边人注意的，要可以尽快地进入拍摄状态，这类情形，就需要选择收缩体积小、重量轻的三脚架。而如果拍摄的对象是人物或是在影棚拍摄，那么就不需要过多地考虑三脚架的重量问题，第一要注意的就是稳定性。因此在选择三脚架之前，首先要做的就是确定好短视频团队内容创作的方向。

选择了短视频拍摄的大致内容方向以后，就要开始考虑什么样的三脚架最适合团队创作短视频的需求。

假如团队的拍摄器材是大型的摄像机，小型的三脚架就不要考虑了，那样会造成中心失衡的。而且三脚架的材质不要选择塑料的，它非常容易磨损，稳定性不好。还有，长焦镜头最好是选择那些云台系统完善的，而且可以快速安装，系统稳固的脚架。最后注意，三脚架可不是摆来看的，在选择的时候要考虑到自身的负重能力。

绝大多数喜爱摄影的人，都愿意在镜头上面投入巨大的成本，可是却不肯在三脚架上面多花一千块，这是一种极其不理智的行为。诚然，三脚架并不是越贵越好，对一个创作短视频的团队来说，合适的三脚架才是最好的。那么在此可以根据团队初期能够对三脚架投入的成本预算，做一个简单的层次划分。

如果预算最多只能达到一千元，最好选择铝合金材质的三脚架；如果预算最多可达三千元，第一考虑碳纤维的，品牌就无所谓了；如果预算超过了四千元，就直接考虑捷信吧。

除此之外，三脚架和云台的成本，最好控制在团队所需拍摄器材成本的15%左右。在确定下短视频团队的创作方向，以及三脚架的成本预算之后，其他的就要从实际应用中出发，分析三脚架各部分的性能，选择一款最适合当下短视频团队创作的三脚架（如图5-1）。

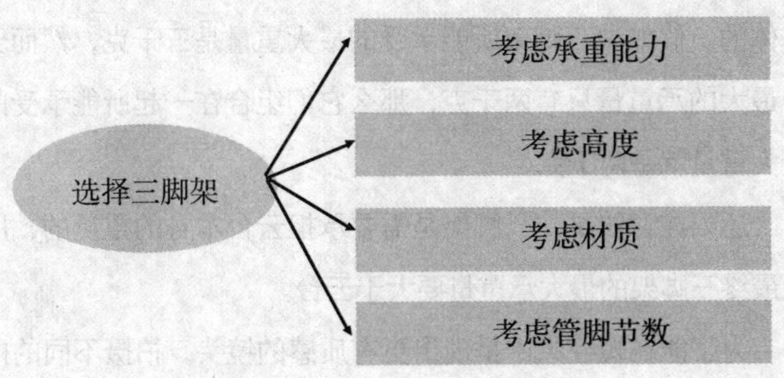

图 5-1　选择三脚架所要考虑的问题

1. 要考虑承重能力

一般三脚架都会有一个最大承重指标，就是指承受了相应器材的重量后仍然可以保持稳定的一个最大数值。而通常我们在拍摄过程中不会让三脚架的承重超出所能负荷的60%。因为，承载重量每加重一分，不稳定的因素也就多了一分。所以在选购三脚架的时候，切记要选择那些能够承受住团队里最重拍摄器材的三脚架。

打个比方说，最重的拍摄器材的重量是两千克，那么三脚架要选择那些承重范围大于两千克的，最好要超出器材重量的两倍以上，不然一旦出现不稳定的情况，最终就会导致拍摄效果不佳。

选择三脚架承重能力时要考虑清楚，需要在三脚架上安置的器材通常包括镜头、云台、快装板和相机本体，这些设备的重量都是要计算进三脚架的承重范围里面的。

说起云台，它本质上也是起固定作用的，是用来固定相机本体的。假如说三脚架所能承受的最大重量是三千克，然而云台最大的承重量只有两千克，那么它们组合在一起所能承受的最大重量就是两千克。

还要注意的是，三脚架是需要承担云台本身的重量的，所以最终三脚架的最大承重量要大于云台。

为了能在短视频中呈现出更有质感的镜头，拍摄不同的内容往往会用到不同的镜头。那么根据镜头焦距来划分可以分为定焦镜头、长焦镜头、鱼眼镜头、广角镜头、标准镜头等多个种类。镜头的焦距越长，摄像师所能看到的视角就越窄，这样一来拍摄过程中出现一点抖动摄像师都会非常敏感，这样就更需要稳定性强的三脚架。如果团队采用的是 200mm 的镜头，那么三脚架的管径也一定要大于这个数。

所以选择三脚架的时候，一定要把以上提到的器材都考虑在内，最后再选择适合承重能力的三脚架。

2. 要考虑高度

三脚架的高度可以分成最高高度、最低高度和不升中轴的高度。

其中，最高高度指的是三脚架所有关节都展开并将中轴提升到极限所能达到的高度。通常在拍摄视频的时候，三脚架支撑相机的位置达到与肩膀同高就可以了，所以选择三脚架时不用太在意最高高度。

而选择最低高度时就要注意了，最低高度最好不要超过 40 厘米，不然会对微距和低角度拍摄产生影响。而中轴的提升会直接影响到三脚架的稳定性，所以选择三脚架时，中轴的提升高度要控制在 30 厘米之内。

3. 要考虑材质

三脚架根据不同材质可以划分为木质、合金材质、钢铁材质、高强塑料材质、碳纤维材质等多种类型，当下市面上最常见的就是钢制、铝合金制以及碳纤维制这三种，它们的材质在承重、价格和稳定性上面都是有差异的。

而三脚架最重要的一个因素就是稳定性，现在市场上最常见的这三种材质中，当属钢制的重量最重；铝合金材质的相对而言就比较轻，但是十分坚固；而碳纤维材质的三脚架是新式的，重量也是其中最轻的，而且比铝合金材质更有韧性。

所以在选择三脚架的时候，如果是追求便利和性能，首选碳纤维材质，但是其价格也贵了许多。如果想要最高性价比的，那就选铝合金材质的。最后，如果是在相对固定的场合使用，也可以选择钢制材质的，价格实惠又稳定。

4. 要考虑管脚节数

绝大部分三脚架的管脚都是分节式的，而且每一个关节衔接的地方都是三脚架最脆弱的地方。现在市面上流行的三脚架多是四节和五节管脚。而随着节数的增加，管脚直径会越来越小，从而导致三脚架的稳定性大大降低；可是相对的，节数越多也就意味着收起来越小，越方便携带。

社会在发展，科技在进步，三脚架在功能与材质上的发展已经走到极致了。现在很多三脚架的生产厂商都开始寻求创新，在功能上进行创新，比如下面这些就是它们赋予三脚架的最新功能。

第一个，采用低角度拍摄视频时，可以把纵向中轴转换为横向中轴，从而横置装置。

第二个，部分厂家为了使三脚架变得更加便于携带，发明出了管脚的反向折叠功能，180° 翻转折叠，可以让三脚架折叠长度更短。

最后还有一个，可以从三脚架上面拆下一个脚来，配合云台重新做成一个独立的脚架。虽然听起来像是买一个大三脚架送个小的，但这种可以拆分的三脚架的稳定性就不能保证了。

讲到这里，再告诉大家一些选择短视频拍摄设备所需三脚架的小技巧吧。

第一，碳纤维材质的三脚架，稳定又方便携带。

第二，3D 的云台，可以精准控制 3 个方向。

第三，有无拉杆连接的管脚，只要掰出角度就能适应不同场合的视频拍摄。

第四，拍摄时把三脚架管脚全部打开，架好相机后取景器与眼睛在同一水平线上最佳。

第五，螺旋锁紧的三脚架比扣式锁紧的三脚架更耐用。

在短视频的创作过程中，三脚架是不可或缺的器材，乃至可以决定影像短视频最终的质量。所以短视频创作团队在选择三脚架的时候，要根据团队的成本预算，选择一款最合适的三脚架，这样才能为短视频的创作带来更好的拍摄效果。

灯光照明设备的选择

不同的灯光能为短视频带来不同的视觉效果。图 5-2 基本囊括了短视频拍摄常用的灯光照明设备。

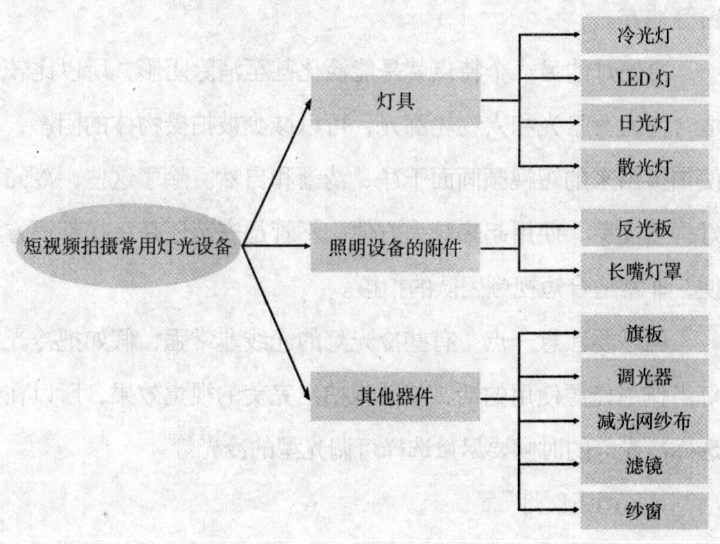

图 5-2 短视频拍摄常用的灯光照明设备

1. 灯具

要想表现出不同的光线效果，就需要不同的灯具，在拍摄短视频的时候，可以根据拍摄需求选择合适的灯具。

（1）冷光灯

采用冷光板作为光源的灯就是冷光灯。在工作的时候冷光灯几乎是不会散发热量的，并且它的功率非常小，十分节能。

除了这些，它还具有很强的方向性，并且光线较强，人们很容易通过这个灯光判断出光线的照射方向与范围。

冷光灯可以分为两种类型，一类是标准的冷光灯，不能调节光线的强弱，另外一种类就是可调光型，可以根据需要调节灯光的强弱。冷光灯通常被应用在会议室、工程建设、店面橱窗等地方。

冷光灯的另一个特点就是能淡化甚至消除阴影，所以比较适合作为背景光和人物轮廓光，可以减少被拍摄物体的阴影，使拍摄出来的短视频画面干净、清晰和自然。除了这些，冷光灯构造简单，使用起来较为方便，不管是安装还是吊挂都很方便，非常适合短视频团队的拍摄。

但是要注意一点，有些冷光灯的光线非常强，假如把冷光灯当作主光源使用的话，就很难拍出完美的视觉效果，所以在选择冷光灯的时候要尽量选择可调光型的冷光灯。

（2）LED 灯

LED 灯的光源本质上是一块可以通电发光的半导体芯片，可以发出红黄蓝绿青橙紫白等颜色的光。这种设备的结构也非常简单，抗震性也非常好，而且节能又环保，所以在日常生活中应用得非常普遍。

LED 灯在高速状态下也能够正常工作，工作寿命可以达到 5000 小时以上，在照明设备中是十分耐用的。然而 LED 灯并不适合在视频创作中单独使用，主要原因是它的光线强度有限。不过，如果只是把 LED 灯和柔光扩散装置配合使用，那么它的光照范围可以得到改善，但是光的穿透性会相应地变弱。而且，LED 灯对光的可控性相比冷光灯来讲又差了许多。不过 LED 灯也并非一无是处，它很适合近距离和创意照明，可以让视频的画面看起来更加丰富。

（3）日光灯

日光灯也被叫作荧光灯，关于日光灯的选择有很多，因为它的种类是多种多样的。日光灯在使用的过程中容易发热，一发热就容易吸引灰尘，久而久之光线的强度就会越变越弱。但是要注意，日光灯虽然价格非常便宜而且光线也比较强，但是却无法调节灯光强度，所以并不适合用在视频的拍摄过程中。除了这些，日光灯的颜色也不够精准，在同时使用多个日光灯的情况下，会导致现场拍摄的光线无法平均，这会严重影响到后期对视频进行的调色工作，所以拍摄视频不适合使用日光灯。

（4）散光灯

散光灯普遍应用在电影拍摄和演播室的拍摄中，这个类型的照明设备一般拥有比较大的照明范围，通常用于正面照射或是作为顶灯。散光类的照明设备还有三基色荧光灯、调焦柔光灯以及气球灯，这些照明设备所发出的光线都非常均匀，非常适合用于视频的拍摄。

散光灯在使用的时候通常都是打在背景上，因为它的光是朝着四周均匀地照射的，能够照亮非常大的一片区域，但同时有一个问题，那就是散射的光线非常难控制。

根据上面对灯具类型的介绍，短视频团队可以从中挑选一样合适自己拍摄需求的灯具。对于那些刚刚成立的短视频团队来说，在拍摄初期的短视频可以不用去讲究那些灯光设备，简简单单把场地照亮就行了，保证镜头画面里的光线都是平均的就行。但要是想拍摄出画面效果更好的短视频，就需要在灯光设备上面多投入一些资金，选购合适的照明设备。

2. 照明设备的附件

大部分时间里，拍摄短视频不是非得架起一盏灯，比如在拍摄外景时，只需要借用反光板这种道具，所呈现的光线效果就会很好。在拍摄视频的过程中，还有很多方法能够改变光的性质。

大多数摄影爱好者都知道，人在柔光的照射下会看上去更加协调，因此在人像拍摄中，可以利用柔光道具改变光线，制造合适的柔光效果。常见的柔光道具就有柔光板以及柔光箱等。

那么问题来了，在想要改变光线的方向时，需要用到哪些道具呢？

（1）反光板

反光板可以说是短视频拍摄过程中最常用到的照明设备附件了，反光板要根据不同的拍摄要求来使用，能够让短视频画面更加饱满，充分体现出镜头中人物和物体的质感与光感。而且用了反光板之后，可以更好地突出视频里的主体，让画面更具立体感。反光板可以分为两种，一种是硬反光板，一种是软反光板。硬反光板在拍摄过程中用得比较多，它的表面经过抛光处理，价格比较昂贵。现在市面上出现了用海绵板做成的反光板，价格比硬反光板便宜，是一个不错的替代品。

表面上有着许多不规则纹理的反光板就是软反光板，会在使用过程中起到漫反射的作用，让原有的光源变得柔和，但是并不适合用在拍摄人物上，它比较适合用在拍摄美食类的短视频上。反光板使用起来非常简单，只需把反光板放在光源的周围，接着对反光板进行角度的调节，就能控制光线的走向和范围。

（2）长嘴灯罩

长嘴灯罩就是一个黑色的罩子，是用来控制光线方向的必备工具。照明灯具在使用过程中，配合这些附件使用可以营造出各种不同的氛围，提高短视频画面的质量。总而言之，这些东西在拍摄过程中都是至关重要的。

3. 其他器件

短视频拍摄团队用于控制灯光的器件，有增光用的，也有减光用的；有的能够直接安装在灯具上使用，有的却不能。

（1）旗板

旗板是一种半透明的柔纱，往往是用各种纺织物材料制成的，具有漫反射的作用。根据大小的不同，形状的不同，旗板会发挥不同的作用。在视频拍摄过程中最常用的就是黑旗板。旗板最主要的作用是防止各个光源之间出现干扰，它不会改变光线的走向，从而减轻在拍摄过程中出现的散光对画面造成的影响。

（2）调光器

调光器的工作原理是通过改变输入照明设备的电流有效值从而完成对光线的调节。根据不同的光线控制方式和使用场合，调光器又可以分成许多种，常见的用来拍摄视频的调光器就是影视舞台调光器，这种调光器的功能齐全而且调光性能也是最好的。

调光器实际上非常常见，许多日光灯和 LED 灯都是出厂自带调光器的。调光器十分适合视频拍摄，用起来也非常简单方便。可要注意的一点是，调光器主要针对的是钨丝灯的照明使用，而且钨丝灯变暗后，色温也会发生变化。

（3）减光网纱布

减光网纱布适用在室外的拍摄过程中，因为它在减弱光线的同时，不会直接影响到光线的柔和度。减光网纱布和柔光布在使用效果上是有本质区别的。

（4）滤镜

滤镜包括减光镜和灰镜，使用它们时不会像色片一样改变光原本的颜色，只是会改变光线的强弱而已。滤镜使用起来很简单，把它固定在光源前面就可以了。

（5）纱窗

纱窗在生活当中非常常见，它其实也是个非常好用的减光道具。它可以在不改变光线距离以及颜色的情况下，非常有效地改变光线的强度。

除了上面这些，短视频还可以根据创作需要，在拍摄过程中借助道具营造氛围，这时就需要使用增色道具来对光线进行色彩调节。而色片就是主要的增色工具，这是为了配合灯光所设计出来的，因此在使用过程中不用担心色片会被灯具过高的温度所融化。要注意的一点是，色片所营造出来的视觉效果多是应用到背景上的，所以不适合用在主光源上。不过，如果团队想要在短视频中创造一点与众不同的视觉效果，色片也是个不错的选择。

还有投影遮光板，它可以非常好地营造画面效果。光源把光线照射在投影遮光板上，并不会减弱一定范围内的光源强度，可以起到精准调节大范围的光线的作用。

短视频团队在灯光设备的选择上，可以依据自身短视频内容的大致发展方向，选择最适合团队创作的照明设备。除了要考虑照明设备的性能外，还要考虑到设备的价格和使用寿命，因为照明设备的价格和使用寿命会直接影响到团队制作短视频的成本。

巧用场地提高制作水准

短视频拍摄在场地的选择上分为室内和室外两种。

1. 室外

一般情况下，一些访谈、恶搞、情景剧等类型的短视频会选择在室外拍摄，背景通常以街景为主，或者选择在一些有代表性建筑的地方拍摄。

2. 室内

而通常美食类、手工制作、脱口秀类的短视频则会选择室内拍摄。在拍摄过程中，要处理好拍摄主体和背景的关系。如果以人为拍摄主体，那么室内环境应保持整洁，不应有过多的装饰物干扰观看者的注意力，造成喧宾夺主的感觉。

无论是选择室内还是室外拍摄，都要保证环境的安静，因为过多的杂音会直接影响到短视频拍摄的质量。

在拍摄过程中，还应该注意一点，由于录制过程中人与摄像机距离过近，因此在视频后期处理时还需要做声音剪辑工作，如果在拍摄时能提前考虑到这一点，将为后期的剪辑工作减少很多麻烦。

如果是在室外场地进行拍摄，尤其需要处理好场外杂音，不要让外界的声音干扰到拍摄主题的声音。

为提高短视频的画面效果，短视频创作团队应该结合拍摄的内容，对场地进行合理的布置，对布景风格进行确定，以达到拍摄主体与整体氛围相融合的效果。

此外，在拍摄前还应该对拍摄场景进行设计，并对拍摄道具进行充足的准备。可以利用一些道具，结合现代时尚元素进行搭配，以提高画面的真实性和现代感。

4 种不同天气的应对方案

在短视频的拍摄过程中，天气情况可以极大地影响短视频的拍摄效果和画面呈现。那么，应该如何针对不同的天气环境，对短视频进行合理的拍摄创作呢？

1. 晴天

晴天是极适合进行短视频拍摄的，画面会随着太阳的东升西落呈现出各种色彩变化。由于周围物体会对光线的反射产生不同的遮蔽作用，形成阴影，会影响视频中物体的颜色变化，因此拍摄之前还要注意周围环境的影响，及时对相机功能进行调整，以达到预期的效果。

在晴天拍摄时，由于光线比较明显且随时发生变化，因此合理运用光线就显得十分重要。如果想使拍摄的物体看起来更加立体，在光线充足时采取逆光拍摄是首选方式。

2. 雨天

大多数短视频的拍摄都倾向于选择晴天，但实际上雨天拍摄也有自己独特的优势，它可以拍摄出别具韵味的环境和氛围。例如：雨天可以营造出一种朦胧唯美的感觉。

但是，雨天拍摄的确比晴天拍摄更有难度。在雨天拍摄的过程中，有一些技巧可以借鉴。例如：拍摄对象如果是在掉落的雨滴，那么就要选择比较暗的背景色，同时选用逆光拍摄；结合一些自然场景，如从路边的积水中拍人或物的倒影；利用玻璃上的雨水勾画出朦胧的画面，等等。

在雨天拍摄时，除了要随时观察雨势，对拍摄工作进行调整外，在雨天进行构图时，还要尽量减少天空在镜头画面中的比例。可以利用暗色调前景进行遮挡，以免过大的亮度差为曝光增加难度。另外，由于雨天的光线反射，物体的反光能力会比较强，所以多视角拍摄的方式更有利于短视频效果的呈现。

3. 雪天

雪天有着更强的光线反射能力。因此，要根据雪天的光线情况，进行适时调整。雪天光线的反射能力更强，如果短视频创作团队忽视了这一点，明暗对比很容易超过感光片的宽容度，造成画面效果受损。此外，雪天拍摄时还要注意使用逆光拍摄，合理搭配反光板等设备进行补光，或者是通过滤镜吸收掉一部分光。

4. 雾天

雾天是一个相对来说不好把控的天气。雾是由大量的水分子聚集而成的，因此在拍摄短视频时，要注意不同光线的方向和反射影响下雾气呈现的效果。在这种天气条件下，采用侧逆光、逆光或是侧光的拍摄方式对突出雾的特点都有帮助。

雾天不仅可以拍摄出奇特的效果，还可以拍摄出干净、简约风格的画面。最常见的雾天取景方式是将景和物融为一体。为了画面的影调结构以及明暗对比，在雾天进行场景构图时要注意，在镜头画面中一定要出现暗色调的景物，这样可以使雾的视觉效果在视频中有更好的体现。

雾天拍摄短视频可以很好地展现出奇幻的画面效果，但也很容易使短视频画面缺少活力，降低对观众的吸引力。因此，建议在雾天拍摄的时候，选择一位比较有经验的摄像师，提前选好合适的场地和角度，例如选择高处或者观景台进行拍摄，以达到更好的效果。

光线运用的几个技巧

为了在拍摄短视频的过程中更好地利用场地，在拍摄之前需要对拍摄光线做到心中有数。

在短视频拍摄过程中，光线的角度以及强度对画面呈现出来的意境有着很大的影响，这就要求拍摄者根据短视频所需要呈现的场景和画面，进行合理的布光、调节光线强度和色调，以营造出更好的拍摄环境。

短视频拍摄过程中，在光线的选择方面，有顺光、侧光、逆光和顶光几种方式可供参考。

1. 顺光

顺光又叫正面光、平光。光线从被摄者正面照射，特点是被摄者全部受光，光线亮度高，影像平淡，色彩还原较好，但光比较平，很难表现出立体感。因此，其余 3 种类型的光线显得更具优势。

2. 侧光

侧光是短视频拍摄中最常使用的一种光线。它能使拍摄主体随着光线的明暗变化从而更加突出主体的空间感，显得更加高级、立体。

3. 逆光

逆光照明则可以将视频中的背景画面与主体进行有效区

分，使被拍物体的轮廓更加清晰，从而增加短视频画面的丰富性和活跃性。但在使用逆光照明手法时，应适当对阴影部分的亮度进行调整。

4．顶光

顶光照明是许多美食类的短视频作者经常使用的光线手法。它是将光线直接从正上方打向被拍摄主体，这样拍摄主体就可以呈现出精致细腻的效果和美感。另外，美食类的短视频如果想使用柔和一点的光线进行拍摄，可以合理选择时间段。例如选择在早晨或下午拍摄，这样拍摄主体所呈现的画面感更加真实自然，也更温馨柔和。需要注意的是，应该尽量避开正午阳光直射时进行拍摄。

由于很多短视频拍摄场景都在室内，因此合理地借助环境中的光线显得尤为重要。例如，在教学或直播类短视频拍摄前，对室内的光源进行观察，充分利用室内的基础光线。如果想使画面达到柔和的效果，还需要避免光源直射。

06

短视频的构图法则与后期制作要点

拍摄短视频需要摄影师掌握一定的构图技巧，保证拍摄出的画面适合视频主题、情境等的要求，且符合大众的审美诉求。下面就来详细介绍短视频拍摄中经常用到的几种构图技巧及其应用场景。

中心构图，明确主体

什么是中心构图？将拍摄的主体放在摄像机的中心位置进行拍摄，就是中心构图。这种拍摄方法可以很好地突出拍摄主体，让人很容易发现拍摄的重点，从而将注意力集中在拍摄对象上，可以第一时间获取视频想要传达的信息。

中心构图视频拍摄法有个最大的优点，那就是能够突出主体，从而明确重点，可以使画面很容易达到左右平衡的效果。

中心构图法非常适合拍摄特写镜头，尤其是拍摄那种小景，需要选择相对饱满一些的主体。比如花朵形状的东西——包裹着的花瓣或是叶片，这些东西具有非常好的层次感，能产生一种内在的向心力和平衡力。

1. 适用中心构图法的情况

下面这四种情况下，比较合适使用中心构图法(如图6-1)。

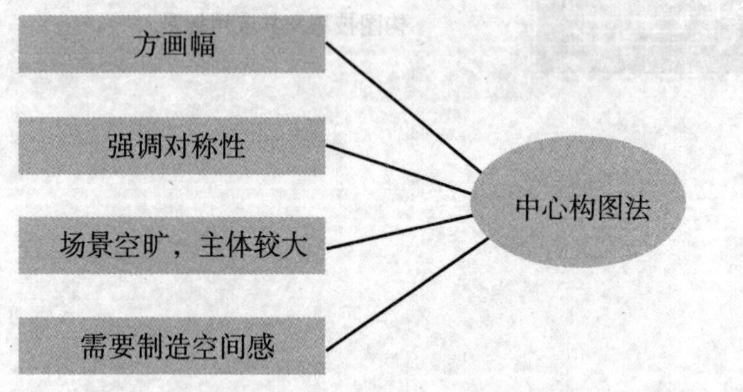

图6-1　中心构图法

（1）方画幅

当使用的是一比一的正方形画幅时，因为中心到画面四边的距离都是相等的，所以把主体放在中心点上更能引人注意。

（2）强调对称性

这种情况就只有中心构图能够体现视觉上的对称。

（3）场景空旷，主体较大

当背景大部分都是相对单一的纯色时，整个画面就会很“空”。这时如果主体占据的画面比例比较大的话，最好的办法就是将它放在画面的中间，否则会在某一侧形成一股“重量感”，导致画面失衡，观众看了会很不舒服的。

（4）需要制造空间感

当一个物体居中的时候，往往更能直观地展现它的大小，尤其是当它被包围在人、建筑物以及其他具有“空间标尺”作用的景物之中时。在拍摄都市风光时，尤其需要注意这一点。

2. 中心构图法需要注意的问题

使用中心构图法，需要注意以下几方面的问题（如图6-2）：

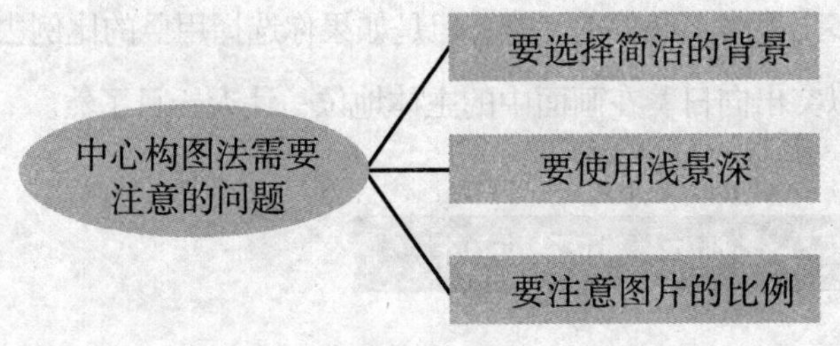

图 6-2 中心构图法需要注意的问题

（1）要选择简洁的背景

通常我们选择中心构图，就是为了突出画面里我们主要想表达的内容，所以在背景的选择上，我们需要避免过多无关的元素出现在背景上。

就比如你要拍摄人像，你却让模特站在一条人头攒动的街道上，还用中心构图法给模特拍全身照，这样拍出来的照片怎么能让人找到重点呢？因为这样的背景实在太乱了，很难让人一下把视线集中到模特身上。

（2）要使用浅景深

在绝大部分的时候，拍摄短视频并不能找到特别合适的背景。不过，找不到那样的背景也不要紧，我们可以通过浅景深的背景虚化方式来突出拍摄的主体。其实，浅景深效果的照片就是我们平时说的用大光圈拍出来的照片，背景可以有很明显的虚化效果，主体却能够清晰而突出。

（3）要注意图片的比例

为什么要注意图片比例呢？这里可以举个简单的例子：你要是用横的比例去拍摄一朵向日葵，这会在一定程度上让画面两边多出很多不必要的元素；但是如果你选择用竖的比例去拍，则可以突出向日葵在画面中的主体地位，让人一目了然。

三分线构图，平衡画面

三分线构图法指的是把画面横分成三份，在每一份的中心都可以放置上主体形态，这种构图法适合有着多形态平行焦点的主体。可以表现大空间，小对象，还可以反向选择。这种画面构图方式，具有鲜明的表现力，构图简练，能够用于近景等不同景别的拍摄。

在三分线构图法中，摄影师要用两条竖线和两条横线将场景分割开，就像是写了一个中文的“井”字一样。这样可以从线段相交的地方得到 4 个交叉点，最后再把需要表现的主体放在 4 个交叉点中的一个就可以了。

通过取景器观察到的景物，可以在想象中把画面划分成三等份。把趣味中心和其他次要景物安排在线段的交叉点上。当然，规则是死的，要根据实际情况灵活运用，趣味中心也不是一定要正好在交叉点上，只要大致位置在那一带就可以了。

一般来讲，在画面右端的那些交叉点被认为是最强烈的；不过位于左边三分之一处的地方也可以用来安排趣味中心，这一切都要根据画面所需要的平衡结构来决定。

不管是横画幅还是竖画幅都可以用三分线构图法。遵循着三分线构图法来安排主体和客体，整张照片就会显得紧凑而有力。

三分线构图法大致需要注意以下几个方面的问题（如图 6-3）：

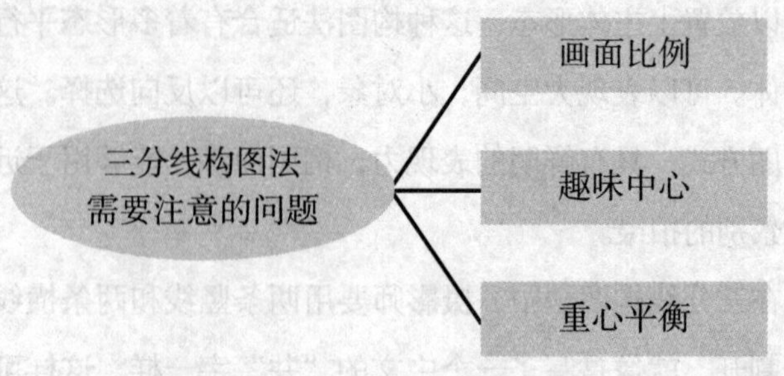

图 6-3 三分线构图法需要注意的问题

1. 画面比例

这在风景拍摄上比较常见，通过把画面边缘区域比如海平面、地平线、山脊线和建筑立面等贴近三分线，从而优化画面内容比例，避免了平等对分的僵硬死板。

2. 趣味中心

通过把画面的趣味中心安排在三分线交叉点上，引导观看者的视线，符合观众的观赏习惯。

3. 重心平衡

如果画面中的主体不是单一的，则可以让两者分别放在不同的三分线交叉点上，从而平衡画面的重心。

前景构图，层次分明

什么是前景构图？就是利用距离镜头最近的物体进行遮挡，从而体现画面虚实远近关系的拍摄方式。

前景构图用得好，不但可以有效地突出拍摄主体，还可以为画面营造出纵深感，大大地提高短视频的视觉冲击力。

画面中加入了前景能够平衡画面的重心，着重表现出远近对比，拉伸纵向的空间，表现出较强的画面质感，丰富画面内容的同时，还可以起到烘托气氛的作用。

镜头从上往下靠近前景俯拍，用小光圈来表现可以让画面更加真实，画面可以形成递进关系，从而增加层次感。

要拍摄沙滩、岩石的时候，利用广角低角度地拍摄前景，能够突出沙石的质感。

拍人像时，可以通过选择焦距的方法，让镜头前面的景物完全虚化成一团具有色调的虚影，变成画面的点缀，用以突出人物主体。

1. 前景构图的分类

比较常见的几种前景形态有引导式前景、框架式前景、虚化式前景、介质式前景（如图 6-4）。

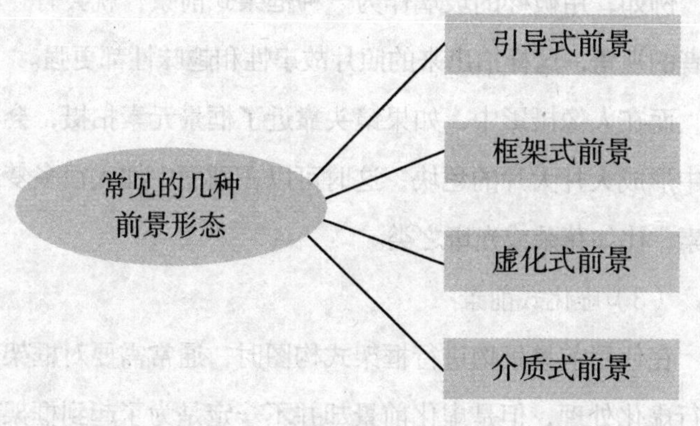

图 6-4 常见的几种前景形态

（1）引导式前景

安排结构的时候，可以把具有引导视线作用的线条或者一些有指向性的动作作为前景，用以引导观赏者的视线从前景转到中景与后景，用陪体突出主体。若是把往中间汇聚的线条作为前景，就能将观赏者的视线引导到汇聚在中心的主体上面。

那种离镜头近的，拥有着丰富细节的前景事物，这样做不但可以突出主体，还可以让画面变得更加有立体感。常见的引导式前景包括墙壁、栏杆以及路边石。

（2）框架式前景

从广义上讲，任何物体，只要能对主体形成遮挡作用，都可以被称为框架式前景。

在镜头画面里加入构成框架的前景景物，在发挥出框架式构图作用的同时，还能作为环境氛围的一种衬托，交代出当时的场景条件。

例如，用破碎的玻璃作为一种框架式前景，就会有一种旁观者的视角，这样拍出来的照片故事性和趣味性都更强。

而在人像摄影中，如果镜头靠近了框景元素拍摄，会在画面中形成大片大片的色块，这时可以在画面中加入很多梦幻的元素，比如花朵或光斑之类。

（3）虚化式前景

在使用前景景物进行框架式构图时，通常需要对框架景物进行虚化处理，但是虚化前景却并不一定是为了起到框架式构图的“遮挡”作用。

在自然界中，可以借助花花草草作为天然的虚化式前景。如果镜头的光圈足够大的话，也不一定要寻找花花草草，一件很普通的景物在完全虚化之后也会变得非常具有朦胧感。

（4）介质式前景

可以透过一些透明的物体进行拍摄，这种透明的物体就是介质式前景。采用这种方式，客观上可以增加人物到镜头之间的有效距离。

玻璃就是常见的具有透明属性的介质，大光圈可以弱化玻璃的存在感，为画面提供整体的梦幻氛围。

在使用大光圈拍摄玻璃时，最大的一个问题就是会反光，这会影响到相机的自动对焦系统，导致找不到焦点，这时候就需要自己进行手动对焦。

2. 适用前景构图的情况

那么，在什么情况下使用前景构图是比较合适的呢？主要包括下面这几种：

（1）使用广角镜头在低角度拍摄时

面对自然风光，很多人往往都会选择采用广角镜头进行拍摄。而在广角镜头下，空间会被拉开来，因此前景就显得更为重要了。这时我们可以选择把石块、流水乃至地面的落叶当作前景。这样的前景可以起到延伸画面的作用，使画面更加具有纵深感。

广角镜头加上低角度拍摄，选择小路作为前景，可以使画面获得更好的纵深感。

（2）在拍摄中想要强调虚实对比时

因为空气中含有大量的灰尘和水汽，光线在穿过空气的时候会产生衰减，因此我们看到的画面往往都是近的比较实，远的比较虚，这就是传说中的空间透视衰弱。

那么在构图的时候，有意识地加入较实的前景和较虚的远景，可以起到增强画面层次感的作用。

3. 运用前景构图的注意事项

除此之外，在运用前景构图的方法时还有一些需要格外注意的事项。

首先，记住前景是用来烘托以及衬托主体的，是为主体服务的，不能喧宾夺主，遮挡我们看主体的视线。

其次，前景不可以抢了主体的风头。前景的表现力一定要弱于主体，要让人能够一眼看出主次，而不是找不到重点。

最后，要确保前景是符合整个画面主题的，要运用准确，构图唯美，既要与主体具有相关性，又要起到突出主体、烘托主体的作用。

只要能够巧妙地利用前景构图，就可以让短视频呈现出更好的画面效果。

圆形构图，规整唯美

圆形构图是什么？它是一种特殊的、带有适应性的边框，它在视觉艺术中得到了广泛的应用，它的构图形式是产生特定艺术效果的先决条件。圆形构图是在限定的边框画面里根据设计师意图来组织视觉语言、构建画面，从而形成一个人为的视觉空间。

1. 圆形构图法的分类

常见的圆形构图法主要可以分为三种：

（1）同心圆

同心圆像是将石头扔进湖水中形成的一圈圈涟漪。同心圆具有扩张的视觉引导作用，它的中心点显得格外引人注意。

（2）破绽圆

在一个完整圆形的圆周上，每一点的视觉引力都是均衡的。如果这时圆周上的某一处出现了突起或破损，视觉上的注意力便会马上集中到这里，形成一个新的视觉中心。就像一个圆盘的缺口，破损之处自然而然就会成为焦点。

（3）螺旋形

螺旋形是一种激烈地向心做旋转运动的状态，它会给人一种强烈的旋转感与动荡感。

一般来讲，靠近圆心的图像都会更容易成为视觉的中心。从知觉构造角度来讲，在视线和画面接触的时候，都是先沿着边缘滑动，然后再寻求画面的中心。圆心之上就是画面的几何中心，几何中心和画面的视觉中心并不是一种重叠的关系，二者事实上是分离的，恰恰是这种分离产生了视觉上的张力。

2. 圆形构图法的使用方法

圆形构图法有三种常用方法（如图 6-5）。

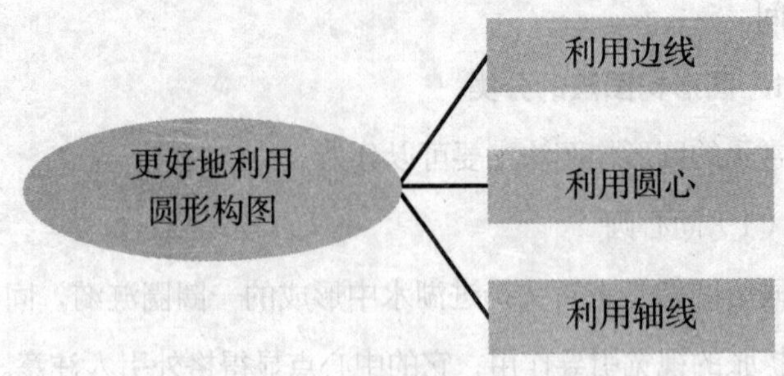

图 6-5 更好地利用圆形构图

（1）利用边线

因为圆形的边线是没有开头与结尾的，在形状上也没有方向性，整个圆形张力均匀，所以会给人以滚动、饱满、完整、柔和、围拢的感觉。

圆形构图不会突出任何一个方向，可以算得上最简单的一个视觉样式，这样的完美性往往会特别引人注目。

（2）利用圆心

当我们看到一个圆形时，会不自觉地产生一个想法，那就是寻找圆心。假如一个圆圈中间有两个点，那么靠近圆心的那个点会比较突出，因为画面的几何中心是位于圆心上的，它是影响人们知觉力场的一个重要因素。

（3）利用轴线

轴线构图指的是以圆形的中轴线为基准，在圆形中对主体事物进行布置构图。当视线范围内出现一个趣味点时，那么整个画面都将以这个趣味点为轴线，产生一股极强的向心力。

从功能的角度来说，圆形构图具备一种适应性，它规定了构成作品的视觉对象与范围，同时也把作品从其环境中分离了出来，从而形成一个突出的中心。

总的来说，圆形构图具有丰满、柔和、运动的特点，边线没有开头与结尾，在形状上也没有方向性，整体张力均匀，让人产生滚动、饱满、完整、柔和、围拢的视觉体验。

后期制作必须学会的 6 种软件

目前，短视频行业常用的后期制作软件主要有以下 6 种（如图 6-6）：

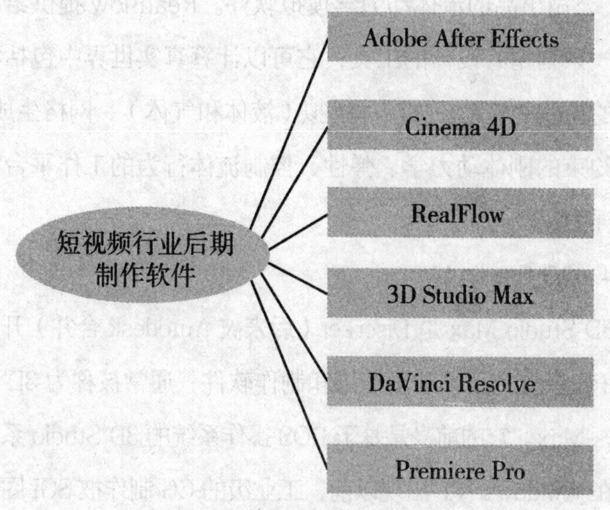

图 6-6　短视频行业后期制作软件

1. Adobe After Effects

Adobe After Effects 是 Adobe 公司推出的一款图形视频处理软件，简称“AE”。它属于层类型后期软件。适用于电视台、动画制作公司、个人后期制作工作室以及多媒体工作室等从事设计和视频特技工作的机构。

2. Cinema 4D

Cinema 4D，它的前身为 FastRay，中文翻译为“4D 电影”，它是由德国 Maxon Computer 公司研发的，它具有极高的运算速度和强大的渲染插件，曾经被使用在《毁灭战士》《阿凡达》等电影当中，并在贸易展中荣获“最佳产品”的称号。

3. RealFlow

RealFlow 是一款独立的模拟软件，它是由西班牙的 Next Limit 公司出品的流体动力学模拟软件。RealFlow 提供给艺术家们一系列精心设计的工具，它可以计算真实世界中包括液体在内的物体的流动。如流体模拟（液体和气体）、网格生成器、带有约束的刚体动力学、弹性、控制流体行为的工作平台和波动、浮力。

4. 3D Studio Max

3D Studio Max 是 Discreet（后来被 Autodesk 合并）开发的基于 PC 系统的三维动画渲染和制作软件，通常被称为 3D Max 或 3Ds Max。它的前身是基于 DOS 操作系统的 3D Studio 系列软件。在 Windows NT 出现以前，工业级的 CG 制作被 SGI 图形工作站所垄断。3D Studio Max 和 Windows NT 组合的出现降低了

CG 制作的门槛。

5. DaVinci Resolve

DaVinci Resolve 将迄今最先进的调色工具和专业多轨道剪辑功能合二为一。DaVinci Resolve 因其有着可扩展的特性和分辨率无关性，因此适用空间十分广泛，无论是在现场、狭小工作室，还是在大型好莱坞都能适用。

6. Premiere Pro

由于 Premiere Pro 是一款易学、高效、精确的视频剪辑软件，可以提升创作者的创作能力及创作自由度，因此受到了视频编辑爱好者和专业人士的青睐。

短视频剪辑与优化的 4 个方法

短视频后期剪辑的好坏，决定它是否能将短视频的意义体现出来，也是导致短视频质量好坏的重要原因。

后期剪辑工作体现短视频的审美品位，制约着短视频的质量，有利于营造短视频风格，最终体现了短视频的思想。

完善的剪辑技巧，是创作优秀短视频作品的关键，可以对原本创作优良的视频起到画龙点睛的作用，达到很好的提升效果。

无论是自拍自演的短视频，还是剪辑的电影镜头，都遵循一套可行的剪辑理论，只有这样才能把短视频组成一个完整的成品。根据内容的不同，剪辑具有几个方面的作用（如

图 6-7）：

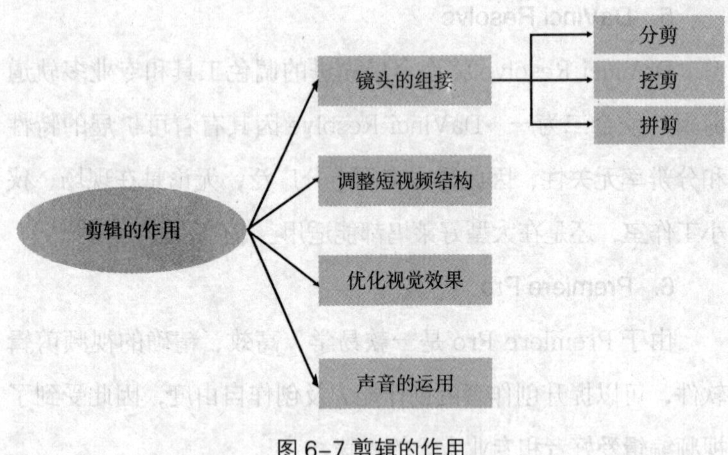

图 6-7 剪辑的作用

1. 镜头的组接

镜头组接就是以导演剧本为依据，对短视频中的单独画面按照导演剧本的逻辑和要求，进行筛选和去芜存菁的裁剪，最终形成一套有思路、有逻辑、有创意的连贯作品，达到最好的短视频效果。剪辑镜头的组接可以大致分为分剪、挖剪和拼剪三种类型。

（1）分剪

顾名思义，分剪就是将一个镜头剪辑成多个镜头来使用，利用镜头的相似性，将剪辑后的镜头分别用于视频中的不同位置，其优势是可以弥补素材缺少的问题，除此之外，在很多情况下，还能起到增强效果的作用。

将一个镜头分成多个镜头运用在视频中，在素材增多的情况下，可以制造出更多的情节，增强短视频的节奏感和紧张氛围，对视频中不合理的时空关系进行调整。但还需要注意的一点是，无论是在短视频中还是在电影制作过程中，都应该避免在长时间内反复使用同一个镜头的现象，这样会对短视频的质量造成不好的影响。

（2）挖剪

挖剪的作用与分剪恰恰相反，挖剪主要用来抠掉无用的部分，对一个完整镜头中不足的地方，如停顿导致的空白或是多余的内容进行修整。挖剪手法一般只有在出现拍摄失误或者有特殊需求的情况下才会使用到，一般使用得很少。

挖剪的使用是为了剔除掉短视频中的瑕疵部分，使动作、人、物或者一些运动镜头更加具有连贯性，让观众始终处于一种合适的观看节奏当中。

（3）拼剪

拼剪是将相似的画面内容进行筛选，把可以使用的部分画面用特殊的手段进行拼接，以弥补画面的不足。以往只有在镜头太短或者不能重拍的情况下才会使用拼剪手法，但是随着短视频行业的发展，越来越多的短视频中都能看到拼剪手法的使用。

对于需要经过拼剪手法处理的视频而言，最好的操作方式是，延长镜头的拍摄时间，使短视频中的人物情感得到升华。拼剪时选取镜头中比较突出的一部分进行加速或者延迟的处理，以此达到理想的剪辑效果。

2. 调整短视频结构

通过对短视频内容顺序进行裁剪、调整以及结构改动，使短视频结构更加完整。典型的方法是变格剪辑，这是渲染氛围的重要方式，就是对画面素材中的动作进行变格处理，形成更加夸张的剧情效果，以满足视频中情节的特殊发展，形成对剧情动作的夸张和强调。

变格剪辑的使用对短视频最直接的影响就是改变了短视频的节奏。为了达到剪辑师对短视频内容的特别需求，在变格剪辑的使用上通常有两种方式：一种是为了改变视频中的某件事情从发生到结束之间的时空距离，从而对视频画面进行延长或者缩短；另一种方式就是，删掉一部分拍摄客体的画面，从而达到突出主体的作用。

3. 优化视觉效果

视觉效果的设置包括衔接过渡和特殊视觉等，典型的动态文字效果有 3D 效果、抠图效果、滤镜效果等。在添加各种视觉效果时，一定对各个视觉效果使用的节奏进行适度安排，避免整个短视频的画面过于死板，以增加视频画面的视觉冲击力。

除此之外，关于色彩的选择应用，在短视频制作剪辑的过程中也要多加注意。由于黄色在终端显示的时候往往让人感觉脏乱和阴暗，导致很多剪辑师在颜色选择上很少使用黄色，所以对于黄色的使用选择要谨慎考虑。

4. 声音的运用

通过对短视频素材的取舍、修整、组合和连接，结合使用与短视频风格相吻合的音效，可以烘托人物性格、增加戏剧效果、渲染环境氛围，制作出更具有感染力的短视频，满足观众的需求。

随着互联网的发展，短视频的传播变得更加快速便捷。为了更好地表达短视频所呈现的内容，除了需要提升内容与画面的质量外，还需要不断提升剪辑技术，才能更具体地呈现出短视频的主题思想。

短视频剪辑必须注意的 7 大事项

在短视频剪辑中要注意以下事项，可以帮助创作者使用更好的剪辑技巧凸显出自己的视频风格（如图 6-8）。

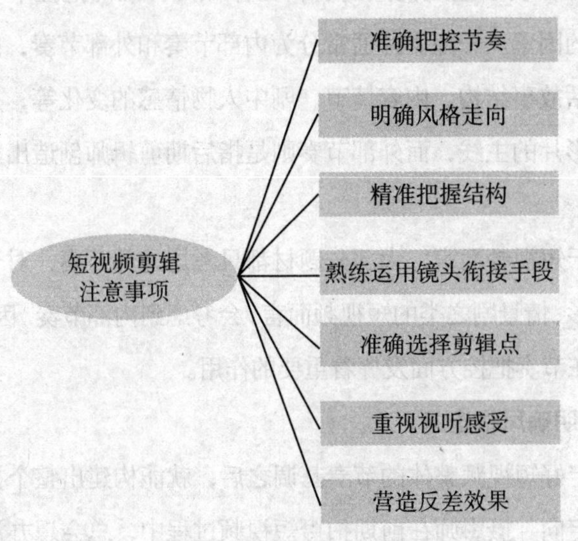

图 6-8　短视频剪辑注意事项

1. 准确把控节奏

由于社会的高速发展、生活节奏的加快，人们都希望用最短时间获取最大的信息量。为此，就要求短视频的节奏不能平缓和拖沓，而要做到张弛有度。

例如系列电影《哈利·波特》，故事一开始所营造的氛围较为平缓，随着剧情的深入，节奏慢慢变得紧张，之后又从紧张变得激烈。故事由慢到快的节奏，可以让观众有很强的带入感。在影片结束时，剧情又回归平缓，让观众对精彩内容的回顾有了缓冲的时间。这种对节奏的适度把控，是对人们观影心理状态的一种捕捉，目的是让观众更好地吸收内容。

影片节奏的把控有时甚至会影响整个视频最终的播放效果。因此，要想把短视频的剪辑工作做好，准确把控节奏是很关键的因素。一部影片通常分为内部节奏和外部节奏，内部节奏包括故事结构、内容情节、剧中人物情感的变化等，是穿插整部影片的主线，而外部节奏则是指后期剪辑师创造出来的韵律。

对于短视频而言，大部分题材都只考虑外部节奏，对于一些微电影、情景剧之类的短视频而言，会考虑到内部节奏。因此，剪辑师在节奏把控方面发挥着重要的作用。

2. 明确风格走向

确定好短视频整体的节奏基调之后，就能构建出整个视频的风格定向。摄影师在前期拍摄短视频过程中，总会想办法通过各种方式来靠近短视频摄像的风格。

因此，后期编辑首先要对短视频的整体风格加以规范和确定，形成完整的构思后，再对视频进行剪辑。剪辑必须建立在掌握编导创作目的、熟悉短视频的基础上，然后根据短视频的风格和形式，采用特定的剪辑手段。在短视频内容的风格得以确定后，短视频的整体风格就应该保持一致。

3. 精准把握结构

多彩的生活为多样化的结构提供了可能，短视频的剪辑结构要做到内容流畅、严谨、过渡自然，并且尽可能新颖。只有在结构上做到独特新颖、风格鲜明，才能够引起“粉丝”的兴趣。

4. 熟练运用镜头衔接手段

每个短视频在衔接上都会有空间或者时间上的转换，而转场剪辑的方式有动作转场剪辑、直接转场剪辑、音乐转场剪辑、特写转场剪辑、情绪转场剪辑、音效转场剪辑、对话转场剪辑和过渡特效转场剪辑，上面提到的转场剪辑方法中使用最多的就是直接转场。直接转场就是以转换时间、空间或情节的推进为手段，由上一部分直接转换到下一部分。

为了确保观众对内容的理解能力，在进行镜头衔接的时候，一定要符合逻辑关系，即要符合观众的思维逻辑和生活逻辑。同时，为了呈现出最好的效果，镜头衔接的方式要顺应视频内容情节的变化规律。

循序渐进是表现景色变化最常用的镜头衔接方法。在衔接过程中，逐渐缓慢地变化不同的镜头，使景色的变化更加流畅。常见的镜头衔接方法有动作衔接、队列衔接、黑白格衔接等。

采用镜头衔接要按照短视频作者的创造意图，从短视频的内容和需要出发，在不脱离实际的基础上，进行适当的创新。无论采用什么方式进行镜头衔接，都应该注意镜头组接的时长、节奏、色调的统一程度等问题。

5. 准确选择剪辑点

在确定剪辑点时，要注意短视频中人物的情绪以及人物声音的感染力。在视频剪辑中经常遇到的就是一些日常活动和动作，例如起坐、握手、走路和跑步。可以对这些画面进行剪裁，从而加快视频节奏。例如：当出现一个打开门的镜头后，接下来可以衔接门内的景象。

6. 重视视听感受

当剪辑到无声的视频片段时，要考虑到声音与视频结合之后的效果。

7. 营造反差效果

在剪辑时运用反差对比的方式，比在短视频中刻意强调，更能让网友印象深刻。例如，想突出视频中天气的恶劣，可以插入天气晴好的部分进行对比，形成强烈的反差。

动作镜头的组接，有动接动、静接静、动接静以及静接动这几种形式。在剪辑时，以动作作为剪辑中心，一定要考虑画面的整体性，保持流畅性。为确保后期剪辑工作的顺利进行，主镜头一定要是时间较长的素材。

07

快速引爆：低成本也能 100 万 +

对于短视频营销行业而言，渠道的选择至关重要。不同渠道的选择给短视频带来的收益分成是各不相同的，最重要的是带来的用户流量也是存在差异的。因此，快速摸清每个渠道的脉络，有针对性地利用各种技巧，才能让我们用低成本的方法获得高流量。

如何取一个 100 万播放量的视频标题

标题的好坏会影响短视频的播放量。好的标题会为短视频传播起到推波助澜的作用，相反一个不好的标题甚至会掩埋一个优质内容的短视频。说到用标题带来播放量，我们率先就会想到“标题党”。

但是我们所说的好标题并不是大家认为的“标题党”，而是在保证优质内容的前提下根据标题自身的特点和平台运营，去摸索总结出一些起标题的门道和规律特点。在了解取标题的技巧前，我们需要清楚为什么好标题对短视频来说那么重要。

我们都知道用户在选择观看短视频时，所有的内容都会以列表的形式呈现在同一界面中。

此时，需要通过用户的点击来决定短视频的播放量，无论什么原因只要用户点击一次就相当于视频被播放一次。在这种情况下，影响用户点击的就是短视频标题了。一堆短视频中，在看不到内容的情况下同时呈现，只能依靠短视频标题和封面图片来吸引观众，那么好的标题也就比别人领先一步。

用户除了直接在视频页面选择观看内容，也会手动输入一些关键词进行搜索观看。如果我们的标题上有用户搜索的关键词，那么短视频就会被推荐给用户，增加被观看的概率。

当用户在今日头条的搜索栏中输入“美食”，那么所有在该平台上发布的标题上包含“美食”二字的视频内容，就会被推荐给用户进行选择观看。

在这种情况下，界定标题好坏的最直接标准，就是看目标用户的点击量。只有先吸引眼球，让用户点击观看短视频，才会有收藏、转发等一系列接下来的活动。

那么，如何才能取一个可以带来高点击量的标题呢？

1. 巧妙利用数字

数字本身就具有强大的力量，当你的短视频被推荐到各大平台上时，用户在界面浏览内容，停留在标题上的时间不会超过两秒。那么如何让用户在短时间内可以一眼就看到你的标题呢?

这就需要短视频标题既要简洁明了，又要直观，而数字正好就有这样的特性。

《80 万，爆改上海闹市 400m^2 独栋小楼》这是“一条”发布的一个短视频。单看标题，数字的使用让用户一下子抓住视频内容的关键，上海 400m^2 小楼只用 80 万元改造。

除了将内容更直观地摆在用户眼前，数字的使用让标题看起来更加精确简洁，会给用户带来一种肯定的感觉。用户看完视频，就能清楚装修 400m^2 用 80 万是怎么做到的。数字的使用让用户的视觉很有冲击感，在某种程度上也是为了引导用户观看短视频。

因此，在标题中巧妙地利用数字，将标题中所有能用数字表达的文字都替换成阿拉伯数字，更能提高用户的视觉敏感度。需要注意的是，阿拉伯数字的“1、2、3”直观程度要高于文字式的“一、二、三”。两种形式哪个更直白更直观，是显而易见的。

2. 引起用户好奇

用户在好奇心的驱使下，就会不由自主地点开短视频，在用户不知道内容的情况下，通过标题是最容易引起用户好奇的方法。

（1）标题提出疑问

这个方式主要就是利用人性的特点，让用户产生好奇心。用户心中产生疑问就会有想要一探究竟的欲望，这样一来也能够增加短视频的点击量。

比如，“三顾”发布的短视频，许多标题上都利用了疑问句的形式，以《我可以留住秋天！你行吗？》为例，看到这个标题，部分用户在脑海里就会蹦出“秋天能留住吗？这是在开玩笑的吧？视频到底说的是什么？”等类似的疑问。

带着好奇心和内心的疑惑，用户自然而然就会点开短视频。由其实际点击量可见，疑问式标题的短视频播放量都不低。

（2）挑衅语

“你敢吗？”“你一定想不到”“你一定不会”等，像这类语句都属于挑衅性的。用户看到这样的标题会产生较大的刺激感，同样也会好奇，想知道短视频的内容。看看到底是什么样的事情，究竟是不是自己不会的，不敢做的。

和标题使用疑问句的目的一样，都是为了引起用户的好奇心，但需要提醒大家的是，使用挑衅语标题，在带来高点击量的同时，要保证短视频的内容有足够的深度，能给用户带来意想不到的感觉。否则也只是徒劳，甚至引起用户的不满。

（3）矛盾体

在标题中使用前后矛盾、冲突的字眼，也会增加用户的好奇心理。例如《我失业了，但是我很快乐》《渴了，为什么不想喝水》等。看到这样的标题，用户首先会觉得莫名其妙，不合常理。失业本来是件很难过的事情，怎么还快乐得起来？渴了就要喝水，为什么却不想喝？用户想到这里，好奇心自然就会引导用户打开短视频，去解决用户心中的疑惑。

总之，好奇心是引导用户最容易的方法，用户都有想要获得某些内容的心理。特别是对于未知的、有疑问的事情，用户想要了解的欲望最深刻。因此要让你的标题不留痕迹地引导用户，就要抓住用户的好奇心。

3. 利用用户痛点

一般来说用户在生活工作中碰到的困难问题都是痛点，问题有多严重，痛点就有多深刻。简单地说，用户的痛点是什么？无非就是矮、胖、穷、丑、夏天热、冬天冷等。说到底就是抓住和用户相关的、感兴趣的、有共鸣的内容作为短视频标题。

许多短视频能够在短时间内迅速蹿红很大一部分原因就是：视频从标题到内容都能够抓住用户痛点。2017 年 11 月，很多人都被罐头视频发布的一则名为《这个季节，起床困难户的内心戏要多丰富就有多丰富》的短视频吸引了目光。

冬季天气寒冷，早晨不愿意起床。这对于很多用户特别是对很多年轻人而言，都是痛点。视频标题中带有这样的字样播放量也不会太低。而带有痛点的标题，更贴近用户生活，就更容易引起关注。

4. **添加关键词**

这里的关键词是指时下热门词汇，也就是用蹭热度的方法。这类词汇一般都带有高流量，用户搜索或选择的概率会更高。即使我们的短视频内容和这些关键词一点都不沾边，我们也可以和关键词“套近乎”。

但是需要注意的是，使用这类热门词汇是个技术活儿，需要对关键词高度敏感，能够快速在词汇热度不减的情况下尽早使用，否则随着时间的流逝，词汇热度一旦降低，再次使用不但不会给短视频带来较高的点击量，而且会让用户产生反感和视觉疲劳，弄不好会带来消极的影响。

5. **增加代入感**

有代入感的标题能拉近和用户之间的距离，而让用户产生代入感的方法有很多，最简单的方法就是加入人称“你”。比如《你应该知道的×××》《×××对你有用》等，这样的标题就很有代入感，让用户觉得视频是为自己量身定做的。这样一来，更愿意打开看看。

除了添加第二人称，将标题场景化也是增加代入感的一种方式，让用户看到标题就陷入编织的情境中。

以上就是提高标题效果的几种技巧，方法不是固定的也不是绝对的，在运用的过程中都需要我们根据实际情况，进行不断优化。而只有在这些基础的技巧上反复练习，才能慢慢地提高标题感。

无论使用哪种方法，起标题一定要根据短视频的内容而来，只有在内容的基础上才能摸索出一些适合自己的门路，这也是我们在给短视频起标题时需要注意的问题。一定不要在标题上故弄玄虚，使其和短视频内容之间落差过大。

如何提高今日头条的短视频播放量

今日头条 2016 年宣布加入短视频分发行列，并投入了大量的资金作为补贴，给予短视频内容原创作者。这无疑给很多短视频新媒体人打了一剂兴奋剂，而今日头条在抓住短视频这一风口后，也逐渐成为中国重要的短视频平台。

据相关资料的显示，头条视频在过去的某一个月里视频的播放量就达到了 302.7 亿，而当月上传视频的总量就已经达到了 91.2 万，其中原创视频就占据了 4.7 万。从 2015 年开始今日头条试水短视频行业，到了 2016 年短视频被正式作为重点项目进行开发，今日头条逐步利用短视频点燃自己的社交梦。

不仅如此，在 2017 年 2 月 2 日今日头条全资收购了 Flipagram 团队，正式进入了全球范围的短视频市场。

毫无疑问，今日头条在短视频领域已经占据了重要的地位，其拥有的视频内容量也是非常大的。而要想从这个拥有海量级短视频的平台中获得高流量，也变得越来越难。

但是我们都知道，头条是根据推荐算法来进行短视频推荐的，每一个账号都有机会，只要配合着其自身的运营能力，还是能够从中间摸索出提高流量的技巧。

要想了解如何才能提高头条短视频播放量之前，我们需要先弄清楚头条平台的推荐机制是如何运行的。只有充分了解后，才能更深入地探索和发掘提高流量的技巧。我们在分析后，了解到头条视频的推荐机制是这样运作的：

这个推荐机制相当于一场一场的比赛，而评委就是广大的头条用户。我们在头条中上传短视频后，会经过平台的审核和识别，按照短视频的内容和标题进行标签化分类，紧接着会将短视频试探性地推荐给一部分目标用户。

按照第一批用户的反馈情况决定是否要继续推荐，反馈好的短视将进行再次推荐，而反馈情况差的短视频就会直接停止推荐。

从这个流程上可以看出，影响头条推荐量的因素正是来源于用户的反馈，而用户的反馈可以理解为视频的热度和转化率，其中包含着各种影响因素。

明白了推荐流程也就清楚了今日头条的短视频推荐机制，其中存在着很多可控和不可控因素。对于平台自身的机制我们是无法进行修改的，而其中存在的可控因素，就可以成为我们提高视频播放量的入手点。

1．短视频标题

上面我们已经详细介绍过，如何给短视频起一个好标题，可以提出疑问引起用户好奇心、使用阿拉伯数字更直观等方法。但是，需要注意的是，今日头条在给用户推荐短视频的时候，会按照标题涉及的关键词标签，将其推荐给打过同样标签的用户。

例如：在今日头条中推送的视频内容主要讲的是华为手机的使用技巧，若是短视频标题中包含“华为”这一关键词，那么头条就会将该条短视频推送给所有打了“华为”标签的用户。

因此在写标题时一定要注意，不要做“标题党”，要保证标题和内容的一致性，好内容才是王道。当然，在保证优质内容和标题相匹配的基础上，更具特点的标题才会更吸引用户，而这带来的好处就是影响短视频的各项数据表现。

2. 短视频封面

头条在推荐短视频时，是以标题加视频封面的形式。在目标用户看不到短视频具体内容的时候，标题和封面就成了关键。因此除了有一个好标题之外，还需要有一张好图片作为封面，才能发挥到引导作用。

在封面图片的选择上也是有讲究的，清晰度是最基本的要求。其次还要注意，图片要完整但不要有黑边，否则会影响美观。对于封面图片的选择一定要根据短视频的内容来定，可以运用一些搞笑夸张的图片，可以自己创意设计，也可以在图片上添加一些文字。

无论添加什么内容，都要保证两者之间的融合度。对于短视频的封面图片，尽量选择全景或接近于远景的图片，这样一来，用户点开短视频就更有冲击力，还能增加新鲜度。

3. 点赞、转发和收藏

从今日头条上我们可以发现收藏、点赞和转发量高的短视频都具有一定的特点。

首先，内容实用的短视频更容易被收藏转发，例如生活小技巧、美食制作、手工艺教程等。这类视频能让用户观看完后学会一种技能，对自己有帮助还会增加有新的认识。

例如：《夏天蚊子最怕它，摆在门口和窗边，不用挂蚊帐，家里一只蚊子看不见》，这个视频的标题十分冗长，从标题就能清楚知道视频的内容。虽然视频仅仅只有 1 分 21 秒，却因为内容的实用性获得了 1404 万次播放量。由此可见，实用性内容的短视频是很受用户喜爱的。

其次，来不及或没有时间看完的短视频用户都会先进行收藏或转发，方便下次自己能快速找到该内容。但是这个特点存在一定的偶然性。

最后，对搞笑幽默、新奇的内容，用户总是保持着较高的兴趣，一些非常炫酷、神奇的短视频内容都能成为用户转发、点赞和收藏的内容。

根据以上的这些特点，在制作短视频的时候可以多运用些用户喜爱的选题，在短视频的内容、时间长短和题材等方面更迎合用户的口味。这样一来，就更能提高短视频的转发量、收藏量和点赞数量。

这 3 个方面数量的提高所带来的必定是短视频热度的提升，

那么最终转化成高流量就不成问题了。

4. 头条的评论区

提高短视频热度的另一方面就是增加和用户之间的互动，短视频在被头条推荐后并不是什么都不做就能等来高播放量。互动程度是直接关系到短视频播放量和推荐量的主要因素，因此在短视频运营初期，一定要积极回复评论区中的内容。

除了及时回复用户，活跃头条评论区还可以从以下两个方面入手：

（1）内容

用户一般都是在观看完短视频后才会进行评论，因此，我们要让用户观看完视频后有想要评论的意愿和冲动，这就涉及短视频内容题材的选择。选择一些用户感兴趣，贴近用户生活的，有共鸣的话题作为内容，这样很容易引起用户的表达欲望。

例如一段中国大妈在国外包饺子这个短视频，题材就是非常贴近用户生活的，用户看了这样的短视频就有表达欲望。而中国大妈国外包饺子本身就很具有话题性质，因此该短视频的评论量也是极高的。

而对于一些深奥的内容，用户看不懂自然也就没有想要参与评论的意愿了。内容选题是一方面，我们还可以在短视频中多加入一些可以吐槽的点，抛出一些有争议能互动的话题，引导用户在评论区中讨论。

（2）自己评论

短视频在刚刚被推荐时，参与评论的人很少，我们就可以在评论区中自己发布评论来引导用户参与，从而营造出热闹的氛围，其他用户看到了自然也就想凑一凑热闹了。

提高播放量是很多短视频媒体人最渴望的，但是在提高播放量的同时也要遵循头条发布内容的规则，例如短视频中添加的广告不宜过长、避免抄袭等。

只有在保证内容质量的基础上，运用这些技巧才能达到想要的效果。头条平台是在不断发展的，随之而来的就是机制的变化。想要在头条中获得高播放量，单凭以上的技巧是不足以完成目标的，因此就需要我们在日后的运营中多观察多发现。

如何提高美拍的粉丝关注数

美拍是一个很受用户喜爱的短视频平台，自从美拍的短视频应用推出后就持续爆红，短时间内用户数量就已破亿。据资料显示，截止到 2016 年 6 月，就有 5.3 亿的用户在美拍上进行创作。

如此大的用户基数和活跃度，使得美拍也帮助了很多“平民”用户摇身变成网络红人。那么问题就来了，如何才能从如此高流量的平台上获得更多的用户关注呢？对于刚进入美拍平台的新手来说，要获得高粉丝关注数，关键是要先清楚美拍推荐短视频需要通过什么样的过程，也就是平台机制。

对于刚进入平台的栏目，美拍前期都会给予一定量的粉丝，但是要想获得最原始的粉丝量是有前提的，那就需要你的短视频是有特点的、原创的、栏目化的。只有满足这些前提，你的短视频才可能受到美拍平台的青睐。

当我们积累了一定的粉丝数量后，美拍的推荐机制就是这样的：我们在美拍中发布短视频，最先能够看到的就是已经关注我们的粉丝，根据这些粉丝的播放量、评论量、点赞数量的多少，美拍会有标准地选择短视频进行推荐。粉丝反馈高的短视频会被推荐到相关频道中，这样一来就能获得频道中的流量了。

而如果这部分自然流量对短视频的反馈也高的话，我们的短视频就会被又一次推荐到热门频道中。若我们的短视频出现在热门频道，那么粉丝关注数量、视频播放量等就能轻而易举地获得了。因此，若是想要获得更高的粉丝关注量，我们需要做的就是细致化运营短视频，设计好短视频的每一个环节，才是获得高粉丝关注量的前提。

1. 头像

很多人认为提高粉丝的订阅数量和头像没有太大的关系，但事实上，这其中还是有讲究的。头像出现的地方有很多，包括频道列表。当短视频被推荐到频道列表时，就需要和其他同样出现在列表中的内容进行比拼。

除了短视频封面的比拼，就是头像之间的较量了。因此在设计头像时需要考虑到，我们的头像能否在一堆内容中快速进入到用户的眼中。在选择头像的时候，尽量选择头像颜色鲜艳一点的或是跳跃色。

要让自己的头像更突出，更有特色，头像一定要吸引人，才能有更多的机会被用户点击。

2. 拟好标题

标题会出现在“你可能感兴趣”一栏中，在这个栏目中都是单个视频出现，并且标题只显示前 6 个字，因此这 6 个字就变得重要了，直接影响用户在“可能感兴趣”列表中挑选哪一个短视频。

在设置标题的时候要尽量在 6 个字以内就能交代清楚视频的内容。标题要偏娱乐化一些，可以添加些悬疑色彩，但一定不要是标题党。

另外，在拟定标题时会带有标签，要将标签加到标题的末尾部分，以免挡住标题的内容。

标题的重要性不再赘述，严格按照以上要求，就能让标题发挥引流的作用。

3. 视频封面

封面图对于每个短视频来说都是重要的因素。在美拍中，每个频道都是以首图视频流的方式进行呈现的，几乎在用户可以看见的界面中，都会出现短视频的封面图。美拍中好的视频封面图能大大提高用户点击的欲望。

那么在选择封面图的时候一定要精挑细选，尽量选择漂亮的、可爱的，也可以选择一些夸张、惊奇的图片，这些都能成为吸引用户的封面图。

在选择封面图的时候还应当注意，封面图要占满整个图片空间，避免出现黑边，使封面看起来更有美感。很多人都觉得封面图并不重要，因此常常会随意选择一张文字图片作为封面，这一点也是需要避免的。文字图片相对来说较为简单，没有创意也没有新鲜感，有时候很难引起用户的关注。

要让用户从一张封面图开始，就有想要打开视频的冲动，这样一来粉丝关注数量自然也就不会少了。

4. 打标签

标签是美拍中的一大特点，标签打得好与坏直接影响到的是短视频的推荐和播放量，因此要集合自己短视频的内容，打上一个专属标签。标签是一定要有的，就是“我要上热门”。打上这个标签，才能让美拍的推荐小编注意到你的视频内容，这样就能增加被推荐的机会。

美拍中包括很多频道，涉及美妆、搞笑等。在给短视频打标签的时候，一定要打上相关的标签，但要谨记不要打和短视频内容不相关的标签，否则很有可能在审批推荐的时候被否决掉。

除了上面说到的，打标签还应该注意，标签的数量不宜过多，否则会收到来自美拍系统的私信警告，三四个标签为最佳。还有就是我们在标题中提到过的，标签一定要打在标题的后面，这样才不会影响到标题发挥作用。

5. 热门话题

和微博一样，美拍也同样有个热门话题区域，在这个区域中以时下热门的主题标签或者活动标签为主。

有些标签是长期存在的，这样在我们发布短视频的时候，就可以在标题后面打上这类标签，我们的内容就可以经常在这些主题下面出现，加大曝光率。同时，我们在制作短视频时，也可以根据美拍上的热门话题进行选题，既增加了短视频选题范围，又能紧跟热点。

在这个娱乐至上的年代里，纯说教的内容是没有什么分享价值的，广大用户更喜欢娱乐性强一点的内容。积极参与美拍的热门话题，散发自己的观点，才能吸引更多的粉丝关注。多参加转发热门话题，这样才更容易被粉丝发现你的存在，提高被关注的概率。

美拍平台是在不断升级更新的，而我们能做的就是更细致化的运营，从头像到标题、从封面到视频内容，都是需要我们精心设计的。要做到让每一个发布的短视频，都发挥出最大的效果。同时结合各种技巧，才能获得更多的流量和粉丝关注。

如何通过短视频给微信公众号导流

很多短视频都是在各个平台进行发布的，当我们的短视频在某个平台上获得高播放量时，我们只能清楚地知道一个数据，并非真正知道到底是哪些用户对你的内容感兴趣，更不要说将这些用户留下作为自己的忠实用户了。

而利用短视频给微信公众号导流，通俗意义就是将播放量的数据形式转化成一个个可以直接交流的对象。这样一来我们就可以充分了解粉丝用户，清楚地画出粉丝的“肖像”。

微信公众号的后台有着强大的数据库，可以帮助我们快速了解粉丝用户的特点，清晰地知道用户观看完短视频后最真实的信息反馈，从而不断优化我们的视频内容。无论是运营微信公众号还是短视频，用户都有着重要的作用，我们应该高度重视他们。

但是通过短视频给微信公众号做导流还是有一定难处的，让用户的关注从短视频转移到微信公众号这其中存在着很多环节，是一个非常复杂的过程。因此，我们也只能在不断的探索中，总结出更简单更适合的技巧方式。

通过短视频给微信公众号导流常见的有 3 种方法，即硬转化、内容导流、活动转化。

1. 硬转化

硬转化是最简单也是最基础的一种导流方式，就是在短视频播放结尾处或视频中，将微信公众号的相关信息放上去。

Maxonor 创意公元在每个短视频播放结束后都会将微信公众号的二维码放置在上面。

Maxonor 创意公元给微信公众号做导流使用的就是硬转化方式，将公众号的信息放置在短视频的结尾处，在转化语文案的选择上也一直沿用着清新、简单的风格，“感受最美的创意生活，请关注 Maxonor 创意公元”。

公众号的信息与短视频剪辑可以说是无缝衔接，在保证内容的正常播放下进行公众号插入，一气呵成。

硬转化虽说是最基本也是最容易的公众号导流方式，但是还需要注意的是，重视转化语的文案写作，好的转化语文案会给微信公众号带来高好几倍的流量。

2. 活动转化

通过活动的方式给微信公众号做导流，最重要的就是制定活动策划的内容。我们常见的形式有“关注公众号，可以免费获得一份精美礼品”“扫描二维码报名参与活动”等。

利用几秒的时间，在短视频中添加一些活动信息，这种低成本的方法也能为微信公众号减少一大笔推广费用，还能吸引粉丝关注，达到好的效果。利用活动转化的方式给公众号做导流，比较适合一些小的短视频团队。

由于这种互动的方式简单，且还有一定的效果，因此很多短视频团队在刚开始的时候都会选择这种方式进行导流。从另一个角度看，短视频活动转化也相当于鼓励用户生产内容，而微信公众号就作为用户生产内容的提交平台，这样一来用户自然就关注公众号了，而这对短视频的策划制作、内容选题也是很有帮助的。

3. 内容导流

当你觉得以上两种导流方式都不能达到理想效果的时候，那么就可以选择用内容来做导流。我们经常会见到，最简单的内容转化就是类似于在公众号的二维码旁边配上“想知道更多精彩内容，尽在 ×××× 公众号”的文字。

“看鉴”也是一个很火的短视频栏目，每次用 2 到 5 分钟的时间，普及历史文化知识。它的每一期节目都在结尾部分利用内容给自己的公众号做导流。

例如看鉴“历史大揭秘”中《不得不服，隋炀帝的又一壮举！》的结尾画面，视频内容讲述了隋炀帝通过西巡，又一次打通了丝绸之路，为唐王朝的盛世奠定了基础。在完成一系列讲述后，作者在视频结尾处，再一次抛出了新的话题。

新话题的内容是宋朝的大航海时代，用户要想知道大航海时代的盛况，就需要关注微信号进行回复，才能得到内容。这就是一个利用短视频内容给公众号做导流的方法。看鉴几乎会在每一次视频的结尾处根据视频内容设置一个话题点，引导用户关注公众号。

另外，有些短视频团队会对同一个短视频做出两个不同的版本。一个是视频的完整版，会被投放到微信公众号中，而另一个版本是去掉结局部分的，将被推送到各个短视频平台上。

用户要想看到短视频的结局部分，是需要关注公众号才能获得的。这样的方式表面上是在勾起用户的好奇心，实际上是在利用短视频潜移默化地给公众号导流。选择这种形式一般都是剧情类的短视频。

通过利用短视频内容给公众号做导流，获取粉丝的效果稳定，但是这也需要长期的坚持，不但需要积累制作出优质的短视频，而且还需要消耗一定的时间精力才能给公众号带来可观的流量。

以短视频内容做导流的方式可谓是多种多样，但是抓住内容转化的点是最关键的问题。选择内容转化的点要能够激发用户好奇、八卦的心理，才能让用户主动去关注公众号。而我们在做内容转化时也一定要注意，引导用户关注微信公众号的文案不要强硬植入到短视频中，这样对用户也是一种伤害，会破坏我们和用户之间的友好。而在选择好内容转化的点后，还需要不断地检验测试，看看选择的内容是否能够达到我们想要的效果。

利用内容导流最关键的一点是，我们选择转化的内容要和短视频正片的内容有较高的匹配度，其次就是在短视频中做内容转化的时候，一定不要忽略用户的观看体验，这样才能给我们的公众号带来预期的流量。

通过短视频给微信公众号做导流，首先需要定义好我们要选择的方式，其次选择要转化的内容，而要想导流达到效果就需要我们找到用户刚性需求的转化点。导流是一个长期的过程，只有在不断测试检验各种方法过后，才能慢慢摸索出适合自己的渠道，给公众号带来更多的流量。

总结经验方法，提高更新速率

对于每一个短视频团队来说，提高视频的更新速率会带来很多好处。短视频的播放时间一般都在 5 分钟以内，要想吸引用户就必须在短时间内满足用户的需求。而在短视频火爆的时代，每个短视频团队都在争夺同一批用户。

因此，只有快速更新作品才能在视频平台上进行大范围的曝光，让用户记住你，否则在短视频产量高的这种情况下，用户会更容易忘记你。当用户养成固定习惯，在固定的时间看你的短视频，那么这个用户就会成为你的粉丝，积少成多慢慢就会吸引更多的流量。

提高更新速度不但能够提高品牌的知名度，而且带来最直接的好处就是收益的增加。而想要提高更新速率，达到短视频日更状态也不是不可能的，要点如下。

1. 认准团队方向

每个短视频团队在建立之后，面临的第一个重要的问题就是确定团队方向。如果用短视频的播放效果来检验团队方向选择的正确与否，是会消耗大量的时间精力的，而单凭短视频的播放量也无法衡量一个团队方向的选择对不对。

因此，在运营短视频之初，我们需要低成本高效率地找到团队方向。确定好我们所在的团队要做什么类型的短视频，是科技类、生活技巧类，还是美食类等。在确定好团队的大方向后，才能寻找到相关的素材资料，然后进行拍摄。

通过团队成员的共同策划制定出每天的短视频选题方向，集思广益，才能达到日更的目标。除此之外，还要对已经推送过的短视频进行数据分析，分析观众喜好类型、短视频特点等因素，从而帮助团队找到正确的选题方向，避免由于错误选题带来的不必要的损失。

2. 抓住核心内容

短视频的最核心元素就是内容，内容的质量直接影响着短视频推送后的效果。要想提高短视频更新速率，达到日更的状态，前提是需要抓住内容核心。很多短视频团队在制作过程中，往往更加重视短视频最终的呈现效果，而忽略核心内容。

视觉效果固然重要，但是团队的工作重心始终是要放在内容上的。因此就要减少对视频外包装的过分追求，比如，减少在短视频片头片尾的复杂设计。尤其是对于很多初创团队来说，先做好内容才是最重要的。

所以，一定要先抓住短视频内容最核心的部分，减少一些外包装。这样一来，在保证质量的前提下，才能提升更新速率，达到日更状态。

3. 发现问题，找到方法

很多团队的短视频更新速率很慢，而如果想要提高更新速率，就需要从每次短视频的制作过程中找到问题，是视频拍摄时间太长、剪辑流程太复杂，还是在选题上浪费太久的时间？只要发现这些问题，并找到解决方法就能帮助我们提高更新速度。

以选题问题为例，姜老刀的日食记，每次在开拍下一集视频的时候，都会进行团队头脑风暴。大家觉得谁的构想好就会共同把这个选题进行完善，然后再动手拍摄。各个短视频的拍摄过程都最大限度地调动全员的工作效率。

这样一来就减少了决策时间，灵活选题，同时还提高了工作效率。毕竟一个人的想法和视野都是有限的，全员进行头脑风暴，才能打开思路同时节约时间。

因此，提高短视频更新速率就要善于发现制作过程中存在的问题，找到高效的解决方法，避免在流程上浪费过多的时间，让拍摄环节尽量做到流程化、一体化和规范化，这样一来每次拍摄流程就能快速复制。

4. 成员构成

要提高短视频的更新速率，我们需要组建一支高效的团队。短视频的更新速率、状态和团队的构建有很大程度上的联系。组建短视频团队大致可以分为 4 个部分，即编导、摄像师、剪辑师和运营人员。

这是一支短视频团队最基本的组成部分。人数不是最重要的，能力才是关键。就拿摄像师来说，一个优秀的摄像师能完成短视频一半的工作，摄像师是短视频制作的关键，而全能摄像师精通各种拍摄方法，可以减少后期剪辑工作甚至不需要再进行剪辑。

这样一来，我们只需要在前期策划更细致一些。因此，短视频制作过程中对团队人员的分配不需要做到分工过于明确，一人多职这样去分配才能提高视频更新速率。

要让团队成员清楚了解制作流程，甚至学习每个流程的工作，那么在完成自己基本工作后，就可以参与到制作流程的其他环节中。一人多职，这样也能减少拍摄成本。所以，团队成员的构成和工作分配与短视频更新速率也有着一定的联系。以上方法，需要结合自身团队的特点进行合理调整。在提高更新速率的时候，切记要优先注重内容的质量。提高更新速率并不是一天两天就能完成的，要想达到像“一条”“陈翔六点半”“二更”这类顶级大号的日更状态，需要慢慢进行提高，达不到日更状态就先达到周更，在稳定短视频的产出量后，再慢慢向日更的方向靠近。

对于用户来说，一个有稳定产量的短视频栏目，更容易占据内心的稳定地位。

08

流量变现：短视频的盈利

对于短视频营销来说，首先需要确定的就是其盈利模式。基于不同的盈利模式制作不同的视频内容，才能实现短视频营销利润最大化。

内容付费

需要付费观看的短视频，本质上就是为内容付费。那么能够让人们自愿掏腰包的内容，大致可以总结出三个特征：新奇、排他、实用。

说起付费内容的特征，许多人脑海里第一个冒出来的想法就是有用。不论人们一开始的目的是增加谈资、补充社交货币还是提升个人的知识技能，付费这个门槛都被认为是可以自动筛选优质内容，而且还能节约注意力成本的。付费行为完成的那一刹那的满足感和充实感，成为当代社会普遍的精神鸦片，同时也是拉动商业运转的永动机。

除了有用以外，人们也会为独家的、排他的内容付费。具体说来，也就是版权。用户是会跟着内容走的，那些经历过版权争夺战的长视频平台以及音乐平台应该深有体会。

足够新奇的内容可以满足人们的好奇心，这样的需求是极其庞大的，但也不可避免地成为重点监管对象。现在的大趋势是短视频的内容逐渐规范化，这样的内容可不是平台赖以发展的主体内容。

在“看鉴”的短视频平台，提供的短视频多是集中在历史、人文以及地理领域，和目前占据着短视频市场一大半江山的娱乐内容相比，它是绝对可以做到获取知识与增加谈资的。而且拥有央视纪录片背景的团队还给看鉴带来了一个巨大优势，那就是坐拥多达三千小时的优质历史、地理文化纪录片的版权，其中甚至有着《故宫》《河西走廊》《帝国的兴衰》这种级别的纪录片。这种别人难以获得的重资产模式就是看鉴做内容收费的最大底气。

可是这就引出了一个问题，人们在互联网上有着这么多的选择，如果网友们想要去了解历史人文，可以选择看电视或者看在线长视频、听音频、阅读图文等，为什么偏偏选择在短视频上为内容付费呢？

随着各大视频网站诞生了会员制度，主流音乐平台推出了数字专辑，网络上的人们也逐渐养成了为互联网上的优质内容付费的习惯，整个市场的欣赏程度都已经得到了显著提高。

直到 2016 年年底，游戏、音乐、在线视频等娱乐行为的付费率都已经超过了 4%，而且这个数字还在不断上升。所以能够肯定的是，内容付费的市场潜力巨大。

但是在互联网上的音乐、音频、长视频以及移动阅读，从来就不缺乏那种新奇、排他或是有用的内容，那么为什么会有人愿意为短视频上的内容付费呢？

要解答这个问题，就要涉及媒介形态这一话题。在《娱乐至死》里，波兹曼说过一句话："媒介的形态偏好某些特殊内容，从而最终可以控制文化。"

所以波兹曼喊出的"娱乐至死"就不再是针对电视里所展示的具有娱乐性的内容了，而现在所有的内容都以娱乐的方式呈现出来。

波兹曼那个时代的电视就相当于现在的互联网，由于互联网存在着许多不同的媒介形式，所以也就产生了对不同类型内容的偏好。

我们将目光拉回移动互联网时代，视频和音频的特点也是各不相同的。单从媒介的特性来讲，音频具有距离感和分寸感，它的特点是沉浸感、伴随性以及碎片化。后面两点完美贴合了用户在缓解自我焦虑方面的需求，至于沉浸感则可以带来更加私密的个人体验。因此当前的付费音频内容主要集中在知识付费和情感交流两个领域里。

而视频采取的是最具冲击力以及最有吸引力的视觉内容，因为视觉上的满足是刚需。2017 年，用户为在线视频付费的金额就已经达到了 217.9 亿元，而且未来的两年里还会继续保持着 60% 以上的增长速率。当然，这里提到的在线视频付费，是指各大视频网站上的长视频。

音频和长视频付费模式运行得如火如荼，不过这两种内容形式并没有完全满足用户的需求。因为长视频动不动就需要观看半小时以上，无法实现内容上的空间并置，虽然音频不会跟其他成熟的平台抢夺用户注意力，可毕竟只能满足听觉，不够生动。于是更便捷而且内容信息承载量更为丰富的短视频逐渐变成了内容付费的重要组成部分，未来的发展潜力不容小觑。

对于为特定内容的产品付费的这种方式，在音频和短视频内容平台比较常见，而短视频则还处在探索的阶段。其实早在 2016 年，秒拍就想过要做内容付费功能，但许多业内人士都不看好，觉得秒拍上都是些娱乐化的内容，观众不太会为这些内容埋单，只会选择去看其他平台。于是这个计划就没再提起。

当然，在内容付费上也有很成功的案例，比如新片场推出的《电影自习室》系列付费短视频，主要为初级电影爱好者设计，里面包含了影视方面的心得与技巧。《电影自习室》总共制作了十六集，单价 299 元，光是预售就卖出去一百多万元，短短两个月时间，一共卖出接近两百万元。

虽然短视频的内容付费已经初见苗头，但是还不成熟，不能像直播打赏或者音频、长视频那样培养出付费的习惯。要想达到那种程度还得注意两点：一是保证能够不断输出高质量内容；二是要能解决用户的痛点，提高用户的复购率。

确实，对于短视频平台来讲，推出一两个成功的付费短视频产品并不难，最困难的地方在于能够长久且稳定地输出优质内容。

只有短视频中的精品才有未来，市场现在逐渐成熟，短视频的付费形式一定会发展得越来越完善。

打赏订阅

短视频内容变现的第二种方式是打赏订阅。预测在未来很长一段时间里，打赏订阅都会是短视频领域最为有效的盈利模式。

不过，在短视频行业里，只有那些自带超高人气和流量的团队才能成功地利用好打赏订阅的功能。

许多用户对打赏订阅这种模式应该都不陌生，这是短视频内容变现最直接有效的方式，也是检验每个短视频内容创作质量的关键标准。用户光是点赞、评论与转发还远远不够，只有他们肯为短视频内容打赏订阅，才说明他们对短视频内容真的喜爱。

打赏这一功能的出现，让越来越多的用户开始愿意为自己所喜爱的短视频付费。在这样的发展趋势下，用户参与打赏活动的热情越来越高涨。要想通过打赏变现，创作者需要注意以下四个方面（如图 8-1）：

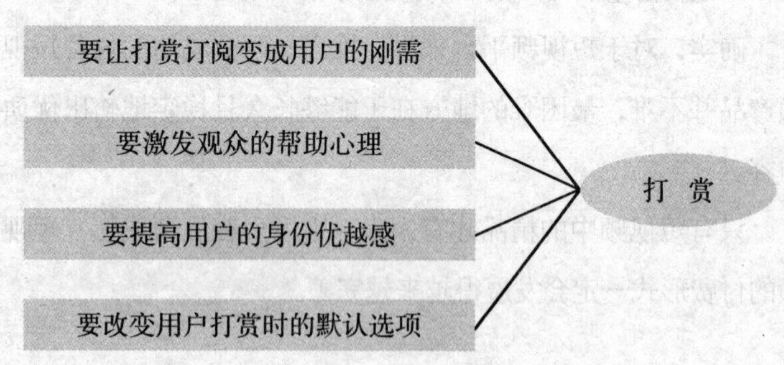

图 8-1 怎样通过打赏获取利益

1. 要让打赏订阅变成用户的刚需

我们可以观察直播行业，发现主播们生产内容最大的动力就在于直播间“粉丝”和观众赠送的礼物。所以为了能够获得更多的礼物，主播们纷纷大显神通，使出浑身解数让观众满意，从而让观众自愿给主播刷礼物。

因为刷礼物是直播变现的常态，所以当用户使用任何一款直播软件时，都不会排斥这种打赏的方式。

直播打赏已经成为观众观看直播的一种习惯。而在短视频行业里，用户对于打赏订阅这种模式还是非常陌生的。

短视频和直播不同，在播放时不能和观众直接互动，所以用户对短视频内容的反馈不会实时地反映出来。于是，在不能为用户的观赏体验带来提升的情况下，打赏不打赏，订阅不订阅，就显得无足轻重了。

而且短视频的观众根本不会意识到，打赏与订阅对一个短视频团队来说有多么重要。所以在创作短视频的内容时，就要想办法让观众看到短视频团队对打赏的需求，只有这样才可以让观众认可、接受并自觉采取打赏短视频的行为。

不要单纯地想用“做出优质内容”的方式去打动观众，寄希望于他们的自觉主动打赏。要知道，观众是被动的，想获得打赏就在短视频里直接说明。当然，具体怎样求打赏还要看短视频团队能编排怎样的话术，这些可以根据短视频内容的风格、定位和主题来进行思考。

2. 要激发观众的帮助心理

要想通过打赏订阅的模式进行变现，短视频团队可以参考直播的那种模式。大部分的网络主播在直播的过程中都会想尽办法让观众给他们刷礼物，比如他们会直接在直播的过程中对观众讲出自己的需求，请观众帮助才能完成，通过这样的方法来博取同情，从而激起观众的帮助心理。

对于短视频来说，同样是做内容生产的，虽在形式上略有不同，但是也可以仿照直播的这种方式直接向观众求助，从而激起观众的帮助心理。

要让观众知道短视频团队需要他们的帮助，将打赏订阅行为变为帮助性的活动。要让观众知道一点，只有他们打赏订阅了，团队才有动力创作出更多优质的内容。如果观众意识到这一点，就会更加愿意进行打赏和订阅。

打赏订阅还是一个持续的过程，要能够让观众看到他们打赏后的反馈效果，这样有利于增加日后的打赏次数。观众的主动打赏，也可以说是与短视频创作者之间的一种互动形式，只有两者之间形成一种微妙的良性循环，才能达到产销平衡的作用。

3. 要提高用户的身份优越感

只要是看过直播的都知道，当主播接收到直播间观众打赏的时候，会在直播的过程中采取不同的方式表达谢意。这对于同一时间观看直播的用户来说，不但感叹别人打赏金额之大，同时也容易使用户之间产生攀比的心理。

所以短视频团队要想通过打赏订阅的方式获得变现，也可以学习直播的这一模式。但是，对于不能及时打赏订阅的用户，要怎么做呢？可以设置一种专门的等级制度或是会员制度，让打赏金额越高的用户获取更高的等级，以此来提升用户的优越感。

还可以让不同等级的用户获得不同的权益福利，看上去并不能让用户获得什么实质性的好处，却可以让他们与普通观众之间产生身份上的差别，让那些经常打赏订阅的用户获得心理上的满足感和优越感。

4. 要改变用户打赏时的默认选项

单从打赏订阅来说，给用户两个选择，一个打赏、一个不打赏，往往效果都不太理想。可要是让用户从打赏五元和打赏十元之间做出选择，很容易就让用户不由自主地打赏订阅，激起了他们的主动性。通过改变用户打赏时的默认选项，即便不改变任何其他内容，也能收获一定的效果。

然后经过长期的引导与熏陶，让用户打赏成为一种常态，当他们形成这种习惯后，打赏与订阅就变得更加容易了。

打赏变现的这种方式在短视频行业里，并不是最常用的一种模式。打赏订阅变现有个大前提，那就是短视频团队自身得先积累起大量的“粉丝”和人气。

渠道分成

当下的短视频行业发展势头正旺，各大渠道平台在短视频行业推出的扶持计划无疑又是为这个行业添了一把火。对于许多短视频创作团队来讲，这是一个非常大的福利。

渠道的分成对于一个短视频创作团队而言是他们初期最直接的收入来源。所以在运营过程中最关键的问题就是对渠道的选择以及思考怎样获取最大的分成利益。当下常见的短视频渠道分成平台有美拍、今日头条、哔哩哔哩等。

这些平台可以分为推荐渠道、“粉丝”渠道、视频渠道，每种类型的渠道都是会产生不同的平台分成方式。

推荐渠道就是通过这个渠道发布的短视频，它们能够获得的短视频播放量，主要是与系统的推荐挂钩的，不会受到过多的人为因素的影响。其中推荐渠道中当属今日头条最为典型。

视频渠道中的短视频和推荐渠道的有所不同，它们主要是通过用户搜索以及平台编辑推荐来获取播放量的，例如搜狐视频。只要拥有了好的推荐位置，那么在视频渠道里就可以获得更高的播放量，渠道产生的收益分成自然不会少。

还有就是“粉丝”渠道，“粉丝”的作用在这个渠道里可以发挥到极致。能对短视频播放量产生最直接影响的就是“粉丝”数量了，其中美拍就是“粉丝”渠道的典型平台。不过值得注意的是，“粉丝”渠道也会存在编辑推荐的方式。

短视频团队面对众多的短视频渠道平台，一定要先进行详细的规划分析才可以着手选择。对于一个短视频团队来说，平台分成虽然很重要，但首先要考虑的是用户、“粉丝”以及短视频品牌形象的发展。每个短视频团队所创作的内容和类型各不相同，所以在不同的平台上也会产生不同的播放效果。

所以要选择好适合自身的渠道投放短视频，才可以收获想要的效果，从而获取平台的分成。短视频团队在选择渠道平台的时候可以这样做（如图 8-2）：

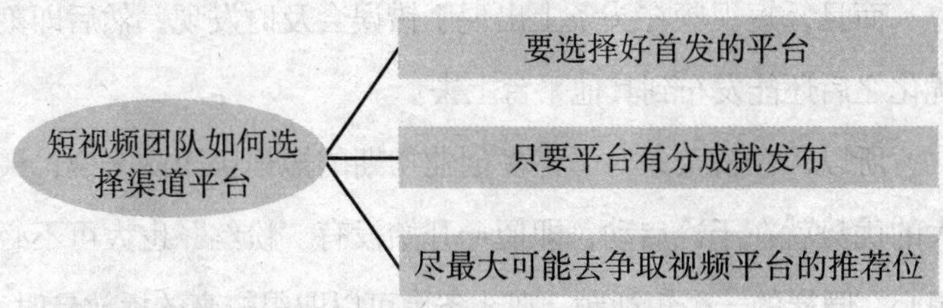

图 8-2　短视频团队如何选择渠道平台

1. 要选择好首发的平台

就比如今日头条，它采用的是系统推荐的机制。人工智能系统会根据用户的观赏习惯对用户进行投放，可以帮助短视频团队精准快速地找到短视频的目标受众，而且还可以帮助团队测试一下创作的短视频内容是否能受到观众青睐。

而那些采取渠道分成机制的平台，如腾讯视频、搜狐视频、爱奇艺视频等，它们多数是采用人工推荐机制的，但同时因为平台上好的推荐位置都被买来的各大卫视的影视剧和综艺节目长期占据着，所以能留给短视频的推荐位是非常少的。

经过这么一对比，是不是觉得今日头条对短视频的精确投放，对许多处在短视频创业初期的团队来说，具有极大的吸引力呢？因为今日头条就是通过查看数据然后分析来自用户的反馈，从而找到最适合用户的短视频内容。

除了有着非常好的推荐机制以外，今日头条还具有足够多的用户，这为短视频团队获取更多的播放量以及平台分成奠定了良好的基础。

而且，短视频在头条上出现了错误会及时发现，然后即刻优化之后还能发布到其他平台上去。

所以，今日头条对于许多创业初期的短视频团队来说，最大的优势就在于冷启动，即便一开始没有“粉丝”也大可不必担心。同样的一个短视频，在头条上可以取得较高的播放量时，发布到其他平台上也不会差到哪儿去。不过别以为可以一劳永逸，还是需要团队付出时间精力去用心运营的，这样在头条才能获取更大的增长空间。

2. 只要平台有分成就发布

分成是短视频团队创业初期最直接的收益来源，所以理所应当的，只要是有分成的平台，团队都要把短视频发布上去。发布的平台越多，获取的分成收益就越多。当然，如果想获得这些分成，还是需要团队掌握一些运营技巧的。

不同的渠道平台都有着不同的特点以及不同的视频呈现方式，所以我们就需要根据不同平台的要求，相应地调整视频的封面、标题、简介和标签这些内容的设计，这些因素最终都会影响到短视频在不同平台上的播放量和分成收益。

至于怎样运营好短视频的每一个环节，在这里就不予赘述了。只要记住一点，分成对于创业初期的短视频团队来说是非常重要的，但这一切都得建立在拥有优质内容的基础上。

3. 要尽最大可能去争取视频平台的推荐位

目前大多数视频平台，比如腾讯、搜狐、爱奇艺这些，它们的平台主界面都被各种地方卫视的电视剧、电影、综艺节目等购买来长期占据，短视频是很难在这些视频平台争取到好的资源位的。但如果短视频团队能够通过优质的内容争取到这些视频平台的推荐位，视频的流量就有了极大的保证。

最后我们要知道，渠道分成构成了短视频团队最初的经济收入，短视频团队要找到自己的定位，确定好自己的发展方向，找寻适合自身发展的平台，最终才能使短视频营销收益最大化。

广告植入

短视频领域，除了大量资金的支持和海量的内容生产，还需要大量的用户和流量给短视频的商业变现提供最强有力的保障。

短视频通过快速简洁的播放形式与创意内容相结合，使内容生产的价值发挥到了最大，同时也让品牌广告的植入贴合得更加自然。

短视频要想实现流量变现，最重要的一个途径就是商业广告。别看短视频行业现在异常火爆，但它存在的一个最大问题就是流量变现。

虽说商业广告是当下许多短视频大号最主要的变现方式，但有一个前提条件，那就是这一切都建立在拥有了大规模流量的基础上。

许多品牌大厂都知道，现在的传统广告很难覆盖到新一代年轻人了，短视频成了新的推广形式。短视频先通过创作内容吸引大批流量，再为商业广告引流，这就是变现的基本逻辑。

而短视频广告最常用的两种变现方法就是贴片冠名以及软性植入。其中，贴片冠名是很早以前就盛行的一种形式，这种方法就是把品牌名或是产品名作为短视频栏目的名称，通过在片头进行标注、结尾使用字幕鸣谢、视频中人物口播等形式进行宣传。

要说广告冠名，很多人应该知道 2016 年 papi 酱的首支广告拍卖出了两千两百万的价格，其中在《papi 酱的周一放送——奥运跟我涨姿势！》中，就首次采取了开篇广告的形式。

那次的视频是由美即面膜冠名播出的，品牌主的产品在那期短视频中出现不超过 10 秒，同时配合 papi 酱五秒的口播，这种就是最为典型的贴片冠名的形式。

贴片冠名的特点就是执行起来速度极快，覆盖的用户极广。而相比起来，软性植入就来得隐蔽了许多，具有"润物细无声"的效果。软性植入在广告植入方式之中是处于最高境界的。这种植入方式非常注重与短视频内容之间的贴合，目的就是把观众心理产生的厌烦感降到最低。

举个例子，魔力美食每天都会发布一条关于美食制作的视频，同时"RIO 鸡尾酒""大虾来了"等多个美食品牌都与魔力美食有合作。而魔力美食作为一个美食类的短视频节目，大多采用软性植入的广告方式，把产品具有的属性和短视频的内容结合起来，使它们达到一定的契合度，把广告产品包装成为节目内容，非常受用户的喜爱。

比如，它在给 RIO 鸡尾酒做广告的时候，就会采取这样的形式：在短视频的画面里经常会出现 RIO 的品牌标志，而且有的食材的做法还会用到 RIO 鸡尾酒做原料。

将商业广告和短视频相结合，是一种高效的变现手段。不过，这也给短视频制作提出了更高的要求。

1. 要制作出优质的内容

广告主们之所以会选择通过短视频来投放广告，就是希望高效率地利用短视频，来达到近距离接触产品受众，获得较高转化率的目的。现在的短视频行业虽然产量高，但是同质化非常严重，渐渐显露出了供需不平衡的行业现象。

在这个阶段，短视频市场里没有足够多的优质内容可以满足广告商的需求，所以制作出优质的内容且能保证质量不下降是目前最大的挑战。

2. 要使广告和短视频内容高度契合

根据资料统计结果显示，许多用户不会在广告上停留超过 10 秒钟的时间，不过传统的媒体广告形式不用担心这个问题，在广告的投放和选择上可以随意一点。短视频的广告做到时间短、内容短就可以了。

广告和短视频相结合的方式有贴片冠名和软性植入等，它们各具优势，不过根据用户的反映看来，最好的广告方式是软性植入。所以，如果要通过商业广告实现变现，就应该尽量避免没有内容的纯广告和硬性植入的广告。

从外在表现上看，强加在短视频片头或者片尾的贴片冠名广告，会在很大程度上直接影响到用户的观看体验。从内在效果上看，贴片冠名的广告和短视频的内容、情境融入没有任何关系，很容易影响到短视频的流量。所以将广告更加内容化，增加其与短视频的关联性，最好的选择就是软性植入了。

比如美食类的短视频新媒体，会选择他们的广告商大部分都是跟美食有关的。两者需要存在共同点才可以融合在一起，这就是软性植入的特点——把品牌与短视频内容结合起来，在用户观看的时候起到"润物细无声"的效果。

不过，要是想让广告做得更加自然，还不会影响到用户的观看体验，就需要根据自身的短视频内容来选择广告类型，这在很大程度上限制了品牌主们的选择。而且短视频团队还得考虑，选择怎样的方式来投入广告，才能够不影响观众的观看体验。

3. 不要直接拿广告做短视频的选题

除了要把广告做到和短视频内容相契合以外，通过广告变现的时候还要注意，不能直接根据广告商的产品做视频的选题。在策划的时候，需要和商家共同讨论选题和策划的事宜。要保证同时满足广告商对于品牌宣传的需求以及自身短视频新媒体的用户需求。不能由于需要加入广告而忽视了自己栏目的定位，要尽可能根据自身短视频的内容定位去找到广告植入的切入点。

因为对众多短视频团队而言，内容是根基，即使是广告植入，其核心也是在做内容。不能因为广告的植入改变了短视频的风格，转变了内容的方向。所以，短视频团队要根据短视频的定位和用户群特征去创作内容，这点至关重要。

4. 要认识到用户决定着商业价值

要知道，短视频新媒体中，“粉丝”才是最终的目标群，不要仅仅去满足商业广告对应的目标用户的需求，而忽视了自身栏目定位的“粉丝”用户的需求。

如果团队的短视频内容满足不了自身的用户群，最直接的后果就是导致播放量下降，然后参与进来的广告品牌无法获得理想的宣传效果。所以短视频要想通过商业广告进行流量变现，最重要的是从目标用户的定位角度出发，选取适合的主题和广告植入方式。

通过商业广告进行流量变现是短视频行业里最为常见的变现方式。不过变现的方式越来越多样化，许多短视频也不再选择通过广告变现了，还有更加超前、有效、直接的变现方式，可广告变现仍然在众多流量变现方式之中占有很高地位。

电商合作

目前，与内容电商结合的这一变现方式，正在渐渐成为短视频行业里最直接有效、收益最高的变现方式。

谈到内容电商，大多数人都是一头雾水：内容电商是什么东西?

内容电商和传统电商最大的区别就是，它具备两个关键因素，那就是内容和交易。

在互联网上搭建一个店铺，然后通过各种渠道将流量引入店铺中，最终促成交易，这是传统电商的套路。

内容电商则大不相同，它不需要从其他地方引入流量。比如短视频跨境电商，它流量的来源直接依靠的是短视频原有的“粉丝”积累。

传统电商的模式，是通过价格竞争或是单品竞争等方式来进行交易的。内容电商之所以能促成交易，是建立在许多用户本身就对内容具有一定的价值认同基础上的。

现在的时代早已经从图文信息消费的时代，过渡到了短视频消费的时代。所以同样在内容电商的领域里，也发生着巨大的变革。传统电商平台依赖图文宣传推广的模式来获取流量和转化率，早就进入了瓶颈期。而依托短视频的营销模式，开始在电商领域逐渐兴起。

比如说，做美食类短视频的“小羽私厨”就会涉足电商领域，短视频内容在教授用户制作一些美食的过程中，会推荐一些有价值的产品，比如酸奶机、棉花糖机等一系列产品。对于观看这个栏目的女性目标用户而言，这样的内容是很容易激起她们的购买欲望的。用户可以直接去到他们的网店里购买视频中提到的各种厨房用具。

概括来说，内容电商依托短视频变现，有如下三个问题需要有效解决（如图 8-3）：

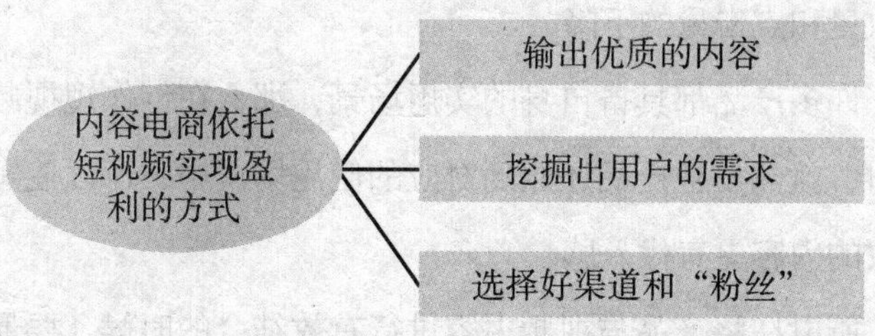

图 8-3 内容电商依托短视频实现盈利的方式

1. 输出优质的内容

内容电商最重要的核心就是内容，用户选择了什么内容就相当于选择了什么样的产品。所以最关键的是抓住内容，要让短视频的内容能够贴合到用户的需求上。许多短视频团队做完第一期视频后就江郎才尽了，怎么也创作不出可以支撑起第二期内容的话题。

那在短视频当中，怎样的内容才算得上是优质的内容呢？短视频现在位于风口之上，具有独创性的短视频内容可以使得短视频团队异军突起。内容说起来就是广告，要想做好电商营销，关键就在于短视频的内容是否能做到有趣且有创意。

在内容上，要找出电商产品能和短视频内容相互契合的一个点，然后在这个基础上再进行内容创作，采用各种制作上的技巧将产品表现出来，在给观众、用户带来不可思议的观感体验的同时，还要保持短视频原有内容的风格与趣味性。

除了上面提到的，还必须避免在短视频里对观众进行产品的硬性推广，这会很大程度地影响用户的观看体验，从而导致播放量和点击量的下降。

许多产品都具备自身的实用场景，那么在创作短视频的内容时，就需要把产品还原到对应的使用场景中，可以使短视频播放的内容更有代入感。

所以在将产品与视频内容进行有效结合的时候，要最大限度地避免硬性植入。只有在确保内容足够优质的情况下，才可以增加自媒体和用户之间的互动，保持“粉丝”黏性，最终为商家做出最有价值的宣传。

短视频采取电商方式变现，虽然让视频内容带上了一些目的性，不过只要在画面设计、编剧上做到可看性极佳，就能非常容易地吸引流量。记住，优质的内容直接关系到用户流量的转化。

2. 挖掘出用户的需求

要想做好电商变现，短视频需要做出的关键一步，就是完成与销售的一键转化。优质的短视频可以迅速让信息传播出去，不管是图文，还是短视频内容，能够让用户在一个平台上从内容阅读转化到销售上，才是最终目的。

说得简单直白一点，短视频与电商结合，不过就是变成了商家销售的载体而已。所以在创作内容的时候，短视频团队首先要确定下来，你的内容最终到底是为谁而做，这样才能够找到适合的内容，达到理想中的效果。

不管是直播还是短视频，这些多媒体形式的内容，这些全新的体验方式，不仅能够更加近距离地接触用户，同时还可以满足用户在娱乐方面的需求。说到底，这些各种各样的方式最大的目的就是满足用户的观看需求。

所以在创作内容的时候务必要搞清楚用户的习惯特征以及心理需求。而抓住用户的心理需求，归根结底就是要把握并且利用人性的弱点。而且还要搞清楚，短视频与电商的结合不是对内容进行二次传播，而是二次包装。所以要想在内容的包装上吸引用户的目光，就要找出视频的卖点，要从用户的需求出发，满足用户人性上的需求，才能为用户带来最舒适的观看体验。

3. 选择好渠道和“粉丝”

选择渠道对于电商而言是至关重要的，对于短视频来说，要从单一的平台分发，发展到多平台分发。因为选择什么样的渠道对短视频进行分发，所能带来的点击量和宣传效果都是不同的。

选择渠道时主张“哪里可以销售产品就去哪里发布”，所以微博、微信、淘宝等可以进行交易的互联网平台就成为许多短视频团队的第一选择。

而在选择渠道时要注意一点，电商性质的短视频是不适合投放到长视频平台的，比如优酷、爱奇艺、腾讯视频等各大视频网站。

所以要选择那些流量大而且推荐精准的平台，比如对某产品进行宣传销售的短视频，就直接投放到淘宝网的首页进行展示就对了，当然也可以分享到微博这些地方进行宣传。选择正确的渠道，才可以达成预期的目标，不然做什么都是无用功。

在把基础的渠道选择做好之后，接下来就是要注意持续积累“粉丝”了。前面提到的长视频网站虽然不适合发布短视频，但还是可以通过这些网站来积累一部分“粉丝”。现在是“粉丝”经济时代，“粉丝”越多，所能创造的经济效益就越多。

只要在“粉丝”上做到精确把控，那么不管销售什么样的产品，都会有人埋单的，短视频通过电商合作进行变现就是这么简单。

短视频与传统的图文模式的电商相比，无疑是更好的电商营销模式。对于众多短视频团队而言，“短视频 + 电商”的变现模式有着强劲的发展势头，而且渐渐变成了众多变现渠道中最为经济也最为高效的方式。

最后重申一遍，短视频在运营过程中不管选择了什么样的变现方式，都必须确定一点，那就是自己的内容是做给谁的。搞清楚定位后，还要保证视频质量，这是流量变现的关键所在。

霸屏营销

社群营销

SHEQUN YINGXIAO

—— 陈金恩◎著 ——

花山文艺出版社

河北·石家庄

图书在版编目（CIP）数据

社群营销 / 陈金恩著 . -- 石家庄 : 花山文艺出版社 , 2020.6

（霸屏营销 / 陈启文主编）

ISBN 978-7-5511-5151-1

Ⅰ . ①社… Ⅱ . ①陈… Ⅲ . ①社区 — 市场营销学 Ⅳ . ① F713.50

中国版本图书馆 CIP 数据核字（2020）第 079882 号

书　　名：霸屏营销
BAPING YINGXIAO
主　　编：陈启文
分 册 名：社群营销
SHEQUN YINGXIAO
著　　者：陈金恩

责任编辑：郝卫国　董　舸
责任校对：卢水淹　张凤奇
封面设计：青蓝工作室
美术编辑：胡彤亮
出版发行：花山文艺出版社（邮政编码：050061）
（河北省石家庄市友谊北大街 330 号）
销售热线：0311-88643221/29/31/32/26
传　　真：0311-88643225
印　　刷：北京一鑫印务有限责任公司
经　　销：新华书店
开　　本：850 毫米 ×1168 毫米　1/32
印　　张：30
字　　数：900 千字
版　　次：2020 年 6 月第 1 版
2020 年 6 月第 1 次印刷
书　　号：ISBN 978-7-5511-5151-1
定　　价：149.00 元（全 5 册）

前言 Preface

俗话说，物以类聚，人以群分，互联网拉近了人与人之间的距离，让“人以群分”成为现实。人类是群居动物，聚集成群落是人类的本能。在互联网未出现之前，人们在线下组成各种群体、团队；在PC互联网时代，人们通过网线在各种聊天室、QQ群里交流；在移动互联网时代，人们随时随地组成各种社群，真正地实现了“沟通无界限”。

从2015年社群出现开始，社群商业运营已经全面开启，罗辑思维、吴晓波等利用社群变现已成为社群行业标杆性事件。不管是企业还是个人都纷纷前仆后继挤入社群营销这个赛道，越来越多的企业把社群运营视为变现的重要手段。

智能手机的普及，使得用户数量的增长不再是阶梯式增长，而是利用社交平台用户从0到1万、从1万直接到1000万的裂变式爆发增长。社交赋能传统行业，所有的行业发展都在进化，所有行业都值得重做一遍。

随着社交平台的勃兴，渠道下沉正在成为现实。对于企业，建立社群或者借助已经存在的社群进行传播是一个很好的营销方式。但社群运营绝不是简单意义上建一些微信群。社群营销说来很简单，实际操作起来是一盘大棋。想要让一个社群产生营销价值，必须通过有效的运营手段才能将其体现出来，不然只是单纯地聊天分享，并没有任何营销价值。

本书从多个维度对社群营销进行了诠释，希望广大读者通过阅读本书开辟出社群营销的全新路径。

作者

2020 年 1 月

目 录
CONTENTS

01 左手社群，右手营销

社交生态里，人们都不希望落单 / 002

粉丝经济的社会学原理 / 006

社群效应的基础：交互与协同 / 011

小众时代社群经济成为大势所趋 / 015

圈层经济助推社群营销迅猛发展 / 019

相同爱好的人更易组成社群 / 024

引发群体共鸣，成就社群营销 / 027

社群变现的 4 种常见途径 / 030

案例：一家湘菜馆的冷启动 / 035

02 不相信广告，更相信邻居

社群营销里的“口碑” / 038

如何通过社群营销打造口碑 / 040

靠谱的人推荐的东西也靠谱 / 043

情感导向，营销只是“顺便”的事 / 046
回归本质，好产品才有好口碑 / 048
案例：社交媒体木智工坊的销售阵地 / 051

03 5 种常见的社群类型

兴趣型社群 / 056
粉丝型社群 / 063
知识型社群 / 067
行业型社群 / 071
区域型社群 / 074
案例：一碗米粉里的乡情 / 076

04 如何创建并维护一个社群

确定创建社群目的 / 082
找准社群定位 / 084
制定群规 / 087
获取种子用户 / 092
让社群裂变壮大 / 098
玩转精准化社群营销 / 101
不建群也可以营销 / 104
案例：小米社群的启示 / 108

社群运营的常见套路

用入群仪式强化身份认同 / 114

红包人人爱，怎么发有技巧 / 115

社群内容输出的 3 个关键 / 121

社群直播助推内容产品生产 / 124

你的社群为什么不活跃 / 127

把“死”群做活的 9 个方法 / 129

亲民是主流，接地气是王道 / 134

案例：无印良品是如何赢得民心的 / 136

06

社群营销的 6 条军规

始终从用户角度出发 / 140

合适的参与者越多越好 / 145

用高中端带动普通群成员 / 149

让社群成员参与产品构建 / 151

超出用户预期的产品才是最好的 / 153

快速对粉丝群体需求做出反应 / 155

举办活动，让社群活力四射

线上活动的特点 / 160

线上活动的要素 / 162

线上活动的关键 / 165

线上活动的步骤 / 169

必要的线下活动 / 171

线下活动的步骤 / 176

案例：《大圣归来》是怎么火的 / 181

01 左手社群，右手营销

社群，英文名称 community，可以被翻译为社区。社区属于互联网时代前的产物，理想状态下应该是按照逐渐自治化的趋势发展，也就是现在互联网中流行的“去中心化”。互联网时代开启后，一个叫“虚拟社区”的概念被逐渐推广开来。人们通过网络彼此交流分享知识，形成用户之间具有共同爱好的新型关系网络。这种新型关系网络就是社群。

社交生态里，人们都不希望落单

身为互联网原住民的90后、00后们利用专业的网络社交平台而不是综合性的社交平台来结交朋友，本身并没有什么值得大惊小怪的。当我们每一个人身处于网络中，心中不知所措的感觉会油然而生，而在这种不安感的驱使下，我们自然会不由自主地想要寻找志同道合的人，从而找到心灵寄托和依靠。

人类对某些事物的喜爱和追捧，归根结底与其自身的爱好相关，而社交生态则能有效强调这种爱好——通过社交网络，人们可以将自己所钟情的事物分享给志同道合的人，通过与他人的交流，人们便会对自己所钟爱的事物产生更为全面、更加深刻的理解。最终，人们会更加强化自己对有关事物的喜好。一言以蔽之，社交生态里，人们不希望落单。

在一个自成体系的社交生态系统中，每一名社交的参与者都会和自身所处的社交环境融为一体。而在这个社交"闭环"中，人与人也会相互促进、相互制约，最终在整体上使社交生态处在相对稳定的动态平衡中。这种现象主要还是来自在社交生态中客观存在的人们需要与他人交流的内在逻辑（如图1-1）。

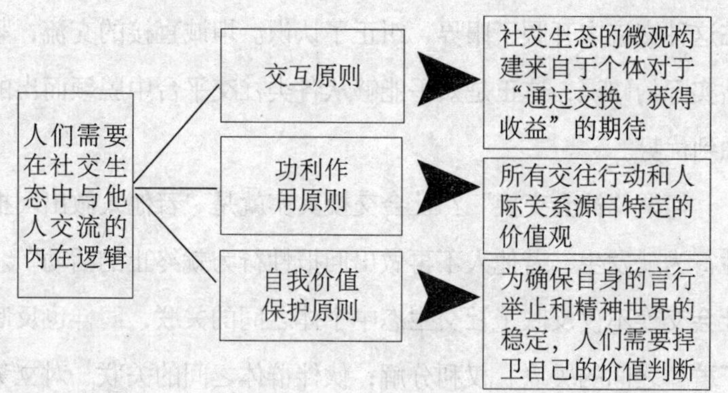

图 1–1　人们需要在社交生态中与他人交流的内在逻辑

一、交互原则

按照交互原则的观点，人类的所有言行都受“可以带来收益的交换活动”的支配，所以，人类社会的所有活动都能够被理解为一种交换，人类在社会交换过程中所缔结的社会关系同样也是一种交换关系。

若要问现在中国的年轻人：你平时使用得最多的网络社区是什么？十有八九的年轻人都会回答：知乎。的确，知乎作为一个网络社区，其自身在交流功能和交流方式方面和传统的QQ、人人等社交平台并无本质上的不同。但由于其独特的“问答”属性，让知乎在与其他软件不同的交流功能之外，又为其用户增添了更多的价值。

进入知乎的页面，用户可以和各行各业的同龄人进行沟通交流，而互动交流的主题更是无所不包，从与人们日常生活息息相关的民生话题，到新闻媒介中经常提到的时政热点。各行各业的精英都可以从自己的角度阐释自己的理解，而其他人也在这种交流中开阔了眼界、纠正了认识。坦诚直接的交流，紧贴实际的知识，这正是知乎能够从各类社交平台中脱颖而出的独到优势。

何谓“社会交换”？社会交换其实就是“若他人做出回报性行为就发生、若他人不再做出回报性行为就终止的活动”。社会交换不仅反映了社交生态中个体之间的关联，同样也反映了群体之间的关联、权利分解；伙伴群体之间的关联、对立势力之间的矛盾和合作；生态圈内成员之间的间接联系与亲密依赖联系等内容。社交生态的微观构建来自每个个体对于“通过交换以获得收益”的期待。个体之所以要和他人沟通，首先是由于他们能从与他人的互通有无中得到自己曾经想要而不得的某些东西。

二、功利作用原则

在交互原则的基础上，人们还会进一步期望交换活动的结果是公平的、值得的，交换的成效至少要确保得等于失，这便是功利作用原则。在经济理性思维的驱使下，人们会自发地抵制得不偿失的交换活动，自然也就不可能维系得不偿失的交换关系。从这个意义上来讲，社交生态中所呈现的所有交往行动和人际关系均是根据特定的价值观而最终选择出的结果。

而这种价值观在商业领域的体现正是粉丝对品牌的认可。如果人们认为通过交往活动所带来的收益令人满意，通过交往活动所建立的人际关系能够强化自己对品牌的信心，那么人们就会倾向于构建或保持相关的社交关系。倘若人们认为通过交往活动所带来的收益不令人满意，通过交往活动所建立的人际关系不能强化自己对品牌的信心，人们就会倾向于逃脱、远离或终止相关的社交关系。

三、自我价值保护原则

人类区别于普通植物的最大特质在于其具有对自身价值的认识和判断，这种认识和判断一方面驱使着人类的行为，另一方面也守护着人类的心灵家园。所以，为了能够让自己的言行举止和精神世界保持稳定，人们必须得捍卫自己的自我价值判断。而通过与他人的交流，继而获取他人对自我价值的肯定，最终确保自我价值观的巩固、完成自我价值的合理化建设，正是社交生态圈里人们渴望获得他人理解与尊重的精神动力。

电子产品测试团队“科技美学”自创立伊始就十分注重对粉丝群体的维护工作。为了能将认同科技美学“专业、公平、客观”的运营理念的观众聚合起来，科技美学的团队专门组建了一个科技美学社区（http://sq.kjmx.com），为广大观众畅所欲言提供了一个有效的平台。

点击进入科技美学社区，科技美学的粉丝便能在这里找到和自己拥有相同认识的“大部队”。在这里，科技美学的粉丝既可以就笔记本的性价比问题向科技美学的创始人那岩征求购买意见，也可以就自己对于某款新上市手机的产品力提出自己的观点，粉丝也可以在这里和其他人就那岩在节目中提出的观点进行交流。可以说，科技美学社区既是其粉丝相互进行互动的场所，更是其粉丝思想理念互相碰撞的大平台。

在社交生态圈中，人们会在“自我支持倾向”的驱使下，带着“避免自我价值遭遇否定”的心态结交社交圈里和自己怀有同样想法的人。人在任何时段产生的自我价值认识，都源自现实中的自我支持表达和环境。而人们通过社交生态对自我价值进行维护的行为大致可分为两个层面，一方面是自身的价值观能够得到他人的赞同，这样可以直接增强自我支持的力量，另一方面是当自身的价值观不符合他人的认识时，人们会在面临精神威胁的情况下，主动出击，通过争辩的方式，说服他人改变成见，转而认可自己的自我价值。

粉丝经济的社会学原理

一、权力格局的改变

所有学问都是人学，对于这个说法，我非常赞成。无论是经济学、管理学，还是营销学，终归还是要回归到对人的研究上，为人的生产和生活服务。因此，我们对粉丝经济的研究也应当跳出营销层面，从社会学的角度分析其底层的逻辑、探究其本质。

近年来，我们讨论互联网大多是从商业层面：互联网、移动互联网给我们的商业带来了巨大的改变，创造了产品与消费者新的连接方式，诞生了诸如阿里巴巴、京东、腾讯、百度等世界级的企业。但事实上，电商并不是互联网的全部，互联网带来的首先是一场社会革命，其次才是商业革命，电商也不仅仅是一种交易方式的创新，更是一次生活方式的演进。

社会学中一个很重要的概念就是“权利”，法国著名哲学家、社会思想家和“思想系统的历史学家”米歇尔·福柯（Michel Foucault）认为，“权利是各种力量关系的集合”，任何社会和组织的形成和运行都离不开权利。

粉丝和粉丝经济的兴起从本质上来看，其实是一场权利格局的变革，是来自底层个体权利的崛起。形成权利的要素主要有两个方面：一是垄断了他人需要的资源，比如在中国古代君王通过对盐、铁等资源的垄断来达到统治人民的目的；二是掌握了他人需要的信息，比如专家、知识分子通过垄断知识和信息而成为“权威”。

随着改革开放后竞争主体的大量涌入和产量的迅速提升，到目前我国已经进入了产能严重过剩、供过于求的阶段，在商业社会中，形成权力的第一个基础已经逐步消解（当然某些国家战略性行业排除在外）；互联网和移动互联网的发展则瓦解了权力的第二个基础——信息，互联网大大提升了信息的传输效率，降低了信息获取的成本，通过一部电脑、一部手机就可以足不出户而知天下事，而且信息传输速度快得惊人，当下发生的事件一经发布就可以到达世界上任何一个有互联网的角落，人类进入了“瞬连”的时代。

信息传输革命给商业社会带来的最大影响，就是打破了买卖双方的信息不对称，过去，厂商靠着对信息的封闭来操控消费者的购买行为，由于缺乏其他的信息来源，消费者根本无法辨明广告信息的真假，只能被动接受。

最有说服力的例子就是央视的标王现象，一些原本寂寂无闻的地方小厂，在夺得标王之后立刻闻名全国，销量也随之狂飙突进，这并不是取决于他们产品质量多么出色，而是因为其占领了信息的传播高地——全国最大的信息发布平台。

而互联网时代的到来，则极大地减少了这种现象的出现，互联网的聚合效应有效地将消费者们“串联”在一起，此时，广告信息的真实性就很容易得到验证。如今，消费者在进行产品选择时，更多的不是看广告和品牌，而是看其他消费者的评价，当消费者的评价可以左右一个品牌的销量甚至生死的时候，就标志着长期以来买卖之间的权利格局发生了反转，一个新的时代到来了。

粉丝和粉丝经济就是顺应这个时代诞生的。粉丝经济的核心就是“口碑为王”，一切商业行为都是围绕打造好的口碑展开，品牌与消费者之间不仅仅是买卖关系，还要建立更深层的关系。传统商业是以客户为中心，粉丝经济则是以人为中心，以客户为中心的思维是怎么从消费者身上赚取利益，而以人为中心的思维是如何让消费者拥有更多的幸福感，拥有更好的消费体验，消费体验提升了，消费者自然会心甘情愿为你的产品买单。在这种权利反转中，卖方开始转变过去强势、蛮横的姿态，真正去挖掘了解并通过产品和服务的升级创新不断去满足客户的需求。

二、部落化生存

部落，最初是指原始社会民众由若干血缘相近的宗族、氏族结合而成的集体。部落成员之间有着相通的地域、名称、方言、宗教信仰和习俗，有以氏族酋长和军事首领组成的部落议事会，部分部落还设最高首领。

进入封建社会以来，部落被更大的群体组织——国家所代替，工业社会以后又出现了新的组织形式——公司。无论是国家还是公司，都是有明确的目的指向性和严格层级的组织，而部落则是基于一定的共性而形成的自发组织，这是它们之间最大的不同之处。

所谓“部落化”，是指分散的个体由于要建立一种协作关系网络，形成相对稳定的小联盟，互相帮助，彼此协作，形成一种部落。

粉丝经济的核心不是资源的占有，而是人的聚合，这种聚合是基于共同的兴趣和价值观的自发聚合，也即是部落化的过程。在互联网的帮助下，大量来自天南地北志同道合的人走到一起重新形成了部落，例如微信群、QQ 群、论坛、社区、贴吧等等就是虚拟空间里形成的部落，部落成员之间的互动创造出了属于他们的生活方式和文化，粉丝经济的使命就是通过嫁接和引导这种生活方式和文化，形成商业变现。

传统商业的目标是个人，交易的完成也即关系的终结，而电商的目标则是部落，交易只是建立关系的开始，让品牌融入部落的文化和生活方式才是最终目的。

粉丝营销就是找到这样一群志同道合的人，他们基于对同一品牌价值观的认同而聚合到一起，相互交流使用感受和体验，再由产品上升到更高层次的话题，从而结成一个紧密无间的部落，潜移默化之中，品牌就成为他们生活的一部分。

从社会学的角度来讲，人是群居动物，物以类聚人以群分，营销一定要有部落思维，而不应将单个人孤立来看待。随着时代的发展，今天的互联网已经日益朝着再部落化演变。互联网影响到了人们生活的方方面面。

三、经济交换到社会交换

消费行为本身有两种属性：一种是经济属性，交换的是产品的使用功能；另一种是社会属性，交换的是产品的社交货币。

比如，自从微博、微信出现之后，很多人都迷恋上了“晒”自己的生活。出去吃饭，饭前要晒一下食物；看场电影，开场前晒一下电影票；出门旅行更是随走随晒……

在互联网时代，消费行为本身已经代表并重新定义我们自己，我们通过消费来表达自己的身份、品味以及价值观等，在这个过程中，商品的经济意义变得越来越弱，社会意义则越来越强，消费也开始从经济交换逐渐向社会交换过渡。

人都有乐于与他人分享的特性，这也正是粉丝营销和口碑传播得以流行的基础。粉丝营销正是利用了人们的这一特性，通过了解目标群体的行为和心理特征来有针对性地塑造自己的产品和品牌，让它能够满足目标群体“晒”的心理需求，即为产品或品牌注入社交货币，从而达到口碑传播的目的。

比如中粮腰果将试吃产品的包装做成苹果手机包装的模样，看上去高端大气上档次，让人们感觉“晒”出来非常有面儿；Roseonly 的“一生只爱一人”赋予了品牌独特的价值主张（如图 1-2），收到的人当然会有“晒”的冲动。

图 1-2 Roseonly 的官网首页

法国著名的文学家、哲学家萨特（Jean Paul Sartre）曾说“他人即地狱”，他人的目光和看法影响我们的自由意志，左右我们的选择，我们其实是活在别人的眼中。这句话充分说明了人性的虚伪，但也正是这种人性的弱点为营销提供了机会。我们都希望展现给别人良好的个人形象，因此，一切满足这种虚荣心、炫耀心，有助于塑造个人形象的事物都会激发我们“晒”的冲动。

社群效应的基础：交互与协同

社区跟社群有何区别？

社区：很多人都喜欢周杰伦，因此他们都关注周杰伦的百度贴吧，每天混迹在贴吧里看看帖子，翻翻评论等。这些人之间的交流很少，有时候只是刷刷经验，随意回复 15 个字。也不会就某些事情展开认真讨论，更不用说互相帮助了。这些人之间并不熟悉，这样的一个圈子，就叫社区。

社群：某大学的校园论坛里，有很多学生进行注册，这些注册的会员在论坛里面求资源，求技术分享等；而那些有资源及懂得技术的人便会分享他们的所知所有，供他人免费下载及学习。除此之外，他们每天还会发帖子，开开玩笑，聊聊生活，或者进行爆照等，并且这些人还会规定在一周内的某天几点几点进行线下活动，玩玩游戏之类的。论坛上的这些会员之间，彼此进行交流互动，他们相互熟悉，也会相互帮助。这样的一个圈子就叫社群。

通过上面两个例子的比较，可以看出，社群比社区多了交互与协同，这也是两者的最大区别。由此我们可以得出结论，社群的形成必须具备以下三个基本因素（如图 1-3）。

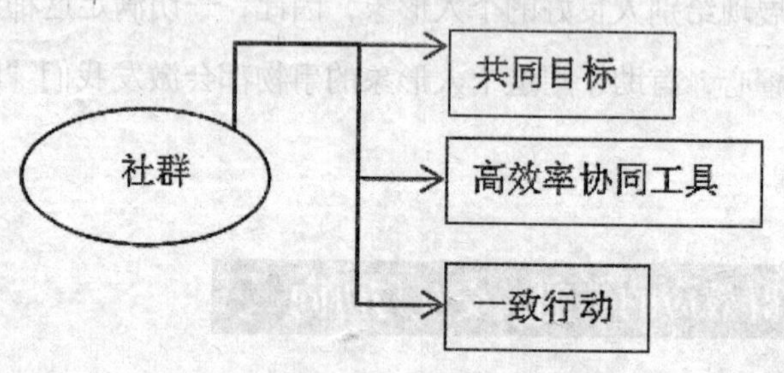

图 1-3　社群形成的三个基本要素

一、共同的目标

这一点也可以称为纲领，说得更通俗点就是调性，一般拥有共同目标、调性的人很容易组成社群。他们正是秉持着一样的纲领才“走”到了一起，这是社群建立的基础。

二、高效率的协同工具

此前，网络社群主要存在于 PC 端，但移动互联网时代帮了社群一个大忙，社群的建设纷纷由 PC 端转向移动端，手机 QQ、微信、微博等移动端产品“大显身手”，这也使得社群里的人互相协助变得更加容易。

三、一致行动

因为社群里的人目标相同，因此更愿意就某些事情采取一致行动，而这个一致行动也能反过来维护社群的稳固。

三夫户外创立于 1997 年，是中国户外零售行业的驰名品牌，通过独创的会员俱乐部 + 线上电子商务 + 线下专业零售店这种“三位一体”的经营模式，这家户外运动品牌从一个只有 20 多平方米的小店发展成为户外零售行业老大。而其之所以迅速发展，还得益于这几年迅速成熟的社群营销。

户外装备是与户外运动紧密相连的，如果大家都没有机会去户外玩，户外市场还如何发展？

当很多客户向三夫户外创始人张恒抱怨因为没有人组织活动，所以外出玩儿的机会特别少的时候，张恒受到了启发：自己为什么不组织一些户外活动呢？既可以推广品牌，又可以聚集人气。

三夫组织的第一个活动是去登司马台长城，通过电话、传真等方式给朋友、客户发送邀请。就这样，不管能来的客户有多少，三夫都一直坚持组织户外活动。用张恒的话说："人多一起走，人少我们就自己出去玩一玩。"

这一坚持不要紧，三夫户外活动的人数越来越多，人气也越来越旺。

要想积累人气，单靠组织户外活动肯定远远不够，为了聚集固定客户群，形成稳定的社群，三夫成立了自己的俱乐部。

在俱乐部刚刚成立的时候，一切都不完善，甚至需要张恒在业余时间探路，一个人带活动。直到 2007 年，俱乐部才成为三夫的一个部门。

而如今，三夫已在全国各地有多家俱乐部，会员人数高达十几万人，每年组织的活动包括赛事、培训、户外活动、长线活动、三夫大讲堂等，也给一些机构承办户外赛事。

可以说，俱乐部为三夫的逆势扩张立下了汗马功劳，如果不是俱乐部为三夫营造了相对稳定的社群，聚集了大量的人气，三夫恐怕很难撑过创业最艰难的那段时期，更不会有今天的成就。

和其他活动不同，组织户外活动的可复制性比较差，每一场活动投入的资源相对较多，所以三夫在积攒了足够的人气之后，逐渐从组织户外活动中抽离，开始向户外活动专业产品提供商这一角色转变。

从一个名不见经传的小店，到户外品牌的领军者，三夫的逆袭之路与其社群营销有着很大的关系，其扩张之路正是从社群开始的。

在移动互联网时代，各类网络社群也是层出不穷，而企业想要在新时代的市场上“平步青云”，除了要打造出优良的产品外，还要重视社群对营销产生的作用。

企业拥有好的产品和优良服务，就可以吸引“粉丝”，这些粉丝因为“调性”相同，便会不约而同地走到同一个社群里面，他们之间会进行交互及协助等，久而久之，彼此都变得熟悉起来，熟悉就会让人觉得可信任。因此，社群里面的某个人的某句话，都有可能引来巨大的效果，一个人很可能影响到一群人，并且能带动一群人去做某些事情。

如今，移动端逐渐上升为互联网的主体，社群的建立变得更加便捷，企业也应该及时看到移动互联网带来的便利，在营销之路上加大对社群营销的重视，将分散的粉丝聚在一起，打造一个专属于他们的社群部落，再提升这群粉丝的互动性与协助性，从而建立一个完美的社群。

通过这种方式，社群里面的每一个人都有可能变成企业营销的帮助者，因为社群中的某一个人都有可能影响到一群人。

小众时代社群经济成为大势所趋

移动互联网为我们营造了一个崭新的世界，在这个新世界里，生活场景、沟通场景和消费场景都发生了不同以往的变化。

每个个人意识都已觉醒，每个人都想要与众不同。人们已经不再满足于追随大众，而更强调突出个性。大众化、大路货已经逐渐退出了历史舞台，彰显个性逐渐成为消费的主流和要求。

近年来，一股倡导“小众”之风扑面而来。在诸多媒体和广告中，小众软件、小众玩家、小众歌手、小众音乐、小众摇滚、小众吧、小众网站、小众商品、小众读物、小众形象等词语频繁出现。这股随处可见的“小众风”拉开了向“大众”挑战的序幕。但是，事实上，小众却并非是今天才诞生的“新鲜事物”。

而在经济领域，“小众”也并非今天才有，在经济发展的历史长河中，“小众市场”一直存在，同时也有很多小众产品取得了成功。奢侈品就是典型的小众产品，“奢侈品”的特点就是大众距离感——让大多数人无法企及是奢侈品营销本质。消费定位上只服务于特定的“小众人群”，创造目标客户的优越感。

在小众时代，无数个社群如散布银河的星星，一起璀璨了整个宇宙。社群虽多，但归纳起来只有三个类型（如图 1-4）。

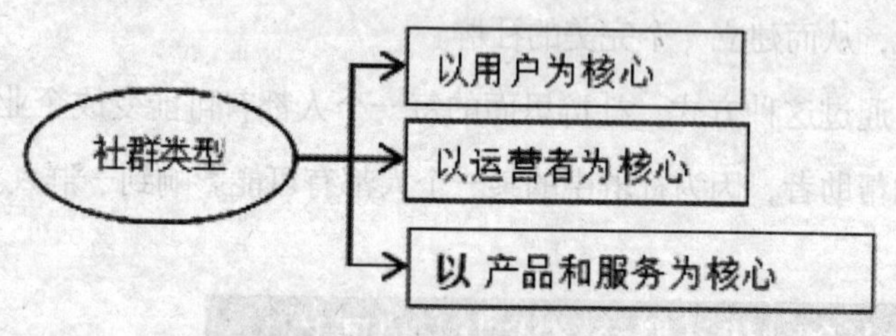

图 1-4　社群的类型

一、以用户为核心：知识型社群一枝独秀

这一类的社群是基于小众群体的某个共同爱好或者兴趣点

建立起来的。比如很多App创业项目都是围绕着某个用户群体，展开社群模式，做社群经济的。

例如：好豆菜谱围绕着爱做饭的家庭主妇人群，乐动力的社群是爱好户外运动、追求健康的人群，等等。

在以用户为核心的社群里，知识型社群可谓一枝独秀。

在任何社会形态里，都有一群对知识的狂热追逐者和崇拜者，否则也不会有“洛阳纸贵”的故事了。

无论社会风气如何的浮躁喧嚣，时尚潮流如何的变迁，总会有那么一些人愿意与书香为伴，崇尚知识和内涵。因此一些知识性的社群因为其独特的理念和坚持获得成功。关于这类社群，每个人都能说出一大堆耳熟能详的产品名字：豆瓣、知乎、罗辑思维，等等。

二、以运营者为核心：魅力人格体所向披靡

这一类社群是以经营者为核心的社群经济。在社会人群中总有一些英雄式人物是人们普遍尊敬和愿意效仿的，在一些小众人群中也总有少数的意见领袖引导着人们的认知取向，比如知名的游戏玩家，某个出色的节目主持人，一些知名的影评人、体育评论者，某个时装设计师，等等。他们以出色的业界表现赢得相关领域群体的普遍尊敬和认可，成为该领域或者该群体的意见领袖。一些社群经济的经营者恰恰是这些领袖、精英人士。

有一个流行的说法就是打造“魅力人格体”，社群经济的关键在于培养拥趸，一个魅力足够的经营者无疑会聚拢大波粉丝用户。

无数的自媒体运营者就是以魅力人格体取胜的社群经济的典型。

例如：程苓峰曾经是FT中文网、财新网的专栏作家，对互联网行业有深刻的认识。他从2012年开始在“云科技”上每天发布有关互联网的行业评论一到两篇。独立运营5个月后，订阅人数达到了两万。

他说：“云科技在微信有2万真实订户，其中包括数十位互联网上市公司CEO、总裁、CXO以及风险投资合伙人；上百位上市公司总经理以上、创业公司副总裁以上人群。”这些人群就是一笔宝贵的财富。

如今“云科技”每个月的平均广告收入约为6万元。

三、以产品和服务为核心：粉丝经济引爆社群

这一类社群和魅力人格体社群的区别在于，魅力人格体以意见领袖为核心，而粉丝经济社群是以某种产品和服务的用户为核心。打造粉丝经济的基础是赢得粉丝。一些社群就是靠粉丝经济运营而成功的。

例如：小米手机起初建立了米柚社群，小米的忠实用户正是米柚社群的成员，他们无比忠实地陪伴着并且促进着小米的成长。如今，越来越多的企业都意识到社群经济的互动交流性对于产品销售和完善的作用，因此很多产品都有自己的论坛、网站、朋友圈等社群组织。

做社群经济，还有多种多样的方式和方法，无论是以用户为核心，还是以社群经营者本人（意见领袖、精英）为核心，或者是以产品和服务为核心，最重要的一点就是形成社群的向心力，培养粉丝，进而形成忠实的拥趸。

在小众时代，个性是用户的消费潮流和取向，情感是俘获用户的最有效武器，社群经济正在逐渐成为符合小众化潮流的主流经济形式。

圈层经济助推社群营销迅猛发展

2004 年 10 月，美国《连线》杂志主编克里斯·安德森为了描述亚马孙和 Netflix 类网站的商业经济模式提出了“长尾”概念，自此之后“长尾”概念就被人反复言说。

可随着时间的流转，人们渐渐发现长尾经济并未爆发出很多可见能量，互联网商业世界的法则似乎仍属于“二八定律”。

难道长尾经济的力量被高估了吗？事实当然并非如此。

随着移动互联网的出现，人与人之间的真正连接被建立起来，只通过打造集合平台纵向深度的旧长尾被新长尾取代。

移动互联网时代的新长尾不但实现了纵向深度的更深化，也让横向圈层更紧密地连接与沟通，将小众群体的力量更好地聚合在一起。而这也让一种更新的、更符合小众时代的经济法则横空出世，那就是——圈层经济。

圈层经济是一种以消费者为中心而衍生出的社群经济，其发源于地产行业，强调群体交互产生的力量。而随着互联网与移动互联网技术的提高，圈层经济概念往往与电子商务相关联，“圈层＋电商”衍生出了新时代的社群经济。

形成社群的基础是群体间的相同价值观，即社群同好性。社群因为价值观的一致性变得“独特而稳定”，在同一社群内的个体，会通过信息交换与交流，对同一种产品或服务产生好感。

移动互联网的力量让横向圈层的连接更为紧密，也通过打破圈层在时间与空间上的界限让小众圈层得以“大众化”。

定向精准营销，打入圈层社群内部，部署圈层社群战略已然成为社群经济时代，企业构建社群生态圈，异军突起，占领市场的重要拓客手段之一。

大V店就是通过进行社群圈层建设，成功切入市场，获得中国消费者钟爱的典型案例。

2014年12月，新东方集团创始人兼CEO俞敏洪与中国PE行业投资人盛希泰联合投资了一个MAMA+旗下的微信电商项目——大V店。此后一段时间，迪尼斯集团旗下思伟投资也斥资千万美元与大V店进行融资。

在竞争如此激烈的商业社会，大V凭借何种优势能够获得投资人的争相加持呢？答案就是先进的圈层社群营销模式。

面对电商领域京东与阿里集团“双足鼎立”的局面，刚刚起步的大V店若想与双寡头硬碰硬，无异于以卵击石，所以其创始人吴方华将目光投向尚未被完全开发的小众利基市场，将大V店的经营方向精准定位于“妈妈圈”，并利用圈层效应扩散平台的知名度与影响力。

大 V 店将妈妈群体作为自己的目标客户，为妈妈们提供了一个方便快捷的创业、社交、娱乐与学习的平台。

在圈层社群管理中，大 V 店以区域为划分标准，建立起涵盖全国的“V 友会”，并在各个小圈层中培养意见领袖，任命为“班委”，负责“V 友会”的维护与日常管理工作，大大增加了圈层社群的交流机会，提升了圈层社群成员之间的黏性。

2016 年，大 V 店建立起“妈妈加油站”，票选出最受欢迎、最具影响力的妈妈成为加油站长，组织开展大 V 店网站的线下推广。

作为新兴的母婴电商平台与圈层社群战略中的佼佼者，大 V 店通过抓住妈妈们天生爱分享、爱推荐的特点，不断扩大自己的目标顾客群，慢慢将圈层社群的运营模式体系化，几近成长为一个极具活力与生命力的圈层社群生态平台。

大 V 店通过社群圈层成功切入市场，慢慢成为被广大妈妈消费者所熟知、所接受、所认可、所钟爱的购物、阅读与创业平台，成为社群营销企业中的典型代表，也再次印证了社群圈层效应强大的竞争力。

移动互联网时代，社群圈层成为构建企业竞争力的重要力量，甚至“社群经济”也被称为“圈层经济”。圈层经济具有三大特点（如图 1-5），了解圈层经济繁荣本质特点，可以帮助企业更好地进行圈层战略部署，拓展更多的黏性客户。

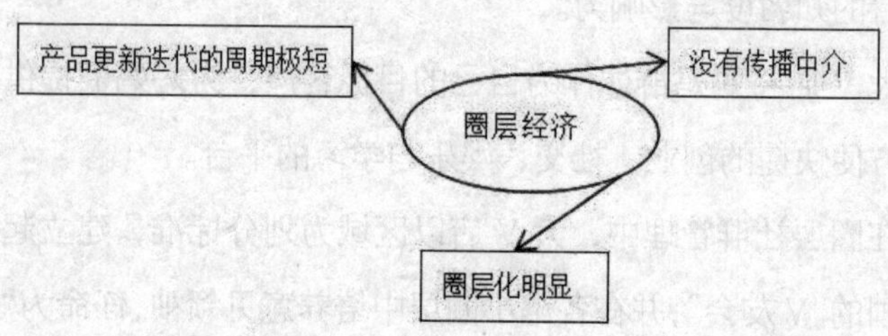

图 1–5　圈层经济三大特点

一、产品更新迭代的周期极短

圈层经济的第一大特点是快速被消费，产品更新迭代的周期极短。因为新时代的圈层经济需要依托于互联网与移动互联网平台而存在，而互联网又具备快速传播与快速更新的特点，所以采用圈层战略品牌进行传播的企业产品信息很容易被扩散，也很容易被覆盖。

比如，不久前，周杰伦与昆凌夫妇在微博中晒出头戴“头上长草”的合影照，图片中两人均在头顶佩戴一个“小草”样式的发饰，结果受到潮流青年群体的争相模仿。一时间，街头上随处可见头上长出小草的青年男女，许多线上线下的店铺也纷纷开始售卖“小草”发饰，然而不久后，小草发饰就被消费者与商家淡忘，了无踪影。

“头上长草”发饰就是典型的快消费圈层产品，其因名人效应而快速在固定圈层中走红，也很快被其他产品代替。但其虽然“来也匆匆，去也匆匆”但相关数据显示，在淘宝上售卖此类产品的店主早已在短短的时间内赚得盆满钵满。

二、圈层化明显

圈层经济的第二大特点是圈层化明显。圈层社群由一群独具特殊性的人群组成，成员与成员间具备相似特质。圈层社群可以给予圈层个体难以代替的归属感，可以将具备相同爱好、相同需求、相同价值观的消费者紧紧黏合在一起。这群相似的个体聚集在一起之后，会通过交流相互影响，并对于能够满足其个性化需求的产品体现出极强的购买力。

三、没有传播中介

圈层经济的第三大特点是没有传播中介，购买方与生产方可以直接建立紧密连接。

比如，海尔模块化定制冰箱从生产到完成最终销售，直接参与者仅有身为经营者的海尔集团与身为消费者的购买人群，中间并无第三方介入，消费者直接与企业进行沟通，自由选择冰箱的颜色、大小、传动马达等各种要素。

圈层经济的三大特点注定社群营销的圈层战略需要稳、准、狠。企业需要精确定位于某一潜力圈层，直击该圈层人群的痛点，获得产品的重度使用者，并慢慢扩大自己的影响力。罗振宇的“罗辑思维”平台就是通过打造圈层生态圈，让用户成为商业节点，成为广受 80 后、90 后群体喜爱的网络平台的。

“罗辑思维”是由资深媒体人和传播专家罗振宇一手创办的大型互联网知识社群，其精准定位于 85 后白领读书人圈层，利用此圈层人群共同的价值观，通过给予其精神上的优越感，获得了年轻文学爱好者的支持与追捧。

为增强圈层人群黏性，扩大圈层影响力，罗振宇以“视频”作为社群圈层的入口与名片，在互联网上大范围传播，并采取各种活动建立圈层人员的紧密联系，如举办“霸王餐”活动、罗胖售书活动、众筹卖月饼活动、柳桃推广活动等，吸引更多志趣相投的人加入“罗胖圈层”，让更多的人成为“罗辑思维”网站的忠实用户。

“物以类聚，人以群分”，企业若想获得消费者的支持，以小微之态逆袭大众之势，必须充分利用社群圈层文化，精准定位圈层内人群的共同痛点，并时刻谨记“用户在前，产品在后”的战略理念，以用户的思维去思考市场战略，以人为本，聚人聚气，加强社群圈层内人员的交流互动与管理维护，方可获得社群成员的认可与钟爱，从而慢慢扩大自己的影响，异军突起，实现迅猛发展。

相同爱好的人更易组成社群

在互联网和移动互联网技术的推动下，人与人之间的交往变得更加便捷、更加自由，社群就是在这样的大环境下应运而生的新概念。

在一个没有边界的网络生态系统当中，不同地域、不同层面的有着相同爱好、相同理念的人聚拢到一起，组成社群。人与人之间在社会关系、情感志趣、实时共享等方面的联系进一步加强。

移动互联网与社会网络实现了充分的融合（如图 1-6）。这种融合，使得人们的社会关系在广度和深度方面得到了极大的拓展，人们之间的互动也变得多向和立体。人与人之间的距离被拉近，不同的人由于相同的爱好联系起来，组成社群，相互之间实现资源交换和协作共享，个体的能量和群体的智慧相互激发，由此创造出巨大的价值。

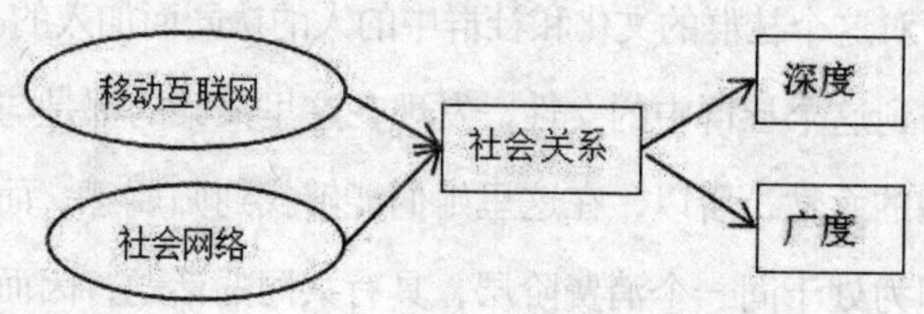

图 1-6　社会关系拓展因果图

"疯蜜"是一个从微信朋友圈中诞生的社群，这个社群的用户是一群有钱任性的美少妇。包括拥有百万粉丝的网络人气作家Ayawawa、80后网络漫画家粥悦悦（《悦妈怀孕日记》作者）等知名女性。成员人数并不多，半年多的时间里，付费会员只有 2000 多人，但是，估值却已经飙升到 3 亿。

"疯蜜"是一个典型的小众社群，看一下这个社群的入会条件：一线城市的会员，资产要千万以上；二三线城市的，资产也要 300 万以上。而且，会员还需要有高颜值，并喜欢享受生活。这样的小众群体，通过互联网联系到一起，组成社群，并通过她们自己的方式，创造出了巨大的价值。

2014 年 11 月，很有女人缘的暖男张桓在朋友圈里发了一个消息：招募 100 个有钱任性的美少妇作为“梦想天使”，见证自己的成长。张桓在 500 多个报名的人当中，挑选了 100 人，组成了社群，并诞生了疯蜜（liveforme）这个名字。靠着粉丝们的人气，疯蜜在 2 个月的时间内，就从 1 个微信群扩展到 10 个微信群，吸引了大批精英女性加入其中。加入其中的女性，都是因为对这个社群的文化和社群中的人的认同而加入的。

参与到这个社群中的女性，发现在这里聚集的都是与她们同一类型的女性，所以，在这里她们能够找到归属感。而且，参与者因为处于同一个消费阶层，具有共同的话题，因而关系也变得更加紧密，慢慢地她们都逐渐成为社群的主人。

社群中的会员每个人都是社群的主人，社群商场里的东西是她们自己推荐的，线下活动也是她们自己组织的。

与传统电商模式不同的是，“疯蜜”社群赚取的主要是会员费，她们通过对外反向定制和自由裂变的方式，争取会员的加入。项目方面则主要是采取股权众筹的模式来运营。张桓打算在 2015 年将会员数量扩展到 2 万至 3 万人，未来的计划是 200 万会员。

在“疯蜜”社群中的会员，来自全国各个领域，因为共同的爱好，他们加入一个社群当中，大家从彼此不认识，到相互熟悉，有了共同的话题，也就能共同创造价值。在这里，会员们与跟自己有相同爱好、相同感受的人在一起，可以将自己的兴趣和热情发挥到极致。

具有相同兴趣和爱好的人组成社群，在社群中，各种资源得到了更加高效的利用，不同时空地域的人们，通过资源共享，共同创造出高于个体价值的更大的价值，也就是社群经济。

具体来说，在社群中，产品是双重的。一方面是社群中推出的产品，并通过一定的方式运营。比如“疯蜜”社群中，通过股权众筹的模式发展他们自己的项目；同时，社群本身也可以作为一种产品，比如张桓向符合条件的美少妇们兜售会员资格。

总之，社群的组建，满足了人们最原始的部落情结，社群中的人们更乐于与跟自己有相同兴趣爱好的人在一起共同创造价值，实现个人和集体价值的最大化。而互联网的普及，也给社群这一模式提供了极为便利的条件，只要具有相同的理念和志趣，所有的时空和领域的限制都可以被打破。人与人实现了真正意义上的对接和沟通，实现了共同价值和利益的最大化。

引发群体共鸣，成就社群营销

社群经济时代，无论是产品开发还是打造营销手段都需要商家深入挖掘社群成员特征，了解并且激发他们内心深处的情感，引起共鸣，赢得用户的忠诚和信赖，这是 web3.0 时代社群营销所面临的新趋势（如图 1-7）

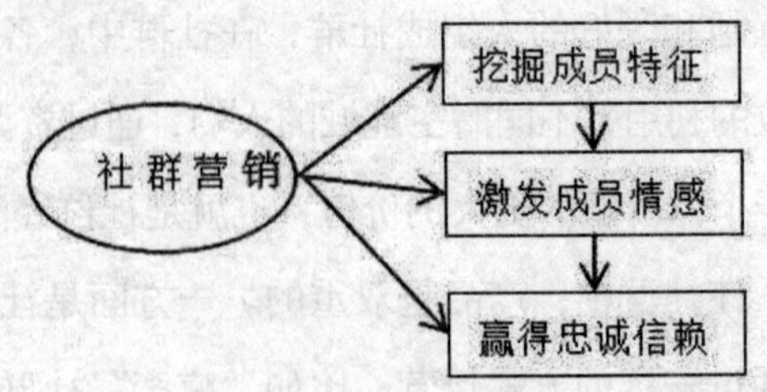

图 1–7　web3.0 时代社群营销新趋势

移动互联时代，从商家角度来看，社会人群正在逐渐演变成为一个个基于不同消费习惯和消费偏好的小圈子，因此，随之而起的社群经济也就蓬勃发展起来。

在各种各样的社群经济中，大致可分为三类，一是以用户为核心的，二是以经营者为核心的，三是以产品和服务为核心的。无论哪种形式，关键都是要培养忠实的社群成员，让他们成为粉丝，成为无比忠诚的消费者。

社群的特点，往往是成员之间具有相同或相似的兴趣爱好、习惯偏向及心理诉求。在社群营销时代，出现了更多的中产收入层次的用户群，为了体现身份和地位，他们不再满足于生活的基本需求，更追求品质、品位、时尚、身份、归属感等精神层面的需求。这些社会群体关注的不只是产品本身的功用和性能，更在意产品是否符合他们自身的调性。

例如亚马逊的产品 Kindle，是一种电子书阅读器。它外形轻薄便于携带，按键设计合理，可以为用户免费提供网络链接，而且价格并不贵。

但是在琳琅满目的消费类电子设备中，Kindle 或许永远无法像 iPhone、iPad 那样流行，因为对于大众来说，认知并习惯于用 Kindle 阅读的人很少。

但是因为 Kindle 产品的沉浸式阅读体验是其他产品无法取代的，因此 Kindle 的用户群体，集中在爱好读书并有较高阅读体验要求的文艺青年中，在这个消费群体中，Kindle 的地位无可撼动。正是因为 Kindle 的设计符合了这部分消费群体的需求和调性，所以才能够在市场中稳固地占有自己的一席之地。

任何一个社会群体，相对于大众来说都是独特的；但是就其本身来说，又有着共性的特征。面对越来越多的“手机控”“拇指族”来说，关注微信微博信息，看 Zara、今日头条的资讯，但是也有少数人用 Kindle 读书。

社群营销人员只有准确地抓住了社群成员的共性特征，而且是最突出的共性特征，才能开发出深度符合这个社群成员需求的产品和服务，例如书、咖啡、创意产品等，就是针对文艺类社群成员挖掘其“文艺”特征的产品。

一些针对特殊社群成员的产品，往往拥有最忠实的拥趸者，因为对他们来说，这些产品就是他们的刚性需求，是任何其他同类产品无法取代的。

因此，从营销的角度来说，也要深刻认识你所服务的社群区别于大众的“个性”以及本身的“共性”特征，才能做到精准的有效的社群营销。

例如聚美优品的“我为自己代言”的陈欧体，击中了有个性的年轻社会群体的心灵；白酒“江小白”的“我是江小白，生活很简单”，精准地击中了年轻、时尚、处于奋斗状态的知识性群体的心灵，形成了强烈的共鸣，从而达到了营销目的。

社群变现的 4 种常见途径

在过去的流量红利时代，生意好做，企业偏重抢流量要转化，不太重视用户运营管理。今天的流量越来越贵、获客成本一再提升，企业才意识到经营用户，维护老客户的重要性，所以大家都开始做社群，建立自己的“私域流量”。

公域流量的特点是每次获取都需要支付流量成本，而社群这种私域流量可以自由反复利用，无须付费，又能随时触达。如何将社群“变现”，以下将提供 4 种途径（如图 1–8）。

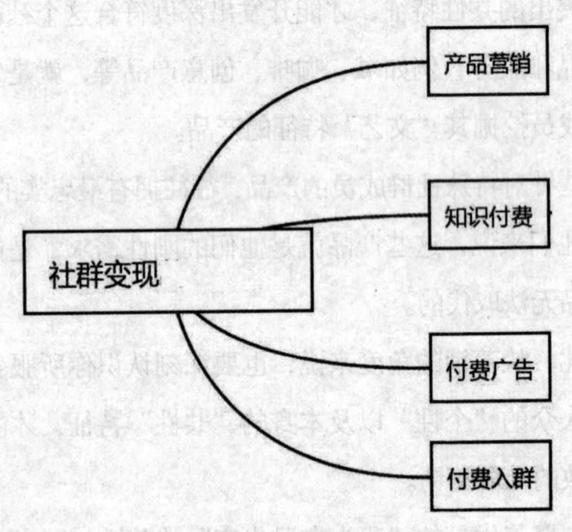

图 1–8 社群营销变现的途径

一、产品营销

产品营销式，顾名思义，就是在社群中营销自己的产品，通过将产品推销给社群成员换取一定的收益。这是社群营销中比较常见的一种方式。

采用产品营销式的社群变现方法有一点是至关重要的，那就是你的产品质量必须要好，不能做虚假或夸大的宣传。

因为在社群中进行产品营销，往往不会是“一锤子买卖”，吸引社群成员复购是盈利的一个重要方面。如果产品质量不好，则难以让人产生复购的想法，甚至有可能导致成员直接退群。

产品是销量的基础，只有好产品加好的营销模式，才能带来可观的销量。

二、知识付费

知识付费也是目前社群营销中十分常见的一种。

知识付费的营销方法一般适用于以下行业。

（1）教育行业

教育行业本身就是通过向学员讲授知识来收费的，只不过社群营销将这种模式移植到了线上，移植到了社群中。而一个付费教学社群就相当于一个班级，教师在线教学，学生在线学习。

（2）复习资料销售行业

参加过国考、省考的朋友一定都知道，在复习阶段需要准备很多备考资料，比较著名的品牌有中公教育、粉笔图书等等。这些企业就是复习资料售卖方。

此外，还有考研资料销售企业、专业资格证复习资料销售企业，甚至成人高考资料销售企业，等等。

他们有的销售纸质资料，有的销售音频资料，其本质属性是一样的。这个行业不同于教育行业之处在于，它们只提供复习资料，不负责解答疑问。

通过在社群中做这类产品的营销，也是知识付费的一种。

（3）线上或线下讲座

有些社群通过举办讲座的方式盈利，具体方法是社群成员付费购买听讲座的资格。

这种讲座有的是线上的，有的是线下的。

一般来讲，讲座中会邀请到相关行业的大 V 作为主讲人。因为大 V 往往自带流量，只要报出名头就会有大批粉丝蜂拥而至。

大家比较熟悉的丁香医生团队就经常开办这样的收费讲座，例如：

由 NIKE 中国区自身培训导师、卡莫瑜伽技术总监何耀辉主讲的体态瑜伽课；

由哈尔滨医科大学附属第一医院副主任药师刘子琦主讲的安全用药与疾病护理指南课程；

由中国协和医科大学医学博士、原北京协和医院妇产科副主任医师龚晓明主讲的女性健康必修课；

由四川大学华西医学院皮肤科博士、广东省皮肤病医院医学美容科医生谢恒，北京大学医学部皮肤病与性病学博士、北京大学第一医院皮肤性病科主治医师李倩茜，中国医科大学皮肤科博士、浙江大学医学院第一附属医院皮肤科副主任医师罗丽敏，北京协和医学院皮肤病与性病学博士后、北京协和医院皮肤科医生吴超等多位业内专家主讲的护肤全攻略课程……

这些讲座都取得了非常好的销售业绩，也在社群成员中间产生了较好的反响。

三、付费广告

请明星为产品代言、做广告的形式大家一定都十分熟悉，这种广告形式正是依托于明星强大的吸睛能力。因为明星受人关注，所以明星代言的产品、做的广告也受人关注。关注广告的人多了，销售量自然也就会上去了。这是一个非常浅显的道理。

针对社群开展广告业务也是如此。你所掌握的社群成员越多，它所具有的广告价值也就越大。你的社群中有 1 万人，发布一条广告就可能有 1 万人看到；你的社群中有 10 万人，发布一条广告就可能被 10 万人看到。那么两个社群所能收取的广告费自然是不同的。

就像现在抖音、快手等平台，如果关注你的人数足够多，就会有商家来找你有偿推广。而这正是社群付费广告的一种形态。

四、付费入群

付费入群的模式大家或许并不陌生，实际上，这种付费会员社群的本质是一种资源置换。

为什么大家愿意花钱进你的群？因为你的群内有他们需要的东西，可能是信息，可能是知识，也可能是人脉。

比如行业型社群中，就有很多是付费入群模式的。

因为在行业型社群中，一般都会有本行业内的许多大咖级人物，也有很多与自己业务相关的从业人员，结识这些人，一方面可以获得业内的最新资讯，另一方面可以学习到高精尖的专业知识，更有可能达成合作，为自己创造业绩。

以出版行业的某付费社群为例，群内有各大出版社的编辑、发行人员，民营图书公司的各级工作员、图书作者、插画作者、印刷厂工作人员，甚至还会有阅读网站的编辑、网络小说作家，以及电子版权、有声版权、影视改编权等方面的运营商，可谓高手云集。

作为出版行业的从业人员，如果能进入这样的社群，无疑对自己的人脉扩展、业务水平提升等都会有较大的帮助。相比之下，那些会员费又算得了什么呢？

所以说，这种资源置换的行业社群，对于相关从业者是非常有吸引力的。

其他行业也一样，只要社群内部能够聚集起众多的业内大咖，完全可以考虑付费入群的营销模式。

案例：一家湘菜馆的冷启动

在湖南长沙拥有五家湘菜馆的熊总，于 2019 年 6 月北上北京，开了一家湘菜馆。8 月份开张后，生意持续火爆。

他是怎么做的呢?

首先，刚选好地址，他就联系了十多个湘籍在京商会，通过商会的公众号、微信群发布重金征集广告语的启事：一等奖一名，奖金一万元（含餐券五千元）；二等奖三名，奖金每人五千元（含餐券两千元）；三等奖五名，奖金每人一千元餐券；入围奖 50 名，奖金每人三百元餐券。启事上留有熊总的微信二维码，参赛者可以将广告语直接发给熊总。

这一轮操作下来，信息触达大多数在京的湖南老乡。熊总专门为此准备了三个微信号，20 天内共计收到 2000 多个好友申请，1000 多则广告语。之所以准备三个微信号，熊总说这样可以预防短时间里被动加人太多，被微信官方封号。

之后，熊总为这 2000 多个好友建了 7 个群，并交由专人负责打理。这 7 个群的人，成了这家湘菜馆社群营销的初始用户。

等到 8 月 1 号开张的那天，湘菜馆举办了隆重的颁奖仪式，并采取直播的方式，将链接分发到各个微信群。来参加颁奖仪式的 100 多个嘉宾，几乎都发了图文朋友圈。

湘菜馆从开业起，生意一直很火。微信群还通过发红包，“霸王餐”等活动，发展到了 20 个，共计将近 10000 人。“霸王餐”

是这样的，每周六由湘菜馆运营人员在中午 12 点发一个 8.8 元的红包，分成 30 个，抢得最多的可以在一个月内凭微信吃一顿霸王餐（限 1000 元）。

2020 年元月发生的新型冠状病毒肺炎疫情，导致餐馆停业关门近两个月。熊总的损失也很严重，但他依然信心满满。因为，20 个群的用户天天在盼望着他的店开业。

3 月初，湘菜馆开始复工，尽管堂食的顾客依然不多，但比同行要好不少。更重要的是，他们的外卖业绩非常好，群内好多被“憋坏了”的湖南老乡，通过微信直接下单——这还能省下外卖平台的服务费。

可以想象，一旦疫情被完全控制或基本控制，熊总的湘菜馆很快就会恢复红火。

02

不相信广告，更相信邻居

有句话叫：别看广告，看疗效。但对于新用户来说，“疗效”谁说了算？

肯定不是广告说了算，甚至也不是新用户自己说了算——自己还没有用过呢。是“邻居”说了算。这个邻居的评价，可以是朋友圈、说说里看到的，也可以是聊天群里看到的。

社群营销里的“口碑”

在PC互联网时代，人们网购时多数会翻看留言与评论。好评多，就倾向于买；好评少，下单时就会犹豫。这一行为习惯，催生了刷单作假。

而现在，移动互联网给了人们一个新的决策渠道，那就是通过社群交流。就好比在过去，老一辈们总喜欢邻里间讨论一些日常琐事，比如谁家的家电好用啊，结实啊，也会有邻居告诉你不要买哪个牌子的洗衣机，声音太响等等。而现在网络让人们的交流更加便捷快速，你甚至可以在逛街的时候，看中某个产品之后通过网络就能查询到大家对这个产品的评价，以此来作为是否购买的依据。

相比于商家的广告，“邻居”的评价显然更加客观中肯。而对消费者而言，他们当然更愿意相信“邻居”们的话。因为从心理上来讲，身边的人同为消费者，立场相同，这样会给消费者一种“我们是一伙的”的感觉，更容易信任对方。而且，身为消费者，他们在互相分享对于一件产品的使用感觉后，还没有购买的人就会通过他人的使用感觉来进行判断，不至于像以前那样先花钱买，才能知道产品的使用效果。

这对于企业来说无疑也是一个冲击，早先的那种“顾客就是上帝”的理念，到现如今已不再适用，顾客的定义太过片面，人们在购买你的产品时是顾客，而过了购买这个阶段，顾客的身份便已经失效，有很多企业仗着以前消息不对称的便利，使很多消费者买了产品之后，即使不满意也只能默默接受，毕竟产品没有质量问题，你光是不喜欢谁也没有办法帮你。

而现在这种情况却发生了颠覆性的变化，可以说现在的大势是“用户就是上帝”，商家如果继续认为把产品卖出去便万事大吉的话，恐怕网络上铺天盖地的差评就够商家焦头烂额好长一段时间了。

这就是社群的威力，社群就是一个共同的集体，在这个社群中，一个个体的想法很可能主导一个社群所有人的想法，而社群经济也正是围绕着这一点来展开的。通过社群媒体营销来实现其“口碑价值”，借助社群成员在社群媒体上的经验分享，来提升其他人对产品以及品牌的认知、好感。

因此，企业或商家可以通过社群来与消费者进行沟通，建立品牌形象，提升消费者对品牌的好感以及忠诚度，还可以与竞争品牌进行“隔离”，拉拢一批忠实的用户群体，再本着社群营销网络病毒式的传播特点，继续扩大影响力。而且社群营销所需要的成本并不高，除了初期的宣传外，一旦粉丝们接受了你的品牌与产品，他们会自发地为你宣传，这正是利用了社群的分享特点。

一说到网络上的社群，人们最先反应的应该就是微信群，可见它具有一定的代表性，而微信群的规模也在不断地扩大，由最初的 50 人扩展到几百人，甚至上万人，生活中某一个微小的信息都有可能在微信群里面得到传播，进而变大，有可能会产生很大的影响，甚至会改变社群人员的决策等。而社群营销主要重视的是深度及精度，这与大众化的营销路线是不一样的。

社群营销作为一个针对特定群体而进行的小众营销，企业可以自己组建属于自己的社群，做好线上线下的互动，就可以经营自己的消费群体。也可以与目标社群进行合作，支持或赞助其活动，或者举办一些正面的活动来吸引社群群众参加，一些明星代言的企业就会以明星的粉丝群体为目标进行赞助或支持。

在社群群体中，有一些人被叫作意见领袖，所谓的意见领袖就是那些在社群中发言比较积极或者表现比较活跃且具有一定的思想高度与专业知识，经常与其他人互动沟通并取得了一定威望的人，这些人往往会带动一个社群的活动或话题的进展。企业也可以尝试与社群的意见领袖合作，通过意见领袖来传播品牌的信息，树立品牌形象。

社群的出现以及移动互联网的发展给了企业们一条新的路走，想要赢得社群成员的信任与支持，必须要融入其中，更加用心，设身处地地为他们着想，这样才能取得预期的效果。

如何通过社群营销打造口碑

社群营销产生的“口碑效应”是其重要价值之一，凭借一个人的评价、分享、推荐，来提升这个社群其他成员对产品的认知以及好感，进而产生消费行为。通过社交网络社群，不仅可以与消费者直接进行对话，还可以充分互动。并且社群营销的成本很低，不只是大型企业可以利用，小型企业也是适用的。

企业要想做好社群营销，需要从以下方面着手（如图 2-1 所示）。

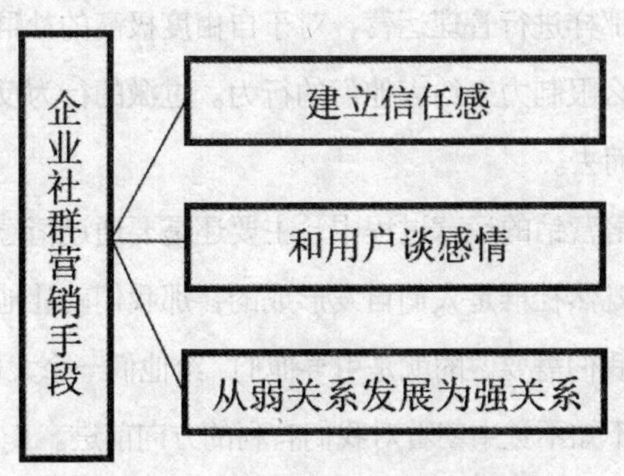

图 2-1　企业社群营销手段

一、建立信任感

无论处于什么样的社会背景下，信任感永远是撇不开的话题。如果人与人之间没有信任感，那就不会成为朋友，每个人都不愿与他人交互，这样的社会显然是寂静的、可怕的；往大了说，如果两个国家之间没有信任感，那么也不会合作，接着为了一点小利益，也会战事频频。这在社群中也是一样的，如果不信任彼此，就不会自发"走"到一起，更不用说去发展关系了。可以想象，如果你加入一个社群，里面的人彼此都不信任，都互相以为对方是"骗子"，这样的社群你会待多久？所以，信任感是社群建立的基础。

二、和用户谈感情

作为网络时代的新产物，社群营销在企业的营销中占据着越来越重要的地位，社群成员是一群社交网络上自主聚集起来的人们，他们不是你公司的员工，不拿你的工资，所以也不可能像员工那样进行管理运营，对于自由度极高的社群来讲，几乎没有什么限制力来约束他们的行为。过激的行为反而会让粉丝们离你而去。

在社群营销的运营过程中，主要还是要通过情感的掌控来实现的。既然社群是人们自发形成的，那我们就让他们自发地“自治”。我们需要做的就是引导他们，给他们一个大概的方向，让他们在不知不觉中朝着对我们有利的方向前进。

那么，该如何对社群内的成员进行正确的引导呢？前文提到过要进行情感引导，而不能进行强硬的信息灌输。强硬的灌输就算一个受众接收到了你的信息，他也不会帮你进行传播，所以无法发挥社群营销的价值。而让人们主动接受甚至搜索你的信息的时候，那效果就会大大不同了。

三、从弱关系发展为强关系

企业在营销中，必须要以优良的产品作为前提去吸引消费者，接着将消费者拉拢成为粉丝，将粉丝聚集同一社群中，再依靠社群的交互、协同属性将粉丝逐渐培养成企业的朋友。这样的一个由弱关系变为强关系的过程，使得消费者对企业产生信赖感，企业在社群中就能处于领袖地位。将消费者变为朋友，再借着这些“朋友”将企业良好的口碑传播出去，就很容易打开营销的大门。

其实社群营销更像是一种扩散式传播，企业作为信息源点，向一层受众也就是社群受众发布信息，受众们接收到信息后会进行处理，对企业感觉良好的会靠拢过来并与企业进行互动，同时每一个受众自身又作为一个源点把消息发送给自己身边的人，吸引其他人来向企业靠拢，就这样一层一层地发散，最终实现营销的价值。

企业可以通过举办一些活动来促进这一过程的发展。比如举行一些线下活动，在与粉丝互动的同时还能打响名气。传统路演以吸引消费者并与之互动为目的，如果人们不来参加你的活动，那就等于没有作用；而社群线下活动则是以与粉丝沟通为目的，参与人群数量已经有了保证，所以路人是否参与进来就显得不那么重要。

靠谱的人推荐的东西也靠谱

为什么口碑宣传可以起到如此大的作用呢？那是因为口碑宣传可以取得消费者的信任。想象一下，一个信息如果是通过我们的家人朋友传递到我们身边的，那么我们在接收信息的同时，不知不觉就会把对于熟人的信任关联到这个信息上，而信息会影响我们对于某些商品或品牌的评价，这样就形成了口碑。举个例子：当我们来到一个陌生的城市，当地的亲戚朋友可能

图 2-2 《变形金刚 4：绝迹重生》宣传海报

会推荐一些值得去的地方，那么出于对他们的信任，我们首先便会对他们推荐的地方产生好感。

2014 年 6 月 22 日，电影《变形金刚 4：绝迹重生》（如图 2-2 所示）被选为上海国际电影节闭幕影片。同年 6 月 27 日，该片在中国及北美同步上映，而且在中国更是以 3D/IMAX 格式公映。仅仅 6 天，该片在中国内地累计获得 19.79 亿元人民币的票房，刷新了中国内地影史的最高票房纪录，在全球累计票房获得 10 亿美元。

这部影片之所以能如此大获成功，是因为口碑营销收获了巨大效果。该片除了延续以往系列影片宏大场面的特点，剧情脑洞大开，在中国上映的第一天虽然反响平平，但许多看了电影的人马上开始在生活中及网上当起了“自来水”。“这是一部良心大作，不枉此行”“一定要攒钱买一辆大黄蜂啊”“看了变 4，才是晴天（擎天柱）”等评价纷纷涌现。在朋友圈、微博、QQ 空间等社交平台上，网友们纷纷晒出电影票，配合那些对电影的评价，立即掀起了《变 4》的观影热潮，这才最终打破了票房纪录。这说明了，在好的产品的基础上，拥有好的口碑，再进行大力推广，可以为企业带来巨大收益。

随着社会的发展，各种大众媒体的兴起，广播电视，报纸杂志逐渐在人们生活中成为主流且高效的信息传播渠道，企业因而开始需要在各种媒体上通过宣传公告等方式来与消费者进行接触。

随着互联网的迅速普及，人与人之间交流的成本越来越低，交流起来更加便利，人与网络也开始变得密不可分，信息在社交网络中传播得越来越快、越来越多，在亲朋好友与熟人之间的传播效率也随着提高。

虽然在互联网普及初期，人们用互联网接收重要信息仅限在各大门户网站上，但发展到今天，人们更多的是通过微博和微信朋友圈来获取信息。通过社交网络来获取信息，已经成为人们获取信息的主要渠道。

人们一般不会轻易地相信电视和各种媒体上发布的广告，可是却很容易相信跟他们有相似经历的人，一个从未见过面的陌生人和网络媒体上网友对某些品牌的评价，却能很容易影响人们对一件产品及其品牌的判断，从而最终影响人们对购物的判断和决策。

根据心理学所言，这是因为人们普遍都希望通过内心的信任来降低交易成本，才会出现信任的人推荐的东西也值得信任的这种概念。现在广告行业中的请明星代言的宣传方式，就是在 100 年前人们发现这一现象而创造的宣传方式。那么到了今天，在社交网络上就可以塑造一个可信度较高的网络达人，来对小范围的人形成影响，那么这样就会达成传递某些信息的同时来影响人们的购物导向。

其实口碑营销非常适合现在网络社会的发展，这是一个绝佳的展示机会，通过信任的关系链和远远高于传统媒体的传播效率，只要人们登上社交网络，获取并转发信息，可以说世界上的每一个人都能知道同一条信息。光听这描述，似乎出现了文明的倒退。传统媒体出现并垄断消息传播的渠道之前，人们正是通过和亲戚朋友以及身边熟人的交流来获取信息的。但是要注意一点，现今网络的发展，无论是其信息传播的范围还是深度，都不是从前所能比拟的了。

情感导向，营销只是“顺便”的事

在信息量过剩的多屏时代，很多营销信息被大范围地干扰，在这种情况下，通过营销手段去获取消费者的兴趣的难度越来越大，随之营销的成本也越来越高，对此商家应该放低品牌的姿态，降低营销的成本，用情感做导向，靠人格魅力去凝聚群友，使营销成为“顺便”的事。

企业进行社群营销要注意，无论采用什么样的形式来进行社群营销，都不要延续老路进行传统的宣传推销，在社群中，人们最讨厌的就是推销，因为人们将社群看作一个分享交流的“私人空间”，人们最反感的也是推销者，这种人往往会被迅速“拉黑”。因此，企业利用社群营销时，一定要要注意社群的本质——人们的一种新型生活形式，谁也不喜欢别人将广告扔进自家窗户，同样人们也不喜欢在社群内与人交流时冒出一大堆的广告。

社群营销的含义就是通过社群效应达到销售的目的。众所周知，以往商家都是采取硬推和品牌直接植入的销售手段去获取用户的关注，但是这样的方式常常会让用户产生厌烦心理，不仅起不到销售的目的，还会降低用户的关注度。

社群营销是基于社群效应建立起来的，无论社群是大是小，都会有一个带头人，这个带头人就是社群的组织者或者发起人，他们通过某些相同的理念以及共同的目标聚集群众，然后再把自己的言论和思想传递给群众，使群众变成自己的忠实粉丝，为社群所用。社群建立起来后，再在社群里推广自己的产品，销量的问题迎刃而解。

Facebook 的创始人马克·扎克伯格在营销品牌推广上，有着自己独到的见解，首先他不允许在 Facebook 直接放广告，因此用户认为 Facebook 是一个非常有趣的社会空间（如图 2-3 所示），在 Facebook 上，用户与朋友聊天，看照片和视频，享受着度假一般的放松，如果有广告插入，就会被所有用户群起而攻之。

图 2–3　Facebook 网站界面

然后，马克·扎克伯格要求营销团队要有一个明确的目标和策略，比如某个美甲店想在三个月内通过使用 Facebook 推销使销量增长 10%，他们就会制定创建特殊的帖子、评选客户为“美甲女王”和鼓励用户上传自己美甲照片等销售策略。

最后，马克·扎克伯格要求在 Facebook 上使用幽默风趣的语言，通过利用平民化和新潮的词汇，拉近用户和营销团队的距离，使他们成为朋友，让销售的目的在愉快的聊天中达成。

要想做好社群营销，就要有好的产品，就要做好传播的准备。社群营销切忌发广告，通过朋友之间的口碑相传达到一种相互信任的态度，销售自然水到渠成。

回归本质，好产品才有好口碑

处在互联网时代，消费者逐渐成了互联网营销的主角，他们的需求和欲望得到了极大的释放和满足，营销已经渐渐从渠道至上转变为产品至上，需要有好的产品才会有好的口碑。

这里所说的产品不单单只是物质上有实体的产品，还有精神上看不见摸不着的产品，企业如果想达到“产品至上”来获得大量消费者的支持，就一定要培养一种极致的思维。

这种思维蕴含着一种匠人精神，是对产品质量的极致追求和专注，要有做好产品的欲望，这才是研发者所应具备的精神内核。

说到匠人精神，就不得不提起一个人，那就是美国苹果公司已故的联合创始人史蒂夫·乔布斯。他有着对产品的极致追求和绝对的专注，从而将苹果公司从绝境中带出来，最终走向成功，成了引领国际高端智能移动产品潮流的品牌。

而在移动互联网时代，厂商更加需要为产品灌注这种匠人精神，工作中更应该有保持专注和追求极致的精神。

在中国的消费电子厂商之中，一直有一个特殊的存在，那就是魅族。2003 年 3 月，广东珠海成立了一家名为魅族科技有限公司的电子科技研发公司，它集电子产品研发、生产和销售于一体，在开始的四年里，它主要生产高品质的 MP3 音乐播放器（如图 2-4 所示），一直

图 2-4　魅族 MP3 播放器

到2007年，才开始研发手机。那个时候便诞生了最初的一批“魅友”，一直跟随着魅族的脚步。

魅族可以说是一个绝对的完美主义者，但正是这样才造就了魅族对产品品质的追求，消费者可以从这一方面看出，魅族是一家有着远大抱负的企业。在曾经生产高品质 MP3 音乐播放器的时候，魅族就因为“有更好的芯片”这一理由，换掉了与其合作多年的音频解码芯片供应商。而正是因为这一举动，魅族得到了质量更为优越的芯片，一举打破了国产 MP3 音乐播放器只能做到品质低廉的僵局。

电子产品市场日新月异，许多厂商不注重自身电子产品的品质，反而总采用虚假宣传来吸引消费者。魅族从来都不宣传自己，哪怕自己的产品采用的都是国际五百强企业的硬件，我们都只能从很多网站上的拆机评测了解到，魅族的手机硬件都是来自国际上数一数二的供应商。

魅族科技有限公司的研发人员都是一群痴迷和热爱科学技术的人，精益求精只是他们对自己的基本素质要求，他们对自己制造的“产品”无比热爱，“产品”于他们而言，是远远要比收益来得重要的。

研发人员对待“产品”就像艺术家对待艺术作品一样，同时企业也要像对待亲人一样，对产品和服务倾注感情，才能最终获得消费者的心。

建立起良好的口碑，是所有企业在发展之路上不可或缺的重要内容。

案例：社交媒体木智工坊的销售阵地

一个品牌官网、一个豆瓣小站、一个豆瓣小组、一个新浪微博账号就是木智工坊互联网营销的全部阵地，社交网络的传播让木智工坊从名不见经传的实木家具设计师品牌迅速成了一个真正的品牌。

互联网时代，每个人都能塑造产品，却不是每个人都能做成品牌，好的品牌不仅需要好的产品，还需要好的社交。

木智工坊正是抓住了这一点才能在实木家具领域一跃而起，成了业内一颗耀眼的新星。网络技术天然具备的平等属性让木智工坊创始人赵雷对互联网有了更大期待，他会继续坚持在社交媒体分享理念以及木智工坊所做的一切，同时也借助互联网平台创造新的奇迹。

“强调实木用料，反复拆装、灵活组合、平板包装的设计，仅利用社交媒体口碑传播和推广，实现线上的平价零售。”在木智工坊还没有正式成立之前，其创始人赵雷就已经凭借对家具史的熟稔，为木智工坊找到了一条商业化的可能路径。

作为清华大学建筑系的研究生，赵雷在毕业之后并没有像其他同学那样留在行业内做建筑设计师，而是选择了自主创业，“在中国造房子，不是根据普通人的住房需求造的，而是由政府和开发商主导，建筑设计师只是画图纸的。”赵雷不愿意当一个“只是画图纸”的设计师，也不愿意让自己成为建筑业的附庸，所以他决定半路出家，做一名普普通通的家具设计师，这才是他的梦想。

和其他设计师曲高和寡的设计理念不一样，赵雷的设计基本上遵循“有用”的原则。木智工坊的第一件设计产品是编号为 S01 的衣帽架，这款衣帽架设计简约，适合工业化批量生产，可以平板包装，便于运输，组装简单，以上因素就是赵雷对每一件产品设计的基本出发点。

木智工坊的销售渠道主要在网上（如图 2-5 所示），所以平板包装最小化就成了木智工坊一直在追求的目标。

比方说，木智工坊有一款名为 S03 的置物架，其平板包装体积可以缩小为产品体积的 1/7，包装费用降至原来的 1/10，运输损耗率降至原来的 1/10。平板包装最小化不但可以减少损耗，还可以控制成本。当然，平板包装也有其劣势，比如消费者在收到货之后需要自己组装。在传统观念里，很少有消费者愿意自己亲自动手组装家具，更何况是图便利的网购人群。但赵雷却不这样认为，他希望木智工坊的产品能够由消费者亲自组装，这样在组装的过程中，即使没有设计经验的普通消费者也会体会到设计的乐趣，这也是一个消费者对品牌认知以及生活方式认知的过程。

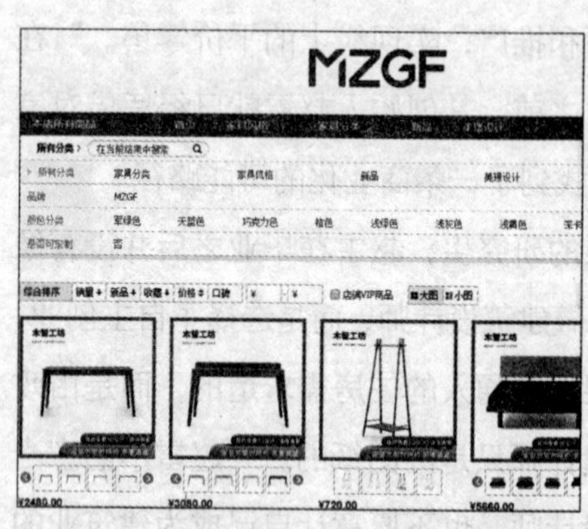

图 2-5　木智工坊天猫旗舰店商品展示

从另一个角度来说，木智工坊的主要针对人群是“80后”，这一人群的特点就是对倡导新的生活方式和生活态度的新兴设计品牌接受度很高，并且是口袋有钱的消费主力。

“我没学过家具设计，但是我以为设计是相通的。‘对付’这么普通的材料应该没什么问题，后来我才知道这并不是那么容易‘对付’的材料。”半路出家的赵雷坦言，经营“木头”并没有自己想象的那么简单，但凭借着返璞归真的设计理念，木智工坊让木材回归到了最自然的状态，让每一件家具充满自然而又有着蓬勃的生气。

木智工坊走向成功的第一步，就是制造出了最具特色的家具产品，这对木智工坊的未来发展来说，无疑是最重要的。

木智工坊在2010年成立之初就确定要通过网络进行销售，木智工坊在淘宝开设了直营店，但木智工坊的网络营销方式和常规路线不同。赵雷从来没有刻意定位过客户群，也没有想过自己要为谁做家具，而是根据自己的喜好把产品做了出来，然后分享到豆瓣、微博、淘宝。赵雷认为，喜欢自己设计的人自然会关注，想买的自然就会买。听起来赵雷的营销理念很消极，但木智工坊却通过豆瓣找到了它的核心消费群体，并以较强的产品适用性让这个消费群体接受了木智工坊的设计理念。经过多年的摸索，木智工坊逐渐形成了一套将专业媒体、理念推广及消费者表达结合起来的营销模式。

网络营销讲究制造噱头，吸引眼球，但赵雷却反其道而行之，他抱着宁缺毋滥的态度，从不刻意更新微博内容。在公司成立之初，木智工坊在社交媒体上的内容全部都由赵雷一个人完成。“互联网改变了很多东西，最重要的就是信息流动的方式。创业刚开始的时候，我就意识到完全通过网络建立品牌是可行的。”其实在最开始的时候，赵雷想做的是一个专业博客，可是他慢慢发现社交网络的巨大传播力，可以让自己更加充分地表达设计理念。在赵雷的微博里，涉及了木文化、设计理念和生活方式，他也会收集一些好的设计图片、视频和作品，长此以往，赵雷找到了对木智工坊最死忠的消费群体。木智工坊有一个品牌官网、一个豆瓣小站、一个豆瓣小组、一个新浪微博账号，在这些社交媒体上，所有设计草图、产品图片和安装说明书、安装详解图片以及视频都可以下载、观看。正是通过这些网络阵地，木智工坊培养了一大批“死忠”。

网络分享带来的不良后果就是抄袭严重，但赵雷却并不怕抄袭，他坦然道：“我不怕被模仿，也不打算申请什么设计专利，有人抄，也是对设计的一种认可。况且很多东西是模仿不了的，因为你一直是不断生长的，本质的东西永远都仿不来，我自己也是互联网信息分享的受益者。”社交平台的逐步完善让赵雷对木智工坊的未来有了更大的期待，在今后的发展中，他还会坚持在社交媒体上分享理念，把木智工坊的一切都分享出去。

如今，木智工坊并没有搭建传统的销售渠道，但其产品总是供不应求。木智工坊通过批量生产和网络销售降低产品价格，再通过社交平台的传播，形成了依托互联网的独立销售体系，让普通消费者也能拥有时尚、环保的实木家具。

03

5 种常见的社群类型

人总是需要交流的。在快节奏的都市，人们更喜欢在线上交流沟通。在线上，他们总能找到自己的好友，从一开始的一个人，逐渐延伸到两个人、三个人，直到找到志趣相投的一群人。

兴趣型社群

建立兴趣型社群有着相对较低的门槛，可以选择的形式也是多种多样。

以读书会为例，既可以几个人组建书友会一起读书，也可以跟着十点读书会等群体一起共读。

总的来说，如果只是将喜欢读书的人聚集在一起，仅仅组织开展一些结伴读书、交流互动、彼此启发的活动，很难聚集到高黏性用户，长此以往必然会让整个社群渐渐地丧失活跃度。

这类社群之所以能建立高强度连接，主要是由于成员之间有着强烈的情感联系和共鸣。

兴趣型社群将很多有着共同兴趣爱好的人聚集在一起，建立起例如文玩收藏社群、体育运动社群、茶酒文化社群、宠物花草社群、自驾旅游社群等等。

因此，这种类型的社群营销手段也要依托于相应的兴趣爱好（如图 3-1）。

一、在交流中实现营销

兴趣爱好型社群存在的意义就是，让每个成员可以就相关的兴趣爱好与其他人进行交流。所以，如果想让社群活跃起来，就一定要不断创造话题让会员互动。当社群的热度被调动起来之后，就可以着手进行营销了。针对社群成员感兴趣的领域和话题，适时推出自己的产品，更容易促使社群成员做出购买

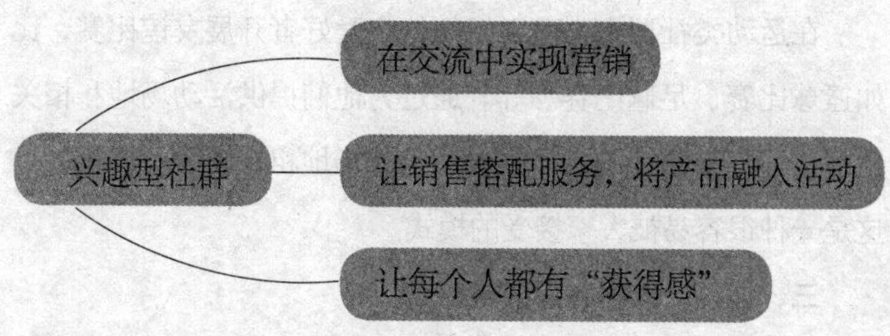

图 3–1　兴趣型社群营销手段

行为。

例如，一个文玩类社群中，大家都在十分热烈地讨论自己有哪些藏品。这时商家将自己的珍稀文玩展示出来，一定可以吸引大家的关注甚至使他们竞相求购。

二、让销售搭配服务，将产品融入活动

兴趣型社群一般不宜表现出太明显的营利性，这样容易使成员心里产生隔阂，时刻提防你是不是又想赚他们的钱，是不是想把他们当作韭菜一样收割。这样不利于成员之间感情的培养，会使大家渐渐丧失讨论交流的兴致。

但是，对于社群营销人员来讲，是一定要追求利益的，没有利益也无法支撑社群的长久运营。因此，除了在社群中销售产品之外，还有一个适合所有兴趣型社群使用的营销方式，那就是盈利手段从线上迁移到线下，通过组织线下活动，创造利润。

利用线下聚会的方式赚取利润的形式有很多，我们以运动类社群为例。

在运动类社群中，可以组织体育爱好者开展友谊比赛，比如篮球比赛、足球比赛等等。通过为他们提供活动场地和相关服务，让参与活动的成员支付一定的场地租金、服务费用等。这是一种很容易被大家接受的模式。

三、让每个人都有“获得感”

对于兴趣型社群而言，成员加入其中仅仅是因为兴趣爱好。这类成员有一个共同的特点，就是希望自己的技术水平越来越高。例如，绘画爱好者社群的成员一定希望自己的绘画水平越来越高，写作爱好者社群的成员一定希望自己的文笔越来越好，健身爱好者社群的成员一定希望自己的身体越来越强健。

因此，如果社群能够帮助他们实现其愿望，就一定会让大家愿意留在社群中。

社群可以定期组织社群成员分享讨论自己在相关兴趣领域的心得体会，每个人畅所欲言，既可以将自己的所学传授给其他成员，也可以从别人的发言中有所收获。每个人取长补短，都会有所进步。

当然，这种分享式的讨论会一定是免费的。不过，在免费分享的基础上，还可以不定期地举办一些收费的讲座活动，请相关兴趣领域的大咖作为主讲人，向大家讲授专业知识和技巧。

通过这种方式，社群不仅可以有效增强成员的黏性，也可以获取利益。

在这方面，着迷 Wiki 就十分具有代表性。

2004 年，维基百科衍生出了垂直于游戏、娱乐等行业的营利性产品 Wikia。而如今，与 Wikia 十分类似的着迷 Wiki 则成为着迷最大的产品模块。

与 Wikia 不同的是，着迷 Wiki 的互动性很强，它是以主题帖的形式出现的，内容除了图文之外，还有一些十分好用的，例如资料排序的工具，帮助资深粉丝们在不同的主题下共同参与内容的创作。

着迷 Wiki 从 2013 年开始进入了发展的快车道，着迷的 CEO 陈阳也从中看到了一种可能，“着迷只是将游戏内容作为一个切入点，它的功能绝不仅是提供游戏社群平台”。

“内容相对于其他东西来说，可以用最低的成本影响到用户。但是这个前提是，内容也要有差异性。”陈阳说。

受 Wikia 的启发，着迷 Wiki 秉承着让用户按照兴趣聚合的方式，在游戏行业里摸索了两年。

对于传统游戏类社群来说，在社会化新媒体和视频网站不断发展的背景下，同行之间的激烈竞争已经不是他们所面临的最大威胁，那种真正的威胁来自玩家社群的崛起，目前大的趋势是，玩家将慢慢成为内容创作者。

传统游戏公司在面对这样一股新力量时，只能在资金上做更多的投入，制作出更加精良的游戏内容，以此吸引和留住玩家。

陈阳说：“游戏行业不同于财经这种专业领域。对于专业领域来说，作者的重要性很突出，能提供专业领域内非常多的高质量内容。而对于游戏行业而言，需要对玩家做更多的兴趣引导，以及给玩家提供更多的选择性。要针对玩家多样化和分散性的兴趣点，做出更加精准和高质量的内容。”

陈阳认为，当合理、有效地将玩家社群的力量发挥出来，就可以让玩家们感受到社群的魅力。

用户对自己感兴趣的内容进行整理，形成精华，继而分享出去，吸引更多的用户加入进来，让用户和内容两条线呈现出一种螺旋上升交织的状态。

而使用户更为方便地获取内容、整合内容，成为着迷 Wiki 在这个过程中最重要的事情。

陈阳说：“有许多人以为 Wikia 模式是按照 80/20 法则在运行，即 80% 的用户来自内容阅读者，剩下的 20% 的用户来自内容贡献者。但实际上，超过 99% 的人都依靠那 1% 的人群在带动。”

那么，最根本的问题在于，着迷到底有什么优势，能吸引到 1% 的重度核心玩家？

实际上，着迷 Wiki 的竞争对手除了其他游戏媒体之外，还有游戏社区、社会化媒体平台及视频网站等等。大多数其他的玩家通过观看和阅读核心玩家的视频及社会化分享的展示内容，学习到一些游戏技巧，并且参与到游戏讨论中来。社会化平台相对而言拥有更多的流量。

那么，着迷 Wiki 这种初创平台是怎样受到玩家的拥护的呢？

着迷 Wiki 所做的是，将方便快捷的内容分享方式放在首位，提供了更适合游戏业态的行为模式，从而最大限度地降低了用户贡献内容的成本。

在这种极低的门槛下，游戏相关信息的收集效率得到了极大的提高，使垂直平台与大众化平台产生了明显的区别。

显然，着迷 Wiki 这种专门为了游戏分享而产生的设计，比其他大众化平台更能得到游戏玩家的认可。

因此，着迷 Wiki 针对移动端的内容输入方式，开发出了许多内容分享新功能。例如，针对此前用户费时费力地在输入框填写内容的方式，研发出了现在只用通过一两个点击，提交一两个数据，即完成信息分享的方式。针对一些游戏，用户能在一周之内，产生几千条的提交数据信息。

陈阳说：“在过去一年半时间里，着迷 Wiki 的建设得到了 10 万多玩家的共同参与。”

对于着迷 Wiki 而言，仅拥有大量的内容显然不能成为制胜法宝。那么，到底什么是玩家所迫切需要的，并且只有第三方内容平台才可以提供的内容呢?

着迷 Wiki 非常重视内容输出。由于玩家与游戏内容平台之间已经没有了信息壁垒，因此玩家对于游戏资讯的需求并不高，对某些特殊的便利反而更加依赖。

陈阳观察到，玩家之前在传统游戏媒体的宣传下，依靠传统的编辑方式，以文章方式来获取大量的游戏内容和数据。显然这种获取方式，对于大多数玩家，尤其是移动端玩家而言，有着很高的获取成本。因此，如何让玩家更加便利地获取到这些信息呢?

“用户通过向着迷 Wiki 传达需求，发现很多文字性的内容对玩家而言，并没有吸引力，因此，要做到内容的产品化十分关键。”陈阳说。

这里的“产品化”，指的就是系统的梳理用户所产生的内容数据，将原先的游戏内容数据，形成单独的工具化产品。通过提炼打包玩家分享的游戏内容，给玩家呈现出以卡牌的形式做成的插件，在这个插件里，包含了卡牌对比、卡牌成长、卡牌筛选、阵容对比等内容。着迷做出了被玩家称之为“神器”的插片，吸引到了更多的玩家，也同时拥有了一个庞大的游戏插件库。

陈阳还在很多方面对着迷 Wiki 的功能进行了深度挖掘。“Wiki 兴趣族群只是基础，在这个基础上，可以衍生出更多有意思的东西。着迷让更多有共同兴趣的用户，通过着迷先进的内容生产方式和运营方式，让他们集合在这个平台上。这种生产方式在着迷的核心业务——手游领域，已经得到了验证。今后，除了在游戏领域之外，还会在动漫、影视等泛文化领域，进行更大流量、更多用户群、更具社会性领域的渗透。

国外也对这种延伸发展思路进行了验证。Wikia 目前在全球拥有 1.2 亿用户，用户建立的内容页面超过了 3400 万个，拥有涵盖游戏、音乐、动漫、图书和生活方式等领域的 40 万个粉丝社区，用超过 200 多种语言的形式进行呈现。

这种发展模式在更深层次上而言，完全不同于互联网上普遍的倒流思路。

着迷 Wiki 并没有将流量从一个产品导入另一个产品当中，而是基于兴趣族群，通过开源性的思路，发展出了游戏、动漫、影视等泛文化产品。这种通过兴趣聚合的方式，使商家用十分小的边际成本，让自身平台得到了进入更大流量来源领域的机会。

除了着迷 Wiki，樊登读书会也是一个值得研究的社群。樊登老师提出的“帮三亿人养成阅读习惯”，是社群的终极目标。这种目标带有强烈的利他性质和高尚情怀，使每一个读书的兴趣社群都被注入了灵魂，成为聚集群体的内在力量。

让社群里的每一个人，在这里不仅能够读书，还怀有高度的使命感和终极目标——这也是樊登老师的社群能够在众多读书会中脱颖而出的根本原因。

总而言之，兴趣型社群营销的关键，就在于挖掘兴趣中的利他因素，结合自身特长，形成终极目标，并在建群之初就大力宣传。

粉丝型社群

20 世纪 90 年代，开始出现了粉丝文化和粉丝经济，目前，这种趋势不仅没有衰退，反而越来越呈现出产业化和规模化的发展态势。

粉丝文化和粉丝经济的覆盖面很广，现如今涵盖了门票购买、商家赞助、广告推广等各个方面。

如今，在粉丝经济中所提到的粉丝，已经不再单指某个具体偶像的粉丝，也包括了一些品牌的粉丝，他们具有不容小觑的购买力。

在天猫“6.18粉丝狂欢节”上，品牌粉丝平均购买力数据，比非粉丝人群高出约30%。

在各大品牌的线上营销活动中，也可以观察到，各行业品牌粉丝转化率比非粉丝人群转化率明显要高出许多。

因此，目前对于粉丝型社群的营销，也成为商家极为重视的一项工作。

在粉丝型社群营销上，可从6个方面入手（如图3-2）。

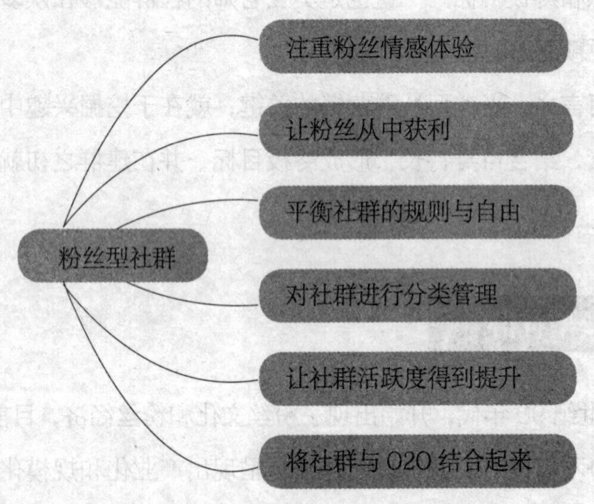

图3-2　粉丝型社群营销手段

一、注重粉丝情感体验

例如，在某项明星产品的研发制造阶段，让粉丝群体充分参与进来。在一些游戏的粉丝社群中，让粉丝对游戏测试、BUG 反馈、修改建议等内容进行参与。

这可以使粉丝在社群内获得归属感、参与感、满足感。在提升粉丝对社群忠实度的同时，还能极大地提高产品品质。

二、让粉丝从中获利

社群组织的逻辑是一群人发挥整体的能量去谋求更大的利益。从本质上看，社群营销是一种情感投资，粉丝在社群中得到的多，回报的自然也会更多。

罗辑思维就是通过这种方式，获得了一定的粉丝支持。通过在粉丝社群内部免费发放乐视超级电视、黄太吉煎饼等，让粉丝们在获得一定的利益之后，继而产生极大的凝聚力。这种凝聚力让罗辑思维的品牌传播影响力得以迅速扩大。

三、平衡社群的规则与自由

规则与自由，是社群营销过程中一对不可调和的矛盾。

粉丝们在互联网上对自由的追求被规则所约束和限制，这让社群的活跃度降低，也降低了粉丝们交流的积极性。

但同时，如果不对自由度进行限制，那么将大幅度地出现各种形式的问题，例如，涌入大量的广告、垃圾信息、有违身心健康的内容等，都将让社群的发展受到不同程度的损害。

因此，如何平衡好规则与自由之间的关系，是粉丝社群的运营者需要认真思考的。

正和岛是中国商界高端人脉深度社交平台。它是企业家人群专属，线上线下相结合的，为会员提供缔结信任、个人成长及商业机会的创新型服务平台。正和岛的部落化社群营销所构建出的平衡体系，值得广大社群营销人员参考和学习。

正和岛整个社群作为一个大平台，制定社群的基本规则；而下设的多个小平台，可以拥有自主管理的权力。大平台监督引导好各个小平台的管理层，从而让整个社群都健康发展。

正和岛目前拥有较为活跃的“部落”二十多个，兴趣小组也多达上百个。在非创意不传播部落中，成立了文化、艺术、创意设计等多个方面的兴趣小组。除此之外，较为活跃的部落组织还包括摄影部落、爱马仕部落、优兰汇部落等。

正是基于对社群规则的建立与执行，让正和岛得以稳定地发展壮大。

四、对社群进行分类管理

对社群的粉丝进行分类管理，分类的依据可以参考入群时间、活跃程度、兴趣爱好、性别年龄、购买力等内容，这种分类可以让社群营销的推广更加具有针对性。

对于分类社群的营销工作而言，群内粉丝数量固然重要的，但更重要的是营销转化率。而对粉丝进行详细分类，恰好可以保证营销活动的精准性，从而提高转化率。

五、让社群活跃度得到提升

众所周知，一个活跃的社群，其成员的黏性一定是比较高的，大家习惯于在群内聊天互动，一般不会轻易退群。但是，一个经常寂寂无声的社群，就会让成员之间感到疏离，对社群没有归属感，长此以往难免会想要退群，这样的社群当然也就失去了营销的价值。

所以说，提升社群的活跃度，有利于增强社群成员的黏性，提高社群的稳定性，进而有利于社群营销工作的开展。

六、将社群与 O2O 结合起来

只有将社群的线上运营和线下运营相结合，才能得到更好的效果。

线下运营虽然只是起到辅助作用，但是这种能让用户面对面直接沟通的形式，能很好地提升粉丝与社群之间的黏性，增进用户之间的友谊。

线下运营一般采取线下聚会的形式，很多社群例如罗辑思维的“闪聚”、正和岛举办的论坛大会、吴晓波的读书会等，在这方面都做得很成功。

社群的塑造以及运营，需要运营人员长期坚持不懈地对管理手段进行优化，对管理效率加以提升，不断地向前推动社群产品以及服务质量，让企业品牌在粉丝经济时代的背景下，利用社群的口碑效应加以推动，从而为企业创造出更多价值。

知识型社群

知识型社群发展到现在已经成为一项炙手可热的概念，知识社群是指：用户自动自发（或半自动自发）组成的以知识分享为目标的团体。

如今，这种知识型社群已发展到具有一定规模，如十点读书会的千人读书会、21 天坚持阅读打卡群、姑婆那些事的精英会员、秋叶 PPT 知识大本营。

这类社群让那些为了专业学习、健身锻炼、考试考研、工作技能提升的人们，通过共同的学习目标汇聚在一起，这群人在社群中一同得到成长和进步。

社群成员可以在社群活动中对内隐知识进行传递，对知识进行创新，对意见与观念进行自由自发地交换，以及对外部新知进行分享。

知识型社群的分类、构成要素以及变现途径如下（如图 3-3）。

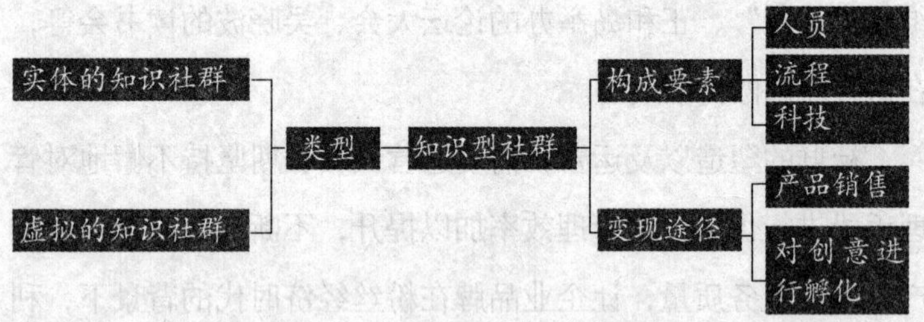

图 3-3　知识型社群的分类、构成要素以及变现途径

一、知识型社群的分类

实体知识社群跟虚拟知识社群，是知识型社群常见的两种形式。

（1）实体的知识社群

这类社群通常存在于企业内部，由公司的人力资源部门举办各类活动，内容包括读书会、知识评鉴、知识讲座、教育训练、专家演讲等，让知识分享通过实际运作的过程来进行。

这种形式让成员可以通过面对面地接触、直接地交谈或交流，进行知识的分享、学习和讨论。

（2）虚拟的知识型社群

这类社群一般是通过互联网社群的互动平台，让成员通过线上，在讨论区、留言板、专栏区、文件区等模块上进行互动，对文件资料与个人建议进行分享，并与志趣相投的用户，一起对某方面的知识进行远程交流。

这是知识型社群未来的发展趋势，在全球化、国际化的潮流中，那些分布在世界各角落的成员，可以通过社群，让自己的思想得到汇集和转化。

这不仅可以为企业和组织贡献知识，也可以满足社群成员的求知欲，以及分享知识获得认同。

二、知识型社群的构成要素

（1）人员

社群营销人员需要对社群中的每个角色进行清楚的定义，完整地建构出专家地图。让社群中的每个成员，都能通过小组运作，得到情感上的支持以及知识的吸收。

（2）流程

流程的意义并不是制定结构化的制度，而是建立一种有效的机制。通过组织与规划，让社群成员的意见经由特定的程序得到激发、收集和梳理，并且适时地为社群成员提供回馈与激励。

（3）科技

为更好地帮助社群成员随时随地分享知识，以及对相关的知识来源进行有效的收集汇总，社群营销人员应建构起一套例如 Email、讨论区、电子报、Groupware 群组系统、VideoConference 视讯会议，或是 Weblog 网站日志等完善的系统。

三、知识型社群的变现途径

（1）产品销售

一般情况下，知识型社群的变现方式主要是销售产品。目前最常见的销售方式包括：销售书籍，销售教学视频、音频文件，销售网课等等。社群的主要价值和基本动力需要通过创造收益来提供；社群的长久发展，也需要通过创造收益来维持。

（2）对创意进行孵化

由于社群成员多是来源于不同地域、不同行业、不同年龄的人群，因此有着不同的人生经历和行业经验。将这些人聚合在一起，可以孵化出很多项目，例如：众筹写书、共同在线协作完成项目，也有可能一同开公司，等等。如果对这类创意进行合理变现，一旦成功，可能会形成一定规模的产业。

因此，在社群里想实现利益的最大化，就要善于利用人的价值来实现社群的多个目标。通过集合这些有能力的人，实现共同成长、共同经营、相互监督、资源互换、抱团取暖，最终形成知识生态的孵化和循环。

行业型社群

比较适合做社群营销的行业，主要包括以下几个行业（如图 3-4）。

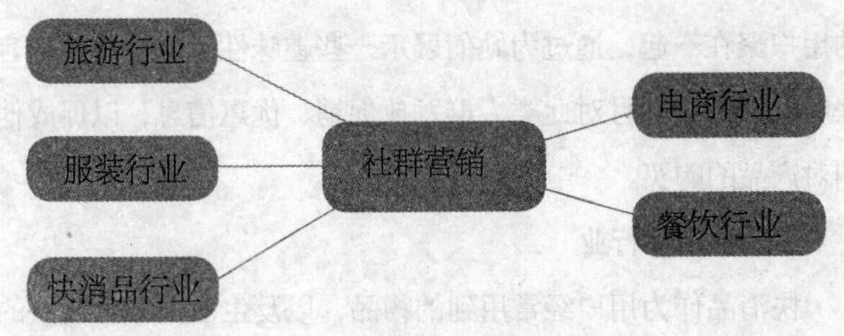

图 3-4　适合社群营销的行业

一、旅游行业

如今，人们生活水平不断提高，这也为“80 后”“90 后”奠定了更多旅行出游的基础，近些年，出游的人数与频次都在逐渐攀升。

在这些人里，很大一部分会在社交平台对自己的旅行过程进行展示。当我们打开朋友圈、微博，经常会看到很多人在晒出自己旅游的照片。

这也为旅游类企业提供了一些契机，企业可以通过微信、微博、论坛等平台搭建自己的社群，为用户提供旅游攻略，并给他们提供一些交流互动的机会，不仅能帮助用户有所收获，也可以帮助企业达到宣传推广的目的。

二、服装行业

服装行业一直是时尚、潮流的风向标，女性受到时尚圈的影响，越来越在意外在的个人形象和品位，这些很大程度上需要通过穿衣打扮来展现。

因此，在服装行业的社群营销中，应该将一些有相同爱好的用户聚在一起，通过为她们展示一些趣味性、个性化的内容来吸引她们，并且对此类人群发放促销、优惠信息，以促成他们对产品的购买。

三、快消品行业

快消品作为用户经常用到的物品，以及生活中不可或缺的一部分，普遍融入人们生活当中。

快速消费品行业主要分为四个子行业。

一是个人护理品行业，由口腔护理品、护发品、个人清洁品、化妆品、纸巾、安全套、鞋护理品和剃须用品等行业组成。

二是家庭护理品行业，由以洗衣皂和合成清洁剂为主的织物清洁品，以及以盘碟器皿清洁剂、地板清洁剂、洁厕剂、空气清新剂、杀虫剂、驱蚊器和磨光剂为主的家庭清洁剂等行业组成。

三是食品饮料行业，由健康饮料、软饮料、烘烤品、巧克力、冰激凌、咖啡、肉菜水果加工品、乳品、瓶装水以及品牌米面糖等行业组成。

四是烟酒行业。

对于快消品行业来说，除了第四类烟酒行业，其他三类的主要消费群体一般为女性。因此，快消品的社群营销主要须针对女性群体来进行。

具体方式，一般为建立社群，吸引女性成员加入，在社群内部宣传该品牌商品的性能、品质，以及限时促销活动，甚至发放优惠券，等等。

四、电商行业

目前电商行业已经进入一个红利时期，电商企业纷纷将自己的平台切入各种热门社交网站上进行推广，社群营销也因此十分适合电商行业的推广模式。

电商企业可以将自己好的产品、文案、内容、活动通过社群营销的模式，来打动消费者，更好地激发消费者的购买欲。同时，还要做到产品质优价廉，才能保证企业的可持续发展。

五、餐饮行业

移动互联网给人们的生活方式带来了巨大的改变，人们可以足不出户，通过手机就查询到好吃的餐馆，搜索到附近的美食，传统的餐饮模式也因此发生了巨大的变化。

因此，餐饮企业如果想跟上时代，就必须抓住互联网餐饮这一营销模式；如果想脱颖而出，就必须采用社群营销的方式来招揽客户。

除了以上三种方式以外，广大餐饮行业从业者还可以开动脑筋，想出更多更好的社群营销方式。

上述所罗列的行业都比较适合进行社群营销的模式，只要通过仔细分析，就会发现这些行业有一点共同之处，它们都十分紧贴人们的生活，涵盖了人们生活衣食住行等方方面面。正因如此，消费者比较熟知的产品都可以成为社群营销的主要内容。

当然，并不是说社群营销对任何企业来说都是最好的营销方式，社群营销和每种营销方式一样，都有其优缺点，各个企业也要因地制宜，选择最适合自己的营销方式。

区域型社群

区域型社群，指的是以地域为纽带的社群。这个地域可以是某个小区或村镇，一般来说不会太大。

区域型社群，主要是服务于“懒人经济”。传统网购让懒人们舒心了，但还不够彻底，不够深入。基于移动端的 O2O 正在将懒人推向一个新境界，你不光能在 PC 边懒，还可以揣着手机随时随地懒。你懒得出去吃，可以用美团。家里来了客人自己懒得做饭，又懒得出门吃饭，可以用手机一划，请一个大厨到你家做饭。如果你懒得收拾家，有非常多的家政服务，手机一点，阿姨就给你上门做服务了。如果你懒得开车，各种打车软件、代驾软件供你选择。如果懒得去按摩院、美甲馆，都可以通过手机 App。

没有最懒，只有更懒。对于 O2O 创业来说，与其说没有发现商机，不如说没有一双发现“懒人”的慧眼。围绕懒人们愈来愈“懒”的需求做文章，是区域型社群的重要生存方式。

英国媒体曾对全国 1000 余名 75 岁以上的老人作了一次调

查，结果显示：每个人一生当中，购物、娱乐等活动排队浪费时间平均累积达 1 年半，其中用于排队购物最后又以“落空”告终的时间加在一起长达 13 天。考虑到中国的人口密度，中国人的这一数字只高不低。

在这种情况下，如果能够用手机把需要采购的事情全部搞定，甚至还能搞定美甲、洗衣、金融等服务，不仅仅意味着时间和体力上的节省，而是生活方式上的改变——如此，他就完全可以把休息时间安排为郊游、社交或上学充电等其他活动，只需与本地的配货员约定接货时间地点即可（这却是顺丰等公司快递员很难实现的）。

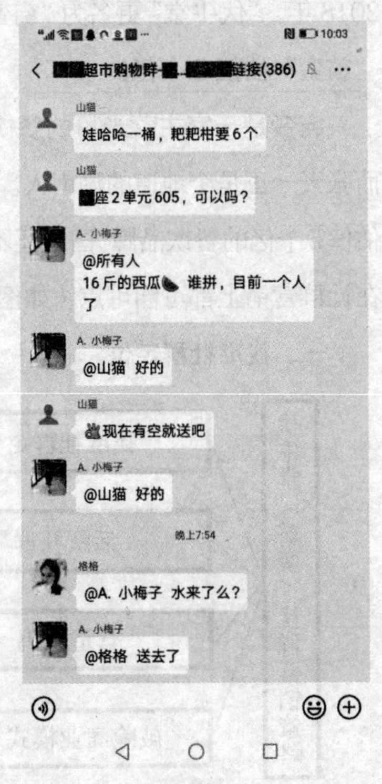

图 3-5 某超市社群内的聊天记录

2020 年第一个季度，新型冠状病毒肺炎的流行更是让区域型社群经济火了一把。就是小区的便利店，每天的送货上门的生意都忙不停(如图 3-5)。有的不想出门，有的正在居家隔离，只需要在便利店店主拉的群内吆喝一声，商品就能送上门。

民以食为天，餐饮、洗衣等服务行业都是区域型社群最容易触及的领域。传统的服务型生意要求地段、地段、还是地段，但当你拥有足够的社群用户，地段将变得不那么重要。因为，你线上有流量，有用户，甚至有一批忠诚的用户。

案例：一碗米粉里的乡情

2014 年，一篇《我硕士毕业为什么去卖米粉》的文章在网络走红，张天一的“伏牛堂”牛肉粉餐厅开始进入人们视野。2018 年，“伏牛堂”更名为“霸蛮”，宣布完成 B 轮数千万融资，“霸蛮”估值 5 个亿!

霸蛮是一家主营米粉的餐饮公司，米粉是湖南著名小吃，而张天一正是个地道的湖南人。凭借一道小吃先后获多轮融资，估值 5 个亿的餐饮品牌，国内还不多见。无论是伏牛堂还是霸蛮，在社群营销上都可圈可点（如图 3-6 所示）。

一、找准社群定位

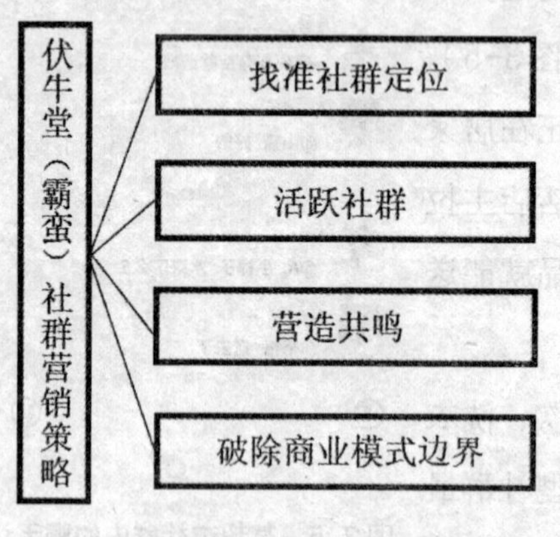

图 3-6　伏牛堂（霸蛮）社群营销策略

每一家餐厅因菜品、装修风格的差异，吸引着不一样的顾客群。从顾客群中筛选出具备相同特征的粉丝群，建立一种更紧密的联系，这种联系可以是线上，也可以是线下。

成立于 2014 年的伏牛堂（霸蛮），在京津地区设有几十家门店，2019 年营收超亿元，并且在做餐饮新零售等方面的试水，包括开发“霸蛮速烹牛肉粉”，与每日优鲜、盒马鲜生、全家等进行深度渠道合作等，但有一点一直未曾改变，就是将聚焦点放在做米粉上。

虽然消费单品成趋势，但在餐饮零售化的大潮中，霸蛮如何凭借米粉这一单品来形成自己新的势能?

在张天一眼中，对好的产品的理解，要分为口碑和情感两个方面。霸蛮在做米粉这件事上花了很多心血和心思。

首先，要保证食材本身质量好。在北京，大部分食物为了迎合各个地方、各个年龄的人，都进行了一定程度的改良。霸蛮选择的是坚持做最正宗的湖南牛肉米粉，让产品保留态度，也就保留了温度。

其次，考虑情感层面，要为产品增加附加值。

与别人玩互联网餐饮重在品牌不同，霸蛮的品牌认知重在情感，米粉不仅仅只是一种食物，背后还应该有属于自己的故事。并且基于故事，还能做有温度的品牌传播。

2017 年，伏牛堂跟腾讯视频合作，把来店用户的故事征集起来，跟食物相结合，做了一档霸蛮版的《深夜食堂》。张天一表示，这样做的目的是想向用户传递两个理念：第一，我们的产品没有明星代言人，我们的代言人就是用户。第二，每一个食物背后，都有一个故事，而且故事是真实的。

二、活跃社群

除了产品有独特的内涵，和消费者打交道的能力，也是现在餐饮行业所注重的。找准社群定位后，应该想方设法使社群成员活跃，仅仅关注微信公众号或者微博算不上真正拥有的粉丝。

霸蛮的社群运营是为人所称道的。霸蛮找准社群定位后，便根据兴趣爱好对其进行分组，进而通过组织活动加强线下联系，使霸蛮社粉丝有了真正意义上的互动。

2015 年 8 月，霸蛮仅用一周时间，没花一分钱，举办了“微信 50 万人”发布会；

利用品牌微信公众号，发布了几十篇文章，近 30 万文字；

创始人张天一坚持亲自写文章，将霸蛮社公众号打造成了一个自媒体属性平台；

加强线下活动：吃饭、爬山、老乡会……在加强和用户联系的过程中，品牌形象在用户心目中得到了巩固；

霸蛮社还拓展社群，开展校园社群计划，走进高校，和有兴趣于创业的青年学生们一起进行“牛肉粉创业”；

经营小群，50 人之内，不超过 100 人。兴趣小组每周都会组织活动；

自有社群“霸蛮社”成为吸粉利器。截至目前，霸蛮社深度运营的社群用户已超过 30 万人，基本以北京的大学生为主。

对于一家企业来说，社群的运营并不在于其数量，而是质量和连接频率。因此，霸蛮社放缓了社群人数的扩大，甚至清除了近 10 万的不活跃用户，花了更多的精力去做社群用户的筛选和社群内容的运营。

三、营造共鸣

社群成员仅仅玩得嗨还不够，玩完散了什么都没留下。此时需要根据社群特征设定情感符号，激发内心深处的情感共鸣。这一步完成后，如何通过社群创造出更大的经济效益，餐饮老板们可以继续思考了。

霸蛮品牌创立初，张天一就非常重视用户的认同感。为了加强消费者与品牌的关联，输出品牌价值理念，他成立自有社群“霸蛮社”进行社群运营。

在霸蛮，消费者分为两类：一类是湖南老乡，这部分顾客占了伏牛堂消费群的将近 50%；第二类是不一定是爱吃粉的顾客，但对霸蛮社的商业模式、商业理念、背后的品牌故事感兴趣。

“霸蛮打造了一个颇具湖南化的用餐场景。”几个湖南餐饮人听说伏牛堂更名霸蛮后评价说，“霸蛮”是湖南方言，类似北方的“死磕”，意为“不服输，执着”；湖南人都知道这个词语，用作牛肉粉的品牌名，更加契合了产品的定位，这也拉近了湖南人之间的距离。

在密闭的空间（餐厅）里，聚集了如此多的湖南老乡，这本身就是一种传播，而且这些老乡聚集在一起，是有共同的需求的；无论是从口味，还是从情感，一碗牛肉粉最能引起湘人情感共鸣，吃饱喝足一抹嘴，回去自然做宣传：“这个霸蛮牛肉粉，真霸蛮！”

另外，现在整个湖南的米粉品牌都有点老化，而霸蛮恰恰有年轻人的这种特质，反映出张天一这一代湖南人身上那种冲劲。相比之下，原先的伏牛堂这个名字就有些老气，有点像国学、养生馆的感觉，“尽管伏牛堂经过几年的打磨，当前有一定的认知，但从长远角度来看，霸蛮会更加有前途，这也是这个品牌名特别棒的地方。”一名十分了解张天一的湖南人说。

四、破除商业模式边界

当代外卖行业正在重构餐饮的消费场景，餐饮零售化将会是未来的大趋势。目前，霸蛮主要有两项业务：一项是基于连锁门店，打造了“产品＋互联网外送”的流通模型；另一项则是餐饮食品零售化。

从2016年开始，霸蛮社就把核心爆品产品化，比如霸蛮速烹牛肉粉这款产品，目前在淘宝、天猫、每日优鲜、京东等各个渠道流通销售。张天一认为，消费者有方便速食的需求，而且开始追求更好的品质、体验，以及个性感。“霸蛮的牛肉粉不仅需要煮，而且还有其他区别，核心就是可以自己很方便却不将就地吃一顿饭、一碗好吃的牛肉粉。”

另外，他还补充道，餐饮零售化的核心是破除餐饮的边界，让产品在更大的时空范围里流通。吃是一门时间生意。按分钟划分，就开餐饮店；按小时划分，就送外卖；按天划分，就做便利店里的冷柜微波鲜食；按月和年划分，就做食品。

如今，很多的餐饮都从传统堂食开始过渡到外卖，接下来需要考虑的就是解决以天、月、年为单位的需求了。因此，关于“吃”这门生意，所有的商业模式都是以上四个时空维度的排列组合。而霸蛮社的产能可以跨越餐饮门店这三公里，也就是外送三公里的边界，通过新零售的渠道进行的多方面的延展流通。

04 如何创建并维护一个社群

创建一个社群，并不仅仅是拉几个人一起聊天那么简单，那只能算是“社交小团体”，而不能算作一个社群。

从营销的角度来讲，要想创建有效的社群，至少需要 5 个步骤：明确创建目的，找准社群定位，制定群规，获取第一批种子用户，让社群裂变壮大。

确定创建社群目的

很多人会认为，销售产品就是创建社群的唯一目的。这个想法对于绝大部分商家来说，都无可厚非。但是我们在讨论社群时，也要对社群的属性有所定义。如果对社群的属性没有明确的定义，那么接下来的操作就会变得十分盲目。

首先，我们要明确一个细化的、实际的目的。

例如，对于一个全新的红酒品牌，那么建立首个社群的目的，是推广和扩大品牌和产品的知名度，赢得大众和目标用户对这款酒的认可。

一般情况下，建立社群有以下几个常见的目的（如图4-1）。

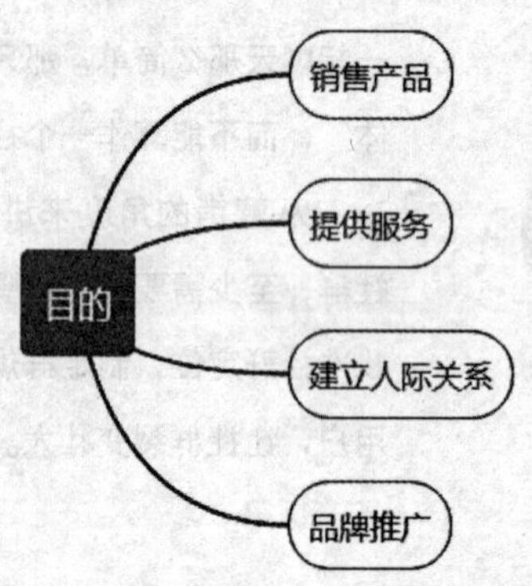

图 4-1 建立社群的目的

一、销售产品

例如，一个喜爱做十字绣的人，建立一个社群，向成员分享他的绣花经验，在分享的过程中，完成淘宝店的推销。

这种群往往有着十分明确的目标，即推销产品，实现盈利。有了这一明确的目的，再做好日常成员的维护工作，就可以让一些客户不断做出购买行为，于是便很容易让社群生存下去。

二、提供服务

建立企业社群，很大一部分原因是为了方便与客户之间的沟通。与客户建立情感后，可以提供咨询服务，为下一步的营销打下基础。

三、建立人际关系

对于任何一个企业来说，构建自己的人脉圈极为重要。

在人脉圈里，无论是出于兴趣爱好还是交友的目的，关系都需要努力维护。

例如：定位于企业家群体的社群正和岛，利用创业者社群建立起了一条完整的生态链，并且还有许多细分的小组织，完成了整个社群的优质运转。

四、品牌推广

企业出于品牌推广的目的建立社群，是为了和用户建立更紧密的关系，并非只是简单的交易关系，这种关系主要是以交易之外的情感连接为主。

但实际情况是，品牌想和用户建立产品之外的情感连接并不是一件容易的事情，这和产品品类以及积淀有着很直接的关系。

当社群规模不断扩大，品牌的传播性也会得到进一步增强，也能帮助品牌更好地宣传推广。

例如，作为时尚、高频使用、新潮的产品，手机对于用户而言，有着更高的关注度，也可以带来更多讨论的话题，因此这也为建立社群提供了强有力的基础。

当然，还有一些品牌，它们原本就没有很好的品牌积淀，也没有在消费者群体中建立起良好的口碑，那么对于他们而言，就极大地增加了建立社群的难度。

找准社群定位

在明确了创建社群的目的之后，还有一件非常重要的事情就是找准社群定位。

社群定位决定了企业正确的发展方向，也是一个企业社群的前期基础工作，具体包括以下几个方面（如图 4-2）。

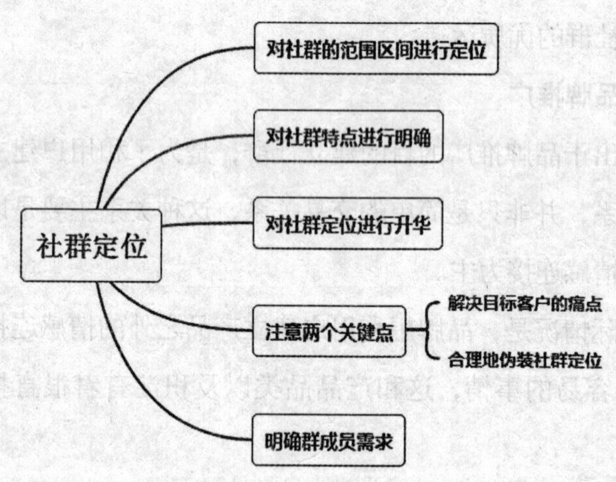

图 4-2　社群定位的具体工作

一、对社群的范围区间进行定位

首先，社群的两大要素是产品和服务，它作为纽带连接了企业和用户。因此，一定要对自己的用户群体有一个清晰的判断，包括人群范围和人群需求。

想要对社群进行精准定位的前提，是先对用户精准定位。其次，认清自己能给用户带来什么好处和价值，这也是精准定位社群的基础。

二、对社群特点进行明确

为了能在引流时让粉丝更容易地找到你，那么就需要明确社群的主要特色，如果社群特色不明确，将影响到对精准客户的吸纳工作。

在明确社群特色方面，有两个注意点。

第一，明白自己的发展方向，并且对竞争对手有一定的研判和认识，通过行业分析和竞品分析，来对竞争对手进行锁定。

第二，比较分析自己和竞争对手之间的差距，了解彼此的优势和劣势。

三、对社群定位进行升华

对社群定位进行升华，其实就是升华群成员共同追求的目标。群成员有共同的目标，才能加强群成员的凝聚力。

例如学习类社群，大家是以获得知识为目标来分享读书心得和感受的，但是随着这个社群的不断扩大与发展，其中的用户就会觉得社群的凝聚力不强，其中最主要的原因往往是社群在组建之初定位就不够明确。

简单来说，如果社群定位为考研社群，大家一起讨论考研的相关问题，群主销售考研学习资料或者考研教学视频、音频文件，等等，社群内部将会呈现出一种热烈讨论、销售火爆的局面。

但是，如果社群没有这个明确的定位，虽然大家都是为了学习而来，但是有的人想聊英语四级考试的话题，有的人想聊文学书籍阅读类的话题，有些人想聊高考应该报哪所学校的话题，大家没有比较一致的感兴趣的点，就很容易出现冷场。可能一个人抛出话题却没有人接，而别人说的话题自己也不感兴趣。长此以往，必然导致社群越来越冷清，最后甚至有可能成为一个“死群”。

所以说，对社群定位进行升华是十分必要的，一定要让定位更精确。

四、在社群定位方面需要注意两个关键点

（1）解决目标客户的痛点

例如：吃货团满足了人们偶尔想尝一下特色美食的需求；农一网很好地解决了农资商家对电商知识掌握不足的痛点，等等。

（2）合理地伪装社群定位

尽量通过某种情感或趣味性来凝聚粉丝社群，而避免过多使用产品来定位社群。

例如：销售服装的企业，可以将社群定位为时尚搭配类社群，而不必定位为自家品牌的社群，这样更容易吸引潜在消费者的关注。在日常的运营过程中，可以将自家品牌的服装进行合理搭配，展示给社群成员。当社群成员对此搭配表示喜欢和赞赏的时候，自然会愿意主动购买。

五、明确群成员需求

无论社群对用户群体类型有着怎样的定位，都需要对用户需求及社交场景进行仔细分析。

对于社群而言，摆脱不了小生态系统的本质。提升线上用户体验度，是社群营销最重要的工作，社群的质量往往由我们和用户之间的关系来决定。

一般来讲，社群成员有六种常见的需求：第一，个性化咨询的需求；第二，互相激励抱团的需求；第三，对专业知识和文章的需求；第四，获取垂直行业优质信息的需求；第五，寻找同频交流的需求；第六，众包案例收集汇总的需求。

所以，社群到底要满足成员怎样的需求，是建群之初就要思考和解决的问题。

总之，企业在社群成立之初就要思考好社群定位，明确大的发展方向，不断通过与用户接触过程中的摸索，强化定位，细分用户群体，社群就会得到越来越好的发展。

制定群规

群规主要是在活跃度和诱发刷屏之间寻求平衡点，特别是在移动端，群的活跃度太高，会带来强烈的刷屏感，使得社群成员的体验下降。

在几百上千人的群中，如果没有建立起良好的群规，那么就会引发混乱的交流秩序。

相反，如果制定过于严格的社群规则，那么也会在一定程度上阻碍用户之间的交流。一旦交流不畅，或者长期接收不到消息，就会让社群逐渐变成“死群”。

最好的解决办法是在群规的设置上，让成员们踊跃讨论，多提意见，共同制定群规。

这样的群规建立方式有两个优势。一是当核心成员参与到群规建立中来，可以更好地监督群规的执行；二是由于群规是由大多数人共同参与制定的，因此也更容易被成员认可和接纳。

社群自身的定位决定了社群的交流规则，最适用的办法则是先在小范围内实行，然后对常见问题进行罗列修改，完成最终的群规设置方案。

一、社群规则的内容

一份群规，一般包含了 5 项内容（如图 4-3）

（1）社群简介与概括说明

例如，某互助群的简介可以概括为：为大家提供一个互帮互助的平台，大家可以在群里提出自己的困难，群成员共同帮助解决。

（2）社群服务

例如，21 天思维提升训练营规定，每周一、二、三、四、五开展思维训练课程，周六组织观看电影并分享观后感，等等。

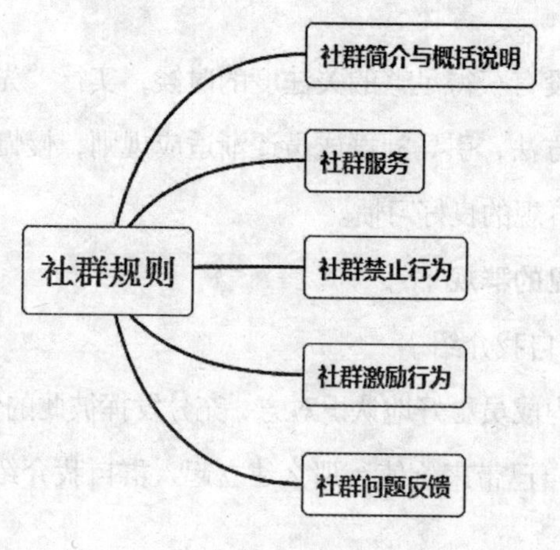

图 4-3　社群规则的内容

（3）社群禁止行为

例如，禁止黄色链接、灌水刷屏、乱发广告，等等。

（4）社群激励行为

例如，每日签到打卡获得 10 积分奖励，分享获得 50 积分奖励，等等。

（5）社群问题反馈

例如：每周五会对群成员提出的问题进行集中反馈。

在制定群规则时，要记住的是，社群是一个较为分散和弱关系的组织，人们在社群中更希望能保持自由与舒适。因此，社群的群规不可过于严苛，既要起到规范和引导的作用，也要给成员适度的自由。

但是群规的建立并不是单纯说教，告诉成员哪些能做，哪些不能做；而是在突显“群文化”的同时，使出现的问题及时得到处理。

建议社群在没有获得足够的关注度的时候，实行“先宽后紧”的群规执行方法，引导社群成员逐渐适应规则，慢慢养成在后期自觉维护群规的良好习惯。

二、几种常见的群规

（1）做入群自我介绍

为了能让群内成员更好地认识对方，充分发挥彼此的优势，判断对方能否给自己带来价值，那么建立起入群自我介绍的规定尤为重要。

如果每个入群的人都默不作声，那么大家相互之间都不知道对方是做什么的，能够给自己带来什么样的帮助，则会在一定程度上降低群功能的发挥。

（2）定期发言

组织定期发言，是为了培养小组成员的说话习惯，营造起社群的活跃气氛，提高小组成员的活动能力，不至于让社群在后期慢慢沦为死群。

（3）广告禁令

当新成员入群后，发现群聊天窗口中都被满满的广告所充斥，而且这些广告产品中并没有自己中意的，一定会认为自己进入了垃圾群。接下来这些成员会屏蔽掉群信息，处于休眠状态，直至退出社群。

因此，在群里必须严格管理广告刷屏，从而保持社群的质量和活跃度。并且针对屡次发广告的用户，应该有相应的管控措施。例如：对于警告两次后依旧违规发广告者，可以将其踢出群组。

当然，有一些社群不在此列。例如，今年年初的新冠病毒疫情期间，由于出门不便，很多小区的居民就自发组建了便民购物群。群内每天都有附近的超市或商贩发布各类商品信息，主要涵盖蔬菜、水果、肉类、粮油等各大类。成员们在社群内订货，由商家统一配送，避免了人们出行购物带来的健康安全隐患，让人们坐在家中便能购买到自己所需的一切生活必需品，实现了疫情期间生活质量不下降。同样，也使商家在疫情期间不至歇业，保障了基本收入，维持了商业正常运转。

这类社群是专门为了销售产品而组建的，成员对于群内的广告也是非常欢迎的，当然就不必限制发广告的行为。

（4）禁止传销类活动

传销类活动是国家法律所严厉禁止的，因此务必禁止。

（5）禁止为其他社群推销

设置这一规则的目的，是减少社群的优质成员从本社群中流失，转而加入其他相关社群。因为社群的活跃度、忠诚度等，很大部分要靠这些优质成员来维持。

所谓优质成员，有的可以为社群输出有价值的信息，如分享自己的专业知识，解答其他成员提出的问题；有的可以提升社群的活跃度，如热衷于讨论交流，善于抛梗接梗，等等。

如果这些优质成员流失，势必会导致社群知识输出的质量下降，社群的活跃度降低。而在这种趋势之下，也必然会使其他成员逐渐对社群失去兴趣，最后导致成员纷纷退群，或者群内无人交流，沦为死群。

除了上面所提到的这些群规之外，还应该对社群日常管理做进一步细化，例如定期发布大家感兴趣的信息、活动组织信息、进群的门槛、管理员的分工和职责等内容。

获取种子用户

对于整个社群营销工作来说，第一批入群的种子用户的作用至关重要。

所谓种子用户，就是具有一定的传播能力的用户。

经过对这些种子的培育和灌溉，不仅可以结出很好的果实，而且还可以达到一传十，十传百，百传千，千传万的效果。

获取种子用户的方式有以下几种（如图 4-4 所示）。

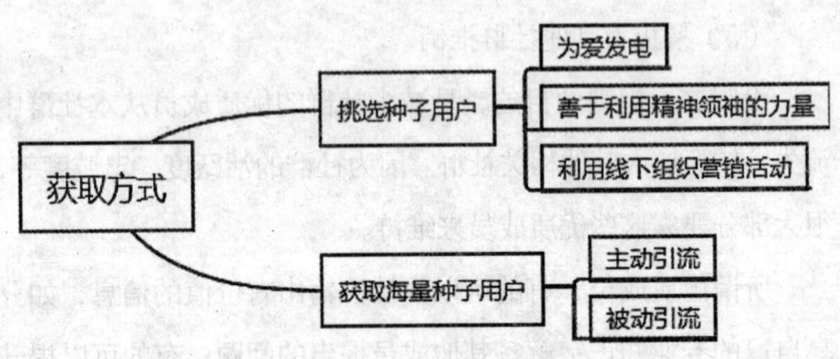

图 4-4　获取种子用户的方式

一、挑选种子用户

大家都知道，一个产品经历从 0 到 1 的过程，其难度远远大于从 1 到 N 的过程。这种概念同样可以运用到社群的运营中。

因此，在社群营销初期，首要任务就是获取种子用户。在获取种子用户的过程当中，可以采取以下几种方式。

（1）为爱发电

由于在社群建立初期想吸引到用户是十分困难的，因此在一开始时可以通过邀请周围的亲朋好友加群来完成社群启动。

当用户达到了一定的数量后，可以利用一些活动的分享来完成用户的转化。

此外，还可以从一些真爱粉和老用户中，挑选出一些经常给予支持和反馈的用户，交流意见，对产品进行优化。

例如，雷军在最初做小米手机系统时，就定了一个指标：不花一分钱拥有 100 万个 MIUI 用户。

接下来，黎万强作为 MIUI 负责人，通过在手机论坛上寻找资深用户，几个人注册了上百个账户，并且每天在手机论坛发布广告，最终精心挑选了 10 位超级用户参与 MIUI 的反馈。

由于许多粉丝对产品的热衷，让这些人对于产品不能做到客观、公正地评价。因此，让一些有想法、能提意见的人，甚至一些“刺儿头”加入进来，可以让产品做得更好。因此这些人也应该作为种子用户，被吸收到社群当中。

（2）善于利用精神领袖的力量

很多企业由于缺少社群的灵魂人物，导致了社群建立失败。因此，企业应该合理地利用在领域内有影响力的个人和组织，利用这些精神领袖，建立起与自身密切相关的垂直领域社群。

例如，秋叶的个人影响力通过论坛、博客、微博等方式得到了一定的积累后，在发起“一页纸 PPT”大赛的过程中，发现了一部分高手，并将这些人邀请至 QQ 群中，建立一定的情感联系。

在“秋叶 PPT”品牌创建后，通过自身影响力，汇聚了许多内容创业圈的人脉和资源，最终在这个基础上创立了社群“知识 IP 大本营”。

（3）利用线下组织营销活动

消费者永远没有寻找产品的义务，而企业主动寻找消费者才是真正的责任。

企业可以通过线下活动来寻找种子用户，例如通过发放赠品等形式，给用户接触产品的机会，当用户在试用的过程中感觉到满意，自然而然会在后续进行购买。

二、可通过以下几种方式来获取海量种子用户

（1）主动引流

这一点十分适用于论坛中，在一些帖子下会有人发布微信号，这时就可以直接添加了。通过这种方式，可以完成精准用户的添加。

下面以豆瓣为例：

豆瓣平台的建立时间比简书和知乎都要早很多，甚至在豆瓣小组中诞生了很多互联网应用。同时，豆瓣也有着相对宽松的审核条件。

下面以摄影类社群为例，介绍在豆瓣主动引流的方式。

步骤：打开豆瓣→搜索专业人士所在的小组→进入小组→搜索关键字“群”“交流群”字样的帖子→在下方留言区进行浏览→添加微信→验证话术：“你好，邀你进豆瓣交流群哈”（可以针对不同情况采用不同话术，例如赠送资料包或者课程等来吸引对方添加）。

这种引流方式比较适用于亚文化、传统行业、文艺青年等群体，在贴吧、论坛和豆瓣上都可以得到相对精准的用户。

一般情况下，在论坛和贴吧上，对方所留的联系方式以QQ居多；而在豆瓣上，对方所留的联系方式多数是微信号。

（2）被动引流

被动引流，指的就是不主动添加对方，而是通过在多个平台上评论、发帖，挂出自己的社群账号，等待用户添加自己。

当我们采取这种混群的模式时，还要担心，如果主动加人太多而“踩雷”（加到其他社群的管理人员）的尴尬情况。

每天在社群刷存在感会令人感到疲乏，因此，接下来给大家分享一个简单粗暴的混群被动引流方法。

在加入一些微信群或QQ群之后，通过发一些看起来不那么明显的广告，让一些精准粉丝主动添加进来，即可达到被动引流的效果。

在发广告方面，也有一些技巧。首先，这类广告一般比较长，能很好地引起对方的注意。其次，为了突出存在感，一般会连发好几条。

我们以跨境电商的QQ群引流为例，具体步骤如下。

①添加进群

第一步：在腾讯课堂平台中搜索课程。

第二步：对你想要吸引的精准人群进行搜索，例如食品、微商或者宝妈等，然后选择几个“免费”的课程点击进入详情页。

第三步：成功报名课程后，添加下方的QQ群，百分百通过。

为什么有100%通过率呢？

因为当群主看到你提交的申请信息中显示腾讯课堂的学员，则会认为你进群的目的是想交流学习。通过这种方式，你便可以加入一个精准群。

②采取有利的话术

首先，我们这次明确的目标是寻找跨境电商的卖家或者新手用户，因此在加入几个跨境电商教学的QQ群之前，就准备了一份与跨境电商业务有关的资料包。

接下来，寻找一个相对比较活跃的群，在里面发送一条赠送资料的信息，例如“我们群还有谁没下载到亚马逊全套学习资料？回复‘没有’的，我发给你”。

这句话的优势在于：

第一，在这句话中没有插入任何链接，不会被人怀疑是广告，因此不会担心违规被移出群聊。

第二，当“亚马逊全套学习资料”这个信息出现在学习群里，则会马上引起目标成员的注意（因为加入这个群的成员都是对此内容十分关注的）。

第三，这里用到了“还有谁”这个关键词，会给成员产生一定的心理暗示，让很多成员萌生出“已经有人拿到了，如果我没拿就亏了”的心理。

第四，之所以让成员回复“没有”，就是为了完成角色上的转换。当他认同规则，由一个被动的接受者变为索取状态时，就不会对你的行为感到排斥。

③让对方主动添加进来

当很多人在群里回复“没有”两个字时，可以采取一对一私聊的方式，让对方添加自己的账号，例如“先加一下我，马上把资料发给你”。

当学习资料成功地发送给对方之后，可以借势让对方添加QQ群，告诉对方可以以此获得更多跨境电商的资料。

当然，在此之前，就需要提前在一些平台上下载跨境电商资料包。

当我们有了一定的QQ群成员之后，就等于完成了第一波对原始成员的积累，为后续给自己微信导流奠定了一定的基础。

采用这种形式所引流的成员，效果好，质量高，比较适合定位清晰的社群。

如果一个社群对自身没有清晰的定位，什么产品都涉足和售卖，那么很难完成后期的转化率。

因此，对于想获取精准社群成员的人来说，可以采取这样的方式。

如果认为频繁主动加人太消耗精力，那么也可以重点选择几个高质量的群，再通过这种方式引流，会吸收到更多优质的成员。

让社群裂变壮大

下面有五种方式，可以帮你吸收到高质量的群成员（如图4-5）。

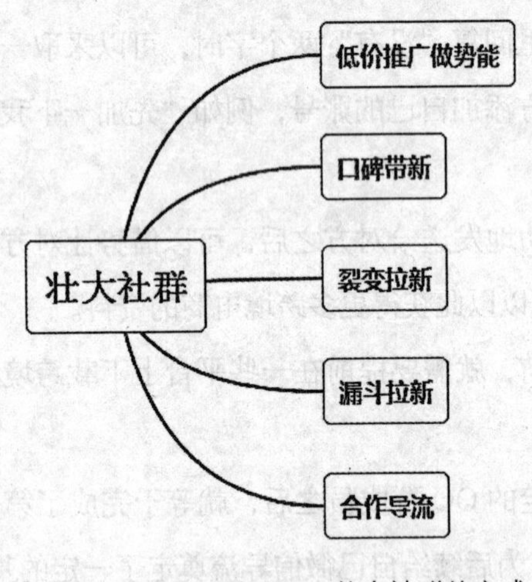

图 4-5　壮大社群的方式

一、低价推广做势能

无论是付费型社群，还是产品营销类社群，在前期，为了快速招募到足够的人数，都可以采用低价推广的模式，等人数达到自己的期望值，再将价格恢复上来。

这里要注意的是，这里的低价并不等同于劣质低价，而是超值低价。也就是说，在提供相同高品质内容的同时，降低收费标准。

正是由于很多人希望在一开始就获得利润，不愿意降价吸粉，因此很难快速地吸引到比较多的社群成员，也很难将产品的销量快速地提升上去。

二、口碑带新

在一些有一定势能和口碑的成熟社群，比较适合采用这种拉新的方式。让社群中的老成员通过口碑介绍拉动新用户的加入。

在知识 IP 大本营里，就充分运用了这种推广模式，每一位老成员可以享受到三个内荐名额。

三、裂变拉新

通过给已经进群或者外部的大 V 一些利润，采取分销裂变和利益驱动的形式，让他们推荐新用户到社群里，并给予推广者一定比例的提成，常见的提成比例一般为 30%~50%。

四、漏斗拉新

有很多社群会采取漏斗转化的模式，给会员免费提供一节公开课，待课程结束后，再对更高级的收费课程和社群进行推广。如果有新会员加入，社群就可以产生一定的收益。

那么，如何在众多的策略中做出最适合自己的？

对于很多人来说，既没有流量，又没有势能，很难直接复制那些成功的模式实现社群的壮大。

这个时候就可以选择采用裂变和漏斗拉新的方法，筛选出信任你，并且对你的产品有兴趣的人。

按照这个方法并聚集到 100~200 个社群成员后，自然而然地对社群势能和口碑有了一定的积累。

然后，就可以将入群费用或产品价格慢慢提升，并且改变推广策略，通过口碑转化和以旧带新的方式来完成新用户的推广和转化。

五、合作导流

合作导流，顾名思义，就是两个或多个经营品类相似但又不相同的社群相互置换资源，实现共同导流，共同壮大。

例如：一个儿童摄影社群，它的产品主要针对的是儿童。那么，如果进行合作导流，也应该选择与自己产品用户画像相似的社群，例如同城母婴社群。

母婴社群的目标客户是婴幼儿和宝妈，所以社群成员的家中一定有婴幼儿。大部分家庭都会习惯在孩子满月的时候、百天的时候、每年生日的时候，带孩子去影楼拍一套美美的艺术照留作纪念。因此，儿童摄影类社群与母婴产品社群进行合作导流，可以精准地吸引到这一部分社群成员，并促成销售，使其转化为实际的客户。

至于合作导流的方式，可以是置换成员，也可以是付费，或者购买母婴产品送儿童艺术照之类的业务合作方式。具体需要根据实际情况由双方商讨决定。

因为双方的业务范围不具有交叉性，所以商家对于这种类型的合作一般都会乐于接受。

当然，社群的推广策略和节奏需要根据不同时期进行适时的调整。在调整的过程中，要充分考虑到自己的势能、影响力和资源等方面的各种问题，不能对别人的做法进行生搬硬套。

玩转精准化社群营销

当今，所有企业的营销人士都可以很明显地感受到，企业对圈流量这件事越来越没有从前那么重视，各个巨头已经大幅降低了对补贴战、地推的投入。

同时，以流量为核心的线上投放策略越来越没有效果，不管是搜索引擎，还是信息流，网盟，还是首页，开屏，打开率越来越不理想，ROI 远达不到 KPI 要求。这一现状让无数奋战在营销一线的员工们陷入营销瓶颈。

从现今的消费者市场而言，很多企业困惑于营销到底应该怎么做，才能做到低投入高产出，并让用户获得最佳体验。知味葡萄酒杂志给出的答案是：精准化社群营销（如图 4-6 所示）。

一、建立社群

知味葡萄酒杂志（TasteSpirit.com）是一家中国领先的葡萄酒媒体，一家专注于为葡萄酒爱好者提供轻松的葡萄酒文化、专业的品酒知

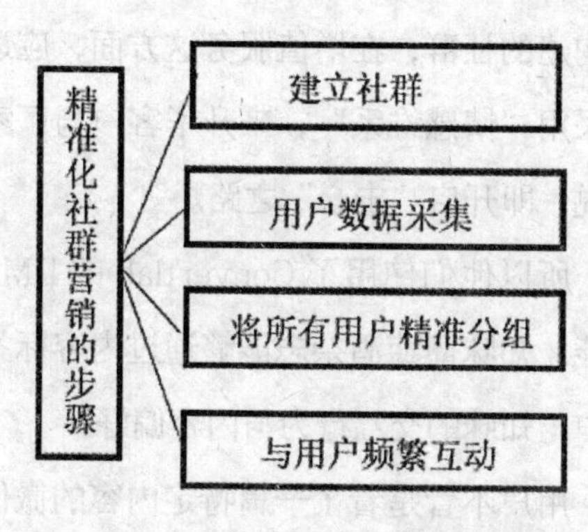

图 4-6　精准化社群营销的步骤

识、实用的买酒建议和精彩的品鉴体验的创业公司，企业目标是打造中国最有生命力的葡萄酒文化社群。

自创业以来，知味葡萄酒杂志的推广与内容始终以社群为核心。主要通过两种方式建立社群。第一，专业、垂直地打造葡萄酒媒体内容，普及葡萄酒知识，吸引葡萄酒爱好者，精准定位用户，并将其纳入社群内。第二，知味通过线下的葡萄酒教育体系，开展葡萄酒制作、品尝等方面的教学，建立葡萄酒文化社群。

目前，知味已然成为国内最火的葡萄酒媒体，人数超过 50 万的葡萄酒爱好者聚集到了知味周围的葡萄酒文化社群里。

二、用户数据采集

社群建立只是第一步，那么建立后，运营又应该怎么做？知味葡萄酒杂志并不希望像传统的方式那样，单纯地搜集所有会员的联系方式做成通讯录，或者是在社群内部群发广告。知味葡萄酒杂志认为，社群营销是依赖个人偏好及消费行为特征所构建的社群，在增值服务这方面，应适度规避“商业激励”而采用“情感维系”，来升华客户与厂家和品牌的关系。换句话说，即开启“走心”之路。

所以他们使用了 Convertlab 的 DM Hub 中用户数据采集功能。知味葡萄酒杂志能够通过内容标签的方式收集所有社群用户与知味的交互行为与内容偏好。

用户不管是看了一篇特定内容的微信推文，还是参加了一场特定主题的品酒活动，又或者是购买了知味葡萄酒所推荐的葡萄酒或周边产品，知味都能通过大数据记录下来，作为以后给用户个性化推荐的依据。

三、将所有用户精准分组

通过足够长时间的社群建立和数据搜集，知味葡萄酒杂志通过结构化方式获取用户信息后的一个工作就是对他们进行分类，并通过不同主题的社群将用户组织到一起。

比如阅读过较多次数关于意大利葡萄酒文章的用户，或者参加过知味组织的意大利葡萄酒品鉴会的用户，都会被邀请加入“知味意粉”小组。在这样的情况下，葡萄酒爱好者用户会陆续被不同主题的社群以网状的形式包括到至少一个社群小组中。

这样一来，精准的分组使得社群活跃度非常高，而且还为精准定向地向用户发送他们感兴趣的内容信息和产品营销内容提供了有效通路。同时，基于对庞大的粉丝数据系统进行挖掘，知味可以据此为其粉丝发送完全个性化的促销信息。

例如：知味可以设定自动流程规则，让系统自动向在过往的一个月内参加过入门级葡萄酒培训课程的客户发送中级葡萄酒培训课程的培训信息。这样个性化、差异化的优惠大大地提高了粉丝购买的可能性，也降低了信息推送的成本。

四、与用户频繁互动

知味葡萄酒杂志的精准社群营销的成功除了前三点的功劳外，还离不开为活跃社群经常与粉丝互动。知味使用了平台活跃度打分的功能，这样一来，交互活动频繁的用户活跃分数会上升。对于不够活跃的用户，定向推送一些以“召回”为目的的内容以降低用户流失。这一功能使得3个月内，知味的社群粉丝的活跃度上升了55%。

通过使用多样的营销功能与分析工具，知味做到了全方位精准化的社群营销。客户与知味社群平台的黏性非常高，长期形成的情感维系要远比“满500积分抵5元消费”这样的商业折扣要受用得多。

新媒体时代，许多企业应该向知味葡萄酒学习社群营销技巧：基于数据挖掘的个性化、精准化营销能让你的社群与众不同，并以最高ROI达到用户与企业的双赢。

不建群也可以营销

如果你嫌自己建立社群费时费力，那么，不妨通过借群营销的方式来推广自己的产品。

简单来说，就是将自己的产品，放到那些活跃度高的、与自身产品目标受众高度匹配的社群里，进行宣传推广，这也俗称为打入策略（如图4-7所示）。

假设一个社群有1000人，占领30个群就能获得3万名精准目标客户。

一、先做朋友，后做推广

社交媒体无限发达的今天，只有熟人发的消息，大家才会放心地点击观看。对于社群营销来说，应该本着“先做朋友后

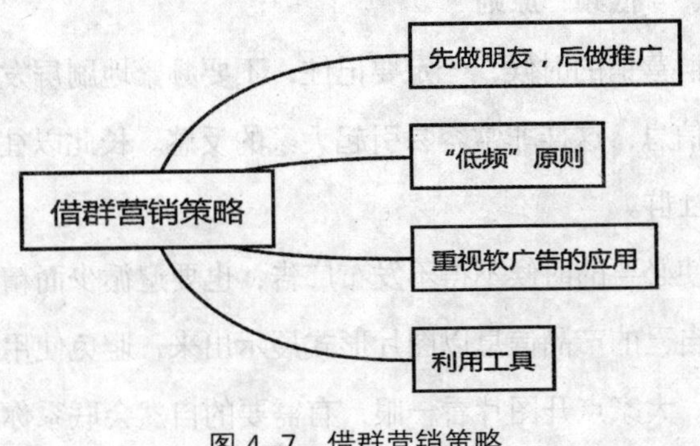

图 4–7　借群营销策略

营销”的原则。先混个脸熟，甚至成为朋友了，大家才会接受你的信息。

在社群营销的过程中，使用群发软件发广告并不是一个明智的选择。因为社群存在的根本意义在于实现人与人之间的交流，如果没有交流，只由软件发布冷冰冰的广告信息，是无法让社群成员感到认同的。

对于社群营销而言，在多少个社群中发布广告固然重要，然而更重要的是有多少人真正转化为我们的客户。蜻蜓点水似的乱发广告，而不与社群成员深入交流，是注定无法实现较高转化率的。

要想获得较高的转化率，一定要在社群中多多与人沟通，让大家逐渐熟悉你、了解你、信任你，甚至与你成为朋友。因为，即使广告说得天花乱坠，也不如朋友随口的一句推荐更容易让人产生信任感。

二、“低频”原则

借群营销的时候，一定要记住，不要频繁地刷屏发布自己的产品信息，这样非常容易引起大家的反感。长此以往，难免被踢出社群。

即使必要的时候不得不发布广告，也要遵循少而精的原则最好将自己的产品信息以图片形式展示出来，避免使用过多文字刷屏。大家点开图片看一眼，有需要的自然会联系你，没有需要的人关掉图片就可以继续查看群内的其他信息，不会影响到大家的阅读体验。

三、重视软广告的应用

在社群内部进行营销，相对于硬性广告而言，软广告往往有着更好的效果，更容易让人产生信任感，引发人们购买的欲望。

例如：如果想在社群中营销一种减肥产品，如果直接说“XX减肥茶，月减 10 斤不是梦”，一定没有多少人会理会，因为人们的生活中充斥着这类大大小小的广告，大家早已对此不感兴趣，难以激发起进一步了解和购买的欲望。

但是，如果你在群里发布一条聊天信息：“唉，这个月又瘦了 5 斤，以前的衣服都不能穿了，又要买新的，再这样下去钱包可受不了啊！”

这样的信息，一定更容易吸引大家的注意力。

表面上你是在抱怨又要买衣服，担心钱不够花；实际上你传达出的信息是自己瘦了很多。尤其是有减肥愿望的人，一定会好奇你是怎么瘦下来的。当他们开口询问的时候，你就可以抛出自己要推销的减肥产品。当然，也不能直接大肆宣传，那样被人一眼看出是广告，也就前功尽弃了。你要装作不经意地说：“之前喝了 XX 减肥茶，配合节食和运动，两个月减了十几斤。这个月体重已经达到目标，就停止服用了，没想到又减掉了 5 斤。”

通过这样的软广告方式，大家会更容易对你的产品产生信任感，甚至忍不住直接问你要购买链接。

四、利用工具

有的社群自带有群邮件功能，例如 QQ 群就有这样的功能，可以针对群内所有成员群发 QQ 邮件。这个功能非常强大，转化率也非常好。

还有一个群文件功能，可以将要推广的信息，整理成软文、视频、电子书、图片等，上传到群文件中。不被管理员删除的话，这个文件就会一直存在于群文件中。后进群的成员，也可能会下载观看。

并非所有企业都适合建立自己的营销社群。

曾经有一个客户是开养鸡场的，他也有建立一个社群的想法，但针对养鸡这个行业建立社群有一定的难度，因此他的思路是社群的方向是聚集一些人讨论鸡怎么吃。事实上，即使是做一个美食群，让人成天围绕如何吃鸡去聊天也有难度。与其这样做，还不如将自己的品牌入驻到各类美食社群中做宣传，更为有效一些。

所以最终他调整了自己的策略，不在建设社群上花费更多精力，而是让自己成为养鸡和吃鸡行业的专家，培养自己在这方面的洞悉力，接下来通过人脉关系入驻各类高端美食家的社群中，经常发言刷存在感，与社群成员结交朋友，时间久了，自然会有人对他养的鸡产生兴趣，促成购买行为。如果他的鸡肉在口感和特色方面被大众广泛认可，大家自然而然会为产品做推广，成为口碑代言人。这样他也就实现了用很小的成本启动社群营销的目的，而不是在维护社群方面花费大量的精力。

在知识 IP 大本营里有一位狗粮专家，名字叫“狗哥”。他一开始的念头是做自己的宠物社群，但实际上这样的社群十分多。因此他也适时打入到其他社群当中，通过自己的经验，为他人提供宠物食品和营养方面的专业建议，时间久了，大家会对他产生认同感和信任感，也会对他的职业感到好奇，这也是他打开宠物狗粮市场的重要渠道。

案例：小米社群的启示

如今，各种社会化媒体和社交工具随着互联网时代的迅猛发展，如雨后春笋般出现，其中就包括了论坛、QQ 群、人人网、豆瓣等，在线社区也成为人们沟通交流的主要途径。

黎万强在《营销的核心是社区》的主题演讲中表示，新媒体要当成社区来运营，在这里，社区是核心，用户是主角，用户可以参与到整个过程当中，而用户所面对的客服，则是所有的团队。

网络论坛可以让一款人们完全不熟悉的产品得到有效宣传推广。对于小米也一样，小米论坛对于小米成为移动互联网企业当中的一匹黑马起到了不容忽视的作用。

当然，社群营销的真正意义不在于平台的搭建，而在于是否能和用户在这个平台上进行充分互动，让论坛的黏性得到增强。

MIUI 操作系统是小米团队在创业初期做的第一个产品，在 MIUI 论坛里，黎万强点燃了小米品牌的“星星之火”。在完全没有任何预算的前提下，黎万强借鉴 MIUI 论坛于 2011 年中期迅速建立了小米手机论坛。

小米论坛的技术版块包括了资源下载、新手入门、小米学院等核心的技术，之后又增加了爆米花、酷玩帮、随手拍等生活方式的板块。

丰富的板块囊括了包括刷机、玩机技巧、资源分享、才艺展示、DIY 创意等众多互动方式，不管是菜鸟还是骨灰级玩家，每个阶段、每个层次的用户都能从中获得相应的引导和互动。

小米社区用户突破 200 万时，小米论坛社区举办的 3 项论坛活动，让小米论坛的用户记忆犹新。米粉们互动的激情被彻底调动起来，现场，小米公司还提供了小米手机、F 码等一系列的精美奖品，用于回馈米粉对小米的支持。

小米的步伐不断加快，小米论坛的用户数于 2013 年第一个季度末，达到了 707 万，总帖子已经超过 1. 1 亿，日均发帖量12万。小米团队的每个工程师平均每天要回复150个帖子，每个帖子都有反馈状态的记录，如已收录、已验证，正在解决、已解决等状态，就像一个简版的Bug解决系统。

用户能通过显示的状态，明确地知道自己的建议是什么状态，并且由哪位工程师在解决，让用户在这个过程中感受到重视。

不仅是用户和工程师，实际上，雷军、黎万强等几位创始人在小米论坛中也相当活跃，通过雷军的小米论坛账号登录显示，他每天都会登录到论坛上，这足以说明了他在论坛上的活跃度。

小米粉丝已经毫无疑问地将论坛作为聚集的大本营，并形成了一定规模，这也解释了小米这些年的快速成长，离不开活跃在小米论坛上的这群铁杆粉丝对小米活动的积极支持和全程参与。

社会化网络有着非常快的传播速度，非常广的覆盖面，小米作为一个新品牌，能在两年多的时间里达到一定规模，聚集了用户的良好口碑，这都离不开小米论坛这个互动平台。

但是，小米论坛与传统封闭式的社群有着很大的区别，小米论坛是集合了群组、微博、SNS、论坛等综合性互动的社群，突出了小米坚持口碑传播的特点，让小米论坛与用户保持良好的关系，还对信息对外扩散的渠道进行了开拓。粉丝在小米论坛中感受到了家园一般的气氛，自然而然就提高了彼此互动的热情。

小米团队从来不发单纯的广告帖，因为他们知道这种模式会令用户反感。真正好的模式是，让用户的积极性得到充分调动，开展一些话题互动，才能让用户能一直聚集在这个大本营里。

安琪酵母股份有限公司论坛也有过一次曾轰动一时的成功营销案例。

有段时期，整个社会对婆媳关系都有着极高的关注度，各个影视平台也推出了不少关于婆媳关系的热播影视剧。安琪酵母为此虚构了一个关于南方媳妇和北方婆婆因为馒头产生争执的故事，被称为"一个馒头引发的婆媳大战"。

网民们在这个帖子下方不断地跟帖回复，引发了广泛讨论，酵母的应用成为很多话题的讨论核心。

有一些专业人士还借由事件，引发出了酵母具有保健美容甚至减肥功能的讨论。当时正值六月，人们对苗条的身材有着更多需求，减肥毫无疑问地成为热门话题。于是，人们从婆媳关系的话题，向酵母对减肥的作用方面转移。

安琪酵母为了让帖子吸引到更多人的注意，还在新浪、搜狐、TOM 等有影响力的社群发帖，引发讨论，广大网友在平台推送的页面中看到这个话题后，积极地跟风讨论。

之后，一些主要网站又刊登出了与安琪酵母相关的新闻，这让许多用户被这些新闻所吸引，引发了更为广泛的讨论。

安琪酵母的品牌和产品在这样的互动中，收获了较高的关注度和品牌知名度，也极大地增加了消费者对产品的认可度。

安琪酵母作为国内最大的酵母生产企业，这个成功的案例说明了一个事实：互动是社群营销真正的价值所在。

到现在，还有很多企业认识不到社群营销的重要性，很多企业只是一味地在社群中发产品广告，取得的效果十分有限。如果想赢得社群成员的信赖，建立起自己的口碑，进一步扩大销售量，最关键因素就是引发社群成员对产品进行讨论，进而了解产品的优点，这样更有利于让成员产生购买兴趣。

黎万强说：“如何让用户参与到你的过程当中，是做社群的关键。”互动对于社群营销来说是最重要的。

正是因为小米把混社群当作工作任务来执行，让每个团队都有这个极强的社群意识，才能促发 MIUI 的自我扩散传播，并且传播到世界各地。

企业一定要将调动用户的积极性作为社群营销的关键点，促使社群成员展开充分的互动。通过在一些有影响力的社群中制造互动话题，并且对成员的发言进行引导，才能充分发挥出品牌势能，让社群成员在互动过程中建立品牌口碑，最终形成产品品牌口碑的沉淀。

05 社群运营的常见套路

当微信群像公众号一样，越来越让人应接不暇时，很多人将群设置了“免打扰”，群内聊天随之变成了微信里的小红点。这样的群成员越多，你的群离沉寂的日子就越近了。

如何黏住你的社群成员？怎样盘活死气沉沉的社群？……

用入群仪式强化身份认同

20 世纪 50 年代末，斯坦福大学的艾略特·阿伦森与美国军方合作进行了一项名为“加入组织时的严苛程度对于加入者对组织喜爱程度的影响”的研究。

他们说服了 63 位女性志愿者从两场入会仪式中择其一参加，其中一场过程严苛，另一场相对轻松。

在那场严苛的入会仪式上，她们必须要把淫秽之辞大声朗读出来，她们也将朗读两段摘自当代小说的关于性行为的文字。

对于 20 世纪 50 年代末的年轻女性来说，完成这项任务所承受的压力远比现在的女性要大。和如今相比，那个时代更加忌讳年轻的女性说出这种污言秽语。

在另一场的入会仪式上，女性被要求朗读出没那么令人尴尬的词语。

此外，还有第三个实验对照组，成员不会被要求朗读任何东西，可以马上入会。

研究者发现，在评价社团对于自己的价值与吸引力时，经历了严格入会仪式的女性给出的评价远高于其他人。她们会有一种更加强烈的归属感，并且更加珍视她们的会员资格。

一些社群在新会员加入时，会有一些入群仪式。例如付费才能入群，而且这个费用价格让人略感心痛。但是，接着会有欢迎仪式，曾经见过一个社群，新成员一进去，就是一波一波的红包雨，这场面着实令人难忘。

入群门槛是一种身份识别，没有门槛的社群很难受到成员的重视。社群设置门槛，目的就是筛选出同频的人，只有同频才能共振，不然运营起来会很痛苦。

仪式感，还意味着承诺，为一个承诺付出的努力越多，它对承诺者的影响也就越大。原始部落严峻的“成人礼”以及著名的“兄弟会”残酷入会仪式都证明了这句话的道理。因为严峻的仪式，反倒让人们更珍惜社群成员的身份，并且热爱自己所在的社区。

因此，仪式感是强化社群成员身份认同的有效方式，也更容易唤起成员对社群的归属感，有利于形成较强的黏性。

红包人人爱，怎么发有技巧

在微信或 QQ 群中，红包扮演着符号性角色，涉及了双方认同性仪式，象征着情感和价值交换。红包代表了现代人群的一种生活方式，在人类学层面上有着一定的价值意义。

理论上说，红包发得越多越好，金额越大越好，但发多了发大了，你的腰包受不了，或者说性价比划不来。如果你掌握发红包的几个技巧（如图 5-1），就能将红包的价值发挥到最大。

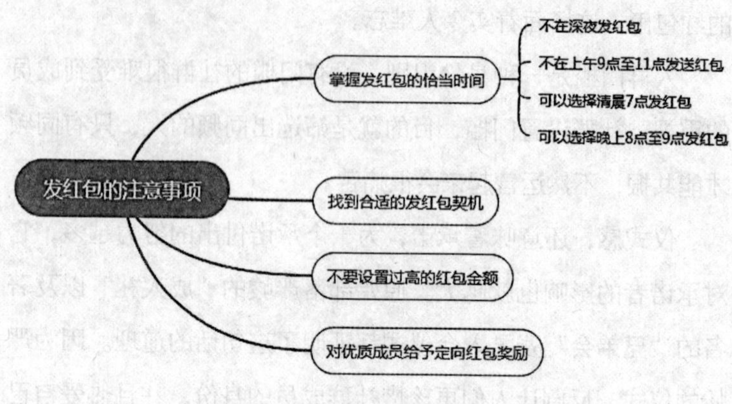

图 5-1　发红包的技巧

一、掌握发红包的恰当时间

发红包虽然对社群营销者而言，是一种强有力的刺激手段，但是与发红包的形式相比，时机的选择尤为重要。

如果发送红包的时间不太恰当，不仅会造成“石沉大海”的无效结果，还会让社群成员的工作与休息受到影响。

因此，接下来将与你分享，如何选择发送社群红包的有效时机。

（1）不在深夜发红包

很多社群成员在临近深夜的时候已经入睡，选择此时发红包，活跃度一定很低。

而且发送的过程中，还会产生各种提示音。当成员们因为抢红包或者由此引发讨论时，这些提示音一定会让许多成员的正常休息受到影响。

另外，红包如果被一部分未休息的成员抢先一步抢完，一定会令已经休息，没有抢到红包的成员产生不满。

因此，换位思考一下，如果你在睡觉时突然被提示音惊醒，打开手机时发现红包已经被瓜分完毕，是否会迅速降低对社群的好感?

正因如此，我们尽量不选择在深夜发红包。

（2）不在上午 9 点至 11 点发送红包

对于许多人来说，上午 9 点至 11 点通常是一天工作最为忙碌的时间段，选择在这个时间段发红包，会使社群成员的工作效率受到极大影响。

上午 10 点左右还是许多公司开会的时间，如果领导在上面讲话，员工在下面抢红包，也会产生不良的影响。

（3）可以选择清晨 7 点发红包

早上 7 点对于选择固定时间段发红包的社群来说，是一个很好的时间。

首先，“7 点红包”可以成为社群成员的“闹钟”，督促成员如果想抢到红包，就一定要 7 点前醒来，也可以帮助社群成员养成良好的作息习惯。

其次，“清晨红包”会给人产生一种“开门红”的情感暗示，人逢喜事精神爽，清晨带来的好心情往往会使社群成员一天的精神都呈现出良好的状态。

时间长了，社群这种机制会令成员产生认同感。

（4）可以选择晚上 8 点至 9 点发红包

试想一下，这时你刚刚吃完晚餐，一天的工作已经结束，在沙发上十分悠闲自得地躺着刷手机。这时如果有红包信息出现，与大家抢抢红包，对一些话题进行讨论，可以让身心得到极大的放松。

选择晚上 8 点至 9 点发红包，正是因为这是一个人全天中最自由的时候。在这个时间段接收红包和参与话题讨论，心态是最为轻松的，因此也能引发成员们很高的积极性。

另外，发红包的时间也可以针对节假日等特殊情况进行适当调整。例如，在除夕当天，发红包的最佳时间点一定是午夜时分。

二、找到合适的发红包契机

发红包和做其他任何事情一样，需要一个契机，而不能随意发送。

例如，有的群主选择每天早上发红包，目的是问候早安，活跃气氛。但是事实上，有一部分人会被早上抢红包的各种刷屏信息打扰到，还有一部分人抢完红包默不作声。

因此，发红包如果想得到更好的效果，可以选择有喜讯，有好事，有大 V 入群，有重要通知的情况下发放，目的是提醒大家有要事需要关注。

另外，在中秋、国庆、春节这些喜庆的日子里发红包，给社群成员传达一些美好的祝福，也是可以得到称赞的。

如果是在工作时间段发红包，会被很多专心工作的人所忽略。如果有些人因为抢红包而耽误了工作，会产生一种捡了芝麻丢了西瓜的挫败感。

因此，发红包一定要选择合适的契机，不能随意地发，盲目地发。

三、不要设置过高的红包金额

发红包的目的是活跃社群内部的气氛，一般情况下，应该注重红包的数量，而不必设置过高的金额。尽量做到人人有份，重在参与。

因此，在红包的分配机制上，应该采取随机分配的模式，让更多的人参与进来，以此达到活跃群内气氛的目的。

虽然红包的金额不必设置得太高，但不等于说红包就可以按最低标准发放，尤其是那些一分钱红包，由于参与抢红包的人也同样付出了时间和流量成本，这种形式必定会造成对方的反感。

如果一个社群内部的人数过多，高达 500 人，也并非一定要遵循人人有份的原则。毕竟红包的运营规则是抢，有 50 个人抢到就可以达到效果了，这样还可以给没抢到的人创造话题讨论。

但是如果群规模很小，人数不多，而且多为亲朋好友，那么就需要尽量做到人人有份。

为什么我们不建议发金额太大的红包呢？因为一般情况下，人们的内在心理是无功不受禄，如果一个人无缘无故地接收到大红包，反而会产生一定的心理负担。

在一些成员之间较为陌生的群里，发放大红包显得更加没有意义，因为这些人与你之间没有深厚的感情积累，发再大的红包也如同打水漂一般，无法换回对方的认同。

四、对优质成员给予定向红包奖励

一般情况下，定向红包有其特定的发放原则，具体包括以下几种。

第一种，对于那些平日里默默奉献的人，在一些特殊的日子里，给他们发一些大红包，是对他们服务于社群的一种认可和激励。

例如，在一些知识分享类社群中，有一些专业领域内的大V，经常向成员们分享自己的知识和见解，或者帮助社群成员解答疑难问题。对于这样的大V，就可以不定时地发放定向红包予以奖励。

第二种，对于那些表现出色，有漂亮成绩的人，激励行为要迅速快捷，马上发红包奖励。

例如，很多营销类社群会规定，邀请10个新成员进群，则奖励红包一个。当某个成员拉新达到规定人数之后，社群管理人员要及时给予红包奖励，一方面是对该成员表示感谢，另一方面也激励其他成员以此为动力，更好地帮助社群拉新。

第三种，当一些成员遇到真正的喜事或者需要帮助时，立马发出去一个红包，给对方带来支持的力量，也是一种十分实在的做法。

例如，一个考研社群中，当成员成功考取研究生时，社群管理者可以第一时间发出红包，一方面对该成员表示祝贺，另一方面也可以宣传推广自己的考研辅导课程或者考研复习资料。一举两得，不失为一个很好的做法。

在一个社群里，如果大家都感受到了红包带来的激励效应，和对相关工作人员工作的认可与支持，那么无形中对社群的整体工作也会有所推动。

一个社群如果能掌握以上四种发红包的技巧，就能黏住社群成员，增强社群的生命力，实现社群营销的目的。

社群内容输出的 3 个关键

做社群内容也跟做产品一样，首先要给这个产品一个基调。不能把社群做成百科全书式的杂货铺，而要把输出的内容当作一个整体来做。社群营销者输出的所有内容，都应该始终围绕社群的核心价值点。

社群内容也需要像互联网产品那样去运营和传播。

如今，随着互联网时代的快速发展，内容生产和传播的重要性不相上下，想要让产品受到更多人的喜欢和接纳，必须有好的运营及传播方式，从而吸引到更多认同社群价值观的人。

最终产品是社群输出的内容，为了吸引和留住成员，许多社群提高了内容质量，给成员提供了许多有价值的内容。

例如直播手段，就可以很好地切入用户的需求，并且可以在直播前就公布直播主题，让用户选择是否参与。这不仅为用户精准选择自己感兴趣的内容提供了基础保障，同时也保证了直播内容的精准投放。

此外，通过对有价值内容的输出，还可以使社群成员不断获得新的知识和经验。

在社群营销人员进行内容输出的过程中，有 3 个关键的问题需要注意（如图 5-2）。

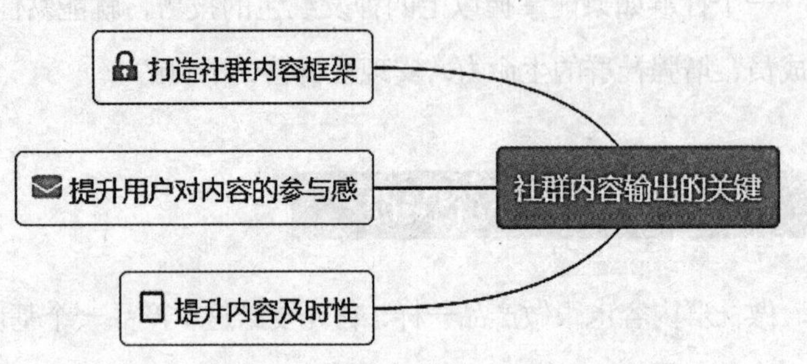

图 5-2　社群内容输出的 3 个关键

一、打造社群内容框架

要想塑造社群文化，就要保证社群输出的知识都是高质量的，这样才能将社群价值观更好地传达出去。

要想做好内容既优质又高效地输出，就需要考虑以下几个重要的因素：一是对社群成员画像有清晰的认识，二是对社群成员的需求有清楚的判断，三是使社群成员的需求能够得到及时有效的反馈。

为了能更好地吸引社群成员的关注，在输出内容时必须确立一个总的基调，从社群内容整体入手，建立一个大的框架，让内容能围绕社群的核心价值点做持续输出。

就像我们这本书一样，虽然分成很多个章节，每个章节所讲的内容都不一样，但是，它们都是围绕“社群营销”这一话题展开的。各个章节的内容看似零散，但是组合在一起就向读者展示出了社群营销的全貌。

而打造社群内容框架的意义就在于此，先有了一个明确的框架，再依照这个框架去输出内容，就可以做到始终围绕中心，不跑题，可以保证社群所输出的内容都是成员们感兴趣的、想要学习了解的。这样的内容输出才有意义，有价值。

二、提升用户对内容的参与感

有很多社群，认为自己手上有许多所谓的资源，于是在内容输出上极不稳定，今天由法律顾问输出内容，明天由医生输出内容，后天由减肥专家输出内容。这样很难建立起某个领域的专业社群，吸引有兴趣的成员。同时，这样也会造成人脉资源的浪费，起到反作用。

如果对于你的社群而言，资源优势是最大的亮点，那么可以在群成员中组织投票活动，尝试在十个专家中选出成员期望值最高的那一位来做内容。

我们也可以用这样的方式来选取我们的内容话题，保证群成员得到的知识都是自身需要的。

这样可以提升群成员在活动中的参与感，并且能在每个活动的开始阶段，就精准地吸引受众群体，从而使用户黏性得到增强。

三、提升内容及时性

提升内容及时性指的不仅仅是利用时事热点为自己的社群造势，比这一点更重要的是要及时对社群成员所希望了解的内容进行搜集整理，及时对他们所提出的建议和问题做出回应，以表达对成员的重视。

想要留住社群成员，就必须给他们提供有价值的信息和知识。许多社群虽然能提供很好的内容，也吸引到许多用户；但是由于实时性与互动性的缺乏，让成员无法在社群里找到归属感，造成很不好的用户体验。

如何打造自己的社群，吸引源源不断的成员加入，以此扩大社群的知名度，这在社群发展中显得尤为重要。

作为运营人员，我们要和社群成员保持互动，让社群成员能真正参与到内容生产的过程中，而不仅仅是被动地接受知识。只有重视和成员的沟通，才能保持社群成员的质量与稳定性。

内容生产对于一个社群来说十分重要，而要想让一个社群健康长久地运营下去，那么就需要坚持输出能够吸引成员的优质内容。

社群直播助推内容产品生产

近年来直播行业发展得如火如荼，对于企业来讲，也可以将这种直播方式应用于社群营销的过程中，通过直播来增强社群的活跃度，吸引成员参与讨论，同时为企业创造经济利益。

通过直播的方式进行社群营销，有以下几个方面需要注意（如图 5-3）。

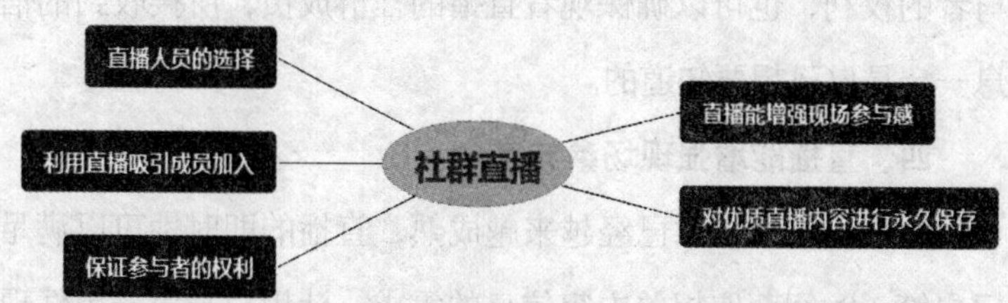

图 5–3　社群直播营销的注意点

一、直播人员的选择

如果由一位行业大咖做社群群主，那么内容则可以由他本人来提供和生产。但如果社群群主的输出能力有限，那么直播的工作则可以邀请相关的专家来完成。

当群运营到一定规模后，可以采取众筹的模式，让社群成员从十个专家中选择一个众筹值最高的专家来直播。这样既可以在最开始阶段保证听众的精准性，又能满足主播人员与社群成员在直播中的互动需求，从而营造出更强烈的现场气氛。

二、利用直播吸引成员加入

直播可以进一步扩大社群的知名度，通过直播前的宣传推广，和直播过程中为观众分享有价值的内容，持续不断地吸引新成员加入社群。

直播属性可以加强社群的运营效率，这也是传统内容生产模式所不具备的优势之一。

三、保证参与者的权利

在社群中开展直播活动，每一名成员都可以选择是否参与，也可以选择由哪位主播来讲哪方面的内容。这有力地保障了参与者的权利，也可以确保观看直播的社群成员，所接收到的信息一定是自己想要知道的。

四、直播能增强现场参与感

如今，直播技术已经越来越成熟，直播的即时性可以满足用户第一时间获取相关内容信息的需求，让用户与第一事件现场实现同频。

在直播过程中，随着优质问题的提出，以及与用户之间的互动，让社群成员不仅能依靠直播获取知识，还能通过赏花、打赏等方式，让自己参与到内容生产的过程中。这样的参与感会增强社群与成员之间的黏性。

五、对优质直播内容进行永久保存

由于很多直播内容的质量都很高，用户在直播结束后还需要做二次沉淀。试想一下，如果一个大咖或专家来做直播，但是直播结束后内容就没有了，也无法进行回看，那么一定会令社群成员感到遗憾。

但是，如果直播内容可以保存重播，那么，一部分由于受到时间等因素制约，无法在直播时段观看的成员，就可以在直播结束后观看重播。

尤其是那些付费观看的直播内容，如果可以保存下来，不仅可以满足社群成员重复观看的需求，也可以通过销售拷贝文件为社群创造更多的利润。

因此，一定要对优质内容进行沉淀，对直播间的内容永久保存。当然，如果能进行一个 PGC 内容再加工，并且将加工后的优质内容放到各大社交媒体传播，可以完成更好的内容沉淀，并带来更多精准的用户。

总的来说，直播成为每个社群进行内容生产的必要手段。

一个垂直的社群往往由 KOL 与社群成员相结合，在这个垂直的社群中，由专家或 KOL 发挥专业势能，许多用户被这种势能所吸引，他们成为大部分的付费用户。正因如此，社群迫切需要直播这种方式来进行内容的传递。

你的社群为什么不活跃

社群是一个广泛的概念，大到一个组织，小到一个微信群，都可以称之为社群。对于运营人员来说，无论是线下组织还是微信群，运营过程中最怕的就是社群不活跃。很多社群在建立起来后因为没有做好运营维护，不活跃，所以老用户就不断在流失，而且新用户又没有多少进来，或者进来了但又留不住，于是社群就变成了空壳。

归纳起来，社群不活跃的原因有四个（如图 5-4）

一、没有明确的社群定位

很多群主为了吸引更多人的关注，在建群后快速拉入许多人进来，渐渐偏离了建群的初衷。由于群成员在群里没有共同的话题和活动的交流，群聊就变得十分没有质量，长此以往就逐渐沦为灌水群。群员们经常对无价值的话题感到疲惫和失望，群里的信息不仅对他们没有任何帮助，反而成为一种骚扰，长

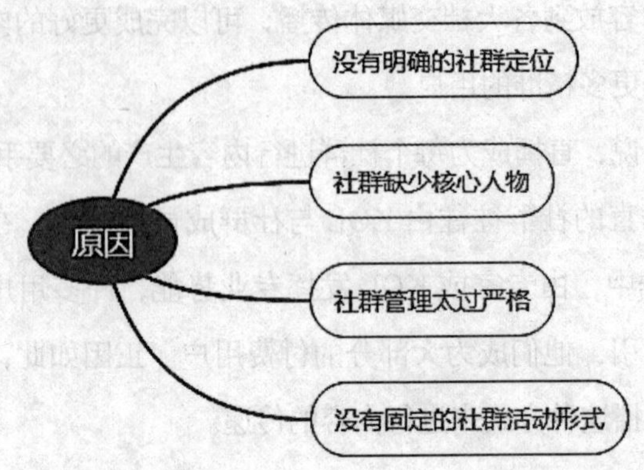

图 5-4　社群不活跃的原因

此以往难免会退群。

二、社群缺少核心人物

一个活跃的社群中一定会有一个以上的核心人物，他不一定是群主，也不一定是管理员。但是有一点，他一定是一个善于创造话题，有一定思想内涵，爱聊天、爱分享的人。只有这样的人才能带动群内气氛，让社群活跃起来。

如果缺少一个核心人员调节社群的气氛，那么社群将逐渐变得沉寂，最后沦为死群。

三、社群管理太过严格

随着社群规模的不断扩大，有些管理员为了维护社群的稳定和正常运转，制定了十分严格的群规。

但是作为网络交流平台，人们更看重的是对自由的掌控，严格的群规会带来更多的争议，人们往往会对太多的约束产生逆反心理。

随着社群规模逐步扩大，必然会越来越难以管理。但是如果群主仅仅靠强势群规管理社群的话，很可能面临成员流失的风险。

四、没有固定的社群活动形式

如果想让群能够做到气氛活跃、有声有色，不让成员们感到无聊和乏味，必须定期组织社群活动。

例如：约定一个固定的时间，针对某个特定的主题，邀请群员一起交流讨论，这样才能让群员的积极性充分被调动起来。

当一个群没有固定的活动让成员们参与进来，没有给大家创造出互动、协作、讨论的良好气氛，就会让群成员们之间没有熟知度、凝聚力、归属感，社群也就得不到长久持续的发展。

把“死”群做活的 9 个方法

社群营销中经常会通过促活来保持社群的活跃度，有些社群在这个基础上总结出了许多新花样。

下面介绍 9 种促活社群较为有效的方法（图 5-5）。

一、打卡签到

通常来讲，教育行业的社群比较擅长运用签到打卡的模式，在每周或每月制定一些鼓励成员打卡规则，要求社群成员每日签到。对于那些坚持一周或者一个月连续打卡的成员，社群管理人员就会给予他们一定的奖励，奖励的方式包括课程赠送、减免学费等。

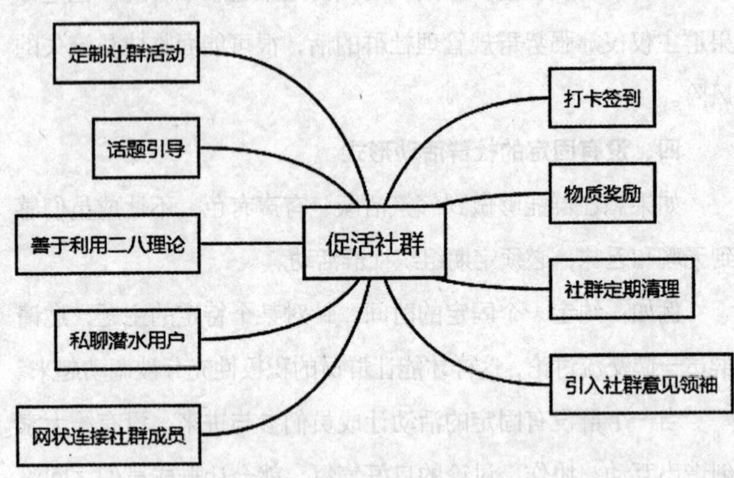

图 5-5 把“死”群做活的 9 个方法

例如薄荷阅读、扇贝、流利说等平台都率先采取了这种模式，并且也取得了十分不错的效果。

通过这种方式，可以有效保障社群的活跃性。社群营销人员可以根据自身情况结合这种模式做相应调整。

二、物质奖励

通过在社群里面设置一套激励的体系，激励用户去踊跃参与社群各项活动，积极发言。

奖励模式一般就是对每月社群里面的活跃用户进行排名，为排名前三的用户发放一些小礼品。

或者在社群里面开展讲座活动或互动活动后，鼓励用户积极将自己的观点以及建议分享出来，最终评选出最为优质的内容，对作者颁发礼品或者发放红包。

这种物质奖励可以在表彰获奖者的同时，也激励更多的用户参与到活动中来。

三、社群定期清理

如果社群完全是免费性质的，那么建议在每个月对社群相关数据进行统计，以此为依据，将一些长期潜水的用户移出社群，将名额分配给更多需要社群的人。

这么做的原因是，由于免费的性质，用户无须付出任何成本就可加入社群，因此很多用户虽然对社群主题不感兴趣，但仍在群内“潜水”。这些人基本上都打开了免打扰设置，很少关注群里信息，更不愿意在群里发言。

因此，可以针对这类问题制定出社群规则，每个月对劣质用户定期进行过滤，留出名额给更需要的人，这样新加入的成员也可以刺激社群的活跃度。

四、定制社群活动

定制社群活动比较适合一些教育服务型或者知识付费型的社群，固定于每周或每月开展一些分享活动。

比如，在每周的固定时间，组织一场讲座或专题分享活动。一旦这种固定模式形成，就会侧面体现出社群严谨的价值观，在生产优质内容的同时，也有利于社群品牌的建立。

在每次分享活动开始前，建议有相应的预热活动，可以采取发红包或者找水军的形式活跃气氛，达到预期的效果。

卖货型的社群还可以考虑在某个固定时间段，或者每周组织一场优惠促销活动，对特定产品进行促销。这种模式可以参考淘宝双十一、京东 618 等网站的促销手法。

五、善于利用二八理论

时间久了，你就会掌握一个规律，不管是付费的群还是免费的群，能在社群里保持活跃度的，始终是那固定的一部分人。也就是这部分人，维持了整个群的活跃度。

社群存在的意义就是为大家提供交流互动的平台，只有这些善于发言的人，才能带动那些不活跃的用户参与到话题的讨论中来。

所以，我们建议重点去维护社群中百分之二十的活跃用户，并且增强他们在社群中的归属感。只有维护好与他们之间的关系，才能让社群的活跃气氛得到保持。

六、私聊潜水用户

在一些一二百人的大群里，一定有一些几乎从不进行发言讨论的人，这群人被俗称为僵尸粉。这一部分用户由于建群者的运营机制问题，从一开始进群就设置了免打扰模式，时间久了，这个群就慢慢被他们给遗忘掉了。

为了“激活”这部分用户，可以采取一对一小窗私聊的方式与这些长期潜水者进行交流，做一定的辅导和引导，并询问他们潜水的原因，让他们回归社群，以为社群后期优化做基础。

七、网状连接社群成员

建议尽量促成社群成员与成员之间的连接，形成一个网状结构的关系，才能让社群长久地运营下去。

如果在一个社群里，所有的成员都只认识群主，与其他成员没有较强的社交意识，这种单点连接的社群关系链并不稳固，随时可能面临断裂的风险。

因此，要让社群里的成员之间保持一定的活跃度，建立起情感链接，促使彼此之间的认识，只要关系到位了，沟通交流也就顺畅了。

社群应该尽量多创造一些合适的机会让成员互相认识，毕竟线上聊一个月，不如线下聚一次。线下交流和活动组队的形式都有助于促进成员之间的联系，消除陌生感。在线上也可以采取入群后自报家门的形式，由群主根据对方的身份行业来为他做好友匹配，增强互动等。

八、引入社群意见领袖

在一些职场群以及知识付费群，意见领袖的意义尤为重要。很多入群的人，就是为了拓展自己的人脉才去进的。因此，当一个业内大佬入驻到群里，那么无疑将为社群拉新做出重大贡献。

业内大咖的入驻还会极大地提升社群价值，用户也会深受大咖的影响，这种价值在社群后期会体现得越来越明显。

九、话题引导

话题引导需要社群对社会热点话题有很强的捕捉能力，也要对话题有较强的带动能力。

可以在社群里对最新热点或相关话题发表自己的观点及看法，接下来找几个水军对自己的观点进行附和，形成热烈讨论的气氛，从而提高成员话题参与度。

只有每天在社群里不定时地抛出话题，才能吸引到用户的注意力。

并非是在网络上建立一个群就能称之为社群，只有做好后期的运营和维护，才能让社群真正活跃起来。只有这样活跃的社群，才具有开展营销活动的价值。

亲民是主流，接地气是王道

如何通过社群来增强企业与受众的感情呢？首先，企业不能把自己当作一个冷冰冰的机器人客服，也不能抬高自己的身份，要让自己成为社群中一个普通的成员。因为对于社群来说，企业的名头起不到任何的优势作用。即使你是世界五百强企业，如果你不能给消费者带来回报，那么这些名头也没有任何意义。

这个时代愈加突出人性化，每个人作为一个独特的个体，都渴望得到别人的尊重。这也正是为什么在这个时代，如果明星玩高冷、企业摆大牌，都不会有好结果的原因。没有人会欣赏这样的行为。因此，亲民是主流，接地气是王道。

当你的社群建立之后，不要急于宣传自己的品牌，因为人们不喜欢花时间去了解自己完全陌生的东西。建议采取的模式是，在一些与自己社群特点高度相关的话题下面，发表自己的观点。

例如，当很多人反映某个产品不实用时，你也可以去搜罗更多例子来证明他们的观点，与他们一起进行吐槽；当一些人经常讨论某些明星的八卦，你也可以搜集一些不为人知的小道消息，与大家一起八卦。

当人们开始对你产生关注的时候，你可以在与大家进行交流讨论的过程中，将自己产品的理念以及品牌文化渗透出来，让人们先对你的文化有一定的了解。因为，现如今人们在喜欢一个产品之前，往往会先喜欢上这个品牌的文化。因此，适当地对社群成员做情感引导，当他们与品牌发生共情后，自然不用担心营销的问题。

作为全球 iOS 应用商店里最热门的一款 App，美拍的成功离不开它采用走亲民路线的营销手段。

所有的研发者都清楚，在摄影摄像应用的领域，只有抓住了女性市场，就可以有可观的效益。女性作为美图市场上用户群体的代表，不可能被任何的摄影摄像应用所忽略。

如今，各种摄影摄像应用软件都在不断发生更新变革。美拍也是经历了数次洗礼与成长，才有了今天鼎盛的行业位置。

美拍之所以能成功，和它选择走亲民的路线有很大的关系。营销团队通过打造品牌概念，让每个人都能通过自拍发朋友圈定位，让位置接近的用户能够产生彼此了解的机会，让人与人之间的关系一步步走近，从而达到了销售的最终目的。

一个良好的营销思路，会给人一种水到渠成的、十分自然的感觉。不用加入太多的外部作用，让消费者认为，我选择买你的产品并不是由于你的产品有多好，而是因为我喜欢。现在，人们在消费观点上已经有了很大的改变，越来越多地出现“因为喜欢，所以购买”的现象，“千金难买我愿意”也正是印证了这一消费观。

因此，在社群营销的过程中，十分重要的一点就是亲民，让群成员喜欢你，认同你，继而接受你的品牌文化，购买你的产品。

案例：无印良品是如何赢得民心的

不管是古代的王朝，还是现在的大小型企业，“民心”都很重要，不得民心的王朝肯定要灭亡，而不得民心的企业，销售量也会少得可怜。

到了移动互联网时代，“民心”显得更为重要。因为市场变得开放、自由，信息的交流更为方便快捷，尤其在社群中，一个成员对于产品的口碑评价会迅速传递给其他所有人。如果企业不能提供好的产品或服务，势必难以在社群营销中取得好的成绩。

这就要求企业以真诚的态度来营销，从消费者的处境出发，对消费者负责，为消费者生产合适的产品，以及提供合适的服务。

只有产品、态度都做好了，才能赢得消费群体的信任和喜欢，从而在社群经济时代立于不败之地。

无印良品无疑是一个奇葩，没有 logo、广告、代言人、繁复的颜色与样式，其业绩却依旧遥遥领先：从 2010 年至 2012

年，其全球净销售额从 1697 亿日元（约 107.8 亿元人民币）增至史无前例的 1877 亿日元（约 119.2 亿元人民币）。

它的成功背后有什么样的秘密？先进的生产技术肯定是一方面，但更重要的应该是态度。

无印良品能充分地洞察消费者的需求。无印良品曾在 2003 年实施了一项名为“观察”的开发计划，开发团队会直接拜访消费者，通过对消费者日常生活的观察，并对房间内每一个角落，乃至每件商品一一拍照，照片随后被提交讨论分析，以此挖掘潜在消费需求。这就是一份认真的态度。

他们还会设身处地为消费者考虑，根据商品的实用性来对产品进行改革与创新。并且对自己的产品从生产到销售的细节要求可谓是变态，例如文具区所有笔盖都必须朝向同一个方向，美容护肤品类的各类瓶子的瓶盖和标签也必须朝向统一，被挂在高处的搓澡棉、浴花必须由店员用纸板作为尺子规整，保持同一水平高度。

而且他们对每一位消费者的重视度都非常高，苛求完美。每一位顾客的问题反馈都会直达社长的手机邮箱里。为了用户能有一个更好的使用体验，他们的设计师坚持极简、便利性的设计，尽量地使他们设计的物品更加实用甚至将自己放在了流行的对立面上。

于是，无印良品的优质服务就这样在广大社群中传播开来，一时间，人们都对这个名不见经传的企业产生了无与伦比的好感。

就这样，无印良品以认真的态度将自己的产品卖出了一个惊人的数量。而他们靠的就是社群传播的效应来实现宣传推广，才能在不做任何广告的情况下让众人所熟知。

06 社群营销的6条军规

社群营销说起来很简单，但是实际操作起来却还是很复杂的，如果想要让一个社群产生营销价值，那么必须通过合理的运营才能体现出来。那么对于社群这种特殊的群体，又该怎么运营呢？

始终从用户角度出发

罗辑思维的产品包括微信公众订阅号、由罗振宇主讲的知识类脱口秀视频节目《罗辑思维》、知识服务 App：得到 App。2017 年 11 月 8 日，罗辑思维入选时代影响力 · 中国商业案例前 30。2019 年 10 月，罗辑思维以 70 亿元位列《2019 胡润全球独角兽榜》第 264 位。

从 2012 年开播至今，《罗辑思维》长视频脱口秀已积累播出了 205 集，在优酷、喜马拉雅等平台播放超过 10 亿人次，在互联网经济、创业创新、社会历史等领域制造了大量现象级话题。

2013年，“罗辑思维”发起两次“史上最无理”的会员招募，分别在5小时与24小时内入账160万和800万，依靠忠诚的“粉丝”完成了一次华丽的保养。

2014 年 6 月，90 分钟内，“罗辑思维”售出了 8000 套单价 499 元的图书礼包。

2014 年 7 月 18 日，“罗辑思维”真爱特供开售。100 天里，月饼总销售量达 40,038 盒，其中“罗辑思维”微信商城售出 23,214 盒。

2014 年 10 月 15 日，柳桃在罗辑思维上开售；16 日，10000 盒柳桃在 5 个小时内销售一空。“柳传志卖柳桃”在罗辑思维微信公众号上累计点击超过 500 万次。

不管是“罗辑思维”、罗胖，还是960万、“真爱特供”、“柳桃”，都指向了“微信社群”。一群人要形成社群，只需要两个条件：共同兴趣和良好的沟通方式。当“罗胖”以“爱读书”这一兴趣，将人群通过“微信”聚集在一起时，人群就成了“社群”，而且有了领袖。

一旦领袖“罗胖”向社群注入了信仰，这种信仰又被社群高度接受。这时，社群就有了巨大力量！当社群的力量，通过微信这种“强关系、强到达、强交互”的方式传播覆盖后，这种力量就无坚不摧！那么，“罗辑思维”的“微信社群”是如何一步步打造出来的呢？

这个顶级微信社群的构建，主要有三步（如图 6-1 所示）。

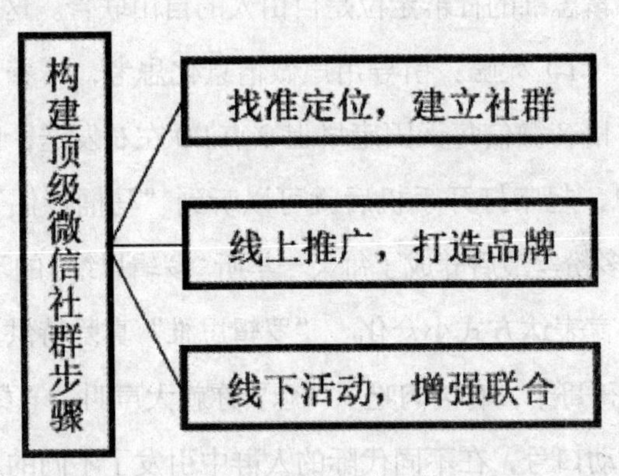

图 6-1　构建顶级微信社群步骤

一、找准定位，建立社群

自《罗辑思维》开播以来，这个节目的自身定位就是：有种有料有趣，在知识中寻找见识！而“罗胖”的定位是：死磕自己，具备愉悦大家的罗胖“匠人”人格。虽然“罗辑思维”公众号是自媒体，所谓的媒介组织方针并没有那么明显，但其一切传播行为还是得遵守其定位和运营目的，“把关人”的素质决定了自媒体平台的格调和内容的品质，及用户群的类型和品位。

“罗辑思维”之所以能够取得如此瞩目的成就，最重要的就是依靠了罗振宇的个人魅力，而个人魅力也直观地反映了“把关人”的素养。

“自媒体拼到最后是人格，是我常说的魅力人格体”，罗振宇如是说，而其人格魅力的显著构成分为广博的知识、死磕精神、自由和 U 盘式生存的互联网精神、幽默和亲和力。这对于罗辑思维的目标受众来说，是非常具有吸引力的。

而罗辑思维的社群定位是自由人的自由联合。这主要有两层含义：（1）死嗑：引导用户做情景化思考，培养用户的阅读习惯。语音微信每天固定早上 6 点 20 左右发送，阅读公众号的用户，起床打开手机后就可以听到“马桶伴侣”的定期播报，很多粉丝最后养成了每天一早听“罗辑思维”的习惯。（2）聚焦：语言表达方式小众化。“罗辑思维”真爱特供月饼开售后，“跟哥哥干，有肉肉吃”“想要你就大声叫”“真爱测试”等一批互动口号，在不同代际的人群中引发了不同的反应，虽失去了部分年龄成熟的人群，却强化了“85 后”的自我归属感。

此外，罗辑思维不仅对自己定位明确，对粉丝也有着清晰的定位。罗辑思维将粉丝定位成：“读书人”。具体定位于微信的多数“85 后”用户，专注于“爱读书的人”，志在凝聚爱智求真、积极上进、自由阳光、人格健全的年轻人。

网络了一群“爱读书”的年轻人后，罗辑思维又将自己的会员进行了分类。在会员招募时，将会员分两档，200 元和 1200 元，以确保人们购买这个会员是认真的。

招会员时，罗辑思维要求一定用微信支付，其他支付工具一律不许可。经过筛选后，“罗辑思维”会员的特征就愈发明显了：对知识性产品有发自内心的热爱；会员彼此信任；会员有行动的意愿，且真能付出行动。

二、线上推广，打造品牌

品牌社群是由具有共同仪式惯例、共同意识和责任感的消费者和企业营销人员与产品、品牌及其他利益相关者所共同组成的一个特殊的、不受地域限制的群体，它建立在使用某一品牌的消费者所形成的一系列社会关系上。

品牌社群的形成，一方面要求企业具有一定的品牌基础。如独特的品牌内涵、生动的品牌故事、持久的品牌文化沉淀、可识别的品牌要素，能使消费者凝聚在一起的因素。另一方面，要求消费者有一定的参与动机。如信息动机、娱乐动机、社交动机、能力成就动机、经济利益动机。

罗辑思维的线上推广覆盖了豆瓣、百度贴吧、荔枝 FM、qq、微博、优酷、微信，在线上全面开花，其中以优酷和微信为主推。

在优酷视频上，主打知识性主题脱口秀视频。罗辑思维第一季的集均播放上百万，“有料”的内容与“有趣”的形式广为大众喜欢，引起对于话题“有种”的讨论对于推荐书籍的追捧以及对于胖罗所建立的知识品牌的文化认同感。

在微信平台上，罗辑思维通过与粉丝互动维护社群。例如60s语音推送，每日早上6:30人声录制60s语音，拉近距离；每日推荐文章，与每日语音内容实现关键词搭接，满足客户进一步的知识和文字阅读需求；为会员用户提供专属通道，实现有效的会员信息管理和活动通知。为所有粉丝提供UGC平台，吸纳多样化的业务构想。创业、交友、咨询、分享等。

用户通过罗振宇的可感可听的声音，能够接收到其传达的情绪、情感、个性、倾向，更利于树立其清晰的“魅力人格体”。“罗辑思维”的文章并非主动进行推送，而是需用户主动回复关键词才能获取，这也是其运营上的一个巧妙之处。通过输入、获取的简单动作无形中增加了与用户的互动性。于真正有诚意的用户而言，他们必然会听完语音，回复关键字，阅读文章，养成了固定的用户习惯，使这一套动作成为每天的必需品，通过这样的方式其实就筛选出了其真正想要的用户群体。

三、线下活动，增强联合

在社群中，要营造粉丝的归属感，产生自己人效应，除了线上的互动，线下的活动也分外重要。罗辑思维线下组织参加各种课程的学习、分享沙龙、企业参观互动、读书会、探险旅行、游戏PK、运动健身、养生健康会、各种主题性的聚会、宴会、沙龙、兴趣型研讨会、发呆会、互助会等等！

这些线下活动，通过社群里人们的真实的接触，更能激发那些源于热爱的、自由人之间的联合。

总的来说，罗辑思维始终站在用户角度，始终把自己当成社群的一个成员，深度分析社群能带来的价值，能够打造什么样的产品，然后精准解决用户的痛点，实现双赢。

合适的参与者越多越好

实现产品的社群营销需要的是更加精准的用户群体定位，才能在与社群成员实现快速连接之后，实施产品营销计划。

企业在与自己的用户产生持续交流和交易的基础上，形成联系紧密的社群，将自己的用户从对立面的消费者变成同一个战壕里的同盟军。

2012 年以来，意大利时装企业 Wowcrazy 一直在推动其 Crowdfunding Portal 门户，承诺给自己的合作者和支持者带来“无尽的时装周”。Wowcrazy 的用户群体被称为“预先购买模式”，对于该企业的支持者来说，可以和品牌进行合作的模式，帮助时装设计师推出新的作品投放市场，并且参与设计的意见。支持者用户会预先购买他们所选择的衣服，并且参与投资。如果新的服装上市成功，参与者就会得到该商品的特别折扣。如果整个新品上市失败，支持者则不会得到衣服商品。

众人拾柴火焰高。实现产品的社群营销同样面临着用户的选择和吸纳问题。并不是参与者越多越好，而是合适的参与者越多越好。因此要有一定的标准，才会形成过滤效应，产生稀缺价值，才会有更多志趣相投的人加入进来。

互联网的连接方式快速而直接，但是信任基础明显缺乏。保障社群营销的顺利进行和演进，首要的是建立信任机制，解决信任难题。只有参与者与经营者之间彼此相互信任，具有强连接的关系，才能提升社群成员的热情，保证营销活动的顺利进行。要吸引众人的参与，要建立起价值保障体系，并且持续坚守承诺。通过依托标准，建立信任，提供保障，社群营销模式才算是搭建好了基本雏形。否则，是不可能长久的。

8000M是国内一家户外主题餐厅（如图6-2所示），而如今，它以户外旅行为凝聚力，希望成为户外旅游者的文化地标和行业工具。

图6-2　8000M餐厅内景

创建者徐庆欣本身就非常喜欢户外运动，通过一段时间的市场调研，他发现喜欢运动的人也喜欢大吃大喝。于是，在 2008 年 11 月 2 日，国内第一家户外主题餐厅在四通桥东北角建立了，名字叫 8000M，因为全球只有 14 座 8000M 以上的山峰，是户外旅行者都梦想登临的地方。

8000M 的盈利方式当然不仅仅局限于餐饮方面，还有一种变现模式非常重要，那就是承办品牌商的活动，集中于户外、旅行、体育、文化等方面的品牌商，方式有发布会、文化宣传和沙龙等等，通过活动不但获得了更多的盈利，还维护了社群关系的稳定和活跃。最开始徐庆欣只想给驴友们做个小众的聚集点。后来发现这两个空间被动地成为户外旅行品牌的推广中心了。于是，他决定做一个更大的平台，让品牌商们更好地实现商务、宣传的目的。于是，“8000M 户外旅行文化空间”诞生了，他希望将其打造成一座城市户外旅行的文化地标。

新店的运营模式采取的就是时下最流行的众筹模式。通过众筹连接户外、旅行、体育、文化 4 个主要行业的优质资源。将热衷于户外旅行的企业老板们组织起来，形成了一个户外旅行联合舰队，每人参与投资，形成户外旅行的产业基金，共同投资 8000M 户外旅行文化空间。经过 4 个月的筹备，已有 200 家来自携程户外、KingCamp、越野一族等的用户积极参与其中。

他定向邀请的企业家都是合作多年的伙伴，他说：“原来是我一个人在卖，现在有 199 个人帮着我卖，我觉得生意会好做一些。”这就是社群营销的力量。如今，该产业基金已孵化出第一个项目，首部华语户外探险院线电影《七十七天》由 400 名“梦想出品人”每人投资 2000 元众筹完成。导演赵毅被称为“影视界高原探险第一人”，攀登过多座海拔 6000 米以上的雪山，参与过多部高原题材影视剧的拍摄，是巅峰会会员之一。

除了承办品牌商活动外，8000M 户外旅行文化空间每年还会举办 12 个户外文化月。12 个月变换 12 种完全不同的主题风格，吸引行业品牌参与。例如冬季就是滑雪文化月，8000M 联合滑雪场、滑雪品牌和滑雪俱乐部一起举办活动，招募更多的滑雪爱好者来参与活动，体验滑雪的乐趣，进而购买相关的服务。

徐庆欣坚持一种理念，即 8000M 在行业内要做中立品牌，可为任何品牌提供服务。他说：“8000M 不会出自己的品牌，不会出自己的服务，不会有自己的俱乐部。我们只希望能给这些品牌商、服务商、资源方提供工具和服务，我们自己不会做。”这也是他至今不肯接受投资的原因，8000M 是户外旅行体育文化行业的工具。

通过 8000M 的案例，我们看到凝聚的力量，以及社群营销的优势。看似小众的需求，只要你真正唤醒他们的潜在欲望，激发他们与你共同创造的动力，其迸发出的能量是无可想象的。

这种方式固然很好，但在现阶段还存在着很多发展障碍。

众创要想有突破性的长远的后劲十足的发展，就必须要建立起充分的信任机制，同时建立合理的游戏规则，这些是众筹、众创项目得以持续成功的必要保障。因为没有信任，参与度就必然会降低；而没有游戏规则，众创模式就必然运行迟滞；而没有项目后续保障机制，就会缺乏足够的民众参与的热情。久而久之，就会陷入恶性循环。

因此，严格把控众创项目，筛选参与者，才能保障成功率。社群营销项目要求精而不是求量。另外，做好价值承诺也是社群营销成功的保障，让参与者放心、安心；为项目提供后续资金，以及各种资源的对接和融合，才能确保提升众创项目的成功率。

用高中端带动普通群成员

人与人之间的互动模式，随着移动互联网时代的迅猛发展，又发生了极大的改变。

如今，每个人都可以在这个互联网时代，与他人进行交流、自由表达。网络信息依托互联网的便利，得到高速传播。这让有着相同的兴趣爱好以及价值观的人汇聚到一起，网络社群就是在这样的背景下形成的。

新时代的企业如果想通过网络社群来提高营销成绩，首先需要明确适合本企业进行营销推广的社群，并且对社群所具有的交互与协同属性进行了解，从而针对社群中的个体制定营销对策。将这一概念简单概括就是：先寻找到自己企业的社群，成为或者寻找社群领袖，再逐步进行营销。

一般情况下，社群成员大致分为以下几种（如图 6-3）。

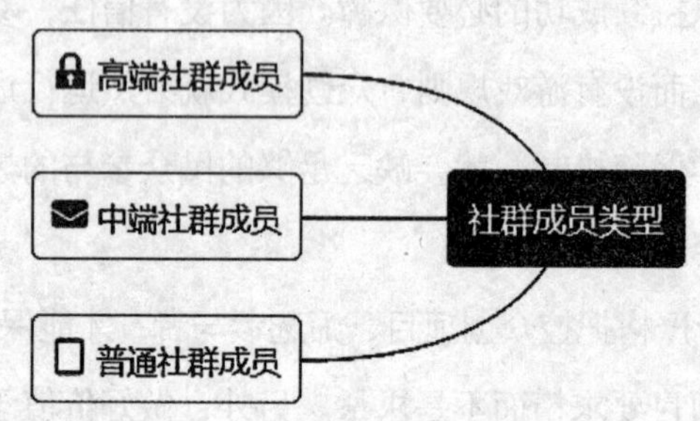

图 6-3　社群成员类型

一、高端社群成员

这类社群成员在社会上普遍具有一定影响力，并且在实际生活中有拥有一定的财富和社会地位。对于这类人而言，他们喜欢在消费中追求荣耀感，对“面子”更加看重。

因此，企业如果能让自身的产品与这类社群成员的需求相结合，被这类成员所认可和接纳，那么企业在社群里将会产生一定的带动力，更容易被其他成员所接纳。

二、中端社群成员

这类社群成员相对来说，他们在实际生活中不一定拥有较多的金钱和权力，但却在某些领域拥有一定的影响力和号召力。他们对社群成员的各种“品味”十分掌握和熟悉，因此拥有较强的话语权，在社群中处于“中流砥柱”的位置。

这类成员具有非常专业的产品识别能力，并且能为社群里其他成员的购买需求提供专业建议，基于他们的专业性，他们成为值得客户信赖的人群，并且成为口碑传播的源点。如果能让这类人加入企业社群当中，那么就等于提高了社群权威性的话语权，形成十分有效的口碑营销。

三、普通社群成员

这部分人因为拥有相同的兴趣爱好才来到社群里，他们主动性较低，一般只有在需要对某产品进行消费时候才会在社群里提问。他们在现实生活中没有什么权利，在社群里一般也是只围观，但社群里这类成员是占多数的。他们不太了解社群所关注的某些事，所以一般比较容易受到前面两个层次的社群成员的影响。

而企业在营销过程中，不是要把产品卖给所有人。企业需要的是那些非需要自己产品不可的用户，而不是让所有人都觉得企业产品适合他们，至于那些认为企业产品对他们可有可无的消费者，正是有待企业去开发的粉丝资源，通过社群的交互属性，企业可以把他们变为朋友，变为产品口碑的传播者。

因此，企业一定要在社群中服务好产品的拥趸，要得到社群中的高层次成员与中层次成员的认可，接着借助他们去影响基层的成员，再以社群为中心，去进行口碑传播。

让社群成员参与产品构建

新时代的人很注重自己的参与感，不论是在生活中还是在消费活动中，他们都很享受参与其中的乐趣。同时，由于生活水平的提高，他们缺的不是物质上的需求，而是精神上的愉悦。

因此，企业想在新时代的市场中占有一席之地的话，就要迎合消费者的胃口，为他们打造更多的参与平台，并且还要尽可能地在环节设置上降低参与门槛。

因此，企业在注重打造社群成员参与平台的同时，还要减少参与成本，让更多的社群成员参与其中，这样才能扩大利益。

小米公司联合创始人之一的黎万强在其所著的《参与感》中说道："进行参与构建，要尽量减少用户参与的成本以及把互动方式产品化，我们把 MIUI 每周升级时间固定就是一个减少记忆成本的考虑，用户提交报告，我们设计成四格报告是对参与成本和产品化的考虑。"

小米在构建 MIUI 时，开放了参与节点，除了工程代码部分的编写是由小米公司的工程师完成外，其他的部分都开放给用户参与，比如产品的需求、测试及发布等。这种开放节点给用户参与的方式使得双方都收益，小米公司可以根据用户提出的意见不断完善更新产品，而用户也能拿到自己"心仪"的功能及产品。

正因为小米开放了的这种低门槛参与方式，让 MIUI 在快速成长的过程中获得了良好的口碑，也正因为拥有良好的口碑，才使得小米在后来建立起了自己的帝国霸业。小米在 2010 年 8 月 16 日发布第一个 MIUI 版本时候，用户只有 100 位，而在一年后的 2011 年 8 月 16 日，MIUI 用户就达到了 50 万个。

小米公司率先看到了新时代的市场形势及消费者的心理，在营销过程中把消费者放在首位，以优秀的产品和技术作为基础，为消费者打开参与节点，这种打开互动环节的方式很受新时代人的青睐，并且小米还降低了消费者参与的成本，使之在参与过程中不但不用自己“花费”，而且还会有所收益——得到了喜欢的功能或产品，因此参与到 MIUI 构建的人越来越多。

而从整体上来讲，正是由于小米会“大胆设计”这类活动，使得他们在短短的几年时间内跻身成为行业内的佼佼者；也正是由于他们减少参与成本，使得他们的粉丝数量以及活跃度最高，并让粉丝感受到了他们的诚意。因此，企业在注重让消费者参与的同时，也要为他们降低参与的成本，这样既能让他们“乐在其中”，也能为自己的企业赚取更大的利润。

超出用户预期的产品才是最好的

企业要想做大做强，就要生产出让用户尖叫的产品。而一个企业的社群成员，就是它最忠实的用户。

所谓让用户尖叫的产品，就是产品在满足用户的需求外，还要带给用户惊喜，能让用户惊喜的产品主要有三个特点：首先产品是用户所需的，然后产品是用户不容易买到的，最后就是用户在产品的体验中，产生一种志在必得的想法。

社交软件喵星人的开发就正处于 4G 时代盛行的时期，凭借 4G 不仅网速快，上网和语音还可以同时使用，手机与平板设备配置更高，屏幕更大，以及图像更加清晰的特点，喵星人研发出了让用户尖叫的产品。

喵星人的研发者在一次采访中表示："好的产品是可以让用户尖叫的，真正让用户知道什么叫使人感觉出爽的产品是不需要过多的修饰，因此我们在生产产品的时候，就是要做得比其他社交软件更快一些，只要轻轻一点，对方马上就能收到一个'汪汪'，就如同自己养的小宠物，不需要打字，只要汪汪向你叫两声，你就会明白它是饿了还是想要和你一起玩。如果对方没有给你及时的反馈，你可以摇动手机，对方的手机也会跟着你的节奏一起震动，如同小狗摇尾巴，期待着你带它出去玩耍。"

这种让用户在使用时感到快乐的应用社交软件，避开了以往社交软件单纯聊天的弊端，让用户真正体验到了即使不见面也能与朋友愉快玩耍的乐趣。

怎样才能打造出超出用户预期、让用户尖叫的产品呢？首先就要说到用户需求的问题，用户需求包括前面说到的关注点、满足点和兴奋点。这三点依次代表着人们对于三种基础情感的需求：英雄主义、懒惰和满足感。用户需要一个具有英雄主义的代表来帮用户解决问题，让用户变得强大起来，电子商务企业的存在也是因为帮助用户解决了问题；而懒惰是人的劣根性，没有不懒惰的人，只有能克服懒惰的人，人们因为懒而越来越期望着有更方便、省力的产品，比如导航产品、云笔记、金融软件等；满足感是人们生来就一直在追求的，无论人们做什么都有着一定的目的，这个目的在某一方面给人们满足的感觉。比如用户用到产品而感觉到的舒服、开心、畅爽的心情，就是得到了某一方面的满足感。

快速对粉丝群体需求做出反应

小米公司于 2010 年 4 月成立，成立之后，小米、小米 2S、小米 3、小米电视、小米路由器、小米 4 等相继面世。小米产品的下线速度，小米的成长速度，让业内众多公司望尘莫及。小米的速度为什么如此之快、效率如此之高？小米为什么始终能赢得粉丝的喜爱？

其实，这与小米“敏捷开发”、快速对粉丝社群需求做出反应是密不可分的。“敏捷开发”是互联网产品开发的典型方法论，是一种以人为核心、迭代、循序渐进的开发方法。雷军坚信“天下武功唯快不破”，显然，这一点小米做到了。

纵观当前市场上的主流手机厂商，大多手机上市之后，性能和操作系统就不可避免地固化了，即使发现任何问题，也只能到下一个版本发布再解决。不过，谷歌和苹果在这种模式当中有了较大的突破，将这种模式向前推进了不少：android 半年有一次升级，而 iOS 较大的升级则是一年一次。

如今是互联网时代，这样的速度显然还不够，远远无法满足粉丝群体的需求。MIUI——小米手机的操作系统，首个实现了每周升级。不仅如此，一般而言，手机系统的模式属于“闭门造车”型的，但小米却反其道而行之，完全以粉丝群体的需求为导向。

在小米，开发团队的主要工作之一就是泡论坛，在论坛上广泛收集粉丝群体对小米手机产品等的反馈情况（如图 6-4 所示），并根据这些反馈及时解决系统 bug，推动产品的稳定升级。此外，不仅是在论坛，小米开发团队还会通过微博、微信等平台接受用户的反馈，以实现敏捷开发，快速对粉丝群体需求做出反应。

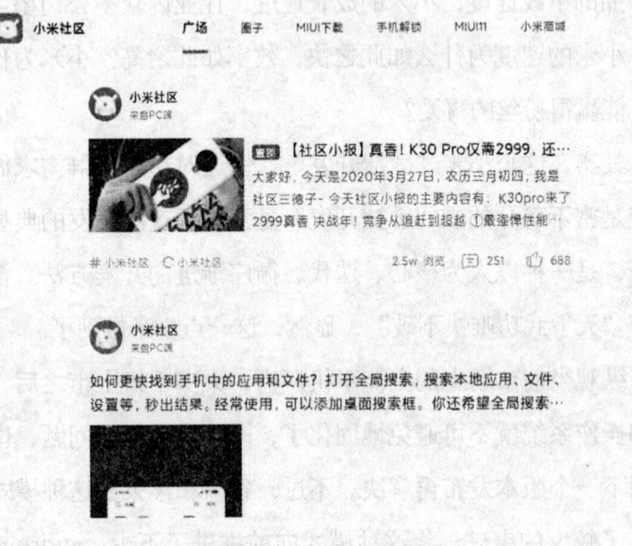

图 6-4 小米社区论坛

当然，很多粉丝的需求并不是多大的需求，但即便需求很微小，小米系统也会根据用户建议为提高用户体验做出改进。例如，在 MIUI 的 KXDCNBE1. 8(稳定版)系统当中，当小米开发团队收到用户反馈经常被很多陌生来电骚扰，而很多拦截软件又并不方便时，小米在系统中便新增了新版的骚扰拦截功能、全屏时的来电无干扰通知等。

小米方面说，小米手机未来将变成一个“活的系统”，这个也就意味着小米团队将进一步快速对粉丝群体需求做出回应，定期升级操作系统。毫无疑问，这有利用米粉及时解决手机问题，让小米手机保持好用。

正如小米对小米黄页的描述，“当陌生的号码变为熟悉的名称，或许恐慌会减少一分；当焦急的等待变成优雅的点击，或许幸福会增加一分……”其实，小米的每一点进步都是这样，目的正是为用户带来贴心与便利，哪怕只是一点点。而小米的进步是敏捷的，其在粉丝群体需求基础上的快速迭代让小米的性能和功能不断完善，当然，也让米粉的忠诚度更高。

小米对粉丝群体需求的反应速度，业内无人不称赞，不少企业同小米一样，从快速回应用户的敏捷开发当中获益。当然，我们无法将这种反应速度简单归结于互联网敏捷开发的速度，而是企业一种快速反应的能力，一种针对粉丝群体需求做出的快速行动。这一点，海底捞可以说是做到了极致。

有一次，海底捞的一个服务员的服务对象是一个男孩和一个女孩，细心的服务员看出男孩在拼命追女孩，他们是一对刚刚恋爱的客人。其间，女孩顺口说了一句“天真热，要是能吃凉糕多好”，而当时海底捞并不供应凉糕。

这个服务员立刻就将此情况报告领导，领导立即让她打车去为顾客买回了凉糕。女顾客对海底捞的服务很惊讶，对男孩的好感大增。后来，这两位顾客步入了婚姻殿堂，结婚时还专门给海底捞送去喜糖表示感谢。

顾客只是在无意间说了一句话，但海底捞的员工却敏锐地捕捉到了，并快速将情况报告给领导，而领导也当机立断，立刻做出决策，让员工不惜追加资金成本和时间成本来快速满足顾客的需求。虽然这个服务是个特例，但海底捞对顾客需求乃至隐性需求的反应态度和反应速度赢得了无数顾客的心。

所以，不要问海底捞捞的是什么，不仅仅是火锅，更是通过对顾客需求做出快速反应而赢得的不可复制的竞争力和不可超越的口碑！蓝色巨人 IBM 曾失去过许多发展的机会，但当总裁郭士纳上任提出对用户和市场快速反应的思维逻辑之后，IBM 很快走出泥潭，恢复往日雄风。

在互联网时代就是这样，敏捷开发，快速对粉丝群体需求做出回应至关重要，速度的快和慢就是成功和失败的关键。一个好域名，先注册的那个人必胜无疑，落后者只能空手而归；一款好的产品，先推上市的商家更容易占领先机，而慢半拍的企业要想迎头赶上甚至需要付出几倍甚至几十倍的努力！

在商业竞争中，时间就是效率，速度就是生命。即使两家企业实力相同，但往往是那个快的人获得机会，谁对粉丝群体需求做出的反应快，谁就能在关键时刻抢先一步，而抢先一步，就有可能领先一路！

07 举办活动，让社群活力四射

经常遇到这种情况：刚加入一个新成立的社群时，群里非常热闹，不知不觉间话题越来越少，渐渐蜕变为广告"灌水"专用地。而有些群，随着时间的积累越来越活跃，成了我们生活的一部分。

有什么方法让一个社群不死并且有质量地存活下去呢？

——活动，举办活动，举办大家愿意参与的活动。

线上活动的特点

美国有家名为“Flying Pie ”的比萨店，尽管其官网做得很一般，但却凭借一个名为“It’s Your Day”的有趣的在线营销方案成功打动消费者，甚至整个城市都对该比萨店是无人不知，无人不晓。

每天，Flying Pie 都要喊出一个“名字”，并邀请五位叫这个名字的幸运消费者来他们的厨房免费制作比萨，还会将他们的照片放到他们的网站上。每周公布新一周获选名字的列表。如此一来，消费者会经常浏览这个列表，如果看到朋友的名字，自然会立即告诉他。

不仅如此，为了调动消费者参与的热情，Flying Pie 还会在接待客户时请每个来参加活动的客户提供一些名字，再通过投票来决定哪些名字成为下一周的幸运名字。

如此一来，Flying Pie 活动的参加者就能顺理成章地邀请更多的朋友参加。一位幸运客户告诉了自己的一位朋友，他的名字被选中了，那他的朋友就会去参加这个活动。而回来之后，这个人又会告诉其他的朋友他们被选中了，就会有更多的人来参加。时间长了，网站的用户也就越来越多。Flying Pie 的顾客群体越来越大，新的顾客也不断产生。

有趣的是，一位美国的专栏作者就这个案例进行调查的时候，还深入参与了一回。有一次，他的朋友告诉他，Flying

Pie 比萨店将在某天举办“Armando 日”——正是这个作者的名字，作者十分惊讶，朋友告诉他说自己吃过这家店的比萨，味道还不错。并且他还经常检查 Flying Pie 网站上有哪些新名字，当他看到有跟他朋友一样的名字时，他会习惯性地告诉那些朋友：“Flying Pie 提到你的名字啦！”

就这样，不管是去过“Flying Pie”的消费者，还是仅仅被提到过名字的消费者，都在热情地四处帮忙传播“Flying Pie”。

Flying Pie 通过自己官网进行社群营销，不断地招募新的成员加入自己的社群，参加自己的互动，并通过这种参与感来提升社群成员的兴趣，让他们乐在其中，直到这些人成为忠实会员后，就会自主地给他们提供名字，拉来朋友。这就是社群营销的影响力。

依托无处不在的网络以及人手一部智能手机，线上活动有着线下活动难以比拟的优势（如图 7-1 所示）。

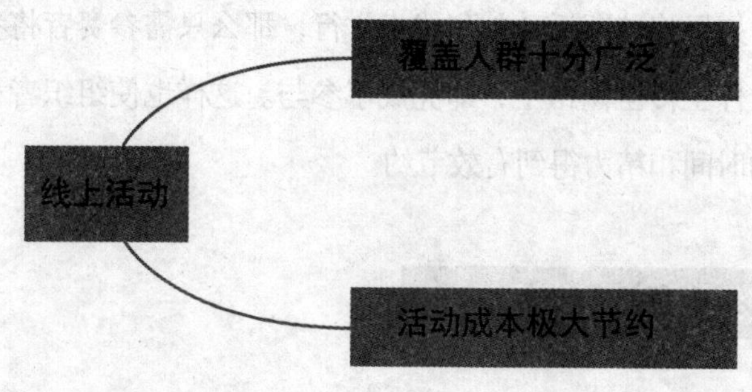

图 7-1 线上活动的优势

一、覆盖人群十分广泛

不管你是学生、工人、企业家还是农民，都可以参与到网络活动中来。网络活动可以将来自不同的地域和行业的人聚集到这个平台上，让他们可以采取隐姓埋名或者角色扮演的方式参加活动。

多样化的人员结构，更能在线上活动中体现出群众的智慧和力量。

二、活动成本极大节约

线下活动需要现场召集等环节，还需要有物流、客运和场地等成本。但在线上举办活动，则可以节约这部分时间、精力和资金。

以举办歌唱比赛为例，如果需要进行现场比赛，那么活动的组织者，在比赛初期就需要筹划很多事项；活动的参与者，也需要在曲目、服装、造型等方面做好准备，并在约定时间赴现场参赛。

如果将这项活动放到线上举行，那么只需参赛者将参赛音频文件上传至网络上，即完成了参与。这样也使组织者和参与者的时间和精力得到有效节约。

线上活动的要素

开展一场正式的线上活动，有 7 个要素需要想清楚、做明白（如图 7-2）。

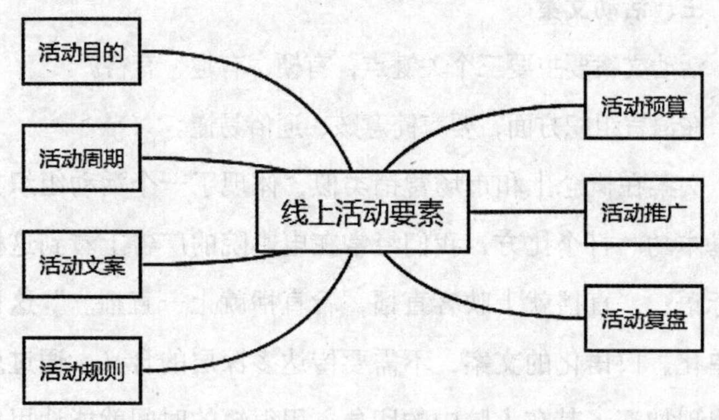

图 7-2　线上活动的 7 个要素

一、活动目的

活动目的是活动开展的核心，一切活动都要围绕这个核心来开展。

二、活动周期

活动周期可以用一句很简短的话来概括，“太短用户没来得及参与，太长用户容易忘记”。

一般情况下，针对常规短平快的活动，活动周期在 1 周（7 天）左右，这个只是活动正式开展的时间，不包括前期预热、后期活动总结、获奖名单公布等时间。

如果是征集类的活动，则要适当延长时间，一般情况下要控制在 3 周左右。

在这个活动周期内，为了加深社群成员的印象，需要对成员进行不断告知，让他们了解活动进展。

三、活动文案

活动文案要主要三个关键点，有梗、有趣、有料。

在语言组织方面，要言简意赅、通俗易懂。

文案在概念上和市场营销类似，体现了一个活动组织方的基本功。打个比方，我们经常在电影院的广告上看到这样的标语：“直播就上映客直播，看直播就上一直播。”这种简单化、口语化的文案，不需要传达多深层的含义，通过反复出现加深了其在人脑中的印象，用很短的时间就能让用户记住这个口号。

文案的关键点就在于让社群成员迅速记住你想要传达的信息，不需要高深的文采，只需要接地气，能引发人们的共鸣，这样才能吸引到社群成员的关注。

四、活动规则

对于一个活动而言，必须对活动规则加以明确，具体包括活动核心、活动时间、活动方式、活动目的、活动目标等；同时要让用户感受到公平、公正、公开。

例如：在一个投票类的活动中，明确一个 IP 每天只能投票一次，如果出现刷票行为就取消其获奖资格；第 52 位评价用户可以获得精美礼品，但如果刷楼（重复评论 / 评论超过 10 条）则取消其获奖资格，等等。

规则一定要明确，但也不能一味寻求公正而设置极其复杂烦琐的规则，让用户没有耐心阅读。

五、活动预算

活动预算包括了物料制作、奖品的采购等内容。虽然线上的活动做预算要比线下活动简单许多，但是如果涉及活动推广预算的话，还是要有清晰的明细表，这对之后的财务结算流程也会有所帮助。

六、活动推广

活动推广一般包含了短信、邮件、微博、博客、微信、论坛、SNS、客户端资源合作、异业合作，以及渠道、厂商资源合作这几类。具体选择哪一种，需要根据不同活动的性质加以考量。

七、活动复盘

每一个活动都必须完成从开始到结束的闭环，有了开头也必须有收尾。

活动的复盘就是活动的收尾部分，主要需要整理的内容包括：活动概述，包含活动的整体情况，以及各个流程的细节；活动数据，对整个活动的预期指标以及活动结束后的实际数据进行统计归档；资源盘点，在整个活动中用了哪些资源推广，有哪些资源取得了很好的效果；活动总结，包括活动过程中遇到的问题，解决方法，以及后期对活动所提出的建议等。

线上活动的关键

线上活动有 5 个要注意的关键点（如图 7-3）。

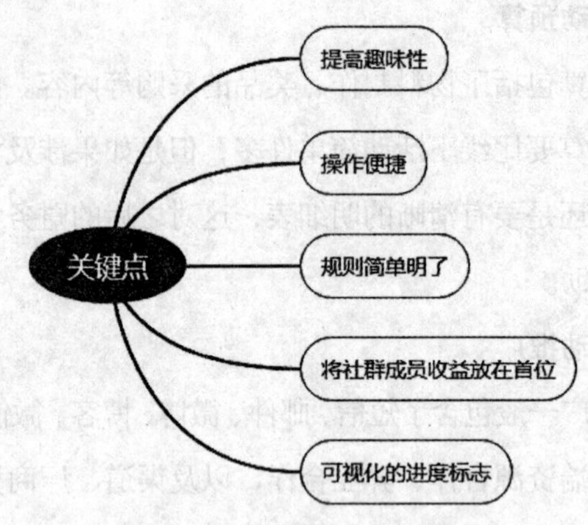

图 7-3　策划线上活动的关键点

一、提高趣味性

活动的设立就是要让社群成员感受到趣味性，在玩的过程中达到营销的目的。因此，可以将游戏的思想注入活动内涵当中，给社群成员带来更有趣的体验。

很多线上活动都是利用了游戏的形式，最终取得了十分好的效果。

例如：在活动的某些环节，可以让参与活动的社群成员组队答题赢奖品，既可以联络成员之间的感情，也可以带动活动的气氛，更可以通过奖品的形式将所要营销的产品推广出去。

二、操作便捷

在线上活动中，过于复杂的操作往往会让参与者失去耐心，导致兴致渐失，半途而废。

因此，参与活动一定要操作简单便捷，具体包括以下两方面。

首先，要尽量减少操作的步骤；其次，不能让与活动流程无关的页面耗费社群成员的精力，尤其是在 app 中，设置不当会让社群成员找不到活动入口。

三、规则简单明了

活动策划的规则要简单明了，尽量不耗费社群成员太多精力去研究，对“去做什么，就能得到什么”一目了然。

除了要设置简单的规则外，还要有简洁化的规则表述方式。完整的活动规则需要很多文字做支撑，包括了活动时间、操作方法、评奖办法、奖品列表、附加条件、注意事项等内容，每一项都无形中增加了社群成员阅读下去的难度。如果关于活动规则的文字过多，社群成员很有可能失去读下去的耐心，进而退出活动页面。

最好做到社群成员只需要了解最关键的规则即可参与活动，对其他不重要的，包括免责条款一律省略。

因此，应该将核心规则放在活动主页面显著的位置，具体规则和免责放在页面底部。对于这些不可或缺，但对社群成员而言并不重要的内容，做简要显示即可。

四、将社群成员收益放在首位

社群成员参与活动的目的，是实现物质或精神上的收益。因此，在活动页面上，应该将社群成员的收益放在优先级别，在明显的位置显现出来，这符合了社群成员的利己心理。

在很多活动页面上，都可以看到显示在明显位置上的奖品，包括了物质类的 iPhone、礼盒、红包，精神类的特权、等级、头衔等。活动奖品的设置可以在网上多参考其他活动的做法，总结出最适合本次活动的一种。

这里建议将奖品设置为与自己所要营销的产品相关的，如果是做在线教育的社群营销，就将奖品设置为一个月、一季度、半年或者一年的免费听课资格；如果是做家电产品的社群营销，就将奖品设置为自有品牌的各类小家电；如果是做母婴用品的社群营销，就将奖品设置为自己所要推广的母婴类产品，如奶粉、婴幼儿服装、儿童玩具，等等。

五、可视化的进度标志

一般情况下，一个活动由多个操作行为组成，为了让社群成员更好地看到自己的操作进度，应该在每一个操作之后给予参与活动的社群成员一个反馈，例如在进度条上显示数字 +1。

社群成员看到自己的操作成功且已被记录，对他也是一种精神激励。

另外，在很多活动页面上，会在头部展现“已有 12345 人参与”的字样，这个数字还会随着时间推延不断被刷新。如此在活动页面上展示出大家广泛参与的气氛，也比较符合中国人喜欢热闹的心理，可以刺激尚未参与活动的社群成员更加热情地参与到活动中来。

线上活动的步骤

一场完备的线上活动，一般包含了 8 个步骤（如图 7-4）。

一、活动目的

在活动开展前，应该明确活动开展的目的，这是活动开展的基础。

在这个过程中，应尽量将活动目的数据化，形成一个很直观、可量化的指标。只要把握好活动目的，也就把握好了策划活动的起点和思考的源头，这样才会在后续的活动步骤中有据可依，不偏离方向。

二、活动形式的策划

如果说目标和时间就相当于给活动画了一个框，那么活动形式的策划就是在这个框里添加更加详细具体的内容。活动策划的核心就是，要明确组织什么样的活动。

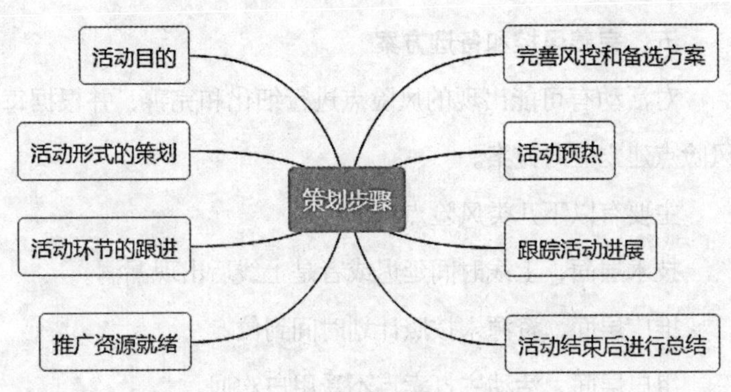

图 7-4　策划线上活动的 8 个步骤

三、活动环节的跟进

运营人员对活动全权负责，无论是PM落地、UI设计、RD开发上线，还是申请资源、对外合作等，运营人员要对各个环节进行跟进，对最终的效果和时间点着重关注。

四、推广资源就绪

往往推广渠道决定了活动效果，对上线排期、物料设计和数据统计都需要在活动上线前就准备好。

推广资源包括站内资源和站外资源两种。

站内资源，主要包括了资源位、push、系统通知等已有渠道，或是精准用户群的定向推送。

站外资源，一般需要付费购买或者资源互换。找到与活动更为匹配的产品做推广合作，比站内有更好的转化率。

此外，站外渠道还包括应用市场和Appstore。在应用市场上可以合作申请首发、有奖活动、专题、付费购买推荐位等项目，在Appstore上可以对项目进行刷榜。

五、完善风控和备选方案

对活动有可能出现的风险点进行细化和完善，并根据每个风险点建立应对方案。

主要有以下几类风险点：

技术层面，上线时间延迟或者是上线后出现漏洞。

推广层面，资源未按照计划时间到位。

用户层面，活动主打卖点不受用户欢迎。

法律层面，出现违法违规行为，例如侵犯消费者权益等情况。

作弊漏洞，被用户找到活动的规则漏洞，例如进行刷楼、灌水等行为。

六、活动预热

线上活动大概只有一到两天的爆点时间，即使时间很短暂，也要有前期的预热和后期的收尾，这也反映出了对活动节奏的把控。

一个活动能否迎来爆点，以及能达到多高的爆点，和活动预热的关系极为密切。

最简单的就是直接告知活动上线时间。而复杂的预热方式，投入了更多的推广资源，还加入了种种噱头的元素，提前吸引社群成员的兴趣，促使社群成员关注。

七、跟踪活动进展

经过上述流程后，活动终于上线了。活动组织者的主要职责也转移到了效果监控上，让活动始终在预期轨道上运行，并且对将要产生偏差的情况，及时进行调整。

八、活动结束后进行总结

这个步骤在本章第二节里的“活动复盘”已有阐述，在此不再展开。

必要的线下活动

线下活动的开展，有利于社群成员将线上虚拟世界的交往落地到现实生活，进一步增强成员对社群组织的认同和信赖，为社群培养一批“铁杆粉”“死忠粉”。总的来说，举报线下活动有 4 个益处（如图 7–5）。

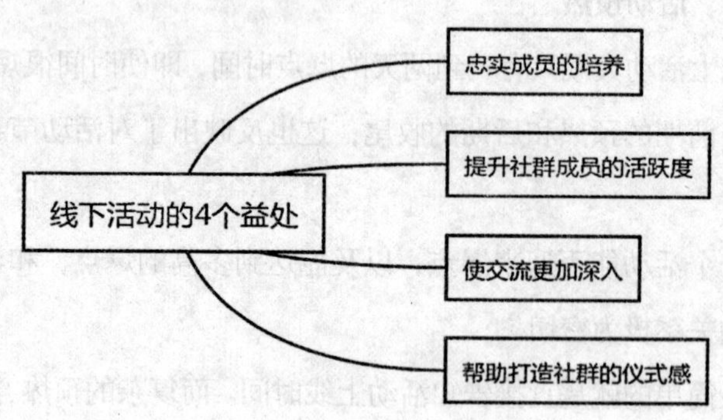

图 7–5　线下活动的 4 个益处

一、忠实成员的培养

想要培养出忠实的社群成员，就要通过组织好线下的活动，为社群成员输出有价值的内容，为他们提供学习交流，以及拓展人际关系的机会。

归根结底，就是让社群成员感受到社群可以给他们带来一定的价值。只有让社群成员感觉在社群里可以得到收获，才会对社群线下活动感到认可并参与进来，这也是培养忠实社群成员的前提。

二、提升社群成员的活跃度

对于传统的社群来说，一般的生命周期只有三个月时间，然后就会逐渐变得沉寂直至解散。只有想办法主动刺激社群成员在群里保持活跃的气氛，才能使这个问题得到解决，而解决的最好方法就是开展线下活动。

运营者不仅可以通过线下活动和社群成员进行直接交流，还可以促使社群成员之间也产生直接交流。只有让社群成员间建立一定的情感和信任，才能使社群气氛保持活跃，这样我们的社群就不至于陷入沉寂的被动局面，极大地保障了社群的活跃度。

三、使交流更加深入

人具有群居属性。即使如今有了虚拟现实技术，人们对团体性的追求还是不可消除的，这也侧面反映出了，为什么在电商盛行的行业背景下，实体商业购物中心的地位仍然岿然不动。

人们与其他人在一起时，能产生更丰富的互动体验。即使如今信息传递越来越便捷，但人们在交流的时候还是有这样的体会：打文字不如发语音，发语音不如视频，视频不如见面。

因此，无论组织多少场线上分享，都不如线下社群成员的一次简单碰面产生的互动性强烈和深入。

四、帮助打造社群仪式感

社群是一些有着共同价值观和爱好的人聚集在一起的组织。

通过某个固定的时间和固定的地点，安排这些有着相同认知的人，进行一件固定模式的活动，不仅可以培养成员对社群的归属感，还可以让社群变得更加有仪式感。

腾讯作为国内的最大互联网公司，依靠的是其庞大的QQ、微信用户群体，而其每天与用户的线上互动以万亿次计，同时使用腾讯产品的社会群体也在不断增加。

但腾讯并未止步于此，他们还时不时举行线下活动，在现实生活中与使用腾讯产品的社群成员进行面对面接触、交流等。以此促进社群成员的忠诚度，从而将企业的整体形象进行抬升。

那为什么这么强大的一家互联网公司，已经拥有那么雄厚的网络平台，却还要频频开展线下活动呢？这是因为腾讯很了解新时代、新市场的局势，新时代的人固然很依赖互联网，喜欢在虚拟的世界“畅游”，但他们始终是活在现实中的人，因此他们就离不开现实，所以线下活动非常有必要。

试想，一个用户在网上玩太久，困了、累了，那么他很可能想在现实中找到一点“归属感”。而这时候，如果企业正好举行一个线下活动，他去参加了，就正好满足了他在现实中的需求，而他肯定会为这个企业的这次活动“点赞”，成为该企业的忠实拥趸，毕竟新时代的人总是很在乎自己的“参与感”，而社群成员的参与，是企业扩大营销市场的有力保障。

2014年5月10日，腾讯电脑管家联合联想服务举办“电脑清理日”活动，而在电脑清理日当天，腾讯电脑管家会在北京、上海、广州、深圳、杭州、宁波等多达50个城市举行线下活动，免费帮助用户对电脑进行SPA。提供的服务有清理键盘、电脑除尘、清理缓存、优化升级系统、硬件检测、重装系统等。

只要在活动当天，用户的电脑如果存在问题，都可以将其带到活动现场进行解决，电脑管家将不限品牌，不限型号地免费提供服务，帮助用户解决问题。

腾讯电脑管家的这次线下免费清理电脑活动仅在 5 月 10 日当天就有 500 多万人参与，其中只有一部分人的电脑有问题，另一大部分人可以说是去“凑热闹”的。因为作为一直关注腾讯的社会群体，他们很注重自己的参与感、存在感，而这次线下活动正好为他们提供了通道，因此，参与的人数才会这么“惊人”。

而经过这次活动后，腾讯发现电脑管家产品的被使用率大幅度上涨了，原因很简单，是这次线下活动带来的效益。这次活动不光是为自己“招揽”了更多的拥护者，提高了用户的忠诚度，而且也大程度曝光了自己的产品，加上社群成员帮忙宣传等，腾讯的产品及企业的整体口碑有所上升。

现如今，很多企业都认识到了线下活动的重要性，并且也看到了线下活动中社群成员所起的作用。

无论是苹果公司的发布会、锤子手机的发布会、果壳网举行的“万有青年烩”，还是著名游戏公司暴雪娱乐旗下的“魔兽世界嘉年华”等的线下活动，甚至就连传统企业中粮集团有限公司也拥有自己的“粮粉团”。

让社群成员在企业的现实活动中找到自己的“存在感”和“荣誉感”，这对社群成员来说很重要，同时对企业来说也很重要。现实中的活动，让企业与社群成员的距离更近，社群成员更加信任企业，会帮助企业在营销之路上提供宣传推广、驱除不良口碑等免费服务。

线下活动的步骤

相对线上来说，线下活动更为烦琐。一场完备的线下活动，可以拆分成 10 个步骤（如图 7-6）。

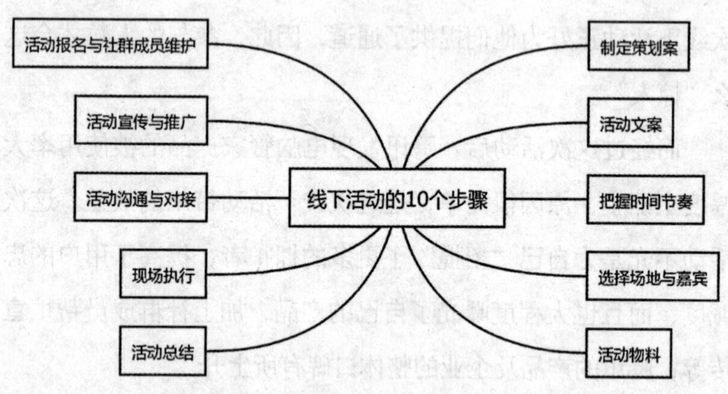

图 7-6　线下活动的 10 个步骤

一、制定策划案

在一项活动开展前，需要先制定相应的策划案，在制定的过程中，应该包含以下重点：举办活动的时间、举办活动的地点、参与活动的人员、活动主题、活动目标。

在策划案中，活动目标是最为重要的一点。一般情况下，活动目标都围绕着名与利两种。一旦活动目标设定后，就要根据活动目标去对活动预期效果及活动风险有一些预计和判断，可以对正常活动起到很好地把控作用。

二、把握时间节奏

对于一场线下活动而言，最难把握的就是时间节奏，因为现场可能出现种种意想不到的突发性事件，导致活动时间提前或错后。

最常见的，比如请了某位大咖来现场做演讲。但是对方由于飞机晚点或堵车等，导致到达的时间将比预计时间晚半个小时。这时，就需要活动组织者体现想好预案，妥善应对，以免活动中间出现尴尬的空档，又延误后续环节的进行。

因此，制作一个时间进度表显得尤为重要，将每个任务的时间段、责任人，以及跟踪落实情况体现在上面，可以让全员保持默契配合，让活动的开展井井有条。

这是一种十分简单的执行方式，需要主负责人制作一个Excel表格或其他协同办公软件，将重要的事项体现在上面，并分配给相关人员，让大家及时记录和汇报。

三、选择场地与嘉宾

场地和嘉宾的选择对于一些线下沙龙、会议、讲座等活动而言尤为重要。在活动开展前，一定要确定好场地和嘉宾，考虑好相关细节，否则活动周期和节奏都会受到一定影响。

我认为，在场地的选择上可以考虑以下几个因素。

价格：一定要尽量控制场地的价格成本，可以考虑用资源置换的形式免费获得场地。也可以采用搭载资源置换的形式去压低场地价格，从而获得场地。

空间：活动的空间一定要足够容纳活动预期人数。

交通：尽量选择交通便利的场所，可以首选地铁附近的场地。

设备：首先需要了解场地现场是否能提供音响、话筒、LED 屏幕、桌椅等一些会议必备的设备，这些作为优先选择的条件。

然后是嘉宾的邀请。一般情况下，挑选一个有影响力的人来做分享，可以吸引到更多的人来报名参加活动，具体可以采取以下方式。

第一步：利用“六度空间分割”理论，以及与活动主题高度相关的内容，去筛选出行业内较为出名的个人或者企业。

第二步：与筛选出来的嘉宾做面对面的沟通交流，从他的业务经验、个人履历来判断他是否可以胜任嘉宾这一角色。

从某些方面来看，当你有了一定的人脉资源，会有更好的嘉宾选择，因为平时可以多交朋友，积累一些人脉资源。

当这些活动前期的细节都完善之后，就要正式进入活动准备阶段了。在这个阶段，需要对活动进行广泛宣传，以吸引更多的人来报名参赛。

四、活动文案

想要吸引到社群成员报名，最重要的就是有一份好的活动文案。

目前，简单粗暴版和故事引入版的活动文案都是业内比较流行的形式。

所谓简单粗暴版的文案，就是不需要做过多的文案设计，用平实的语言打动对方。一般情况下，这种活动文案都没有太高的阅读量，是通过清晰明了的方式实现社群成员的高转化率。

而故事引入版的活动文案，比较偏向软文，一般是在开头讲述各种励志故事、心灵鸡汤或者干货，在引起对方强烈兴趣的时候，猝不及防地插入活动报名海报。在合作推广的平台上比较适合发布此类文案。

还有一点需要注意的是，如果你的活动报名渠道需要在第三方报名平台上发布的话，由于平台对活动进行审核的原因，需要考虑到时间差的问题，因此建议提前在报名平台上发布活动信息。

五、活动物料

对于一场沙龙活动而言，需要很多的活动物料。在活动的各个环节，各个时期内，都需要物料的准备工作。

一般情况下，物料的准备工作要根据活动类型和团队规模做出适当的删减和扩充，其中必须有的物料是活动海报、现场易拉宝以及邀请函。

由于一些团队没有设计师，或者经常遇到设计师很忙的情况，建议活动组织人员学习一些制图软件的应用，以及平面设计的技巧，在关键时刻可以自己上阵，以免活动时间的节奏被打乱。

六、活动报名与社群成员维护

社群成员维护一般在接受社群成员报名后就开始了，这样提前做的目的，一是能对参加活动的社群成员有所掌握和了解，二是经过维护后的社群成员能增加活动的到场率。

七、活动宣传与推广

对于整个活动而言，现场执行和宣传推广是两大最重要的板块。

宣传推广可以吸引更多的人来报名参加活动，还可以引发行业内对此次活动的关注，从而提高品牌的知名度。

八、活动沟通与对接

活动沟通与对接基本上贯穿于整个活动准备期中，这包括了与嘉宾、场地、合作方等各方做对接。

在对接的过程中，经常遇到一种对方拖延的情况，对允诺的事项不能按期完成和交付，这会大大地拖慢整个活动的进度和效率。

最好的解决方法是，及时按照时间进度表进行跟催，如果多次跟催依旧无果的话，只能向上级汇报，让管理层做进一步沟通。

九、现场执行

活动前期将各项工作准备完毕，会大大地减轻活动当天的压力，这样可以把注意力更多地集中到活动细节上。

例如：在一些线下讲座、会议、沙龙等活动当中，可能会出现人员混乱密集的情况，这样就需要安排一个专人，负责现场秩序的把控和维护。

活动过程中还要注意维护气氛的活跃度。尤其是在沙龙活动中，对活动气氛的要求更高。当嘉宾发完言，要能及时得到听众们的反馈。一般情况下，这十分考验嘉宾和主持人的业务能力，嘉宾要善于抛梗，主持人要善于调动气氛。

另外，在一些容易产生失误的小环节也需要多加注意，比如在活动开始时，为了方便大家能快速找到场地，要做相应的指示；当上一个嘉宾发完言后，要及时调出下一个嘉宾的PPT；提前教会嘉宾遥控笔的使用方法等。

所谓细节决定成败，只有把这些小事做好，才能打动人心。

十、活动总结

活动的结束并不代表工作的结束。这时候最重要的工作就是对活动进行及时的总结。活动总结可以帮我们总结经验和成败，为下一次开展活动奠定基础。

可以邀请现场执行的工作人员一起参与活动的总结讨论，提出活动中的不足之处以及改进的建议。这时候要集思广益，多多听取参会人的意见，保证总结的全面性。

案例：《大圣归来》是怎么火的

2015 年 7 月 10 日，一部名为《大圣归来》的国产动画片在全国的电影院进行首次放映，相比于同期上映的电影，《大圣归来》做的宣传是最少的，也没有强大的明星效应，因此在首映当天，票房收入并不理想。

但是随着上映时间的推移，不温不火的《大圣归来》凭借着良好的口碑效应成功逆袭，豆瓣评分高达 8.3 分（如图 7-7 所示），首日票房占比不到 10% 的它，到第五日票房占比已经超过 20%，总票房已突破 1.8 亿，成功把同期上映的电影压在脚底，成为一匹脱颖而出的黑马。其实这部电影从首日的低迷变成黑马，背后一直离不开粉丝，离不开良好的口碑。

图 7-7 《大圣归来》豆瓣评分

在《大圣归来》这部电影首映当天，制片商显然很了解当时市场的形势及消费者的心态，因此在天鸽互动旗下 9158 及新浪 SHOW 平台开设"大圣归来"话题聊天室，这两个网站的"驻扎者"的年龄分布比较均匀，而这部影片也适合各阶段年龄的人观看，因此制片商才选择在这样的网站开设与消费者互动的通道。

他们在聊天室将影片的优点展示给广大社群成员，帮助社群成员进行解读，接受社群成员反馈等，社群成员看完电影后可以在聊天室进行讨论、写影评等，这样制片商成功与社群成员建立感情，拉近关系，黏住粉丝，形成良好口碑后，再“利用”社群成员帮忙进行“告之而广”，影片便受到越来越多人的关注，再加上影片本身优良的品质及良好的思维，便受到更多人的青睐，从而拉大消费，创造票房神话。

天鸽 9158 平台一位网友看完电影后，在聊天室写道：“马脸的孙悟空丑帅丑帅的，唐僧是一个年幼的无敌话痨小和尚，简直萌爆了，画面配乐很中国风，绝对颠覆五毛特效。”

看得出来，这位消费者肯定是年轻一辈，紧跟时代的步伐，从话语间可看出其时尚又不拘的性格。也有网友给出这样的影评：“这是一部不可不看的国产良心剧”，“前面部分适合小孩子看，后半部分着重感情，适合大人看”，“伴我同行的不是哆啦 A 梦，而是齐天大圣孙悟空”，“我的意中人是个盖世英雄”等。每个消费者心中都有自己的“哈姆莱特”，然后纷纷奔走相告，成了名副其实的品牌传播者。

可以看出，该片制片商在营销策略上取得了很大的成功，它抓住了新时代人的心理，抓住了社群成员的心，与社群进行互动，让大家信任、依赖自己的品牌，形成良好口碑后，营销之路便如履平地。

其实不只是电影业，其他行业的营销也是大同小异。在WEB3.0时代,必须深入了解消费者的特点,在关键点找突破口,寻得自己的社群后，建立沟通通道，进行互动，再让社群帮助自己营销，这样，营销工作才能取得预期的效果。

霸屏营销

跨界营销

KUAJIE YINGXIAO

向阿琴　曾 泽　杨朝平◎著

花山文艺出版社

河北·石家庄

图书在版编目（CIP）数据

跨界营销 / 向阿琴，曾泽，杨朝平著 . -- 石家庄：
花山文艺出版社，2020.6
（霸屏营销 / 陈启文主编）
ISBN 978-7-5511-5151-1

Ⅰ . ①跨… Ⅱ . ①向… ②曾… ③杨… Ⅲ . ①市场营
销学 Ⅳ . ① F713.50

中国版本图书馆 CIP 数据核字（2020）第 079885 号

书　　名：霸屏营销
　　　　　BAPING YINGXIAO
主　　编：陈启文
分 册 名：跨界营销
　　　　　KUAJIE YINGXIAO
著　　者：向阿琴　曾　泽　杨朝平

责任编辑：郝卫国　董　舸
责任校对：卢水淹　张凤奇
封面设计：青蓝工作室
美术编辑：胡彤亮
出版发行：花山文艺出版社（邮政编码：050061）
　　　　　（河北省石家庄市友谊北大街 330 号）
销售热线：0311-88643221/29/31/32/26
传　　真：0311-88643225
印　　刷：北京一鑫印务有限责任公司
经　　销：新华书店
开　　本：850 毫米 × 1168 毫米　1/32
印　　张：30
字　　数：900 千字
版　　次：2020 年 6 月第 1 版
　　　　　2020 年 6 月第 1 次印刷
书　　号：ISBN 978-7-5511-5151-1
定　　价：149.00 元（全 5 册）

前言 Preface

立白 vs 杜蕾斯，Breitling vs Bentley，星巴克 vs 优衣库，网易云音乐 vs 农夫山泉……从洋货到国产，从“鼠标”到“水泥”，一些风马牛不相及的品牌间的合作让市场眼花缭乱。

两种（或多种）品牌，一场战役！

当两个在不同领域的品牌，在共同品牌价值观的引领下，通过资源及技术的相同，完成品牌价值扩大的营销行为，即是跨界营销。所以表现自由及自我个性的 UT 找到了 Pharrell Williams，想要为客户提供更好体验的招商银行联手 Caffebene，奥迪携手漫威联合打造 TT 复仇者联盟限量版。在跨界营销的帮助下，这些耳熟能详的品牌，在彼此的领域焕发出全新生机。

随着网络消费体系的日渐完善，消费者也变得理性成熟起来，如今普通的广告与促销活动已经不足以吸引消费者的目光，急需一种新的营销方式，让品牌从激烈的市场竞争中脱颖而出。

“零售女王”厉玲曾在《永远的零售》一书中指出，零售的本质并非坪效、黏合度、现金流、流量等。零售的本质其实很简单，就是把商品卖给消费者，而销售的方式并不是固定的。

而跨界营销恰恰颠覆了传统上品牌各自为战的营销思维，成为一种新型营销方式。通过跨界营销，各大品牌可以打破彼此之间的壁垒，共同寻求契合点，实现品牌的联动效应。

“跨界”代表一种新锐的生活态度与审美方式的融合。跨界合作对于品牌的最大益处，是让原本毫不相干的元素，相互渗透，相互融合，从而给品牌营造一种立体感和纵深感。

本书通过对各个行业跨界营销经典案例的全面解析，向读者深入透彻地展示跨界营销的全貌，希望能够起到抛砖引玉的作用，启发广大企业营销人员开阔思路，探索跨界营销的更多可能。

作者

2020 年 1 月

01 互联网发展史——边界消亡，跨界崛起

互联网的起源与关键技术突破…002

呼啸而来的无边界时代…006

跨界思维：系统重组，木匠一样能当好裁缝…009

商业社会的必然与跨界…012

跨界营销的前世今生…018

跨界营销的七大原则…021

常见的跨界营销方式…026

02 行走在时代尖端——互联网行业的跨界营销

网易云音乐 × 亚朵轻居…030

网易云音乐 × 屈臣氏…032

网易云音乐 × 三枪…036

抖音 × 光大银行…040

腾讯 × 肯德基…046

QQ 音乐 × 故宫…052

03 跳动齿间的文化符号——食品行业的跨界营销

麦当劳 ×《魔兽世界》…056

新辣道鱼火锅 ×《小时代 3》…059

德克士 ×《绝地求生》× Family Mart…064

德芙 ×《恋与制作人》…068

奥利奥 ×《权力的游戏》…071

04 浅入喉，深入心——饮料行业的跨界营销

旺仔牛奶 ×《光明大陆》…076

可口可乐 ×《复仇者联盟 4》…079

康师傅绿茶 ×《小绿和小蓝》…083

王老吉 ×《风暴英雄》…089

星巴克 × 阿里巴巴…091

瑞幸咖啡 × 腾讯…098

05 有情怀的科技范儿——电子产业的跨界营销

华为 nova 2s ×《纪念碑谷 2》…104

kindle × 故宫…109

华为畅享 7× 肯德基…112

06 靠"有趣"收割少女心——化妆品行业的跨界营销

御泥坊 × 周黑鸭…118
百雀羚 × 喜茶…120
菲诗小铺 × 可口可乐…124
美加净 × 大白兔…126
气味图书馆 × 大白兔…132
珀莱雅 × 中国国家地理…137
M·A·C×《王者荣耀》…139
资生堂 ×《美少女战士》…145

07 被玩坏的创意梗——酒类产品的跨界营销

泸州老窖 × 气味图书馆…150
江小白 ×《后来的我们》…153
RIO× 六神花露水…157
RIO× 英雄墨水…161

08 营销界的“泥石流”——意料之外的强强联合

卡地亚 × 故宫…166

安踏 × 故宫…169

路虎 × 中国国家地理…171

ofo × “小黄人”…174

Asics Tiger × MY LAB…181

01

互联网发展史

——边界消亡，跨界崛起

伴随互联网的全面渗透，企业之间、行业之间的疆界正在被瓦解打破。一部分野蛮人出其不意地“跨界打劫”，另一部分聪明人合作互补“跨界营销”。这是一个超过万亿美元的巨大商机，也是一次产业格局大洗牌的机会。你准备好了吗？

互联网的起源与关键技术突破

萌芽于 20 世纪 60 年代的互联网，在某种意义上是由美苏之间冷战引起的。美苏冷战的升温，让科技的进步成为两个国家在这场冷战中能否取胜的关键因素，而科技的发展，在很大程度上依赖于互联网的发展。在两个超级大国的引领下，整个社会都表现出对互联网的高度重视，以共享、互联为特征的计算机互联网开始呈现出快速发展的趋势。到 60 年代末，互联网已经得到很大程度的发展。

1968 年，美国国防部高级研究计划局组建了一个名为“ARPANET（阿帕网）”的网络，第一期工程有 4 个节点，分别是加利福尼亚大学洛杉矶分校、加利福尼亚大学圣芭芭拉分校、斯坦福大学和位于盐湖城的犹他州州立大学。

最早的电脑之间的数据传输是一个只有两个字母的信息传输，这两个字母是“L”和“O”。1969 年 10 月 29 日晚上 10 点 30 分，一条包含五个字母的单词“Login（登录）”从加利福尼亚大学洛杉矶分校传递到了斯坦福大学。在键入“LO”两个字母之后，计算机的仪表显示系统崩溃，通信无法继续进行，世界上第一个计算机之间信息传输的试验宣告结束。

这个试验是最早的计算机之间信息传输的萌芽，虽然仅仅传送了两个字母，但是，实现了计算机之间数据传输从 0 到 1 的突破，证明了计算机之间可以实现数据共享。

一年后，传输系统扩展为 15 个节点，再扩展到 18 个节点，再到 29 个节点。1973 年 6 月，ARPA 网跨越大西洋，接通了美国之外的第一个节点挪威地震台阵。同年 9 月，英国伦敦大学也连接了阿帕网，网络正式扩展到了世界范围。

20 世纪 70 年代，互联网开始走向实用，进入扩展的关键时代。电子邮件成为互联网第一个杀手级的应用，可以说互联网是建立在电子邮件应用基础上发展起来的。

20 世纪 80 年代，是互联网发展的黄金时期。一方面，美国、欧洲及紧随其后的亚洲各国高校，对计算机网络的研究和开发，如雨后春笋般涌现出来，网络的应用和协议、规范均呈现出百家争鸣的场景。在这场大战中，作为与美国国防部的阿帕网（ARPANET）相呼应的民间网络，NSFNET 在众多网络中胜出。而网络传输协议的胜出者，是由阿帕网制定的 TCP/IP 协议。另一方面，互联网的使用不再仅限于使用电脑的专业人员，而是有更多的学术团体、企业研究机构甚至个人用户加入其中，电子邮件、BBS 和 Usenet 开始普及，成为人们经常使用的应用程序，全球学术界通过这些应用程序，形成了全球范围的大联网。

1987 年 9 月，中国发出了第一封电子邮件，这封电子邮件，由中国兵器工业计算机应用研究所发送，邮件内容是“越过长

城，走向世界”，邮件用英德两种文字书写。这封电子邮件的发出，标志着中国与国际计算机网络领域的链接，是中国互联网发展的里程碑。

20 世纪 90 年代，万维网诞生，商业开始进入网络，推动着互联网走向大众。浏览器、门户网站、电子商务等应用，开启了互联网发展的第一次投资热潮。

1991 年，万维网（World Wide Web）的发明者蒂姆·伯纳斯·李，将万维网项目简介对外公布，这是万维网公共服务在互联网上首次公开亮相。1993 年，蒂姆·伯纳斯·李放弃专利申请，这就意味着万维网对所有人免费开放，从此，www（World Wide Web 的缩写）成为全世界人民的免费网络。

也是在 1991 年，美国三家分别经营着自己网络的公司，组成了“商用 Internet 协会（CIEA）”，宣布用户可以把它们的 Internet 子网（CERFnet、PSInet 和 Alternet）用于任何的商业用途。这对于商业来讲绝对是一个好消息，商业终于可以堂堂正正地进入 Internet。

商业是最具有灵敏嗅觉的，商业一进入，立刻发现了这一陌生世界的无限潜力。通讯领域、资料检索、客户服务……有了互联网的加入，让这些领域繁杂的工作和关系处理起来更加方便。有需求就要发展，巨大的便利促进了资本向互联网领域倾斜，互联网的发展一发不可收，世界各地无数企业和个人纷纷涌入，让 Internet 的发展形成了一个新的飞跃。

商业的进入使互联网从学术领域转向实用，互联网进入到人们的日常生活中，作用和服务于人们的日常生活，人类社会进入消费互联网时代。随着互联网的继续发展，互联网越来越普及，在很多地区已经成为人们日常生活的标配。

当互联网成为一种基础工具的时候，互联网的便利也随之带来了人们消费观念的改变，人们的消费观念开始升级，对产品和服务有了更新更高层次的需求。消费市场开始从吸引流量，留住 C 端，转为从 B 端入手，对 B 端产品进行改进和创新，商业社会正在进入产业互联网时代（如图 1-1 所示）。

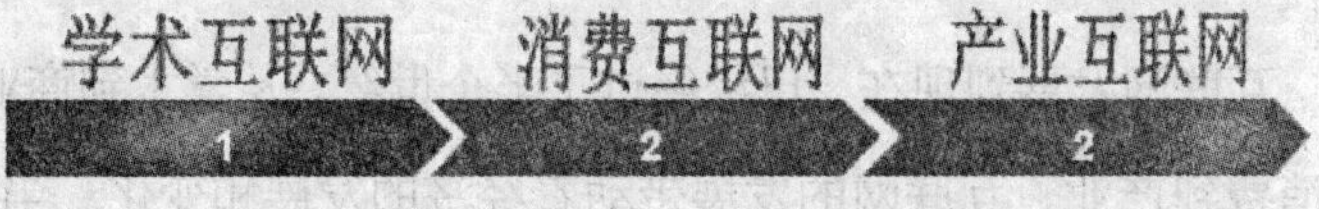

学术互联网　消费互联网　产业互联网

1　2　2

图 1-1　从学术互联网到产业互联网

2016 年，美团网 CEO 王兴在其公司内部第一次提出互联网下半场的概念，指出经过三十年的时间，中国经济已经吃光了人口红利。互联网公司的发展，不得不从追求速度和规模的横向发展，转向追求创新和深度的纵向发展，也就是互联网下半场。

同年，在乌镇举办的互联网大会上，王兴再次提出互联网下半场的概念，得到了众多互联网大佬的呼应。马云、马化腾、雷军都纷纷表示，不再把销售额的具体增长数字作为企业发展的一项关键指标。

随着互联网的快速发展，互联网早已超越了其最初单纯的技术属性，拥有了技术、文化、社会等多方面的综合属性，深度改变着社会的运行法则。在未来的社会发展中，无论是带有明显互联网痕迹的新兴互联网企业，还是不断寻求改变、正在与互联网接轨的传统企业，都不再能脱离开互联网，整个商业社会将通过无处不在的互联网，形成一个万物互联的生态网络，每家企业都将成为网络上的一个部分或者一个节点，在新的运营法则的接管下，以一种更新的运营方式前行。

呼啸而来的无边界时代

互联网发展到现在，已经经过了半个世纪。从学术到商业，从消费到产业，互联网的发展带动着经济的发展和变化。当人口红利消失，流量不再是商业竞争的唯一渠道的时候，更多新技术的加入，打破了不同行业、不同领域之间的界限，把很多的不可能变成可能。下面来看一下这几个场景：

你每天都在看的今日头条的新闻，其中有 50% 左右的信息是广告；中石油、中石化的加油站，在中国有两万五千家便利店，是中国规模最大的便利店；看起来针对城乡下沉市场的拼多多，卖起 Apple 来一点都不含糊……这些企业到底在卖什么？它们没有改变行业，却提供了更多的服务……

其实，就像这几个例子一样，越来越多的行业、企业不再提供单一服务，而是根据用户需求，把垂直行业变成综合服务，形成一种跨越边界的合作与共生。

1. 无边界是一种跨领域跨行业的多层次合作

所谓无边界，简单来讲，就是打破不同领域、不同行业、不同生态圈之间的界限，让不同的行业、领域、人群之间形成一个跨行业、跨领域甚至跨越生态圈的生态合作。对于商业而言，就是挖掘同一属性的用户多方面、深层次需求，针对这些需求，提供不同的产品和服务。无边界时代，商家提供的产品和服务，不再是单一的、垂直的，而是多元的、复合的。

加拿大有个著名的马戏团——太阳马戏团，它最早是通过驯化大型动物进行极限表演来吸引观众的。所以，舞台上的表演只有驯兽师和大型动物。这样的表演虽然很吸引观众，但是，却不能够吸引观众多次来看，加上大型动物的驯化和搬运成本都非常高，所以，马戏团的经营面临崩溃。后来，马戏团改变了原来的思路，把大型动物表演改成了小型动物和人类一起表演，不仅降低了大型动物的驯化和搬运成本，而且几乎每场表演都有新的元素加入，对观众有了更强的吸引力，观众从原来一年看一次变成一个月看一次，马戏团甚至还有了自己的粉丝团，跟随他们的每一场演出。

虽然这样的演出看起来有点四不像，但是，他们的表演给观众带来了狂欢，观众愿意为这样的四不像买单。

这就是无边界。人们之所以给行业分类，是因为行业之间有界限，一个行业不能够完成其他行业的事情。行业边界实际上是一种行业的不可能，当科技的创新让行业的不可能变成可能的时候，行业边界就会变得越来越模糊，直至没有边界。

自如是一家从事房屋租赁和装修的O2O企业，2015年，其管理方式被作为哈佛商学院的案例。从房屋租赁开始，自如的服务项目还包括了装修、保洁、搬家甚至更深层次的服务。

其实，像自如这样的公司越来越多。你分不清他们到底是卖产品还是卖服务、卖内容，围绕同一个用户群体，深层次的挖掘他们的需求，客户需要什么，企业就增加什么产品或服务，来满足用户的需求，把用户深度锁定。

无边界时代，变得跟以前的商业模式不一样，你以为的不再是你以为的那样。那么，是什么契机让经济社会进入了无边界时代呢？答案是科技。

2. 科技的发展让边界越来越模糊

互联网的快速发展，更多新技术的加入，将在全球领域形成一个万物互联的状态，不同行业、不同领域、不同生态圈之间将打破边界障碍，形成无边界交流和共享。这些新的技术可以简单概括为ABCD5这样五个部分。也就是A：人工智能（Artificial Intelligence）、B：区块链（Block Chain）、C：云计算（Cloud Computing）、D：大数据（Big Data）、5：

5G。

互联网的高速发展，催生出更多新技术，把更多的不可能变成可能，商业社会行业、领域、企业之间的边界越来越模糊，一个借助互联网发展而来的无边界商业社会正在呼啸而来。

跨界思维：系统重组，木匠一样能当好裁缝

什么是跨界思维?

所谓跨界思维，即以大世界、大眼光、多角度、多视野地看待问题并提出解决方案。如，过去的商业模式叫羊毛出在羊身上，你在羊身上当然能找到答案，这叫传统的平面思维。现在的商业模式叫羊毛出在牛身上，猪来埋单，这叫跨界思维。

再比如，用互联网的思维做手机，用互联网思维做金融，用媒体思维做商业，这就是跨界思维。

可见，跨界思维的核心是颠覆性创新，且往往来源于行业之外的边缘性创新，要跳出行业看行业，建立系统的、交叉的思维方式。

跨界思维方式不仅代表着一种时尚的生活态度，更代表着一种新锐的思维特质。它注重思想的自由，思维的灵动。思想自由，则目光如炬；思维灵动，则意到神随。而欲达自由、灵动之境，跨界必先拆除思想的藩篱、打破思维的界限。这不仅是跨界思维本身的要求，也是这个时代对企业家的要求。

跨界首先要跨思维，跨界思维包含四点（如图 1-2 所示）。

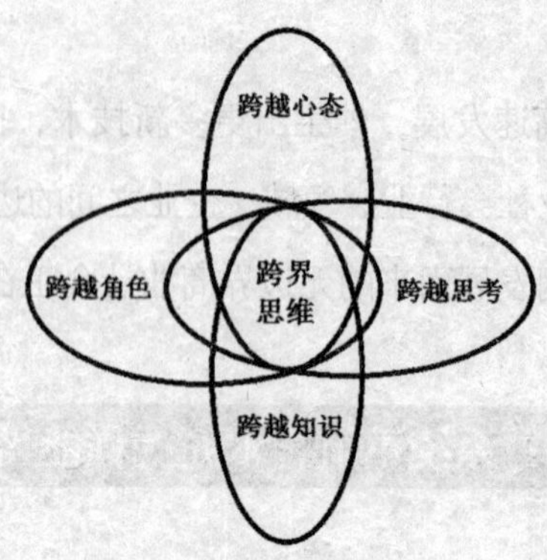

图 1–2　跨界思维的养成

1. 跨越“职业心态”之界

所谓跨越职业心态之界，是用积极阳光的职业心态去看任何问题，切不可因“此界”（自己的企业）或“彼界”（要跨入的领域）的不尽如人意而烦恼，这是个基本态度。

成功的跨界者总有办法实现其职业目标，哪怕有时不同的目标互相冲突或有所重合。尽管各种选择有不同的驱动力，但其背后都隐藏着创造“公共价值”的欲望。政界的公共价值是政策目标；商界的公共价值是股东权益。

2. 跨越“角色”之界

一个变革者，要经常“错位”观察与思考，否则会沦为“本位主义”。所谓错位，就是说要善于绕到事物背后审视事情发展，通过线索联结、远距离联想，激活反向思维，错位寻找方案，从而在未知资源状态与目的间架通桥梁。

跨界技能强调跨越组织边界，以全域的视角进行资源整合，但绝不意味着超越自己的职责边界。事实上，以原则为中心，明晰自己的角色义务、角色规范以及上下级的角色期望，并使之最大化地协同起来。

3. 跨越“思考”之界

这一点格外重要！首先要思考全局意义和长远影响，其次要有整体性的思考和跨界整合，最后要越出常规探索新路。

要打破“非此即彼”的线性思维，诚如凯文·凯利在经典著作《失控：全人类的最终命运和结局》一书中指出的那样：我们的注意力应从关注人和物本身，转变到关注人与人、人与物之间的联系上。也就是说，我们不能简单地用部分解释整体，而应该从动态的、情境化的视角审视组织要素（包括人）之间的关系。

4. 跨越“知识”之界

储备最实用的知识，才能让你在需要时，招之即来、来之能战。他们也都准备好离开熟悉的职业，迎接那些可以获得跨领域经验和能力的机会，并承担相应的风险。

社会在不停进步，技术在快速更新。跨界者在职业生涯中总是会不断寻找丰富其知识技能的机会，例如职业训练或到NGO做研究。

正所谓“形而下者谓之器，形而上者谓之道”。思维跨越没有界限，创新才能永无止境。

商业社会的必然与跨界

科技是社会进步的基础，能最快最激烈地促进社会进步的就是科技。科技的发展，让世界每天都在发生着各种变化，这些变化哪些是偶然，哪些是必然？

凯文·凯利在《必然》一书中提到12种必然的科技力量：形成、知化、流动、屏读、使用、共享、过滤、重混、互动、追踪、提问、开始，预测了未来20—30年的必然趋势(如图1-3所示)。

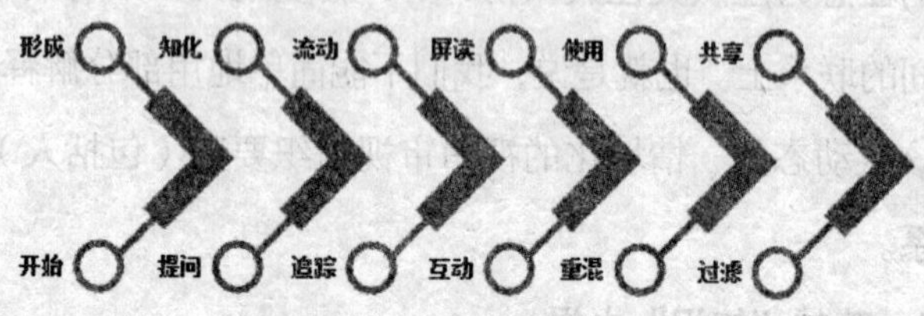

图1-3　12种必然科技力量

1. 形成

在人类漫长的进化过程中，人类的变化是一点一点发生的，其缓慢程度是我们身处其中的时候无法觉察到的，只有回顾的时候，这种变化才显现出来。也就是说，人们经常不能够觉察到一个新事物的“形成”，看不清变化的方向。

互联网的发展也是如此，在我们的不知不觉中，互联网中会有一个又一个新的形成，而且它们的到来，常常让我们猝不及防，不知道会出现一个什么发现。比如：今天的搜索引擎，只要输入关键词，就可以搜索到与之相关的所有链接。但是，对于一段视频中的一个片段内容，还是不能被搜索到，在未来的 30 年中，这样的可能性很有可能会发生。

2. 知化

知化的意思就是把人工智能技术植入普通事物中，让普通事物拥有“智能”。就像作者所说，“知化”是互联网发展的必然，因为它已经近在咫尺。人工智能已经被应用到很多领域，比如：医疗、教育、交通、金融等。而开启人工智能的三大突破是：廉价的并行运算、大数据和更好的算法。

人工智能发展的必然，还表现在它被使用越多，会变得越聪明，而越聪明，会被越多的人使用。所以，人工智能取代人类从事某些工作，成为一种必然，而且人工智能从事的工作会越来越多。

3. 流动

任何事物都有不确定的流动性，一个事物的发展要流向何处，你无法确定。因为在事物流动的过程中，可能会被朝着任意需要的方向改变，产生新的创造力。比如：书籍、电影、音乐在其流动的过程中会被改编，形成一个新的作品。所以，掌握事物发展过程中新的流动性，也是在一个新的领域取得成功的重要因素。

互联网可以拷贝很多东西，但是一些无法拷贝的东西，在其流动的过程中，就会产生出新的价值，创造出无数的可能。

4. 屏读

移动互联网时代，屏读已经无处不在。文字从纸张转移到屏幕，给人们带来了更大的便利，可以升级和搜索的屏幕，有着太多纸张没有的优势。编辑、修改、批注、标记、收藏、分享，屏读在改变人们的阅读习惯的同时，也极大地扩展了人们的阅读量和写作量。

而屏幕文化创造的多彩世界，让世界有了无限的可能。更多的观念被激发，更多的想法被发现。在屏读时代，文字与观点、观念等连接起来，被赋予了更多的使命，改变着这个世界。

5. 使用

未来，事物的使用权比所有权更重要。

互联网的高速发展，让共享成为一种新的生活方式，伴随着优步被越来越多的人认识到，越来越多的共享服务和共享生活方式也层出不穷，一份来自 Vision Mobility, CuriosityCX 和 L.E.K. 咨询 2018 年 12 月提供的第三次新型出行方式年度调查报告显示，中国在过去 2—3 个月的时间里，享受过共享出行的人数达到被调查人口的 54%，在全球的调查者中，有 22% 的人表示，未来一年中他们会更多地使用这种服务。

6. 共享与过滤

互联网的发展，让可以共享的物品越来越多，从来没有被共享过或者人们从来没有想过可以进行共享的东西，在未来都可以以一种更新的方式来共享，获得物品或资源的最大化利用，这是最可靠的事物增值的方式。

在没有边界的互联网上，更多的事物借助通信技术进行共享，催生出贯穿全球一体化经济的无形服务，旨在提升个人的自主性，这是互联网经济时代去中心化的极致表现。

当个体无法为了实现一个更大的目标而共同工作的时候，共享的方式可以加速协同工作的效率，展示出集体的智慧和力量，取得远远超出贡献者个人力量之和的成绩。

因为可以共享的信息太多，我们有限的一生不可能有足够的时间把每个信息都读完，所以需要对信息进行分类和过滤。利用巧妙的算法，可以通过对每个人大量的行为进行汇总分析，找到每个人的喜好和取向，对相关信息进行过滤，提取出有用的信息供人们共享。

7. 重混

重混的意思就是把已有的事物，在重新排列的基础上重新利用。比如：不同的媒介形式根据一定的规则进行重新组合，产生出新的媒介形式。人们在应用新的媒介形式的过程中，再次对不同的新媒介形式，按照一定的规则再进行重新组合，又产生出更新的媒介形式。只要有价值的创作物，都会通过重混，以另外的形式继续出现。比如：经典作品《哈利·波特》，不仅衍生出了不同的艺术形式，更衍生出了很多的周边产品；再比如：大家耳熟能详的电视剧《西游记》，已经成为几代人的记忆，被数次改变成其他的艺术形式，也衍生出若干周边产品。作品越有价值和魅力，越会被更多的人转化，越能衍生出更多的周边产品。

8. 互动、追踪、提问

互联网发展到今天，人类已经和很多设备进行互动，比如语音识别，比如人工智能在很多领域的实时应用。随着互联网的进一步发展，更多人工智能的加入，未来所有的事物都需要互动。如果有什么东西不能实现互动，将会被当作“坏掉”的东西，被排除在互联网之外。

在互动的方式上，人类将拓展更多可以与之互动的事物，给互动的事物添加新的传感器和感官功能，互动发生的区域也将逐渐向人类靠近。最终，人类将会跳入技术本身当中，与设备形成最大限度的互动。

在未来的商业社会，追踪将涵盖人类生活的各个方面。比如：只要做好设定，手机上的计步器会追踪你每天运动的步数，你健身的时候，健身器材会记录你运动时的心率、体重、体脂等指标；你在网上购物，你浏览的物品会被记录并被追踪分析，根据你的消费习惯，系统会根据你的需求自动推送等。每个人自身的一切信息和习惯，都可以成为一个完整的数据库。

在未来，对一个问题的答案将变得廉价，而问题会更有价值，提问将比答案更有力量。

9. 开始

边界消亡后，最为显著的特征是：时空概念无足轻重，信息成为关键资源。正是基于这两个特征，新的更强大的对手已经在跨界打劫你的市场，但你却浑然不知。不是对手比你强，而是你根本连对手是谁都不知道，这是无边界时代最可怕的问题！

互联网打破了旧有的时空概念，为我们创造了一个更加广阔的无边界的新时代。

这是一个跨界的时代，每一个行业都在整合，都在交叉，都在相互渗透。需要思考的是，如果原来你一直获利的产品或行业，在另外一个人手里，突然变成一种免费的增值服务，你该如何竞争？如何生存？

如果不能够深刻地意识到金钱正随着消费体验的改变而改变流向，那么，无论过去他们有多成功，未来都只能够苟延残喘，直到被尘土掩埋。

跨界并不需要专业，创新者以前所未有的迅猛，从一个领域进入另一个领域。门缝正在裂开，边界正在打开，传统的广告业、运输业、零售业、酒店业、服务业、医疗卫生等，都可能被逐一击破。更便利、更关联、更全面的商业系统，正在逐一形成，世界开始先分后合，分的，是那些大佬的家业；合的，是新的商业模式。

你不敢跨界，就有人跨过来打劫，未来是一个“海盗嘉华年”，各种横空出世的马云、马化腾会遍布各个领域，他们两个只是开了个头而已，接下来的故事是数据重构商业，流量改写未来，旧思想渐渐消失，逐渐变成数据代码。大数据时代，云计算的发展，一切都在经历一个推倒重来的过程。

这是一个“我毁灭你与你无关的时代”，这是一个“跨界打劫你却无力反击的时代”，这是一个“如果你醒来速度慢你就不用再醒来的时代”。不是外行干掉内行，是趋势干掉规模！先进的取代落后的！

网络时代，资讯传播速度日益加快，以往的营销手段已经不能满足人们日渐理性的消费方式。于是，一种全新的营销方式应运而生，这就是跨界营销。

那么，究竟什么是跨界营销，跨界营销的意义何在，跨界营销需要遵循哪些原则等问题，我们将在这一章予以解答。

跨界营销的前世今生

与其他所有的互联网新词、新打法一样，跨界营销也是“自古有之”，只是形态略有不同。

跨界营销的“前世”，叫“异业合作”。多年前，山东临沂市的顺和酒行用“异业合作”，在6年内做出60家门店的数量规模。

在前几年，这些酒类连锁门店的作用更多地在于形象展示，利润主要来自看不见的团购。随着限制“三公消费”的政策落地，团购销量便应声下跌。

没了团购，去哪里寻找销量？

一次，酒行创始人马龙刚受朋友邀请到一家健身会馆打球，结识了会馆的老板。得知这个会馆只向会员开放后，他向这个老板提出一项诱人的建议：“我给你带来100个新会员怎么样？”

显然，这是一个难以抗拒的诱惑。

一番商议下来，会馆给了马龙刚 100 张面值 1000 元的健身会员卡，并在健身会馆提供场地作为顺和酒行的形象展示柜台；马龙刚则给健身会馆 100 箱价值 1200 元的白酒，供他们作为会员礼品或招待使用。

在付出了 12 万元的白酒成本后，马龙刚得到了什么呢？

10 万元的健身会员卡作为礼品，送给酒行的贵宾会员，馆内的展示柜也能带动白酒销售。会馆也得到实惠：得到 100 个新会员以及他们所带来的潜在客户，12 万元的酒水作为办卡送酒的礼品，效果非常不错。

就这样，卖酒的和做健身的竭诚联盟，产生了 1+1>2 的效果。

有了这次成功的经验后，马龙刚用类似的方式，与汽车 4S 店、高尔夫俱乐部等会员制的服务机构进行了交换。大家各取所需，皆大欢喜。

“这些正是我的目标消费群体聚集的地方。”马龙刚说。他的酒行获得了与目标消费者直接沟通的机会，会员数量也随之增长。

顺和酒行的这些招数，就是所谓的异业合作。异业合作是指两个或两个以上的不同行业的企业，通过分享市场营销中的资源，以达到拓展业务、降低营销成本的目的。之所以强调是“异业”，很简单，同行是冤家，谁都不会把自己的资源拿出来给同行——那不叫分享，叫自杀。

除了必须是异业外，异业合作的另一个前提是：是合作方的目标消费者部分或者全部重合。若没有交集，合而不作，没有意义。

很多大企业也在进行异业合作，不过他们大多是进行品牌推广上的合作。对于小微企业来说，捆绑销售与渠道资源上的异业合作更为现实与实在。

捆绑销售是一种搭便车的捷径，例如将鼠标垫捆绑在电脑上进行销售，这是最为原始的捆绑。如果拓展思路，如顺和酒行与健身会馆之间看似风马牛不相及的两家企业也可以实现捆绑，因为他们的目标消费者有大量交集。不过，这种捆绑销售不是一种简单的促销，而是着眼于扩大消费群。在前面的故事中，酒行的捆绑销售，无疑会给健身会馆带来不少新客户，而新客户变成续费的老客户是相对容易的。

顺和酒行得到了什么呢？除了 100 张礼品卡能够取得客户好感外，健身会馆给予的渠道资源合作是最大的收获。所谓渠道资源合作，是指让合作企业的产品通过自己的销售渠道进行销售，或者是开放产品展示渠道，为合作企业的产品提供更加宽广的展示平台，通过渠道资源的共享实现自我产品的销售。健身会馆为顺和酒行设置的形象展示柜台，不仅可以带动销售，还是一个很好的广告展位。

就这样，你通过我得到了更多客户，我通过你得到了更多客户；你帮我销售，我帮你销售；你帮我宣传，我帮你宣传。大家各尽所能，各取所需。

异业合作并不需要太大的资金就可以立竿见影，它需要的是你独特的眼光与智慧。

跨界营销其实就是互联网全面渗透后的“异业合作”。恰当的跨界营销，可以增强品牌的纵深感和立体感，让原本毫无关联的元素之间，产生融合与渗透，对于品牌来说有极大的好处。

能够“跨界”的品牌之间，都不会是竞争性的品牌，而是可以互补的。这个“互补”不是指功能上可以相互补充，而是指给用户带来的体验上可以互补。

在日渐激烈的市场竞争中，各种行业之间的交汇、融合以及渗透，让人们很难清楚地对某个品牌或是某个企业认定它们的属性，当下国际上最潮流的词就是跨界，英文是 Crossover，不论是东方的还是西方的，传统的还是现代的，跨界完美融合了审美与一种新锐的生活态度，大有愈演愈烈的趋势。

对于那些能够精准地把握目标消费者特征的品牌，都算得上是优秀的品牌，由于它们的特征是单一的，常常容易受到来自外部因素的干扰。尤其是那些类似的竞争品牌的干扰，在这样的情况下就显得更加明显了。

跨界营销的七大原则

说到底，所谓跨界营销，其究极奥义也是用营销的力量打开消费者内心，一旦跨得过世俗的“界”，就走不出消费者的心了！

事实上，许多企业在跨界营销的具体实施过程中，并不会达到它们预想中的效果，之所以会这样，其中存在着两个主要原因。

第一个原因，企业把跨界营销理解为单纯的联合促销，认为只要是两个不同行业的品牌联合起来进行互助的促销就是跨界营销。

第二个原因，企业在实施跨界营销的过程中，没有对双方各自的品牌、产品、资源和消费群体进行多方位的研究，从而造成跨界营销在实施了之后，无法为企业带来预想中的效果。归纳起来，企业在实施跨界营销时应当遵循七大原则（如图1-4）。

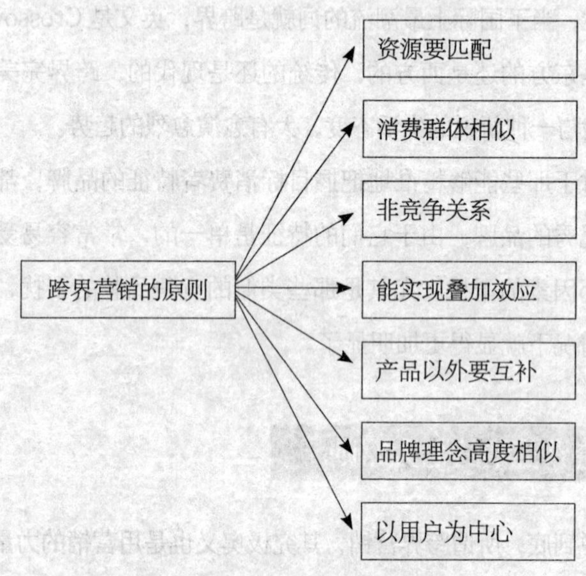

图 1-4　跨界营销七原则

1. 资源要匹配

这里提到的匹配是指不同品牌的企业双方之间在进行跨界

营销的时候，它们在品牌、实力、营销思路以及能力、企业战略、消费群体、市场地位等方面应该具有共性与对等性，只有具备了这样的共性和对等性，企业的跨界营销才可以发挥出协同效应。

正如在南方报业传媒集团主办的“2007 年度中国十大营销盛典”上李光斗说的那样：“跨界营销最重要的就是要像结婚一样门当户对，寻求强强联合才能让跨界营销实现 1+1 > 2 的双赢局面，不然带给品牌双方的只会是无尽的麻烦。”

2. 消费群体相似

不同的品牌都有它们的消费群体，每个品牌都会对目标消费群体的特征进行准确的定位，而由于跨界营销的品牌以及合作企业品牌不同、产品不同、所处行业不同，所以要想跨界营销能够实施，就需要企业或者品牌双方一定要具备一致和重复的消费群体。

3. 非竞争关系

要知道，跨界营销的目的是通过合作来丰富各自品牌以及产品的内涵，使得双方在品牌和产品销售上实现提升，产生双赢的合作效果。也就是说，参与跨界营销的企业以及品牌之间的关系应该是互利互惠、互相借助对方的势力增长的共生关系，而不是此消彼长的竞争关系，这样就要求合作双方的企业在品牌和产品上不具备竞争关系，只有没有利益冲突的企业之间才有跨界合作的可能，不然跨界营销就变成了行业联盟。

就比如网易云音乐和农夫山泉的跨界营销，喝水与听音乐之间不存在任何竞争关系。

4. 能实现叠加效应

因为渠道各不相同，不同品牌可以覆盖到的消费者群体都大不相同，跨界营销能够借助品牌双方的渠道资源覆盖到更多的目标消费群体。

这其中的道理就跟公众号互推差不多，哪怕是同样的目标消费群体，也许对方品牌的渠道就是自身渠道没有覆盖到的地方。例如网易云和农夫山泉的一次跨界合作，农夫山泉属性传统的线下渠道，网易云是互联网上的线上渠道，跨界营销恰恰可以让品牌双方接触到以往接触不到的用户。

正如我们常说的一句话“英雄配宝剑”，其中的道理也是一样的，我们可以把英雄和宝剑当成是两个不同的品牌，英雄只有配上宝剑才可以体现他的英明神武，宝剑也只有为英雄所用，才能发挥它的威力，英雄和宝剑之间可以产生互补，相互衬托对方，相得益彰，发挥出最佳的效果。反过来就不会有这样的效果了，白白浪费了双方的价值。

5. 产品以外要互补

这里的互补并非产品功能上的互补，指的是参与跨界营销的合作企业，双方在产品属性上要具备相对的独立性，跨界合作不是对各自品牌或产品在功能上进行互相补充，就像打印机和耗材、照相机和胶卷，双方的产品都应该是互相独立的存在，双方合作是各取所需，是基于双方拥有的某种共性与共同的特质，如基于产品自身以外的互补，比如说渠道、产品人气、品牌内涵、消费群体等。

跨界营销最精髓的地方在于，可以相互借助对方积累的品牌资产，来给自身的品牌调性带来新的元素，因此跨界营销往往是品牌年轻化的第一选择。

如果一个品牌过于老化了，要想受到更多年轻人的追捧，那么就可以去寻求年轻人的品牌来一场跨界营销；同样的，如果一个新的品牌需要厚重感，也可以去找老牌 IP 跨界合作。

跨界营销可以加深消费者对品牌的印象，而且还可以为品牌注入新的元素，从而找到新的营销突破口，为品牌带来新的活力、新的增长。

6. 品牌理念高度相似

品牌已经成为一种文化载体，代表了特定的消费群体，能够体现消费群体在文化上等许多方面的特征，那么品牌需要保持一致性的意思就是说，参与跨界的品牌双方在内涵上有一致或是相似的诉求，又或者是代表有相同的消费群体、特征，只有双方有一致的品牌理念，才可以在跨界营销中达到让消费者由 A 品牌联想到 B 品牌的作用，从而实现关联起两个品牌又或是将两个品牌在特定时间画上等号。

7. 以用户为中心

现代营销从 4P 到 4C，工作重心已经发生了巨大的转变，过去围绕企业和企业产品为中心开展的营销行为现在都转变成为以消费者为中心，从过去关注企业自身转移到关注消费者，这只是一种解决销售的手段，而企业的真正目的是关注消费者的需求，提供消费所需，企业更强调消费者的体验与感受，所以对于跨界营销而言，只有基于这一点开展所有的工作才会发挥它的作用。

常见的跨界营销方式

当《三生三世十里桃花》引爆电视机屏幕时，观众们发现片中屡屡亮相的"桃花醉"原来是泸州老窖旗下的商标。一次完美的跨界合作，不仅为泸州老窖带来了品牌曝光，也极大地带动了"三生三世桃花醉"的销售。

在高校林立的北京市海淀区五道口，知乎和必胜客的联手，目标受众直指大学生群体。一条知识大"爬梯"，让行人一边爬梯子，一边阅读两侧的"知乎问题"，必胜客则趁机刷脸营销。

营销从来都是"脑洞打开"，但归纳起来，可以分为如下几种方式。

1. 发布产品定制款

在跨界营销中最为常见的就是两个品牌发布定制款产品，这样的定制款或者限量款产品更多时候是通过 IP 授权的形式制作。

其中亚朵酒店和网易云音乐、知乎等互联网产品的跨界定制，六神花露水和 RIO 鸡尾酒的跨界合作，本质上都是 IP 授权的定制。

2. 开快闪店或是开展快闪活动

因为跨界更接近事件营销，它们都具有一定的时效性，所以线下推广时最合适的选择就是线下开展快闪活动了。

这几年国内最成功的案例就是，网易新闻和饿了么联合推出只开四天的丧茶快闪店。当然不只是局限于真正的快闪店，各种各样的线下活动展示，快闪活动都是品牌跨界营销的常见手段。

3. 进行资源技术上的合作

跨界也可以是一个品牌方提供资源进行活动推广或者是通过技术实现产品定制，例如 H&M 就曾经与 CHANEL 进行过跨界合作，邀请 CHANEL 的设计师为 H&M 设计衣服，这就是一种利用设计师资源的合作；还有苹果手表和耐克联合推出的 Apple Watch Nike+ 手表，这已经是非常深度的技术合作了。

02 行走在时代尖端
——互联网行业的跨界营销

互联网行业是较早进行跨界营销的行业之一，延续至今已经积累了许许多多的经典案例，涉及的跨界行业包括酒店、零售、服饰、饮品、快餐等。

本章我们将选择一些互联网行业跨界营销的经典案例进行详细解读，希望给广大读者提供有益的参考。

网易云音乐 × 亚朵轻居

自网易云音乐创立以来，因为有着集合众多乐评的 App 留言区，让这个音乐软件变得有温度与具有共鸣性，使得越来越多的年轻人爱上了这款应用软件。

有人做过相关统计，这款软件的主流人群大部分都是 90 后以及 00 后这些年轻人的群体，这就意味着网易云音乐已经成为年轻人听音乐的标配。

将音乐与睡眠话题结合起来分析，听音乐能够缓解人们的压力，让人心情愉悦放松，同样，睡觉也是一种让身体休息放松的方式，放松成为这二者之间契合点。现在的年轻人都习惯于在睡觉前听音乐，这已经成为他们日常生活中普遍的习惯，可以将音乐引入酒店中，这样做绝对能满足用户在情感上的需求。所以，音乐与睡眠是有着与生俱来的联系的。

于是，亚朵轻居就这样找到了与网易云音乐的融合点，形成了一个奇妙的组合，开启了属于它们的跨界营销的“睡音乐”时代。

2018 年 4 月，亚朵轻居和网易云音乐联合在成都开设了“睡音乐”主题酒店，巧妙地将音乐与睡眠结合了起来，呼应了当下年轻人喜欢在睡前听音乐的习惯（如图 2-1 所示）。

坐落在春熙路旁的网易云音乐 & 亚朵轻居“睡音乐”酒店，云音乐主题房只有四间，它们分别是民谣、爵士、电音、古典风格，定价从 666 元到 777 元不等。

这次跨界的一大亮点就是典雅的环境设计，营造出了一个轻松的氛围。而且还将网易云音乐最具特色的乐评功能也放到了细节设计上，许多温暖的、直击心理的评论引起了许多听众的共鸣。

在 4 月 1 日愚人节那天，“睡音乐”主题酒店正式开业了。

图 2–1　网易云音乐与亚朵轻居合作海报

网易这一次在“睡音乐”主题酒店玩的是集文艺、温度、趣味于一体的音乐营销。

这个主题酒店吸收了网易云音乐最大的两个核心元素——听歌和乐评，人们入住这个酒店不但可以到达休息的目的，而且能够听音乐以及读乐评故事来感受一场独特的视听盛宴，这前所未有的体验，正是网易云音乐充分利用乐评上的 UGC 内容做好用户体验的最佳体现。

不只有房间内部，就连公共区域也极具特色，一楼大厅有一整面的黑胶唱片墙，每个楼层的墙面上都印有人们熟悉的经典乐评，比如“我不喜欢这个世界，我只喜欢你”，营造的这种氛围精准地瞄准了品牌受众。而且为了突出音乐主题，顶楼的露台被改造成了一个小舞台，不定期会有乐队在那儿表演。

这次跨界营销，把亚朵酒店与网易云音乐之间的消费场景打通了，连接了线上线下，相互之间建立了品牌联想，使得音乐渗透到了人们的生活之中，营造出来沉浸式用户场景。这样在营销的时候相互借力，对于传播效果无疑是起到了事半功倍的作用。

网易云音乐 × 屈臣氏

国内用户的消费观念不断升级，单一的品牌和场景已经越来越难满足用户的需求，跨界营销的理念在这时日渐成熟起来。

就算是两个不太具有关联性的产品，只要通过融合进同一场景中就可能产生化学反应，从而形成新的场景消费点。因此跨界营销的核心就是探索与打造场景消费。

2018 年，网易云音乐为了加速构建“音乐生活王国”，与屈臣氏展开了跨界深度合作，品牌双方联手发布了六款以音乐为灵感的妆容，同时推出了出道挑战活动（如图 2-2 所示）。

两个以前毫无关联的行业要想通过跨界来产生化学反应，那么就必须以“物理融合”作为前提。而这次网易云音乐与屈臣氏的跨界合作，双方便是通过融合会员业务、渗透线上线下渠道这两项措施，实现了平台级别的“物理融合”。

目前，互联网行业有两大盈利方式，会员增值服务就是其中之一，这影响着企业的盈利水平。网易云音乐作为一个互联网企业，在这次与屈臣氏的合作中将与屈臣氏六千万会员的体系展开深度的合作，其中包括深入体系、打通权益等措施。

图 2–2　网易云音乐与屈臣氏合作海报

此外，网易云音乐还会继续渗透到屈臣氏商品体系中，与其在渠道上进行长期的合作，而且这是屈臣氏首次深度开放它的会员体系。关于在权益方面的置换问题，双方企业会采取积分兑换这些功能。在新消费的不断变化下，在未来双方还有可能展开品牌联运的合作方式。

现在线上流量的红利正逐渐干涸，线上的流量价格开始上涨，各行各业的互联网企业不得不开始到线下寻求发展。

这其中最重要的一点是，互联网企业没有实体产品，需要把它们的服务实体化让消费者能够感觉到，而通过和线下渠道进行跨界合作就可以为用户提供来自于它们的丰富体验。

就这个方面而言，网易云音乐和屈臣氏的全国三千三百家门店进行联合落地，为自身拓宽流量的同时，屈臣氏也获得了网易云音乐的资源推荐。

网易云音乐与屈臣氏的这些融合会员业务、渗透线上线下渠道跨平台的合作，不但拓展了网易云音乐的商业边界，还借用了屈臣氏作为国内线下个护零售品类 TOP1 的优质渠道，将自身品牌影响力扩大到了三四线城市。

而这次合作对于屈臣氏而言，在利用网易云音乐的线上流量为其在线上布局的同时，还通过联合创意营销事件，在年轻消费者中间留下印象，实现了品牌形象的年轻化，形成了双方合作共赢的局面。

而笔者觉得，这次合作除了一些看得到的好处，还有双方的渠道融合以及会员打通这些物理组合，可以为企业双方探索场景消费，为跨界合作实现“1+1 > 2”的效果打下了基础。

这次跨界合作，网易云音乐还通过与屈臣氏的美妆结合，打造出了六款音乐妆容，制造出了全新的场景消费点。每一个用户都可以在屈臣氏的全国十四家门店体验与网易云音乐联合发布的六款以音乐为灵感设计的妆容，它们分别是：轻音夏日妆、流行风尚妆、民谣诗意妆、复古爵士装、古风国色妆、嘻哈迷幻妆。这样通过音乐来对个护美妆零售店这类场景进行赋能，延伸了服务场景，大大地提升了用户的消费体验。

在网易云音乐和屈臣氏的跨界合作中，它们之间进行了会员的大数据互通，屈臣氏将网易云音乐会员加入自建的商品体系中，同时和屈臣氏全国线下 6000 万会员体系以及 3300 家门店打通渠道，完成了线上线下的流量输出，这意味着网易云音乐的所有，其中包括会员流量、IP 热度、品牌文化等，都可以转化为屈臣氏线下消费势能。

对于网易云音乐来说，这是平台与零售消费场景的跨界合作，充分利用了屈臣氏作为美妆消费场景的特点，网易云音乐联合屈臣氏全国 14 家门店发布了 6 款以音乐为灵感的妆容，充分让云音乐文化可以落地到场景中，提供了为音乐内容赋能的新的场景、新的渠道，这不单单只是一次 IP 的输出，更是一次提升线上品牌效应的新尝试。

在双方的营销活动中，这样通过跨界产生的新的消费场景还能拥有娱乐属性，不但如此，企业双方还通过测一测你的出道形象 H5，和广州门店的出道摄影棚等线下活动进行更加多元化的营销合作。

这几年来，在互联网行业中，想要通过跨界营销来推动合作的趋势逐渐兴起，跨年营销使得很多来自不同领域的品牌走到了一起，创造出了很多案例。比如肯德基就曾经和阴阳师合作，调动了 5000 余家门店的资源和投入了 100 万份定制餐盒包装，最后还打造了 8 家主题店。

网易云音乐在跨界营销这个方面也有着非常丰富的经验，他曾经就和同样是主打年轻用户的口碑平台进行过合作，利用其线下的 1 万家商户，实现了渠道的下沉，成功地将音乐与生活场景融合在了一起。那就是 2018 年 4 月，网易云音乐与同样聚焦年轻用户群体的亚朵轻居进行的一次合作，成功地打造出了一个睡音乐主题酒店。

笔者认为，这些跨界合作成功的案例背后的逻辑是，双方进行了优质资源的置换，从而都能从中获益。口碑、亚朵等品牌合作方通过与互联网企业合作，增强了自身产品的吸引力，网易云音乐则因此获得了强势的传播媒介，通过这些合作成了一个文化 IP，能与不同的场景结合在一起，体现了 IP 的价值。

不可否认，属于年轻人的新的消费时代已经到来。网易云音乐作为一家聚焦年轻用户群体的音乐品牌，正不断尝试与许多志同道合的企业展开深入的跨界合作，为年轻人共同打造生活当中的音乐王国，这也就是为什么网易云音乐会联手屈臣氏展开跨界合作的原因。

跨界营销就是将两个经营领域完全不同的企业联合起来，产生 1+1>2 的效果，实现品牌双方彼此之间的共赢。

网易云音乐 × 三枪

网易云音乐是由网易开发的一款音乐 App，里面有专业的音乐人以及 DJ，拥有好友推荐及社交功能，在线服务主打歌单、社交、大牌推荐和音乐指纹，它的核心要素主要就是歌单、DJ 节目、社交和地理位置，主打的是发现与分享。

1937 年，上海诞生了一个民族品牌三枪，他一直致力于为国人提供品质优良、性价比高的内衣产品，经过 80 多年的发展，现在已经成为国产内衣行业里的标杆。上海三枪集团有限公司的前身是以生产三枪牌内衣著称的上海针织九厂，经过不断的发展以及优势扩张而形成的。

若是将网易云音乐与上海三枪集团有限公司放在一起，谁都不会认为他们之间会有什么关联，可就是这两个毫无关联的企业，于 2019 年 6 月达成了跨界共识，打开了我们研究跨界营销的新思路（如图 2-3 所示）。

图 2-3　网易云音乐与三枪合作海报

“我们一直都在寻找新的传播方式，或者说是新的跨界合作方式，期间我们接触了很多品牌，直到我们接触到网易云音乐，我们双方都非常默契，谈得很快，当他们看到了我们的产品，随即一拍即合。”在这次跨界合作中，上海三枪集团有限公司的副总经理崔岳玲如实说道。

在这次网易云音乐和三枪的跨界合作中，他们联名推出了乐系列音乐内衣。其中包括男士内裤、女士内裤以及袜子，其中的设计融入了播放、暂停、红心、单曲循环等音乐元素。网易云音乐与三枪的这次合作，不仅把音乐消费场所延伸到了普通人的日常生活中，而且也为它 IP 商业化的开端提供了品质保证。在网易云音乐产品商业化的进程中，最重要的创新就是 IP 商业价值的开发。网易云音乐作为内容型产品，持续不断的内容造血机制，给 IP 带来了丰富内涵，通过授权 IP 带来的额外变现，成为这个产品的全新盈利点。

在服饰品类中最常见的合作方式就是 IP 授权，但在互联网品牌授权中，却极少出现 IP 授权这种方式，所以这次合作非常值得重视，因为这不单单是三枪首次开放核心品类 IP 授权，同时也是网易云音乐首次正式以 IP 授权的方式探索商业化。

网易云音乐为了给新品造势，还特地制作了一部充满年代感的复古广告。广告采用的是 20 世纪 80 年代的电视风格，配上传统的广播腔配音以及搞笑的文案，让三枪通过一种前所未有的沟通语言和产品载体，展现在消费者面前。

当互联网品牌开始和老牌国货产生跨界合作，双方碰撞出来的火花极有可能产生一款爆品。

对于三枪而言，选择和流行有趣的互联网品牌网易云音乐合作，能够使品牌年轻化，为经典国货注入新的活力。而推出的音乐内衣，不但可以重塑三枪的品牌形象，更能在社交媒体上引起一大批年轻消费者的注意。

而这次活动对于网易云音乐来说，也促成了它的音乐 × 生活的新模式的发展，让品牌真正融入人们的衣食住行等方方面面。

品牌的宣传阵地主要在微博，通过视频广告的方式引起网友的好奇。乐系列音乐内衣同时在网易云音乐商城、网易考拉、三枪京东自营旗舰店、三枪天猫官方旗舰店等电商平台，以及三枪线下渠道开始预售。

三枪作为一个民族品牌诞生了 80 多年，此刻正处在年轻化转型的关键时间点。网易云音乐的用户中，年轻的白领和学生群体占据了大多数，这正是三枪想要拉拢的消费群体。

根据 Trustdata 发布的关于《2019 年一季度中国移动互联网行业发展分析报告》显示，网易云音乐的用户中主要都是白领和学生，呈现出明显的年轻化趋势。而乐系列产品的推出，也是顺应了消费升级的浪潮，满足了不同消费者的多样化需求的途径之一。

与三枪展开的战略合作，对于网易云音乐而言，一方面是将音乐消费场景进行再度延伸，进一步实现音乐生活王国，另一方面也为 IP 商业化开端提供了非常可靠的品质保证。

据了解，乐系列是网易云音乐 IP 授权模式下长期孵化的项目，未来可能还会推出更多相关的产品。

如此可见，互联网新产品和国货老品牌的跨界融合，必然能够碰撞出不一样的火花。

抖音 × 光大银行

随着消费的不断升级，年轻一代的消费主力越来越注重生活的品质和仪式感，对于精神娱乐、生活方式等感性的消费越来越重视，对于新潮酷炫的事物充满着尝试的欲望，这也就是为什么近些年来网红店铺和打卡胜地越发兴盛的原因。

光大银行信用卡中心便是敏锐地察觉到了这一点，立即与抖音合作推出了刷出美好生活主题的联名信用卡，助力用户对于美好生活的追求和探索。

抖音作为营销阵地，为联名卡的推出策划了一系列宣传造势的活动，在短期内聚集了许多用户的视线，引起了广泛的讨论与参与。

光大银行与抖音联名的信用卡具备着光大银行银联卡所有的基本功能和服务，其中包括 7×24 小时全球贵宾服务专线 4008-111-333、48 小时失卡保障服务、及时交易短信提醒、自动转账还款、密码 + 签名交易、挂失零风险、商旅服务等（如图 2-4 所示）。

作为现在极具影响力的短视频平台，抖音对于用户喜好与心理上的准确把握，是吸引光大银行信用卡中心，与其产生深度合作的关键因素之一，其中具体就包括以下两个方面。

第一，结合了用户的兴趣路径，打造出一张美好生活的通行证。

光大银行信用卡中心与抖音合作定制的这款联名卡，透过美好生活创造者的形象，把刷卡的行为和用户实现美好生活的憧憬，联系在了一起，传达出刷一下就能获得美好生活的主张，这种产品形象化的沟通方式不断强调了用户对于联名卡的理解，也因此建立了用户对品牌的情感认同。

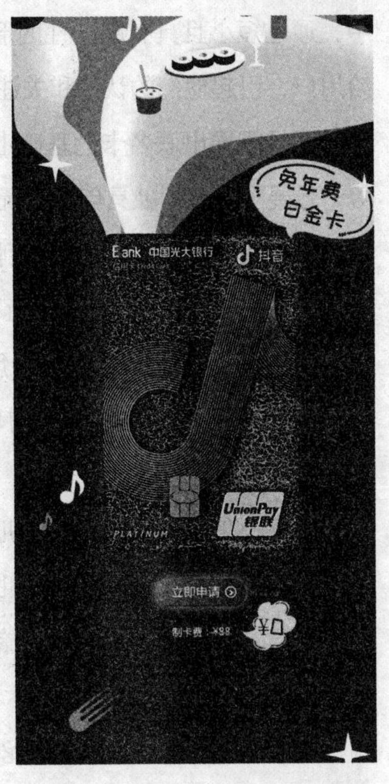

图 2-4　抖音与光大银行合作海报

第二，深知用户对于美好生活的憧憬，输出品牌的核心利益点。

光大银行的这张联名卡，它的权益范围重点覆盖了那些网红美食商铺以及爆款旅游路线，其中发放了包括苏宁易购、携程旅游、抖音热门城市之旅等特权福利。这种权益的拓展可以让用户以一种高性价比的方式去网红圣地打卡，去俘获爆款美食，从而轻松地开启线下美好生活的实践。

为了更好地推出联名卡，抖音还配合光大银联蓝 V 账号在短视频平台同步发布了一支 TVC。视频聚焦在消费结账的场景中，通过短小且具有趣味性的形式，将联名卡的各项权益阐述给用户，引起他们的认知和关注。

而且在推出联名卡的基础上，抖音还利用了自家平台的优势，开展了一系列独具创意的玩法，将刷卡的权益做到最大化，也将这次活动的营销效应放大到最大。

那么这款联名卡究竟包含了哪些权益内容呢？

第一，抖音卡拥有海底捞专属30元购100元电子优惠权益。

第二，拥有抖音网红店铺口碑支付 5 折优惠，最高可减 30 元。

第三，在京东购物可以随机减，最高可减 188 元。

第四，在苏宁购物可以随机减，最高可减 50 元。

第五，可以享受抖音网红旅游路线，恺撒、中青旅专属优惠权益。

第六，可以享受 3 点 / 年龙腾贵宾厅服务。

第七，可享受 10 元看大片、享美食、洗靓车、唱 high 歌。

第八，新用户首刷还可以赠送抖音定制的周边大礼包。

除了以上这些，抖音还邀请了小霸王和之昊 will 两个网络红人发布主题为“这是什么宝藏卡”的宣传视频，不断为这次营销活动预热造势。

网红之昊 Will 的抖音短视频是围绕影院、网红店、网购这三种场景下，用联名卡进行消费立刻享受折扣的剧情，来展现用光大抖音联名卡可以带来的实惠。其中有一个“Swipe this card”的口头禅，是一个强烈的记忆点，与品牌的诉求关联密切，可以起到唤起行动的作用。

而在另一支小霸王的短视频里，利用奶茶火锅这些全新的手势触发贴纸，大大地增强了趣味性。通过将儿歌《我有一只小毛驴》进行魔性改编，可以很成功地带动起观众的情绪。歌词内容和旋律的设计非常巧妙，能够有效地诠释联名卡的卖点。

在用短视频做宣传的同时，抖音还联合光大银联的抖音蓝V 官方号，在开屏、热搜榜这些站内优势资源位，号召用户们一起来演绎“这是什么宝藏卡”的主题挑战赛活动。在一周的活动时间内，抖音用户只需使用专属的贴纸以及 BGM 拍摄视频，就有机会获得品牌发放的专属礼品。

挑战赛这种创意玩法是抖音平台首创的。近几年来，这种活动形式近几年还逐渐流行了起来，因为它既可以用有趣的表现形式以及互动模式使得用户参与内容创作，而且也可以采取不同的方式将品牌信息传递出去，实现品牌与用户的深度交互。在这次这是什么宝藏卡的挑战赛中，具有趣味性的互动贴纸以及极具节奏感的 BGM，可谓极大地激发了用户参与挑战的积极性。

随后一大批 UGC 内容迅速跟进，帮助了联名卡相关话题的传播和扩散，持续为活动造势。

在每一个参与挑战赛的视频里，只要通过点击“点我办卡”的按钮，用户就可以直接来到 H5，进入到一键办卡的界面。这个步骤的操作简单有效，为活动的转化提供了最有效的入口，直接形成了抖音频台和品牌之间的流量转化闭环。

在传播的时候，抖音的原生信息流位置上，也会发布“爆款地标优惠打卡”以及“吃喝玩乐花式打卡”两种不同类型的创意视频内容。短视频将会从探店、实地旅游等多个角度，全面展示联名卡创作美好生活的内涵。

挑战赛的品质越高，就越能吸引到真实且活跃的用户的围观，而活跃用户的参与介入也会反过来助推挑战赛的火爆。

“这是什么宝藏卡”的挑战赛吹响了联名卡营销的号角，引起了大量抖音用户的积极响应，在 7 天内的总播放量就超过了 20.4 亿。而在同一时间，优质的 UGC 内容也快速驱动着抖音平台“自来水式”的自制内容产量的提升，一段时间里，平台里花样的触屏舞与魔性 BGM 百花齐放。大量 UGC 内容的涌现，让联名卡在二次传播中快速占领了用户的心智，达到进一步刺激消费的效果。

这次活动，是抖音 2019 年的首个面向全国的品牌联名合作。作为一个营销平台，抖音通过一套互动玩法、创意内容、策略传播的组合拳，成功实现了用户、光大银联以及抖音自身的多方共赢，也为行业营销提供了新的思路。

光大银行与抖音的联名信用卡是精英白金卡卡种，可以享受卡组织也就是银联提供的白金卡等级增值服务，其中包括但不限于银联商场的停车礼遇、道路救援、星级酒店高端餐饮服务等等。

在对消费者的洞察上，光大银联与抖音的联名卡覆盖的网红店铺与旅游胜地是年轻用户的消费兴趣所在；联名卡的权益范围，覆盖到了吃喝游购等多个娱乐场所，可谓是全方位地满足了用户对美好生活的需求。而在活动的传播上，抖音借助自身平台特有的优势，把与联名卡权益相关的视频，精确地投放到各种兴趣人群里；抖音还针对重点城市，展开了创意内容定向的传播。光大银联更是借着这个活动，突破了兴趣圈和地域的束缚，接触到了不同的消费群体，因此获得了巨大的传播以及影响力。

抖音拥有着庞大的用户群体作为平台的基础流量，用来启动营销活动的第一轮传播。在预热阶段选择开屏、发现页等核心资源位作为全流量的开放入口，让光大银行信用卡中心在这里得到充分的曝光。然后选择抖音达人之昊 Will 与小霸王，利用他们的影响力，让活动在短时间内迅速扩散传播。再然后通过挑战赛让全民参与裂变式传播，进一步构建起光大银行信用卡中心的影响力。抖音采取的这种基础流量加优势资源位联动加网络达人的合力引流方式，使得光大银联能够从硬性露出和软性植入两个方面打破传播的边界，实现了强势霸屏。

传统的营销思路是针对目标人群，对他们进行品牌信息的传播，销售与传播是彼此分离的。但抖音作为一个营销平台，从观看内容、社交参与到互动体验，实现了商业多元化场景的战略升级，成功地打通了线上和线下无缝连接的美好生活场景。这种极具开放性的营销方式，大大地缩短了光大银联从渠道到营销再到购买的环节，也让短视频社交平台的流量成功的转化成为品牌的流量。而且抖音平台的优质 UGC 的产生和二次传播，也形成了一种层层递进的传播链，不但使光大银联的品牌深入人心，能够达到销售的实际增长，也为光大银联以后的品牌建设积累了资产。

抖音作为一个记录美好生活的倡导者，为品牌提供的创意营销方案，巧妙地链接了多元生活情境，联名卡一经推出便取得了跨界营销的良好效果。在未来我们也许还能见到更多品牌在抖音上创造优质的案例，可以见到跨界营销的无限可能。

腾讯 × 肯德基

肯德基带给了中国消费者一种全新的饮食文化，尤其对年轻群体产生了广泛影响。而 QQ 是国内的社交平台，接近 60% 的移动端用户都是 90 后。正是因为年轻人，肯德基和 QQ 走到了一起。

为了让年轻人能够更好地聊在一起，聚在一起，肯德基与 QQ 为年轻人带来了更加有趣的社交内容，为年轻用户搭建了更好的社交平台，提供了更时尚酷炫的内容服务。

那是在 2016 年 4 月，腾讯 QQ 和肯德基在深圳启动了战略合作，在深圳中心书城正式开业了一家全肯德基 QQ 主题店，品牌双方会在个性化装扮、兴趣社交等诸多领域进行深度合作，从而让肯德基的品牌形象从线下走到线上（如图 2-5 所示）。

QQ 和肯德基在品牌、产品、业务等方面都进行了非常深入的合作，共同推出了 QQ 伴伴套餐，那是一个全新的由半柠半橙汁以及半鸡半虾堡组成的套餐。4 月 4 日，QQ 伴伴套餐在全国范围内的近五千家肯德基门店上市，一经推出就让消费者耳目一新。并且随餐赠送的 QQ 闪卡，赢得了年轻消费者的一致喜爱，让他们在享受美食的同时，还能体验 QQ 会员、音乐、空间的增值服务。

图 2-5　腾讯与肯德基合作海报

QQ 伴伴套餐上线十八天就卖出了近五百万份，而在品牌层面上，QQfamily 的形象不但在肯德基五千多家门店中出现，在 QQ、QQ 空间、腾讯新闻、视频广告、楼宇 LED、公交站的闪屏上也都可以看到它们可爱的身影，配合一系列创意海报、形象漫画、地铁游戏、嘉年华活动、兴趣部落活动等跨界营销活动，给用户带来有趣又新鲜的全新体验。

肯德基的 QQ 主题店更是把 QQ 阅读、QQ 手游、QQ 动漫等一系列 QQ 的社交内容与肯德基的美食完美融合在一起，给用户带来了不同以往的用餐体验。肯德基的企划副总裁李波表示，通过与腾讯 QQ 的合作，把年轻人喜欢的虚拟 QQ 欢乐体验，创新地带入到现实中的肯德基服务场景中来，这线上线下、社交与美食的融合，给年轻的消费者们带来了前所未有的体验。而促成这次 QQ 与肯德基达成战略合作的最主要因素就是品牌双方都具备年轻的气质。

而在那之后的 2018 年 5 月 19 日晚，北京三里屯又被再次点亮。不过这次不再是快闪店了，而是真实存在的跨界实体店。由肯德基 K-Music 与腾讯视频、音乐联合打造的音乐餐厅，惊喜开业。这是音乐与美食的结合，给年轻受众打造出了一个全新的用餐场景，也让人们看到了又一个跨界的新可能。

对营销行业来说，Co-branding 并不能算是一个新鲜事物。这些年来，顶着跨界的名号，收割消费者好奇心税的品牌可多了去了。

一汽大众就曾经和 Newblance 共同提出了“总有另一条路”的口号，巧妙地运用了“路”这个载体，把车与鞋结合到了一起；小黄人和 ofo 合作推出的“大眼车”就更不用提了，两个品牌都拥有着“黄色”基因，组合成立“最黄搭档”最终实现了双赢的曝光量。

当然不仅仅只有这些，还有例如喜茶与小奥汀推出的芒果色指甲油、Costa 与一加手机推出的双味杯等。

这样新奇有趣的玩法和出乎消费者意料的合作，不仅能够让品牌双方收获好感与关注，也可以在年轻人心目中留下深刻印象。

肯德基与腾讯视频这次具体的合作，可以从多角度看到不同的东西。比如从形式上看，这个音乐餐厅对比于传统的

H5、TVC 和联名款，有着更大的体量。其所具有的超强体验感，也是那些单单联名卖噱头和跨完就走的合作所不能比拟的。音乐与餐厅结合在一起，可以带来更多的可能，为跨界营销诠释了新的奥义。

当你进入到音乐餐厅，扑面而来的就是一股子浓重的工业风，接着听到店内节奏欢快的背景音乐，明晃晃的灯光照在人身上，让人既兴奋又紧张。

餐厅里还会注重许多细节，比如会在桌子上摆放肯德基爷爷和企鹅公仔、会在茶点上刻上腾讯视频的品牌口号“不负好时光”，还有空中悬挂着一个巨型耳机。

“肯德基是广受年轻人喜爱的餐饮品牌，腾讯 QQ 则是国内年轻人喜欢的社交平台，双方如此契合的气质是这次合作的基础。”腾讯公司社交网络事业群市场总经理李丹如是说道。

从那以后，陆续有腾讯视频、音乐的人气节目，如音乐流行趋势以及歌手人气排行榜《YOUNG 榜》、粉丝权力反转明星的《翻牌大明星》等登上了音乐餐厅的舞台。肯德基也将这个酷炫的年轻人的派对延续了下去，往后每周六下午三点半到五点半，音乐餐厅都会对外开放。

在腾讯与肯德基的合作中，腾讯视频音乐依托独家的资源优势，为肯德基提供了大量音乐和互动形式。粉丝可以在餐厅里以歌会友，组成专属的圈子。这对于餐厅而言，也是让自身的场景变得更有温度的好办法。正是由于有了内容，人们才会寄托情感，才有了不就餐也逗留下来的原因。总而言之，就是使得品牌的黏性提高了。

2017 年，肯德基上线了一个 K-music 点唱机，用户可以主动选择肯德基的背景音乐。因此，有许多粉丝就把这里当成了打歌平台，自发性地为各自的偶像们打歌应援。有数据显示，K-music 上线的第一周，被点播最多的一首歌的点播次数就高达一万八千八百九十次。

看来粉丝们的应援热情真的被 K-music 点燃了。正是这些因素，肯德基与腾讯视频的合作也是基于互补的。由于腾讯视频音乐的资源不但能够吸引到粉丝群体，同时还可以涵盖到许多小众人群。腾讯的音乐资源囊括海内外大量的音乐资源，里面包含了电音、潮音、二次元等。可以肯定的是，这样分众化的趋势有助于扩大消费人群，为肯德基门店带来更多的客人。

腾讯视频与肯德基之所以能够如此和谐地实现跨界合作，最主要的原因还是他们都能够注意到年轻群体的情感需求。

随着消费的不断升级，消费者已经对单调乏味的吃饭场景越来越难提起什么兴趣了。而肯德基的 K-music 恰恰瞄准的就是年轻人对个性化用餐的需求，通过在用餐场景增加互动性来引起顾客的兴趣；而在两年之前，腾讯视频也把他们的品牌宣传口号改成了“不负好时光”，还开展“好时光一起燃”等一系列活动为品牌注入更加年轻的、更加有活力的元素。而这系列活动中，凝固好时光和床单电影院等 campaign，它们都是通过创意事件，来将腾讯视频的情怀与温度传递让用户知道。

例如这次的音乐餐厅，就是借助更加具象的音乐来点燃年轻人心中的热情。在这个新时代里，音乐营销采取的是一种润物无声的方式，来把品牌的主张和形象不知不觉中传递给受众。这是一种富有强烈个性色彩的载体，刚好契合了当下 90 后与 00 后放纵不羁爱自由的性格特点，更能让他们接受，同时也更容易制造热点。

对于这次“音乐餐厅”给跨界营销带来的启示，可以用一句话总结，那就是吸引了眼球之后，最终还是品牌双方的互补程度以及契合度，才真正决定了跨界的成功与否。而其中决定着跨界是否能走心的关键就在于对目标群体的特殊需求的洞察。

到了未来，腾讯和肯德基联合推出的全球肯德基线上店，还能够让用户利用 QQ 点餐，然后到最近的肯德基门店从优先通道领取即可，让移动支付变得更加便捷，更加有趣。

肯德基和腾讯 QQ 的合作，是线下美食和网络社交的跨界，所带来的影响不只有产品，还让 QQ 和肯德基给予了年轻人更多的想象。正如腾讯公司社交网络事业群市场总经理李丹所说：“通过和肯德基的合作，我们希望 QQ 不单只是一个社交工具，它应该成为年轻人的生活圈。QQ 还希望和更多年轻的品牌进行深度合作，跨界聊在一起。”

通过以上文字，我们了解到肯德基作为一个西式快餐的品牌，如今却在中国的餐饮界有着难以撼动的地位，这一切都是由于他们一直顺应市场需求的变化而不断调整自己的发展方向。恰恰好品牌联合的跨界营销顺应了市场融合的发展趋势，所以才创造出了如此巨大的价值。

QQ 音乐 × 故宫

近年来，品牌和优质 IP 跨界合作是营销潮流，选择与品牌“三观契合”的 IP 合作往往能擦出不一样的火花，利用“品牌 × IP”的方式，把品牌形象与内涵融合，品牌才能利用粉丝的分享和口碑作用让年轻人给品牌注入活力。

2018 年 10 月 22 日，腾讯、QQ 音乐与北京故宫博物院共同举办的“古画会唱歌”音乐创新大赛作品分享会在故宫拉开帷幕（如图 2-6 所示）。600 岁的故宫红墙之内，曾经飘扬着宫廷音乐，现在则回荡着民谣、摇滚和世界名曲。

图 2-6　QQ 音乐与故宫合作海报

近年来，北京故宫一直在谋求亲民化和生活化，将意蕴丰厚的传统文化，用年轻人喜闻乐见的形式展现出来；而 QQ 也一直尝试在用年轻人喜欢的方式与其沟通，从多元、有趣、创新的角度传承和颂扬中国传统文化。通过“古画会唱歌”，北京故宫博物院与 QQ 音乐终于走到了一起。

“古画会唱歌”音乐创新大赛是由故宫博物院、Next Idea 腾讯创新大赛、QQ 音乐三方联合打造的全新文创项目。故宫首次对外公开了十一幅典藏的千年古画作为本次音乐大赛的创作灵感，参赛选手们为千年古画创作音乐作品，通过以现代音乐“活化”传统文化的创新方式，让“古画会唱歌”，并由“00后”当红歌手易烊千玺演唱大赛主题曲《丹青千里》，以吸引更多新生代。《丹青千里》以千年前 18 岁的王希孟创作的《千里江山图》为灵感，轻逸悠扬地诠释了画作中少年独有的豪情和细腻，演绎出中国山水画可居可游的境界，表达了古往今来对美好生活的向往，既气势磅礴又古雅温驯。这首歌发布后才 24 小时，在 QQ 音乐的播放量就突破了 200 万。

老树开新花，这种令人耳目一新的方式，受到了大家的热烈欢迎。大赛开始才一个月，就收到 500 余首高质量的原创音乐作品，吸引了 400 多万人次在 QQ 音乐上为这些作品投票。故宫以及故宫的古画借助 QQ 音乐的渠道得到了广泛弘扬，QQ 音乐也借助故宫古画的文化沉淀赢得了更多关注。

通过大众选票、明星导师团及项目评审团综合评定，20 位选手入围故宫和 QQ 音乐联手打造的“古画会唱歌”创新音乐训练营，大赛也特别邀请到故宫书画院专家、金牌作词人甘世佳和胡彦斌御用编曲谷粟等音乐制作人共同帮助入围选手全方位打磨作品，更好地用音乐传递古画的意蕴。

近几年国风、国学、传统工艺等传统文化，越来越多地出现在了年轻人的日常生活中，《我在故宫修文物》《中国诗词大会》《国家宝藏》等传统文化类节目也接连走红，传统文化逐渐成了一种潮流。借助移动互联网的发展，正开始通过音频、视频、电商等新兴渠道，不断向年轻群体渗透。

腾讯音乐娱乐集团副总裁侯德洋表示："作为深受年轻人喜爱的在线音乐平台，QQ 音乐一直致力于通过丰富的音乐创新形式和互联网的广泛传播力，积极弘扬中国传统文化。本次 QQ 音乐与故宫博物院共同举办的'古画会唱歌'音乐创新大赛及作品分享会，在保有传统文化核心内涵的基础上，从多元、有趣、创新的角度传承和推广了故宫的艺术瑰宝，通过雅俗共赏的音乐通感形式，助力传统文化焕发出新的活力。"

而作为世界级超级文化 IP，故宫凭借厚重的文化底蕴、数量众多的文化瑰宝，以及蕴藏的巨大民族精神财富，其价值自然不言而喻，在新时代背景下，打破与大众的传播桎梏，释放其文化价值已经势在必行。

用音乐"复活"千年古画，让国粹文化因音乐而焕发新生，这也正是本次跨界营销的点睛之处。同时，也将传统与未来、青年与艺术、精英与大众、文化与科技试图真正链接在一起，通过更流行和通俗化的形式去展现传统文化的内涵，以更接地气的方式加快了其在大众生活中的渗透，并吸引年轻一代成为传统文化的传承者。

故宫与 QQ 音乐的此次跨界营销，对于传统文化的现代传播具有十分重要的借鉴意义。

03 跳动齿间的文化符号

——食品行业的跨界营销

在当今消费市场升级的背景下，食品行业打破原有的生态系统，大量进入其他行业，用自己的套路“破坏”市场运作规则，打破原有的运营生态，产生新的市场商机，这称之为跨界营销。如麦当劳携手《魔兽世界》、德克士搭伴《绝地求生》……都产生了非常好的效果。

麦当劳 ×《魔兽世界》

近年来，为了争取更多的年轻用户，很多商家都在努力寻找“突破次元壁”的角度，许多非常规的营销渠道也因此被开发出来。

《魔兽世界》是由著名的游戏公司暴雪娱乐制作的一款网络游戏，属于大型多人在线角色扮演游戏。

《魔兽世界》这款游戏以暴雪娱乐公司出品的即时战略游戏《魔兽争霸》的剧情为历史背景，依托《魔兽争霸》中的英雄人物与历史事件。因此，可以说《魔兽世界》有着完整的历史背景、时间线和整体架构。玩家在《魔兽世界》中冒险、执行任务、探索未知的世界、征服对手等。

麦当劳作为全球大型跨国连锁餐厅，主要售卖汉堡包，以及薯条、炸鸡、汽水、沙拉、水果等快餐食品。它于 1955 年创立于美国芝加哥，目前在世界上大约拥有 3 万间分店。

2014 年，《魔兽世界》与麦当劳正式开展跨界合作。麦当劳门店通过游戏人物手办、Cosplay、喷画，以及所有玩家再熟悉不过的黑暗之门去营造“魔兽味”（如图 3-1 所示）。

在我们的传统意识里，餐厅主要是就餐场所，就算被当作宣传阵地，也多半用来宣传餐饮类产品。

图 3-1　麦当劳与《魔兽世界》合作海报

但是对于快餐行业而言，餐厅还有另外一个用途，那就是充当动漫周边产品的宣传窗口。年轻人感兴趣的一切泛娱乐产品，都可以在这里直接面对用户。

当"二次元"的概念还没有深入人心的时候，快餐行业已经尝试着跨越次元壁，开辟一条路径，将餐饮文化与当下年轻人的兴趣爱好相结合，实现产业的跨界营销。

麦当劳首先做出了这种尝试。

《魔兽世界》进入中国十余年，而麦当劳进入中国已经有三十年。

在中国，麦当劳伴随着 80 后、90 后这两代人成长起来，这两代人对于麦当劳有着深厚的感情。

如今，麦当劳餐厅的设计理念已经逐渐从当年的"家庭""温馨”转变为现在的“时尚”“简单”。过去麦当劳以红黄色作为主色调，而如今已经逐渐改为黑色。而麦当劳的主要消费人群，已经从当年的小孩子成长为具有较高消费能力的青年。

《魔兽世界》进入中国后，它的主要玩家也正是80后、90后这两代人。

如今，这两代人已经成为社会的中流砥柱，消费能力自然不容小觑。但是由于对年少时光的怀念，所以他们依然对麦当劳这个快餐品牌情有独钟。

基于消费群体的一致性，《魔兽世界》携手麦当劳展开跨界营销，两大品牌强强联手，精准地戳中了目标消费者的情怀。

2014年，《魔兽世界》的6.0资料片“德拉诺之王”上线前夕，正式与麦当劳启动了跨界合作。而《德拉诺之王》的主题，正如暴雪嘉年华2014中设计师所言，正是怀念——怀念德拉诺，怀念老地狱咆哮。

此次双方合作内容不仅包括许多给玩家的福利，还包括在北京、上海和广州分别装修了一家《魔兽世界》主题麦当劳餐厅。另外，在中国的两千余家麦当劳门店都参与了此次跨界合作，可谓声势浩大，应者云集。

此次跨界合作，麦当劳做了大量的物料投放，并对门店进行了精心的装修布置。用户购买麦当劳制定的合作产品，可以获得相应的积分，该积分可以在《魔兽世界》游戏中兑换实用道具、坐骑、宠物等。此外，用户还可以在门店现场参与《魔兽世界》人物COS表演，与游戏3D场景进行合影，参与游戏活动的线下聚会等。可谓线上与线下紧密结合，深度互动。

《魔兽世界》与麦当劳的这次跨界合作，不仅仅采用常见的虚拟物品合作方式，而且独辟蹊径地关注了消费者的情感诉求。正如前文提及的“怀念”，他们更鼓励玩家在线下的麦当劳餐厅举行聚会，一同回顾游戏中携手战斗的光辉岁月，重温被岁月尘封的友情。

这一次跨界营销，《魔兽世界》运营方和麦当劳都获得了满意的结果。

线上游戏 IP 与线下实体快餐店的深度合作，为我们研究跨界营销带来了新的启示，这种营销方式也值得相关企业学习和借鉴。

新辣道鱼火锅 ×《小时代 3》

电影《小时代 3：刺金时代》于 2014 年 7 月 17 日在中国大陆上映，该片是由郭敬明执导，杨幂、郭采洁、柯震东、郭碧婷、陈学冬、谢依霖等主演的爱情片。

北京新辣道餐饮管理有限公司于 2004 年成立，是一家总部位于北京大型食品企业，主营连锁餐饮。新辣道集团依托于餐饮为主业，建立北京工厂，并在北京、上海、西安拥有三大物流配送基地。

2014 年 6 月 25 日，新辣道旗下的新辣道鱼火锅通过新闻发布会向外宣布，该品牌正式与电影《小时代 3》跨界“联姻”。

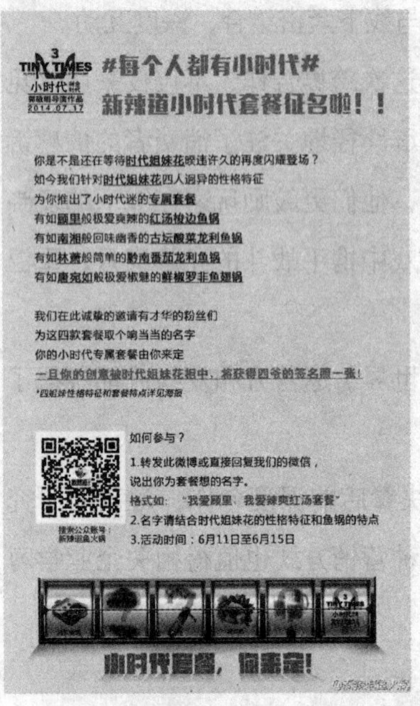

图 3–2　新辣道鱼火锅与《小时代 3》合作海报

此后双方在微博、微信等新媒体社交平台对该信息进行相互传播，新辣道还新增套餐，该套餐以《小时代 3》中人物命名，开启了餐饮行业 3.0 时代（如图 3–2 所示）。

在电影《小时代 3》上映之际，新辣道对《小时代 3》的声援也使得这个以"新辣"著称的美食品牌迅速得到传播，成为电影粉丝关注的焦点。

此次新辣道出品的"小时代套餐"，由《小时代 3》片方对包括衍生品在内的电影精神层面进行诠释，销售额采取分成模式。新辣道还将双方合作的小时代版新辣道菜单，替换掉了之前在商场里投放的自主货源的媒体广告，实现了双重的宣传覆盖。

可以说，粉丝经济是现代企业在大数据时代所面临的重大问题，从借助代言人笼络粉丝群体的"1.0 时代"，到"果粉""米粉""魅友"以产品构建的专属粉丝文化的"2.0 时代"，从线下传播时代到移动互联时代，粉丝经济成为企业强调受众黏性的最佳形式。然而，粉丝经济所覆盖的行业仍有局限，对于很多行业来说，想构建出属于自己的粉丝群里并不简单。而这次借势电影《小时代 3》的粉丝热度实现的跨界营销的新辣道，似乎是想通过 3.0 时代进行弯道超车。

新辣道和小时代通过各自的媒体平台，包括微信、微博等方式，相互宣传导入各自的品牌和内容。双方都有各自优势，新辣道鱼火锅有近十年积攒的黏性会员，而小时代也有红极一时的明星效应，两者通过优势传播资源互补，其忠实粉丝通过在自媒体上大量互动，也逐渐形成了新辣道与小时代线上线下百万级的粉丝交互。

之后，资深娱乐圈爆料人“长春国贸”在 6 月 7 日通过微博爆料：在郭敬明生日当天，新辣道将把门店打造成小时代主题餐厅，到时候会聚集很多小四粉丝，为小四举办庆生会。新辣道此举让大众有所猜测，他们是要对即将进军餐饮界的郭敬明示好，还是借助该活动继续与《小时代》进行宣传合作。这个话题在网上形成一定的热度，也体现了跨界合作的魅力。

北京新辣道餐饮管理有限公司总裁李剑介绍，新辣道与《小时代 3》跨界合作将在完全立足于产品的基础上，让粉丝特权得到充分发挥。

新辣道还通过微博、微信对小时代套餐的四种鱼锅的名字进行网友征集。最终，新辣道从万条候选名单中，选出了呼声最高的四款名字，包括：“辣爽如顾”红汤梭边鱼锅，“北味南湘”古坛酸菜龙利鱼锅，“悠然林萧”黔南番茄龙利鱼锅，“宛如多娇”鲜椒罗非鱼翅锅。用这四款鱼锅分别结合小时代人物性格结合来命名。

此次微信征名，增加了粉丝与品牌之间联动的参与性，也进一步在粉丝互动中宣传了新辣道鱼火锅的特点，可谓一举两得。

6月11日，新辣道鱼火锅在其官方微博上发布了一组海报引发大众好奇，海报内容是四种与四姐妹的迥异个性有机结合的套餐，这让鱼火锅在跳出餐饮行业的同时被赋予了更多的电影内涵。为了鼓励粉丝们竞猜《小时代》套餐神秘定制礼物，6月19日，新辣道鱼火锅曝出一系列创意拼图，意为让更多的人参与到解密环节中来。

李剑还表示，餐饮企业的3.0模式开启后，餐饮行业的产品要突破原有的模式，在满足消费者味蕾上的享受的基础上，发挥出更多的特色。如果想要使自身品牌在众多餐饮行业中脱颖而出，就要在餐饮企业多元化产品构成上进行比拼。

新辣道50%以上营业额由新辣道会员贡献，新辣道鱼火锅目前拥有百万级的粉丝会员。同时，为使会员优势发挥得淋漓尽致，该品牌还通过会员体系的数据分析，结合电影跨界为切入口，开创了“吃喝玩乐”于一体的产品构成模式。

通过此次《小时代3》与新辣道鱼火锅的跨界合作，可以获得哪些启示呢？

首先，虽然传统餐饮品牌可以积累一定的声誉及消费者，但对于更多的90后年轻消费者来说，这种营销方式已经不太能深入人心。为了和当下互联网思维相结合，让餐饮行业更好地走入年轻人的生活，达到品牌年轻化和可持续发展，餐饮品牌可以尝试在自己的内容中，添加更多富含趣味性的新元素，来引导消费者的注意力，而不仅仅是依靠打折促销这种不利于品牌健康的营销方式来聚拢客户。

新辣道鱼火锅与《小时代 3》的跨界合作，更像是在寻找一条健康持久的品牌营销之道。这种营销方式不仅可以保留原有顾客，还可以培养更多年轻的具有消费能力的潜在消费者。因此，新辣道鱼火锅才会充分挖掘和紧跟年轻人的风尚，与之互动，聚拢更多的年轻客户。

其次，成功锁定年轻人喜好，实现品牌年轻化。新辣道鱼火锅通过和小时代合作，开始走向品牌年轻化的转变，真正在年轻群体中“玩”起来。此外，他们还利用和粉丝对该活动的关注，制作出更多与主题相关的活动和福利，进一步增加了品牌与粉丝黏性，吸引消费者的二次进店。让品牌与消费者之间产生亲密度，紧密地捆绑在一起，而不是解决消费者单纯的吃饭问题。

跨界营销的实质，是要实现品牌与顾客之间进行有效的沟通，绝非自己自嗨。如果品牌在这个过程中固守陈规，忽略顾客需求，必定达不到理想效果。事实上，传统的营销方式无法应对越来越多的 90 后消费主力，如果想让品牌得到持续发展，必须从培养消费者为入口，从年轻人的视角思考营销，实现品牌的年轻化转型。

任何行业在面对瞬息万变的互联网时，都必须不断学习并适应新的营销方式。新辣道鱼火锅通过与《小时代3》的跨界营销，在锁定潜在消费者，提升品牌口碑，增加顾客黏性等方面无疑是成功的，值得其他行业的研究和借鉴。相信各大品牌在此基础上进行跨界营销的深入探索，灵活运用，一定能打造出更为广阔的产品跨界营销之路。

德克士 ×《绝地求生》× Family Mart

《绝地求生》是由蓝洞游戏公司开发的一款战术竞技型射击类沙盒游戏。在该游戏中，玩家需要在游戏地图上收集各种资源，并在不断缩小的安全区域内对抗其他玩家，让自己生存到最后。

游戏《绝地求生》除获得G-STAR最高奖项总统奖以及其他五项大奖，还打破了7项吉尼斯世界纪录。拥有最强受众基础的正版战术竞技手游《绝地求生：刺激战场》，致力于打通玩家的全体验场景，营造线上、线下多场景包覆的“吃鸡”潮流。

德克士是中国西式快餐特许加盟品牌。德克士炸鸡起源于美国南部的得克萨斯州，1994年出现在中国成都。1996年，顶新集团将德克士收购，并投入5000万美元，健全经营体系，完善管理系统，并重新建立了CIS系统，使其成为顶新集团继“康师傅”之后的兄弟品牌。

Family Mart于1981年9月1日创办，原是西友商店（1983年改名“株式会社西友”）子公司，在中国叫作全家。自1972

年成立以来，这家商店已成为亚洲最大的国际连锁便利店之一，其服务网点遍及日本、韩国、中国台湾、泰国、美国洛杉矶等地，店铺数量超过 12000 家。

中国大陆地区则于 2002 年成立了上海 Family Mart 筹备处，2004 年上海福满家便利有限公司获商务部批准成立。全家 Family Mart 品牌正式进入中国上海市场，开始在中国大陆地区从事便利店经营。

2018 年 8 月 22 日，《绝地求生：刺激战场》正式宣布：游戏已与全家 Family Mart、德克士两大零售、餐饮巨头品牌达成 IP 年度合作。通过游戏、餐饮、零售多种业态的跨界合作，为年轻、潮流的消费群体带来高度立体化体验场景，探索跨界营销的全新合作模式。9 月 1 日至 9 月 30 日，三方将联动推出“吃鸡兄弟连”活动，迈出全面合作的第一步（如图 3-3 所示）。

图 3-3　德克士、《绝地求生》、Family Mart 合作海报

此次合作将覆盖全家、德克士全国5000家门店，联动游戏内外资源，对接虚拟与现实世界，为年轻消费者提供立体化的场景体验，开启横跨零售、餐饮、游戏多业态的全新合作模式。

2018年8月31日，德克士和全球热门手游《绝地求生：刺激战场》联合推出的“吃鸡兄弟连”活动正式开启。

活动期间，《绝地求生：刺激战场》将于线上正式启动“吃鸡兄弟连”H5页面，玩家可以通过在游戏内完成任务领取全家Family Mart、德克士限量版道具及消费优惠券。活动将覆盖两大品牌的全国5000家门店，线上超过4000万集享会员，将福利带给每一位游戏用户。

在占地近500平方米的天津主题旗舰店，德克士首席运营官崔凯军表示：“德克士很高兴和‘吃鸡’擦出火花。德克士在2018年发力抢人、抢店、抢未来，突破竞争快速发展，成为近三年来营业额增速最快的一年。”

全家Family Mart负责人表示，借助热门手游创造的全新场景和优质产品，将进一步塑造全家在年轻人心目中有趣、好玩的形象，提升品牌好感度和新鲜感。

在线下，全家Family Mart、德克士将在全国范围内包装75家“刺激战场”旗舰店与主题店，并专门推出定制化主题商品，全方位营造现实版“吃鸡”氛围。这就意味着三方合作不仅在广度、深度上有所拓展，更是通过线上线下联动，推动了三方品牌消费群体的流转，强化三方共同的年轻、潮流品牌标签，达成合作共赢。

为期一个月的活动期间，为全方位营造“吃鸡”氛围，德克士线下累计打造 50 家旗舰店和主题店，同步推出限量香酥炸全鸡，以及脆皮手枪腿第二件半价优惠活动；线上在游戏内植入品牌元素，发布赢取德克士游戏装备的联合任务。

德克士新营销负责人王意文强调：“这是德克士历年来最大规模整合线上线下，携手零售业巨头全家及热门 IP《绝地求生：刺激战场》开展跨业态合作，以此吸引年轻潮流者的关注。”

如今，“互联网 × 线下场景”的消费体验是大势所趋，德克士全国近 2500 家门店俨然成为现成的庞大流量入口。

据崔凯军介绍：“今年德克士全国新开门店 400~500 家，北上广深将突破 200 家门店，平均每 18 ~ 20 小时就会开出一家新店，并在多所城市开设独具当地特色的店型，优化线下体验。”

随着门店与会员系统的不断打通以及和第三方平台合作，德克士外卖业绩近三年实现翻倍增长，堂食、外送、外带等叠加场景体验同步提升。同时，透过会员数据洞察消费趋势，促进各项业务飞速增长。

《绝地求生：刺激战场》从推出后就一直稳居游戏排行榜前列，因此吸引了不少的投资者。它与快餐品牌“德克士”跨界合作，推出了线上活动和线下主题店，围绕着“大吉大利，今晚吃鸡”的口号吸引了众多游戏爱好者的参与，推广效果显著。

未来，三方还将进一步深化合作，形成品牌合力的辐射效应，持续创新升级消费者体验，吸引年轻、潮流消费者的关注，抢占市场，共创多赢局面。

游戏类 IP 与实体店的跨界合作是营销行业的新方向，值得企业营销人员去探讨和学习。

德芙 ×《恋与制作人》

《恋与制作人》是一款乙女养成类游戏，操作简单，凭借着完美的玛丽苏剧情，四大帅气男主的加持以及各种卡牌的掉落，这款手游成功引起了粉丝们的关注。

2018 年 3 月，《恋与制作人》开服不到半年，便合作了德芙等品牌，一举成为行业跨界宠儿（如图 3-4 所示）。

德芙作为玛氏的子公司，是其巧克力品牌中市场份额最大的一个。自 1989 年进入中国市场以来，德芙不断攻掠巧克力主要消费群体——年轻女性。

传统媒体时代，德芙巧克力的电视广告深入人心；移动社交时代，用户注意力被极大瓜分，年轻受众聚焦社交媒体，德芙面临向社会化营销转型的需求。抢夺 95 后、00 后年轻女性消费群体，成为巧克力品牌突围的关键。

结合时下的消费热点，德芙在与《恋与制作人》合作后，充分利用了游戏粉丝经济效益，不仅开展了一系列的游戏营销活动，还推出了限量定制礼盒，成功吸引了消费者的关注。

图3-4 德芙与《恋与制作人》合作海报

从IOS端和Android端的下载安装数据来看，《恋与制作人》被下载次数已超过1500万次。它拥有数量庞大的女性“粉丝”，且年龄均在十几至二十几岁，以90后、00后为主。

德芙利用这种消费形态，联合《恋与制作人》中的四个男主人公，跨次元来给自家新品打call；结合四人在虚拟世界的性格和职业，推出专属爱情故事片；洋葱新闻造悬念，街采视频预热，故事片上线掀高潮，整个跨界营销活动德芙做得节奏感十足，吸引了大量的关注度。

德芙用柠檬曲奇白巧克力、抹茶曲奇白巧克力、草莓曲奇白巧克力分别演绎了恋爱从酸甜初识，到怦然心动，再到甜蜜爱恋的心理变化，让消费者分分钟爱上不一样的丝滑。

视频被上传到二次元人类聚集的B站专区后，引起相关“粉丝”不断刷屏，为德芙的新品推广打下了很好的市场基础。

除了在线上进行相关短片的投放，在线下陈列、海报宣传等，德芙也将四位“纸片人”的魅力发挥得淋漓尽致。4月8日，《恋与制作人》四大男主角在全家上海汉口路店和全家广州华普广场店强势为德芙站台。

无论是游戏中还是视频中，始终是虚拟人物；而印在包装上，握在手心里，才有感受得到的温度。

一位《恋与制作人》的忠实粉丝曾经说过，这款游戏吸引人的不仅仅是剧情结构与四大男主的设定，还有资深的 CV 演员。这款游戏深深抓住了年轻女性对爱情世界的美好幻想。“单从消费者层面来说，在经济能力允许的情况下，他们的合作款产品几乎都会购买，即使是包装盒也会拿来收藏。”这位粉丝表示。

发现了粉丝的这种需求，德芙便在天猫上线了定制化产品，根据人物设定，产品包括四款人物主题礼盒。

德芙天猫旗舰店产品介绍显示，定制礼盒限量 5000 件，售完为止。盒子包装上印有人物图片，产品包含 4 盒不同口味的德芙新品——德芙小巧粒和 3 块不同口味的块状德芙巧克力，以及一份《恋与制作人》游戏礼包兑换卡。

除了已有的定制礼盒，德芙还推出了定制小程序，礼盒内页和封面由用户定制。“粉丝”可以在小程序中上传自己的照片，随后便会生成自己与游戏角色的合照，用户可以与喜欢的男主同框，从而产生角色代入感。德芙正是通过这种方式邀请消费者来当剧中的女主角。

这款定制礼盒是“德芙 × 恋与制作人”合作后全新上市的丝滑恋语礼盒装产品，德芙将其定位为“送女友生日告白浪漫礼物”。

消费者除了上传自己的照片与男主角合照，打开礼盒后，轻触开关还可以听见喜欢的男主的声音。

在内容商品化的今天，游戏、漫画、小说乃至手办，已经形成了一条二次元产业链，初音未来、洛天依、李泽言等虚拟偶像，开始成为媲美明星的代言人。

在中国，随着二次元文化的流行，这些虚拟偶像在走进大众视野的同时，也让虚拟偶像逐渐成为市场的热点，并获得不少年轻人群的喜爱。

业内人士分析认为，《恋与制作人》与德芙巧克力本次跨界营销的成功得益于其传达出的情感迎合了当代年轻消费群体的需求。而企业跨界进行这种游戏 IP 的营销，势必在借助其背后的情感营销体系，理想效果是通过情感挖掘引起观众共鸣，从而在消费者头脑中形成深刻的印象。

奥利奥 ×《权力的游戏》

HBO 制作出品的电视剧《权力的游戏》，以出人意料的剧情和精良的制作，在全球范围内吸引了大量观众，一度成为全球十分卖座的电视剧。有数据显示，《权力的游戏》第七季收视率较第六季增长了 35%，平均收视人数为 3060 万，这种超高的人气及由该剧衍生出的周边产品，不仅给 HBO 带来了新的合作理念，也带来了巨额经济效益。

《权利的游戏》片头通过恢宏的俯视视角与场景变换，史

图 3-5　奥利奥与《权力的游戏》合作海报

诗级的音乐，成为剧迷心中的经典 OP。而 HBO 与奥利奥在《权力的游戏》第八季即将放送之际，进行了 IP 联动，制作了一个由奥利奥饼干组成的剧集片头。在这部剧里，原片头中出现的建筑和场景变换全部用饼干代替了，这使原本恢弘气势的场景融合了幽默可爱的元素，让人产生了一种莫名的喜感，这种奇思创想将品牌创意发挥得淋漓尽致。

很显然，奥利奥的这种创意引发了大众的热议，观众对于这种将奥利奥与《权利的游戏》的经典片头结合在一起的形式感到十分新奇（如图 3-5 所示）。

同时，奥利奥还在饼干中融入了《权力的游戏》的内容，推出了联名限量版的饼干，饼干上分别印有"狮""龙""狼"和夜王的图案。而这几个图案在《权力的游戏》则有着各自的代表："龙"代表塔格利安家族，"狼"代表史塔克家族，"狮"则代表兰尼斯特家族。在奥利奥的饼干包装上，也结合了《权力的游戏》风格，包装上的奥利奥坐在了标志性的铁王座上。

这款饼干迅速引发了剧迷们的热情抢购。奥利奥在 Instagram 上发布了这则视频时，带上了话题 #Game of Cookies，将自己称为“最史诗级的曲奇饼干”。同时也为《权力的游戏》的最后一季进行预热。

在这个短短 50 秒的视频里，奥利奥匠心独具，用食材构筑了一个另类的奇幻世界。2750 块饼干打造出了一座冰雪之城，而城堡上厚厚的白雪，也摇身一变，成了白皑皑的奶油……

在史诗般壮丽的片头曲中，由曲奇饼干构建的一座座奇幻城堡，显现出了立体的建筑感及钟表式美学，让场面既恢弘又壮丽。

在《权力的游戏》这一季中，与奥利奥在片头、音乐和其中所塑造的家族符号形成了一种天然的混搭。

可以说，这种形象的反差却让《权力的游戏》与奥利奥的此次联动达到了良好的效果，那么，我们可以从这个较为成功的跨界营销案例中，得到哪些启示呢?

首先，是要注重品牌与 IP 的契合度，求同存异，将二者在产品特点和内容上进行有效融合。那么，这种完美的融合是如何做到品牌与 IP 的无缝衔接的呢?

奥利奥巧妙地利用自身的饼干特点，与影片的元素相融合，制作了另外一个版本的经典开头。在产品包装设计上，延续了《权利的游戏》的深重色系风格，暗色系立马提升了饼干的档次。当自身产品的灵魂、品牌内核以及 IP 的突出元素这几点相融合，就形成了另外一种令人熟悉又新奇的产品气质。

其次，奥利奥是一个历史悠久的国际知名的品牌，而《权利的游戏》这个 IP，其内涵也并非普通品牌可以驾驭的。如《权利的游戏》这个大 IP 和一个冷门且不知名的品牌合作，那么不仅无法使自己的IP得到广泛推广，还可能会降低自己的格调，与之合作的品牌也会被 IP 自身的光芒所掩盖，这样巨大资源的消耗，可谓是得不偿失。因此，品牌合作，一定要选择与品牌匹配度高的 IP。

《权利的游戏》这个大 IP 和具有较高知名度的品牌合作，除了能借助双方的名气实现传播度上的共赢之外，还能互相提升自身的品牌和产品价值。

如果想要做到品牌的跨界营销，那么非常重要的一点则是合作品牌的选择。奥利奥借由《权力的游戏》所取得的成功，可以成为品牌与 IP 联动进行跨界营销的经典案例，参考这种知名品牌与大IP成功结合的案例，给很多品牌带来有益的启示，企业也可以从中学习到一些经验。

04

浅入喉，深入心

——饮料行业的跨界营销

玩游戏时来一杯，看电影时来一杯，看动漫时来一杯……

近年来，饮料行业掀起了一股跨界营销的风潮，各大品牌纷纷寻找不同行业的合作伙伴，强势植入各大 IP，带动产品销售的同时，也为我们打开了跨界营销的新思路。

旺仔牛奶 ×《光明大陆》

《光明大陆》是由网易游戏中美工作室开发，好莱坞级视听团队倾力打造的 3D 即时 MMORPG 魔幻史诗类手机游戏。

在战斗体验上，《光明大陆》引入了动态战斗系统，指尖微操，告别站桩。除此之外，游戏还为玩家提供了数十种个性化时装、坐骑，以及丰富的人物动作和表情。

说到旺仔牛奶，所有 80 后、90 后脑海中的最大印象可能就是那句广告词："三年六班李子明同学，你妈妈拿了两罐旺仔牛奶给你……"

2018 年 1 月，《光明大陆》与旺仔牛奶正式宣布达成深度合作。从目前曝光的内容来看，主要合作形式为推出《光明大陆》定制版旺仔牛奶，并作为福利派送给玩家（如图 4-1 所示）。

目前，《光明大陆》定制版旺仔牛奶即将推出，作为 MMORPG 领域最有影响力的手机游戏之一，《光明大陆》与老牌牛奶饮品旺仔强强联合，希望为用户带来不一样的消费体验。

这次《光明大陆》与旺仔牛奶的合作，紧跟着年度资料片更新，萌动的新职业元素使是合作的最佳契合点。随着定制版旺仔牛奶的铺陈，新职业元素使也将广而告之，为玩家的指尖开荒带来更多乐趣。

《光明大陆》元素使拥有大量单体伤害及 AOE 技能，依靠风系技能加持护盾和进行位移，还能召唤水元素作为仆从。在团队中除了倾向于输出，还能在转职强化下，具备强悍控制力以及承担团队辅助的作用，是备受玩家期待的全新远程法系职业。

图 4–1　旺仔牛奶与《光明大陆》合作海报

而这次的系列定制版牛奶罐上，旺仔穿上水火风木元素套装，正是《光明大陆》全新第五职业元素使的装备服饰。酷炫的套装让旺仔带着特别的英姿帅气，而大大的笑容与调皮眼神则保留着旺仔的魔性表情。这是元素使萌动乖巧形象，与旺仔牛奶品牌形象的高度契合，让人一眼看过便留下深刻印象。

《光明大陆》本次与旺仔联合发布的定制版牛奶中，可以看到旺仔的吉祥物似乎与以前有所不同，依旧没变的是旺仔传统微笑斜视动漫形象。不过，在传统形象基础上，旺仔穿上了《光明大陆》全新第五职业元素使的装备服饰。《光明大陆》的玩家都熟知新职业元素使的外形和表情都与旺仔的动漫形象有几分相似，都拥有大大的眼睛和可爱的外形，这或许是促使双方合作的初始动机。

本次与旺仔牛奶“元素罐”的跨界合作，《光明大陆》可谓脑洞大开，新意辈出。

跨界合作除了共享用户群体外，更贯通了线上游戏体验与线下生活感受，让品牌的魅力得到不同维度的扩展。

而别出心裁的主题打造更是让此次合作话题性十足，自带传播推力，达到 1+1 > 2 的效果。

《光明大陆》作为当下最火的 MMORPG 手游之一，已经不仅仅是一款游戏，更凭借广泛的影响力逐步形成自有的游戏 IP。

可以说，这次《光明大陆》与老牌牛奶品牌旺仔强强联合，希望为用户带来不一样的生活体验，正彰显出《光明大陆》要深入年轻群体、成为国民品牌的决心。

更让《光明大陆》玩家们激动的是，目前定制版的旺仔牛奶将会作为玩家福利全部反馈给玩家。

寒冷的冬天总是让人缩手缩脚。叫上三五个好友，打开手机游戏《光明大陆》，下一个未能攻克的副本，打一场酣畅淋漓的跨服激情团战，最后打开一瓶旺仔牛奶一饮而尽，瞬间补充体力和营养。

当“指尖开荒”已成为我们独有的生活乐趣，我们发现，《光明大陆》已经不仅是一款游戏，更成为一种全新的社交工具和生活方式。

此次《光明大陆》跨界合作旺仔牛奶，有望将线上游戏体验带到线下玩家的生活之中，进一步打破虚拟与现实的边界，成为融入年轻人生活的亲密伙伴，实现 IP 的利益增值，可谓跨界营销的成功案例。

可口可乐 ×《复仇者联盟 4》

如果要提起跨界营销的经典案例，那么《复仇者联盟》一定能排得上数一数二的位置。首先，跨界营销的概念，是在于制造反差萌和话题感的目的，使大众对品牌的认知得到提升，从而带动销量。在跨界营销中，合作的双方都需要借助彼此的力量达到共赢，《复仇者联盟》作为一个集合了多个大 IP 的超级 IP，不论在国内还是国外，所产生的联合营销规模都是十分巨大的。

《复仇者联盟 4：终局之战》是这部系列电影的最后一部，它是由美国漫威影业公司出品的科幻电影，由安东尼·罗素和乔·罗素联合执导，主要演员有小罗伯特·唐尼、克里斯·埃文斯、克里斯·海姆斯沃斯、马克·鲁法洛、斯嘉丽·约翰逊、杰瑞米·雷纳、保罗·路德、布丽·拉尔森、唐·钱德尔、凯伦·吉兰、乔什·布洛林等。

该影片于 2019 年 4 月 24 日在中国内地上映，2019 年 4 月 26 日在美国上映。作为漫威电影宇宙的第 22 部电影，这部影片由美国漫威漫画改编而成，故事延续了《复仇者联盟 3：

无限战争》毁灭性事件之后发生的事情，在剩余盟友的帮助下复仇者联盟再一次集结，逆转灭霸的故事。

由于复联 4 为该系列电影的终结作品，自然而然带来了火爆的关注度。以微博为例，根据被提及的热度分析，复联的前三部在内地上映的当日出现热度峰值后逐步递增，显现出一部比一部强势的劲头。

但令人不可思议的是，在《复仇者联盟 4》上映的当天，它的热度峰值就已达到了《复仇者联盟 3》热度峰值的三倍。《复仇者联盟 4》于 2019 年 3 月 29 日正式官宣，十小时内，漫威影业的官方微博被转发 18 万次。据有关数据调查显示，《复仇者联盟 4》的事件影响力指数为 72.3，高于 90% 的事件，高于 83% 的娱乐事件。其实在此之前，关于定档有关的事件影响力也已高达 56.3 之多，其中“漫威十周年庆典”的事件影响力指数也达到了 58.6。

在《复仇者联盟 4》首映当天，零点场的票房为 1.88 亿元，放映了 3.93 万场，观影人次达到 325.9 万。首映日票房破 4 亿，上映的第七天，国内的票房已高达 25 亿，一个月的国内公映票房高达 42.38 亿元，全球票房为 25.4 亿美元。《复仇者联盟 4》突破了电影史上多个记录，也成为中国电影史上第一部预售票房超过 6 亿的电影。

可口可乐作为有着百年历史的饮料品牌，一直因其走在营销界的前沿而经久不衰。它每一次在外包装上的不断创新，从昵称瓶、歌词瓶、密语瓶、摩登罐到城市罐，都很成功地将现代元素融入品牌当中，引起社会的广泛关注和接纳。

这次，可口可乐的新动作是与《复仇者联盟 4》这个顶级 IP 融合，宣布旗下的无糖可口可乐产品与该电影进行跨界合作，推出了印有复联英雄的全新无糖可口可乐（如图 4-2 所示）。

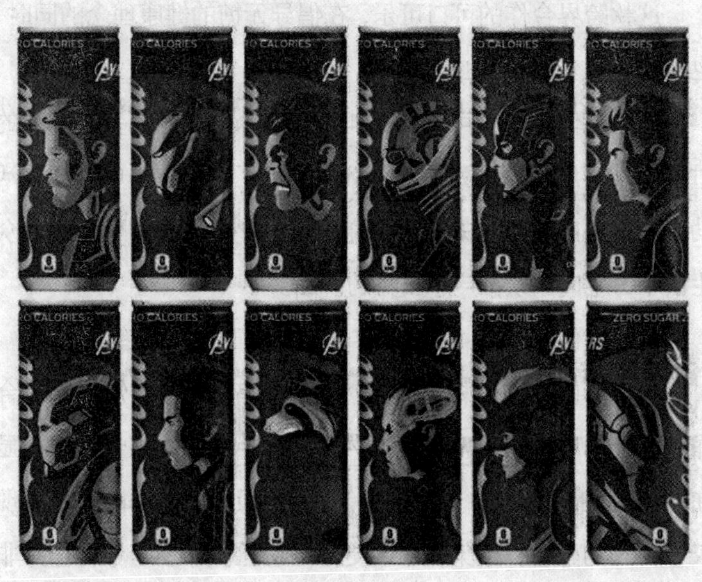

图 4-2　可口可乐与《复仇者联盟 4》合作海报

瓶罐一直是可口可乐进行艺术设计和创作的重要载体，因此，此次可口可乐依旧将可乐罐的形象设计放在营销的重点上。

可口可乐此次与漫威的合作款仅限无糖可口可乐，相比之前的设计，它有了更明确的目标，也因此打出了“无糖联盟”的标语。在这次全新的包装上面，本次可口可乐不同于之前无糖可口可乐全黑色包装，它以复仇者联盟的雷神、美国队长、钢铁侠、黑寡妇四人为主要设计元素，再以可口可乐的黑红色进行拓展，突出了红色，复仇者联盟以及漫威影业的 logo 色也因此更加备受瞩目。

这款跨界合作的可口可乐，在倡导无糖的健康理念的同时，也得到了更多电影粉丝的拥护。

同时，作为可口可乐的经典策略之一，在与消费者互动的过程中，开展了一系列活动，例如推出了晒包装送电影票的活动。通过电影与可乐的跨界合作，将电影中的人物代入到大众生活中，也向大众推广了自身的产品。

与《复仇者联盟 4》的跨界合作有以下几方面趋势：

与电影的周期性相关，虽然《复仇者联盟 4》短期跨界合作较多，却难以将热度维持太久；跨界合作的局限性主要凸显在产品包装设计上。行业间的跨界营销最主要的目的就是实现双方粉丝的融合，聚集和带来更多的粉丝。即使跨界合作并非新鲜事，但是在合作过程中只有将品牌自身传播理念，有机的融合到 IP 当中，才能激发出双方粉丝的互动热情，继而促使消费。

因此，通过可口可乐“无糖联盟”的概念与“复仇者联盟”的元素对接融合，采取限量发售的模式，让可口可乐在推广自己品牌的无糖可乐产品时，也进一步推广了自身的易拉罐文化。

有数据统计，在《复仇者联盟 4》上映当天，该广告整体点击率高于底部视频广告的大盘均值 70%，这也足以证明《复仇者联盟 4》与无糖可口可乐的跨界营销的成功。

康师傅绿茶 ×《小绿和小蓝》

《小绿和小蓝》的作者是漫画家笛子 Ocarina，该漫画的内容围绕着小绿、小蓝生活中各种各样的小故事展开，共分为机器人篇、魔王篇、魔法少女篇和黑恶势力篇。在这部动漫作品中，它轻松搞笑的风格深受观众们的喜爱，其内容又富含深度，令观众回味无穷。该漫画目前持续在腾讯动漫进行连载。

《小绿和小蓝》在深受大众喜爱的同时，它保持了漫画品质的高质量创作，目前该作品在腾讯动漫评分 9.8 分，B 站评分 9.7 分，在全网积累了一大批忠实的绿蓝粉。

在国漫行业不断发展壮大的带动下，动漫已经从单纯的垂直内容往更具有影响力的情感符号升级，其商业价值也自然而然得到了大幅度提高。

在娱乐业的环境当中，偶像的影响力和其所带来的商业价值是成正比的。从之前粉丝对电影娱乐明星的真实追星，发展到现在将偶像标签赋予在漫画及动漫人物身上，这种迅速发展的偶像角色发生了非常大的变化，并且偶像群体还在发生进一步扩大。时下最热门的“偶像圈”人物，就包含刚刚踏入这个圈子的国产二次元内容。

这种现象也深深地植入了《小绿和小蓝》的剧情当中。随着该剧的热播，让很多绿蓝粉在追番的时候，例如在 10 话“死对头”中，小绿和小蓝在便利店相遇时作为背景，身后货架上摆满了康师傅绿茶；还有第 12 话“驭风者”里，小绿从医院走出到外面的街道上，康师傅绿茶的广告牌又一次以背景的形式出现在画面中。康师傅绿茶的频频现身正是靠着偶像的力量，带动自身品牌的人气，达到收割粉丝的目的。很显然，康师傅此举获得了很好的效果，在影片弹幕上，眼尖的观众纷纷评论和留言，表示金主爸爸真霸气，想要搬一箱康师傅绿茶回家。这也为康师傅绿茶进行了二次宣传。

康师傅绿茶能够因该剧而得到口碑的提升，无外乎自身品牌作为热门的快消品牌有着过硬的口碑和品质，它早已经与年轻群体的日常生活融为一体。因此，无论是在受众群体还是品牌形象上，当康师傅绿茶在《小绿和小蓝》中与观众们心中的偶像相遇时，能让观众从一个虚拟的环境中找到真实的共鸣感，这种广告效果自然不言而喻（如图 4-3 所示）。

为了进一步获得粉丝的好感，康师傅绿茶还与《小绿和小蓝》联手推出了主题 MV《为你倾心》，在 MV 中小绿和小蓝的故事在持续上演，治愈系的内容搭配清新活力的绿茶，自然而然赢得了粉丝的好感。该作品在上线后一举登上 B 站原创音乐热度 TOP1，并深受粉丝的好评。在该 MV 中，还引发了“一见倾心，再见倾人”口号的弹幕刷屏。

二次元是会伴随着新一代年轻人一同成长的新兴内容产业。在今后日趋丰富的内容下，随着时间推移，其受众会更加广泛，影响力也越来越深。随着它不断走进各种圈子，融入各种年龄阶段的粉丝群体，或许该行业会成为下一个主流文化的新锚点。国漫 IP 会随着该产业的进一步扩大，而得到更显著的商业价值。

图 4-3　康师傅绿茶与《小绿和小蓝》合作海报

康师傅除了选择在该动漫中植入广告外，还积极地开展了一系列线下活动让网友们参与到活动中来。不同于市面上各种各样令人眼花缭乱的周边产品，康师傅绿茶出品了一款以四部 IP 主角形象为瓶身的合作动漫瓶，通过各种形式引导用户晒单，以及瓶身互动小视频等让网友参与到热情的互动中来。这种将国漫 IP 与康师傅绿茶品牌进行深度绑定，并限量发行的合作模式，不仅能通过康师傅的庞大消费群体宣传该动漫，也为三次元品牌注入年轻血液，这种限量模式提升了联名品牌产品的收藏价值和珍稀度。

康师傅绿茶以及好爸爸 Kispa 等品牌与《小绿和小蓝》等

四部国漫所展开的跨界联动，通过主题 MV、定制番外等深入粉丝群体的内容，使这些品牌从纯粹的商业品牌往内容贡献者的角色转变，让他们在二次元圈子获得了更多的品牌粉丝。

人类的想象力反映了二次元作品的本质，通过作者的深入刻画，展现出了各种天马行空的故事与人物，在想象力的空间里，包含了对很多内容的包容性，这也从另一个角度反映了动漫行业的发展潜能。

《小绿和小蓝》的原创主题单曲“你是清风托起我羽翼，你是雨后绿蓝色风景，你是一杯绿茶新沏，被时间浸泡出浓醇和清新”，也在同时期的歌曲热门榜单中上线。

《小绿和小蓝》以作品本身的内容为核心，推出了结合康师傅绿茶的清新形象的番外动画及番外条漫，不仅能帮助康师傅品牌提升在二次元圈层的好感度，也让《小绿和小蓝》的潜在价值在大众品牌中得到发挥。

通过与康师傅绿茶这类快消品从线上到线下的合作，使自身的动漫 IP 的商业价值得到充分的验证，也在带动康师傅消费的同时，获得更多的 IP 的流量入口，促使二次元文化深入到普通大众，使得原本狭窄的圈子内容在更大的消费市场上得以展现。

接下来，二次元品牌会随着新兴载体的出现与受众群体的扩大，不断增大自身势能，不断扩大可运用的市场。

腾讯动漫早在 2015 年便提出了二次元经济的商业概念，与各方合作为动漫 IP 进行衍生运营。在此次活动中，“遇见不一样的世界”作为品牌理念进一步将动漫产业所能涉及的领域进一步扩大，从而泛娱乐、泛二次元理念得以实现。

作为行业突出代表的日本，近十年间动画市场实现了从电影到网络再到线下本地消费带动，并且一系列衍生市场朝气蓬勃，实现了飞速的增长。据日本动画协会的《动画产业报告2018》统计，2018 年日本动画产业市场总产值首次突破了 2 兆日元（约 612 亿人民币）。这进一步体现了二次元产业价值飞速增长的现实。

康师傅绿茶与腾讯动漫分别以北京的胡同口、广州的沙面老街、成都的宽窄巷、上海的外滩为背景，联合四部人气国漫作品，也是为了更好地让二次元与三次元线下紧密融合。通过让 IP 主角置身其中，实现跨次元的视觉体验，也很好地契合了“遇见另一个世界”的品牌理念。

以笛子 Ocarina 创作的这部漫画作品《小绿和小蓝》为例，讲述了冷淡电波“小绿”和天然萌感“小蓝”之间搞笑温馨的日常。漫画中充满了各种有趣的小故事，例如结合新时代元素描绘了高科技带来的困扰，和一些成长过程中各种妙趣横生的偶遇等内容，让当下年轻人被这种干净朴实的情感表达、跌宕起伏的剧情设定，和萌暖人心又富含哲理的故事内容而感到共鸣，也因此获得了更高人气和更多粉丝的追捧。

这部在腾讯动漫平台上取得 32 亿的高人气、超 42 万收藏人数、播放量迅速破亿的动画，以它传播正能量的治愈系漫画的独有特色，取得了令人惊奇的好成绩。在同名动画上线之后，更是登上了亚洲动漫榜实时榜 TOP1、周榜 TOP3，可谓是在国际上都有很好的影响力。

康师傅绿茶（北京）主题店的正式出街，场景化的亲身体验，和万圣节当天 coser 大咖的有趣互动，都从根本上投其所好地加深了用户对双方品牌的印象，同时也让国产动漫真正走进了大众的生活。

这种形式对于粉丝和品牌来说都有着很好的效果，不仅让粉丝获得了商业品牌带来的更优质有趣的内容，也让品牌更加深入到了年轻人的内心。二次元一代消费能力会随着年轻人的逐渐成长而不断提高，这将迎来一个品牌间跨界合作的时代。跨界合作的商品对于年轻人来说，就如同衍生周边产品一样，能融合自己所认同和熟知的文化，因此，这些产品更能受到粉丝们的追捧和喜爱。对于大众以及旁观者而言，二次元是年轻人喜好的象征，与二次元合作的品牌产品一定能使自身定位更加趋于年轻化，符合年轻人的品位。

在将来，随着年轻一代的成长，二次元所跨越的年龄度会越来越大，所服务的群体目标也将会越来越广泛，因此像《小绿和小蓝》这样自身优质的形象与内容的作品，会博得更多人的期待与信任，相信腾讯动漫会保持高品质的动漫，涌现出越来越多好的作品。

《小绿和小蓝》将康师傅绿茶的广告成功的巧妙植入动漫之中，也借助康师傅绿茶的知名度为自身获得了更多流量与关注，这种双方之间的跨界营销，可谓是一举两得。

王老吉 ×《风暴英雄》

《风暴英雄》是暴雪娱乐公司开发的一款在线多人竞技PC 游戏，可以在 windows 和 Mac 操作系统上运行。

王老吉是中国著名凉茶品牌，创立于清道光年间（1828年），被公认为凉茶始祖，采用草本植物材料配制而成，被称为“凉茶王”。

2017 年 10 月 19 日，王老吉正式宣布与暴雪旗下游戏《风暴英雄》跨界合作，以“风暴英雄”为主题，共同推出首款定制黑罐凉茶产品“暴雪英雄罐”，并将“不怕并肩作战”作为此次跨境合作的共同主题。来自魔兽系列的吉安娜、伊利丹和来自暗黑系列的李敏成为首批登上王老吉黑凉茶罐的三位英雄（如图 4-4 所示）。

图 4-4　王老吉与《风暴英雄》合作海报

同时，定制版的《风暴英雄》王老吉黑凉茶也给广大玩家带来了超多福利——拉环扫码积分即可兑换《风暴英雄》战利品箱。

当以“不惧上火，尽情狂热”为口号的王老吉黑凉茶与以“不惧战火，并肩作战”为口号的《风暴英雄》相遇时，这对“无所畏惧”的最佳拍档会擦出什么样的火花呢?

此次《风暴英雄》与王老吉黑凉茶的合作，将广大玩家与暴雪英雄们的互动延续到了生活场景中。黑凉茶的“更强凉茶味”给追求极致的游戏玩家带来了更加畅快的口感，而王老吉黑凉茶也成为最能代表风暴英雄们“不惧战火，并肩作战”精神的饮料。

作为全球著名的游戏制作方，暴雪的《风暴英雄》集合了魔兽、星际、暗黑、守望等游戏系列的标志性英雄。与喜爱的英雄并肩作战，用每一位英雄的招牌技能击败对手，是这款游戏带给玩家的独特体验。

为了让广大玩家与“风暴英雄”之间的互动在日常生活中得到再次延续，王老吉和暴雪将“风暴英雄”的肖像图精心融入黑凉茶罐身中，并印上了游戏中的经典对白。

印有暗黑魔法师李敏、贯穿魔兽系列故事的吉安娜和伊利丹的黑罐凉茶在天猫平台全网首发，随之在国内各大线上与线下平台上架销售。

无论是贯穿魔兽系列故事的吉安娜和伊利丹，还是输出爆炸的暗黑魔法师李敏，都拥有无数的“粉丝”。对于《风暴英雄》的玩家而言，每个“风暴英雄罐”都是值得收藏的。

作为凉茶行业的领导者和世界顶级游戏制作公司，王老吉和暴雪的合作不仅仅是推出定制罐。在产品与游戏的互动方面，他们也为广大玩家提供了更多的“彩蛋”。

所有的王老吉“风暴英雄罐”上都印有“视觉二维码”。消费者只需打开拉环扫码，就可以体验一罐一码的个性化互动，赢得不同价值的《风暴英雄》战利品箱。

消费者可以通过战利品箱获得英雄、皮肤、坐骑等丰富的游戏奖励。奖品覆盖率达100%。其中，一等奖可赢得500个风暴英雄战利品箱，奖品价值高达3000元人民币。许多游戏玩家都对定制罐的游戏互动奖品、收藏自己喜爱的游戏人物定制罐表示非常期待。

《风暴英雄》与王老吉的本次跨界合作，可谓“品牌年轻化”的又一次落地。通过年轻人喜欢的营销形式，结合王老吉凉茶健康草本饮料的特性，无论是在线上还是在线下，都会给年轻玩家带来“吉”运。

《风暴英雄》与王老吉的跨界合作，为双方企业都带来了客观的利润，实现了双赢，可谓跨界营销的一次有益尝试。

星巴克 × 阿里巴巴

一个企业的商业扩张的方式，往往是由它的基因决定的。即便是在危机之下，星巴克也要坚守咖啡的品质和消费者的体验。而这一切的一切只不过是在过往的经验中，星巴克习惯在线下打造实体咖啡店。星巴克中国区的总裁王静瑛就曾这么说过："这么多年以来，星巴克一直都是第三空间，广大消费者都是习惯于在星巴克门店里和朋友享受一杯手工调制的咖啡。"

当互联网上的咖啡都在一个劲地打造线上营销、社交裂变概念以及线上外卖和线下开店高强度结合时，星巴克却按兵不动，它也许是在寻找一条合适的道路，在保证咖啡品质的前提下，让那些不想出门的消费者喝到和店里一样的咖啡。

星巴克早在2015年就在天猫开了旗舰店，销售星享卡等。到了现在，又相当于星巴克开了一间云店，消费者可以随时随地使用手机端下单支付，无论是手机淘宝、支付宝、天猫、饿了么还是盒马App，甚至是星巴克自己的App都可以进入到消费场景。消费者也不用选择具体的星巴克门店，一切都会由智能算法帮他筛选好，订单将会分配到合适的星巴克门店，他甚至可以参与到星巴克的生产流程当中。

星巴克在2008年遭遇了历史上最大的危机，4个季度的利润同比下降了97%，财年利润下降了53%。星巴克的董事长舒尔茨虽然已不再负责星巴克的具体业务，但在视察门店时，发现店里摆着与咖啡无关的东西，于是他决定复出，开一个年度员工大会，重新提起员工对咖啡的热爱。

星巴克的员工大会将在路易斯安纳州的新奥尔良举行。这座城市在2005年的时候被台风摧残过，那时这个城市的处境和星巴克极其相似，他们的主题都是摧毁与重建。1万多名在星巴克里被称为合伙人的员工来到了这个城市，用了一周的时间，帮助当地居民重建了房子和公园。

当时董事会都反对舒尔茨的决定，认为经济如此低迷，不该花几千万美元去开员工大会。然而员工大会却非常成功，使得员工们的心又聚拢在一起，所有人的注意力都重新聚焦在做一杯好咖啡，服务于人群上。

一位美国的价值投资人，觉得星巴克最宝贵的财富就是舒尔茨应对危机的能力，以及面对危机时对价值观的坚守。

一年多以前，凯文·约翰逊刚刚上任不久，就与张勇在杭州第一次见面。凯文·约翰逊拥有技术背景，被业内称为才华横溢的技术人才，同时也具有商业才能，舒尔茨选择他做接班人，可能正是看中他数字化的经验和能力。

“我们能找到最好的商业伙伴就是阿里巴巴了。”根据约翰逊的回忆，他们从张勇那里得知了新零售的理念，包括如何将技术融入新的消费体验中，以及新零售会带来怎样的新的生活方式。

2017 年 12 月 5 日，品牌双方在上海星巴克烘焙工坊开始了第一次“试婚”，也就是第一次合作（如图 4-5 所示）。

在烘焙坊开幕当天，现场出现了马云和霍华德的身影，这里被舒尔茨称为星巴克的未来，阿里为这个星巴克史上投入最大的创新场地，提供了更多增强现实和场景识别的新零售技术。

在往后的一年多里，品牌双方就如何提高客户的体验和创新，讨论了很多合作上的细节。

2018 年 8 月 2 日，阿里巴巴与星巴克宣布达成新零售全

图 4-5　星巴克与阿里巴巴合作海报

面战略合作，星巴克 CEO 凯文·约翰逊说，世界上最受欢迎的消费者品牌星巴克和世界领先的高科技公司阿里巴巴终于走到了一起。

阿里巴巴集团 CEO 张勇则把这次合作比作结婚，并称品牌双方在此之前谈了很久的恋爱。这场谈了很久的恋爱，最初是在一年前开始的。星巴克创始人霍华德·舒尔茨在 2017 年 8 月 2 日造访了盒马鲜生。阿里巴巴集团副总裁和盒马创始人侯毅陪着去盒马长宁店逛了一圈。其间舒尔茨还去了长宁店后仓，体验了一下盒马订单三十分钟配送到家的流程，并对悬挂链产生了极其浓厚的兴趣。

此次舒尔茨对盒马的造访，已经让星巴克对于如何满足人们在快节奏生活中的另一种需求初见端倪，星巴克想要利用阿里的新零售配送体系，为消费者提供新鲜的手工冲制的咖啡。

就像许多媒体猜测的那样，星巴克要在饿了么上线，开始送外卖。盒马门店将会推出一个外送星厨，这将成为一个新的外卖渠道。

于是便有媒体在发布会现场向星巴克提问，是否是感受到了互联网咖啡的竞争压力才选择送外卖？才选择与阿里巴巴合作？对此凯文约翰逊的回答是："其实我们早在一年以前就开始讨论合作的事宜，而且现在讨论的也不只是送外卖，是新零售。"

事实上，星巴克与阿里巴巴的这次联手，当然不只是送外卖那么简单。这次合作涉及阿里巴巴生态里的饿了么、盒马、淘宝、天猫、口碑、支付宝等等多个业务线。阿里巴巴还为星巴克特别定制了新零售智慧门店，而且双方的会员体系也会全面打通。

星巴克的创始人霍华德·舒尔茨就曾说过，星巴克是会为了自己的生存而战，但绝不会因此丧失灵魂。因此，这样的星巴克怎么会因为暂时的危机匆忙做出决策，匆忙的选择自己的合作者呢？

跨界合作作为一场幸福的婚姻，需要双方彼此了解且三观相符，还要做到资源共享才能共同进步。而且双方都是各自领域的佼佼者，那么这些试探和考察就显得尤为重要。

张勇说："因为共同的文化和共同的希望走到了一起，这些是比战略合作更为重要的连接纽带。"

同样是送外卖，但这种体验是完全不一样的，你需要的不仅仅是移动的速溶咖啡，你希望拿到手里的是原汁原味有温度的星巴克咖啡，给你一种到店体验的感觉。

所以，星巴克想要保持咖啡品质和用户体验的价值，不是靠简单的体力劳动就能满足的。

随着时代的发展，社会的进步，人们对体验的要求也在提高，越来越多的人希望在家里也能很快喝到一杯高品质的咖啡。

关于 30 分钟配送的问题，阿里巴巴集团副总裁、饿了么 CEO 王磊在发布会上这样说："这 30 分钟不是简单的增加一个骑手提高服务能效的事，其中包含了大量的细节问题，从星巴克生产流程中的开始设计，到咖啡谁去送，送的时候如何包装，甚至杯子拧紧的方式，盒子的冷热冰如何隔离……需要考虑的问题太多太多。"

舒尔茨在退休前做出的最后一个关键商业决策，大概就是全面拥抱阿里的新零售。

线上与线下都只是场景，数字化才是最根本的问题。有数据表明中国咖啡消费市场的规模大概为 700 亿元人民币，年化保持着 15% 的高增长率，预计到 2020 年市场的规模将会达到 3000 亿元人民币，仅是把咖啡商业简单地分为线上和线下，然后凭着外卖和实体店是不能够最大限度地获取咖啡消费的增长红利的。

张勇认为："在未来就不存在线上或是线下了，不论是网上的运营还是实体门店的运营，最大的区别就在于它是不是一个数字化商业世界以及数字化运营，我们希望做到的是和星巴克创造一种生活方式和体验经济。”

星巴克在全中国已经开了有 3000 多家咖啡门店，赢得了许多人对其品质的信任，许多人在选择咖啡馆时，第一个想到的就是星巴克，而当你时间有限又打算去一家星巴克的时候，在出门的那一瞬间，你就已经开始自动做出无数个决策，哪家星巴克最近？哪家的人最少？如何才能最快地喝到咖啡？

而现在你可以把类似这样的决策通通交给星巴克新零售智慧门店。约翰逊说，阿里巴巴为星巴克带来了一种一店式个性化星巴克体验。

星巴克和阿里巴巴相互之间将会员体系打通，是他们“结婚”的亮点之一。

星巴克在中国至少有 700 多万星享卡会员，而这个会员体系将和阿里巴巴定制的星巴克新零售智慧门店连接在一起。有人通过这一举动分析出星巴克把会员体系拿出来，是彻底对阿里新零售敞开怀抱。而阿里巴巴的会员也可以通过简简单单的一键变成星巴克星享卡会员。

在王磊看来，双方集团会员体系的对接是一件非常重要的事情，“未来不管是线下门店还是线上的 App，都能得到同样的积分，享受同样的会员服务”。

据了解，基于天猫的新零售方案，星巴克与阿里巴巴的生态系统的多个数字化消费者运营平台已经横向打通，实现了全领域消费场景下会员注册，权益交换以及服务场景的互联互通，突破了零售消费生活时间和空间上的限制，为中国消费者提供了一店式、个性化的升级体验。

2017 年 8 月，阿里巴巴将天猫淘宝这些独立会员统一升级成为 88 会员，淘气值成为每个阿里巴巴会员的身份证，而星巴克这个全球具有代表性的消费品牌与阿里巴巴打通了会员体系，肯定会为消费者带来许多的福利。

阿里巴巴和星巴克的这次跨界合作无疑将成为一系列未来跨界合作的样本和新标杆。

约翰逊甚至这样告诉记者媒体："10 年过后再回首看今天，这一定是非常具有商业里程碑意义的新零售、新合作关系。"

瑞幸咖啡 × 腾讯

腾讯是中国最大的互联网综合服务供应商之一，微信则是全球第一大互联网社交平台。

而瑞幸咖啡创立于 2017 年 11 月，以高品质的咖啡，通过自提和外送互相结合的新零售模式，迅速覆盖消费者的无限场景，解决了当前国内咖啡消费的价格高及购买不方便的两大痛点，迅速崛起，获得了用户和资本的青睐。

瑞幸咖啡作为中国新进的第二大咖啡连锁品牌，已经在全国开设了 1000 余家门店，累计销售杯量 2600 万份，预计在 2017 年年底全国门店的数量将超过 2000 家。

2018 年 3 月，瑞幸咖啡和腾讯签署了战略合作协议，在线上流量赋能智慧门店等多个方面达成了合作共识（如图 4-6 所示）。未来将会共同探索图像识别，人脸支付，机器人配送等多个在智慧门店方面的应用，瑞幸咖啡通过这次与腾讯的合作，升级了现有的智慧运营系统，实现了智能派单、智能订货、智能品控以及智能营销。

图 4-6 瑞幸咖啡与腾讯合作海报

品牌双方将从线上连接、助力智慧门店、创新自助点餐与外卖服务大数据应用 4 个方面展开合作，致力于打造新的数字化运营与创新消费体验。

随着人民生活水平的不断提高，对咖啡文化的认知程度也在不断增长，加上巨大的人口红利，无时无刻不在刺激着国内咖啡消费。

2018 年 3 月 25 日，腾讯 QQ 与小蓝杯瑞幸咖啡，在深圳航天科技广场联手打造的腾讯 QQ20 周年创业主题店正式开业。

据了解，为了庆祝腾讯 QQ20 周年创业主题店开业，一个月之内，5 位数甚至 6 位数的 QQ 用户前往门店体验，都将免费获得咖啡赠杯福利，同时还有为期两个月的 QQ 限量公仔赠送活动。开业现场的腾讯员工还可以体验咖啡加 AI 操作，通过人脸识别签到领取咖啡福利。

腾讯微信支付运营中心的副总经理雷茂峰说："咖啡逐渐成为当下年轻人最喜爱的热门饮品，从事咖啡行业的人也越来越多，这次与瑞信咖啡能够达成战略合作，希望可以通过流量技术场景以及经营管理等多方面的助力，共同建立起良好的行业生态，为用户打造智慧零售的全新生活方式。"

借助 QQ20 周年的这个契机，这次主题店最大限度地复刻出了 QQ 诞生之初的社交文化和复古的氛围，让每个和 QQ 共同成长的用户都用一杯咖啡的时间重温 20 年不变的情怀。

在腾讯 QQ20 周年创业主题店里，腾讯的第一张办公桌复刻版最引人注目，称之为镇店之宝也不为过。他的桌面上摆放着腾讯创业的元老们的老照片、486 老式台式机、带液晶显示屏的电话座机、BP 机，还有初版 logo 手绘稿以及当年手写代码的存稿复刻，每一处细节都在重现当年的场景，而站立在办公桌旁，1999 年的初代 QQ 企鹅正等待着客人们的到来。

除了这些以外，1999 beta 主题店里还有很多更加令人惊喜的怀旧设计。在顾客进店的时候，会想起“滴滴滴”的 QQ 消息提示音；还有承载着 QQ 用户青春回忆的撒手锏，装饰着经典 QQ 头像的聊天界面主题墙；不只有随处可见的企鹅抱枕和公仔，店里面更有三个形态各异的大型 QQ 企鹅，扮演着不同可爱的角色，让整间主题店成了名副其实的鹅厂。

这次腾讯 QQ 和瑞幸咖啡联合开店的活动，用复古的情怀为咖啡店带来许多新鲜感，让更多的年轻人了解与参与到 QQ20 周年的活动中来，20 年来，腾讯 QQ 一直都致力于为用户提供更好的社交体验，那么在未来也希望在彼此的陪伴下，让亿万人之间能够交流得更加便捷与快乐。

对于腾讯来说，要抗衡阿里和星巴克的联盟，最佳的选择就是如今风头正盛的瑞幸咖啡。

而对于瑞信咖啡来说，自身的沉淀还不够，缺乏底蕴，不能有星巴克这些品牌的效应影响深远，这次借助腾讯的社交流量赋能可以使自己得到沉淀，进一步打响自身的品牌。

一方面腾讯想要和阿里巴巴与星巴克的联盟争夺市场。

另一方面，和腾讯展开合作，瑞幸咖啡可以通过微信的小程序、公众号平台发布一些推广活动，通过强大的微信社交池被广泛传播，大大地降低了营销的成本，沉淀品牌价值的同时，提高用户的品牌忠诚度，能够得到长久的发展。

根据腾讯最新的财报显示，微信的月活跃用户数已经达到了 10.58 亿，瑞幸咖啡能够借助微信，通过不同流量渠道进行精准的营销与社交传播，大大地提升了用户触达能力。

在智慧门店创新这一方面，双方将会打破传统的空间和业态的边界，共同探索微信和人工智能这些技术的应用结合，提升门店经营效率的同时，给用户提供新鲜的消费体验。

同时双方针对门店点餐、外卖等场景，将以日活跃用户超过 2 亿的小程序为基础，通过自助点餐与外卖的服务，提升门店服务效率，同时助力商家聚合自由流量。

最终双方将在大数据应用方面展开合作，把商家订单数据和腾讯大数据结合起来，再保证商家与用户隐私不被泄露的前提下，实践千人千面的精准营销、精准口味推荐等数据分析及应用能力。

瑞幸咖啡联合创始人兼首席营销官杨飞表示，经过前期 20 多天的测试，瑞幸咖啡的微信小程序已经正式上线了。瑞幸咖啡将与腾讯微信联手打造线上支付引流、购买配送、线下自提、售后会员服务等一系列完整的消费生态闭环。与腾讯达成战略合作，将会有助于瑞幸现有的智慧运营系统的迭代升级，更好地实现智能派单、智能订货、智能品控和智能营销。

瑞幸咖啡和腾讯的这次跨界合作营销，不但可以满足消费者的怀旧情怀，也为企业的发展带来了新的机遇，更是为其他互联网企业的跨界营销打开了新的思路。

05 有情怀的科技范儿
——电子产业的跨界营销

长久以来，电子产品都习惯以冷峻的形象示人，处处彰显着高科技的闪闪光辉。但是近年来，逐渐有电子产品尝试着与其他行业进行跨界合作，带给我们全新的体验。

这一章我们就来了解一下，电子产业是如何将情怀融入产品，实现有温度的跨界营销的 。

华为 nova 2s×《纪念碑谷 2》

如今，人们对美的追求越来越高。美丽的图片和文章能给人们带来精神的愉悦。

说到美，很多手机爱好者都非常喜欢《纪念碑谷 2》这款游戏。

作为目前非常流行的一款冒险解密手机游戏,《纪念碑谷 2》极致唯美的几何、错综复杂的机关、触动心灵的配乐，都是大家喜欢它的重要原因。很多用户都认为这是“颜值”最高的一款游戏。

巧的是，2017 年华为也推出了一款以“高颜值”为卖点的 nova 2s 手机。正因为华为 nova 2s 手机与《纪念碑谷 2》在颜值上的契合性，两大品牌展开跨界合作，用令人震撼的美丽，为消费者带来了捧在手里的梦幻视觉体验（如图 5-1 所示）。

2017 年 12 月 7 日，华为在 nova2s 手机发布会上，正式宣布与《纪念碑谷 2》展开跨界合作，并在华为 nova 2s 手机里置入了《纪念碑谷 2》主题壁纸；同时还展示了《纪念碑谷 2》中的互动城堡和高级定制版礼盒。

不仅如此，《纪念碑谷 2》与华为 nova 2s 还共同搭建了一个线下最美城堡——心世界映像馆，并在“城堡”内设置了 AR 拍照的自拍换背景功能。这一活动正好契合了消费者的心理，让他们置身于《纪念碑谷 2》美丽梦幻的场景中，体验华为 nova 2s 手机强大的拍摄功能。

图 5-1　华为 nova 2s 与《纪念碑谷 2》合作海报

作为经典系列的延续，华为 nova 2s 拥有极具美感的外观和优越的拍照性能，而且就此次体验《纪念碑谷 2》合作的主题进行了深度订制，为大家带来了一场完美的视觉盛宴！

相信很多人会发出这样的疑问，一款虚拟手机游戏与现实产品的跨界合作，到底该如何实现产品营销的互补？

但事实上，看似毫无关联的品牌组合背后，除了目标消费群体的高度一致外，双方的品牌文化核心也是相同或近似的——着力于颜色的美学探究。

随着消费水平的不断升级，以及用户圈层的不断细分，人们对手机颜色的追求也不再像过去那样单一。

为了适应市场的这种变化，华为从很早以前就已着手研究不同消费群体对手机颜色的不同偏好，并不断推出各种各样的手机颜色，以契合不同消费者的个性化需求。

而在《纪念碑谷 2》这款游戏中，色彩也起到了至关重要的作用。游戏中生动的背景和人物，呈现出细腻柔和的画面效果，让玩家可以沉浸在轻松愉悦的游戏氛围中，获得舒适的精神体验。而这正是这款游戏最吸引人的地方。

不同的颜色在《纪念碑谷 2》这款游戏中被赋予了不同的情感意义，同时也帮助华为 nova 2s 在宣传手机卖点“摄像功能”时，能够从情感层面去为用户勾勒场景化内容。

而《纪念碑谷 2》则可以通过华为，进一步向目标消费群体的生活渗透，彻底打破虚拟与现实的壁垒，并借助华为 nova 2s 手机，与用户建立起一种特别的沟通方式。

在发布会结束以后，华为 nova 2s 与《纪念碑谷 2》又在线上策划了两起营销活动。一面方是为了完成两个品牌之间的圈层融合；另一方面则是为了驱动用户传播，捕捉到更多目标受众。

1. 发起话题，征集 UGC 内容

整个营销路径从《纪念碑谷 2》官方微博发布征集话题开始，号召用户为游戏内不同主题颜色取名；随后华为 nova 2s 加入，以转发命名的方式，为最新的五种手机产品配色做了一波巧妙、自然的宣传。

从表面来看，《纪念碑谷 2》整个话题的发起，都是为了“号召用户参与品牌决策过程”，给每一个主题颜色命名；但背后，我们看到却是一个品牌愿意放低姿态，主动亲近用户的一种态度。通过这种方式，得以进一步巩固品牌与用户之间的关系。

2. H5 营销，引发用户自主传播

测评类的 H5 一直以来都深受网友喜爱，在朋友圈里我们也时常看见它的踪迹。而在此 H5 营销中，华为 nova 2s 和《纪念碑谷 2》也同样用到了这样的创意。

通过将游戏中的 18 种颜色赋予新的意义，巧妙地将它们与华为 nova 2s 的 5 款配色结合，输出全新色彩含义，并作为测评结果，出现在给用户的结果上。

整个交互过程简单易操作，用户很容易就能够参与进来。并且每一张呈现给用户的结果画面都十分精美，测评结果的文字也十分细腻，迎合了人们对未来的幻想和对美好的事物的期待。

这些与人们息息相关又非常好看的测评结果，就很容易成为二次传播的驱动力，使用户在社交网络中主动转发扩散，吸引更广泛的目标消费群体。甚至还可能形成病毒传播，让用户影响用户，将《纪念碑谷 2》的颜色之美植入目标消费群体的头脑中，使其形成深刻印象。

3. 构建线下“颜色”场景，刷新用户对品牌的认知

现代年轻人大都喜欢自拍。华为 nova 2s 搭载的 2000 × 200 万像素的前置双摄组合，主摄像头负责高清成像，使得相机在美颜处理后同样可以保持极高的画面清晰度，而副摄像头则主要复制记录景深信息，带来不俗的背景虚化表现，结合美颜算法的支持，以及前置的自拍柔光灯，可以智能识别环境光，自动切换两挡亮度，即使在暗光环境下，也可以让自拍照片很清晰。

例如，将《纪念碑谷 2》游戏中的场景，在现实生活中展现出来，给消费者打造出一座座美轮美奂、拥有梦幻般色彩的场景建筑。让每一个路过的人都忍不住好奇，驻足下来细细观看，找到适合的位置角度，慢慢自拍一番。无形之中，也将《纪念碑谷 2》的年轻化特色深植进了每一位用户心中。

此次《纪念碑谷 2》与华为 nova 2s 一共打造了五座这样的“城堡”，每一座都有着自己的特色。而几乎所有人，都会逛完这五座“城堡”。因为他们都有着一个相同的目的——把这些美好的事物统统装进手机里。

整个营销活动都围绕“以用户体验为核心”来执行，给用户营造出一个轻松、愉悦的体验环境。整个事件在活动过程中持续发酵，最终形成话题，覆盖到更多的目标消费群体。

除此之外，华为也在全国超 200 家华为手机体验店做了符合《纪念碑谷 2》风格的装修，另外还会在全国各大省市进行 20 场线下路演活动，并在手机中安装了《纪念碑谷 2》游戏，供消费者现场试玩，真正将这一场跨界营销做到有深度、有温度。

不得不说，整场跨界营销，不仅帮助华为 nova 2s 实现了向年轻人内心的一次迈进，让品牌更讨年轻人喜欢；同时也是《纪念碑谷 2》对安卓市场泛用户圈层的一次打透，让品牌与用户在现实生活中多了一层情感维系。

但最重要的是，整场营销活动带给我们的品牌跨界新思路，对我们今后的工作具有更多的学习和参考价值。

kindle × 故宫

2017 年 8 月 18 日，亚马逊中国首届“创新日”正式在北京召开。在“创新日”上，亚马逊宣布全面推动“全球资源，本地创新”的中国战略，并推出了与北京故宫文化传播有限公司联手打造的首套“Kindle Paperwhite × 故宫文化”定制保护套以及联名礼盒（如图 5-2 所示）。

图 5-2　kindle 与故宫合作海报

一个是全球第一电商的主打产品，另一个是浸淫了数千年中国历史的文化符号，现代与古老，科技与历史的碰撞，让这场跨界合作备受关注。

我们常说三观一致才能当朋友，品牌间的合作也是同样的道理，跨界营销的具体可行性要看品牌观念是否保持一致。这里的“一致”是指双方品牌在内涵上具有一致性，或者相似的诉求点。

我们大家都知道，亚马逊是一家全球享有盛名的互联网公司。2018 年 9 月 4 日，亚马逊股价一度超过 2050.50 美元，成为继苹果之后第二家市值破万亿美元的美国公司。

北京故宫的名气，在中国并不比亚马逊低。中国明清两代的皇家宫殿，旧称紫禁城，位于北京中轴线的中心，是中国古代宫廷建筑之精华。北京故宫被誉为世界五大宫之首，故宫以三大殿为中心，占地面积 72 万平方米，建筑面积约 15 万平方米，有大小宫殿七十多座，房屋九千余间。是世界上现存规模最大、保存最为完整的木质结构古建筑之一。

当成立才 20 多年的亚马逊，遇上 600 年历史的故宫，会擦出什么样的火花？

从年龄层来看，随着故宫官微卖萌耍贱的形象日渐深入人心，故宫这个原本庄严肃穆的文化符号，竟然在年轻群体里圈了一大票粉。而 Kindle 的使用群体也大都是 80 后、90 后等年轻人群。

据介绍，Kindle Paperwhite × 故宫文化联名礼盒及定制保护套选取了极具中国文化代表性的四款故宫博物院藏品——北宋王希孟唯一传世作品《千里江山图》、清代“石青色云龙纹妆花缎朝袍”、清代“紫檀嵌玉云龙纹宝座”以及清代“点翠凤吹牡丹纹头面”作为创作元素，推出了“千里江山”“祥云瑞鹤”“福寿双全”“翠羽烁金”四款定制保护套及联名礼盒。

作为一个大 IP，北京故宫在最近几年与时俱进，在文创上硕果累累。2016 年，故宫先后与阿里巴巴、腾讯两大互联网巨头达成合作。阿里方面搭建了文创产品销售平台。而与腾讯的合作，故宫则看重 QQ 与微信庞大的用户量，已经尝试推出故宫定制版游戏，未来的 QQ 表情中将出现故宫的元素，将原创 IP 通过社交软件传播。

除了此次推出的 Kindle Paperwhite × 故宫文化定制保护套以及联名礼盒新品外，亚马逊 Echo 音箱、Echo Dot、Echo Show 等多款产品也在现场亮相，为亚马逊中国首届“创新日”奠定了科技与人文色彩兼备的基调。

“书山有路勤为径，学海无涯苦作舟”。阅读书籍是文化传承的一种重要方式，而 Kindle 用现代科技记录人类思考之光，让图文阅读更加便利。故宫文化，则是用宏观实物、瑰宝将中国人的智慧结晶传承。

对于 kindle 而言，把高科技的技术内核包装上故宫文化外衣之后，原本冷冰冰的电子阅读器也拥有了隽永的书卷气。同样，文化也是流淌在 kindle 产品线中的品牌基因。Kindle 倡导的是改变人类阅读习惯，而书籍就是人类文化最好的载体。

对于北京故宫而言，与代表“高科技阅读方式”kindle 合作，满足了故宫文化求新求变的品牌诉求，是故宫品牌年轻化的必然选择。

Kindle 和故宫文化都是基于文化产业的蓬勃发展而成长起

来的品牌，都能满足大众生活中的某种文化需求。

实践表明，kindle 和故宫文化的这次合作，符合跨界营销中的“门当户对”“互利互惠”法则。而品牌基因的共性、市场地位的对等性以及品牌诉求的互补性，让 kindle 和故宫文化在这次跨界营销中发挥出了 1+1 > 2 的效果。

Kindle 与故宫文化的合作推出联名款礼盒，一是抓住了年轻群体爱跟潮流的特点，推出跨界新款，带来了一定的消费刺激，也加深了品牌认知度；二是为一些醉心于文化、真正热爱阅读的人带来了更好的阅读体验，提高了品牌美誉度。

此外，每个品牌对自己的目标受众都有着精准的定位，品牌合作要想获得共赢，消费群体具有一定的重合性是前提。

总之，要做好一场跨界营销，了解自身的同时还要了解受众和合作对象。在这个基础上，深度思考，多方考量，才能为合作双方带来较大的流量和良好的收益。

华为畅享 7× 肯德基

不同领域品牌大玩跨界已经成为各大商家最喜欢的营销方式。

2017 年 7 月 4 日，华为终端和肯德基官方微博在同一时间发布消息称双方达成合作（如图 5-3 所示）。肯德基对美食的臻至追求和不懈努力，非常符合华为对手机品质的追求，应该也是这次合作的原因之一。

一个是国产手机里的佼佼者，另一个是快餐消费里的佼佼者，当美食与科技碰撞，会擦出怎样的火花呢？

一时间，网络上激起千层浪，各种猜测满天飞：

“买手机送汉堡？”

“华为与KFC这是要搞事情啊！难道要联合出新产品了？”

“莫非是华为要推出肯德基定制版手机？”

图 5-3　华为畅享 7× 肯德基合作海报

“不知道代言人爱豆鹿晗会不会有什么新动作呢？”

“作为花粉与KFC的粉丝，期待华为与KFC的合作。”

近几年，华为通过推出Mate系列和P系列的手机，慢慢形成了自己的独特风格，并占住了高端机的首把交椅。与此同时，华为同步推出的麦芒、nova、畅享系列，则让这个以高端稳重见长的品牌平添了不少时尚潮流的年轻气息，也预示着其成功完成品牌年轻化的蜕变。

作为国内最受欢迎的“洋快餐”之一，遍地开花的KFC是年轻人和青少年聚集的重要阵地。最近因为人气偶像鹿晗和薛之谦的加入，更令其获得年轻消费人群的拥趸。由此看来，两大品牌的跨界合作，无疑是在“年轻化”上要做足文章。

华为在引领年轻人热情、活力、个性化潮流的同时，倡导一种自在、畅享的生活方式的品牌调性，确实与肯德基不谋而合。所以，二者不论是在品牌上寻求战略合作，还是产品端进行合力创新，都让人拭目以待。

在发布会上，华为宣布了他们新品“畅享 7”，以及和肯德基合作的限量纪念款手机。

畅享系列是华为千元机型的代表，主要瞄准年轻用户的主要诉求，拥有高性价比的同时兼顾优秀品质，助力华为形成了更加完整和清晰的产品线体系。

限量纪念款畅享 7 在外观上和普通版本明显不同。手机机身采用红色金属设计，背面印有肯德基上校的经典形象以及“你好 1987”的字样，辨识度非常高。

关于畅享 7，其配置大家已经相当了解。畅享 7 将采用骁龙 425 处理器，3GB 运行内存，搭载 500 万像素前置 +1300 万像素后置摄像头，电池是 3020mAh，屏幕尺寸是 5 英寸，分辨率为 720P。

除此以外，当你打开纪念款之后，还会发现手机系统预装了肯德基的 app，而且这个 app 会比之前看到的版本多出一个“线下餐厅点歌”的新功能。登录之后，点击 K-MUSIC 并选择餐厅点歌，肯德基的 app 就会自动将你定位到最近的餐厅，你可以选择餐厅里播放的歌曲。肯德基告诉《好奇心日报》，目前餐厅点歌功能版本的 app 只有在华为应用商城才能下载。

为了让消费者对这个点歌功能更感兴趣，还加入了点歌TOP 20 榜单，鼓励歌迷为自己喜欢的歌打榜。

另外，购买了该定制款的用户可以获得附赠的肯德基WOW 会员，10 万 K 金（价值 100 元），以及醇香土豆泥优惠券 10 张，用户可以在肯德基餐厅下单使用。

华为手机一直在追求品质上和突破和创新，除了在品质上做到纯臻至善，在营销上也做到炉火纯青。

此次华为和肯德基进行合作，也是为了提升畅享 7 的知名度，让更多消费者了解到畅享 7，了解到华为手机。

近几年，以主打科技商务的 Mate 系列，定位科技时尚先锋的华为 P 系列为代表的华为手机风生水起。与此同时，华为同步推出的麦芒、nova、畅享系列，让以高端稳重见长的华为增加了不少时尚潮流的年轻气息。

如今，华为在高端机市场稳固之后，已经从内到外、从产品到营销开启了年轻化战略的转变。作为千元机型的代表，畅享系列自发布以来，就因瞄准年轻用户的主要诉求，同时拥有高性价比和优秀品质而获得市场认可成为热销机型，并助力华为形成了更加完整和清晰的产品线体系。

与此同时，肯德基也一直在不断制造话题。比如肯德基率先推出的无酒精鸡尾酒、炸鸡比萨 Chizza 都是些在西式快餐里很难见到的菜品，即便不是肯德基爱好者，你也很容易在朋友圈里看到其他人发这些食物的照片。这种种的改变与创新，恰好迎合了年轻人求新求变的心理，深受年青一代消费者的喜爱。

由此看来，两大品牌的跨界合作，无疑是在“年轻化”上要做足文章。

而肯德基之所以选择在这个时机与华为合作，是因为今年正好两家公司都有三十周年纪念活动：华为成立三十周年以及肯德基进入中国三十周年。因此，本次肯德基与华为的跨界合作受到了各方的高度关注。

正如华为和 KFC 联合发布的海报一样，这一次，华为将在年轻化的道路上写下浓墨重彩的一笔。

06 靠“有趣”收割少女心
——化妆品行业的跨界营销

化妆品行业的跨界营销，带给人们的感觉主要是两个字——有趣。

菲诗小铺的可口可乐色绚丽包装、大白兔味的香水与唇膏、鸭嘴形的口红……都给人以有趣的感觉，强势收割了一波又一波的少女心。

本章我们就来了解一下，这些跨界化妆品卖断货的背后，有着怎样的营销逻辑。

御泥坊 × 周黑鸭

御泥坊是一个以生产护肤产品面膜为主的国产护肤品牌。

周黑鸭全称周黑鸭国际控股有限公司，于 2016 年 11 月 11 日，在香港联合交易所主板上市。是一家专门从事生产、营销及零售休闲熟卤制品企业，其中卤鸭、鸭副产品，卤制红肉、卤制蔬菜、卤制家禽及水产类等其他产品为主营业务 。分为气调保鲜包装、真空颗粒包装的产品包装形式。

御泥坊跨界联合周黑鸭，于 2018 年 6 月推出了一款限量版“小辣吻咬唇膏”口红（如图 6-1 所示）。广告拍摄邀请了谢婧，广告内容显示出非凡的品位和质感。

这款限量版口红，采用粉、蓝、紫的渐变色外盒包装，包装还添加花瓣以增添女性柔美的感觉，中间的银灰色“Hey-ya”飞扬字体代表的则是周黑鸭的“黑鸭”标志，也很口语化地描绘出张扬的青春个性：“嘿呀！”

口红共有三个色号：暖洋红、蜜桃粉、南瓜橙，几乎涵盖了各种人群不同需求的色系。口红的形状，采取了小飞碟似的扁圆形，十分吸精和创新。

采取这样的仿似鸭嘴的口红形状，其实也吻合了周黑鸭的标识元素，这种“藏”在产品中的设计可谓是充满小心机。

这款透明唇膏保护盖上是御泥坊的 LOGO，外盖采取了特殊设计，让使用者在打开保护盖后，外盖以旋转的方式扣在底部，以避免盖子丢失的尴尬。

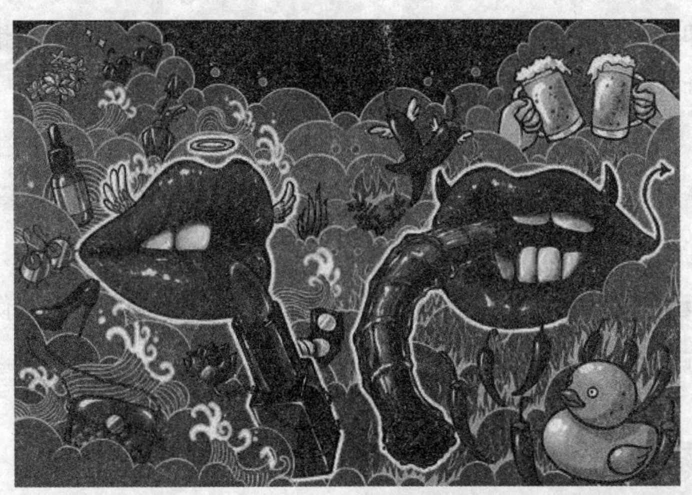

图 6-1　御泥坊与周黑鸭合作海报

总体来说，周黑鸭和御泥坊的联名，这种出人意料的合作方式足以产生噱头。但无论是从产品外观到产品功能，也足以看到品牌的细心，将周黑鸭这种与唇膏完全不搭调的产品很好地融入其中。

在整个环节中，御泥坊从产品设计、产品生产再到产品包装都起到主导作用，周黑鸭主要负责提供推广渠道。周黑鸭在网络上拥有庞大的粉丝量，就其官方微博有 49 万粉丝量，其在淘宝天猫官方旗舰店有 301.7 万的粉丝数量，再加上其超过 1000 家的线下门店，周黑鸭打造了超百万级的受众。同时，御泥坊也拥有 27 万微博粉丝量，以及天猫御泥坊旗舰店 731.2 万的粉丝量，为周黑鸭也提供了非常可观的推广渠道。

除此之外，两大品牌跨界联合能产生出另外一种营销效应，即这个产品能够让大众快速记住这两个品牌，这也是跨界营销的魅力所在。

因此，跨界营销是一种营销方式，也是一种代表新锐的生活态度与审美方式的“跨界”融合。两种看起来毫不相干的元素，通过相互渗透相互融合，使品牌呈现出一种立体感和纵深感，吸引了消费者的注意力，实现跨界合作的最大优势。这种合作方式已经渐渐成为之后赢得市场的重要方式之一。

百雀羚 × 喜茶

百雀羚品牌于 1931 年在中国上海创立，是国内老字号的草本护肤品牌，至今始终秉承“天然、不刺激”的东方护肤之道，借助天然草本之力，运用现代科技，匠心打造天然温和的草本护肤品。在 2017 年双十一大战中，百雀羚凭借 24 小时 2.94 亿的销售总额，连续三年卫冕天猫双十一“美妆品类NO.1”。

2012 年，一家原名叫皇茶的小店，起源于广东江门一条名叫江边里的小巷里。在经历了商标无法注册的风波后，才于 2015 年全面升级为注册品牌“喜茶 HEYTEA”。这家奶茶品牌于 2019 年 4 月 18 日荣获第八届“中国食品健康七星奖”。它通过在茶饮中融入中华传统的养生文化，打造出健康、品味、时尚的茶饮。目前，这个品牌已经成为颇受年轻人追捧的，国内茶饮市场当之无愧的第一中国“网红”新式茶饮。

2018年10月18日，一个是作为茶饮品牌新兴的“网红”，另一个是作为国货美妆行业的“老师傅”，百雀羚与喜茶开展跨界合作营销，在潮流与传统的碰撞产生出新的火花（如图6-2所示）。

之后，喜茶推出了一系列包括联名款喜雀礼盒、喜茶会员卡的联名产品，还上线了与联名品牌有关的特别菜单、茶饮的杯套等内容。

在喜茶推出的联名款喜雀礼盒中包含了百雀羚4款产品，以及喜茶的赠饮券。除此之外，在外包装上也加入了印有“致敬经典”“芝士茶”“百雀羚”这些词汇的百雀羚元素。

喜茶此次所推出的500张限量会员卡，一经在喜茶的微信小程序“喜茶灵感铺”中上线，10分钟的时间便售罄，可见产品的火爆。

喜茶与百雀羚联名款，结合了百雀羚历史悠久的风格元素，以百雀羚品牌创立的1930年代的上海为时代背景，设计风格倾向于复古风。

百雀羚能和“网红奶茶”喜茶合作，也可以看得出来该品牌在从“传统老字号”模式向新潮流转型的行销模式，此次与网络上爆红的品牌喜茶进行跨界合作，体现出了传统与时尚相结合的意味，给消费者带来了全新的体验。

这场跨界合作，以“致敬经典”为合作主题，遍布线上线下。百雀羚作为喜茶的第一个合作对象，对百雀羚品牌的历史、风格和定位进行了合理的融合，因此在联名款的产品中，可以看到老上海元素、穿旗袍的女人、窗花等属于百雀羚的风格，包含了浓浓的民族复古风情。

图 6-2　百雀羚与喜茶跨界合作

除此之外，为了集合更多的文化元素，喜茶的微信公众号上也同步推出了喜茶、百雀羚合作为主体的短篇故事，设计出了包含各自品牌名字的两个虚拟角色“阿喜”“阿雀”，并让她们在这个故事里相遇。在一些产品的具体文案中，包括喜茶“金风玉露茶”（代表喜茶的两款芝士茶饮品）和百雀羚的“奇迹水”等产品也在其中得到展现。

10 月 13 日至 14 日，喜茶还在上海做了线下的快闪活动。这个活动延续了之前的“复古风情”的定位。该活动通过在长宁来福士广场租用、重新装饰“芝芝巴士”，在巴士内部摆上了留声机、立式麦克风与老旧的皮箱等道具营造出怀旧气氛。

并设置了五个充满民国复古玩味的站点，分别是芝芝巴士站台、阿喜小茶馆、喜鹊照相馆、茶茶小报社和阿雀留声机。在整个活动中，通过快闪活动的穿梭，以及芝士茶热饮和热麦面包的现场免费增速，引起很多网友前去参与。

“向经典致敬”也体现在了百雀羚的文案里，无论是从喜茶经典芝士茶与百雀羚明星奇迹水的结合，还是阿喜和阿雀的两个人物形象的延伸，都体现了两个品牌结合新潮的上海民国风，将上海经典元素融入产品当中，让大众以此重温上海记忆。

对于年轻一代的消费者来说，百雀羚这样历史悠久的民族品牌，品牌理念与精神已经深入到大众内心，但作为“老字号”品牌，如何做到与年轻人的价值观相契合，让她们喜欢上产品并自发地去社交平台分享，这是至关重要的营销手段。于是，当百雀羚与具有“社交属性”的喜茶相结合，可以利用喜茶所带来的年轻、有消费能力、善于社交、喜欢“晒”的特性人群，帮助百雀羚跨越圈层进行强势传播，利用“复古却时尚”的产品形象，受到年轻消费者的喜欢。

百雀羚与喜茶在 2018 年双十一之前进行联合，可以达到资源共享、优势互补的作用，最终形成东方之美与中国茶文化相融合，同时还能借用两个品牌的特定文化以及消费阶层，吸引到更多的顾客群体。

喜茶也可以因此消除自己的品牌弊端，例如可以通过百雀羚品牌平衡消费者对品牌的认知、喜茶快速的开店节奏、更多的新的门店设计，以及上市新品之间的差距等。在这次百雀羚与喜茶的跨界营销，双方都获得了共赢。

据悉，此次推出“忘年交”式的跨界合作，在双方整个策划、物料制作大约耗时了 1 个月左右。两个品牌的交汇，既弘扬了上海老字号品牌的经典魅力，也让喜茶在竞争激烈的华东市场赢得了消费者的认知和关注。

作为经典老品牌与网红新品牌的跨界合作，作为国货产品的融合，结合了中国文化和元素，可以说是为众多品牌提供了一条跨界营销的新思路，使企业营销模式得到启发和开拓，以此探索与尝试跨界营销模式。

菲诗小铺 × 可口可乐

菲诗小铺是源自韩国的全球知名高档化妆品品牌，英国 kifus 化妆品有限公司于 2007 年给予了技术配方支持。在韩国，菲诗小铺为前 100 大企业之一，跻身于韩国前三大保养品、化妆品公司。从销量上来看，菲诗小铺是韩国规模最大的化妆品公司。该品牌包括肤品、彩妆、男士护理等系列产品。

根据可口可乐 2017 年财报显示：可口可乐全年净收入 354.1 亿美元，同比下滑 15%；营业利润 75.01 亿美元，同比下滑 13%；归属于上市公司股东的净利润为 12.48 亿美元，同比下滑 81%。通过各项数据来看，可口可乐的所有财务指标均呈现全线下滑状态。

可口可乐为了挽救颓废的业绩，按照以往的营销经历，继而开展了一系列充满创意的营销活动。

在这种背景下，可口可乐在 2018 年与菲诗小铺推出跨界合作模式，强强联手抵抗危机。此次推出了可口可乐系列彩妆产品，包括气垫粉、眼影、唇膏等（如图 6-3 所示）。

图 6-3　菲诗小铺与可口可乐合作海报

在菲诗小铺的多款产品包装上，巧妙地融合了可口可乐亮眼的色彩搭配，再以萌趣满分的可乐熊形象衬托，让人产生眼前一亮的感觉。白色流畅的可口可乐 LOGO 字体搭配夺目的大红底色，使人第一时间就联想到可口可乐的瓶盖，唤醒了可乐带给人的美好记忆。

在唇部彩妆的包装上也可以看到极具特色的可乐形象，外壳打开后里面呈现出吸管般的螺旋形设计，靓丽的唇彩搭配灵动的可乐熊，唇彩瓶身在晃动的过程中，可看见浪漫雪花飘落，是一个新颖活泼的设计。

唇膏奶油般丝滑的质地，可以让色彩长久附着在唇间，可口可乐般清爽的唇彩，上唇后变成色彩鲜亮的亚光效果，可乐熊唇彩的触感水润盈透不黏腻，在轻轻涂抹的同时，还能感受到围绕在嘴边可乐的沁人香味。

跨界营销是建立在具有相同品牌受众和品牌属性的相似性上的（相似不等于同行业），具有很强的目的性。

这一次，菲诗小铺与可口可乐牵手，正是因为年轻的消费人群在追求时尚个性，求新求奇的特点上，成为这两个品牌的受众，因此让品牌的受众有了重合性。

跨界营销最终要实现的效果是 1+1 ＞ 2，两个品牌所跨界的幅度越大，越能迸发出新的色彩。许多企业在跨界营销发展的过程中，都产生了辉煌的业绩。就目前的联名产品来看，这些产品具有越来越漂亮的外观，也有越来越丰富的线下的主题店。虽然这条路已经在过去被实践了很多次，但依旧有许多变化的空间，因此想要在行业中取得胜利，不如试一试这种方式。

美加净 × 大白兔

美加净在很多消费者心目中，都是一个经典品牌。从诞生之日起，它就以货真价实的口碑，让其银耳珍珠霜在全国各地风靡畅销。

美加净发展到 20 世纪 90 年代初，市场份额一度超过

10%，以其在全国绝对领先的地位，创造了行业巅峰，和出口创汇业绩的辉煌。之后，由于巅峰时期的美加净遭遇了外资收购，甚至被市场雪藏，导致其市场份额遭到大幅萎缩。

上海家化在 1994 年不忍看到由自己培养起来的优秀本土品牌惨遭沉沦，因此又将美加净从外资手中收购回来，经过一系列的运作，品牌终于又恢复升级，回归到了大家耳熟能详的日化行业品牌。

通过这一系列操作，其时代、民族乃至国家的发展变迁在美加净品牌身上体现得淋漓尽致。美加净伴随着一代又一代消费者和中国家庭的成长，它的银耳珍珠霜、护手霜等明星产品，成为中国女性护肤潮流的见证者和引领者。

美加净于 2018 年 9 月中旬宣布与大白兔跨界合作，推出时刻润唇系列的限量款——大白兔奶糖味润唇膏（如图 6-4 所示）。

天猫官方数据显示，这款唇膏售价为 78 元两支，第一批上线了 920 支，并且销售措施中包含每个 ID 限购 1 件和不包邮。即使如此，该唇膏在上线后半秒即被抢空。

也不知道是否该产品太受追捧，淘宝官方售价从原来 78 元两支的购物页面已经变成了 80 元两支，虽然涨幅不大，但也有所微调。在二手平台闲鱼上，该唇膏的拍卖价格竟然已经高达 175 元。

图 6-4　美加净与大白兔合作海报

两大国货的金字招牌的跨界首秀，使产品在消费者当中引起潮流，一经面市便成为社交网络上的爆款。吸引消费者注意力的是该产品的小巧外观和奶糖般甜甜的香味，之后，因为上架即售罄的销售成绩也一度成为社交热议话题。

那么，美加净品牌与大白兔开展跨界合作到底有着怎样的背景呢？它们又是凭借什么样的力量让一支小小的润唇膏点燃全网的销售热情的呢？

李晨珅作为美加净品牌经理给出了解释："在品牌的年度策略讨论上，他们有了与大白兔合作的创意，团队在美加净和大白兔两个品牌上找到了很多共鸣点。从产品概念的角度出发，我们对 2017 年提出的'时刻守护'理念进行了延续，希望能满足消费者在各场景下的润唇需求。这一来自消费者调研中的洞察，让我们在润唇膏和护手霜的使用场景方面找到了相似性，消费者已经习惯准备不同润唇膏产品以应对不同场景之需，有时由于产品小巧容易丢失，因此会在每年平均买两支以上的润唇膏备用。此外，2018 年我们在情感上进行了升级，拓展了润唇膏的使用场景，将生活场景创新性地拓展到甜蜜时刻这一情感场景。由于双唇的特殊性，它不仅是人们用来日常交流的器官，也是用来表达感情的工具。基于这一洞察，我们才考虑到大白兔符合了甜蜜及味觉的双重需求，因此与大白兔品牌合作，推出大白兔味道的润唇膏。在消费者中通过 IP 款引起关注及共鸣，从而带动润唇系列的销售，以此提升美加净在润唇膏品类的市场份额。”

尽管品牌认知度对于美加净这个品牌而言具备很大的优势，“分场景护理”的理念在护手霜品类也已被市场验证成功。但作为一个新品类，首先要解决的问题是，如何让新品类赢得消费者的青睐。除了要让新品类迅速实现曝光之外，要思考如何通过产品体验的有针对性的沟通，让用户在新品体验方面无论是从情感上还是功能上都能有所获得，从而让品牌方得到获利点。因此，作为一款润唇产品，除了要满足顾客在安全、滋润的功能诉求之外，还应该打破单一模式的印象瓶颈，让消费者在使用过程中获得一种令人愉悦的产品体验。

美加净与代理商伙伴 INCRE（英瑞达品牌营销）在产品前期就做了大量的功课，最终决定把突破口放在采用联合大白兔奶糖推出跨界产品的方式。为了不同于常见的话题性跨界，让这个跨界产品能够更好地承担起美加净润唇全新产品突破口。因此，它一个合格的解决方案就必须同时满足四个条件：第一，在品牌端要实现经典感与自然而然年轻化的高度契合；第二，奶糖棒和润唇膏在形状，甚至是使用者的唇部感受上高度相同，并且要将奶糖味融入润唇膏的味道中，才能凸显出美加净润唇膏的产品力，成为产品力的加分项；第三，这个产品必须有引发人热议和制造话题的噱头；第四，所有的传播和销售一体化都以电商为主导。

成功的跨界能吸引更多年轻消费群体，也能巨大的提升双方品牌知名度，让跨界产品的销售更上一个台阶。但跨界产品并非将双方的 Logo 进行联合。一次成功的跨界一定要遵循两点：

“万万没想到”的反差性，美加净和大白兔这次打破常规思维局限的跨界，让消费者惊讶于“没想到，这两个品牌竟然在一起了”，这种给消费者产生巨大差异的跨界体验，才能碰撞出激烈的火花，让消费者的关注和兴趣转到产品本身。

接下来，消费者要产生“仔细想想还挺合适”的感觉，虽然美加净和大白兔，一个是护肤类产品，一个是奶糖类产品，两种产品在行业、使用功能和文化方面有着巨大差异，但却可以在使用体验上实现契合，说明两种品牌在精神气质上是契合与相通的，它们都是根植于上海的老品牌，是很多不同年代消费者对“美好生活”的记忆，这种跨界联合可以让消费者唤起 1+1>2 的甜蜜情感。

跨界的产品在任何细节上，尤其是设计本身，最重要的是要追求精益求精，如果只是简单地打上两个 Logo，将成为一大败笔。例如美加净大白兔润唇膏，此次合作款无论是从包装设计，还是到使用体验上，都赋予了更深层次的创新。在它的外盒设计上将经典的大白兔奶糖元素融合进去，但又对自身的产品基因有了很好的传承。品牌还对消费者进行深入调研，主要包括产品的香味和使用感受这两个维度，只是为了能给消费者带来更好的使用体验。调研结果显示，大多消费者不喜欢长期使用甜腻的润唇膏，因此，将最终的产品降低了甜度，却又最大限度地保留了大白兔的奶糖味道。

上海交通大学安泰经济与管理学院品牌研究中心主任余明阳曾表示：近年来老字号都在向时尚化、年轻化方向进行转型，这足以证明消费升级已经是大势所趋，产品只有全线突破，才能适应消费者的需求。

知名品牌战略与营销广告专家翁向东在接受记者采访时表示：“品牌的内涵和产品调性的包容性，决定了该品牌能否做产品延伸和跨界，常规跨界没有什么意义，只有采取不可思议的跨界，才能营造出热点和话题，让传统品牌走进年轻人的心中。”

实际上，品牌可以在跨界过程中，通过过硬的产品质量以及话题能量，帮助品牌实现品类转型。例如，在美加净大白兔奶糖味润唇膏上市之后，通过与多位 KOL 合作配合，使其时刻守护系列润唇膏也得到了强有力的曝光。同时获得了更高的电商权重流量，美加净再度于双十一前夕对大白兔奶糖味润唇膏进行了预售，此番操作为品牌天猫旗舰店获得了强劲的倒流，也吸引了更多消费者对整个品牌的关注。

美加净代理商伙伴 INCRE（英瑞达品牌营销）表示：活动期间的传播溢出效应超乎想象，可监测到的网络总曝光量竟然超过 2.5 亿。美加净的公开数据显示，原计划产量已经远远低于产品后续追加销售数量，而且这个数量还依旧在增长过程中。这个爆款在带动产品销量的同时，也为品牌天猫旗舰店带来了巨大的流量，实现了产品对整个品牌在客户流量的转化。

品牌跨界营销绝非万能的操作，即使它有许多优势。跨界虽然能带来短暂的话题和关注度，但也在消费分级日趋明显、消费者态度日益鲜明的今天，想要把短期流量维持成长期的关注和销量，为消费者提供“物超所值”的好产品，那么就要每个品牌在规划营销动作之前就要有长期战略思维，并付出最大的努力和时间，与消费者建立持续的、长期的情感共鸣。

气味图书馆 × 大白兔

北京奕天世代商贸有限公司旗下的香水品牌——气味图书馆，该品牌所出品的香水一直以来广受年轻女性的追捧，因此在国产香水品牌市场上拥有十分高的占有率。

诞生于上世纪 50 年代的大白兔奶糖，是中国首屈一指的糖果品牌。1959 年，“大白兔”奶糖成为中华人民共和国成立十周年的献礼产品，那时正逢三年自然灾害的第一年，在物质匮乏的年代，它是许多“60 后”“70 后”人们最美好的童年回忆。

作为中国最知名最受喜爱的大白兔糖果，伴随了无数人的童年。大白兔奶糖现如今除了是中国名牌和中国驰名商标之外，更是在全世界四十多个国家和地区都遍布了这个品牌的身影，成为国际市场上经久不衰的宠儿。

气味图书馆与大白兔奶糖于 2019 年 5 月下旬正式宣布了跨界联合，并推出联名产品（如图 6-5 所示）。消息一经发出，便迅速登上了微博热搜排行榜，引发了网民们的热议。

图 6-5　气味图书馆与大白兔合作海报

这款跨界联名的“大白兔奶糖味”概念性香氛产品，在天猫开售的十分钟便售出 14000 件，其限量 610 份的香氛礼包，更是在 3 秒内便被抢夺一空。

在气味图书馆大

白兔联名款开售前，5 月 22 日晚间，头部搞笑大 V、@ 追风少年刘全有、@ 英国报姐等人纷纷安利起大白兔香水，并对线下的抓糖机赢香水活动进行宣传，号称百分之百中奖，吸引了大波粉丝的强势关注，热搜榜上立刻出现了“大白兔香水”的话题。

袁姗姗、颖儿、张雪迎、董子初等青春偶像于 5 月 23 日，参与了气味图书馆“来点孩子气”主题午餐会，以纪念气味图书馆 10 周年与 大白兔 60 周年，许多当时的现场活动照片出现在微博上，同时让许多粉丝唤起了最珍贵的童年记忆。

5 月 24 日中午，在知名博主和偶像明星的带动下，# 来点孩子气 # 这个微博话题阅读量已高达 8038.7 万，讨论 5 万。

据悉，此次跨界正值“气味图书馆”十周年和“大白兔奶糖”六十周年，通过大白兔奶糖对气味图书馆在味道上的进一步诠释，让消费者感受到那种纯真的质朴感受，再次将国民香氛品牌的烙印深入到用户心中，从而提升了用户对国民品牌认知。而此次跨界也是大白兔与美加净合作推出润唇膏后，第二次尝试“嗅觉经济”市场，此举很好地在年轻消费者心中提高了对大白兔的认知，让品牌走向年轻化提供了动力。

近年来，跨界联名通常都是以潮品为流行方向，品牌可以通过跨界联名实现 IP 的溢价，还可以展现出品牌的新面貌。

从“脑洞”“超时髦”等热门文章的标题词来看，舆论对这款跨界香水还是具有一定的包容性。

选择在六一前夕开始进行此次跨界，唤醒了众多国人儿时的记忆，更带动了一众明星网红，包括腾格尔、毛毛姐、阿纯等参与，在其举办的“来点孩子气”抖音线上挑战赛中，获得了 10.6 亿次最终曝光人次，而且还有 10 万人次参与到其线下铺设的抓糖机活动中。

《大白兔跨界之路越走越广 老字号迎来“网红”春天》是一篇在“中国投资咨询网”上发布的文章，文章认为，此款大白兔与气味图书馆联手推出的奶糖味香氛，以“网红”之姿让情怀牌的作用再次得到了证明。实际上，许多面对产品单一且老化的品牌，包括大白兔在内，开始打情怀牌成为诸多老字号品牌的宣传趋势。

但是潮流只是一时的，并不能依靠一时的火爆来解决品牌在根源上的问题，这些老字号们还需要在产品本身进行深耕。

《网红“大白兔”又出“奶香味香水”！脑洞商品是扩展市场 or 吸引眼球？》是一篇来自“人民网”上发布的文章，里面引用了一些专家观点：

著名经济学家宋清辉：随着产业转型升级以及行业竞争日趋激烈，近年来，许多“老字号”品牌纷纷谋求跨界创新，希望一次获得更好的利润空间。总体来看，这些“老字号”跨界创新后的目标群体，包含了怀旧的 70 后、80 后，也有 90 后、00 后的年轻群体。这种跨界举措，可以赋予“老字号”新内涵，但有待观察的是跨界后的发展模式与业绩。

中国食品产业评论员朱丹蓬：老字号跨界多元化是一个增加跟年轻人互动，以及增加品牌黏性的契机。他们最好的纽带是互联网连接，跨界则是老字号品牌“年轻化”的重要手段。

“跨界”原本是想让两个看似毫无关联的品牌，在进行巧妙的结合后，碰撞出全新的产品。这早在几年前便开始盛行。之前的气味图书馆就爆火，其出品的“凉白开”系列香氛，通过带有金属感的水润香气，让消费者唤醒了儿时美好的记忆。而此次气味图书馆与大白兔的联合，再次使香氛市场“中国香氛的真正机会，一定属于本土化品牌”得以正名，获得了消费者的高度认同，这种具象化打造一款新潮的产品，以实现共同情感及回忆的方式，成为更多本土化产品正在努力的方向。

跨界产品的爆火是否能够带动主业的业绩提升，成为跨界的难题。由此来看，大白兔还是选择了比较谨慎和聪明的做法，并没有去联合生产与自己毫不熟悉和相关联的跨界产品，在选择了合适的合作对象后，更容易对产品质量进行把控。实际上，对于合作品牌来说，凭借双方品牌号召力，1+1 > 2 的效果也得以实现。

无论是从线上当下最火爆的短视频平台，还是到线下抓糖机等，此次的跨界活动，足以体现出年轻态消费者喜好的范本。年轻消费者的参与热情，被足够的网络热度所激发，最好地诠释了此次气味图书馆与大白兔跨界联名合作。

用户对多元化消费体验的追求，是此次优秀的立体化跨界营销的基础，也再一次改进了气味图书馆对“国民香氛品牌”形象。许多老牌厂商可以正确地解读市场给出的全新消费格局，利用好几十年的大 IP 进行年轻化运作，在企业自身发展之路上输入全新的血液，开辟出一条属于自己的全新路径。

珀莱雅 × 中国国家地理

“魅力，源自深海。”这是珀莱雅的品牌口号。作为一家专注于深海护肤研究的化妆品品牌，珀莱雅依靠海洋而生。

海洋是一切生命的摇篮。

2019 年 6 月，珀莱雅携手《中国国家地理》，强强联合，突破界限，展开了一场声势浩大的跨界联合营销（如图 6-6 所示）。

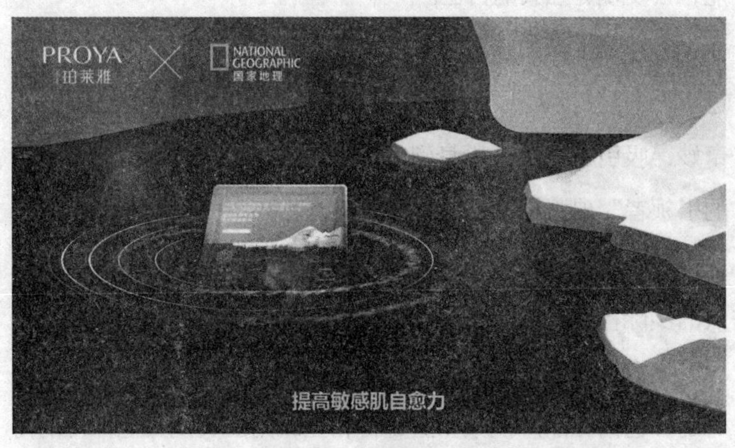

图 6-6　珀莱雅与中国国家地理合作海报

我国的陆地版图如同一只雄鸡，雄踞于世界地图之上，而陆地以外的蓝色国土，鲜有人认真留意。海洋珀莱雅与《中国国家地理》一起横跨南北半球，远航五大海域，一起追溯每一款产品的源头，重新发现海洋的美肌秘密。开设“海洋发现故事馆”，收集海洋爱好者们的海洋发现故事，吸引更多的海洋爱好者一起“趁年轻，去发现”，并将成果在“海洋发现故事馆”呈现，开拓一个了解海洋的全新视角。

“趁年轻，去发现”的海报一经发出，就迅速刷爆了微信朋友圈以及微博。

“发现”是人类进步的一个重要驱动，既发现世界，又发现自我。而在本次活动中，“去发现”既包含珀莱雅探寻海底未知的决心，还向消费者传递着来自珀莱雅的精神鼓励——每个人都可以如同怀揣热望的航海家，不断征服挑战，去打开潜能，去发现更强大的自己。

海洋是生命的起源，它覆盖了地球 71% 的面积，平均深度近 4 千米，然而人类了解的却只是 5% 的海洋区域。神秘、未知、奇妙，吸引着无数人投身到海洋中，其中包括“中国海洋护肤的引领者”珀莱雅以及《中国国家地理》。

对于珀莱雅来说，“发现”不只是口头宣言，更是全力投入的实际行动。它带头身体力行，和中国国家地理一起寰行世界五大海域，率先开启海洋护肤溯源之旅，并记录下所发现的一切。包括在品牌视频和主题特刊里，用真实镜头把神奇的海洋生物和海洋护肤成分，带到消费者的面前。

除了在远航中发现美外，珀莱雅和国家地理还在《它们什么时候可以回家》里，展示出它们所发现的、海洋的脆弱一面，意在借世界海洋日，聚集大家的声音，一起呼吁守护海洋。参与者所做的，不仅是用色彩重现海洋之美，也是一种态度号召，能唤醒身边更多人的环保意识，并发动他们从改变某些日常习惯做起，比如减塑，让小举动也成为一份力量。

这次发现之旅，凝聚成了四支视频：一个是品牌溯源视频，另外三个是发现故事。品牌溯源视频以纪录片形式，带领大家探索不同海域的神奇海洋宝贝，从而引出珀莱雅与《中国国家地理》一起探索“看得见”的海洋智慧以及珀莱雅用科学的方式探索“看不见”的海洋智慧。

在发现海洋的同时，珀莱雅和《中国国家地理》也不忘将“去发现”进一步深化，延伸到人生态度层面。它们携手网络达人来到陌生之地，让他们有独处的空间与内心对话，并用影像记录下经历和思考。

此次珀莱雅与《中国国家地理》的战略合作，打响了声势浩大的品牌联合之战，不仅展现了珀莱雅的天然原料与科技创新，而且将海洋地理风貌展现在观众面前，创造了品牌跨界营销的双赢局面。

M·A·C×《王者荣耀》

《王者荣耀》是腾讯游戏开发运营的一款热门 5V5 团队公平竞技游戏，其经典的竞技类玩法与推陈出新的游戏模式在全球范围内受到不同年龄、各行各业男女生的追捧，让耳熟能详的东方英雄带你领略团队竞技的酣畅淋漓。

创立于 1984 年的 M·A·C 向来以大胆创新的色彩与颠

覆传统的作风赢得全球消费者的青睐。很多舞台、电视、摄影的化妆师，他们都非常喜欢用 M·A·C 的彩妆，主要原因是 M·A·C 的色彩丰富，可以满足不同的妆面需求。

2019 年 1 月 8 日，《王者荣耀》与美妆品牌 M·A·C 开启跨界合作，在微信“M·A·C 王者限量”官方小程序上架了五款《王者荣耀》女英雄代言的限量版口红（如图 6-7 所示）。

图 6-7　M·A·C 与《王者荣耀》合作海报

此次《王者荣耀》与 M·A·C 的跨界，是手游和国际美妆界的首次合作，双方希望通过这次合作可以突破圈层获取新用户，为美妆品牌增添流行度，助力游戏更加时尚，战无不胜。

据悉，这五款口红上架第一天就创造了惊人的销售成绩，完成了相当于 M·A·C 平日里一个月的销售量。开售一个小时卖断货，几个色号补货后也迅速售空，天猫商店也在开售后

1 小时售罄。尤其是人气最高的 see sheer 公孙离款，更是在闲鱼等二手平台上出现了高价转卖的现象，原价 170 元 / 支的口红，甚至被炒到了 388 元 / 支。

为什么这款口红如此受欢迎？从产品来看，这是一次深度的结合。

2017 年，极光大数据曾公布过这样一组数据：《王者荣耀》的女性玩家占到用户总数的 54.1%，按照该比例计算，《王者荣耀》彼时就已经坐拥近 1.08 亿女性玩家。而这些女玩家对《王者荣耀》的女性英雄有着更高的关注和情感黏性，尤其表现在她们对英雄的形象设计与妆容上。

《王者荣耀》的美术风格是东方幻想风，游戏中的貂蝉、花木兰、大乔等女英雄，符合中国人对于美女的各种定义，深受玩家们喜爱。可以说，在 2017 年，随着这款手游的流行，同时间年轻女孩们开始流行自称“小仙女”——在女玩家的心目中，是期望自己可以与游戏里的女英雄一样，或温柔似水，或英姿飒爽。

可以说，《王者荣耀》是靠实力带货的，这背后是游戏极大的女性用户基础。

M·A·C 一直以来以色彩大胆创新著称，《王者荣耀》则对东方美学具有独特的洞察，合作的形式自然应运而生：《王者荣耀》团队围绕游戏中五个热门女英雄貂蝉、大乔、公孙离、花木兰和露娜，分别定制了五款限量版口红，并根据各自特色重新命名。

这五款口红的外观设计也打破了M·A·C以往的黑色风格，外壳根据对应英雄升级变身为七彩渐变色，管身内壳雕刻了英雄的icon，宣告了这是只属于《王者荣耀》的口红。

M·A·C用设计打动官方和客户，使得研发、品牌对项目树立信心，最终撬动更多资源，展开一次较完整的彩妆跨界营销：定制产品、创意TVC、媒介推广、线下活动、游戏内运营活动，等等。

除此之外，《王者荣耀》还特意设计了相关的系列插画，大胆尝试以东方幻想风融合口红的主题颜色，展现出了几位女英雄的中国古典美。无论是英雄的选取还是口红的命名和外观设计，处处可见《王者荣耀》团队对女性用户的诚意。

这次《王者荣耀》和美妆品牌的跨界合作给用户带来的“冲突感”，也是本次成功合作的另一起点。众所周知，游戏过去的“联名款”大多局限在游戏外设、手机等范围，不管形式如何，终究没能突破游戏自身属性的局限。而美妆领域的品牌合作对象多是快消时尚品牌，鲜有与科技甚至是游戏品牌合作的。这种打破常规的组合不免让人眼前一亮，为此次合作加了“BUFF”。

M·A·C利用闪屏联投的方式，触到了腾讯新闻、腾讯视频、天天快报、腾讯体育、QQ音乐、QQ浏览器、酷我音乐等多个客户端的用户群，并有针对性地借势微信朋友圈、QQ系等资源，实现了瞬间触达的最大化。小程序端添加的M·A·C官网超链接，在开售当天就为网站引入了相当于平日里30倍的流量。

为增强消费者的体验感，与其深入交流，M·A·C在天天P图上开发了5个女英雄的动效试妆滤镜，让普通消费者也能体验到“火箭少女101”的同款妆容；打开QQ AR扫一扫，扫描子弹头（不单指M·A·C子弹头口红，黑色子弹头形状的图片亦可）触发素材，还能与王者荣耀人物展开虚拟互动，导入M·A·C网上商城。

整套营销体系看下来，先通过“游戏”加“明星”跨界双IP影响二次元及娱乐粉，借助游戏IP衍生内容，通过各大社交渠道辐射目标消费群；再到线上线下投放沉浸式体验项目，将那些游离在沟通圈之外的消费者吸引进来成为潜在消费者；最后在小程序快闪店内实现销售转化，可谓一气呵成。

作为国内首例游戏与美妆品牌的跨界合作，《王者荣耀》口红进一步印证了这个方向的可行性。一边是拥有上亿年轻女性用户的“国民游戏”，一边是人气美妆品牌，二者的合作，无论是游戏的口碑还是口红的销量，《王者荣耀》都交付了一份满分的答卷，而这次跨界组合也为游戏行业带来了更多商业启发。相信《王者荣耀》未来还会探索其他领域的跨界，继续深耕女性市场。

对于《王者荣耀》运营方来讲，实际上，此次除了商业跨界合作，《王者荣耀》更多的是通过对文化领域的渗透，不断为自身品牌赋能，同时借用其广泛的影响力承担了正向的文化价值观导向和社会责任。

比如之前与长城合作，加入长城保护计划，参与长城修复工作，并在游戏中推出“长城守卫军”全新系列英雄；在皮肤中融入了相关传统文化元素，如和敦煌研究院推出的“遇见飞天”皮肤、包含昆曲元素的“游园惊梦”皮肤等等，指向的都是游戏产品之外的纵深布局，为王者 IP 创造更多深层文化价值。

如今，年轻一代的生活娱乐与游戏的结合已经非常紧密，游戏已逐渐成为一种生活方式。对于游戏来说，跨界合作则是放大自身影响力和想象力，获得“双赢”的最佳途径。

这一次《王者荣耀》与 M·A·C 的合作，不仅为国内游戏品牌在时尚跨界领域里创造了成功的示范，在创意、价值观、品牌建设等方面都有着十分重要的参考价值。这其实也可以看作是《王者荣耀》由“国民游戏”向“国民品牌”转型过程中的关键点，看似区隔度很大的两个领域的合作，背后则是《王者荣耀》试图把游戏文化延展至流行文化的探索，并最终以 IP 共性为统归，打造流行文化的新标杆。

跨界是游戏 IP 自身赋能的一种手段，背后直指的 IP 商业价值才是本质，让游戏“超越游戏”，创造出与用户产生深度情感连接的文化符号，或许是游戏寒冬时期提升现有产品生命力的一个课题，也是跨界营销的一种新思路。

资生堂 ×《美少女战士》

资生堂是日本著名的化妆品品牌。取名源自中文《易经》中的“至哉坤元，万物滋生”，资生堂的含义为孕育新生命，创造新价值。

“至哉坤元，万物滋生”意为赞美大地的美德，她哺育了新的生命，创造了新的价值。

这一名称正是资生堂公司形象的反映，是将东方的美学及意识与西方的技术及商业实践相结合，将先进技术与传统理念相结合，用西方文化诠释含蓄的东方文化。

1980 年年底，时任资生堂国际部部长的福原义春，应当时北京市政府的邀请到访中国。

彼时的资生堂，经过一百多年的历练，早已从一家西式药房发展成国际化的化妆品公司。而当时的中国，刚打开国门不久，喇叭裤和蛤蟆镜正开始流行。女人们到裁缝店量制的衣服款式和色彩越来越多，开始流行烫头发，也敢涂脂抹粉了。

但彼时中国的洗护用品市场缺少高端领袖品牌，而这正是资生堂的机会。

资生堂自 1981 年进入中国以来，深受中国消费者的青睐。不同时期在中国的不同地区，有着众多资生堂产品的爱用者。为了更有效地把握市场先机，更迅速地确立市场销售战略计划，资生堂于 2003 年 12 月成立了资生堂（中国）投资有限公司，统筹在中国的化妆品事业，此举成为资生堂大力发展中国化妆品事业的强有力证明。

资生堂不仅是日本最大的化妆品生产公司，而且它的赢利情况在全世界同类企业中也居首位。曾经有很多人分析过它成功的秘密。日本的一位经济学家对此进行了调查研究，结论是：秘密并不在生产领域，资生堂的生产设备并不比其他高档的化妆品公司先进；而在于流通领域，在于重视市场运营，懂得根据市场的需求适时做出变化。

《美少女战士》是一部由东映动画制作的魔法少女变身类动画片。

1992 年，日本漫画家武内直子画下了一个叫作“月野兔”的女孩，这个迷糊的中二少女某一天意外救下一只头上有月牙印的黑猫露娜，变身为爱与正义的水手服美少女战士，从此改变了自己的命运，也为全世界的女孩画下了一个经久不衰的梦。

《美少女战士》动画片由东映动画制作于 1992 年 3 月 7 日在日本首播。二十余年间，18 卷连载漫画累计销量 1200 万册，还被翻译成 17 国语言，翻译版销量达到 700 万部。它不仅成为不少人的日漫启蒙作，更是少女漫画中永恒的经典。

日本学者稻田丰史在《Sailor Moon 世代之社会论》一书中，曾将“美少女战士世代”定义为：出生于 1982 年至 1993 年，少女时期喜爱《美少女战士》系列，如今已成为社会中流砥柱的 27 岁至 38 岁的女性。

这类女性的普遍特点是，有较高的经济收入，对生活品质

图 6-8　资生堂 ×《美少女战士》合作海报

要求较高，愿意为高品质的商品或服务付费。

而 2017 年正值《美少女战士》面市 25 周年，资生堂在此时与其进行合作，推出联名款美妆产品（如图 6-8 所示），可谓走了一步好棋。

这次推出与《美少女战士》的联名款之前，资生堂花费了几个月的时间在各个写字楼和中高档社区进行市场调查，根据最后的统计结果，有六至八成的女性消费者愿意购买这种有情怀，高颜值，同时有具有较高品质的美妆产品。

资生堂 maquillagex 美少女战士合作款 ——粉饼和妆前隔离乳，于 2017 年 4 月 21 日限量发售。包装上印有《美少女战士》的五位主角的形象，选择了梦幻感十足的粉紫配色，加上《美少女战士》标志性的星月点缀，展示出了满满的少女心。

对于此次跨界合作，网友们表现出来的热情也是空前的。从产品预售信息发布后，网络上的盛赞之声便不绝于耳，大家纷纷表示：

“这款限量版心机星魅轻羽粉饼也太好看了吧！”

“美少女战士的包装好美啊！”

“资生堂心机系列的口碑很棒的，要买要买！”

“怎么到四月才发售，等不及了！”

25 年过去了，虽然漫画里的美少女战士有张不老的脸，但是当初看漫画的小女孩已经一个一个长大。这种漫画 IP 与知名品牌联名发售的商品，美好精致得让这些从“美少女战士世代”走过的成年女性瞬间迸发出满满的少女心。

未来，资生堂还会致力于通过多种销售渠道，为不同地域、不同年龄和不同需求的女性朋友提供更多的高品质产品和服务。同时，这种瞄准消费者情怀进行跨界营销的方式，也值得广大企业学习和借鉴。

07

被玩坏的创意梗

——酒类产品的跨界营销

酒类产品的跨界，可谓营销界的一股“泥石流”。江小白直戳泪点的文案、泸州老窖味的香水、六神花露水味的RIO、可以喝的英雄“墨水”等，无一不刺激着消费者的感官。

正是企业营销人员奇异的脑洞，带给消费者不一样的迷幻体验，成就了一次次不可思议的跨界营销。

泸州老窖 × 气味图书馆

四川泸州老窖是一家中国大型白酒上市公司，以其“浓香鼻祖，酒中泰斗”的称号，成为中国最古老的四大名酒之一。

在 1996 年，其 1573 国宝窖池群被列为行业内首家全国重点文物保护单位。2006 年，首批国家级非物质文化遗产名录中入选了该品牌的传统酿制技艺。因此，泸州老窖又被称为“双国宝单位”，国窖 1573 又被誉为“活文物酿造”“中国白酒鉴赏标准级酒品”。

2018 年 2 月 6 日，微博热搜榜上出现了一款女士香水，这款香水备受热捧的原因，是其背后的生产者竟是作为老牌白酒品牌的泸州老窖（如图 7-1 所示）。这款带有“酒味”的首批 2 万瓶香水在上市几天内售罄，此外，该品牌天猫官方旗舰店受这一跨界合作的影响，销售量增长了 941%，PV 增长 1870%。

一夜之间，这款泸州老窖跨界推出的香水变成了人所皆知的网红，一度登上了新浪微博热搜榜，被网民们纷纷热议。

热议的话题看起来也显得脑洞大开，例如：“你的香水是浓香型还是酱香型”“喷了会被查酒驾吗”，接下来，还有网友提道：“泸州老窖味的香水已经来了，那么老干妈唇膏还会远吗？”

之后，泸州老窖集团有限公司官方微博发布信息一条信息：

图 7–1　泸州老窖与气味图书馆跨界合作

“一觉醒来，发现泸州老窖香水竟然成为爆款？窖主随便一搜微博，都在说咱们家的香水……”

其实，这款香水是泸州老窖联合气味图书馆专门调制的一款香水，其前调有西西里岛柠檬叶、绿色紫丁香，中调有紫藤、蜜桃花、红牡丹，尾调则包含了黎巴嫩白西洋参、甜麝香和琥珀的味道。足以看出它在香水的取材上毫不含糊，对得起粉丝们的期待。在产品包装和宣传方面，它采取了透明质感的瓶身，以及粉色为背景色的宣传图。符合了在情人节和春节两个即将到来的节日气氛。

根据网上对商品的详细介绍与测评可以证明，泸州老窖香水是以花香调为主，因此对人们普遍关注的“这款香水与酒有没有关系”，给予了否定的答案。

显然，泸州老窖是想运用互联网思维和互联网营销，对这次跨界创新做一次新的尝试，目的是想吸引更多的年轻消费群体，虽然这种创新概念很快能引爆大众的舆论，但是想保持持续的热度，达到让年轻用户接纳，还是需要让年轻人被白酒背后的文化所吸引。

据泸州老窖电商微信公众号显示，这款顽味香水于2017年8月正式上线。但在其2017年的半年报以及三季报中，均未发现任何与香水有关的内容。由此可以看出，尽管出了香水，泸州老窖却十分低调。

白酒专家孙延元在接受采访时表示，泸州老窖打造香水的目的，是想抓住年轻消费群体，运用互联网思维和互联网营销进行的新尝试，从创意方面来说十分新鲜大胆。但泸州老窖并不具备成熟的跨界到香水行业的基础，这条路充满了难度和挑战性。其原材料和工艺是否科学，才能决定该产品是否具备可行性。

也有股民对该股票“不务正业”的跨界营销之举感到忧心忡忡。但最新的2019年半年报彻底消除了这种疑虑。在半年报的显示中，泸州老窖公司实现营业收入80.13亿元，同比增长24.81%；实现归属于上市公司股东的净利润27.50亿元，同比增长39.80%的好成绩。

看样子，泸州老窖无论是从营收方面，还是净利润方面，都在同行业上市公司中，稳居前五名的座椅。从净利润接近40%的增幅来看，企业的后续发展仍十分可观。

与此同时，有一点值得关注，2019年上半年泸州老窖达到了15.39亿元销售费用，同比增长29.13%，占比营收19.20%，即使与上市酒企平均水平相比只是略微偏高，但是11.11亿元的广告宣传费及市场拓展费用，同比增长达到了24.55%。

泸州老窖从收入结构来看，收入增长较快的是中高档酒品类，占比持续提升。泸州老窖在 2019 上半年所实现的营业收入分别为高档酒 43.13 亿元、中档酒 22.24 亿元、低档酒 13.84 亿元，同比增长 30.47%、35.14%、0.68%；占比分别为 53.83%、27.75%、17.28%，相比去年同期分别同比提升 2.34%、2.12%、-4.14%，增长的广告费与热销品的营收相比，有着更突出的对比。

随着新生代渐渐成为消费主流，中国白酒企业以及其他许多企业面临的难题，便是在未来怎样做才能与整个新生代消费群体加强连接和黏性。

因此，无论是泸州老窖与气味图书馆的联名香水，还是一些以青春小酒、低度酒及其他迎合年轻态产品的酒类品牌，都是为提前布局新生代消费群体。

老牌酒业与新的时尚品牌跨界联合，可以更好地迎合市场趋向新生代做出的变化，更好地聚拢年轻消费者。泸州老窖与气味图书馆的跨界营销，对广大老牌企业开阔思路有着很好的启迪，帮助他们探索更多能够适应市场的营销方式，在其他同类企业中具有指导和示范意义。

江小白 ×《后来的我们》

江小白，是重庆江小白酒业有限公司旗下江记酒庄酿造生产的一种高粱酒品牌，它采取了自然发酵并蒸馏工艺。

江小白以“我是江小白，生活很简单”的品牌理念，将“简单包装、精制佳酿”的反奢侈主义作为坚守理念，将“简单纯粹，特立独行”作为品牌精神，致力于传统重庆高粱酒的老味新生，持续推出“我是江小白”品牌 IP 与用户进行互动沟通，努力用自身力量将中国传统美酒佳酿品牌推向时尚化和国际化的广阔舞台。

江小白主张的生活态度即“简单纯粹”，这也符合江小白的口感特征。江小白提倡年轻人勇敢面对情绪，不回避，不惧怕，做自己。将“我是江小白，生活很简单”的品牌主张沿用至今，为 21 世纪的现代青年生活社交活动提供了很多契机，例如“面对面约酒”“好朋友的酒话会”“我有一瓶酒，有话对你说”“世界上的另一个我”“YOLO 音乐现场”“万物生长青年艺术展”“看见萌世界青年艺术展”“江小白 Just Battle 国际街舞赛事”等文化活动。

“简单纯粹”作为江小白的品牌形象，已经随着时间的发酵演变成为具备自传播能力的文化 IP，愿意借“江小白”来抒发和表达自己的年轻人已经越来越多。

江小白无疑在年轻消费群体中间，具有巨大的影响力和品牌号召力。

由刘若英执导的电影《后来的我们》，于 2018 年 4 月在中国内地上映。

江小白官方微信在电影上映前一天，推出了一道“后来的我们，________”的填空题。结合后续文案“后来的我们，总是话说一半，总是把话藏进酒里”和《后来的我们》进行了品牌和电影的联合营销（如图 7-2 所示）。

电影《后来的我们》和江小白特色的表达瓶通过此次跨界营销，紧密结合在一起。接下来，江小白还配合电影截图，选取了和电影整体风格类似的句子，发布了江小白 ×《后来的我们》联合海报，让江小白的表达瓶与电影里的故事相融合。江小白也因此凭借《后来的我们》的电影热度，让江小白以及江小白表达瓶的知名度得到显著的提升。

令大批粉丝共鸣的是，江小白的海报带有十分浓厚的情感色彩，例如“后来的我们，总是话说一半，总是把话藏进酒里”的主题文案，发布的“我们别再见面了，你想说：但你要好好的；我没醉，你想说：我还和你没聊够；我没事，你想说：你可不可以抱一下我”等呼应文字，整体形成了伤感怀旧的情感氛围。

图 7-2 江小白与《后来的我们》合作海报

文案旨在洞察人心中最柔软、最细腻的部分，才能体现出文字的魅力。江小白充分利用了这一特性，让用户在成为文案的浏览者同时，也成了文案的创造者。自从江小白推出“走心”的核心品牌精神，各种情绪，包括惊喜、忧伤、落魄、恐惧，都成为其营销的一部分。这种立足年轻化的品牌气质，可以和用户拉近距离，建立起强烈的鸣。因此，当一个品牌能够打通用户的“情绪枢纽”，并且与用户之间建立起共鸣的时候，它就迈出了成功营销的重要一步。

江小白经常出现在各类影视剧中，作为大屏幕上的常客，其身影出现于《火锅英雄》《从你的全世界路过》《好先生》等热度较高的荧幕剧中，说明江小白善于利用电影为其制造声势。也因此才有了“后来的我们，总是话说一半，总是把话藏进酒里”的文案和《后来的我们》的跨界营销事件。

江小白抓住了酒与故事这两个有着高关联度的词汇作为契机，结合电影《后来的我们》中的大量情感回忆穿插，推出了品牌定制白酒《后来的我们》，把江小白的酒和《后来的我们》的故事进行了捆绑，淋漓尽致地展现了影片中的青春遗憾与不舍，通过“过去的回忆，被后来的我们演绎；后来的我们，却学会把话藏在酒里。购买后来的我们定制同款酒，后来的故事我们慢慢说”的精品文案，将粉丝的目光吸引到了“酒与故事”上，两个品牌成功打造了联合营销的成功。

江小白在发布海报和推出定制白酒之外，还通过微博开展抽送主创签名海报的方式的营销。这样不仅可以为自身微博带来粉丝流量，还可以在《后来的我们》的联合海报中将自家产品放在配图中，间接地为定制白酒做了一波宣传。

社交媒体对年轻人有着很深刻的影响，在这个开放环境下，年轻人对个性化的表达需求也日趋强烈。江小白正是了解社交媒体的这种本质，将一群基于同价值观、兴趣爱好的社群集合，给了这个群体一个表达自我的机会，同时也给平台增添了更多施展营销的空间和动力。

电影《后来的我们》《简单生活》这两个话题成为江小白的微博宣传主题，同时，电影粉丝还可以通过搜索话题的时候，看到所关联到的江小白文案，以此为品牌带来流量。在文案的配图排版上，江小白也十分巧妙地在白酒海报中间穿插了电影海报，这种方式让粉丝在按顺序浏览时就能看到定制白酒的海报，从而起到宣传效果。

这种既紧密贴合了电影的主题，又不会引起观众的反感的跨界营销模式，可以顺势吸引一批电影粉丝到自身品牌上。

作为其他品牌，在跨界营销时也可以在自身产品衍生价值中寻找突破点，参照江小白这个经典案例，寻找与其他品牌及IP 的融合点，从而通过跨界营销，充分发挥出自身产品衍生价值，让品牌利润最大化得以实现。

RIO× 六神花露水

国民花露水品牌六神于 2018 年 5 月，与巴克斯酒业旗下的锐澳 RIO 品牌联手，开展了跨界合作，推出了六神花露水风味的鸡尾酒（如图 7-3 所示）。

这两个品牌，一个作为年轻的专业鸡尾酒品牌，另一个作为国货老字号产品，两个品牌撞击所产生的“化学反应”，一瞬间颠覆了所有人的想象。

这款合作产品在外包装上，采取了六神花露水的绿色经典外形，将“六神花露水”原本纸质的 LOGO 字样换为了“RIO 锐澳”。在酒的设计上，其形态高度还原了六神花露水，采用了同款淡绿色。不少人对产品配料感到好奇，通过成分表中显示，水、白砂糖、伏特加、柠檬汁、西柚汁等为该鸡尾酒的主要配料，味道应该和“六神”没有太大关联。

据报道，六神 RIO 鸡尾酒一经上线，5000 瓶限量供应的鸡尾酒，在 17 秒内被全部秒光，可谓是异常火爆。之后在网上，一个空瓶甚至被炒到 368 元的价格。

这种火爆的态势在跨界产品上市之初就得以显现，离不开以下几个因素：

图 7-3　RIO 与六神花露水合作海报

第一，两种年代不同的品牌发生碰撞，更容易引起消费者关注。

六神和 RIO 这种组合一经宣布就得到了很大的关注。六神是以花露水著称的，人尽皆知的国货老品牌。而 RIO 则是近几年风靡世界的鸡尾酒潮品牌。两大品牌都因其独特的属性，拥有广大的粉丝群体，可谓是自带流量，通过天猫对品牌的加持，想获得消费者的关注就是自然而然的事情。

第二，口味上的猎奇感和巨大差异，能引起大众的好奇和关注。

作为“药品”的六神和“潮流饮品”RIO 相结合，大众第一时间对这个跨界产品的口味感到万分好奇，这也是促使产品火爆的主要原因。

第三，新零售时代产品被社交需求赋予了更多能量。

六神口味鸡尾酒由于在网上被快速传播和热议，迅速跻身于“网红产品”的行列。在此我们看到，新零售时代的产品已经被社交需求赋予了强大的力量，这个人群才是“网红产品”背后的真正推手。从喜茶到鲍师傅那些能快速火遍全网的品牌，离不开网友们的口碑宣传和助力。对于很多人来说，他们并不在乎产品本身的口感，而是希望能因这个产品，在自己的朋友圈获得几个赞便能感到满足，以此证明自己追逐时尚潮流的精神。也就是说，很多消费者选择消费的原因，仅仅是因为话题性和热度，而并非产品本身。

阿里、京东，甚至是云集、微领地小蜜等平台正在不断对新零售的玩法进行革新，在各种话题热点中，跨界合作成为焦点。而六神和 RIO 的合作，给相关行业起到了很好的示范作用。当然，品牌之间的碰撞并非每次都能成功，因此不断完善自身产品，比追求话题热度，更需要得到品牌的重视。

RIO与六神的跨界合作在产品上做足功夫的同时，还利用品牌间的差异性，对相互的粉丝进行延展，通过精准投放及沉淀转化的方式，获得了令人意想不到的效果。

首先，通过对跨界人群进行分析，将“RIO鸡尾酒人群”和“六神人群”进行了调查，并利用阿里巴巴集团旗下数字营销平台阿里妈妈对全域广告体系进行全面触达。保证了产品在上线的24小时内，就有1万多人将RIO六神鸡尾酒装进了他们的购物车。

通过第一轮投放，品牌数据银行又对回流进来的RIO粉丝数据进一步沉淀，通过对其消费行为进行分析细化，对添加购物车的人群、收藏商品的人群，以及成功抢到预售的购买人群，进行分组沉淀，为第二次触达提供基础。

通过一部分已经购买的人利用微博晒单，分享自己从“被种草”到成功拔草的过程，以此激发了更多的传播，“新一片草原”就这样在微博种下了。通过品牌数据银行对RIO的统计，年轻人群（18—29岁）在此次跨界全域营销活动中占到了整体的2/3以上，这部分人群集中在上海、江苏、浙江、广东等省份的一二线城市。以此说明这次跨界创新，不仅拉动了年轻人群，还推进了品牌在一二线城市中的宣传力度，对品牌日常营销触达的酒类核心人群进行了深度拓展。

最终，RIO六神花露水味鸡尾酒单品的种草拔草的效果得以显现，高达92%的成交用户来自于新客户。

RIO通过这次跨界营销，除了获得了令人可观的销量与舆论关注度，还为品牌积累了大量的潜在客户，对未来的消费者运营和管理提供了有力支撑。

RIO 电商总监唐慧敏说，RIO 这次在预售及正式售卖期间，通过品牌数据银行的分析，A-I-P-L（认知、兴趣、购买、忠诚）全链路消费者就收货了 21 万，在某种程度上来说，这是比销量更重要的指数。

通过在这些消费者资产方面的积累，RIO 拥有了消费者持续运营的潜在基础。

在 6 月份的推广期间，就提升了 61%“认知人群”（Awareness）和“兴趣人群”（Interest）；有超过增长超 30000 的人群通过“购买人群”（Purchase）和粉丝（Loyalty）人群二次触达直接拉动的。按照这种劲头，A-I-P-L 人群间的转化可以在未来保持持续运营。

网红产品桎梏并没有让消费者资产的累积成为泡影，也为未来在持续创新方面打下基础，这是最重要的一点。通过深度挖掘人群的偏好，为产品创新提供基础。通过对跨界产品人群与日常产品人群的属性进行挖掘，不断沉淀，并寻找更好的切入点，让新品得到消费者的持续喜欢和关注。

RIO × 英雄墨水

RIO 在 2018 年与“国民香水”六神合作推出花露水味的鸡尾酒后，继续发挥它在业界最会“搞事情”的风格，又一次

图 7-4　RIO 与英雄墨水合作海报

推出了令大众感觉惊叹的跨界产品。这次“潮流酒精饮品”选择和“国货文具用品”结合，对方是消费者熟知的国货品牌——英雄钢笔，二者联合联手推出跨界产品——RIO 英雄墨水鸡尾酒（如图 7-4 所示）。此次跨界合作一经宣传就引爆了大众的兴趣点。

与六神鸡尾酒比较，在操作上，这两款鸡尾酒可谓是如出一辙：在外包装上，依旧采取了模仿原品外观的方式，保持了老品牌原有设计风格；在风格色系上，采用了相当具有“英雄”风的蓝白色系；在宣传文案上，“肚子里有‘墨水’”大概也让人很快联想到，与蓝黑色墨水相似的饮料内容。

这种创意联想简直前所未有，因此联名产品一上线就引起了大家的瞩目。

之后，网友们在各大社交平台分享自己的看法：“难道喝了它就可以变得很有文化？我都想要买一瓶尝尝”“这波操作真是太神了，我耳边也回旋起那句买它买它买它”“上一次让人心心念的 RIO 花露水还没喝过，这次英雄墨水口味又来了”。

很显然，这次的跨界产品已经让消费者成功被“种草”。

此外，RIO 品牌的宣传海报也极具飞扬的个性，让消费者看完之后，产生一种积极向上的正能量，还有一种忍不住要买买买的冲动！

这次 RIO 和英雄蓝黑墨水合作的联名礼盒，让这种“年轻与怀旧结合”的属性在视觉效果上就呈现了话题性，十足的情怀和文化底蕴得到了彰显。鸡尾酒采取了黑加仑酝酿和新鲜蓝莓及多重清新口味相结合，让酒液与之碰撞出的宜人口感，能让消费者体会到“知识芬芳与文化甘甜的交融感”，而因此流连忘返。因此，这次跨界联合产品之所以爆火的主要原因，也是来自于口味的创新。

天猫“国潮行动 × 中国品牌”国货之光货品活动，于 2019 年 5 月 10 日，一经上市便被消费者们哄抢而空。RIO 鸡尾酒与老字号英雄牌墨水联名推出的，“RIO 锐澳英雄墨水鸡尾酒”跨界礼盒，作为这次国货大赏中最受瞩目的跨界联合产品，竟令人意想不到的在开售后的 2 秒内全部售罄，继上一次 RIO 跨界六神的限量款鸡尾酒在 17 秒全部售罄的记录，再一次得到刷新，成为当之无愧的“话题明星”。

事实上，这款鸡尾酒在预售之前，就做了大量的宣传工作，在各大社交平台引爆话题，受到许多年轻人的追捧。提前制造了声势，令它在 2019 年夏天毫无疑问地成为热门爆款，但是很多未抢到此次发售的消费者也不用感到遗憾。根据 RIO 的计划，5 月 15 号，将有限量 3000 组在天猫旗舰店再次上线开售。

RIO很懂得这个时代的特色——“不懂年轻人，品牌建设就是抓瞎”，也因此他们一直在以年轻人为目标，考虑他们有着怎样的思想，怎样的需求，以消除品牌与消费者之间的代沟。

RIO联名英雄墨水推出了RIO英雄墨水鸡尾酒，就是把“创新式的猎奇口味反差更容易勾起大众的兴趣”作为他们的初衷。凭借着脑洞大开的跨界产品，还有一句句朗朗上口，让人加强记忆的产品宣传口号：“肚里有‘墨水’敬你是英雄”。这种话题热议的背后，是无数消费者猎奇的心理。这款产品在满足了年轻人追求个性、自由的同时，也满足了他们的喜好。

这两个品牌的跨界联合，以创新的角度吸引了消费者的强烈关注。同时，两个品牌都在此次合作中有所收获，RIO鸡尾酒通过英雄墨水让品牌在年轻时尚化的营销方面更有优势，而英雄墨水则是靠RIO鸡尾酒的代入进一步扩大了消费者的认知。这期间两个品牌都将自己的优势发挥到了最大。

实际上，如何让不同品牌间的粉丝得到最大挖掘并进行延展，同时做到对其精准投放及沉淀转化，才是品牌跨界联合间需要关注的重点，不论是RIO花露水还是RIO英雄墨水，这些跨界合作都不仅仅只是在产品上进行单纯的创新，而是充分利用了一个国货品牌自带的文化属性，和一个酒类品牌的时尚潮流，通过两者不同品牌间的粉丝的搭配延展和挖掘，再经过大数据分析、沉淀、转化，最后形成了大量消费者群体资产的积累，这为品牌在未来的可持续发展上提供了扎实的基础。

08

营销界的“泥石流”

——意料之外的强强联合

近年来，跨界营销呈现出愈发火爆的态势，许许多多看似“不搭界”的品牌不但携手出现在我们面前，而且取得了不俗的销售业绩。

本章我们列举几个意料之外的品牌跨界，希望可以帮助大家开阔思路，尝试更多跨界合作的可能。

卡地亚 × 故宫

2018 年 1 月 8 日，一部名为《唤醒时间的技艺》的纪录片上映。这部纪录片是法国钟表及珠宝品牌卡地亚（Cartier）和北京故宫博物院合作制作（如图 8-1 所示）。

图 8-1　卡地亚与故宫合作海报

早在 2016 年 1 月，央视推出的纪录片《我在故宫修文物》就引爆了荧幕。该片完整呈现世界级的中国文物修复过程和技术，展现文物的原始状态和收藏状态，并近距离展现文物修复专家的内心世界和日常生活。其中，故宫钟表修复室的王津老师受到很多人的追崇，被人们亲切地称为“故宫男神”。

王津老师也是《唤醒时间的技艺》的主角之一。这个纪录片记录的是故宫博物院与卡地亚的钟表技师携手修复六件故宫馆藏钟表文物的合作历程。从 2014 年开始，故宫博物院钟表专家陆续对卡地亚制表工坊和卡地亚典藏进行交流访问。通过长期合作，故宫与卡地亚联合修复故宫藏古董钟表的项目应运而生。他们在联合修复钟表文物中，克服了夹板断裂、指针丢失、齿轮缺损、表盘氧化等问题，最终取得了胜利。

北京故宫博物院是一个颇受年轻人喜爱的文创大 IP，卡地亚和故宫的合作不仅可以吸引中国大量的年轻消费者，也可以通过内容营销来传递卡地亚的品牌理念和价值观。

卡地亚是一家法国钟表及珠宝制造商，于 1847 年由 Louis-François Cartier 在巴黎 Rue Montorgueil 31 号创办。1874 年，其子亚法 · 卡地亚继承其管理权，由其孙子路易 · 卡地亚、皮尔 · 卡地亚与积斯 · 卡地亚将其发展成世界著名品牌。1904 年，曾为飞机师阿尔拔图 · 山度士 · 度门设计世界上首只戴在手腕的腕表——卡地亚山度士腕表（Cartier Santos）。2018 年 12 月，世界品牌实验室编制的《2018 世界品牌 500 强》揭晓，卡地亚排名第 110 位。2019 年 10 月，位列 Interbrand 发布的全球品牌百强榜排名第 68 名。

在可预见的未来十年内，中国珠宝首饰的整体需求将以 15% 以上的速度增长，市场潜力巨大。所以，中国市场对于珠宝品牌来说很重要，作为第一批进入中国市场的奢侈品品牌之一，卡地亚非常看重中国市场。

太阳底下没新鲜事，互联网时代更加剧了信息的流动。对于珠宝品牌而言，同质化越来越严重。你出的任何一款畅销创新产品，三天之内就会有人模仿抄袭。外形容易模仿，内涵不易复制。因此，如何打造出一个有内涵、有文化、有价值的品牌，对于珠宝商来说极为重要。卡地亚通过与故宫博物院合作推出的纪录片——《唤醒时间的技艺》，强化了其“精湛工艺及高贵典雅”的品牌形象。

2019 年 5 月 31 日，为期两个月的“有界之外：卡地亚故宫博物院工艺与修复特展”在故宫博物院午门展厅开幕，观众持故宫博物院门票即可免费参观。特展包含 3 个展厅，展品数高达 800 多件。除卡地亚和故宫自己的藏品外，还有一些来自纽约大都会艺术博物馆、澳大利亚国立美术馆、卡塔尔博物馆、瑞士拉夏德芳国际钟表博物馆等地的珍品。

之所以将展览命名为“有界之外”，卡地亚全球首席执行官思礼乐（Cyrille VIGNERON）表示，有界之外中的“边界”可以从地理、时间和文化三个维度上理解，而跨越这些边界则是人类共同的本能。

思礼乐说：“故宫原名紫禁城，曾是一个禁忌之地，是一个有边界的地方，而这次展览设在了朝南向阳的午门之上，但它却并不是一个针对皇室的展览，象征着故宫已成为为公众展示国家宝藏的开放场所。”思礼乐称，“如今，世界上许多皇室的形象都在发生变化，不再刻意营造太高高在上的距离感，而现在的年轻人关注皇室成员，一部分也只是寄托了对个人美好生活的向往，每个人都在追求自己的生活，他们有时候只是需要一些表率。”

北京故宫博物院与卡地亚的跨界营销，是一场双赢。对于故宫来说，不仅能够弘扬传统艺术文化，更有利于故宫 IP 的进一步开发；对于卡地亚来说，借助故宫的品牌与场地，扩大了自身的知名度与美誉度。

安踏 × 故宫

安踏体育用品有限公司，是中国领先的体育用品企业，简称安踏体育、安踏，主要从事安踏品牌的体育用品，包括运动鞋、服装及配饰的设计、开发、制造和行销。

北京故宫，旧称为紫禁城，是中国明清两代的皇家宫殿。故宫以前给人们留下的印象多为庄严、肃穆，但是近年来，人们对故宫的印象发生了改变，很多人纷纷感叹：原来你是这样的故宫。

随着近年来国牌联名势力越来越火热，跨界联名似乎成为品牌的热潮趋势。就在北京冬奥倒计时不到 1000 天里，国牌安踏携手故宫文创推出冬奥特许商品故宫特别版，一时间得到了广泛的传播（如图 8-2 所示）。

图 8-2　安踏与故宫合作海报

记者对安踏集团副总裁李玲进行采访，李玲表示，跨界联名商品可以给消费者带来品牌的文化价值的传播和高品质的商品体验。通过安踏跨界联名系列，充分发挥多方资源优势，努力与年轻人产生共鸣，创造出令消费者满意的产品。

从安踏与故宫这次联名来看，除了在设计层面上，安踏想仅仅从故宫、冬奥会身上获取关注，几乎是微乎其微的。因此，这次采取了三方强强联合的方式。安踏凭借其擅长的潮牌、街头范，在与故宫文创 IP 相结合的同时，借此推广冰雪运动文化。采取文化创意的方式，拉近了品牌、中国传统文化、年轻人之间的距离。

此外，冰雪运动作为此次三方跨界合作的主题，是以北京故宫博物院馆藏画卷《冰嬉图》为灵感来源。安踏以《冰嬉图》

为设计灵感，结合了故宫的经典色彩风格，承袭了红墙、黄瓦、蓝天的故宫经典配色，以及令人眼前一亮的一抹琉璃瓦的金黄色，设计出了以经典霸道鞋型与古典风相结合的款式。

可以说，品牌之间的相互借力是品牌跨界营销最基础的一条商业逻辑。

首先，联名可以俘获更多目标群体，使产品得到更多的曝光机会，向另一个圈层更好地传播自身品牌和文化底蕴。其次，联名还可以打破品牌趋于固化的形象定位，通过融入多元化的风格，使自身品牌产品路线得以拓宽。最后，通过与国家知名品牌和IP的联名，可以给本土企业走向国际化提供良好的基础。

联名既需要反差感，但更需要契合度，二者结合才能让营销事半功倍，让跨界双方"粉丝"群体之外的人群都能得到触及。但总而言之，随着消费时代极快的更新速率，想要在用户群体中保持新鲜感和影响力，必须保持品牌的不断创新，才能提高产品的曝光度和关注度，从而提高用户黏性，增加购买力和复购率。从这个角度来看，品牌跨界营销是一个很好的策略。

路虎 × 中国国家地理

传统的汽车营销无非是大量砸钱，通过强曝光来吸引客户。这种只能触达眼球而无法进入内心的营销，性价比越来越低，厂商们都在寻找一种更走心的营销方式。

要走心，先得找到并定位好目标受众，如此才能有针对性地做相应策划。

2018年，路虎在中国市场提出了“心至无疆”的品牌主张。2019年，路虎携手《中国国家地理》于春分时节开启了贯穿整年，探索自然、人文及智慧的新旅程（如图8-3所示）。

图8-3 路虎与中国国家地理合作海报

活动延续“心至无疆”品牌精神，以“路虎全地形年”为主题，围绕“发现无止境——发现路虎星级路线”，在“新滇藏线”上开启了“发现无止境”的探索征程。

来自路虎自驾路线评级的评审和媒体代表们，在路虎发现的陪伴下，开启了这段始于五彩丽江，止于圣城拉萨的探享之旅。“探享家”们在滇藏地区和谐圣洁的景致中，引发对生活新的认知与无止境的感悟，开启于己、于心、于生命的探索。

路虎计划与“探享家”们共探“新滇藏线”和帕米尔高原，并推出路虎星级路线路探员招募活动，通过丰富的线上及线下招募活动，寻找最强路探员。此外还在上海打造滇藏文化周，以吸引更多的参与者共同见证路虎星级路线的诞生，让“发现无止境”的奥义得到更全面丰富的诠释。

与此同时，路虎还在全国开展路虎星级路线路探员招募活动，让更多拥有发现精神的人加入探索队伍。参与者通过层层选拔，最终诞生最强路探员，与路虎一起深入中国豪华自驾游全新制高点——新疆帕米尔高原，在“世界屋脊”共同见证星级路线年终盛典的举行。

此外，路虎还开启了全新一代揽胜极光的预售，路虎独有的 ATRS 全地形反馈系统及 360 度全地形“透视”技术是该款车型的主要特点。

结合这两大特点，路虎联合《中国国家地理》发布了一支广告片为全新一代揽胜极光宣传造势，片中它用“脚步”丈量了世界六大地形：人迹罕至的奇异末路、上帝雕琢的红岩赛道、暗藏玄机的死亡之海、舞动灵魂的雪白之境、隐匿天边的绿色净土、仿若天外的奇绝孤峰。

路虎携手《中国国家地理》及国内地理学专家共同设计研发自驾旅行路线，打造路虎专属的全地形自驾体验。更将酒店、餐饮、专业旅行网站、车友俱乐部等高端自驾游周边产业整合，打造更专业的自驾游行业生态圈。

想在中国市场俘获国内消费者的心，品牌的文化价值一定要紧贴中国消费者的喜好。2018 年路虎在中国市场提出“心至无疆”品牌主张。致力让广大消费者与路虎传承始终的探索精神共鸣，所见愈高、所行弥远，心至则无疆。

本次国家地理与路虎的跨界营销，不仅可以全景展现祖国山河风貌，更有利于路虎汽车的营销推广，传递企业文化，传播品牌理念，实现营销效应的最大化。

ofo ×“小黄人”

2015 年，美国上映了一部风靡全球的喜剧动画电影，该影片由凯尔·巴尔达、皮艾尔·柯芬执导，桑德拉·布洛克、皮艾尔·柯芬、史蒂夫·卡瑞尔配音，由照明娱乐公司和环球影业联合出品，这部电影就是《小黄人大眼萌》。

这部影片于 2015 年 9 月 13 日以 3D 及 IMAX 3D 格式在中国上映，背景涉及伦敦、纽约等几个大城市，在这部影片中，讲述了小黄人的历史，小黄人为了完成他的作恶事业一直在寻找强大的新主人辅佐它们。

近年来，一提到与动漫角色联名成为跨界营销的大热门，必定会想到 ofo 小黄车。

2017 年 7 月 7 日，《神偷奶爸 3》在中国首映，与此同时定制版的 ofo 小黄车也一同伴随进入到人们的生活出行中。在 6 月 30 日《神偷奶爸 3》的首映礼上，ofo 小黄车与全球影视制片巨头环球影业正式宣布达成合作，此时 ofo 小黄车获得环球影业旗下全球萌宝小黄人的 IP 形象授权。为了打造出史上“最萌共享单车”，他们专门根据小黄人形象设计出了“ofo 大眼车”的定制版，萌萌的外表一下子获得了无数粉丝和好评。

“最黄 CP”一下子成为小黄车与小黄人的联名称号。ofo

除了推出小黄人周边产品——定制版单车外，还做了一系列围绕小黄人展开的设计，例如小黄人版的 ofo 会员卡、ofo 的海报、甚至还推出了“小黄人”系列车身，可以看得出他们对小黄人角色的实力宠爱。

ofo 和小黄人合作，一个是火爆全球的超级萌宝，另一个是人气爆棚的共享单车创领者，可以说是门当户对、情投意合的跨界合作，不过仔细思索便知，这次合作符合市场潮流，绝非偶然。

ofo 的宏大愿景就是将小黄车遍布到世界的各个角落，通过小黄人的全球形象认知，必然会增加 ofo 小黄车与国际市场用户的亲近感，这样可以帮助 ofo 快速实现在国际市场上的品牌认知，拉近品牌和消费者之间的距离。

而在 ofo 小黄车产品中植入小黄人形象，也赋予了 ofo 小黄车品牌人格化的内涵。让人们对小黄车的印象，不再仅仅是个单纯的共享代步工具。通过萌萌的拟人化的产品形象烙印下，ofo 小黄车成了一个有形象、有个性的，可以进行情感沟通的大眼萌小黄车。人格化品牌的最大优势就在于，在增加品牌黏性的同时，可以像钉子一样植入到用户最深处的认知中，凭借此招就可以让 ofo 在众多竞争对手中立于不败之地。

ofo 小黄车不仅是共享单车行业的引领者及先锋者，而且在跨界商业合作方面也走在了行业前列。ofo 小黄车作为共享单车行业的首度商业跨界行为，就选择与全球影业巨头环球影业成功合作，这无疑让业内浮想联翩。

和其他的商业活动一样，ofo 小黄车很擅长前期的商业造势，在正式宣布与小黄人合作之前，ofo 小黄车先进行了一些“剧透”。这种商业模式延续了 ofo 决定从校园进入城市时所采取的“品牌联动”套路，通过不停地“剧透”和预告吸引人们的好奇和注意，再吸引人们将眼光聚焦到产品本身上。ofo 小黄车将这波悬念围绕到一个有趣的名字上：我们“黄”在一起。

基于小黄车炫酷可爱、大胆创新的品牌调性与小黄人萌萌的外观和内在高度契合，ofo 小黄车与小黄人成功实现跨界营销。仔细分析，它们之间有许多相似之处：第一，从外在形象上，都很“黄”，也因此他们的品牌合作被称为史上“最黄 CP”；第二，从受众群体上，都十分相似，集中在“敢爱敢恨、追求个性、崇尚快乐”的年轻人身上；第三，从工作特点上，都有着风里来雨里去、流动性强的特性；第四，从进取精神上，都在努力学习，提升自我。

因此，二者将很多优良的品质集中体现在了一辆辆共享单车上：有颜值、有抱负、强大的人气、热爱创新与冒险精神、对生活和工作充满热爱与激情。这也是为什么小黄人会如此倾心于 ofo 小黄车，坚决要与其“黄在一起”的原因了（如图 8-4 所示）。

“ofo 大眼车”更是 ofo 小黄车与小黄人在产品形象上的一次突破和结合，通过在两个轮毂上配上小黄人形象，车把前巧妙地安装小黄人最萌、最撩人的一双大眼睛，仿佛给单车赋予了小黄人鲜活的生命。这种设计极大地刺激了消费者的视觉，同时也使迭代后的 ofo 大眼车融入了时尚设计元素，提升了产品的格调，吸引了大众的眼球。

图 8–4　ofo 与“小黄人”合作海报

如果说“傍大款式”的跨界营销一步登天只能是镜花水月，那么经由各方面都“门当户对”的“冠军联盟”，才是企业跨界营销实践的经典案例。

按照消费者的第一直觉，ofo 小黄车与小黄人的合作，是由于他们先天“黄”色基因的匹配。因为这种双重特质叠加所形成的产品特点，能够将“黄色”这一品牌主色调深深地根植于消费者心中，让共享单车在颜色大战中脱颖而出。ofo 小黄车为了进一步顺应消费者对品牌的认知，于 5 月 17 日正式将品牌名称更改为“ofo 小黄车”，可以看出，他们对“黄”色基因的重视。因此，在之后的 ofo 小黄车与同样以“黄”著称的小黄人联姻，这种令人莫名喜感的组合，形成了十分协调可爱的“最黄 CP”。

实际上，ofo 小黄车与小黄人的合作，不仅仅是黄色基因在调性上的颜值匹配，也是企业实力上的“绝配”，甚至盖过了“最黄 CP”外表上的“登对”。

透过 ofo 小黄车与小黄人的跨界合作，ofo 小黄车对整个共享单车行业带来的价值和启发，正在通过双方的合作进程和合作带来的回报点，进行一一呈现。

共享单车大战主要分为前端和后端，在前端用户是主要争夺点，在后端供应链是主要争夺点。实际上，由于几家主要的共享单车品牌几乎垄断了国内主要的自行车生产商的生产能力，这些自行车生产商都是国内技术、工艺成熟的大厂，其各自在生产共享单车品牌产品的质量和工艺上几乎没有太大的差异，也因此它们的物理性能日渐趋同。

为了突破产品质量和功能上日趋同质化的僵局，ofo 小黄车此次与小黄人合作，正好可以依靠消费者的情感来打破这种差异化。也因此在 ofo 小黄车的产品设计中植入小黄人的呆萌形象，实现了这种跨界需求。

用户的情感体验需求在那一双双长着大眼睛的小黄人 ofo 大眼车上得到了充分满足，骑着酷炫 ofo 大眼车可以满足他们的某种心理需求：通过自身与时尚炫酷元素的结合，在骑酷炫的共享单车的同时，自身也被贴上了酷炫的年轻人的标签。在另外一个消费群体身上，即使他们已经不够年轻，但是骑小黄车可以代表他们仍有一个年轻的心态，以此来换一种心情。显然，ofo大眼车玩具般的外形可以唤醒大众对童心的向往，在“骑乐无穷”中体会到儿童般的快乐。

除此之外，还有一部分小黄人的粉丝，也因此被成功转化为了 ofo 小黄车的粉丝。

还有一部分以 90 后、80 后为主的群体，将两者之间的粉丝进行了高度重合，在看到两个“偶像”联姻的同时，他们不禁在内心中为此感到高兴和祝福，他们是最好的口碑营销的传播者。

ofo 大眼车的横空出世堪称共享单车行业产品升级迭代的里程碑，它进一步使品牌在颜色大战中脱颖而出，并且稳固了自身在行业内的不可撼动的地位。

ofo 先通过“求爱悬疑海报”的宣传营销勾起公众的好奇与关注，进一步将活动内容推上了高潮；紧接着，在《神偷奶爸 3》首映礼前发布正式公告，通过电影上映的宣传热度，借势在相关城市和场景投放定制版 ofo 大眼车，让广大用户及影迷对双方的合作从概念意识到直观的产品形象当中，可谓一举两得、事半功倍。通过 ofo 与全球人气 IP 小黄人的跨洋合作，其整个创意思路和操作手法，不仅开创了共享单车领域跨界营销的先河，而且在整个行业内部都产生了示范作用和标杆意义。在一步步的悬念制造到产品投放的过程中，ofo 把整个活动节奏把控得十分好，几乎是一气呵成。

人们对品牌的认知来自于产品，而产品的差异就是品牌价值差异化的重要体现，因此，营销的第一要素要围绕产品而展开。

ofo 小黄车为了提升用户的使用频率和品牌忠诚度，他们想方设法地为用户带来新奇、酷炫、快乐的体验，这让很多没有使用过共享单车的人被吸引加入小黄车一族，甚至还有一些其他品牌的忠实用户也发生了转移，成为小黄车用户群体。这无疑都离不开小黄车不断提升自己的骑行体验。

作为共享单车的原创者和领骑者，他们深知与强势品牌共享合作所带来的价值和能量。实现跨界或联姻，可以达到共享认知、共享粉丝，进而实现 1+1>2 的效果。

在合作时机的选择方面，ofo 小黄车与小黄人的合作可谓是占尽了天时地利人和。《神偷奶爸 3》在大众的关注下即将上映，它在前两部所积累的庞大粉丝量，会与 ofo 小黄车的粉丝群体产生激烈的碰撞、融合和催化，进一步提升了小黄人在小黄车品牌形象上的提升作用。

综合来看，ofo 小黄车与小黄人的合作，在实现了产品的炫酷迭代的同时，还极大地提升了用户的情感体验，两大粉丝群体之间由此发生了深度互动，使品牌的亲近感和用户黏性得以增加。这种跨界营销模式，再一次刷新了用户对共享单车的单一效能的认知度，也为共享单车行业提供了值得借鉴的跨界合作营销经验，可谓是一举多得。

Asics Tiger × MY LAB

在当今碎片化信息时代，消费者注意力越来越无法集中，因此，品牌想要采取单打独斗的营销模式，是无法满足“开疆扩土”式的长远发展目标的，运动品牌如果只是简单通过线上宣传和线下促销式的销售模式，在消费升级的今天，已经很难再打动到消费者。

在这种局面下，出现了当下较为新潮的方式，即品牌与品牌相互联合，彼此可以依托各自强大的资源及品牌调性相近，采取联动发展。

2018 年 8 月 4 日、5 日，日本跑鞋品牌 Asics Tiger 特意对上海新天地门店进行了改造，其目的是推广刚刚上市的黑、白两色 GEL-MAL 跑鞋。除此之外，该品牌还与网红冰激凌品牌 MY LAB 进行了跨界合作，推出了“不对称”夏日冰激凌 POP-UP 快闪店。

Asics Tiger 店内还对装饰色调风格进行改造，只是为了更好衬托刚推出的新品黑、白 GEL-MAL 跑鞋，他们将黑白气球设置在拍照区营造氛围，拉动粉丝进行拍照留念，MY LAB 还在现场制作出了跑鞋模样的冰激凌，连纹路与细节都极其相似，对跑鞋原型进行了高度还原，聚集了很多粉丝的好奇围观和拍手称赞。

冰激凌工作台替代了原本的产品展示台，台上放置的各种原材料被伪装成化学药剂，除了薄荷、黑糖、焦糖海盐这些正常口味外，竟然还有风油精这样的新奇口味选择，这让粉丝群体都跃跃欲试（如图 8-5 所示）。

这次品牌间的跨界合作在给消费者带来更多新奇体验的同时，还为彼此的品牌创造出更多附加价值。

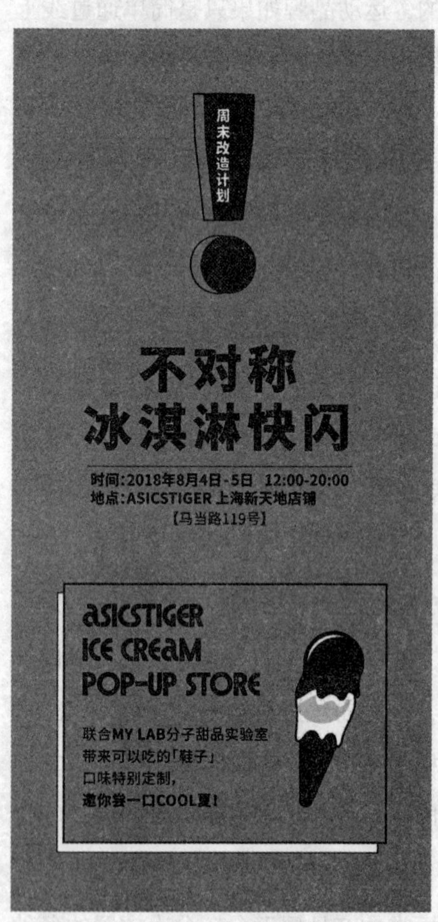

图 8-5　Asics Tiger 与 MY LAB 合作海报

这两个品牌都拥有着同样的受众人群，这些人群有着许多共同点，即追求个性、喜欢接触时尚、新奇事物的年轻消费者。因此，两个品牌的跨界合作并非偶然。

Asics Tiger 品牌与冰激凌品牌 MY LAB 的创意跨界营销，通过为这个年轻群体构建有趣的线下场景体验与消费者接触，让年轻消费者趣味化和娱乐化的口味和心理需求得到了满足，可以说是让运动品牌营销发挥得淋漓尽致。

对于跑鞋品牌 Asics

Tiger 来说，因其时尚潮流的设计理念，得到了许多时尚、年轻消费群体的追捧，在某个特定领域极具影响力和话题度。

通过现场制作冰激凌期间的互动方式，让消费者在体验中获得满足感，这种良好的体验可以带来消费者对品牌的正向感受。

通过 Asics Tiger 品牌和冰激凌品牌的跨界合作，消费者能得到一个体验与购买相结合在良好场景模式，同时也为消费者提供了解品牌新品的契机。现场通过品牌产品折扣和赠送礼品的活动，大大激发了消费者的购物欲望。

“可以吃的鞋子”在一定时间内引发了热潮，从这次推广新品的创意营销可以看出，创意的跨界营销，可以在一定程度上发挥不同品牌的效应，从而打破传统的营销思维模式。即使行业间有很大的跨度，只要双方消费群体有一定的重合性，就能够创造出令人意想不到的效果。

霸屏营销

口碑营销

KOUBEI YINGXIAO

曾锐炎　肖 楠◎著

花山文艺出版社

河北·石家庄

图书在版编目（CIP）数据

口碑营销 / 曾锐炎，肖楠著 . -- 石家庄：花山文艺出版社，2020.6
（霸屏营销 / 陈启文主编）
ISBN 978-7-5511-5151-1

Ⅰ . ①口… Ⅱ . ①曾… ②肖… Ⅲ . ①营销学 Ⅳ . ① F713.50

中国版本图书馆 CIP 数据核字（2020）第 079884 号

书　　名：霸屏营销
BAPING YINGXIAO
主　　编：陈启文
分 册 名：口碑营销
KOUBEI YINGXIAO
著　　者：曾锐炎　肖　楠

责任编辑：郝卫国　董　舸
责任校对：卢水淹　张凤奇
封面设计：青蓝工作室
美术编辑：胡彤亮
出版发行：花山文艺出版社（邮政编码：050061）
（河北省石家庄市友谊北大街 330 号）
销售热线：0311-88643221/29/31/32/26
传　　真：0311-88643225
印　　刷：北京一鑫印务有限责任公司
经　　销：新华书店
开　　本：850 毫米 ×1168 毫米　1/32
印　　张：30
字　　数：900 千字
版　　次：2020 年 6 月第 1 版
2020 年 6 月第 1 次印刷
书　　号：ISBN 978-7-5511-5151-1
定　　价：149.00 元（全 5 册）

前言 Preface

在大众化的媒体传播方式还没普及的时候，亲人、好友等熟人间的信息交流曾一度是社会信息的主要传播方式。

在那个时期，熟人之间的信息交流是传递企业或产品口碑的重要方式。

进入互联网时代，很多企业和品牌都在寻找一个成本低廉、效果明显的营销方法进行产品推广，口碑营销正是不二选择。

随着现代网络技术的发展，口碑营销更是借助互联网，将需要推广的内容传播出去。

那么，如何才能使口碑信息得以迅速广泛地传播呢？

在口碑营销的过程中，离不开网络口碑的参与者、口碑宣传平台的选择、品牌形象的塑造、制造话题树立口碑、扩大口碑传播范围、通过服务促成口碑营销等多个环节。

其中每一个环节都对口碑营销的结果有着至关重要的作用。

本书将对口碑营销的各个环节进行逐一介绍和讲解，希望可以为广大企业的经营者和营销工作者提供有益的参考和借鉴。

也希望各个品牌的产品都能赢得消费者的信赖，树立良好的市场口碑，取得更大的经营效益。

作者

2020年1月

01 最有效的营销是好口碑

什么是口碑营销…002
口碑营销的优势…005
口碑营销的5T原则…008
CRM与口碑营销…011
SNS与口碑营销…015
自媒体语境下的口碑营销…021

02 “势”在人为是口碑营销的根本

借势：四两拨千斤…026
造势：KOL引导口碑…029
生势：铁杆粉丝的力量…033
聚势：“围观群众”的参与…041

03 口碑传播的 4 大平台

微博：最火爆的口碑营销平台…048
微信公众号：将口碑营销代入浅阅读…051
抖音：直播带货引领口碑营销新潮流…055
小红书：大咖种草，建立产品好口碑…064

04 撬动口碑的 4 大形象

产品形象：口碑的基石…072
员工形象：口碑的源头…077
客户形象：口碑传播的载体…081
社会形象：口碑长青的保障…086

05 口碑营销的 5 大着力点

蹭热点：借助热点做爆款…096
抓痛点：以情感作为纽带…100
赶节日：欢天喜地做营销…104
做公益：提升企业美誉度…108
创事件：有眼球的地方就有市场…117

06 通过服务提升口碑的 6 个细节

服务是世上最好的营销…124

靠服务提升客户满意度…129

锁定你的消费群体…132

找到并满足用户的需求…136

比用户想到的还要多…141

竖起耳朵倾听客户的意见…146

07 口碑进阶：品牌 IP 化的 7 个招数

传统广告为何失效…154

企业 IP 化生存是大势…156

IP 是品牌营销的升级版…160

用好 IP 整合营销的传播载体…164

开发 IP 故事创意的小技巧 …169

“三只松鼠”的启示…174

01 最有效的营销是好口碑

品牌不是自己封的，一定要有实实在在的产品，满足到各个阶层的人。他们认可了，会给你这个品牌赋予很多内涵。

——马化腾

什么是口碑营销

“口碑”一词是从传播学中发展而来的，后被广泛应用于市场营销领域，于是产生了“口碑营销”这一概念。

在传统上，口碑营销一般是指企业经营者通过与亲朋好友等的相互交流，将自己的产品或品牌信息传播出去，以促进销售。

美国经济学教授菲利普·科特勒曾经对21世纪的口碑传播做出过以下定义：由生产者或销售者以外的个人，通过明示或暗示的方法，不经过第三方处理、加工，传递关于某一特定或某一种类的产品、品牌、厂商、销售者以及能够使人联想到上述对象的任何组织或个人信息，从而导致受众获得信息、改变态度，甚至影响购买行为的一种双向互动传播行为。

企业开展口碑营销，首先，要对市场进行全面准确的调查，在此基础上为目标客户提供他们所需要的产品或服务，赢得客户的满意；其次，要制定一系列的口碑传播计划，根据计划，促使消费者主动为企业的产品或服务进行宣传推广；第三，使社会大众或其他潜在消费者通过客户口碑对企业的产品或品牌产生好感，进而产生购买意愿；第四，通过企业的售前、售中、售后等一系列客户服务，达成销售目的，并使客户成为新的口碑传播者，不断扩大口碑传播范围。

口碑营销，它的基本原则就是快速传给目标受众，实现大范围、高强度的口碑传播，而口碑传播的广度与深度则直接影响产品的销售结果。

在如今这个信息技术高度发达的时代，人们的视线中时刻充斥着大量的广告、新闻、热点事件，如何在浩如烟海的信息洪流中脱颖而出，赢得消费者的青睐，是促成销售的关键所在。而口碑营销在所有的广告或信息传播方式中，是客户接受度与认可度最高的一种。

1. 口碑的常见形式

口碑有三种最常见的形式（如图 1-1）：经验性口碑、继发性口碑、有意识口碑。

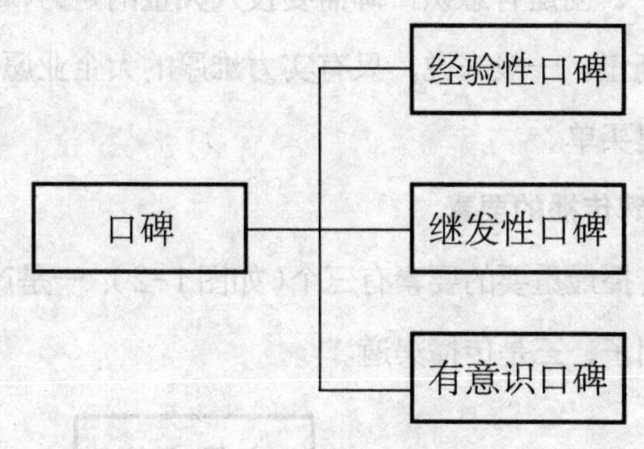

图 1-1 口碑的三种形式

（1）经验性口碑

在口碑营销中，经验性口碑是能打动人心的，也是最有效的。据调查，在所有口碑营销活动中，经验性口碑所产生的效应一般占 50% ~ 80%。经验口碑的产生，是由于产品或服务给消费者带来的实际体验，要优于消费者的预期，使消费者产生良好的购物体验，继而愿意主动将产品或服务的信息传播出去。

（2）继发性口碑

继发性口碑是指，消费者接收到传统营销活动传递给他们的信息，继而形成的口碑。相比于硬广告，这类信息对消费者的影响往往更直接、更强烈。因为这种可以引发正面口碑的营销活动，其覆盖范围和影响力都比一般的硬广告要更大一些。

（3）有意识口碑

有意识口碑是日常生活中常见的口碑创建形式，例如明星代言等，但是这种口碑创建形式并没有被大多数企业所采用。其原因在于，创建有意识口碑需要投入大量的财力，但是其效果却难以衡量。一般来说，只有实力雄厚的大企业愿意为意识口碑的创建买单。

2. 口碑传播的要素

口碑传播最重要的要素有三个（如图 1-2）：一是产品定位，二是传播因子，三是传播渠道。

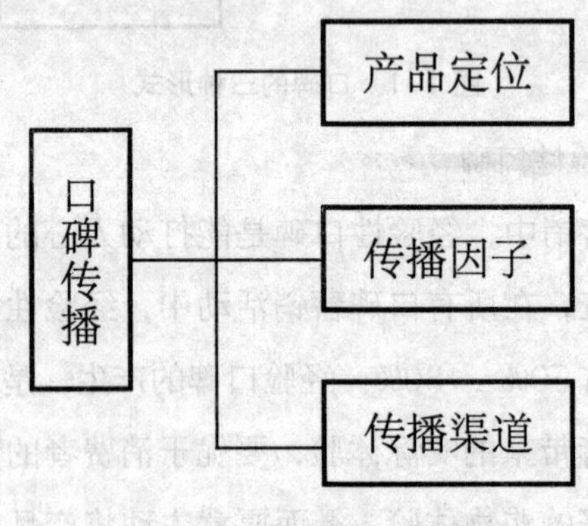

图 1-2　口碑传播三要素

第一，产品定位。在口碑传播中，产品是关键，只有好的产品才有可能带来好的口碑；如果销售的产品不能让消费者满意，那么非但不会产生良好的口碑，反而有可能产生负面效应，导致产品销售量下滑甚至提早退出市场。

第二，传播因子。什么是传播因子？就是客户在购买并使用产品之后，促使客户主动对产品进行口碑传播的因素。一个好的传播因子，能够迅速引起大量潜在消费者的关注，短时间内引爆销售市场。

第三，传播渠道。传播渠道是由营销模型决定的，尤其是产品目标客户群的特征会直接影响传播渠道的选择，传播渠道主要包括传统媒体、新兴的互联网媒体以及人际日常交流。

口碑传播多发生在亲戚、朋友、同学、同事等强关系群体中间，他们在传播产品口碑之前就已经建立了长期稳定的交往关系，因此他们之间的口碑传播被认为是可信度较高的。这也正是口碑传播最重要的一个特征。

口碑营销的优势

口碑营销是通过口碑传播的形式达成销售目的的市场营销活动，具有非正式人际传播的属性，与传统的硬广告相比，其优势主要表现在四个方面（如图 1-3）。

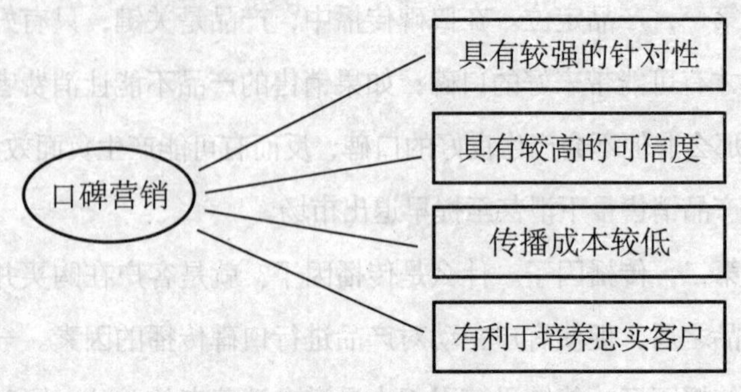

图 1–3 口碑营销的优势

1. 具有较强的针对性

传统的硬广告营销方式中，企业营销人员的宣传活动更加复杂，也难以令消费者迅速做出购买决定。铺天盖地的广告会使消费者对信息接收产生疲劳，成为一种垃圾信息，严重浪费消费者的时间，难以达到有效传播的目的。

而口碑营销借助社会公众的人际交往进行传播，参与这个过程的每个人，不仅是信息的接收者，同时也会转化为信息的传播者，不断开启更大范围的传播。每个人在受人影响的同时，也在影响着其他人。在此过程中，信息转播者与信息接收者是熟悉的，了解信息接收者的切实需求，可以有针对性地对传播内容做出适当调整，以满足对方需求，具有更强的说服力和更好的传播效果。

2. 具有较高的可信度

传统的硬广告是由产品或服务的生产者或销售者制作的，它是站在企业的角度，为企业利益服务的，消费者完全有理由怀疑一则广告的真实性。因此，那些明显具有商业意图的硬广告很难让消费者在心里真正产生认同感。

但是，口碑营销则不然。在口碑营销的过程中，信息的传播者与信息的接收者一般都是产品的消费者，与产品的生产或销售企业不存在直接的利益关系，因此这样的信息更容易获得其他消费者的信任。

此外，在口碑营销中，产品或服务口碑的传播者与接收者往往是亲人、朋友、同学、同事等，存在较为密切的交往关系，双方具有相同或相近的生活背景、文化素养、价值体系、消费习惯等，对于彼此间传播的信息接受度更高，更容易产生认同。

3. 传播成本较低

众所周知，传统硬广告的成本是比较高的，不但要支付广告的制作费用，对广告的发布平台也需要支付相当高昂的费用。

相比之下，口碑营销可以说是一种成本最为低廉的营销方式。由于人类天然地具有传播信息的特性，企业不用为此支付专门的广告费用，可以说是一种零成本的营销方式。

4. 有利于培养忠实客户

当消费者认可了产品或服务的口碑，往往会产生多次购买行为，成为忠实客户。而“回头客”的多少，是衡量品牌忠诚度的一项重要指标。

全球知名的客户体验管理公司 Satmetrix Systems 发布报告称，Apple、Google 和 Symantec 具有一个共同的特征：

在各自的行业里，尽最大努力实现用户体验最佳化，使用户产生较高的忠诚度，并由用户的口碑传播将品牌的影响力持续扩大。

Satmetrix 有一套叫作用户口碑宣传值 (Net Promoter Score，NPS) 的系统，通过询问客户是否愿意将某产品或服务推荐给朋友、同事以及愿意推荐的程度，从而获得一个分数，该分数即为用户口碑宣传值。然后，根据用户口碑宣传值来评估产品或服务的客户体验效果和收益增长情况。

用户口碑宣传值是一个可以有效评估用户忠诚度的指标，在行业内处于领先地位的企业，其用户口碑宣传值一般是比较高的。

NPS 较高的企业往往可以较为轻松地令消费者愿意为其产品做口碑宣传，而 NPS 较低的企业则要应对更多消费者传播出去的对企业不利的信息。

口碑营销的以上特点，决定了这种营销方式对企业而言是最经济的，也是效果最好的。目前，大部分企业都已经认识到口碑营销的巨大作用，并已着手为各自的口碑营销创造有利的条件。

口碑营销的 5T 原则

美国口碑营销专家安迪·塞诺威兹对口碑营销的理解是：要创造一个理由，让人们愿意主动谈论你的产品；同时也要创造机会，让人们在谈论这一话题时更加轻松自如。

后来，安迪·塞诺威兹还在《做口碑》一书中，提出了口碑营销的五项原则，即谈论者（Talkers）、话题（Topics）、工具（Tools）、参与（Taking Part）和跟踪（Tracking），简称5T原则（如图1-4）。

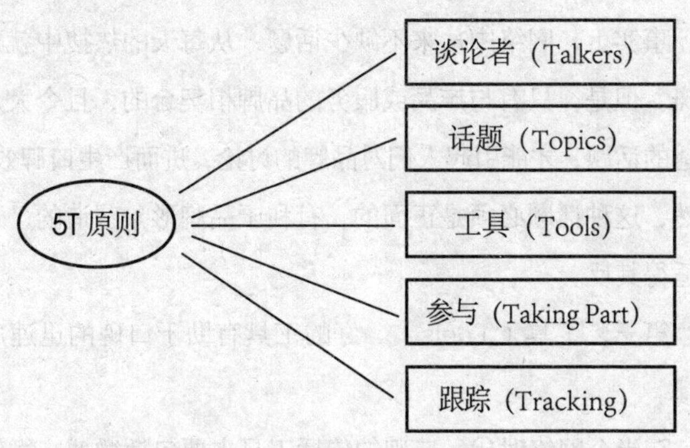

图 1-4　口碑营销的五项原则

第一，谈论者（Talkers）。谈论者是口碑营销的起点。

关于品牌口碑的谈论者，我们需要考虑的是，谁会愿意主动谈论你的产品或服务，是产品的用户、"粉丝"、企业员工、代理商、分销商、媒体等等。

口碑谈论者涉及的是人的问题。口碑营销一般由产品或服务的用户等与之有关的人发起，以产品的使用感受为谈论内容。

因此，维护品牌的用户、"粉丝"、企业员工、代理商、分销商、媒体等相关人员，对于口碑营销而言是至关重要的。

第二，话题（Topics）。口碑的传播者需要一个谈论产品或服务的理由。

口碑营销其实就是一个寻找话题并使话题发酵的过程，需要有适当的话题将人们的视线聚焦起来，并不断地谈论和传播，比如产品的性能、价格、外观、代言人等等。

事实上，网络中从来不缺少话题，从每天的热搜中就可见一斑。但是，只有与产品或服务的品牌相契合的，且令大众感兴趣的话题，才能引起人们对品牌的讨论，进而产生口碑效应。当然，这种话题必须是正面的，有利于品牌形象塑造的，否则会适得其反。

第三，工具（Tools）。好的工具有助于口碑的迅速广泛传播。

在当今网络时代，口碑的传播工具主要包括微博、微信朋友圈、微信公众号、小红书等等。

针对不同的传播工具，需要使用不同的宣传方式，传播不同的口碑内容，如微博上的明星官微宣传，微信朋友圈的用户感受宣传，微信公众号里的软广告植入，小红书上的网红带货，等等。

同时，还应广泛借助大数据信息，及时掌握潜在用户群的关注方向与动态，做出更有针对性的口碑推广。这也是网络时代、信息时代口碑营销的一个重要方式。

第四，参与（Taking Part）。任何话题的讨论都需要人们的广泛参与，口碑营销尤其如此。

只有大众的广泛参与，才能促进品牌口碑的建立和传播，这对于口碑营销是十分重要的。

第五，跟踪（Tracking）。有效的跟踪可以获得用户反馈，有利于产品或服务品质的改进。

售后跟踪对企业和消费者而言都是十分重要的环节，目前很多公司都会提供这方面的服务，也已经开发出了售后跟踪服务的相关技术工具。

通过售后跟踪服务，可以了解消费者对产品或服务的使用感受，有哪些满意的或不满意的方面。对于用户满意的方面，可以进一步深化；对于用户不满意的部分，可以及时弥补并加以改进。通过这种方式，可以有效减少，甚至消除客户对产品的不满情绪，避免负面口碑的产生；同时也可以让企业了解自身的不足之处，在以后的生产经营过程中予以改进；还可以通过良好的售后跟踪服务，让普通用户对品牌企业产生好感，成为忠实用户，进而成为良好口碑的传播者，帮助扩大口碑传播范围，带动新用户的加入。

5T 原则在口碑营销的过程中发挥着十分重要的作用，是任何企业都不应忽视的。只有切实重视这五项基本原则，并加以有效运用，才能使企业的口碑营销活动达到最优效果。

CRM 与口碑营销

CRM（Customer Relationship Management）即客户关

系管理，是指企业为了提高自己的核心竞争力，利用相应的网络技术和信息技术，协调企业与客户在营销和服务等方面的关系，从而优化企业对客户的管理方式，向客户提供具有个性化的服务，以满足不同客户的需求。

它的最终目标是留住老客户，吸引新客户，并逐步将已有客户转变为忠实客户，逐步占据更大的市场。

同时，CRM 也是一个客户关系管理软件，可以用于客户服务、市场营销等流程，通过提高客户的满意度、忠诚度、产品盈利性，实现扩大销售、增加收入、开拓新市场等目的。

CRM 要求企业以客户作为中心，建立与之相适宜的企业文化，以此来辅助产品的销售与服务。

CRM 贯穿客户分析、客户接触、客户获取、客户服务、客户维护等客户关系管理整个流程，与口碑营销密切相关。

在当前的互联网时代，网络电商有一个十分普遍现象，就是不惜花重金做广告，搞营销。大家都想收获短期效益，而对于长期的客户体验则有所忽略。这就导致很多企业在做 CRM 的时候把营销放在首位，而忽视了客户服务这一点。

但是，客户服务恰恰是口碑营销的关键。市场竞争如此激烈，仅仅为客户提供优质的产品是不够的，还需要针对每个客户的个性化需求，提供相应的客户服务。只有将客户服务做到位，才能真正赢得客户的青睐，获得良好的市场口碑，实现口碑营销的目的。

而 CRM 与口碑营销的相关之处正在于此。

通过 CRM，企业可以有效评估客户的满意度、忠诚度，分析当前本企业的客户服务水平，以做出更好的改进。

我们来看一下，一个完整有效的客户关系管理流程，是如何辅助口碑营销的。

第一步，获取客户信息。

CRM 通过网络等多种多样的渠道，合法有效收集客户信息，并将客户信息进行整合、分类、归档，建立起全面、完整、翔实的客户信息目录，做到客户信息在公司内部的数据共享。

收集的客户信息包括客户的姓名、性别、年龄、联系方式、兴趣喜好、婚姻状况、职业等等。

客户信息目录建立以后，可以运用相应的信息技术手段对目录内容进行实时更新，以使信息数据有效地发挥作用。例如，每过一年，系统会自动将客户年龄增加一岁。企业可以根据数据的不断变化，来调整个性化的客户服务方式，有助于在客户心里树立起人性化、体贴的企业形象，有利于形成良好的用户口碑。

第二步，将客户进行详细的分类。

详细的客户分类对于有效实施客户关系管理具有十分重要的作用。将客户进行详细分类的主要依据是客户价值。但是，对不同行业来讲，客户价值的评判标准是不尽相同的，企业需要根据自身所处的行业特点和所提供的产品，制定适合自身的客户价值评判标准。

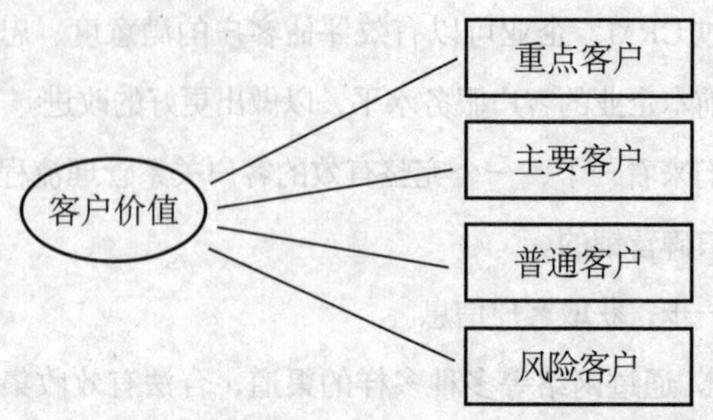

图 1–5　客户价值分类

一般来说，客户价值可以分为四大类（如图 1–5）。

一是重点客户。重点客户是指那些能够为企业带来非常大的利润，对企业的信任度、满意度和忠诚度都非常高的客户。

二是主要客户。主要客户是指那些能够为企业带来一部分利润，对企业具有一定的信任度、满意度和忠诚度的客户。

三是普通客户。普通客户是指那些为企业带来的利润较少，偶然购买企业的产品或服务，对企业没有过好或过坏的评价的客户。

四是风险客户。风险客户是指那些曾购买过企业的产品或服务，但是存在不满态度，甚至有可能为企业带来负面影响、导致企业利益受损的客户。

对于口碑营销来说，进行客户分类的好处在于，可以了解客户所处的类别和等级，做出有针对性的客户服务。企业需要做的就是，保持重点客户，维护主要客户，争取普通客户，化解风险客户的不满情绪，使其转变为普通客户。

第三步，合理分配资源。

根据客户分类的结果，企业需要进一步为不同类别的客户分配不同的资源，可以有针对性地投放一些产品手册、广告等，这对于口碑营销而言也是至关重要的。

对于重点客户，可以进行较多的新品推广，让重点客户成为新产品的口碑宣传者。

对于主要客户，可以进行一定量的新品推广，吸引他们的关注，赢得他们的口碑。

对于普通客户，进行少量的宣传推广就可以，他们对于品牌口碑具有潜在的影响。

对于风险客户，宣传推广必须谨慎，以免引起他们的负面口碑。

对于企业的口碑营销而言，服务是基础，营销需要建立在服务的基础之上。只有通过有效的客户关系管理，针对不同的客户提供个性化的服务，才能赢得各类客户的良好口碑，实现有效的口碑营销。

SNS 与口碑营销

SNS（Social Networking Services），是指社交网络服务，主要包括社交网站和社交软件两种，是采用分布式技术，也就是 P2P（Peer to Peer）技术，构建的下一代基于个人的网络基础软件。

1967年，哈佛大学心理学教授斯坦利·米尔格拉姆(1933—1984)创立了六度分隔理论，简单地说：你最多通过六个人的社交连接，就可以认识全世界的任何一个陌生人。

根据六度分隔理论，每一个个体的社交圈都是层层放大的，最后连接为一个大型的社交网络。

后来，有的人根据六度分隔理论，创建了针对社交网络的互联网服务，通过“熟人的熟人”来进行社交网络的拓展，例如：Friendster、Wallop、ArtComb等。

但是，“熟人的熟人”仅仅是社交网络拓展的方式之一，社交网络拓展的方式还有许多种类。所以，目前一般来说SNS已经超出“熟人的熟人”这个范围。例如：根据就读学校连接用户的人人网，根据爱好连接用户的Fexion网，根据话题连接用户的百度贴吧，等等，目前都属于SNS的范畴之内。

SNS提供一个平台，为每一位用户建立起自己的社交网络或社交关系。用户可以在社交网站上以文字或图片的形式分享自己的动态、想法、活动等等。

正因如此，SNS也成为口碑营销的重要窗口。

与SNS相关的口碑营销，是一种在六度分隔理论的基础上产生的营销活动，通过传播的方式，将品牌信息传递给社交网络中的每一个人。其具体表现是在社交网站上通过广告、用户口碑传播等方式进行品牌推广、产品营销等。

利用SNS进行口碑营销，就需要针对SNS的特点进行操作。简言之，SNS的特点具有以下几种（如图1-6）：

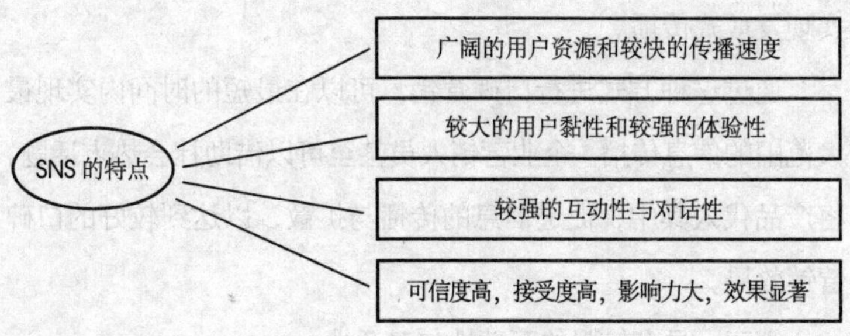

图 1-6　SNS 的特点

第一，具有广阔的用户资源和较快的传播速度。

SNS 的用户分布在世界各地或全国各地，从事的行业多种多样。因为 SNS 网络具有特殊的人际关系连接方式、网络传播方式，所以它具有传播速度快、覆盖范围广的特点，能在短时间内聚集非常高的人气，获得非常高的关注度。

以 SNS 为基础进行口碑营销，可以通过广阔的用户资源，以及用户间的交互关系，实现品牌信息的迅速传播与推广。

第二，具有较大的用户黏性和较强的体验性。

因为 SNS 网站可以累积起非常多的信息资源，SNS 用户在这类社交网站上很容易找到自己需要的内容，因为可以产生较大的用户黏性。并且，这类社交网站的用户往往互动性较强，对话题的参与度也很深，可以较好地起到以点带面的作用。

例如，一个人在个人主页上发布了关于某类信息的动态，那么他的圈中好友都会在第一时间接收到这条动态信息。一些有趣的或者容易引起大众关注的信息，会被迅速地转发出去，实现发散式传播。

通过这种方式进行口碑营销，可以在最短的时间内实现最大范围的信息传播。企业营销人员甚至可以借助社会热点话题，将产品代入其中，促进信息的传播与扩散，以达到较好的口碑营销效果。

第三，具有较强的互动性与对话性。

在 SNS 网站上，用户可以针对自己感兴趣的热点话题进行讨论和转发，也可以参与投票，回答问题，主动关注并参与话题信息的传播。

利用这一特点，口碑营销可以通过发起投票、话题讨论等方式，实现品牌信息的迅速传播。

SNS 的双向传播可以帮助企业与用户建立对话，加强企业与用户，以及用户与用户间的互动，让目标客户认识品牌并逐步了解品牌，提高品牌知名度和用户忠诚度，实现良好的口碑营销。

第四，信息可信度高，接受度高，影响力大，效果显著。

SNS 采取实名制，要求用户信息全部真实有效。它作为广大用户重要的网络社交平台，聚集了大量人气。

对于企业来说，SNS 的这一特性可以让企业迅速找到自己的目标客户群，与之建立沟通的桥梁，进行有针对性的精准营销。

此外，基于生活中的真实人际关系建立起的网络社交圈，成员之间信任度较高，生活背景相似，价值观趋同，对于彼此推送的信息更容易信任和接受。网络社交圈的成员之间相互分享产品信息，对于产品口碑的迅速传播并获得认同具有十分重要的作用。

通过 SNS 进行口碑营销，有以下几点问题需要注意。

第一，要了解每个网络社交平台的特点。

每一个网络社交平台都有自己的特点，比如氛围、风格等。要想在某个网络社交平台做口碑营销，必须先了解这个平台的特点，知道什么样的话题可以在平台上迅速传播并获得良好反馈，了解用户会对哪些种类的信息产生抵触心理，等等。对平台的这些特点完全掌握之后，才能开展有针对性的口碑营销活动。

第二，在社交网络平台的账户名称必须与自己的品牌名称相适应。

一个品牌的账户名称就是它在这个网络社交平台的名片，你在平台上发起话题，参与评论、转发、分享的过程，也就是你的名片被传播的过程。只有创建与品牌名称相适应的账户名称，品牌口碑才能够在网络社交活动中被传播出去。

第三，创建一个以品牌为中心的社交群组。

现存的 SNS 社区，很多都会提供群组版块，例如豆瓣。企业的营销人员可以在这类社区中建立起以品牌为中心的群组，吸引品牌用户聚集起来。这样的群组是口碑营销的重要阵地，也是口碑扩散的有力推手。通过将品牌信息发送到群组，再吸引群组成员的转发分享实现更大规模的扩散，可以实现品牌口碑的快速传播。

随着群组内成员的不断增加，品牌口碑传播力度也会不断加大，会让越来越多的人认识品牌，认可品牌，成为客户，甚至成为忠实“粉丝”。通过这种方式将形成非常好的良性循环轨道。

第四，创新口碑营销思路，优化口碑营销策略。

现在借助 SNS 进行口碑营销这种方式已经被很多企业所熟知和采用，用户面对海量的广告信息和品牌推广活动会感到难以甄别和取舍。如何在众多品牌中脱颖而出，获得用户的青睐，是需要企业营销人员重点关注和思考的问题。

如果口碑营销的创意和方式没有新意，只会在浩如烟海的广告信息中沉没下去，翻不起一丝水花。只有不断创新口碑营销思路，优化口碑营销策略，才能吸引到更多用户的目光，将品牌口碑传播出去，实现口碑营销的最终目的。

从互联网产生初期的 BBS 论坛，到博客、校内网（人人网的前身）的出现，再到微博和微信等社交平台的大量出现，SNS 的形式在不断发展变化，人们对 SNS 的认识和了解也在不断深入，企业更是逐步掌握了运用 SNS 进行口碑营销的方式和技巧，懂得充分利用现有的客户资源深度挖掘潜在市场。

未来，商务智能工具和社交平台的结合也将不断深化，从而进一步深化 SNS 与口碑营销的结合，实现更加精准的信息投放与口碑宣传，促进口碑营销的发展。

自媒体语境下的口碑营销

随着互联网的飞速发展，一种新的媒体模式——“自媒体”应运而生。

那么自媒体究竟为何物呢？事实上，它是一种新形式的社交媒体，是基于社交网络诞生的新兴产物，同时也被人们形象地称为“个人媒体”。这是因为自媒体实际上是网民以个人的名义在互联网上发布和传播一些信息而形成的。BBS、贴吧、微信等现已成为当下最常见的自媒体平台（如图 1-7）。

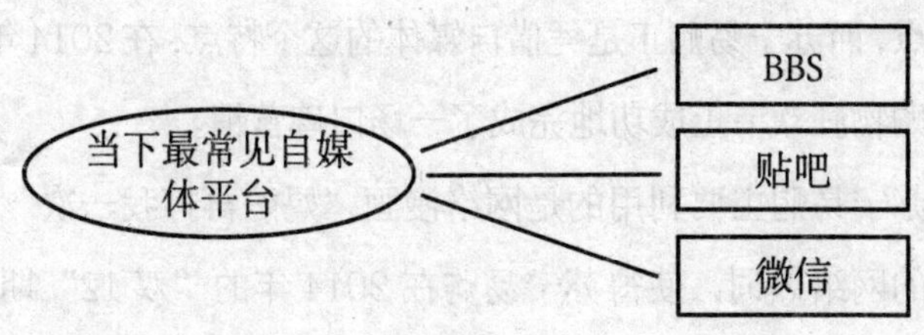

图 1-7　最常见的自媒体平台

在自媒体的传播中，每个人都将成为一个信息中心。简单地说，自媒体就是一个微型的“圈子”，每个人身处其中，把自己的信息自中心向四面八方分享出去。

置身于自媒体时代，人们开始接受来自各种自媒体平台的信息，无论是某些网站还是其他自媒体，都使主流媒体的声音受到了很大的削弱。人们不再盲目地相信媒体带来的信息，他们会从所获得的各种信息中进行总结，从而自主判断新闻的真实性。

最早的自媒体是在 Web2.0 时代发展起来的，当时博客很受欢迎，每个主要的博客网站都有大量的用户组，几乎每个人都有自己的博客，他们会写他们的日常生活、体验、工作总结、生活经历等等。在 Web3.0 时代，移动互联网的兴起将自媒体的发展推向了一个新的高度。由于移动互联网使人们能够实现即时通信，不同地理位置的限制被打破，在互联互通的时代，人们可以自由地发表自己的观点，这就意味着一个更加自由、更加开放的时代已经到来。

自媒体最大的特点就是自由开放，网上的人们都爱关注社会热点，而苏宁易购正是凭借自媒体的这个特点，在2014年“双12”购物狂欢节上成功地完成了一场口碑营销。

苏宁易购主要利用的是网络漫画“妈妈再打我一次”以及许多的网络热词，使得苏宁易购在 2014 年的“双 12”期间，吸引了无数消费者目光，在朋友圈、微博迅速发展，“打脸双12”甚至在短时间内冲进了微博热门话题小时榜，并且达到了 2.1 亿的阅读量和 4.9 万的讨论，前后共有 30 多家媒体、20 多家自媒体微信号和 30 余个媒体大 V 博主发布与转发，获得了广泛的关注。

在这个自媒体高速发展的时代，信息的传播只需要短短的几个小时，而在以前则可能需要一周或更长的时间。不仅仅是信息传播速度，传播的内容和渠道也发生了变化，未来品牌创造、盈利模式、信息传播等都正在或即将与自媒体产生紧密联系。苏宁易购的“打脸”广告就是利用自媒体做出的成功典型营销案例。

身处自媒体时代的我们，每个人都是生活的记录者，记录身边发生的小事，记录看到的世界，记录自己的思想，等等。也许记录的方式并不专业，文采也并不华丽，但是自媒体却能通过互联网传播，成为传播速度最快的媒体。

在这自媒体蓬勃发展的时代，只需要发帖、发微博，每个人就都变成了信息传播中心，你的亲朋好友和关注者都会看到你所发布的消息，因此，你可以向你周围的一群人传播信息，而这一群人又作为信息中心，去向他所在的“圈子”传播信息。

利用自媒体的口碑营销，不但速度快，而且影响范围广泛，影响力极强。自媒体也正是因为这点优势才被各大企业看好，于是各大企业之间纷纷展开了争夺自媒体受众的口碑营销之战。要知道，粉丝口碑营销和自媒体口碑营销都是基于受众数量的典型口碑营销手段。

因此，受众数量决定着所能获得的市场份额。没有足够多的受众，也就不能产生足够强的影响力。换句话说就是流量决定话语权。

移动互联网为自媒体提供了发展的大环境，自媒体之所以能做到快速传播信息，便是基于此。Web3.0 的发展，使得即时交流成为可能，各类网络交友平台纷纷涌现，人们的交友圈子不再局限于现实范围之内，网络像一扇任意门，你可以选择任意一个时间“出现”在任意一个地点。

现在这个社会，自媒体不单单是展现自我，同时还可以是商业传播、社会舆论监控的工具。自媒体平台上的一篇文章所能引起的连锁反应之强，让人难以想象。有时候自媒体的宣传会导致物价飞涨、引发购物狂潮等等，这便是信息的快速传播带来的一些负面影响，谣言会更快扩散引发群众恐慌，但与此同时，真相也会很快出现，有时真假同时出现让人们难以辨别。

在自媒体时代，选择好适合自己的口碑营销平台，便能乘着网络自媒体的快车，收获更好的口碑营销效果。

02

“势”在人为是口碑营销的根本

口碑的真谛是超越用户的期望值。

——雷军

借势：四两拨千斤

《孙子兵法》："计利以听，乃为之势，以佐其外。"意思是说：好的计谋被采纳后，还要设法营造有利于自己的态势，以辅助计划的展开。借势的方法很多，有很多创新的手法值得我们学习。

近年来，许多明星都选择在风景优美的环境下举行婚礼，或者完成蜜月旅行。在这种"名人效应"的带动下，许多年轻人也将选择在这样风景如画的地方度过人生最浪漫的时刻，作为一种时尚潮流。于是，酒店用优惠的条件促使明星选择它们作为办婚礼或是度蜜月的场所，利用这种"名人效应"进行营销。

这种营销方式可以使明星和酒店形成互赢的局面：一方面明星可以在酒店赞助中得到优惠，另外一方面，酒店也可以利用"明星效应"提升自己的知名度和影响力，从而吸引更多客源。

名人入住酒店通常有两种方式：一种是自费住宿，另一种是由酒店为名人提供赞助服务。相对于后者而言，名人会提前与当地旅游局或酒店讨论好置换条件，例如酒店可以利用名人入住作为宣传，并事先为名人提供个性化的餐饮和入住服务。在酒店营销收益方面，赞助房间的宣传成本远低于邀请名人使用其他营销方法的成本。在酒店市场，这种与名人合作的形式一直在增加。

例如：在2011年6月8日，孙俪和邓超的婚礼在上海丽思卡尔顿酒店举行。该酒店为这对夫妇提供了“有史以来最低价”。同时，邓超将婚宴的大小由70桌减少到50桌。因此，邓超夫妇婚宴的宴会费用预计不会超过100万元，这个价格明显低于同级别明星婚宴费用。而该酒店愿意给出传说中的“历史最低价”，正是看中了邓超夫妇带来的“明星效应”。这种名人婚礼所产生的广告效果对酒店来说无疑是捡了大便宜。

2011年3月，大S和汪小菲在海南三亚康莱德酒店举行了婚礼。根据相关报道，酒店免费提供所有客房，两位新人只是以“辛苦费”的名义支付了一部分费用。

酒店之所以愿意采用这种“无偿”的方式邀请名人，正是因为“名人效应”背后带动的营销模式。

首先，名人婚礼通常是许多媒体关注的焦点。平日里酒店花费数十倍的广告费用，可能都无法得到众多媒体关注和曝光的机会。

其次，随着社交网络的普及，明星们经常通过微博或者其他社交平台，与粉丝们分享婚礼或蜜月的照片及相关信息。在与粉丝互动时，酒店自然成为热门话题。婚礼酒店通过在网络上频繁热搜和曝光，必定会引起更多人的关注，形成了酒店的另一种营销优势。尽管这不会在短时间内为酒店带来直接的经济效益，但是名人的口碑宣传将始终为酒店形象带来更多光环，这是无法用金钱来衡量的。

2012年底，微博女王姚晨前往新西兰举行婚礼，关于她结婚的微博在当天被转发了17万次。姚晨在新西兰期间，新西兰旅游局官方微博粉丝增加了4766人，最高的一天新增1571位关注者。实际上，早在2011年，姚晨就应邀成为新西兰旅游局中国大陆地区的品牌形象大使。从那以后，她作为大使参加了新西兰旅游局组织的许多宣传活动。因此，姚晨之所以选择在新西兰结婚，很可能受到新西兰旅游局的邀请。

由于姚晨的婚礼，新西兰的皇后镇圣彼得大教堂在中国声名远扬，吸引了很多人在那里举行婚礼。有一位网友发微博称，在皇后镇圣彼得教堂预定婚礼的新人很多，甚至已经预约到近两年内。

有趣的是，姚晨举行婚礼的酒店也成为微博上的热门话题，引起网友的广泛讨论。新西兰官方的微博新闻爆料称，姚晨要在新西兰的Kauri Cliffs酒店结婚，据悉当时该酒店的客房一晚的最低门市价约1135新西兰元（折合人民币约5676元）。但随后当地网友"Dr可乐"根据姚晨发布的微博照片分析说，姚晨举办婚礼的酒店并非Kauri Cliffs，而是皇后镇的Matakauri Lodge。通过Matakauri Lodge酒店的官方网站显示，在11月17日至18日，酒店已经不接受入住登记，这与17日姚晨举行婚礼的时间恰恰一致。

对于那些名人，酒店选择的基本前提是该酒店的知名度，当名人选择与酒店合作后，名人效应又将推动酒店获得新的品牌竞争力。酒店将名人效应传递给消费者。两者在这种选择和被选择的过程中，影响力互相得以传播和提升。

有这样一则笑话。外国有一图书的销售商为了推销自己的新书，将新书寄给该国总统。该国总统看完后说：“是一本好书。”销售商便对外宣传说：“总统说‘是一本好书’。”结果该书非常畅销。第二次，销售商又故技重演，情知“上当”的总统看完书后故意说：“是一本不好的书。”销售商又对外宣传说：“总统说：‘是一本不好的书’。”结果该书又是相当畅销。第三次，总统干脆说：“简直读不下去！”然而这句话还是令销售商大赚一笔。第四次，聪明的总统干脆闭住嘴巴，一言不发。但更加聪明的书商这一次的广告是：“连总统都无法做出评判。”结果不言而喻。

这当然是一个笑话，却真实地反映了一个善于借势的聪明人是如何做口碑营销的。

造势：KOL 引导口碑

英国《金融时报》曾报道过：“在中国，KOL 营销正在逐渐取代电视和纸媒广告等传统营销方式。”

KOL 是营销学上的概念，通常被定义为：拥有更多、更准确的产品信息，且为相关群体所接受或信任，并对该群体的购买行为有较大影响力的人。

KOL 具备如下三个特征（如图 2-1）：

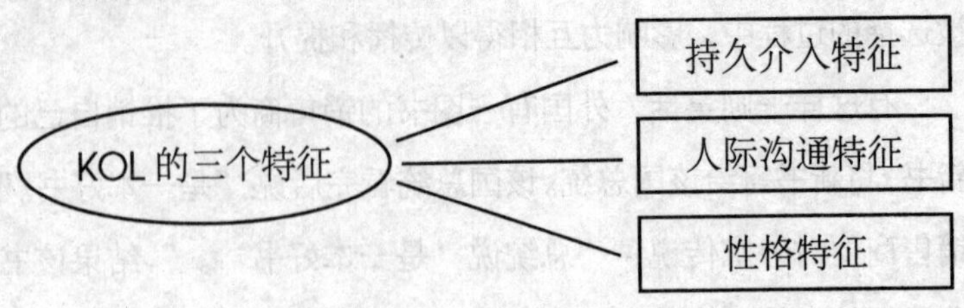

图 2-1 KOL 的三个特征

第一是持久介入特征：KOL 对某类产品较之群体中的其他人有着更为长期和深入的介入，因此对产品更了解，有更广的信息来源、更多的知识和更丰富的经验。

第二是人际沟通特征：KOL 在两级交流中起着重要作用，是人群中首先接触大众媒体信息，然后将处理后的信息传播给他人的人。他们具有影响他人态度的能力，因此可以参与大众传播，从而加快传播速度并扩大他们的影响力。

第三是性格特征：KOL 观念开放，接受新事物快，关心时尚、流行趋势的变化，愿意优先使用新产品，是营销学上新产品的早期使用者。

KOL 之所以深受欢迎，一是年轻群体已晋升为消费市场主力军，疲倦于传统广告的“地毯式轰炸”后，他们更愿意独立或参考同伴的意见做出消费决策；是微信、微博等社交媒介攫取了消费者的大量时间，在各垂直领域 KOL 对消费者的高频触达下，品牌传播一日千里。

2019 年 7 月，珀莱雅推出了一款面膜新产品。在营销上，珀莱雅以抖音为重点传播平台，不仅与抖音头部 KOL 合作（如柚子 cici 酱、乃提 Guli 等），还选择了大量的中部 KOL，甚至还选择了不少男性 KOL。这样，带货与口碑传播双管齐下，引发百万粉丝疯狂刷屏追捧，产品迅速飙升为“抖音美容护肤榜”第 1 名。

在当下的营销传播链条中，KOL 已经成为绕不开的一环。KOL 不仅可以靠“带货”助力销售，还能凭借自身的舆论影响力强化品牌，也就是说 KOL 不仅仅是线上分销商，还是线上广告牌。

媒体即使想将某些消息直接传达给普通观众，但如果想真正改变他们的态度和行为，也必须由 KOL 进行解释、评价和在态势上做出导向或指点。例如，肯尼迪总统被暗杀的消息震惊了美国。其中大约 50% 是通过他人传告的。可以看出，KOL 的影响力不可低估。

KOL 的口碑效应在产品营销中起着非常重要的作用。这取决于 KOL 的特征，主要体现在以下几个方面。

首先，KOL 和受影响的人通常处于平等关系，而不是从属关系。KOL 不一定是大人物，相反，他们可能是我们生活中熟悉的人，例如亲戚、邻居、同事等。由于他们是人们认识并信任的人，因此他们的观点更具说服力。

以 KOL 为突破口进行的口碑营销，将有助于迅速获得消费者市场的认可和接纳，并帮助自己的产品在消费者中树立良好的声誉和品牌形象。

其次，KOL 并不集中在某个特定的群体或阶级，他们普遍存在于社会上的任何群体和阶级。

KOL 的口碑营销可以帮助将品牌信息传播到社会的各个层面，并赢得各个层面的人们的青睐。

第三，KOL 的影响力一般分为“单一型”和“综合型”。在现代城市社会中，KOL 为“单一类型”主导，也就是说，只要一个人精通某个特定领域或在周围人群中享有一定声誉，他们就可以在其中发挥 KOL 的作用。在其他陌生区域，它们可能会是一般的被影响者。例如，一个对时事政治有广泛了解的人可以为时事问题提供指导，而在其他时尚或运动领域方面则受到其他专家的影响。在传统社会或农村社会中，KOL 通常是“综合性的”。享有声望的家族通常会对当地社会产生普遍影响。

针对 KOL 的这一特征，可以根据他们的专业领域进行针对性的口碑营销。医疗保健产品可以由医疗行业的 KOL 来表达，例如网络大 V“丁香医生”。

第四，KOL 拥有广泛的社交网络、更多的信息渠道以及与公众频繁交流的机会。KOL 的口碑营销可以使得品牌的口碑得以迅速传播，并让更多的消费者知道。

第五，KOL 经常关注周边事件和新闻，并及时发表自己的意见。因此，与普通的硬性广告相比，KOL 的口碑营销是自然而无意的，并且很容易获得人们的信任。

如今，纵观国内，各大品牌与 KOL 之间的合作变得越来越频繁，广告商越来越关注由 KOL 背后的忠实粉丝群带来的销售转换功能。在自媒体时代，KOL 一词意味着商品流量之王。

生势：铁杆粉丝的力量

传统的互联网品牌，有它们独有的特性，例如百度主打搜索，阿里主打电子商务，腾讯主打社交。但是现在，他们品牌特性变得越来越同质化，他们开始为了相同的目标而做同样的事情，那就是争流量、争数据、争粉丝，并努力达到与所有线上线下用户保持“7×24”关系的方式。

大多数传统的营销模式都是以产品为中心的。公司首先进行市场调研，然后生产他们认为消费者想要的产品，然后通过一些渠道进行宣传和推广，以提高知名度，吸引消费者并促进交易。这种传统的营销模式几乎等同于单方面行为。公司需要根据自己的判断来决定发布哪些产品，与传统营销模式不同的是，新兴的粉丝营销模式添加了交互式的模式。

以前的消费者只是整个营销链的最终接受者。但是今天的粉丝，他们不仅是消费者，又是产品输出的参与者。一方面，他们消费产品，一部分成为最优质的客户群体；另一方面，他们是品牌的忠实拥护者、传播者和捍卫者。

在移动互联网时代，每个人都是自媒体。一旦确定购买意向之后，消费者除了购买产品之外，还将通过微信和微博等各种社交媒体分享他们的经验和看法，并自发地进行产品和品牌的口碑营销。

移动互联网时代的到来，引起了粉丝与企业之间，以及粉丝与粉丝之间互动形式和内容的变化，并最终导致了质的变化。无疑，这也为业务运营提供了新的思路：赢得用户，拥有更多的粉丝，将成为能在移动互联网时代的营销战中占据一席之地的极强优势。

在中国，如果评选出一个真正感受到粉丝效应并最具影响力的人，那么这个人无疑就是雷军。

雷军曾经说过，他的忠实客户只有几十万，但是这几十万人，帮助他卖出了超过 1000 万部手机。中国的国情相对特殊，拥有 13 亿人口并不意味着 13 亿人都可以成为企业或品牌的目标消费者，或成为企业的拥护者。对于企业而言，毋庸置疑，重要的是要确定核心种子用户（目标消费者群体），然后再利用他们帮助企业形成传播效应。

如果你希望喜欢你的人更喜欢你，并通过口碑营销来帮助你，那么在具体的实施路径上，则必须在原始内容的基础上进行更改和创新，并始终观察粉丝对改变的反应，对于出现的负面影响应尽快制止直到消除为止。

当然，想要获得更多追随者的满意，比让那些“路人”变成“粉丝”更加困难。因为你每往上挪动一步，所需要的潜在能量就越多，因此必须做到处处谨慎。想超越自己、突破自己就需要更加努力。不喜欢你的人不会因为你的努力而喜欢你，但是喜欢你的人一定会在看到你的努力时，更想与你建立更紧密的关系。

此外，与粉丝建立良好的情感桥梁。只有做到与粉丝融为一体，才能真正培养出“铁杆粉丝”，他们将成为产品销售或促销的中坚力量。外界影响对粉丝而言十分重要，明星粉丝会热情购买名人代言的产品；动漫或游戏的忠实拥护者将买光该动漫周边所有产品；苹果迷将永远做第一个购买新款手机并自豪炫耀的人，这是粉丝对他所热衷产品的情感表达，也是品牌传播的基础。

粉丝是企业或名人的有力盟友。他们不仅积极购买公司产品，参加明星举办的各种活动，他们还热情地为企业或名人充当“义务宣传员”的角色，积极向认识的人推荐产品或明星活动。为了说服人们，他们经常分享自己在使用公司产品，与公司服务人员打交道时的良好体验，甚至包括自己追星的经历。不仅如此，当公司或名人受到第三方“攻击”或批评时，他们的粉丝经常反击并与“攻击者”进行特殊的“斗争”。

2014 年，由于照片中的版权问题，穷游社区论坛的重量级成员与摄影师发生了纠纷。这事件仅在一天之内就在微博上引起了轰动，转发和评论的数量异常高。然后，穷游旅行社立即意识到这一定是水军捣的鬼。他们预判到水军会在下一步攻击穷游，果不其然，在接下来的两天里，出现了各种各样关于穷游的负面信息，并且越来越多的人加入其中，对穷游进行谴责。

面对这种情况，大多数人会认为穷游应立即与警方联系，派人调查，并想办法找到真正的“幕后黑手”，召开新闻发布会，澄清和保护自己的形象。

但是，穷游并没有这样做，它深知在同一个市场中竞争，没有必要对同行穷追猛打。另外，穷游旅行社所营造出的氛围是爱与团结融为一体。穷游维护自己的粉丝，不需要强迫其他人的认可和喜欢，做好自己的粉丝服务即可。但即使这样，穷游面临攻击并没有默默忍受，而是采取有效措施进行反击或消除负面消息。

2014 年恰逢穷游成立十周年，因此穷游以这个名义组织了一次名为“发现世界”的主题活动。主要目的是鼓励粉丝探索这个世界，发现这个世界的真善美，并在社交媒体上抒发内心的声音。

本来穷游的粉丝对自己喜欢的公司遭到攻击，内心就愤愤不平，这次活动，正好给他们提供了释放内心的通道，粉丝以此做出回应，捍卫公司的形象。

在不到一个月的时间里，与该活动相关的微博帖子的阅读量高达 20 亿条，并且在各大社交媒体上都出现了穷游粉丝的踪影。他们抒写内心活动的同时积极捍卫穷游的形象，并谴责那些“幕后黑手”。得益于粉丝们的积极参与，这次活动取得了骄人的成绩。经过粉丝们的共同努力，许多网民逐渐觉得穷游“被黑”是竞争对手早有预谋的一场事件，穷游绝对不是一家“坏”公司，最终帮助穷游度过了危机。

企业发展的过程充满了称赞、批评、信任和怀疑。纵观已取得成功的公司，它们面对批评和质疑时，已经很擅长将“危机”

巧妙地转变为推动公司发展的“契机”。而现在，粉丝已成为这个过程强有力的推动剂。

粉丝传递的品牌信息对于公司的口碑营销而言可谓至关重要。一旦公司有了“铁粉”，当公司遇到麻烦时，这些铁粉便会配合公司的活动，挺身而出捍卫它。粉丝的力量永远是最强的，常常以捍卫者的力量帮助公司在公众旋涡的危险之中转危为安。

养花花草草都需要施肥浇水，更别说粉丝这样一群需要精心维护的群体，而“养粉”这个过程也是很有学问的。随着新媒体时代的到来，人们对“你说我信”的模式越来越不满足。因此，公司需要从自身的特点入手，将自己置身于消费者的立场，找到一种方法来培育自己的“铁粉”。

传统企业在移动互联网时代遭受了沉重的打击，但从另一个角度来看，它们也迎来了新的机遇，因为传统企业要想在移动互联网时代立于不败之地，就必须转变其传统的营销方法，如发传单、放广告等，而应该充分利用互联网的优势，先“赢得”粉丝，然后培养粉丝，利用粉丝为他们进行营销。在这方面，餐饮业的后起之秀——雕爷牛腩发挥了领导作用。它在“有利的”互联网资源的帮助下，培养了大量粉丝，帮助其成功地在餐饮业中占有一席之地。具体来说，雕爷牛腩用了三个方法（如图 2-2）。

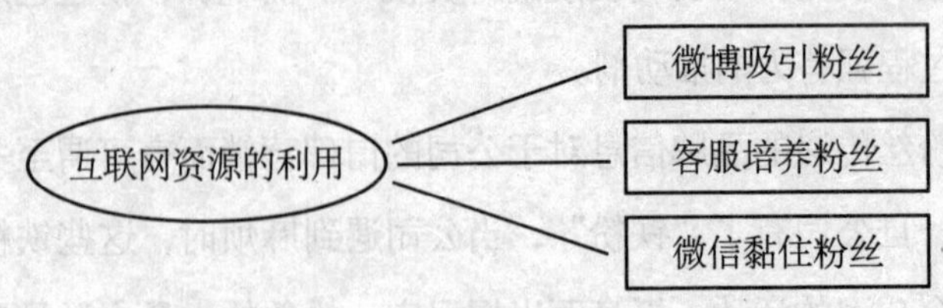

图 2-2 互联网资源的利用

一是微博吸引粉丝。

微博的最大特点是，它聚集了众多的网民和信息，并且很容易在短时间内使某个信息变得炙手可热。因此，它已成为移动互联网时代各种企业的宠儿。也正因此，拥有“远见”的雕爷牛腩，没有放过这种有利的资源。

早在封测时期，微博号“雕爷牛腩”和“雕爷”本人就一直在刷新有关“雕爷牛腩”的信息。例如通过互联网释放一种信号：制作牛腩的配方是从香港美食神戴龙那里买来的独家配方，餐厅不接待十二岁以下的儿童等等。这些话题吸引了很多网友，引起了热烈的讨论。雕爷牛腩正式营业后，在微博上创建了一些噱头话题——当韩寒携妻就餐遭到拒绝……这些话题无意间吸引了网民的关注，令许多网友加入了以雕爷牛腩为主题的讨论中。有网友说：“韩寒都被拒之门外了，雕爷真任性。”与此同时，雕爷牛腩还邀请明星参加他们的活动，利用明星喜欢玩微博的特点，进行宣传推广。在这样一波又一波的宣传造势下，雕爷牛腩正式营业后，每天都有大量消费者慕名而来，进入雕爷牛腩餐厅。

二是客服培养粉丝。

在通过微博吸引粉丝之后，雕爷牛腩了解粉丝是营销的主体，没有粉丝，就不会有销量，因此雕爷牛腩非常重视粉丝的培养。

在成立雕爷牛腩之前，雕爷主营阿芙精油。从那时起，他就非常重视用户反馈。他将重视用户反馈作为公司的宗旨。雕爷每天亲自作为客服人员来处理用户的“不良评论”和建议。因此，在他的带动下，公司所有员工都非常积极地解决用户问题。结果是，当时的阿芙精油的动态评估远高于同行。后来，在雕爷牛腩“崭露头角”之后，公司将重视用户反馈的行为延续到该品牌上，全身心致力打造优质的“客户服务”。雕爷每天花费大量时间，关注大众点评、微博、微信上对雕爷牛腩的评价，针对用户的不满和建议，雕爷牛腩则立即进行改进。例如，如果一道菜在粉丝中不受欢迎，那么该菜将很快从菜单中消失，并被新菜或改良菜取代。因为，雕爷牛腩了解到在移动互联网时代，消费者有更多的“需求”。雕爷牛腩必须制造出符合消费者满意度的产品，才能得到消费者的肯定。

雕爷牛腩真诚处理用户反馈，并根据用户意见改进和替换产品，这一行为使雕爷牛腩的口碑越来越好，从而提升了品牌的业绩。换一个角度讲，雕爷牛腩培养出了自己的品牌粉丝，以此促进这些粉丝们一而再再而三地持续消费。

三是微信黏住粉丝。

在成功吸引粉丝和培养粉丝之后，雕爷牛腩仍然不止步于此，因为在移动互联网时代，要使企业长期持续盈利，就必须拥有自己的“铁粉”。因此，雕爷牛腩第一步的目标是黏住粉丝，让粉丝在消费的同时，还能帮助雕爷牛腩进行宣传造势，从而带来更多业绩。

在移动互联网时代，微信已成为人们生活中不可或缺的“事物”。因此，雕爷牛腩很快将目标锁定在微信上，并在微信上进行了一些活动，以达到黏住粉丝的效果。

雕爷牛腩在微信上建立了公众号。粉丝们可以使用公众号来了解品牌、提出建议等。同时，粉丝关注了公众号后，可以在微信平台上申请雕爷牛腩的 VIP 会员，申请过程虽然免费，但申请者需要通过答题才能获得，而雕爷牛腩提出的问题都与菜品有关，采用这种方式是为了让想成为 VIP 的粉丝必须做到基本了解雕爷牛腩的菜品。成为 VIP 会员后，客户可以索取一份精良纪念册和享受每道菜专供菜单，寿辰还可以免费获得甜点等等。而雕爷牛腩也在努力制造产品，以使它不辜负粉丝的“用心”。通常，成为 VIP 会员的粉丝对雕爷牛腩的菜肴非常熟悉，他们会将它宣传并推荐给周围的人，以帮助雕爷牛腩推动消费。

通过独特的形式，雕爷牛腩成功地靠微信平台黏住了粉丝，并在市场营销环节中利用粉丝拉动营销，为公司带来了稳定的源源不断的收益，这可以说是一石二鸟之计。

在移动互联网时代，企业必须记住的是，粉丝才是口碑营销的主体。正是如此，企业才应该从消费者的角度出发，结合自身特点和移动互联网的特性，积极寻找吸引粉丝并且黏住粉丝的方法，逐步将粉丝从消费者模式送往营销环节，只有这样，企业才能在赢得粉丝的同时促进口碑营销并增加消费量。

聚势："围观群众"的参与

每个企业都希望在消费者中建立良好的口碑，通过消费者将品牌口碑宣传至更广的人群。可以说，没有社会大众的参与就不可能实现口碑营销。

对于许多人来说，小米的每个用户都是小米的免费推销员。但实际上，小米还做到了让每个消费者都自愿为它进行宣传推销，这就是小米成就口碑的秘密。

在 2010 年，智能手机迎来了更换浪潮，而优质组件成为当时的稀缺品。小米团队那时面临的最大问题是取得供应链的信任和支持。当然，如果不能获得供应链的信任和支持，更不用说获得粉丝的信任和支持了。

尽管雷军当时在互联网领域众所周知，前摩托罗拉高管周光平负责小米的硬件，但是在每个人的眼中，小米的硬件还不够硬。直到2010年12月底，小米与芯片制造商高通的谈判才成功。高通之所以选择小米，是因为它相信了小米愿意为用户提供高质量手机的愿景。

接下来，为了获得夏普LCD屏幕的供应，小米花了很多时间进行谈判。据说小米是日本东北地区地震后第一家拜访供应商的中国公司。最终，小米制造高品质手机的信念和勇气感动了夏普公司，终于让夏普公司与小米达成了合作。

在解决了供应链的问题后，小米将生产过程和产品品质放到了重要位置。业内人士知道，每个生产链都有一个连续的攀爬过程，生产工人也需要有一个熟悉新流程的过程，小米的主要关注点是如何从生产环节就确保小米的品质。

小米本着对用户负责的态度，反复比较并最终选择了为苹果组装iPad的英业达生产线，后来英业达子公司英华达南京工厂近80%的业务来自小米。可以肯定的是，后来售出的10万部小米手机没有什么大毛病，这使小米手机在声誉和质量方面树立了良好的口碑，

甚至连台湾著名企业家郭台铭也曾说过，他最大的遗憾就是错过了与小米的合作，而无论是来自选择小米的合作商，还是被小米选择的合作商，无论是供应链还是加工线，都积极对小米的经营理念进行口碑传播。

许多品牌在追求消费者的口碑上，忽略了其他群体，例如公司合作伙伴和供应商。但小米无论是在供应链还是生产端，在面对巨大挑战时都表现出了出色的智慧。与小米合作的各种渠道都在通过不同形式为小米做着品牌宣传，甚至连没有参与小米合作的郭台铭也因未能与小米合作而造成的遗憾，成为从侧面反映出对小米品牌的肯定。

此外，小米十分珍惜来自企业内部员工的力量，它知道小米的每个员工都是小米品牌最有力的推动者。

小米的理念是与员工共同分享利益。最大的体现之一是，小米成立后不久就推行了全员持股、全员投资的计划。小米这么做的原因，一方面对员工给予足够的回报，促使员工能更加安心和努力地工作。另一方面，这也是使小米员工能够为其宣传的一种形式。更重要的是，这样做能促使员工与用户无缝沟通并成为朋友，利用朋友这样的角色，当用户遇到问题时，朋友会尽快解决。即使他不能解决问题，他也会努力找到方法来帮助他。这样一来，小米的每个员工不仅是小米的工作者，而且还是小米口碑的传播者和维护者。

其实，很多企业都非常清楚地认识到，员工对于企业口碑形成和传播的重要性。这一点在星巴克连锁咖啡的品牌上十分明显，星巴克十分成功地利用了员工促进品牌口碑的塑造。

有许多人认为星巴克咖啡的品质在整个咖啡行业里并不算是最优质的，但是他们选择星巴克的原因，是星巴克所营造出的安逸舒适的环境。这与所有星巴克员工的努力是分不开的。

星巴克董事长霍华德·舒尔茨表示："每个员工都是品牌的形象代言人。"在星巴克里，可以在员工身上体会到和客户的良好关系。因为每位星巴克员工都在用真诚的微笑面对客户，努力营造一个舒适的环境为客户带来良好的体验。

曾经去过星巴克的消费者都知道，无论有多少客户在排队等候，无论他们有多急躁，即使面对客户的愤怒，星巴克员工仍然面带微笑语气柔和地与客户交流。

在星巴克，每当用户与员工目光接触时，用户就能感受到员工善意的微笑。每一位员工都在努力为用户提供一处安宁、亲切与祥和的休憩乐土。在星巴克，员工努力降低自己的存在感，通过轻柔的音乐，让用户沉浸在自己的空间里不受外界打扰，为他们带来家与公司之外的"第三空间"。

在产品销售的过程当中，真正让"客户决定购买或放弃购买的关键"是口碑，显然，直接与用户产生接触的员工在口碑传播中起着决定性的作用。星巴克和小米也正是了解到这一点，让用户将感受到的良好口碑传播给他人，继而带给更多的用户。

企业口碑的营销策略实际上是多维度的。这就要求公司不仅要顾及直接消费者，还要考虑工作岗位、产品渠道、各层级供应商和战略合作伙伴等各个环节。无论你是否相信，每个环节实际上都会影响我们产品的声誉，并在一定程度上影响品牌的口碑传播。

因此，如果你想通过口碑来成功吸引客户，请首先努力拉动所有接触到品牌的人，无论是你的员工、战略合作伙伴、竞争对手，都没关系，不可忽视这些人对品牌传播的重要性。

03 口碑传播的 4 大平台

微博圈子卖货的价值在于：

第一，形成口碑，尤其是同质化的产品，口碑比定位、品牌都重要。

第二，形成圈子，卖的过程是社交，社交的过程是卖，越卖关系越湿。

第三，自然留下答案和榜样。

第四，能卖多少最终取决于产品本身的性价比！

——新浪微博 @ 新张利

微博：最火爆的口碑营销平台

尽管微信、陌陌等社交软件使用人数日益增多，但微博仍是自媒体时代口碑营销中的主战场，这足以说明微博具有难以撼动的地位。

当前扩大客户交流范围是微博最重要的目标，单从这个方面看，微博就是社会化营销最重要的工具和社交平台，实力不容小觑。

哪怕一件微不足道的小事只要经过微博炒作，就可能迅速传遍网络，登上热搜。如果把微博看作是一个营销平台，那么每一个粉丝都是潜在的营销对象。

小米公司鼓励员工在各类网络平台上交流意见，特别是论坛上、微博上，以此增强与用户的沟通，小米的微博营销工作人员在小米整个的新媒体团队中占比高达40%，其中也包括雷军。

小米的微博营销阵地主要有小米手机官方微博和雷军本人微博两个账号。

雷军是小米的创始人和CEO，他的微博其实是他的服务渠道，自嘲是小米的“一号客服”，工号为“001”，通过这种方式，雷军的粉丝数量在2014年8月就超过了1102万。

雷军用心经营微博账号，一有空闲就会看微博，“米粉”

在微博上的问题，只要被看到，都会获得回复并且得到解决。雷军鼓励员工尽可能地和用户采取直接接触的方式，其中包括开通论坛和微博等等。小米把和用户的关系维护成像朋友一样，这样产品也更容易做好。

除了雷军，粉丝还能通过林斌、黎万强等微博的更新来了解小米近况，他们同样也都是小米公司的微博“大佬”，其粉丝、公关人士与他们在微博上的互动热情高涨。

2013 年刚出任小米副总裁的雨果·巴拉，曾经担任谷歌 Android 产品管理副总裁，现在主要负责小米的国际业务和与谷歌 Android 的战略合作事务等。巴拉远道而来吸引了众多粉丝的目光，仅两个月的时间，微博粉丝就涨到六位数。虽然他不会讲中文，但是他“技术男”的称号足以让粉丝交口称赞。

小米手机官方微博的粉丝数量足足有 1097 万之多，这显然是一个惊人的数字。官方的一条微博就能引起一连串的互动转发，使阅读数量呈爆发式增长，这一现象显然对于小米的营销来说是非常有利的。

最初，小米只是将微博当成一个客服的形式，出乎意料的是随着微博数量增加，宣传作用远远超出了客服的作用，粉丝跟官微的互动不断吸引更多的人关注小米。

小米的第一个口碑营销叫“我是手机控”。雷军发动粉丝们晒出自己使用过的手机，这个号召也是得到了很多手机控的响应，这个话题吸引了 80 万的参与者，其中获得最高转发量的是“新浪微博开卖小米手机 2”，小米手机 2 是 2012 年转发记录的第一名，转发人次达到 265 万。正是这一次营销，使得小米微博粉丝涨到了 37 万，声名远扬。

“小米手机青春版”目标人群是校园学生，为了能够达到 15 万的销售目标，便有了“150 克青春”的微博话题，乍看 150 克有点不解，其实暗含的是小米青春版手机的重量，包装盒上的广告语“内有 150 青春”更是深意十足。因为跟青春紧密联系，引起了校园年轻人对青春的共鸣，这次的话题互动更成为小米口碑营销案例中颇具影响力的一次口碑营销。

这次微博话题成功后，小米开始用其他不同的自媒体方式进行微博营销，比如小米的七个合伙人参照当时的电影《那些年我们追过的女孩》拍了一系列海报和微视频，这其中的反差萌引来了不少网友、粉丝进行围观。

为了获得更多转发，小米开始采用奖励手机的方式，这种招数是所有企业都会用到的屡试不爽的招数。仅用三天时间，微博粉丝就增长了 41 万，转发量也更是高达 203 万。

微博营销相对于社区营销来说更加的灵活与直接。

有这么一个社区营销的例子——黄太吉煎饼。它的营销方式是建立论坛，让用户研究和讨论煎饼上芝麻粒的数量，但却没多少人响应。如果它最初选择做微博营销，只需要让用户分享各自吃煎饼的场景照片，这样简单的互动很容易让粉丝们感到有趣，从而完成一次口碑营销。

微博也并不是完美的口碑营销手段，它最大的缺点是有效粉丝数的缺乏决定了营销成功的前提是获取新的粉丝，小米之所以能够成功，就是因为它获得了大量粉丝的支持。当时小米也是由于受到预算限制，才选择了将网络当成社会化口碑的营销手段。

小米也的确是幸运，2010 年正是微博的流行之年，小米毫不犹豫地抓住了这个机会，积极与用户互动，从而收获了大批忠实粉丝，并利用了各种新型营销手段，实现了营销的突破。

黎万强说：“微博拉新、论坛沉淀、微信客服。微博的强传播性适合在大范围人群中做快速感染、传播，获取新的用户。”

以上这些，足以说明微博口碑营销要找到合适的方法，且目标明确，才能吸引关注，拓宽市场。

微信公众号：将口碑营销代入浅阅读

微信公众号是随着微信兴起而产生的一种企业或个人的营销模式。微信跟微博一样，没有距离限制，微信用户可以跟附近的人形成“朋友”圈子联系，除此之外，用户可以订阅所需公众号，企业也通过公众号的方式推广产品，从而实现点对点营销。

那么企业应该如何经营微信公众号并获得关注，增强客户黏性呢？一般来说，公众号运营有两个主要方面（如图 3-1）。

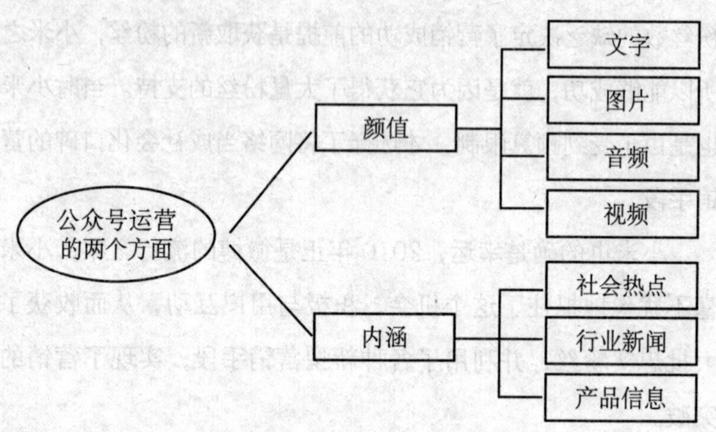

图 3-1　公众号运营的两个方面

1. 颜值

利用微信公众号进行口碑营销，需要遵守微信的官方规定。在实际操作中，推送内容形式呈现多样化，事先对内容进行整体设计排版是收获最佳传播效果的有效途径。公众号的信息内容有下列四种类型。

（1）文字

文字是公众号内容最基本的载体。文字中包括标题、摘要和正文三个部分。一篇好的公众号文章，我们需要对文字内容进行精心排版，要对字体、字号、文字颜色认真挑选，使读者阅读起来轻松愉快，同时也让他们能够看完全文。微信对标题字数的限制是 64 字，对摘要的限制为 54 字（平台默认抓取正文的前 54 个字作为摘要。而自己录入的话，可以选填 120 个字），对正文的限制则是 600 字。即使是这样，在实际操作中，标题也不会超过标题行的 14 字限制。标题字数太多，难以让读者抓住关键信息，缺乏耐心的读者则会放弃阅读。据统计，被阅读概率最高的文章，标题字数为 16 字，字号为 16~22 磅，正文则是 14~16 磅，行距是 1.5~2 倍，这样的文章内容清晰，阅读起来更加轻松愉悦。

（2）图片

图片跟文字相比，容量大，信息多，表达更加直观，对读者能产生更大吸引力，所以一般公众号文章都会采用图文结合的形式。图片有封面图和文章配图两种形式，这两种类型都各有规定。封面图的尺寸规定为 900*500 像素，而文章配图从第二张图开始，要减少为 200*200 像素。在封面图中，主题须处于中心，这是为了防止转发至朋友圈时，产生主题呈现不清晰的情况。在尺寸上，文章配图的尺寸为宽度 640 像素，图片占用空间要大于等于 30K，小于等于 2M，防止上传之后图片变模糊或者变形，影响宣传效果。

（3）音频

有时，微信公众号推广信息中还会插入音频，增强文章的感染力，很多公众号文章都会选择插入音频。上传音频文件的格式、大小、长短也都有明确的规定。比如，音频文件格式一般有四种：mp3、wam、wmv、amr；文件大小不超过 30M，播放长度小于等于30分钟，音乐文件只能用QQ音乐的网址等等。但切记音频文件不要过大，否则会影响播放流畅程度，影响用户体验。

（4）视频

视频拥有强大的表现力，能够展现无限的创意，渐渐成为许多公众号的主流内容。公众号上视频上传会受到大小的限制，电脑本地上传的视频一般是小于20M，视频大于20M的，则必须通过腾讯视频，用跳转链接的方式播放。视频的播放长度范围在1秒到10小时之间。但为迎合用户浏览习惯和流量的限制，最佳播放时长为3～5分钟。

因此，公众号推广文章不只在于内容产生的吸引力，还有更多的是在于整体的设计和颜值。两者相辅相成，缺一不可，才能实现口碑营销的良好效果，达到营销的最终目的。

2. 内涵

内容是衡量新媒体营销最重要的标准。公众号的好坏与否，能否持续吸引粉丝，都取决于内容是否有积极的意义或者让用户精神愉悦。而企业或品牌的公众号，内容要运用专业知识，具有指导意义，这样植入广告效果才更好。公众号的文章推送主要有三个类型。

一是社会热点。利用社会热点的文章很大概率能够成为热门内容，是增加浏览率的重要方式。热门事件能够成为人们茶余饭后的话题。公众号利用热点话题，比较容易能够提高用户的参与度，产生良好的传播效果，拉近与用户之间的距离。对社会热点内容的讨论也需要精心策划，适当增加一些技巧能够让大家参加进来，比如投票等。

二是行业新闻。行业新闻是公众号中必不可缺少的，能显示出企业和品牌的专业，对行业新闻的关注和探讨都能增强企业信誉、起到传播正面能量的效果。

三是产品信息。公众号可以为新品上市做宣传。通过公众号推送，可以使目标用户获得最新的产品信息，同时这一部分群体本身也会通过转发、分享扩散这一信息成为下一轮口碑营销的推动者。

抖音：直播带货引领口碑营销新潮流

在当下这个时代，如何营销一直都是困扰企业的一大难题。虽然有着诸多选择：可以请明星代言，或在节假日打折扣。但这些都是“血本营销”，前期高昂的支出往往需要企业承担巨大的经济压力。然而，随着互联网的飞速发展，一件新兴事物的诞生打开了低成本营销的大门，那就是——直播。直播营销具备成本低、转化率高等特点，使其成为各大企业争相抢夺的战场。

现如今只要你能接触到网络，那么对直播就一定不会陌生。网上对直播的报道铺天盖地，什么女主播月入多少万、什么主播直播吃虫子、某某直播平台因涉嫌内容审查不合格而被下架等等。可以说，直播已经渗透到生活的各个角落，融入人们的日常生活当中了。

现在互联网上每四个小时就会上架一款直播 App，其热度之火爆难以想象。各种稀奇古怪、博人眼球的内容层出不穷。那些躲在摄像头背后的主播是怎样一种存在？普通人又是怎样看待这一新鲜事物的呢？接下来让我们一起揭开直播的神秘面纱，对它有一个初步的认识后，看看它是如何帮助企业进行口碑营销的。

网络直播诞生得比我们想象的要早，最早能追溯到 2016 年，只是近几年手机直播的兴起，才一下为大众所熟知。但到目前为止，学术界乃至互联网媒体本身也都还没为网络直播做出最基本的定义。那么在此，我们仅根据新闻传播理论和传统电视直播的概念，为网络直播简单下一个定义：凡是通过互联网进行展示，具备双向交流，且传播过程和实际过程同时进行的发布事件，将其称之为网络直播。

网络直播作为一种新型的互联网传播方式，较之电视、视频网站、微博这些传统的网络载体，有着互动、真实以及低成本等特点（如图 3-2）。

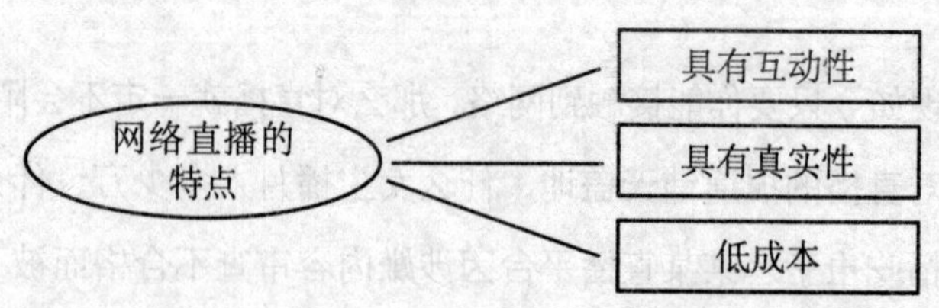

图 3-2　网络直播的特点

首先就是它具有互动性。

网络直播是双向的，在向观众传播信息的同时，直播中的主播们也可以接收到来自观众的信息，可以实现实时的沟通交流。不论何时何地，观众们只要掏出手机或打开电脑，进入主播的直播间，就能与喜爱的主播跨越地理位置的障碍，实时进行互动交流。

其次就是直播具有真实性。

直播时采集的视频画面信息是摄像头实时拍摄下来的，没有时间进行剪辑，主播当下的一举一动，都会即时呈现在观众眼前，虽然网络传播中会有一点点延时，但可以忽略不计，所以网络直播相比其他互联网传播方式，大大地压缩了观众和主播之间的时空界限。整个直播过程就完全以一个真实的形式展现，而观众与主播的交流互动也是真实的。

最后便是低成本。

直播的成本很低，低到什么程度呢？只要有一部手机或一台电脑，下载相应的直播 App 或直播软件，任何人都可以成为主播，开启属于自己的直播间，而如果是观众想要观看直播就更简单了，点开喜爱的主播的直播间就行了。

同时，网络直播并不用像各大视频网站那样，斥巨资购买各种影像版权。其最大的特点就是能够让观看者和表演者进行互动，观众们也不用像以往观看视频那样孤芳自赏，需要对内容有较高的要求，不然无法提起兴趣。而直播的互动大大增加了趣味性，观众对其内容的要求也就不需要太高，所以网络直播就不需要投入太多的资金，为打造优质内容而花一大笔钱。

直播的这些“低门槛”的特点不仅能让每一个人都有能力加入其中，同时企业也可以毫无顾虑地下场竞争。我们现在只要注意一下，都能在网络直播里看到各大企业的身影。比如苹果、小米等等，都能发现它们已经踏足直播。企业都意识到了，现在网络直播已成常态，那里是一片可耕种的绿洲，只要利用好它，无疑对企业的口碑营销大有裨益。

既然直播这么火热，那么企业通过网络进行直播宣传，最终可以获得哪些有价值的东西呢（如图 3-3）？

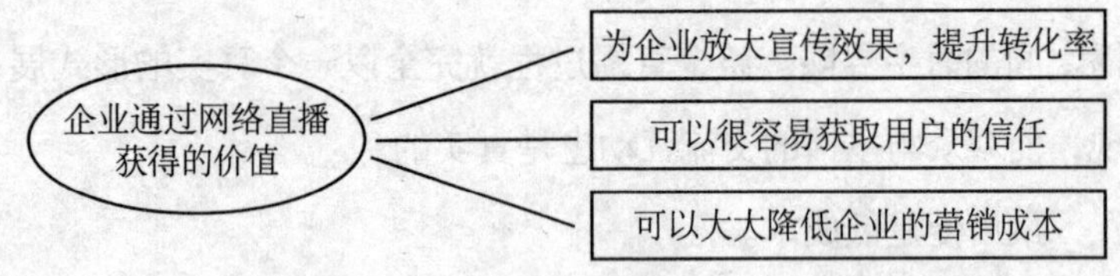

图 3-3　企业通过网络直播获得的价值

第一，网络直播能为企业放大宣传效果，提升转化率。

互动，是直播的一大特点，这也是很多人喜欢直播的原因。通过网络直播，观看者可以与企业进行对话和实时互动，互动的信息也可以作为其他消费者对产品的考量依据，如若对产品心动了，可以直接促成交易的完成。最典型的就是淘宝直播，客户边看边选边考量，看上了直接点击主播给的购买链接下单，企业的转化率很高，宣传效果惊人。

第二，网络直播可以很容易获取用户的信任。

在直播间里没有那种离群众生活很远的明星大咖，通常都是人们身边就能看见的场景，主播也是一个个普通人，这种真实感很容易拉近观众与主播的距离。这一点放到企业的营销上也是可以的，通过网络直播，企业的各种产品都以最真实的方式展现在消费者面前，客户很容易就会对其产生好感及信任。尤其一些在安全方面要求格外严格的产品，如食品，如果可以通过直播的方式，将食物从生产到加工的全过程都展示在消费者面前，那么就可以轻易地解除消费者对于食品安全的担忧及顾虑。

第三，网络直播可以大大降低企业的营销成本。

网络直播本身的成本就非常低，那么企业采取网络直播来进行口碑营销，基本不会产生经济上的压力，可以以最低的成本获取更多的客户。毕竟，身处大互联网时代，就要利用好数字互联网，如此低成本的营销方式，也就造成了网络直播的火爆，里面不单单有怀揣成名梦的个人，也有懂得利用直播获得客户的企业。

与传统的电视、报纸等宣传形式相比，利用好网络直播这一营销手段，企业无疑可以创造出更多的价值、取得更好的效果，同时营销的成本也能大大降低。相信在未来，企业对于这个受众范围极为广泛的营销方式，可能会有进一步的利用，到时所有企业的产品都将投入到直播当中来进行推广和营销。

然而，网络直播的兴起却总伴随着争议。有人认为它是朝阳产业，也有人认为它是资本泡沫；有人认为它会放大人们心里的阴暗面，也有人认为它会使人们的低级趣味泛滥；有人认为它为平常人提供了成名赚钱的机会，也有人认为它展现了当下年轻人的轻浮……不过，我们不能以偏概全，对待任何事物，都要辩证地看，只有保持理性，才能正确认识和分析这一新鲜事物，而只有企业才能真正了解这个行业能为它带来什么。

2016年，这一年网络直播呈现井喷式发展，越来越多的互联网平台意识到，现在摆在面前的最好的流量变现的方式，就是网络直播。淘宝、新浪、京东等互联网平台开始在直播市场上发力，流量入口和转化手段在不经意间开始发生转变。

首先，通过直播进行的口碑营销对流量入口有直接影响。

有数据显示，2016年整一年，在直播带宽中占比最多的是对高清晰度依赖较强的游戏网络直播，而其中，秀场直播的实力也不容小觑，它在所有直播中的带宽占比从2.9%硬生生提高到了16%，俨然成为一匹黑马。而此前一直在直播带宽占比垫底的媒体直播，借着8月举办的奥运会的热点，才有了明显的增长。同样的，2016年各种类型的直播带宽占比都有明显的增长，其中包括旅行直播、电商直播等各种专业领域的直播。

可以预见的是，直播正在逐渐成为各行各业的标配，为了做好宣传，企业将投入部分资源来打造各自的直播。这是因为直播平台的商业模式发生了转变，变得逐渐多样化，现在直播平台不单单只靠打赏作为主要收入来源，开始将流量入口渗透到各行各业中。

自 2016 年（尤其是下半年）以来，网络直播平台如雨后春笋一般涌现，因为这背后有着各种资本投入大量资金，所有国内的网络直播行业进入了一个发展迅猛的时期。中国大陆现在的网络直播平台已经超过 200 家，这仅仅只是 2016 年的数据，而现在网络直播的市场总量已经高达 250 亿元人民币，所有网络直播平台累计注册用户超过 3 亿人，各种大型直播平台的高峰期同时在线人数超四百多万，同时进行直播的主播人数破三千。现在，除了传统视频直播媒体，电商企业和社交媒体都纷纷投入网络直播之中。

有业内人士透露，口碑营销在直播领域中已经展现了超强的竞争力，不是过去的流量入口可以比拟的。

由于网络直播类似过去的电视直播，在保留陪伴式娱乐性的同时，又具备互动性，观众对其存在较高的依存度。可以预见的是，网络直播与各种行业之间的合作将会以一种常态发展下去。所以网络直播平台更应加强与其他产业的融合，保持内容不断更新，给观众持续带来新鲜体验；同时，其他产业也要加强对网络直播的重视程度，充分利用好它，在丰富用户体验的同时，拓宽销售渠道，做到商业模式的快速变现。

其次，通过网络直播进行的口碑营销，对转化手段也有着直接影响。

互联网商家都知道，只要存在着流量，那么就存在着消费的可能。当下为获取流量，所需要的成本越来越高，网络直播作为一种能够快速引流的载体，只需通过非常低的成本，创作出别出心裁的直播内容，就可快速吸引非常多的高品质流量，这无疑是互联网商家最理想的营销途径。

直播的传播形式相较其他传播形式有很大不同，原有的传播形式主要是图片、文字，直播相比起来显得更为直观，这也就是网络直播能如此受欢迎的原因；而直播的内容也是其他传播形式不能比拟的，直播打破了原本的生产和消费的结构，内容的制造者就是主播本身，他无须再通过任何渠道，就可以将第一手新鲜资讯传递给观众；而在流量变现方面，依托着迅速崛起的便捷的互联网支付方式，观众对主播的打赏及礼物购买都得以快速完成，互联网商家看中的正是直播所能带来的如此稳定的现金流。

而且，我国消费人群的主力军正逐渐由原本的70后、80后向着更年轻的90后、95后转变，相信不久就会完成这种转变，传统的电商模式也必将由原来的以品牌和店铺为载体的模式，转变成为更个性化的主播导购模式。而2015年底爆发式发展的网络直播模式正好能适应新一代消费者的需求。

譬如，罗永浩就在京东直播上线之初，完成了一场观看人次达十多万的网络直播，其中半数的流量都是通过点击站外分享链接引入直播平台的，其中与交易相关的点击率更是突破至140%，由此可见，网络直播其中所蕴含的消费潜力是多么巨大。而这一次直播也为所有人证明了网络直播的吸流效应是多么强大。

为了有效地整合直播和企业营销，我们必须要先找出两者之间的联系。企业营销所需要的是流量，即通过直播吸引更多的人；如果想要卖产品，就需要直播来带动销售更多的产品。那么，我们以电商通过网络直播的方式进行的口碑营销为例，从“引流”和“转化”的角度入手，来梳理一下直播与企业营销之间结合的奥秘（如图 3-4）。

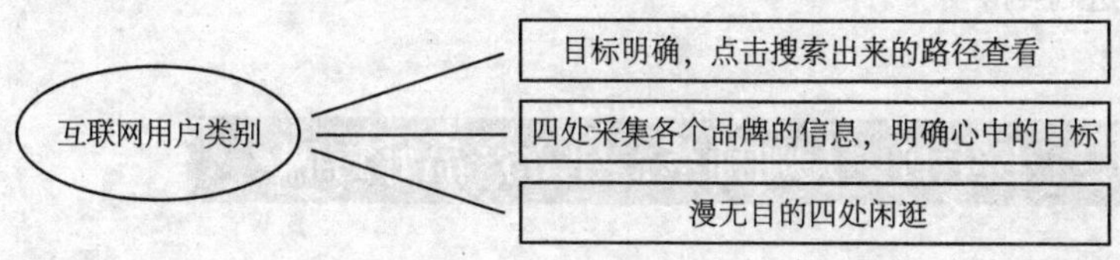

图 3-4　互联网用户类别

互联网上的用户分为多种，第一类用户首先是目标明确，要买什么会直接通过搜索引擎搜索，然后点击搜索出来的路径查看。直播这时就能起到很好的效果，成为一个智能说明书，为消费者提供全方位的产品信息，辅助他们做决策。

第二类用户是半目的型的，他知道自己要买什么产品，却在不同品牌之间犯难了。因此会选择搜索产品后四处采集各个品牌的信息，才能逐渐明确心中的目标。这时直播就又能发挥作用了，它可以起到导购的作用，主播通过为观众讲解与推荐，更能促进转化。

第三类用户则是漫无目的型的，他们四处闲逛，未必会购买任何东西，什么内容有吸引力就会去看看，某个网红在直播跑去看看，某个大企业在搞产品发布会，也跑去看看。这时，直播就要发挥激起观众购买欲望的作用，从而达成购买。

单就现在的转化率看，网络直播所能实现的流量变现还是相当可观的。企业利用网络直播来进行口碑营销这一营销手段，还有很大的提升空间。毕竟从网络直播在流量入口和转化手段这些方面来看，未来的营销在一段时间内将都是以直播的方式进行的。

小红书：大咖种草，建立产品好口碑

要说最近最为火爆的手机 App 是哪一个，那必定非小红书莫属，谁能想到，它一开始仅仅是个社区，只是在其中分享一些海外购物经验，却不知不觉发展出美妆、个护，最后又囊括了健身、家居、旅游、酒店、餐饮等方面，几乎涉及了生活消费的方方面面。现在，社区已经成为小红书最为独特的组成部分，其他平台完全无法复制。

小红书上面汇集了成千上万条消费者的真实消费体验，堪称人类历史上最大的消费类口碑库，这也就是小红书最为被各大品牌所看重的“智库”。

因为小红书有着这一特点，它一举变成了口碑营销的最佳平台，所有行业都在上面为销售自家产品进行各种各样的“种草”，以分享产品体验的方式，向消费者群体推荐自家觉得好用的产品。

“在小红书里，我们能够直接聆听消费者真实的声音。真实的口碑，是连接品牌和消费者最坚实的纽带。”欧莱雅首席用户官 Stephan Wilmet 这样说道。

就这样，小红书不知不觉就成为连接中国消费者和优秀品牌的纽带。

小红书里的推广就是一片流量的蓝海，只要做得好，几乎是可以在各大电商开辟出一条流量汇集的道路。可以这么说，小红书的崛起，甚至改变了大部分网络消费者的消费习惯。

在惊叹之余，我们不禁要想，小红书的推广为什么能如此轻而易举地为品牌的产品销售带来可观的增量，就连许多品牌也开始了对小红书推广的营销策略的研究？

应当对小红书推广予以重视，尤其是在各种电商购物狂欢节上，制定符合品牌基调的小红书推广已是必不可少的一条的营销策略。

那么小红书推广要怎么做？下面为大家分析总结了四点经验（如图 3-5）。

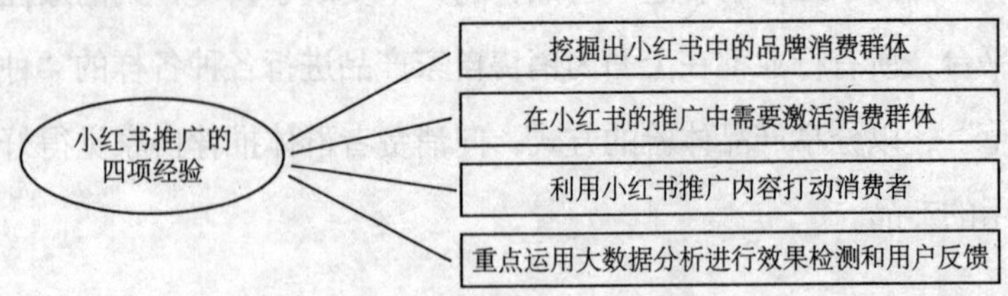

图 3-5　小红书推广的四项经验

首先，要挖掘出小红书中的品牌消费群体。

在这之前先要了解一个词——卡位。什么是卡位？它是指协助品牌方了解消费者需求而做出的产品定位。它在小红书里主要表现为品牌方与明星网红或是 KOL 等合作，利用他们自带的流量辅助品牌对产品进行定位。卡位做好了，就能迅速聚集起一批认同品牌调性的消费群体，这对于在小红书推广中的小众品牌或者市场认识度低的品牌来说，无疑是至关重要的。

其次，在小红书的推广中需要激活消费群体。

大多数品牌方通过各种方式获得了大量粉丝后，却发现大部分用户犹如微博“僵尸粉”，进入了“沉睡期”，这就需要品牌方想办法把这些具有潜在购买力的消费者激活，这在小红书推广营销当中可是一个难题。那么用户在关注品牌后却不消费，进入沉睡的主要原因有什么呢？大概分为以下几点：

第一，品牌的小红书内容不够吸引消费者或是缺乏实用性。

第二，品牌在小红书中的调性与现实矛盾或不清晰。

第三，用户群体与品牌调性不匹配。

第四，广告植入过于生硬，造成笔记曝光率低。

要想以上问题得到解决，可以这样做。

第一，将品牌小红书账号人格化，以个人博主的身份面对消费者。

第二，加强与消费者之间的互动，培养亲密度。

第三，时刻注意消费者的反馈，并予以回应。

第四，时不时推出福利，构建与消费者的利益联系。

第五，提高笔记内容的品质，针对目标消费者安排内容。

根据一般运营的常规操作，要想激活潜在消费者形成一个完美的销售闭环，可以先从小的方面入手，做美妆的就从眼妆、唇妆或当下流行妆容入手，结合自家品牌向消费者输出一些干货笔记，勾起用户的兴趣，引发讨论与传播，这样不仅可以增加消费者对品牌的认可度，还可以提升品牌在市场上的口碑，从而提高消费概率。

其次，就是要利用小红书推广内容打动消费者。

绝大部分目标消费者都是不稳定的，所以他们不可能对某一品牌长期保持忠诚，肯定只会为更有价值的高质量的内容买单，那么怎么才能“永葆青春”呢？怎么样才能让消费者保持忠心呢？只能要求品牌方持续地发表好内容才能解决，只有让消费者一直保持新鲜感、满足感才能保持和消费者之间的联系。

能打动消费者的内容到底是怎么样的呢？以下根据传播学的三大效应对内容生产进行深度剖析。

一是投射效应。消费者会把自己的某种情感和欲望，投射到“KOL”“网红”身上，认为被关注者和自己有相似经历。

二是认同效应。对“KOL”“网红”等人格魅力的认同，让粉丝产生无穷的幻想。

三是归属效应。根据马斯洛的需求层次理论，人的心理需求从低到高分为五类，包括生理需求、安全需求、归属需求、自尊需求及自我实现需求。“消费者关注”为归属需求。

投射情感、寻求认同和确定归属，是面对目标消费者进行内容产出的三个阶段。品牌方需要抓住人是情绪化的动物这个共性，在内容中反复强调情感。无论各行各业都在向消费者传达情绪，通过调动情绪，弱化消费者的理性，就能提高消费转化率。

最后，小红书推广要重点运用大数据分析进行效果检测和用户反馈。

而数据的分析主要有两个方面：通过销售数据分析进行效果监测，通过后台数据分析形成用户反馈。效果监测和用户反馈都是提高产品质量所必须做的。只有拥有这些效果检测和用户反馈才能更有效地提高产品质量，只要产品拥有高质量再加上大力推广，这一品牌无疑会很大程度地曝光和被消费。

品牌方在规划长期推广营销方案时，为了保证资源有效使用，需要通过“数据反馈”的结果对策略进行调控。

“先数据，后定位，再内容”，将小红书营销推广策略进行多维度渗透，从而确保品牌营销所面向的消费群体是有效的、是符合消费群体需求的，这就意味着我们占据了天时、地利、人和，那么成功必定势在必得！

品牌方在制定小红书推广营销方案前，应使用智能大数据系统对品牌进行深入分析，了解人群特征和消费痛点后，协助品牌输出他们感兴趣的内容，正所谓知己知彼百战百胜。通过以上这种方式，产品品牌可以迅速精准地锁定目标用户群，请各行各业的大咖推广高质量的产品，为消费者“种草”，从而增加品牌的权威性，树立良好口碑，最终实现销售转化的最大化。

04 撬动口碑的 4 大形象

我们始终坚信，相比追求一次性硬件销售利润，追求产品体验更有前途；相比渠道层层加价，真材实料、定价厚道终究更得人心。

——雷军

产品形象：口碑的基石

一个企业只有树立了良好的口碑，才能做好有利于产品的销售。而创造口碑影响的过程中，产品是基石，营销是媒介，口碑是目标（如图 4-1）。

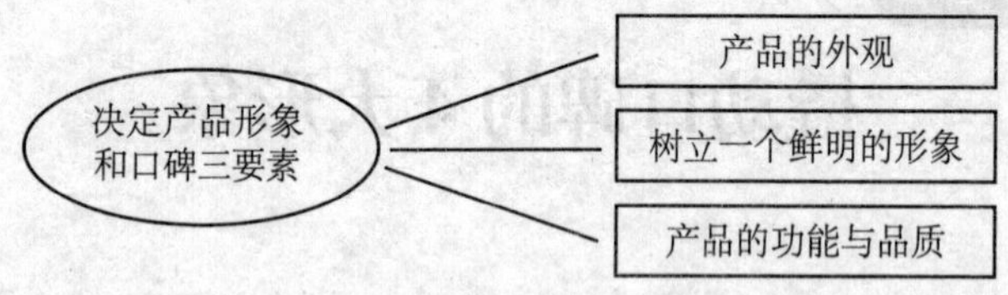

图 4-1　决定产品形象和口碑三要素

首先，对消费者有着巨大吸引力的是产品的外观。

产品的外观很重要，外观动人的产品品牌更受消费者的青睐。出色的外表和包装在几乎所有的产品的销售与推广过程中都有着举足轻重的作用。

世界上很多著名的公司都非常注重产品外观的美化和设计工作。因为他们知道，想要在激烈的市场竞争中击败对手，仅仅有强悍的性能是远远不够的。而拥有一个动人的外观几乎相当于打赢了第一战，优先获取了对方的好感，对竞争的成败有着至关重要的作用。试想一下，如果有两部同样性能和相似品牌影响力的手机给你选择，但是其中一部却比另一部更漂亮，消费者会做怎样的选择？毫无疑问是选外观更漂亮的那一款。

由此可以得出一个结论：商家在产品外观上的投入和回报是成正比的，只要确保产品在外观方面能吸引客户，这样的回报往往比投资在产品性能上的回报要大得多。

此外，简洁美观的外形设计间接地向消费者展现了企业形象和企业文化，向消费者灌输企业理念，对于企业的口碑营销的运作都是很有益的。例如负责业务承包的企业，若是产品外观做得比较美观，就会给消费者极大的信心和良好的印象。

其次，要善于为产品打造一个好的故事，为产品树立一个鲜明的形象。

几乎每个成功的品牌背后都会有一个好的故事。很多人在品牌故事方面都有着认识上的误区，简单地以为品牌故事描述的要么是品牌的成长过程和历史，要么是那些半真半假的“感人”故事。

特别的是，聚美优品的品牌故事却被用户铭记于心了，它讲述了一个为梦想和未来奋斗的故事。那则“我为自己代言”的广告，令“陈欧体”在网上风靡一时。

你只闻到我的香水，却没看到我的汗水；你有你的规则，我有我的选择；你否定我的现在，我决定我的未来；你嘲笑我一无所有、不配去爱，我可怜你总是等待；你可以轻视我们的年轻，我们会证明这是谁的时代。梦想是注定孤独的旅行，路上少不了质疑和嘲笑，但那又怎样？哪怕遍体鳞伤也要活得漂亮。我是陈欧，我为自己代言。

“我为自己代言”说的就是陈欧本人。事实上，2012年，聚美优品除了范冰冰之外再也没有其他的明星大腕做代言人。因此，在聚美优品2周年店庆时的宣传广告，这个广告背后的主角集合着聚美优品创始人陈欧以及包括戴雨森、刘辉等在内的聚美优品高管团队。

这个品牌故事的动人之处在于，陈欧本就是一位80后的年轻人，而广告中一群80后为梦想和未来奋斗的故事正是聚美优品创业伙伴的内心独白,这引发了众多消费者尤其是80后、90后的共鸣。

这一广告营销获得了市场认可，也带来了广阔的品牌前景，因此在2013年,陈欧作为最耀眼企业明星继续“为自己代言”:

“从未年轻过的人，一定无法体会这个世界的偏见。我们被世俗拆散，也要为爱情勇往直前；我们被房价羞辱，也要让简陋的现实变得温暖；我们被权威漠视，也要为自己的天分保持骄傲；我们被平庸折磨，也要开始说走就走的冒险。所谓的光辉岁月，并不是后来闪耀的日子，而是无人问津时，你对梦想的偏执。你是否有勇气（我有勇气），对自己忠诚到底，我是陈欧，我为自己代言。”

聚美优品2013年的广告语再度延续了2012年的“共鸣”策略和励志风，句句戳中每一个为梦想奋斗的年轻人，也使聚美优品的品牌故事更加深入人心，获得了更多消费者对聚美优品的支持。

聚美优品的品牌故事没有华丽词语堆砌出来的虚假，但句句话温暖真诚；不刻意描绘美好的画面，但每个瞬间都让人感受到真实的温度。聚美优品的品牌故事在获得许多年轻消费者钟爱的同时，也为公司带来了翻几倍的业绩。其品牌故事代表的已经不仅仅是聚美优品，更象征着向上的力量和希望。

故事是一个品牌向消费者传递诉求的载体，是一种赋予品牌灵魂的形式。因此有人说如果没有故事便难以称得上是品牌，话虽有些夸张却不无道理。在市场竞争如此激烈的今天，一个好的品牌故事能汇聚更多消费者的拥护，带来品牌忠诚度。

其次，除了外观之外，产品的功能与品质也是体现产品形象的重点。只有具备优秀的功能与品质，才能让产品获得良好的口碑。

其中重要的一点就是，产品对消费者而言，在性能上要有较强的实用性。

消费者之所以会有购买需求，是因为他需要这个产品帮助自己解决生活和工作上的困难。因此，实用是消费者对产品的一个基本要求。但有时候，一些企业在进行网络口碑营销的时候，往往侧重于强调产品的强悍性能，以及产品在规格配置方面的专业描述，对于普通消费者来说，过于专业的表述反而会产生生硬感，拉开消费者与产品之间的距离。因为消费者更关注的是看到这个产品是否能够满足自己的需求，而非像一个行业专家一般对所有细节都了如指掌。

索尼公司在亚马逊网站上介绍自己的新一代游戏机 PlayStation3(简称 PS3) 的时候，这样描述它：新一代 PS3 游戏机配备了第四代硬盘，而 16G 的操作系统可以让它装载许多早期 PS3 中也具有的多媒体特征和功能，并有了一系列新的发展和完善。PS3 型的 16G 系统将展开第二代的娱乐新领域。

结果是，索尼的这个产品在销量上与它的竞争对手微软公司的 XBOX 相去甚远，并没有获得消费者的喜爱，这也许可以从 XBOX 的宣传语中找到真正原因：“生动逼真的游戏让你如临其境，海量电视节目任你点播，这里的一些游戏与娱乐体验皆为你量身定制。”这段话可以很直接地刺激消费者感官想象，直观地了解自己从中可以获得的良好体验，这是索尼 PS3 无法比拟的。

在这个例子中，索尼公司没有打动消费者内心的原因是，它对 PS3 进行的一系列专业配置的阐述，并不能第一时间唤醒消费者的购买欲望。消费者购买游戏机的目的是丰富自己的娱乐生活，他们并不关心游戏机是否搭载了第四代的硬盘和使用了怎样的系统，相反他们关心的是游戏内容和游戏体验。反观其竞争对手 XBOX 则是站在消费者的角度，用更加实用的语言描述了产品的特点，从而获得了消费者的青睐。

外观、内涵、品质三方面决定了产品形象和口碑营销的实现，也只有树立了优秀的产品形象，才能为口碑营销奠定稳固的基石。

员工形象：口碑的源头

员工作为品牌生产经营管理活动的主体，同时也直接塑造着品牌的形象。一个积极正面的员工形象，能体现企业良好的价值观，以及社会责任感，而一个负面的员工形象，直接影响到公众对品牌形象的理解和认知。因此，良好的员工形象也是实现口碑营销的重要途径。

员工形象是指品牌全体员工的精神风貌、职业道德、服务态度、行为规范、业务技能、文化水准、内在素养和装束仪表等给外界的整体形象。

员工是品牌的源头。因此，员工的言行必将影响到品牌的形象。员工形象好，可以增强品牌的凝聚力和竞争力；管理者形象好，可以增强品牌的向心力和社会公众对品牌的信任度。二者结合可以营造良好的企业氛围，为品牌的长期稳定发展打下牢固的基础。

因此，很多品牌都十分重视员工形象以塑造自身良好形象。

小米作为一家神奇的企业，创造了很多企业无法企及的营销成绩。而小米营销的成功与其成功的管理模式密不可分，而让很多老板颇为费解的是，小米是如何做到让员工从“全能的选手”蜕变为“联合作战”的？又是如何让其保持“6×12”的工作模式？其不设 KPI 也能做到这些是让人难以理解。因此，小米的成功一直被管理方面的专家学者津津乐道。

不可否认的是小米的营销能够取得这样的成绩，一个很重要的原因就在于创业初期找到了“对”的人，但“对”的人不仅是找出来的，同时也是“管”出来的。

小米经营管理的组织架构不同于其他企业，其层级简单：核心创始人、部门领导、员工之间基本只分为三级。董事长兼CEO雷军，总裁林斌，营销由黎万强负责，硬件由周光平负责，工业设计和供应链由刘德负责，MIUI由洪锋负责，米聊由黄江吉负责，后期增加的小米盒子和多看的业务由王川负责。

小米之所以能有如此简单和稳定的层级，是因为几个合伙人在理念上非常一致，这使得他们能在相同的目标上共同进退。同时，他们也都曾管理超过几百人的团队，都有着独当一面的管理能力和一竿子插到底的执行力。但是，小米也会根据团队的扩大进行调整，适时拆分成小团队。但这种组织结构依旧没有脱离办公室的总体布局：一层产品、一层营销、一层硬件、一层电商。确保每一层都由一名创始人管理，每个创始人都能在分管领域确保业务的良好运转。

在小米公司，让很多企业管理者诧异的一点是，除了八个创始人之外，其余人都没有职位。但是小米公司十分重视技术，因此拥有不少工程师。在小米，晋升的唯一标志和奖励就是涨薪。

小米这样的经营管理的好处是，它减少了层级之间互相汇报工作所造成的沟通成本。员工也因此无须考虑太多杂事，避免为了升职而发生任何纷争，只要专心做事就能在小米获得认可。

值得一提的是，在小米内部，员工形成了将事情做到极致的统一认识，这也就是小米在管理上的成功之处，也是他们口碑营销中不可或缺的一部分。

除此之外，小米不设 KPI、透明的利益分享机制、与粉丝做朋友、上班不打卡等管理举措也显得别出心裁。但小米的运营结果证明，小米的管理是符合小米发展的，也符合互联网营销思维。也正因为这种前瞻性、独有性的特点，才使越来越多的名企人才加入小米，成为推动小米创新实践和营销的强大力量！

说到底，一个企业想做大做强，必须打造出一个精良的营销团队，以此来推动营销。说到这里，华为的营销管理当属首屈一指，华为在我国发展的 20 多年的历史中，不论是在国内，还是在国际通信行业，都取得了惊人的成绩。

华为营销团队分布在全球 90 多个国家和地区，2011 年，营销岗位的员工已经超过 15 万人，其中绝大多数都是名牌大学的毕业生。在华为的营销团队当中，高学历营销人员所占比例远远超过业内同行。在通信行业内，华为营销人员数量之多、素质之高、分布之广、收入之高在我国企业史上绝无仅有，可以看得出来华为对营销管理的高度重视。那么，华为是如何做到管理好这只高速运转的团队的？

答案是业内津津乐道的狼性管理。所谓狼性，即三种特性：良好的嗅觉、反应敏捷和发现猎物后集体攻击。这符合华为的企业文化，也是华为崇尚狼性营销的根源，其中最后一点颇受华为推崇。

狼性训练体现在华为对员工管理的方方面面。

任正非也被称为“狼性总裁”，他说：“狼群的食物越来越少，狼性才能够最大限度地发挥出来，狼群才会齐心协力去捕捉更多的机会，猎取更多的猎物。因此，忧患意识绝对不是哭穷，而是唤醒团队更大的狼性，创造更多的财富。”在《华为的冬天》《华为的红旗到底能打多久》等文章里，很详细地描述了华为狼性管理的各方面细节。

客户对于华为的重要性体现在一些标语里：“天下唯一给华为钱的，只有客户”“真正认识到客户需求是华为发展的原动力”，可以看出华为将为客户服务视为唯一的生存动力，当然，华为员工在为客户提供所需的产品和服务的同时，也获得了合理的回报支撑。

在这样的管理和激励下，华为创造出了许多员工服务用户的卓越案例，高效的团队协作能力使华为在竞争对手面前立于不败之地——从华为业务合同的签订到供货落实，只需要四天时间；华为员工接待客户的能力也令国际知名电子企业的领袖震惊不已，称赞其为“世界一流”……

华为将狼性管理做到了极致，也创造了一项伟大的奇迹。这个奇迹离不开“狼性总裁”任正非在杀机遍布的市场竞争中的头狼角色，正是在他的培养和带领下，“华为群狼”营销团队才能高效、凶狠、快速地扩展着自己的版图。狼性管理也让华为即使经历“冬天”也能快速复苏、迅猛崛起，积累了越来越多的忠实用户。

小米和华为的管理模式告诉我们，现如今的时代和环境早已经发生了翻天覆地的变化，企业应顺应这种变化对员工管理进行修正。管理从来都没有一套常规标准，每个企业都应该根据自己所处领域、定位、产品等诸多方面的不同，适时地改变自身方式，寻找到一种于口碑营销有益，于企业发展有益的管理模式。

客户形象：口碑传播的载体

影响消费决策的，除了产品本身以及价格之外，还有其他因素，如购买产品的是哪一类人。

当消费者认为某种品牌的商品不适合自己的消费理念时，就会寻找与自己相同定位的产品，这也是市场细分和定位目标消费者的原因之一。

另一种情况是，虽然一些消费者从未购买过该品牌的产品，但是该品牌的产品定位及受众人群符合该消费者的消费理念，因此更容易获取消费者的好感。

在这种情况下，这些消费者会为了实现自我价值，加入该产品消费人群成为其中一员，想尽办法去购买和使用该产品。即使由于种种原因无法达成这个目标，但是在追求该品牌商品的过程中，消费者也能在心理上得到自我安慰和满足。

典型的例子就是奢侈品消费。对于绝大多数消费者来说，他们并不具备购买名贵珠宝首饰的能力，但这并不影响他们对这些奢侈品的追求和向往。

“物尽其用”的状态已经不能满足新时代的消费者，随着生活水平的提高，消费所带来的除了生活上的“丰衣足食”之外，还有良好的消费体验。这促使他们想要更好地享受生活，追究更加“良好的感觉”。拥有一件让自己满心喜悦的奢侈品，往往能给人带来这种感觉，现代人把“品牌消费”当成是一种社会地位的象征，以及一种社会交往的需要。

比如有些人在开宝马车的时候能体会到自我良好的感觉，而使用香奈儿的人感觉自己精致和有品位，使用苹果笔记本的人感觉自己时尚和现代等。这促使一些消费者在使用某些品牌时会产生一些特殊的情感。

为什么那些品牌会让消费者对它们产生偏爱？有可能是因为该品牌有一个动人的品牌故事，也可能是该品牌的企业形象和企业文化符合消费者自身定位，又或者是该品牌的广告更能深入人心。无论如何，一旦消费者对某品牌产生偏爱，就会通过口碑营销，引来一大批忠诚的“粉丝”。这批粉丝在自己喜欢的品牌面前，就会乖乖地产生“我愿意”情结。

这一句“我愿意”不同于新娘在婚礼上含情脉脉的“我愿意”，它所表达的意思更像是小孩说得最多的那句我喜欢或者我想要，是一个人即使是在明知“理亏”的情况下，依旧对某个产品的情感坚持，这是一种不被外人理解的自我意识，一句

“我愿意”可以让一个人不计成本地争取。

如果你的产品能做到让消费者不计成本地去购买的话，那么你就成功地实现了从卖产品到卖品牌，从卖一次性产品到卖终生品牌，从卖普通产品到卖情感品牌的转变，在每个环节都能使自己的利益最大化。

2014 年 10 月 17 日早上 8 点，某个电信营业厅门外被人群围得水泄不通，这些排队的人俗称“果粉”，即苹果的粉丝。他们在 iPhone 6 国行版的上市日抢购手机，甚至很多人都还没吃早饭。

早在 iPhone 6 国行版上市的前几日，中国电信就开通了网络预定渠道，便于果粉在网上进行预定，截止到 10 月 16 日，预定人数突破了 20000 人。该营业厅的负责人表示，通过之前预定的总人数，已经预计到上市这天会很火爆，但现场情况还是超出了自己的预计。

而现场的一些果粉也表示，在国行版手机上市之前，他们已经获知香港版手机上市较早，计划通过其他渠道购买香港版手机，但由于港版手机也很火爆，被黄牛将价格炒到一万多，因此他们决定等 iPhone 6 国行版上市，当预定通道开放后，他们第一时间进行预定，如今终于如愿以偿拿到价格合适的手机了，这令他们十分开心。

果粉对苹果手机的追求也符合消费者的“我愿意”情结，

他们“愿意”大早上挨饿排队，拿到产品后，愿意与人分享这种开心等，这种“偏爱”取决于消费者与品牌的某种契合度，它包括两者之间的接触时间、使用感受、价值观与品牌理念等。假如一个品牌的产品不仅做得质量很好，而且还能提供良好的售前、售后服务，让消费者在购买及使用该产品时非常愉悦，那么该品牌一定能让产品深入消费者内心，让他们拥有强烈的再购欲望。

如今来自欧美国家的奢侈品最受中国富裕阶层的青睐，比如汽车、手表、珠宝等，富豪首选的奢侈品牌几乎全部都是外国产品。有句话说得好——早起的鸟儿有虫吃，最早进入中国市场的法拉利、卡地亚、江诗丹顿等洋品牌，先入为主地赢得了中国消费者的偏爱。

相对于中国消费者对奢侈品牌的偏爱的特殊性，在欧洲国家，即使是月收入超过 6000 英镑的人群，也很少有人买例如 LV 在内的奢侈品，而在中国，月收入不到 6000 人民币的白领们却令 LV 店“门庭若市”。这种现象令很多人产生迷惑，其实背后的原因不难解释，归根究底是由于消费者对品牌偏爱所致，那么品牌偏爱是怎样形成的呢？

以 LV 为例，它源远流长的奢侈品文化历史吸引着人们对底蕴文化的追求，而它关于“皇室贵族行李小子”“皇室逃难不进水”的品牌故事，体现了它的精致和品质，“可以用游标卡尺来测针脚距离”则体现了它追求完美的态度。一系列精美绝伦的广告以及明星不断携 LV 出镜的示范效应等，这一切在使LV名声大噪的同时，也使得其魅力得到迅速提升。除此之外，促使消费者产生“偏爱”的原因还包括LV所体现的贵族生活方式、群体价值观以及共同喜好等。

在中国，奢侈品成为一种全民追求，中国也继而成为美国之后的第二大奢侈品市场。不同消费者对奢侈品的定位不同，需要奢侈品给他们带来的附加值也不一样。例如在富裕阶层，奢侈品更是自己身份和资产的象征；在白领阶层，奢侈品可以体现出自己独立特别的追求；在新女性中间，奢侈品可以提升自己的身价，表示自己“值得被拥有”；在精英阶层，奢侈品可以体现出自己的价值观和生活方式等。消费者的这些种种需求与奢侈品所营造出来的品牌气息、品质及历史“不谋而合”，从而形成了“品牌偏爱”。

在新时代，人们光是自己感觉到“优秀”还不够，他们必须通过某种途径将这种“优秀”传递出去，通过互联网传播，这种形式变成了“秀”，这种“秀”必须是与众不同的，必须是令人向往的，而奢侈品完全能达到这个目标，它帮助人们显示出他们的“与众不同”，满足了他们某种精神上的渴望，这也是品牌得到宣传与认可的途径之一。

产品是有形的，品牌是无形的。将迷人的情感注入品牌，产品瞬间从一个没有生命的物品，变得“活力四射”起来，再将产品具有的“活力”附加在人的身上，二者结合便会达到魅力无穷的效果。因此只要让产品满足消费者内心某些潜意识的需求，便达到了品牌营销的目的。

社会形象：口碑长青的保障

品牌的社会形象对于品牌吸引消费者有重要作用，显然，社会形象好的品牌更容易获得消费者的青睐，赢得良好的口碑，而社会形象差的品牌则难以获得消费者的信任，无法在市场上立足。

一个品牌社会形象的好坏与企业承担社会责任的大小有很大的关系。一个拥有良好社会形象的企业，必定承担着更大的社会责任。

企业承担社会责任是指企业在创造利润、对股东和员工承担法律责任的同时，还承担着对消费者、社区和环境的责任，企业的社会责任要求企业必须把生产过程中对人的价值的关注，以及对环境、消费者、对社会的贡献放在首位，摒弃将利润追求作为唯一目标。

2016年岁末，支付宝上线的两款新产品——“校园日记”与“白领日记”上出现了许多大尺度女性写真照片，各吸引超了5000多万用户关注，且数字还在增长中，产品的话题关注度也很高。此举引发网友对其涉嫌“炒作”“色情”等诸多质疑。

支付宝方面做出回应，表示已经采取了人工审核、删帖等措施，情况已经改善。但其引发的网友质疑并未消停。有人认为支付宝的这两个圈子中对男女给予不同权限的设计，划分出女白领、女大学生和信用分在 750 分以上的男性用户，确实有利用网友的猎奇心理，消费话题群体，进行话题营销的嫌疑。

重重压力之下，支付宝迅速关闭“校园日记”与“白领日记”。从上线到关闭，这两款产品也就活了两天。

从以上案例可以看出，口碑营销不能只看 KPI，还要看对社会的影响。如果这个影响是负面的、巨大的，企业一定要坚守住“节操”。

现代意义上的企业于 18 世纪中后期英国完成第一次工业革命后，得到充分的发展，当时还没有出现企业社会责任的观念，业主只用对个人的道德行为负责。当“看不见的手”被亚当·斯密 (Adam Smith) 提出后，才真正有了企业社会责任思想的起点。古典经济学理论认为，一个社会通过市场能够最好地确定其需要，如果企业尽可能高效率地使用资源以提供社会需要的产品和服务，并以消费者愿意支付的价格销售它们，企业就尽到了自己的社会责任。

西方企业的社会责任观从 18 世纪末期开始发生了微妙的变化，主要体现在小企业的业主们经常捐助学校、教堂和穷人。

进入 19 世纪以后，企业在数量和规模上得到了较大程度地发展。这与两次工业革命所带来的社会生产力的飞跃有很大的关系。“社会达尔文主义”思潮对这个时期的影响也很大，许多企业不再主动承担社会责任，为了尽快成为社会竞争的强者，它们极尽盘剥与企业有密切关系的供应商和员工，因此企业给人们的印象是缺乏社会责任感。

到了19世纪中后期，在劳动阶层维护自身权益的要求不断高涨的情况下，企业不良行为在美国政府接连出台的《反托拉斯法》和《消费者保护法》制度下得到抑制，企业制度也逐渐完善，随着社会发展和进步，社会对企业履行社会责任提出了新的要求。

随着企业的不断发展，在许多企业界领袖人物身上越来越体现一个共同的认识，那就是良好的企业形象基于一种高度的社会责任感，并且层次不断提升。

他们普遍认为，企业形象事关企业生死存亡，要在新时代企业竞争中脱颖而出，就必须塑造企业的社会责任，这将成为新的企业文化境界与层次提升的主流。因此，如何增强企业的社会责任感、塑造现代企业的形象，已经成为全球经济一体化后市场竞争中必须明确的问题。

企业形象体现了社会对企业的承认和接受程度，外在形象反映了企业文化，以企业的社会责任为基础。实践证明，履行社会责任将对企业的健康发展产生积极的作用。履行社会责任，是塑造企业形象的底线，能更多地得到社会的认可与支持。它不但可以增强企业核心竞争力，提升企业形象，而且还可以提升企业经济效益，有利于企业提高创新水平，吸引人才，加速实现企业的可持续发展，促进社会进步。

我们谈企业的社会责任，有一点要明确的是，企业责任并不是一个虚伪的话题，也不是仅仅浮在表面的口头文章。而是要像我们同员工谈敬业和奉献一样，敞开心扉，开诚布公。企业在商言商，赚钱盈利天经地义，这是企业的本质，无可厚非。但企业究其本身具有的社会属性，无法做到脱离社会而单独存在。所以，对于任何一家企业来说，有两个基础的社会命题必须考虑：第一，如何赚钱；第二，赚了钱后干什么。

彼得·德鲁克在他的著作中，多次谈到社会责任，其中不乏真知灼见。在现实社会中，纵观所有成功的企业，在它们赢得广泛的社会赞誉的背后，是因其社会责任而树立起来的企业形象。

京瓷是日本著名企业家稻盛和夫创办的企业，京瓷的经营理念是："在追求全体员工物质和精神两方面幸福的同时，还要为人类社会的进步发展做出贡献。"这句具有深刻借鉴意义的话告诉我们，企业追求利润，追求改善员工的物质生活是天经地义的，这是基础和前提。不过，企业想要屹立不败，还必须为社会、为世人承担起一定的责任和义务。

一般而言，企业的社会责任包括以下几方面（如图 4-2）：

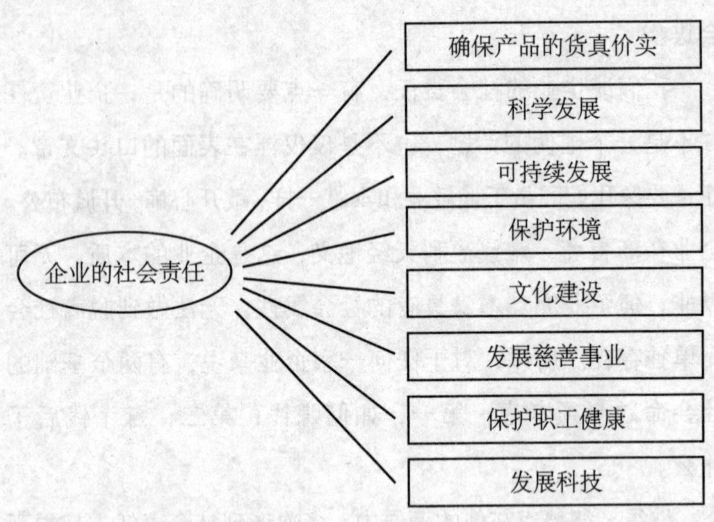

图 4-2 企业的社会责任

第一，确保产品的货真价实。

由于企业的不守信而造成的消费者的福利损失每年在2500 亿至 2700 亿元，占 GDP 比重的 3%~3.5%。诚信缺失的行为造成假冒商品随时可见，正在破坏着社会主义市场经济的正常运营，而很多企业难以为继、岌岌可危的原因是假冒伪劣商品的干扰和打假难度过大。为了维护市场的秩序，保障人民群众的利益，企业首先应该担负起确保产品货真价实的社会责任。

第二，科学发展。

企业担负着增加税收和促进国家发展的使命，想要搞好经济，就要以发展为中心，不断扩大企业规模，扩大纳税份额，完成纳税任务，为国家发展做出大贡献。企业想要承担起发展的责任，就要高度重视在“五个统筹”的科学发展观指导下的发展，建立起科学的发展观，不能只顾眼前，不顾长远，也不能只顾局部，不顾全局，更不能只顾自身，而不顾友邻。

第三，可持续发展。

由于中国人均资源的稀缺性，企业的发展务必要做到与节约资源相适应。作为企业家，一定要站在全局立场上，坚持可持续发展，高度关注节约资源。不能顾此失彼，不顾全局。并要下决心发展循环经济、调整产业结构，适度改变经济增长方式。尤其要响应中央关于“走出去”的战略号召，用好两种资源和两个市场，以保证经济的运行安全。

第四，保护环境。

随着全球经济的高速发展，环境也日益恶化，环境问题已经成了制约经济发展的瓶颈。大气、水、海洋的污染日益严重，森林与矿产过度开采，给野生动植物以及人类的生存和发展带来巨大的危机和威胁。因此企业需要担负起保护环境的重任，为人类的生存和经济持续发展创造条件。

第五，文化建设。

公共教育、文化建设、医疗卫生，对一个国家的发展极为重要。其中公共教育，是国家消除贫困、走向富强的基础。医疗卫生确保了全民族的身体健康，对社会劳动力资源提供保障。文化建设则可以通过休闲娱乐，提高人的素质、陶冶人的情操。企业在发展壮大的同时，也应该在国家自身困难、财力不足的情况下，致力于帮助国家发展公共文化事业，促进医疗卫生、教育和文化建设。

第六，发展慈善事业。

作为一个有 14 亿人口的大国，即使近年来我们的经济取得了巨大发展，但还是有很多困难存在。这主要体现在农村还有一些人群仍未脱贫。企业在有条件的情况下，应该在政府主导下，参与社会的扶贫济困，毕竟社会发展也有利于企业自身的发展。

第七，保护员工健康。

在一个企业里，人力资源是企业发展的支撑力量，也是维持社会和谐的良好基础。因此，为了企业的持续健康发展和社会的和谐稳定，企业应该切实保障企业员工的生命健康，确保员工的收入待遇。企业要遵纪守法，爱护员工，搞好劳动保护，经常与员工沟通，想员工之所想、急员工之所急。

第八，发展科技。

当前，就总的情况看，我国企业资源投入产出率很低，经济效益并不乐观。重视科技创新可以解决效益低下问题，通过科技创新，可以降低煤、电、油等的消耗，进一步为企业节约开支，提高企业效益。改革开放后我们实行拿来主义，快速改变技术落后状况，但科技创新仍然任重道远。如今，从很多工厂几乎沦为外国生产线的情况来看，要想使国家发展壮大，企业得到可持续发展，需要加大资金与人员的投入，高度重视引进技术的消化吸收和科技研发，将科技创新作为企业发展的核心动力。

企业想要开拓更广阔的市场，创造更大的利润，只有树立起良好的社会形象，才能进一步提高口碑营销的效率。

05

口碑营销的5大着力点

众口铄金，积毁销骨也。

——《狱中上梁王书》

蹭热点：借助热点做爆款

企业为了能引起更多人的关注，其营销部门可能会采用“蹭热点”的方式进行口碑营销。从社会近期发生的热点事件快速联系到自家企业的产品上，引起关注后，就可以搭上热点的便车营销自家的产品或品牌了。

万达集团董事长王健林在一次讲话中顺口说了一句：“海尔砸冰箱才几个钱啊？我们赔了10亿多……”有好事者把这个消息捅给了海尔集团的官方新浪微博“@海尔”（网友称其为“海尔君”）。

海尔君在微博上吐槽道：“我还真没有好好算过在车间工人三年工资还买不来一台冰箱的1985年，张瑞敏砸的76台冰箱对当初几乎发不出工资的海尔意味着什么。但我知道现在身为官博君的我为什么买不起房了。”

这条“拉仇恨”的微博很快引起热议。一大波蓝V(包括机构、企业、媒体等在内的非个人微博）纷纷在评论中留言。例如：

@娃哈哈：“作为一个骑三轮儿卖水的，这辈子应该是买不起房了。”

@墨肯电视：“卖一房子的电视也买不起一套房子……”

@小酷宝：“我生在阿里爸爸（即阿里巴巴集团），决心一年卖100万台，可我也绝对买不起房！”

@晨光粉丝团：“虽然你祖祖辈辈全家都用我，但我还是买不起房。”

许多看热闹的网友发现在海尔官微底下“哭穷”的评论者尽是企业蓝 V，于是纷纷转发评论，奔走相告。很快，海尔君的吐槽就成了新浪微博上的热门话题。

将品牌植入热门事件，是许多现代企业践行的营销思想。正是这样一种营销方式，让新兴企业独树一帜。

1. 热点的分类

我们可以把热点事件分为两个大类（如图 5-1）。

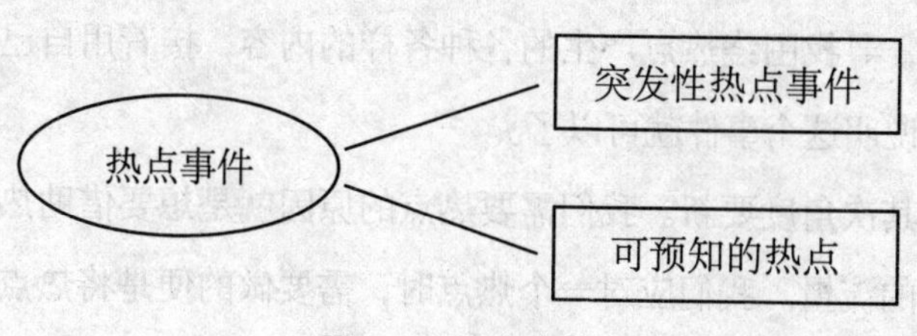

图 5-1　热点事件

（1）突发性热点事件

密切关注着微博热搜榜、百度风云榜和搜狗热搜榜等等重要流量榜单。此外，知乎热榜、豆瓣精选和头条指数等，也经常冒出意想不到的热点。

蹭突发性热点，要求运营人员首先核实消息的准确性。要在确保消息准确的前提下，第一时间卡位。如果反应不够快，就吃不到头啖汤。等到大家一哄而上，再要杀出重围就难了。

（2）可预知的热点

例如一些著名人物的婚礼、重大国际赛事等，必然都是自带流量的。这些热点都预先有通告，我们要做的就是事先准备好相关的内容和素材，一到时间，即可以迅速行动。

对于可预见的热点事件，要求运营人员提前制作并打磨好营销方案。

2. 蹭热点的方法

首先速度一定要快。要想成功，先决条件就是你能赶在别人前面发布内容，在最短的时间内分析并利用热点。假如我们要做的是观点类的内容，我们完全可以到权威平台和热点的源头中，寻找围绕热点产生的各种各样的内容，接着用自己的语言去说明这个事件就可以了。

其次角度要新。我们需要热点的原因就是想要借助热点所带来的流量。我们应对一个热点时，需要做的便是将热点打造成属于自己的热点，我们能够从话题、相关性、风险以及传播等不同的角度去进入。例如某俱乐部换了帅了，大家都谈好处，你完全可以谈弊端。别人都谈当下，你可以谈未来。

最后是要有创新。当我们借助热点事件进行口碑营销时，有着很难回避的事实，那就是非常严重的同质化，大量内容毫无新意又重复的文章，大家肯定都是不喜欢看的。因此，我们在蹭热点的时候，还需要具备一定的创新性，挖掘出别人注意不到的细节。

3. 蹭热点忌讳

首先，蹭热点不能是热点都去蹭。一个热点出现了，需要注意它的属性，如果是自然灾害、社会悲剧、政治事件、民族矛盾等，那么最好不要去蹭。

此外，还要注意热点与品牌之间是否有关联。如若没有可以相关联的地方，还要硬蹭，只会徒增尴尬。比如高考这个热点，一个叫“瑞士拜戈”的腕表品牌，设计了一款用文字填充成一只表的图案，在文案里反复提及“表”（网络用语，意思是“不要”），罗列了一堆高考学子考试前需要注意的事情，如此善意的提醒，不仅展现了品牌的创意，还能与产品形成关联，实属营销典范。

其次，要注意合理合法。蹭热度时不要用明星肖像，否则会侵犯肖像权，尤其是明星的肖像权价值高昂，一旦被发现，后果很严重；各种节日都有与之对应的风俗习惯，不要盲目去蹭，做出不合理的营销。

第三，要注意不要引发受众的负面情绪，网络暴民很多，很多时候即使你做的是对的，在行为上有点瑕疵或语言上产生歧义，都有可能导致品牌的灾难。

最后，要保证在关键时间内发布。热点转瞬即逝，不能保证在六小时内关联上，以及在十二小时内完成全网传播，就不需要做下去了。但是，也不能为了求快而降低对质量的要求，要在二者之间取一个平衡点。

企业要想借助热点事件完成一次口碑营销，就得仔细遵循上面说的那些原则，保证遇到热点事件都能利用得当，这样，要收获良好的口碑，就不会是件难事。

抓痛点：以情感作为纽带

结合一些社会痛点，将其与企业的产品结合在一起，利用痛点的影响力传播企业及产品的正面形象。

中国人口日（The Chinese Population Day）是在每年的 6 月 11 日。国家设立这个纪念日的目的是唤起人们对人口问题的高度关注。国家统计局 2019 年的统计数据显示，国内的人口已经达到了 14 亿。同时汽车保有量也在不断增加，人与车之间的矛盾逐渐成了城市的新痛点，而且同样也是社会的痛点。

车企中有个一汽马自达，它提出一个价值观，在用车方面以身作则，提倡文明礼让、安全行车。通过代入用户视角，将他们作为中心，以情感共鸣作为纽带，打造营销事件，不仅拔高了品牌形象，还增添了用户好感度，打开了“一马”价值营销的 2.0 战役。

可以看出，一汽马自达的营销策略是：蹭社会的痛点，通过引起人们的情感共鸣，从而吸引他们自发性传播。

现在大街小巷中都有着路怒症的司机，他们通常缺乏耐心，同时中国式过马路的交通观念也需要进一步提升。凭借这些，一汽马自达又直接击中社会痛点，联合政府共同打造“爱心斑马线”，将行车与行人的共同矛盾“斑马线”作为出发点，帮助解决交管部门多次颁布法规，却难引起普通大众注意的问题，协助监管部门采取用户能接受的方式，进行普及“交规意识教育”，使大家能文明出行，安全驾驶。

活动期间正好赶上“5·20”这一热点，于是一汽马自达又借着机会打造出一个有温度的营销，在大学地铁站外以“多谢你等我”为主题，绘制出一条条爱心斑马线代表行人告白车主，不仅以如此暖心的方式提醒车辆礼让行人，而且还加上了“等灯等灯”的提示语，同样提醒行人要遵守交通规则。这一不掺杂任何商业性质的公益情感营销，自然能在公众里吸引流量，让品牌价值在消费者心中有所提升。

“爱心斑马线”活动不但获得交管部门及司机行人纷纷点赞，同时市民也在各大社交平台上自发性传播，先从当地电视台、报纸媒体、广播电台开始，再到其他自媒体裂变式传播，不但利用了多种媒体相结合，在不知不觉中植入品牌信息，还得到了品牌曝光度，轻易实现了从用户触发进而引爆全网。

这次活动选择在武汉来开展，因为武汉是一座存在着诸多交通乱象，迫切地需要得到改善的新兴二线城市。活动将在武汉轻工大学附近的地铁、学校、居民区及各大交通要道上举行。蹭着“5·20”的热度，通过采取在斑马线上打上“温暖一路随行，关爱马上启程”的标语，悄无声息地植入一汽马自达的品牌信息，借此用告白的方式化解人车之间的矛盾，在提醒路人拍照要小心来往车辆的同时，借用道路两旁的立牌植入品牌Logo，加深品牌印象。这样体贴入微的设计，不仅提升了大众对品牌的好感度，而且传播效率也有非常大的提高。

首先，在线下活动中，用极具创意的斑马线标语的方式，引起公众在社交平台自发地传播，从而进一步发展为区域性媒体传播。

其次，负责斑马线管理的相关部门又能为活动进行公益性宣传，从而引起全国监管部门自媒体大规模自发性的传播。

最后，各种主要的传播渠道，如汽车垂直类、生活热点类等自媒体，还会配合进行图片、视频等多种形式的传播，更能引发网络红人、报纸杂志、地方电视台、各大视频门户网站等多重媒体的主动报道和关注。

这样通过温暖告白的方式来缓解紧张的人车关系的营销活动，不仅深度洞察了社会痛点，更能温暖人心，用正能量填充社会，如此的小举动，便成为一件全民参与谈论和点赞的事件。

“爱心斑马线”借着“5·20”的热点，将一次公益性质的营销事件打造成为新闻热点以及社会热点。实现总曝光量达到10亿以上，互动达到20万以上，通过吸引媒体主动报道，完成了以低成本获得高关注，最终提升品牌形象的完美营销战役。

就此次事件，前前后后共有300多家主流媒体争相主动报道，其中不乏国家级新闻媒体，CCTV2财经频道、人民日报、中国日报、中央人民广播电台及腾讯、网易、梨视频等具有极大权威的媒体。

爱心斑马线 # 在微博前后共计 1.2 亿以上的阅读量，互动量超 40 万，还有三次登上话题榜，位居新时代榜单第三位，并且霸屏 3 天，热门话题榜占据 12 名，微博热搜总榜排列 15 名，百度实时搜索排行榜位列第 6 名。从一个简简单单的新闻事件迅速飙升至社会热点事件，引发公众广泛参与并转发。

一汽马自达通过透析社会痛点事件进行的这次营销活动，不但获得了广泛关注和良好的社会口碑，还创造了一个新媒体时代的口碑营销神话。

经过此次事件后，一汽马自达的百度指数从日常的 1000 猛增到 20000+，增长近 20 倍，微指数从日常的 100 猛增到 5000+，增长近 50 倍，此次公益行活动受到了权威媒体的表彰和称赞，极大地提高了品牌在公众和媒体之中的好感度，提升了品牌形象。在活动期间，微信粉丝增长率提升了 233%，微博增长量 1200%。

通过此次事件，我们不难发现，只要能有效地发现并利用好社会痛点事件，采取合理的营销方式，选择合适的角度切入品牌和产品，运用得当，所能收获的社会效益与经济效益是十分喜人的，这样的营销手段值得广大营销人员借鉴与学习。

赶节日：欢天喜地做营销

节日营销就是借重大的节假日，通过广告、公演、促销等手段，以达到推广产品、品牌的目的。

此类针对消费者的节日营销活动，需要做的是分析消费者在节假日期间的消费行为以及对各种产品的倾向程度、对各类促销方式的接受程度、对同类产品的态度。通过活动进行这类口碑营销必须要有可以衡量的标准，不然无法达到考核、控制以及计划的目的。

逢年过节，必须送礼是中国人的习俗，于是企业就会为一些产品推出礼品礼盒装，以满足消费者的需求。除此以外，很多在节假日消费巨大的日用品都可以在节日进行促销，尤其是到了过年，中国的消费者喜欢大批大批地采购年货，那么对这些节日消费品的促销设计，在突出喜庆的节日氛围上，还需要照顾到消费者希望得到实惠的消费心理，活动上的设计不能单单只突出喜庆，还得考虑实实在在的问题。

一个好的节日促销主题，往往能给消费者带来眼前一亮的感觉。所以，在节日促销的主题设计上，要满足几个最基本的要求：第一，必须要有冲击力，让消费者接触之后印象深刻；第二，必须要有吸引力，能够让消费者对产品产生兴趣，其中悬疑的主题非常能勾起消费者一探究竟的欲望；第三，主题核心词必须简单好记。

举个例子，一般酒店在过年期间都会承包年夜饭，其中多以“合家欢”“全家福”为主题，这样有针对性地开展服务，更能在消费者心目中留下良好的口碑。

同时，要根据不同节日的不同情况，消费者的消费心理及行为，节日市场的现实需求和各种产品自身的特色，研发出适合在节日期间推广的新产品，这是顺利打开节日市场营销的大门，快速占领节日广阔市场的关键所在。

所有通过节日活动进行的口碑营销活动都要围绕产品的“三化”展开。这“三化”具体指的是产品的休闲化、主题化、营养化。在包装设计上要进行创新，一个产品“三分养七分装”。包装一定要酷炫，要别出心裁，这样才能从千篇一律的节日产品包装中独树一帜，既好看又时尚。例如山东景芝集团推出的“小酒虎”，它的包装在作为一个酒具的同时，还是一件精美的艺术品，更是一件富有情趣的收藏品。

在节假日期间进行口碑营销，必须做好充分的准备，考虑到各种因素，其中关于终端人员的培养更是尤为重要，必须正确指导，不然极有可能会引起消费者的不满情绪，活动效果大大降低。所以，节假日做口碑营销活动必须要做好三件事，那就是：选择好销售促进的媒介，选择好销售促进的时机，选择好销售促进的目标对象。

千万避免与强势商家硬碰硬，不要陷入价格战当中，需要另辟蹊径，突出自身产品的优势和卖点。假日期间，确实有许多人选择出去走走看看、吃吃玩玩、购物消费，不过也不要忽略那些还待在家里的人。如何能让待在家里的这些消费群体也在节假日掏钱消费，这是营销面临的新难题。

当然，口碑营销做得再好，实体产品做得不好，也就不用再谈什么销售额了。

IT 厂商就是个很好的例子，IT 厂商通过大胆创新以及挖掘潜力，根据不同的节日情况、节日的消费心理行为、节日市场的实际需求和各种各样 IT（3C）产品自身的特色、文化，采取现代休闲生活方式，制定出最为有效的、具有节日特色的、适合通过节日活动进行口碑营销的产品营销组合，研究出了更适合节假日期间消费者休闲、学习、游玩的全新产品，就抢占了这一先机。这就是能够打开节假日市场大门，快速占领市场的重要手段。

要想实现产品节日化，就必须借助节日造势，打出一张“节日牌”，通过销售概念产品，赋予产品更多的精神载体功能以及特征，把握好所卖产品的休闲化、主题化、情感化的三个基点，要知道，所有节假日口碑营销都需要围绕着产品的这“三化”展开。例如联想、TCL 它们就在产品节日化上做得很好，非常吸引人目光。

节日的包装要做到：素雅、环保、个性、附加值高。其中，三星和 LG 在节日包装上就颇有造诣。

节假日口碑营销，所涵盖的范围非常广，投入巨大，时间耗费长，这就是一场大战。它不单单是一个营销部门的事，其中还牵连到企业的产、供、人、财、后勤等部门，而且还不得不借助外部的力量，比如政府部门、新闻媒体、广告策划公司、礼品供应商等，需要它们的配合才得以顺利开展。

上面提到的这些都是开展节假日营销需要整体统筹的部分。展开节假日口碑营销之前，一定得制定好活动的日程安排、人员分工、资源配合。

节假日期间，针对消费者的口碑营销活动，必须要分析消费者对各类产品的倾向，其在节假日的消费行为，对不同促销方式的接受程度，对同类竞争产品、价格、渠道的态度，这些最终都决定着是否能通过推出新产品增加新的消费者，或是通过促销维系现有的消费者，或是通过 4P 手段吸引品牌竞争对手的使用者。

节假日的口碑营销必须有一个可以量化的标准，这样才能达到计划、考核、控制的目的。这些量化的标准通常指的是销售额、市场占有率、毛利率、对比日期、增长率、重复购买率、促销广告到达率等等。

选择适合的营销沟通手段也至关重要。节假日期间，市场竞争激烈的同时，需求也异常强烈，那么想要通过节假日活动进行口碑营销就不仅要求企业能快速推出适合的产品，有一个极具吸引力的价格，让目标客户可以轻易获得他们所需要的产品，同时，企业还需要在节假日期间借机进一步塑造好它在市场上的形象，根据不同消费群体的文化背景、收入水平、所处的地域文化，来进行有效沟通和促销活动，同时借着这些手段或活动把有效信息在指定节日时期、特殊地点充分展示，以此形成大规模消费。营销的手段便包括广告销售促进、宣传人员推销等组合和优化。

由此可见，在节日时间段进行口碑营销是非常有效的，借助消费者在这期间集中休闲购物，从而进行品牌和产品的推广，能为企业带来意想不到的口碑营销效果。

做公益：提升企业美誉度

借助公益活动的口碑营销方式，能够充分利用公益组织的权威性和它所拥有的公益资源，迅速搭建起一个营销平台，从而促进品牌口碑的提升，促进市场销售。

用公益活动进行口碑营销最大的好处就是，它是站在为了人类的生存发展以及社会进步的出发点上，通过在公益活动中接触消费者与之沟通交流，不仅产生了公益效益，还可以让消费者产生对企业的信任和对产品服务的偏好，因此可以获得品牌知名度以及美誉度的提升。

但是要清楚，此类营销行为和传统的慈善活动有很大的区别，本质上它仍是一种营销行为，只不过是通过公益活动的方式进行，这点要注意。

那么企业在选择要用公益活动进行口碑营销的时候，就得注意一些事项，需要在此之前制定一系列计划。

首先要事先分析可以借助公益活动进行口碑营销的环境。

在进行此类口碑营销之前，企业需根据自身情况，认真分析内部环境与外部环境，决定是否适合通过公益活动进行口碑营销。

其次要制定详细的公益活动实施计划，以开展口碑营销。

在经过严谨的分析之后，就能以公益活动为基础，开始制定详细的营销策略。要想通过公益活动进行口碑营销，其中至少要考虑到这些部分：一是公益活动的选题，二是活动资金，三是划定公益类型，四是详细的营销手段（如图 5-2）。

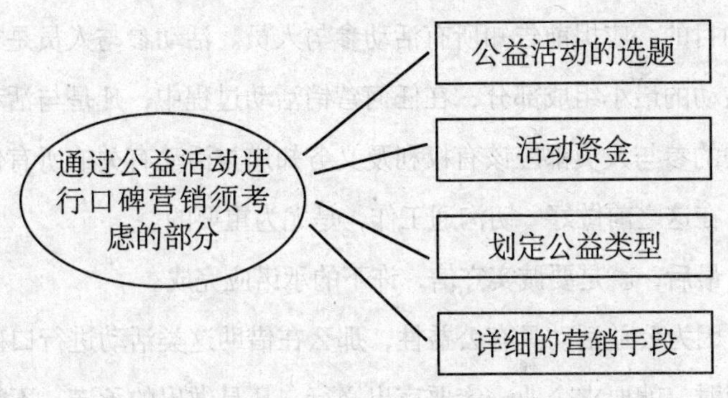

图 5-2 通过公益活动进行口碑营销须考虑的部分

最后要牢记以公益活动为基础的口碑营销的宣传原则。

当企业选择了用公益活动做口碑营销之后，必须坚持适时适当的原则，宣传重心一定保证主要放在公益活动上，要让群众清晰地认识到企业是在做公益，公益才是放在第一位，企业在第二位。另外，在宣传模式上要精心设计，必须令其符合公益活动的基调。

那么接下来到了最为重要的执行阶段，它是整个营销的核心组成部分，企业应在制定好计划后就将注意力放到执行上来。

一开始，就要着手建立起营销管理团队。

关于公益活动的口碑营销，其营销团队的专业与否，往往决定着企业在活动执行当中能否形成巨大影响力，在企业的内部沟通中，得到内部资源的支持，获得最为有效的管理和实施。

接着，企业要与参与活动的人员进行沟通。

本着企业应开诚布公的原则，通过公益活动进行的口碑营销的目的，应提前告知所有活动参与人员。活动参与人员是构成活动的最小组成部分，在任何营销活动过程中，凡是与活动有关的参与人员都应该有权利及义务知道与活动有关的所有信息，在这之前做好一切沟通工作，是尤为重要的。

最后，就是要诚实守信，许下的承诺应完成。

因为公益活动具有公益性，那么在借助这类活动进行口碑营销时，就要求企业一定要言出必行，凡是做出的承诺，不管是事先计划过的还是没计划过的，企业应按照所许下的承诺，完全履行全部内容，否则，不但达不到口碑营销的目的，还会自损品牌形象。

随着工业时代的到来，社会主流的价值取向已经成为经济追求，所有人在向往经济的同时又回避着经济，想要得到财富，又担心“营销”来到自己身上之后，会把它带走，一方面说学会推销到哪儿都能混口饭吃，一方面却又几乎所有人都反感且拒绝推销。当今社会，现代货币已被极具功利化甚至妖魔化，这无疑是给人类文明的交流筑起了一道墙。

而同一时期的文化艺术、体育竞技、教育事业、血缘关系等相对来说无功利性的“中介”，却被人们毫无防备地当作可以信赖的高效载体，公益事业便是都围绕着这些方面展开的。企业便是看中了这些东西，才想借公益之船，到达营销的彼岸。于是，不同于传统营销的借助公益活动开展的口碑营销这种新型营销模式便流行了起来。

要想达到口碑营销的目的，企业可以选择的公益活动方式非常多（如图 5-3）。

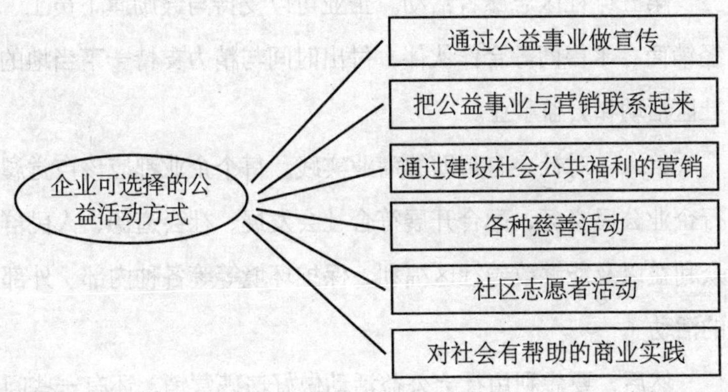

图 5-3　企业可选择的公益活动方式

第一，通过公益事业做宣传。以促进人们对某项具体公益事业的了解作为目的，采取赞助资金、非现金捐款或者提供其他企业资源，又或是为某项公益事业募集捐款，要求参与者或志愿者提供支持。

第二，把公益事业与营销联系起来。企业不用提供具体捐款，而是将捐款与产品销售额挂钩，答应将一定比例的营业带来的收入用来捐助某些公益项目。

第三，通过建设社会公共福利的营销。企业要根据自身的各种战略部署（整体的发展、具体的产品、口碑的营销等）作为指导，选择一项能改善社会的建设服务，在完善公共安全、公共健康、环境保护的同时，达到口碑营销的效果。

第四，各种慈善活动。企业直接以现金拨款、捐助或非现金等服务，直接捐助某些慈善机构或公益项目。

第五，社区志愿者活动。企业可以支持与鼓励旗下员工、经销商、零售商等合作伙伴，付出时间与精力支持一下当地的社区活动和公益事业。

第六，对社会有帮助的商业实践。每个企业都应该自觉履行企业公民义务，配合开展符合社会发展、社会道德、人民群众利益以及能够改善社区福利、保护环境等等各种内部、外部的活动。

然后，要想利用社会公益活动做好口碑营销，还有一些问题值得注意。

首先，要全面了解通过公益活动进行口碑营销的这种模式。

要明确一点，企业不能仅仅为了做公益而去做公益，更不能为了商业而做公益，应当将二者结合起来，找的是一个完美的平衡点。英特尔的全球副总裁简睿杰说：“企业开展的公益活动与促销活动一般都会给社会带来利益。企业将自己一部分利益回馈社会开展各种公益活动，不仅满足了社会公益活动中对资金的需求，同时企业又将良好的企业道德、伦理思想与观念带给社会，提高了社会道德水准。”

在中国的传统思想里，做好事不留名是一种最高尚的道德品质，无论做得多么好，也不能自夸，要让别人来对你进行考量。所以很多企业家在进行公益或慈善活动时，单纯地只是想要尽到一份企业的社会责任，这才是做营销前该有的觉悟。不然急功近利就容易走向极端，一切都从商业利益出发，这样公益活动也就失去了公益性，成了一场闹剧。

事实上，这种营销模式需要形成一条完整的链条才可以得到长久的发展，通过公益活动，企业要为公众带来利益，这样公众才会对企业产生认可；一旦成为公众认可的企业，那么它就能获得更多的销售机会，最终得以成长；企业成长之后，就能获得更多的财力物力，也就能承担更多的社会责任。

第二，选择好与企业实力相匹配的公益主题。

在世界 500 强企业中，有句名言叫：“营销学宝洁，公益学安利。”这是对品牌传播中的“项链理论”最好的诠释。一个企业想要做好口碑营销，需要选定一个核心，所有的传播与推广的操作都得围绕这个核心运行。一个品牌的核心理念和战略方针一旦确定，便要持续不断地传播出去，围绕所有的传播动作，比如公益活动，都得以此为主线，确保企业核心营销主题的统一性和连续性。

安利自从来到中国，在“有健康才有将来”的核心理念下，一直作为一个推动全民健康、运动的企业而存在。它在公益方面同样确立了自己的主题："倡导健康""关爱儿童""致力环保"。其中每个主题都已有了各自的活动，如"倡导健康"的"纽崔莱健康跑"；"关爱儿童"的"安利名校支教"；"致力环保"的"哪里有安利哪里就有绿色"的"种植安利林"活动。最后，它还赞助了南极北极科考和清扫珠峰的"登峰造极促环保"活动。

第三，企业在做口碑营销的时候，要能顺应大势，把握时机。

当社会上出现重大事件时，不仅政府、媒体、公众会对事件予以高度关注，企业也应该要在第一时间主动出击，这样必将引来许多公众关注和媒体的报道，从而达到口碑营销的目的。

5·12 汶川大地震，王老吉立马捐款一个亿，就赢得了国人感动，纷纷抢购。其他一向注重公益的大型企业，却因为迟迟没有表示而备受网友诟病，甚至出现了"跨国铁公鸡排名"，最后闹得国家商务部都不得不出来以正视听。

第四，要选择有良好声誉的 NGO 组织作为合作伙伴。

关于赞助项目、赞助资金、实施赞助的时间、与哪个公益组织达成战略伙伴关系，这些在活动举行之前都应当充分考虑到。选择一个最佳的 NGO 组织，借助它良好的声誉及其高效的工作效率，可以让企业的口碑营销起到事半功倍的效果，不但能将公益落到实处，而且对企业形象的提升也大有裨益。

第五，考虑公益问题要能做到急政府之所急，想政府之所想，从而得到政府的支持。

有一个例子：可口可乐在中国赞助了一个十分出名的公益项目——希望工程，从 1993 年一直到今天，可口可乐已经在中国累计捐助援建了52所希望小学、多达100多个的希望书库，前后为 6 万名失学儿童提供了重新上学的机会。同样的，摩托罗拉也是，在希望工程持续投入十来年，建立了摩托罗拉希望小学，让越来越多的员工以志愿者的身份参与进来，从而推动了教师培训。

第六，所有的一切都贵在坚持。

要想借助公益活动做好口碑营销，可不是做一件两件“好事”就能草草了事的，企业得把它当作营销战略的一部分。比如摩托罗拉，其企业内部都有一个长远的战略规划和明确的口碑营销目标，对每一个项目的选择都有一套完美的评估体系支撑。摩托罗拉在中国投入的营销当中，教育与环保事业是重点。因为摩托罗拉在选择公益项目的时候，就会充分考虑项目是否可持续发展。

还有一个宝洁公司的例子。宝洁公司一直对外承诺要做一个有高度社会责任感的企业。于是在1952年，宝洁就建立了“宝洁基金”。时至今日，宝洁公司及旗下宝洁基金每年在全世界范围内的捐款都超过了 5 千万美元，它们一直没有停止向有需要的地方伸出援助之手。而正是借助着这种积极向上、主动、持续的公益赞助，宝洁公司在全世界范围内建立了良好的品牌口碑和美誉度，产生了强大的影响力。

扬子江药业也不例外，提出“护佑众生，求索进取”的口号作为使命，重视公益活动，将企业使命和人民军队护佑人民良好地结合起来，成为社会责任感与企业发展高度融合的最佳公益战略的成功范例。而且在2007年8月1日，在新中国建军八十周年的纪念日上，扬子江药业还开展了一个“英雄母亲检阅英雄儿女”的社会公益活动，让三军仪仗队以最高的规格接待来自全国各地的英雄母亲，在得到媒体、公众、政府、军队等社会各界密切关注的同时，还将扬子江药业的企业社会责任形象提升到了一个新的高度。

最后，要想做好传播，还需要策略先行。

借助公益活动进行口碑营销已经形成了一个完整的系统，公益贯穿整个营销环节。公益内容和口碑营销的实施，必须调用企业资源，制定出极具创意和吸引力的活动内容，使其能成为人民群众关心的话题，能够成为具有新闻价值的事件，从而推动媒体报道和消费者的参与，这样事件本身才能得到传播，最终达到提升企业形象，促进销售，口碑营销的目的。

迈克尔·波特曾说过：“企业在从事公共事业方面上的目标，表面上看似乎是为了博得更多认同和获取社会影响，其本质却是，集中增强公司的竞争力。”

号称现代公关之父的艾维·李也说过：“一个组织目光应放长远，当下做出的有益于社会和公众的事情，最后组织本身也必将受益。”

那么可以预见的是，借助公益事业进行口碑营销会渐渐成为企业竞争当中的重要战略组成部分，利用公益活动做口碑营销将会进入一个良性的循环：把公益做得越好，企业就会变得更强；企业更强，公益就做得越好。

创事件：有眼球的地方就有市场

事件营销是指企业通过策划、组织和利用具有新闻价值、社会影响以及名人效应的人物或事件，吸引媒体、社会团体和消费者的兴趣与关注，以求提升企业或产品的知名度、美誉度，树立良好的品牌形象。

事件营销具有成本低、投入少、收益高的特点，是非常适合小微企业使用的一种营销手段。企业可以充分利用网络媒体传播速度快，受众面广等优势展开事件营销，通过吸引媒体和消费者的眼球，让自己的产品从众多同类产品中脱颖而出。

彩云通 C 卡是一种新型的消费卡，涵盖餐饮、电影、KTV、桑拿、酒店等多种类型的休闲娱乐类消费。它让消费者既能享受团购的优惠价格，又能享受 VIP 的尊贵服务，因此彩云通 C 卡受到了很多昆明年轻消费者的青睐，被称作“吃喝玩乐神器”。

2014 年 9 月，昆明网友的微信朋友圈被彩云通 C 卡“团购男友”的话题刷屏，这一话题迅速在社交网络上扩散，随即引发热议，“到底这个团购男友是什么？”“真的能团购一个男友回家吗？”“彩云通C卡要涉足婚恋交友行业啦？”但此时，彩云通C卡官网上却一片平静，这让“团购男友”更蒙上了一层神秘的面纱。

10月初，彩云通C卡开始在主流网媒和各大论坛、微博、微信上公布“团购男友”的套餐类型，包括：温柔贴心暖男、优雅文艺青年、呆萌搞怪大叔等等，各种类型的男友应有尽有，至此谜底终于揭晓了。

原来，“团购男友”是彩云通C卡策划的一次营销事件，是为其新推出的一系列产品造势，所谓不同类型的“团购男友”，其实就是各种不同风格的套餐组合，目的是为消费者提供更丰富多样的选择。消费地点覆盖了昆明各大商圈，包含了吃喝玩乐等各方面的消费项目，这样既实惠又新颖的团购，引起消费者的极大关注。

10月下旬，彩云通C卡的“男友套餐”正式在官网上线，其中“暖男”和“文艺青年”套餐销售最火爆，其他的“男友”们也受到了不同程度的关注。

作为行业后起之秀，“团购男友”使彩云通C卡一跃成为2014年“事件营销”的赢家。整个网络营销过程在赚足大众眼球的同时，提升了自身品牌的知名度。

在这个信息爆炸、注意力稀缺的互联网时代，企业如果不能成功地走进消费者的视野，获得消费者的注意，就别想赢得市场。从这个角度来讲，事件营销是企业抢得市场先机的重要手段。那么企业该如何实施事件营销呢（如图 5-4）？

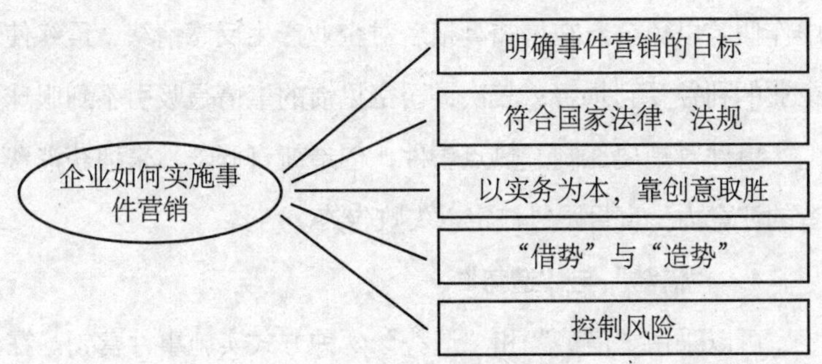

图 5-4 企业如何实施事件营销

1. 明确事件营销的目标

目标是事件营销的驱动，事件营销的目的无外乎：吸引媒体和消费者注意，进行产品推广和品牌传播，激发消费者的购买愿望。所以不论事件内容的策划还是事件发布的渠道，都必须围绕着企业想要达到的目标去展开。有目标地进行事件营销，不但能够节省人力、物力，还可以在节约成本的同时，收到更好的效果。

2. 符合国家法律、法规

事件营销必须在国家法律、法规范围之内行事，要有正确的价值取向，不要超越道德底线，否则对企业和社会都会造成严重的负面影响。

3. **以务实为本，靠创意取胜**

企业进行事件营销应该靠诚意和创意打动消费者，这是决定整个事件营销能否成功的关键。首先，要实事求是，不要弄虚作假，以免公众在得知真相后对企业产生反感情绪，最终使企业的利益受到损害；其次，司空见惯的事情是吸引不到眼球的，事件营销要靠制造热点事件，创造新奇概念，来捕获消费者的注意力，盲目跟风注定以失败告终。

4. **“借势”与“造势”**

可以采用“借势”和“造势”两种方式实施事件营销。在有社会热点新闻的时候，企业可以充分利用这个免费资源，借助热点话题提高企业在公众视野的曝光度，达到低成本做广告的效果；在没有符合企业自身发展需要的新闻热点时，企业可以模拟社会热点事件的发展过程来制造话题，将企业新闻变成社会新闻，在引起社会关注的同时，把企业品牌信息传递给受众。在互联网时代，一起成功的营销事件能够在网络媒体上多次且广泛地传播，成为公众关注的焦点。

5. **控制风险**

在实施事件营销时要注意：利益与风险是并存的，要取其利、避其害，防止产生负面效应。事件营销控制风险最好的办法是：在事件营销前充分考虑有可能出现的风险并提前想好应对措施，做到事前有防御，事中有监测，事后有控制。

事件营销是企业进入消费者视野的敲门砖。随着市场竞争的升级，事件营销将会成为企业推介新品、推广产品、展示品牌的重要营销手段之一，这种营销方式能够帮助企业快速抢占市场，把公众注意力转化为市场销售力，这也是事件营销对于企业的最大意义。

06 通过服务提升口碑的 6 个细节

传统的服务模式，告诉用户的是：想要我的服务，就要按照我的模式走。当下，人们的消费需求也变成了享受型的，人们对产品的服务看得越来越重，传统的服务模式已经不能满足用户的心理需求。那么，当下的服务模式又应该是什么样的呢？

——雷军

服务是世上最好的营销

当今是开源的时代，很多同类的产品，在产品性能方面并没有太大的区别，所以，服务作为一个产品的附加值，在很大程度上影响着消费者的选择。客户在评价一个产品的时候，不仅仅是评价产品本身，还有产品带来的附加值。服务是产品附加值中主要的部分。细致周到的服务，不仅能够赢得用户的赞誉，还能为企业带来新的客户。

服务为客户提供的是尊重需求和自我实现需求的满足。随着社会的进步，消费者的需求也在提高，消费者需要的不仅仅是一个产品，更是一个产品所携带的附加值。这个产品的附加值，就是产品带给他们的特定的或者个性化的服务，一种被尊重和自我价值实现的感觉。如果企业能够给用户带来这种感觉，就能拥有大批粉丝用户，产品的销售问题自然迎刃而解。

“海底捞”创始人张勇说过一句话：“服务能改变客户的味觉。”确实，在同类产品没有太大区别的前提下，消费者在选择上更倾向于能给他们带来良好的体验和超出预期的服务的产品。从这个意义上来讲，服务改变的不只是客户的味觉，而是客户对整个企业的感觉。海底捞就是一个以极致的服务赢得用户的典型。

海底捞，从一家简易麻辣烫小店，变成把火锅店从国内开

到国外的大型连锁餐饮企业，海底捞始终奉行的是“用户至上，服务至上”的宗旨。

手持号码等待就餐的用户可以一边观望屏幕上打出的座位信息，一边享受免费的水果、饮料、零食；如果是一大帮朋友同时在等，服务员还会送上扑克牌、跳棋之类的桌面游戏供大家打发时间；如果你不喜欢这些，还可以到餐厅的上网区上网；爱美的女士可以免费美甲；等位的用户都可以免费擦皮鞋。虽然是免费的，但是，服务质量一点都不打折。

待客人坐定点餐的时候，围裙、热毛巾已经一一奉送到用户眼前，服务员还会细心地为长发的女士递上皮筋和发卡，以免头发垂落到食物里；对于戴眼镜的客人，服务员会拿来擦镜布，以免热气模糊镜片；如果服务员看到你把手机放在台面上，会不声不响地拿来小塑料袋装好，以防弄脏手机……

用餐过程中，每隔 15 分钟，就会有服务员主动更换你面前的热毛巾；对于带小孩的客人，服务员会陪孩子在儿童游戏区做游戏；抽烟的人，他们会递给你一个烟嘴，并告诉你烟焦油有害健康；为了消除口味，海底捞在卫生间中准备了牙膏、牙刷……

在餐厅等位就餐，原本是一个痛苦的过程，海底捞却把这变成了一种愉悦。海底捞成功的关键在于他这种近乎“变态”的理念与服务，满足了消费者没有被满足的“隐性需求”。

随着人们的消费观念的改变，消费者对服务的重视程度，并不比对产品本身的重视少。所以，对于企业来说，好的产品非常重要，但是，好的服务同样非常重要。如果只是产品好，却没有与之匹配的好的服务，那么，用户可能也会来购买你的产品，但是，只会购买一次。有营销专家也提出了“服务营销”的概念，认为服务营销确实是一个不错的营销方法。

在小米有4000名员工的时候，其中2500名是客服，另有1400人负责产品研发。此时，小米没有门店，没有营销人员，2500名客服，就是小米的营销人员。在小米，用户购买到产品之后，并不意味着销售的结束，而是销售的开始。客服人员更关注用户在购买到他们的产品以后的体验和感受，更关注用户对这个产品的关注度和青睐度。

传统的服务模式，告诉用户的是：想要我的服务，就要按照我的模式走。当下，人们的消费需求也变成了享受型的，人们对产品的服务看得越来越重，传统的服务模式已经不能满足用户的心理需求。那么，当下的服务模式又应该是什么样的呢？

微信总监说：“服务就是我需要你的时候，你招之即来；我不需要你的时候，你挥之即去。”企业怎样做到招之即来呢？

用互联网思维做企业的服务，就是把互联网思维和服务思维融合在一起。如今，移动互联网已经融入人们的生活中，伴随着移动互联网的到来，各类的社交平台也如雨后春笋一般快速生长起来。微博、微信、QQ、BBS等等，都可以作为企业为客户服务的媒介，用户喜欢用哪个平台交流，企业就用哪个平台服务。真正做到用户到哪里，服务到哪里。企业也可以针对自己的产品，开发自己的服务互动平台，积累自己的铁粉用户。

不同的社交平台，有着自身不同的特点，也有着自己的特定用户群体。微博的传播功能强大，适合在大范围人群中做快速传播。企业可以建立自己的企业微博、客服微博、技术微博，针对微博用户在微博中所提的意见、建议或吐槽，随时予以回复，做到与用户及时沟通。

紧随其后的微信，更是来势汹汹。几乎是一夜之间，大街小巷的人们都有了自己的微信账户，高效、快速、使用方便等特点，让微信成为人们沟通的主要平台。而企业则完全可以把微信做成一个超级客服平台。

与微信比较，QQ 似乎已经成为过眼云烟，其实不然。因为 QQ 诞生时间较长，人们依然有使用 QQ 的习惯。虽然，新用户增长速度不是很快，但是，老的用户也并没有多少流失，QQ 空间的用户活跃度并不低。企业可以快速抓住这一部分老用户，维护并服务好这一群体。

至于 BBS 和企业专有的论坛，一群人在那里聚集本身就说明了对企业和产品有着浓厚的兴趣，企业对这里的用户，那是万万不可以怠慢的。

除了这些平台可以作为企业服务的渠道以外，在企业内部，新员工的加入也是企业做好用户服务的一个好举措。因为服务工作繁琐而冗长，产品数据发布、节假日促销活动、售后维修申请、消费者投诉等等，这些工作有时候会让专门的客服人员应接不暇、力不从心，以至于造成服务质量的下降。如果企业有更多的员工加入其中，就能更快更好地把用户的问题解决好。

TCL 公司已经提出了“全员营销，全员客服”的口号，小米在这之前就已经捷足先得，“海底捞”更是每一名员工都会在看到用户的第一眼就主动过去招呼，面对用户的问题，所有的员工都有义务也有责任回答。

所谓“全员营销，全员客服”就是企业的全体员工，无论级别、职务，无论从事什么工种，都是“客服人员”。当然“全员客服”并不是真的让每个员工都去做客服，而是让每个员工在心里都把自己当作客服人员，在面对用户的时候，真正从公司的利益出发，站在用户的角度，尽自己所能，配合客服人员帮助用户把问题解决好。

TCL 的业务代表在走访实体店的时候，如果遇到选商品的用户，他们会以厂家的身份对产品进行讲解，协助店员把产品销售出去。遇到有用户需要退换货时，如果客服人员太忙，来不及接待，无论是前台、销售人员还是商务人员，甚至是出纳都会出面接待，为用户送上一杯水，然后耐心询问记录用户的问题，并尽可能地予以详细的解答。在商业市场竞争日趋激烈的环境中，TCL 公司能够一直保持稳定的利润增长，不能不说“全员客服”的服务模式起了很大作用。

在小米，雷军就是头号客服，只要有时间，他就刷微博、刷微信，看到用户的问题，他会在第一时间回复并尽快解决。黎万强、林斌这些高管以及小米团队的所有成员，都会随时出现在小米的官方服务平台上，解答用户提出的问题。

成功的模式不易复制，但成功的经验可以学习。刚刚开始创业的企业，在把控好产品本身的质量细节的同时，一定不能忽视对用户服务的关注。服务也是你产品的一部分，而且，是最贵的那一部分。做好服务与做好产品同样重要。

靠服务提升客户满意度

厂家和商家售后服务的好坏直接影响客户的满意程度，它们之间是成正比的关系。售后服务做好了，达到客户心里的预期值，客户的满意度自然而然会不断提高；而若做得不好，或者根本不存在什么售后服务，客户的满意度就会降低，更严重的，还会产生出极端的不满情绪。

有调查研究的结果表明：96% 的消费者在遇到服务不周的情况一般不会选择投诉，但在不满意的消费者中有 90% 表示不会再购买该公司产品及服务，还会将他们的经历至少告诉给 9 个人听，更有 13% 有过不满意消费经历的人会将自己的经历传达给 20 个人以上！所以，提高客户满意度，不仅是为了让客户能够持续购买产品，还能让客户帮助企业进行口碑宣传，这对提高产品在市场上的占有率和品牌美誉度有至关重要的作用。

海尔，大家都耳熟能详了，它是国内售后服务做得最好的一家企业！其口号就是："真诚到永远。"

海尔的售后遵循着这样一个流程：

第一，维修人员上门；

第二，介绍自己是由什么公司派来的，来此的目的是什么；

第三，套好鞋套，进门；

第四，将随身携带的布铺在地板上；

第五，把需要检修的家电产品放到布上；

第六，进行检修；

第七，确定是否存在无法正常使用的情况；

第八，清理检修现场，还要将客户家中地板拖一遍；

第九，将维修产生的垃圾带走，还有客户家中需要丢弃的垃圾；

第十，说明家电产品的情况，以及会采取怎样的解决方案；

第十一，将问题的解决时间交代清楚，礼貌道别；

第十二，3个小时之内，为客户运来一台临时用的家电产品，确保维修期间不影响客户的日常使用；

第十三，将客户的家电产品带去维修；

第十四，在承诺的时间内，运回修理完毕的客户的家电产品；

第十五，无偿为客户的家电产品更换外壳以及内部硬件；

第十六，将家电产品安装好，确保能正常使用，礼貌道别；

第十七，海尔地区分公司到总公司接连来电，询问是否满意，有什么不满意的地方，和对海尔公司的意见。

什么叫服务？这才叫服务，能让人记住一辈子的服务，大大超出了消费者的期待值，绝对让满意度瞬间破 100%，一下子就对海尔公司形成超高的信任度和忠诚度。

从那以后，消费者就会鼓励身边亲友购买海尔的产品，即使海尔的产品质量对比某个同等品牌稍差，消费者也会毫不犹豫地购买。

那么为什么会造成这样的结果，我们可以仔细分析一下。

首先维修员一上门就给客户一种素质很高的感觉，进门会套上鞋套，检修会事先在地上铺上一块布，带给客户的印象就是，会设身处地为客户着想，一下子就让客户对海尔的印象超过了其他品牌！而且事后会带走所有垃圾，还把地板都拖一遍，客户满意度一下子就提升了。

再到后来，为了方便客户，运来家电产品供客户临时使用，还为客户免费更换大型零部件，瞬间让客户有了一种亏欠的感觉！人们的常规心理是：上门最多也就是免费维修，而且还可能需要支付一定的服务费，更换零部件什么的更是不敢想。

再到最后公司打来电话以表歉意，使得客户有种备受尊重、关怀的感觉。

因此，海尔的售后服务案例是值得我们思考、学习与借鉴的。

可见，只要把售后服务做到极致，企业的良好口碑面向消费者打出去了，带动二次销售先不说，随着一传十，十传百地将口碑传播范围扩大，企业完全不用愁产品的销售。消费者自然而然会将企业良好的售后服务告知身边亲朋好友，也推荐他们选择同样的产品。这样做对于消费者群体的扩大，对于口碑营销的展开，其作用是不可估量的。

锁定你的消费群体

企业营销专家丹·S. 肯尼迪说："每一种产品、每一种服务、每一种行业都会对某一特定人群，而非所有人群产生吸引力或潜在吸引力。"

企业的营销资源是有限的，所以要从自身的特点和实力出发，选择适合自己的消费群体作为目标客户，专注于向他们提供具有针对性的产品和服务，通过满足客户的需求，获取相应的利益。

"三只松鼠"成立于2012年，是安徽芜湖一个经营坚果、干果、茶叶等森林食品的互联网品牌。他们通过京东、天猫等电商平台进行线上销售，自2012年起，已连续三年在"双十一”刷新坚果类的销售记录。

“三只松鼠”与其他坚果品牌的不同之处在于，它设计了三只可爱的松鼠形象，并赋予它们健康和萌趣的概念，让消费者在购买坚果类产品时，第一时间就联想到该品牌。

“三只松鼠”将品牌目标群体定位在喜欢网购的 80 后和 90 后身上，所以从品牌命名开始，就很注重契合目标群体的特点。“三只松鼠”的 CEO 章燎原认为，互联网的主流群体是 80 后和 90 后，他们非常年轻，所以品牌名称除了要好记，还要好玩一些，结合这两个特点，很自然就联想到了小动物，于是就有了“三只松鼠”这个名字。

“三只松鼠”在包装上颇费心思，为了“做一只讨人喜欢的松鼠”，他们将用户与客服的关系演化成主人和宠物的关系。设计了三只色彩鲜丽、活泼可爱的松鼠形象，而且每只松鼠都有自己的名字，分别代表着不同的性格。松鼠小贱，又萌又贱，略带草根气质，迎合普通工薪阶层的心态；松鼠小酷，技术宅男，喜欢发明创造，对新鲜事物充满好奇，符合大多数宅男的气质；松鼠小美，温柔美丽，是很多年轻女孩的形象代表。这些可爱的卡通形象很受消费者的喜爱。

“三只松鼠”为了适应消费者的需求，特意将售前客服进行了分组，作为“主人”的用户，如果倾向高端、大气、上档次或者奔放、洋气、有内涵的话题，可以找小清新文艺少年组松鼠接待。而如果想听各种段子、重口味的话题，则会安排风格与之相对应的组来负责接待。这种锁定目标消费群体的营销方式，极大地满足了用户的消费体验，因此增加了很多回头客，二次购买率不断上升。

除了产品包装上可爱的松鼠卡通形象，打开包装盒之后，消费者还会发现更多的惊喜：分装袋、夹子、垃圾袋、纸巾等等吃坚果的工具一应俱全，这些细致入微的服务让“三只松鼠”牢牢抓住了消费者的心。

“三只松鼠”还通过后台数据精确掌握用户的购买信息，比如：购买产品的内容、购买频率、购买打折商品的比例等等。在进行认真分析之后，展开一对一服务，以保证客户收到的包裹和包裹中的用具能够时时更新。

准确的目标消费群体定位和周到细致的服务，让消费者记住了“三只松鼠”这个品牌，并逐步发展成为这三只小松鼠的忠实粉丝。

随着市场经济的不断发展，消费者的选择余地越来越大，企业之间的竞争也越发激烈，这种局面下，小微企业与大中型企业比较，无论在经营规模还是经营范围上都处于劣势地位。因此，小微企业只能通过对目标市场的细分，对消费人群的精确定位，借助差异化来谋求生存和发展空间。

任何一个企业，产品做得再好都不可能赢得所有客户的喜爱，企业要做的就是：明确企业的目标消费人群在哪里，核心用户是哪些，深入了解这部分人的需求。只要抓住那些喜欢自己的目标客户，有的放矢地把产品和服务做好，就足以让企业发展壮大起来。

企业要摒弃“小而全”的经营理念，将资源集中到特定领域，将焦点缩小到核心业务，将营销重点锁定在目标客户，逐步把目标客户从“路人”变成“粉丝”，再从“粉丝”变成“死忠粉”，当消费者一旦形成消费偏好之后，就比较难再“移情别恋”，这样既能减轻企业的竞争压力，又降低了企业的营销、推广成本。

企业在为客户服务时还须注意以下几点（如图 6-1）：

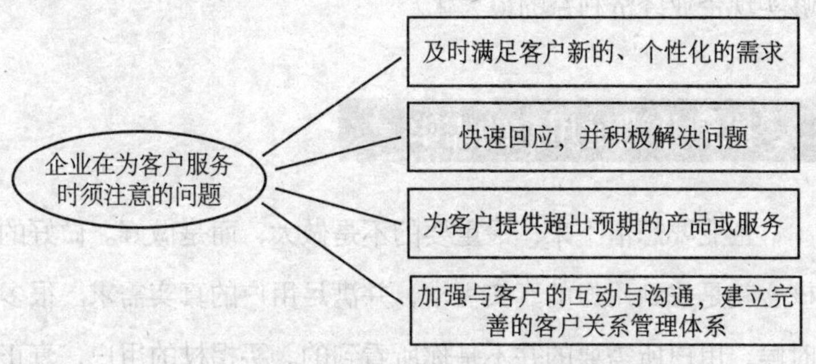

图 6-1　企业在为客户服务时须注意的问题

1. 随着市场的变化，消费者的需求呈现多样化趋势，及时满足客户新的、个性化的需求，能够让客户体会到企业对他的重视，从而增加对企业的信任和依赖。

2. 当消费者对产品或服务提出意见时，企业应该予以快速回应，并积极解决问题，这样会在用户心目中留下良好的印象，有助于形成口碑传播。

3. 为客户提供超出预期的产品或服务，给消费者惊喜，除了能够吸引其再次消费，还能提高客户满意度。

4.加强与客户的互动沟通，建立完善的客户关系管理体系，从而降低客户流失率，提高客户忠诚度，实现客户价值持续贡献，进而全面提升企业盈利能力。

做企业首先要在产品、技术、管理上不断开拓、创新，专心将自己的产品做好；其次要锁定企业的目标消费群体，为他们提供更好的产品和服务。只需做“小而美”的企业，放弃不喜欢的，让喜欢的更喜欢，专注于满足目标客户的需求，也能够实现企业经济利益的最大化。

找到并满足用户的需求

企业要想活下来，最重要的不是做大，而是做好。做好的核心就是找到用户的真实需求，并满足用户的真实需求。很多时候，用户所需要的并不是你所看到的。买拐杖的用户，真正需要的不是拐杖，他需要的是站起来走路。企业要做的就是帮助客户站起来走路。

要做到这一点，就需要跟你的客户进行深入沟通，深度挖掘用户的真正需求。

企业做产品之前，弄清楚消费者需求是第一位的，但是怎样才能抓住客户的真正需要，就要求创业者要有不同于常人的洞察力。我们说的洞察力，不单单是做个市场调查，看到或者听到一个信息就可以了，因为客户真正的需要，很可能是躲藏在这些信息之后的。

你看到的或者听到的，甚至是客户告诉你的信息，很多时候只是冰山一角，真正的需求是潜藏在下面的冰山。有时候，不是客户不告诉你，而是他自己也没弄清楚，他需要的到底是什么。

我们可以做这样一个比方：人们购买电钻是需要用电钻来打一个洞，那么，人们真正的需求就不是电钻而是“洞”；再比如，很多买汽车的人，需要的是速度、地位、野心、权力、欲望等等。

好孩子童车在做市场调研时发现，72% 的消费者更注重童车的安全性，只有 26% 的用户注重童车的舒适与否。但是，童车的使用者是孩子，车子的舒适与否，直接决定了孩子是不是开心。舒适的车子，会让孩子笑；不舒适的车子，会让孩子哭。孩子的笑或者哭，决定了家长是否愿意去购买这个产品。所以，好孩子童车以“好孩子童车，更舒适”为卖点，一度成为童车的领导品牌。

一个产品，从生产线上下来，它只是一个冷冰冰的产品。作为生产者、创业者，你需要知道，这个产品在帮助消费者解决问题满足消费需求以后，还能不能带来其他附加值？能否带给消费者与众不同的心理体验和意外惊喜？

课程格子就是一款纯粹从用户需求出发开发出来的社交软件产品。

2012年初，从小在美国长大的李天放，在回国探亲的间隙，因为一位朋友的缘故，来到了位于北京的创新工厂，继而接受了李开复的建议，开始尝试创业。经历了两个社交平台项目的失败后，李天放发现了大学生课程表这一市场，也就有了课程格子的诞生。

当时正在做着第二个社交平台的李天放，在做一个垂直活动日历的时候，发现很多大学生在用活动日历。这些大学生把学校演讲、社团活动都放上去。这一发现，让李天放看到了大学生们潜在的市场需求，大学生们需要一个既能交友，又不同于其他社交软件的社交平台。

但是，李天放既没有在中国上过学又踏出校园多年，所以他不能很准确地把握到大学生们的深度需求。但是，要想做好这个平台，必须挖掘到这个群体的真正需求。“磨刀不误砍柴工”，他决定先花时间带领自己的团队，跟大学生们沟通，听他们讲故事。这当中他听到了很多的idea，然后，他通过这些idea，找到大学生们隐藏的痛点和真实需求。

最早的时候，他们用App去接收大学生们的反馈意见，后来，他们又加上微博、人人网、微信、QQ等方式，与大学生们进行沟通，这样既方便学生展示自己的课程表，而且在遇到其他人分享的课程表的时候，又方便跟对方及时沟通。他们与大学生更直接的沟通就是直接来到大学校园里，找学生会、学生社团，和他们做一些面对面的交流。为了把学生们的需求了解得更彻底，他们还去过北京以外很多个城市的大学。而对于北京的大学生，他们会定期组织课程格子“开放日”，让用户亲自体验，在体验的过程中，工程师们随时与这些体验者聊天，看他们用 App，听他们的意见，工程师自己也会在这个过程中发现问题，然后尽快修改。

随着课程格子功能的不断增加和完善，它的用户数量也在飞速增长。仅仅用了两年的时间，课程格子的用户数就超过了 1200 万，日活跃用户在 10% 左右，高的时候能达到 20%。在线下，课程格子还有 1000 多人的校园大使队伍。这些校园大使，已经深入到全国各地的高校，在北上广深等一线城市的 300 所大学，课程格子已经在深度运营，这些学校的用户占课程格子总用户的 50%。

从课程格子创建到深度运营，课程格子的整个团队，一直处于跟用户时时沟通的状态中。李天放表示，课程格子产品的快速更新，就来自用户端的反馈。“通过课程格子，我们可以直接接收用户的反馈。我们整个团队的人都在跟用户沟通产品的运营、设计、技术等各方面的问题，也包括我。”

在时时沟通的过程中，课程格子也在随时发现着用户的需求。随着毕业季的到来，找工作成了每个学生最关心的问题。为了找工作，学生们海投简历，往往要跑很多学校参加招聘会。针对这样的情况，课程格子添加了一个板块，做了一个

feature，让学生们在平台上就可以看到本校和周边学校的招聘活动。学生们可以把它添到自己的课表上，上完课以后，直接去那里参加招聘会就可以了。这又满足了学生们另外一个隐形的需求。

对于用户来说，也许他会有某些方面的需要，但是市场上同类产品那么多，你凭什么让用户来用你的产品呢？就是你能找到用户的真正需求，找到他的痛点，让用户在看到你的产品的时候，产生惊喜，发出尖叫。让用户觉得，你的产品就是为他定做的。

洞察客户的需求，需要用心去观察。只有用心去观察，才能观察入微，直至撼动冰山一角。进而，升华为对产品的优化，并形成一种驱动力。

创业之初，一定要进行详细的市场调研。市场调研，不只是听听消费者怎么说，有时候，消费者自己也并不是很清楚自己心理真正需要的是什么。你要把自己当成消费者其中的一份子，在面对产品的时候，用心倾听自己内心深处的声音。

传统企业和消费者之间，是从上而下的关系。企业制造什么，消费者购买什么，消费者没有太多自己选择自己参与的空间。移动互联网时代的到来，颠覆了这种传统，消费者可以按照自己的需求订制自己需要的产品了。移动互联网时代，互联网被植入了移动终端，人与人之间的交流变得极为方便和快捷。“互联网 +”时代，互联网与传统行业完全融为一体，无论消费者有哪方面的需要，分分钟就能得到回应。整个消费领域的核心从“B”变成了“C”，消费市场从卖方市场变成了买方市场。所以，如果你的产品不能抓住用户隐藏在背后的真正需求，用户就不会选择你的产品，即使你的产品做得再好。

比用户想到的还要多

“消费者并不知道自己需要什么，等到我们拿出自己的产品时，他们就会发现，这就是我要的东西。”乔布斯的这句名言，应该被每一个营销人铭记在心。

在手机还没出现之前，消费者想象不到未来会出现手机这个东西；智能穿戴设备被研制之前，消费者更是连想象都不敢想象；QQ、微信出现之前，消费者肯定觉得打电话已经是历史的进步了；电商出现之前，人们也想不到未来还可以在网上做生意，还可以足不出户就解决自己衣食住行各项需求……很多新产品给人们带来了便利和惊喜，但是，在产品尚未研制出来之前，消费者对它们一无所知。

亨利·福特曾说过，“如果我最初问消费者他们想要什么，他们应该是会告诉我，‘要一匹更快的马！’”因为消费者想象不出你能制造出什么比马更快的东西，直到你把它摆在他们面前。

创新是营销的核心，在技术日新月异的时代，铺天盖地的信息已经让一些消费者应接不暇，对于从未有过的东西，他们想象不到，也不会去想。虽然，消费者对产品性能的要求越来越高、越来越个性化，但是，这些都是基于已有产品的基础上，在细节和功能方面进一步的改良和完善。

乔布斯在生产出苹果之前，没有人想象到计算机还能够放到桌面上，甚至是放到提包里随身携带。乔布斯给人们带来了惊喜，也掀起了一场空前的工业革命。随后面世的各种品牌的电脑，无论是在外观还是内核，无非都是在功能上对苹果电脑的改进和完善。

更多的时候，消费者只能从现有的产品中发现更符合他们需求的产品，而不能凭空想象出那些尚未存在但却能提升他们生活品质的产品。就像古代的消费者希望能够造出拥有更多个船桨的船只，但他不会想要快艇，因为他的潜意识里根本没有发动机这个概念。

彼得·德鲁克说过："企业的唯一目的就是创造用户。"对于绝大多数的消费者来说，他们关心的是产品能够解决他们的实际需要，至于产品的研发和生产，那是研发人员的事情，与他们无关。如果企业仅仅依靠倾听用户心声进行生产，那么推出的产品只会落后于同行业者，最终陷入不被消费者选择或者认可的尴尬局面。在这方面，乔布斯早有心得。

乔布斯在他的自述中说过，生产者的责任是要提前一步搞清楚消费者将来想要什么，而不是消费者现在想要什么就给他什么。因为，人们并不知道自己想要什么，直到你把产品摆在他们面前。他认为，生产者的任务是读懂还没有落到纸上的东西，企业要创造客户需求而不是顺应客户需求！如果只是“倾听客户需求”，并以此为依据开发产品的话，等你的产品出来的时候，客户的需求可能已经改变了。

生产者要比消费者快上半步，才能赢得市场先机。大 Q 手机的成功就是一个比消费者快半步的成功案例。

2014 年元月，一款专门针对移动互联网时代的智能手机大 Q 在市场亮相。从内芯到外观，从设计理念到设计团队，包括它亮相市场的方式，都显示了它的与众不同：

大 Q 手机的用户群是 16 到 30 岁的年轻人，这是一群 80 后、90 后的年轻人，他们有梦想有追求，也承受着很大的社会压力。他们生于社会转型期，成长在价值多元化的社会；他们既生得漂亮，也要活得畅快；他们追求自我实现，有鲜明照人的个性魅力。他们热爱乔布斯、欣赏“知”本家和平民英雄，他们热衷于借助科技的力量白手创造未来。在通往梦想的道路上，他们努力前行。

大 Q 手机，正是为这样的年轻人而生。拟人化地把大写的字母“Q”演绎为一个正在行走的人形，寓意是陪伴着年轻人一起往前走，这种“以人为本”的设计理念，带给用户的是一种温暖的陪伴感。从形态到色调，都彰显着积极的力量，散发着正能量的气息。有了大 Q 的陪伴，这群执着于梦想的年轻人，在前行的路上不再孤独。

大 Q 手机的设计团队是一群毕业于清华、北大的年轻的理工科高才生。在庞大的手机市场上，他们看到了手机生产商们并没有注意到的消费需求，他们针对有梦想有追求的年轻一代，量身定制了大Q手机。

互联网的PC端和移动端正是年轻群体主要的购物渠道，大Q手机通过PC互联网和移动互联网，全渠道铺货开展大规模推广，也正满足了这个年轻群体的购物需求。大Q手机的开山之作Q1一亮相，就被行业媒体称为2014年千元智能机的黑马。2014年5月1日，在买卖宝商城，大Q手机的Q NOTE进行现货首发特惠活动，半天的预订量就超过3000台。

大Q手机，深度挖掘到了80后、90后这一年轻群体内心真实的需求，用它众多的亮点，点燃了他们的热情，让他们感受到了它与众不同的魅力。面对这样的产品，他们会惊喜、会尖叫，然后，毫不犹豫地去抓住它。

2015年初，大Q手机面向注重理性消费的年轻群体推出Young系列，该系列首款手机——大Q小明，定位于95后的青少年群体，大Q小明上市定价为499元。

2015年3月，大Q手机推出“雷霆战机”主题定制手机，在90后用户群中获得了超高的认可度，积累了一大批忠实粉丝。大Q通过与优质IP的深度捆绑，不仅实现了自身的增值，还探索出了一条软硬件结合的新型发展模式。

伴随着大Q系列手机的逐一面世，大Q创造了一批又一

批年轻的用户群体，占据了越来越多的市场份额。

大 Q 是有态度的手机品牌，它以“追求梦想，相信明天会更好，未来的道路更宽广”作为核心的精神诉求，它好似一个梦想的承载者，一路上陪伴着这些有梦想的年轻人。

大 Q 手机人性化的设计理念和设计风格，给消费者带来的是心理的满足感，消费者曾经需要而又无法表达出来的那个心理空洞被填满了。对于这一点，也许消费者自己并没有明显的感受。但是，大 Q 来了，消费者才发现，原来自己需要的正是这样一款手机。大 Q 带给消费者的，不只是一个手机，更是他们前行路上的一个陪伴者。

所以，在你的产品尚未成型之前，不要妄想从用户那里获取你想要的东西，因为消费者永远也不知道他们真正需要什么，他们所需要的产品恰恰是你要告诉他们的。

乔布斯改变了世界，改变了人类的生活，但是他从来没有问过消费者需要什么；马化腾创造了 QQ、打造了微信，改变了消费者的社交方式，但这个商机不是消费者告诉他的……因此，创业企业，不要等你的产品出来之后再埋怨消费者不购买他们曾经告诉你的他们想要的产品，相反，他们真正想要的产品应该是由你来告诉他们。当企业做出了核心产品并将其上市时，当消费者被这个产品吸引住并且尖叫连连时，你就成功了。

竖起耳朵倾听客户的意见

创业教父马云说过："企业最核心的问题是根据市场去制定你的产品，关键是要倾听客户的声音。"创业者最应该明白的一个道理就是：创业者懂营销比懂技术更重要。

2012年，迈克尔·戴尔访华时这样说："对于客户来说，他们不会考虑是选择英特尔处理器的手机还是ARM处理器的手机，他们要的是性能和体验。"只有能给用户带来好的体验的手机，才是用户需要的手机。至于它的"芯"是谁的，那不重要。他认为如果一直跟着竞争对手走，就很有可能随着对方走向错误的道路，但是客户从来不会把你引入歧途。

在创业潮大受热捧的同时，舆论选择性地忽视了倒闭潮，其实，创业企业倒闭者要比成功的人多得多。

这些倒闭的企业，创业失败的一个非常重要的因素就是前期没有考察好市场，没有弄清楚客户的真正需求是什么。据2015年3月份上海的邻客电商的一项调查数据显示：对客户需求特别了解的企业只占12.1%，对用户比较了解，但不能详细筛选和清晰选择最佳用户的占63.6%，而其他21%的企业，对客户根本没有了解，只是凭感觉，更有3.3%的企业，觉得没有时间去研究这个问题。

2012年7月，北京科技大学09级计算机系的学生陈威创

建的社交网站“秋菠网”正式上线。

秋菠网的一个特色是“送”，用户可以在这个平台上发布自己闲置的物品，其他成员中，如果有谁想得到这件物品，就点击“我想要”告诉发布者，发布者从所有想要的人里面挑选其中的一位将东西送出。用户之间可以查看彼此收到和赠予的历史，通过在物品和个人状态下留言聊天的方式进行交流，增进对对方的了解，以此作为发布者决定送出对象的依据。

在物品的发布者决定把东西赠送给某一个人之后，系统将会发送各自的联系方式到手机上，两人就可以线下见面赠送物品了。

其实，“送”并不是发起人要达到的最终目的，送东西的是想通过送东西这件事，发展出新的社交关系。因为要“送”出一样东西，需要两个条件：第一，对方喜欢你的东西；第二，你觉得对方是你愿意把东西送给他的那个人。这样，两个人在送东西的过程中，就可以发展出一种新的社交关系。

网站发起人陈威说：“我们一开始就不强调物品的价值，物品页面也没有体现。东西对我们来说是一个为线下交流创造机会的引子。”

然而，在经过短暂的兴奋之后，陈威发现，秋菠网的发展并没有他想象的那样好。

陈威自己也参与到“送”的群体中，当时，同校的一名女生把一条手链送给了他，但是两人见面的时候并没有太多的寒暄，后期也没有继续交流下去。而且，网站上每天发布的闲置物品的数量越来越少，“送着送着就没得送了”。

上线三个月，在用户达到6000以后，登录秋菠网的人数增长率开始放缓。“刚开始的时候，一天能有六七十个用户的增长，后来，一天只增长大约二三十个用户。”而且，用户的活跃度不够，长期保持活跃的更是没有多少人。

陈威的初衷并不是想把秋菠网建成一个处理杂物的网站，而是想创建一个类似于Facebook这样的社交网站，通过物物交换的方式，达到人与人之间的沟通。他的天使投资人Steve Bell和王利杰，当初也正是看好这一点。但是，现实还是给这个创意泼了冷水。陈威自己总结的原因是：没有真正抓准用户的需求，用户没有被盘活。

物物交换的方式有地域的限制，跨校之后就不方便了。这在很大程度上限制了用户的数量，当然，也直接影响了用户的活跃度。秋菠网在第一、第二版的时候，也做过调研，看用户的反馈信息。但是，因为初期的用户基本上都是同校的学生，大家出于好奇都过来了，但很多人只是看一下就走了。也就是说，开始出现的用户大幅度增加的状况，并不是真实的市场反馈。

秋菠网未来的发展我们不得而知，也并不想去深度关注。但是，秋菠网遭遇瓶颈的现实，还是告诉我们这样一个事实：

只有满足用户的需求，才能赢得市场。

创业者要达到创业的成功，需要两个跳跃：第一个跳跃是把 idea 转化成产品，第二个跳跃是把产品匹配到市场。其中，第二个跳跃，才是赢得市场的关键，而恰恰是这一跳，陈威没有做好，产品和市场之间的桥梁没能搭建起来。

《华尔街日报》曾经有过这样一篇文章：

没有人比妈妈更了解你，可是，她知道你有几条短裤吗？

然而，桥基国际调查公司知道！

妈妈知道你往水杯里放多少冰块吗？

可是，可口可乐公司知道！

据资料记载：可口可乐公司在做过市场调查后发现，人们在每一杯水中平均放入 3.2 块冰块，每人平均每天看到该公司 69 条广告；麦当劳做过市场调研以后，准确地知道了在某个国家，每人每年平均吃掉 156 个汉堡、95 个热狗。

这样的经典案例有很多，他们都说明了一个道理：客户的需求就是企业的产品发展方向。

那么，怎么样才算是了解了客户的真正需求了呢？怎样做才能准确抓住用户的真正需求呢？了解用户的真实需求，主要分为两个阶段：

一是在产品研发之前做好市场调研，了解消费群体对同类产品有哪些期望和需求。这一调研，只能做一些参考，尤其是对于消费者未知的新产品开发领域，因为消费者没有这方面的概念，所以，也提不出什么实质性的、有建设性的建议。

更多的问题，是消费者在产品使用过程中出现的。但有时候，用户并不会把他的真实感受主动告诉你，这就需要企业的营销人员，与客户进行深入沟通，充分了解客户真正的需求。

在这之前，你先要做好几件事（如图 6-2）：

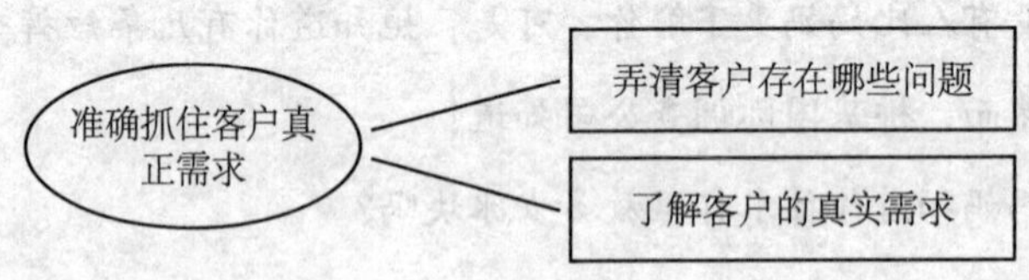

图 6-2 准确抓住客户真正需求

1. 弄清客户存在哪些问题

用户在使用产品的过程中，有哪些方面的体验是不好的，这些不好的体验给客户带来了哪些影响；需要做一些什么样的改良，才能让客户满意。让客户相信你，最简单最直接的办法就是帮他解决问题。

2. 了解客户的真实需求

弄清客户还需要在哪些方面拥有更好的体验，什么样的功能才能给客户带来惊喜。知道了客户对产品的真实需求，企业就可以在产品的生产过程中，把相关功能做进一步的完善和改良，以达到客户的要求。这样的企业，才是客户满意的企业。

企业只有创造出能满足消费者需求的产品和服务，消费者才能认可和接受，才能产生购买行为，甚至二次、三次、N 次购买。企业所做的一切产品，只有在消费者认可的情况下才能占有市场。

07 口碑进阶：品牌 IP 化的 7 个招数

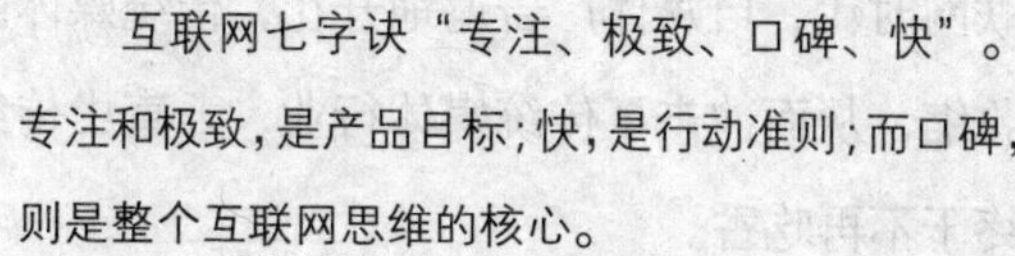

互联网七字诀“专注、极致、口碑、快”。专注和极致，是产品目标；快，是行动准则；而口碑，则是整个互联网思维的核心。

——黎万强

传统广告为何失效

当我们提起“传统广告”一词的时候，你大脑中出现的是什么？或许是报纸上的平面广告，电视上的视频广告，或者电台上的声音广告？在传统广告领域，互联网还不够发达的时候，这些一直处于垄断地位的媒体，它们以广告作为主要收入来源，曾经也风光无限。

然而，当传统媒体遇上互联网时代，躺着收钱的广告模式终于失效。它们的垄断地位也随之发生动摇，如果说在门户时代，互联网广告蚕食了广告市场的大半个份额，那么在移动互联网时代，自媒体广告遍地开花，传统媒体的广告收入进一步收缩，从而冲击了传统媒体行业，一直由传统媒体塑造的品牌终于不再吃香。

坚果类电商品牌“三只松鼠”就明确表示，一分钱都不会投给硬性广告，而是将广告费用运用到品牌营销的实践中。硬性广告，主要集中在电视、报纸、电台和杂志等传统媒体中。

即便如此，很多企业仍然在迷信传统媒介的广告效果，倾向于信赖传统媒体传递的广告效应，但是越来越多的广告主却义无反顾地相信新媒体的力量，相信新媒体的传播力度。

万达集团就是最好的例子。2016 年集团董事长王健林明确要求集团所有业务要向新媒体转变，要求增加新媒体在项目营销推广工作中的比重，新媒体费用须达到媒体推广费用的 70%

以上。理由是随着消费者行为习惯的变化，中国广告的投放重心已经从传统媒体转向新媒体，而且万达集团为了实施科学有效的投放策略，还专门制定了新媒体投放蓝皮书，用于指导文旅项目的新媒体投放工作。同时确定了五大投放渠道，分别是：新闻客户端、BAT 平台、社交媒体、视频平台和 DSP 平台。

诚然，万达大幅度调整广告投放策略是有道理的。目前消费群体集中在新生力量，80 后和 90 后成为消费的主体，他们的个性更加鲜明，消费不再依赖于传统广告的重复洗脑，更倾向于有情感认同和维系的产品和服务，倾向于朋友或者网友之间口碑相传，所谓粉丝经济便是这样随之兴起。

对于传统的品牌营销来说，这是一种全新的广告模式，不再依赖所谓的主流媒介和权威媒体背书，口碑就是最好的背书。与此同时，传统产业乏力，消费升级成为时代趋势，文化旅游项目更加适合于口碑传播。

除了消费者行为习惯的变化之外，我们知道科技的发展和智能手机的出现，开辟了移动互联网时代，分散了人们的注意力，人们此前集中在报纸、电视和电台的时间被稀释，传统媒体已经不再是宠儿，自媒体无时无刻不在侵蚀着人们的碎片儿时间。

从内容上来看，随着自媒体广告的兴起，垂直专业的自媒体广告更加深得人心，随便打开微信的广告文章，你会找到很多直击痛点的标题，文章用的是软文笔法，内容广告化，一气呵成，迥异的风格有别于传统广告的高大上，同时也收到不错的阅读效果。

比如微信公号“书单”有一篇《讲一万遍“多喝热水”，都不如做好这一件小事》的文章，从题目来看，你以为文章在苦口婆心地劝你多喝水，其实是推销一个保温瓶的软文，在前一天讲述了产品主人公的创业经历，于是顺势推出了产品广告，配置精美的插图，以文艺范的口吻，结合环保节能的情怀，一下子就俘虏了粉丝们的心。

企业 IP 化生存是大势

什么是 IP？

IP 英文缩写为：Intellectual Property，其定义是：一切倾注了创作者心智的词语、短语、符号、设计和创意等被法律赋予独享权利的知识财产。

万事万物皆 IP 的种子，优质的 IP 内蕴深远、影响力大、社会认知度高，例如《哈利·波特》、迪士尼动漫、《西游记》……我们所谈论的 IP 类似品牌的概念，但是远远超越了品牌的范畴。

目前很多知名的品牌都有 IP 化的倾向，比如可口可乐、阿里、万达、恒大、三星、苹果、海尔、格力、伊利等等，它们其实蕴藏着无穷的能量，未来的品牌营销就是 IP 营销，为了让品牌的生命力更加旺盛，除了产品与服务本身继续保持优势外，这些著名的企业还需要着手构建体系化 IP 品牌。

IP 是随着互联网飞速发展而兴起的，具有典型的互联网

DNA，比如跨界融合、创新驱动、传播面广、爆发力强。IP 除了个体的价值外，还会不断凝聚成一个前景广阔的产业。从本质上来说，IP 其实是一种很好的精神产品。

按照马斯洛需求层次理论分析，随着生活水平的提高，人们在温饱问题解决后，会渴望拥有精神享受，积极为健康、快乐、尊严等精神体验付费，同时丰富的社会物质财富也为 IP 产业兴起提供了基础，从而使消费市场更加繁荣。

互联网时代，我们所熟知的 IP 就是最好的精神产品，尤其是文化产品。由于 IP 天然具有完整的文化基因、市场基础和商业模式，打通了出版、影视、游戏、音乐、文学、媒体等行业以及资本市场，所以深受各行各业的青睐。

尤其是在互联网时代，IP 产业飞速崛起，吸引了大众的目光，成为品牌传播最有力的工具。我们不可忽视的是，IP 是可持续发展的资源，IP 为产业链提供源源不断的巨额利润。

有人认为，IP 是一种互联网新物种形态。

从迪士尼、airbnb、YouTube、Instagram 到微信、papi 酱、芈月传、鹿晗，IP 浪潮席卷全球，这不仅仅是互联网领域的革命，更是未来商业的游戏新规则。

IP 从泛娱乐形态快速渗透新商业生态全维度，正深化为不同行业共同的战略方法，甚至是一种全新的商业生存方式，即 IP 化生存。

普通 IP 如果发展成超级 IP，前途无量。超级 IP 的内核，是辨识度极高的可认同的商业符号，它意味着一种对于打动人心的内容的身份认同，意味着自带势能和流量，自带压强，或者具有足够压强的一种社群商业标签。

以上的论述引自《超级 IP：互联网新物种方法论》一书，笔者深以为然。

IP 作为互联网新物种，代表着新消费精神的崛起，也是全新连接技术的多样性所造就的，IP 灵活机动地将品牌信息传递给了客户。

IP 研究者吴声认为："IP 的生存模式不是简单的商业设计，而是承担用户意识的载体，是社会人群意识流泻的直接记录。"IP 化正在渗透商业生态的全维度，深化为不同行业共同的战略方法，形成一种全新的商业生存方式，即 IP 化生存。

企业所有信息都会以文字、视频、音频、图片等形式在网上广泛传播，各种信息在互联网平台上自由交换，形成了信息大杂烩并且激荡起不小的涟漪。

各种场景、平台和内容交互作用，从而加剧了 IP 舆论场的变化，至于是产生正能量还是负能量，良性的发展还是恶性的循环，这些都与企业所释放的信息以及 IP 品牌营销有密切的联系，也与企业的愿景、品格和素质息息相关。

迄今为止，在很多人眼里，郭敬明在商业操作中可算是最成功的 IP 实践者，"郭敬明"本身就是一个 IP，他有敏锐的商业头脑，在系统化的操盘下，他们的团队从图书、杂志、音乐、影视等领域不断地开疆辟土，构建了强大的商业王国，他作为 IP 能够运作得风生水起，全赖于 IP 的坚实基础。

不过 IP“郭敬明”及其他的 IP 作品逐渐被过度开发，越来越为市场所诟病。新电影《爵迹》备受争议，而且票房遭遇滑铁卢，这正是 IP 品牌营销失效的转折点，郭敬明甚至疯狂地说出“是不是只有我死了，你们才不会骂《爵迹》”。

实际上，郭敬明不知道的是，IP 具有高度的人格化特征，品格不佳的品牌即使有机会晋升为 IP，一旦品格滑坡口碑欠佳，IP 便会产生马太效应，口碑越差，IP 越不给力。纵观近年来的企业发展，无论多么辉煌的企业，在 IP 化生存的大环境下，口碑和格调变得异常重要。

从残酷的互联网市场竞争态势来看，即使是曾经风光一时的互联网公司，稍不注意品牌和 IP 营销，企业的声誉很可能就出现滑坡的迹象，如乐视网、锤子手机；最显著的是百度，由于魏则西事件引爆了对百度的广告模式的争议，百度备受质疑，股价瞬间不稳，人们担心百度有一天会被逐出互联网巨头的队列。

我们不妨进一步分析，从目前发展态势来看，在 BAT 三大巨头中，人们一直认为阿里是技术创新的引领者，腾讯仍然稳坐社交红利的头把交椅，口碑也越来越好，证明企业在品牌运营上还是下了不少功夫。

再回过头来看百度，即使开发了无人驾驶的系统，市场的前景也并不乐观，与其说百度的商业模式出了问题，倒不如说是百度的品牌 IP 化进程中遭遇了挫折。

人们获取信息的渠道不仅仅在于传统媒体，新兴的网络媒体和自媒体已经成为主流，消费者拥有一部手机足以知晓天下事。

谁也不能轻易说受众会错过传统媒体的内容，实际上网络媒体和自媒体这个广阔的平台同样也承载着传统媒体的主要内容，也就是说，关于企业的所有信息大多数都会在网络上传播，形成了强大的 IP 舆论场。

在这股强大的 IP 潮流中，每个企业都置身其中，根本无法躲避，舆论场构成了对企业品牌的声誉。IP 化生存是企业的大势，也是未来品牌稳步胜出的最佳法宝。

IP 是品牌营销的升级版

基于 IP 理念的品牌整合营销与推广，简称 IP 整合营销。在泛娱乐时代的背景下，此前各自独立的文化创意细分领域，开始融合，而交互点就集中在 IP。

实际上，品牌 IP 化是时代发展的必然结果，尤其是互联网公司，因为“互联网 +”切入得越深，企业 IP 化生存越明显，IP 品牌营销就会变得更加急迫。

众所周知，信息在互联网平台上自由流动产生了舆论场，舆论场集中了广泛的话题，虽然话题五花八门，但是那些明显自带标签的话题往往最容易萌生“IP 种子”，“IP 种子”一经口碑传播，在舆论场中再度得到能源从而萌芽生长。缺乏有组织的 IP 品牌传播往往是自生自灭的，自媒体和网络媒体造就了强大的舆论场，没有任何一个品牌能够经得住注意力分散带来的负面影响。因此，IP 营销中，有组织的 IP 传播才能更好地迎合互联网舆论场。

从另外的角度看，在移动互联网时代媒介平台不断涌现，传统媒体塑造品牌的能力越来越弱，昙花一现的广告传播早已不再引起人们的过度关注。

多屏时代，需要内容持续自产，故事持续更新和品牌持续曝光，才能适应强大的舆论场，IP 才能成为品牌营销的高级版。

手机品牌 OPPO、vivo 挤掉其他品牌，在中国智能手机市场崛起，虽然和打着低价促销的营销方式有一定的关系，但是真正的秘诀却并不在此。据 OPPO 透露，截止到 2016 年 6 月，该公司拥有 24 万家经销商店——这是麦当劳全球门店数量的六倍。vivo 拥有的经销商店数量则是 OPPO 的一半。尽管没有透露具体销售额，但 OPPO 称公司 90% 的手机均通过线下销售。

我们从 OPPO、vivo 品牌崛起看到的是什么？线下实体店成为最好的品牌广告位，同时得到三四线城市年轻人的追捧，品牌已经成为 IP。

相比之下，苹果在中国旗舰店不多，且大部分均位于一线城市。虽然苹果的零售网络一贯注重消费体验，但很多中国消费者，尤其在相对落后的小城市的消费者，更看重本地售后服务。

有人说，这种售后服务本身就是一个强大的营销工具，几十万家的实体店结合售后服务，足以创造奇迹，它们可以通过口碑营销笼络人心，从而上升到情感认同，这就是企业 IP 化生存的真实写照。

马云于 2016 年提出“新零售”的概念，拓展线下体验店，结合线上网店，让用户体验到消费的快感，拉近产品与用户的距离，促使品牌快速向 IP 进阶，重新确立品牌的地位，这也顺应了企业 IP 化生存的大势。

由此看出，互联网时代的 IP 不断融合品牌，相得益彰，品牌 IP 化日益趋强，IP 化生产成为企业品牌发展的新常态。IP 传播的广度与烈度比品牌传统更广泛、更彻底和更深远。

随着科技的进步，网红直播、短视频、VR 和 AI 勃然兴起，新的传播手段的兴起，注意力将会加剧分化，品牌将会变得更加式微，没有融入品牌内蕴的 IP 将会丢掉市场的份额，IP 化的产品和服务将会具备越来越强的竞争力。

有影响力的 IP 就是有影响力的品牌，有影响力的品牌不一定是优质的 IP，企业的产品或者服务从品牌化向 IP 化的转化日趋明显，IP 拉动品牌的发展。

IP 的竞争力，从文本的角度来看，IP 的侧重点在于内容营销，这与传统品牌有所不同。内容营销已经成为营销行业中绕不过去的话题，IP 更是内容营销领域最为核心的关键性因素，IP 整合营销应运而生。

创意内容是 IP 原点。IP 研究者吴声在京东众创学院谈超级 IP，认为“一切商业皆内容，一切内容皆 IP”，指出在这种全新的商业表达中，IP 俨然成为商业逻辑的基础设施。以 IP 为起点，产品、品牌、渠道、用户等商业元素与 IP 的连接形成场景化的解决方案，赋能商业，同时 IP 价值不断沉淀，并形成新的商业反哺。在 IP 的催化作用之下，流量、用户、产品天然整合一体，并形成了极具吸引力的售卖逻辑。

以 IP“罗辑思维”为例，2012 年底，罗振宇与独立新媒创始人申音合作打造知识型视频脱口秀《罗辑思维》。半年内，由一款互联网自媒体视频产品，逐渐延伸成长为全新的互联网社群品牌。

《罗辑思维》的口号是“有种、有趣、有料”，倡导独立、理性的思考，推崇自由主义与互联网思维，凝聚爱智求真、积极上进、自由阳光、人格健全的年轻人，是国内微信营销的典范。

罗辑思维，目前较大的互联网知识社群，包括微信公众订阅号、知识类脱口秀视频及音频、会员体系、微商城、百度贴吧、微信群等具体互动形式，不断地创造内容、生产话题和商业操作，在关注力稀缺的互联网时代，能够凝聚一大帮忠实的粉丝，产生良好的品牌效应和商业机遇，罗振宇确实是不简单的 IP 孵化者，这个平台不愧是 IP 时代的典范。

退一步来说，即使“罗辑思维”形成了品牌，但是没有进化到 IP，没有核心内容和创意内容，更无法凝聚消费者的情感，无法表达出品牌的内涵，将会逐步丧失在市场上的竞争力。归根到底，无论是从商业的角度还是从内容的角度来说，创意是所有 IP 的核心。

IP 的类型千差万别，从文本的角度来看，在 IP 创意内容方面，拥有独一无二的创意内核，价值观符合人类主流文明至关重要。创意内核、价值观都将体现在 IP 的名称、logo、赋予意义的内容（故事）上。

万物互联成为新的造物起点和内容生产基础，IP 内容创意的先天基因决定后天发展。内容千差万别，找到最好的创意才是关键，其中“文本创意”一旦出彩，最有利于品牌传播与衍生开发。

我们必须清醒地认识到，品牌不是 IP，成熟品牌最有可能成为超级 IP。品牌导入期，企业可以制定 IP 开发方案，只有持续开发才能发展成为优质 IP。开发 IP 的过程就是品牌传播的过程。品牌与 IP 相互融合、渗透、影响。IP 成为品牌传播最有力的推手。

毫不夸张地说，没有了 IP 传播方式，一切都成为空话！

用好 IP 整合营销的传播载体

IP 营销有别于传统媒体和传统渠道的传播载体，主要通过 IP 的内容核心创意，不断地激发内容生产，赋予品牌意义，在不同的媒介载体上传播，凝聚受众注意力，从而形成有情感寄托和消费潜质的品牌传播，具有跨界融合、自我进化、口碑互动等特征。

其次，IP 整合营销的传播载体，不限于传统媒体，而是包括：图书、玩具、音乐、电影、微电影、游戏、动漫、电商、服装、社交、舞台剧、剧场、自媒体、网络媒体、主题公园和朋友圈等等，传播载体也包括文化衫、各种赠品、媒体矩阵、众筹平台、短视频平台、网红直播、威客网站、电商平台、社群等等。

IP 整合营销运用了创新的传播手段，将品牌与 IP 巧妙结合，开辟了全新的传播载体，融会贯通持续激发传播热点，不断地引起受众的关注和互动，也有别于移动互联网广告、户外广告、室内广告等片面性传播，因为传播的渠道有了变化，所以传播机理也发生了变化。

因此，IP 一旦拥有了自己独特的名称、形象以及内容，那么可以发挥的传播空间就大了。玩具营销、歌曲营销、众筹营销、出版营销……成为玩转 IP 整合营销传播的新手法（如图 7–1）。

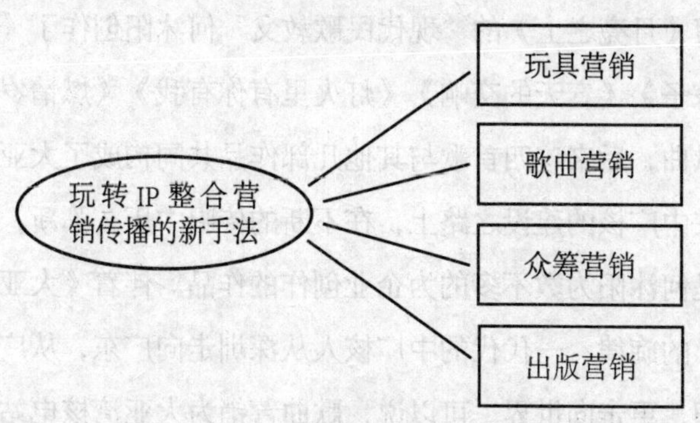

图 7–1　玩转 IP 整合营销传播的新手法

（1）玩具营销

比如说，玩具在常人眼里只不过是很普通的物件，但是不可否认也是很好的传播媒介，那么玩具怎么作为载体呢？玩具最主要的是承载 IP 的形象化，比如《赛车总动员》，里面的车模型摆设在儿童玩具店，即使这部经典的动漫电影公映多时，但是作为 IP 的下载仍然保留下来。IP 企业与传统的玩具商合作，出资将形象物化，将自己的品牌放到全国各地的玩具店，更加引人注目。

（2）歌曲营销

根据 IP 的内涵选择合适的传播方式是至关重要的，在歌曲营销方面，请明星定制一首歌，歌曲还编写个故事，点出 IP 名称，这些都是可以的，比如李健一首《贝加尔湖畔》让多少人认识了贝加尔湖畔？从这个角度来说，歌曲营销可以当作 IP 营销的一种形式。

写《月亮之上》的“现代民歌教父”何沐阳创作了《大亚湾的孩子》《春天的交响》《灯火里有你有我》《燃情岁月》四首歌曲，后来这四首歌与其他几部作品共同构成了大亚湾组歌，在中广核的建设之路上，在不断的传唱中历久弥新，这些歌也是何沐阳为数不多的为企业创作的作品。伴着《大亚湾的孩子》的旋律，一代代的中广核人从深圳走向广东，从广东走向全国，更走向世界。可以说，歌曲营销为大亚湾核电站品牌起到了重要的宣传作用。

零食品牌“三只松鼠”最懂得 IP 赋能之道，曾经还和二次元“人气歌手”初音未来进行跨界合作，推出首支跨次元明星 MV《好吃歌》，歌曲由拥有 55 万微博粉丝的中文 VOCALOID 虚拟偶像洛天依担任演唱，动画中三只松鼠伴随着“好吃好吃好吃”的魔性旋律摆出萌萌的舞蹈动作。邓紫棋在“双 11”当天翻唱了三只松鼠的这首《好吃歌》，并发微博，转发超过 7 万。

（3）众筹营销

众筹营销是指通过众筹的方式将 IP 衍生开发，将品牌传播出去。“3W”是通过众筹营销来开发 IP 最成功的品牌。资料显示，3W 咖啡是国内最早最成功的众筹创业咖啡馆，以 3W 咖啡为契机，搭建了中关村创业大街上最大的创新型孵化器——3W 孵化器，不仅解决了创业者的办公场地等硬件问题，同时衍生了除联合办公之外的 3W 其他创业者服务。目前系中国最完善的创业服务生态圈，集创业咖啡馆、孵化器、创业基金、品牌推广、人才招聘等于一体的完整创业生态体系。

3W 日常持续举办互联网知识分享沙龙，邀请各领域顶级的企业家做深度分享，通过年度大会、季度活动、小型主题分享会等为股东提供更多私密深度交流和合作机会，线上线下交流，人气非常旺，获得了极高的评价和口碑。从众筹营销的角度来看，众筹只是一个小切口，形成生态系统更加让人佩服，可以说，IP“3W”是一个成功的 IP 孵化与营销。

（4）出版营销

IP 营销还可以与出版社合作出书，图书内容要策划与自定，也就是说，你的 IP 会随着图书的销售发行走进千家万户。当然出版营销不是以卖书赚钱为目的，而是借助图书的销售渠道来扩大传播。出版营销是要付出一定成本的，但是如果题材足够吸引人，也不一定要付出很高的成本。

举例来说，你不一定认识褚时健，但是你一定听说过“褚橙”，现在 IP“褚橙”概念火遍中国。人们不仅仅关注到褚时健跌宕起伏的命运故事，还关注到他种植的橙子——“褚橙”，其中图书《褚橙方法》《褚橙是这样成为爆款的》《勇者激扬——褚时健传记》《褚时健——影响企业家的企业家》起到了良好的营销作用，将“褚橙”IP 品牌运作得顺风顺水。

无论是“3W”崛起还是“褚橙”的成功，都体现了企业 IP 化生存的大趋势不可逆转。基于互联网环境成长的品牌，它们顺应了产品或者服务 IP 化生存的趋势，也正是由于把握住 IP 与品牌之间的进化机制，在市场中很容易就脱颖而出。

通过案例可以看到，IP 营销注重情感共鸣和认同感，传统品牌营销仅仅是单纯的注意力覆盖。在互联网的环境中，注意力分散得非常厉害，如果没有情感共鸣或者价值观认同，增加受众的黏性无异于痴人说梦。

同时，我们也可以看到，IP 具有丰富的角色形象和故事背景，可以赋予品牌某种内涵，这在几乎所有企业都忽略品牌背后的具体故事背景的当下，是个不错的选择。

IP 元素不再是噱头，而是成为品牌故事的传播者、参与者和出演者，为用户打开了参与品牌情感的窗口。IP 开发的过程就是品牌传播的过程，IP 整合营销是传统整合营销传播的升级版。

IP 角色通过与品牌形象互动，产生新的故事，并在故事中产生品牌的情感溢价，这是绝大多数品牌所忽略的，也恰恰是 IP 元素在品牌推广中的真正价值。总而言之，在 IP 品牌传播中，整个实施都需要一个整体性、长期性、可持续开发的状态，要选择合适的载体与内容创意，所以有别于传统的品牌营销。

那么如何开发 IP 故事创意？这里面有什么窍门呢？

开发 IP 故事创意的小技巧

IP 营销，首先涉及的就是内容创意，而从内容层面来看，故事必然成为主角。开发故事创意要结合企业的品牌内涵来展开，比如可口可乐给人的感觉是“活力，青春，快乐”，那么故事创意的主题思想需要围绕这个核心来展开。

当然，除此之外，我们还不能忽略其他故事创意模式。我们不妨对故事创意编写的路径进行探寻，重新诠释故事，将故事的核心人物关系拈出，借助叙事语法结构，描绘出故事编创的简单形式，铺成故事创意编写的有效路径。

既然故事的核心是人物关系，那么这种关系是以怎样的形式在创作中表现出来的呢？通过怎样的方式才能使故事之核（即人物关系）生长成为一个故事呢？对此，我们可以借助叙事语法结构来找到故事编创的特殊规约，从而描绘出故事编创的“简单形式”，铺成故事创意编写的有效路径。

从故事的讲述来看，一个故事就像一个长句子（或段落），故事的人物关系可以改写为一个句子（或段落）的语法关系，即：主角就是主语，主角的目标就是宾语，主角的情感状态或实际行动就是谓语。由此，我们可以将电影《007之金手指》的人物关系改写为这样的一个简单的叙事句型——“邦先生”阻止“金手指”毁灭地球，或者一句话“师徒四人一路除妖战魔去西天取经”概括《西游记》的精髓。

经过这一浓缩，似乎故事创意便变得容易很多，如果将故事创意编写这一复杂的问题转变成为造句这一简单的工作，借助一些特殊而有效的句型就能铺成故事创意编写的有效路径。例如：

运用句式“因为……所以……”。如前所述，故事不仅包含时间先后关系，也包含着逻辑因果关系，编创故事的有效路径自然少不了“因为……所以……”这个因果句型。

在这个句型中，“因为”是故事的起因，蕴含了造句者对故事结局的感悟与认知，它与故事要传达的终极价值判断紧密相连；“所以”是故事的结局，蕴含了造句者对行动时间结局的回答，它与故事要传达的表层见解紧密相连，例如《功夫熊猫》讲述的是一个“小人物也可以做大英雄”的故事，这个故事是用一个因果句型构建起来的，因为熊猫阿宝将爱吃这一弱点转化为领悟功夫的优势，所以战胜了雪豹大龙，成为大侠！

类似的句式还有“不但……而且……”，递进关系，作用在于挖掘和深化主题，让故事创作更近一步，其他的还有“虽然……但是……”“如果……那么……”“即使……也……”这些句式则能有效地帮助我们突破思维的局限，从而解决思路枯涩的问题。在这里就不详细讲述了，自己慢慢体会，这些都是解决 IP 创意的办法。

还有比如词汇联想、新闻改编、图片联想和梦境素材等等，脑洞大开才有 IP 的好创意（如图 7-2）。

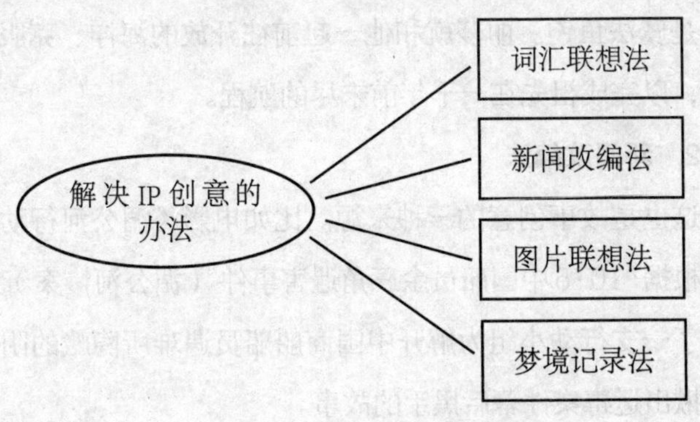

图 7-2　解决 IP 创意的办法

1. 词汇联想法

操作办法是这样的：手拿一本《现代汉语词典》，随意翻阅，随机挑选出 5~10 个词汇，然后将其围绕 IP 品牌的内涵，自由联想而成一个故事蓝本。

比如随意翻出这几个单词：航程、岛屿、祖父、超级英雄、文身、猪。围绕的 IP 品牌内涵是：勇敢、开放和顽强。如何发挥自由想象将这几个词汇串成一个故事呢？不妨描述一个大概的故事创意：公元18世纪，在南太平洋小岛上，那里居住着一个爱好航海的部落，部落酋长有一个独生女丽莎，在祖父的鼓励下她一心想去探索临近的岛屿，但她的父亲不许。在祖父死后，她偷偷划船溜出岛，去寻找传说中的岛屿。她有两位同行的伙伴，一只公鸡和一头猪。

丽莎一行在一座小岛上搁浅，遇到岛国神话里的超级英雄，他可以变成鸟儿，身上刻着很多可以活过来的文身，还有一个法宝是魔法鱼钩。丽莎就和他一起前往开放的海洋、克服各种凶险，以完成祖先在一千年前未尽的航程。

2. 新闻改编法

这也是故事创意的一种来源。比如电影《湄公河行动》，该片根据“10·5中国船员金三角遇害事件”（湄公河惨案）改编，讲述了一支行动小组为解开中国商船船员遇难所隐藏的阴谋，企图揪出运毒案件幕后黑手的故事。

再比如，电影《落叶归根》讲述的是民工老赵（赵本山饰）为使好友老刘（洪启文饰）死后“落叶归根”，一路上历尽艰难将老刘尸体运回老家的故事。该片脱胎自2005年《南方周末》的一个报道，讲述一个农民工千里背尸，把同伴尸体运回家乡落葬的故事。

所以说，故事创意来源于新闻事件的例子不胜枚举，新闻题材改编成电影也会越来越多，挖掘故事创意可以从新闻题材中吸取一定的灵感，从小处发掘深刻的内容，好的题材散落在新闻的角落里，需要创造条件去寻找。

与此同时，随着非虚构写作的崛起，除了新闻之外，非虚构题材也能产生不错的故事创意。比如《太平洋大劫杀》是根据“鲁荣渔 2682 号”航海杀人事件创作而成的非虚构作品。有评论指出，这是继美国著名作家杜鲁门·卡波特的《冷血》之后，又一部以凶杀为题材，深刻记录人性和人的命运的震撼人心的非虚构作品。

因此，翻阅旧报刊或者浏览手机上的新闻客户端，只要有目的地搜集和积累，总会有意想不到的收获，不妨去试试。

3. 图片联想法

创意有时候就来自一刹那，可能是来自某一张图片或者一幅风景画。因此在平时的观察中，可以将感兴趣的图片或者风景拍下来分门别类收藏起来，比如按照动物、植物、风景、人物、插画、冲突等等分类构建自己的资料库，待某一天需要故事创意，一是单独联想，二是将它们随机组合，最终演化成一个故事题材。

当然，故事创意是内涵，将故事创意转成品牌创意，需要一个深加工的过程，重新发现素材的亮点，结合 IP 品牌的特征，挖掘故事的含义，不断修改完善，保持最可贵的原创性。

4. 梦境记录法

其实做梦是一种很有意思的心理活动，无论是噩梦还是好梦，它们都是反映你心理状况的一种方式，情节虽然是离奇古怪，但恰好可以成为想象力的源泉，很多著名的作家就曾经从梦中得到有益的启示，通过记录梦境来激发想象力，丰富自己的作品素材。

如何才能将自己的梦境记录下来呢？其实这是因人而异的，你可以在床头准备本子和笔，从梦中醒来立马记录，千万不要对自己的记忆力有信心，因为梦境转瞬即逝，最好还是记录下来。很多人会用手机直接录音保存，这也是比较便捷的方法。梦境记录完毕，经过一段时间的发酵和整理，相信会诞生不少令人满意的故事创意。

“三只松鼠”的启示

三只松鼠成立于2012年，成立之初因为不错的业绩在坚果电商行业崭露头角，目前是中国第一家定位于纯互联网食品品牌的企业，也是当前中国销售规模最大的食品电商企业。三只松鼠品牌于2012年6月19日上线，当年实现销售收入3000余万元，2013年销售收入突破3.26亿元，2015年“双11”单日销售额达2.66亿，全年销售额破25亿人民币。

公司最初是由5名创始人团队组建，到目前公司全国雇员超过2000余人，平均年龄24岁，是全国最年轻的电商团队。当前三只松鼠全面覆盖天猫、淘宝、京东、1号店、QQ网购、美团、唯品会等各类渠道，并已建成全国八大物流中心，实现全国80%区域的消费者次日达极速物流服务。

三只松鼠之所以能取得如此骄人的业绩，除了对产品质量严格把关，不断完善物流、服务等，最重要的是企业顺应了IP

化发展的大势。在实践 IP 品牌营销的过程中，如何创造能让消费者记住，愿意尝试，并感受到更高的价值的品牌以及更好的消费体验，这成了当今企业最关心也是最重要的问题。“三只松鼠”电商 IP 的营销实践提供了很多路径（如图 7-3）。

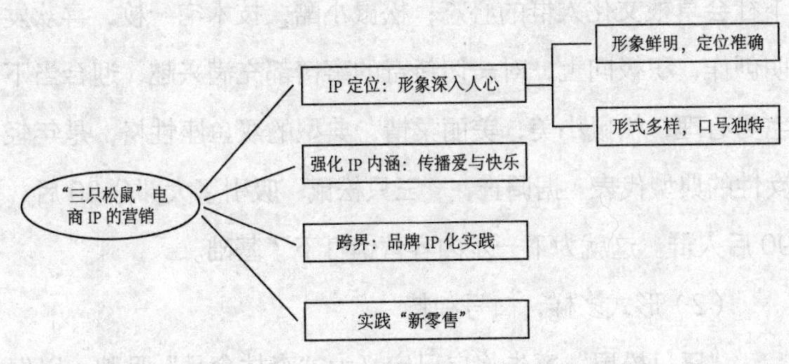

图 7-3 “三只松鼠”电商 IP 的营销

1. IP 定位：形象深入人心

确定走 IP 品牌路线，必须先确定品牌的名称和形象，这是最基础的前提。三只松鼠创始人章燎原认为没人会拒绝萌萌的小动物，于是他选择了松鼠，并且以卡通化的形象展示在消费者面前。

“三只松鼠”这个名字树立的品牌萌宠形象，无形中拉近了与消费者之间的心理距离。提及“松鼠”，大部分人会和“坚果”联系在一起。据调研，90% 购买过三只松鼠食品的用户能记住这个品牌。为了加强品牌曝光，给用户形成品牌印记，“三只松鼠”在外在品牌形象中有一些特征：

（1）形象鲜明，定位准确

“三只松鼠”形象逼真，可爱至极，让人过目不忘。这三只小松鼠色彩鲜艳，鲜活可爱，都有一个自己的名字，代表着一种典型性格。松鼠小贱，又贱又萌，略带草根气质，符合当下社会草根文化人群的心态；松鼠小酷，技术宅一枚，喜欢发明创作，积极向上，对一切新奇的事情都充满兴趣，迎合当下宅男心理；松鼠小美，美丽柔情，典型的双鱼座性格，是年轻女性的典型代表。据调查，“三只松鼠”吸引了大部分80后、90后人群。这就为下一步内容营销打下了基础。

（2）形式多样，口号独特

“三只松鼠”率先将自己定义为“森林食品”品牌，以倡导“慢食快活”的生活方式作为品牌推广的特色；在天猫旗舰店首页的“全网坚果领导品牌”等将企业归于品类领导者的字眼；宣传口号从最初“认准这个大头”的朗朗上口，到“松鼠小美，就是好喝”“全世界的零食将被我承包”的品牌个性鲜明，这些都是“三只松鼠”形成品牌印记的一种表现。

通过上述品牌传播渠道和手段，“三只松鼠”成功地营造了一个健康、饱满的形象，吸引住了80后、90后的消费者，在某种程度上迎合了消费者的需求，从感官上给予了用户消费刺激。

众所周知，卡通动物为基础的卡通形象营销，在电商行业里是有竞争优势的，主要是卡通形象本身对用户的心理影响效果要比Logo好。卡通形象和Logo最大的区别在于：人格化。

卡通形象可以视为一种人格化的 Logo，对用户心智的影响不仅在于视觉层面，更在于其背后的人格设定，可以在不同维度上影响用户。卡通形象实际上是一个代言人，可以进行各种演绎，这是 Logo 不具备的优势，在互联网时代，这个优势被放大了。

三只松鼠在品牌 logo 设计上最先开创动漫色彩设计，采用最亲民的卡通形象，以三只诙谐、可爱、个性独特、人物化的松鼠形象为主要表现形式。

三只松鼠创立伊始，就致力于走新鲜低价安全食品的路线，率先提出了“森林系”食品的概念，倡导“慢食快活”的生活方式。以三只萌系的卡通松鼠牢牢抓住用户的眼球，将绿色安全的概念植入用户的心中，品牌形象和品牌名称的相得益彰再一次加深了用户对该品牌的印象，使三只松鼠这个朗朗上口的名字被用户所熟知。

2. 强化 IP 内涵：传播爱与快乐

美国人阿瑟·米勒（Arthur Miller）曾说过：“许多年以前，一个人如果难受，不知如何是好，他也许会去教堂，也许会闹革命，诸如此类。今天，你如果难受，不知所措，怎么解脱呢？去消费！”许多消费开始超越本身的使用价值，关注商品的符号价值给人们带来的情感价值、心理价值，并通过符号的力量重新建构起品牌内涵，形成独特的符号文化和 IP 内涵。

但很多商家意识到 IP 营销的时候，总是拼命地去拼流量和价格，却从未意识到 IP 的内涵，更无法挖掘到 IP 的独特价值。面对种类繁多的商品世界，总得为客户创造价值，回归到产品的本质。在互联网时代，用户消费的时候，他们不仅仅是为了你的产品的使用价值而消费，更是为了你 IP 的精神价值，所以你的产品必须要有灵魂，满足他们的精神需求。

“三只松鼠”的核心价值和基因是什么？“一个传播爱和快乐的品牌！”连接主人和三只松鼠的一定是爱，这是一种从内部延伸到外面的企业文化。“三只松鼠”的客服，每天唯一的任务就是陪主人玩耍。他们经常会在客服中心评比最近跟主人之间好玩的故事，给主人带去爱的故事。据说有很多主人会自己找上门，逢年过节就给松鼠送来一些礼品。员工有爱，聊天互动，才会把这种爱传递给消费者，传递给更多的人。

三只松鼠人格化，让独特的生命、独特的人格、独特的魅力自我成长。他们一直营造的是带给主人爱的氛围，让主人开心是每个小松鼠的使命。有很多主人不开心的时候来找松鼠，“三只松鼠”有专门跟主人聊失恋的，试问哪家电商公司的员工会陪着用户聊天？事实上，这种亲密的纽带关系，正是 IP 品牌最直接的方式，可以说是一种 IP 基因，也可以说是一种情感营销。

在互联网时代，这就颠覆了传统的零食消费观，找回人类最本初的最真挚的一种情感，把这种情感带入商业里，不要让商业那么冷，那么赤裸。“三只松鼠”希望卖出最好的产品，同时还要满足主人的精神需要，让其获得超越期望的一些体验。

如果“三只松鼠”的 IP 内涵中没有了爱与快乐的基因，也做不到这样贴心的用户维护。

在 IP 的价值基因中赋予 IP 精神内涵，让消费者认同你，跟随你，消费你！沃尔玛的品牌价值观是“用户就是上帝”“追求卓越”“坚持天天低价”；宝洁公司的企业文化是“消费者至上”“尊重员工”；苹果公司的理念是“专注设计”，了解消费者的需求，着手满足这些需求，从而赢得了全球粉丝的好评。

“三只松鼠”的文化是“忠于信仰、勇于改变、坚持不懈、分享协作、好好学习、天天向上”。所谓“忠于信仰”是忠于要实现为全人类寻找最优质、最新鲜、最健康的森林食品的信仰，这是极致、做到最好的思维；“勇于改变、坚持不懈、好好学习、天天向上”都是迭代思维的诠释。“分享协作”则是社会化思维的体现，总体上就是分享爱与快乐，企业文化使 IP 的灵魂得到了升华。

换而言之，虽然不是所有的企业都基于人类优秀的价值观进行品牌文化设计，但“三只松鼠”所倡导的品牌文化、价值观和理念追求，都是基于互联网用户思维、极致思维、迭代思维进行设计的，贴近互联网的地气，最终赢得了消费者的认可。

3. 跨界：品牌 IP 化实践

“三只松鼠”成立于 2012 年，短短的几年时间从 0 到 1，在品牌道路上走了三个阶段：

第一阶段，随势崛起。大约是 2012 年~2014 年，品牌正处于萌芽与发展时期，以消费者为基石，借助数据来赋能，打破传统产业的边界和壁垒。当年“三只松鼠”站在阿里的风口上，借助互联网技术和互联网平台来实现企业的飞跃。让产品更新鲜、更快速地送达消费者手中；直面消费者，把中间商的利润反馈给消费者，让消费者体验更多，同时创造更多的价值。在这一阶段，“三只松鼠”掌握了大量的用户数据，为现在进入“DT时代”提供了丰富的商业空间。

第二个阶段，2014年开始，进入了生态阶段，打通生态圈，用平台去连接数据，将可追溯系统、云质量系统、物流监控系统全部连接起来，构建的是新农业的生态圈，为消费者创造价值，这是他们最核心的一个点，表面上是为打造过硬的产品，本质上是为品牌创造良好的口碑，为品牌营销构筑最坚固的壁垒。

第三阶段，品牌IP化，以及IP化的战略。三只松鼠想要打造一个新时代的IP，不只是过去大家认知的坚果和零食的三只松鼠，而是能够为这一代年轻人创造更有价值的、更有意思的、更好玩的纯真的形象，充分发挥IP跨界繁衍的特征，不断地将品牌内容和精神内涵传递给粉丝。

企业IP化生存是大势，产品质量过硬是根本。在互联网时代，在打造IP品牌的道路上，要准确定位、形象赋能、产品互联网化、不断积累大数据，在这些步骤的基础上，实施IP品牌跨界便是必由之路。

由于 IP 具备一种天然聚合粉丝以及自我赋能的能力，品牌 IP 化步入正轨之后，“三只松鼠”开启了品牌 IP 化最辉煌的阶段，让电商 IP 真正打破界限，让品牌更加多元化地曝光，利用三只松鼠天然的娱乐化、商业化基因，打造出一套跨界的“松鼠大娱乐星系”。

（1）松鼠 + 明星 + 内容

这几年是影视植入的红利期，借助明星和内容作为载体，将三只松鼠和 IP 捆绑起来，比如跟明星、跟内容发生关系的时候，会更多地带入三只松鼠的形象，通过不断改进松鼠玩偶和动漫形象等实物上的展示，从单纯的“吃吃吃”的认知过渡到对三只松鼠形象的认知。

“松鼠老爹”章燎原说，影视剧是娱乐风口的风向标，三只松鼠不投硬广告，只投有 IP 有内容的广告：“我们觉得未来不是硬广的时代了，而是属于那些真正有内容属性的，能激起国民话题的有效营销的时代。”

（2）向生活衍生，增加精彩

三只松鼠所提倡的周边，并不是纯粹把产品加上一个动漫形象的衍生品，而是一个生活文化的概念。一个 IP 能否变现，取决于它是否能够跨品类，据说未来三只松鼠的线下体验店会尝试跨界合作，比如三只松鼠和佳洁士牙膏、立顿茶包、九阳豆浆机等跨界合作，会衍变出多种新的形态，让消费者的生活更有意思，把三只松鼠的理念带给他们，把这种可爱的理念提出来。

最近“三只松鼠”在研发一款新的物流箱，打开之后物流箱会自己说“你好，主人”，由于成本较高，公司打算尝试采用个性化定制的方式来销售，针对忠诚度很高的主人去销售，让消费者接到的包裹不再是冷冰冰的，而是有情感寄托的温度在里面的。

（3）内容衍生开发

一个 IP 必须要源源不断提供有意思、有价值的内容，并且提供的内容一定是大于商业化变现的程度，才能在信息爆炸的时代保持经久不衰的地位。

“三只松鼠”具备天然娱乐化的 IP，它除了出版科普读物《做一只会吃的松鼠》外，还找了原迪士尼编剧以及中美韩团队，打算拍三只松鼠的同名动画大片，2017 年，“三只松鼠”自己筹备的大电影、全剧集的动画片等都将陆续上映。此外，还会出现大量的周边衍生开发，包括儿童绘本、手机游戏、零食小镇等等，目前已经推出了 190 多款衍生产品。即使在影视剧里也会有大量的周边出现，它代表的是一种生活状态。

被“松鼠老爹”章燎原再三提及的松鼠城也将投建，这是影视内容最终落地的一种产物。章燎原表示，松鼠城是一个城市公园的升级版和一个主题商业的结合体，“我们把它当成一个快消品来做，是一家巨型的实体店”。让消费者在体验店中能吃、能喝、能玩、能乐，体验不同的生活状态，提供更多具有延伸性的体验。

同时，他们还提出“新文化众创”的概念，即一家具备商业化变现能力的众创工场，引入更多有价值的团队和有能力的人才进入园区，服务于 IP 商业化变现。

4. 实践“新零售”

2016 年，马云认为五大变革将深刻影响各行各业，分别是新零售、新制造、新金融、新技术和新能源，并且预言电子商务将被淘汰，“新零售”将取而代之。

未来电子商务平台即将消失，线上线下和物流结合在一起，产生新零售。线上是指云平台，线下是指销售门店或生产商，新物流消灭库存，减少囤货量。

也就是说，实体店成为继电商平台后新的体验场所，结合线上体验消费。

三只松鼠首家实体店开设在芜湖市中心金鹰国际中心，店铺旁边就是无印良品和星巴克。这家店，更多以体验性为主，包括休息区、饮品设置、周边产品等等，这是“三只松鼠”创始人章燎原的设想，也是他们塑造 IP 的重要一步。

“三只松鼠”在这个时间点拓展线下，开设实体店和体验店，通过线下个性化服务与线上优质产品的结合，形成自己全渠道产业链平台，既更好地建设了自己的品牌，又为自己未来的全品类布局做好了“棋眼”。

章燎原表示：“对于我们这种互联网品牌跑到线下去，它的核心原因是什么？我个人认为，第一是相对过去传统线下模式，线上转到线下要能在产品架构上体现出竞争力，成本更低，价格更有优势。其次，通过‘一城一店’、社区推广、送货到家等模式，‘线上 + 线下’的服务和体验比纯线上更好。”

“三只松鼠”IP 品牌还在不断实践，不断拓展品牌的影响力，它相信颠覆和创新将带来巨大的收益，坚持勇于改变将带来新的发展。

霸屏营销

直播营销

ZHIBO YINGXIAO

李鑫声◎著

花山文艺出版社

河北·石家庄

图书在版编目（CIP）数据

直播营销 / 李鑫声著 . -- 石家庄 : 花山文艺出版社 , 2020.6

（霸屏营销 / 陈启文主编）

ISBN 978-7-5511-5151-1

Ⅰ . ①直… Ⅱ . ①李… Ⅲ . ①网络营销 Ⅳ . ① F713.365.2

中国版本图书馆 CIP 数据核字（2020）第 079887 号

书　　名：霸屏营销
BAPING YINGXIAO
主　　编：陈启文
分 册 名：直播营销
ZHIBO YINGXIAO
著　　者：李鑫声

责任编辑：郝卫国　董　舸
责任校对：卢水淹　张凤奇
封面设计：青蓝工作室
美术编辑：胡彤亮
出版发行：花山文艺出版社（邮政编码：050061）
（河北省石家庄市友谊北大街 330 号）
销售热线：0311-88643221/29/31/32/26
传　　真：0311-88643225
印　　刷：北京一鑫印务有限责任公司
经　　销：新华书店
开　　本：850 毫米 ×1168 毫米　1/32
印　　张：30
字　　数：900 千字
版　　次：2020 年 6 月第 1 版
2020 年 6 月第 1 次印刷
书　　号：ISBN 978-7-5511-5151-1
定　　价：149.00 元（全 5 册）

前言 Preface

伴随移动互联网的飞速发展以及智能设备的普及，国内直播行业获得了长足进步。不仅好多网友喜欢在网上观看一些直播内容，如游戏、影视、体育、真人秀等，不少大品牌也开始在直播平台上开展营销，并且取得了丰收。

移动互联网的提速以及智能手机的普及，使得人们逐步摆脱了对于无线网以及电脑的依赖，可以直接通过手机和移动网络进行直播，很大程度上丰富了直播的场景，同时也给品牌们带来了一种更加立体化的营销方式。

不同于微博、微信的图文形式内容，直播可以以更加直观、实时、互动的传播方式完成品牌文化以及产品的展示。而这也是品牌们涌入直播营销阵营的一个重要原因。

近年来，直播营销产业链发展不断趋于成熟稳定，第三方企业的加入完善了服务体系。广告主以有知名度的一线品牌为主，用户具有一定购买力且普遍对直播营销持正面态度，带有内容制作的软性广告更受关注。

直播营销总体可被分成传统的“硬广”和创新的“直播 +”两种模式。其中“直播 +”模式包含内容营销、互动营销以及电商三个种类。两种模式各有优势，可供广告主灵活选择。而“直播 +”作为一种可无限延展的形式，在未来或将成为主流。

随着直播营销产业的持续发展，产业链上下游合作将升级，购物渠道或将被打通，科技的进步也将围绕在图像识别和语音识别上，为直播营销带来更多的可能性。

本书立足直播营销行业发展现状，深入剖析直播营销相关的方法和原则，希望可以为相关从业者提供有益的参考。

作者

2020 年 4 月

目录

CONTENTS

01 直播营销为什么那么火

直播营销的基本概念…002

直播营销的 3 个特点…004

直播营销的 8 个流程…006

适合直播营销的 4 类产品…008

02 直播营销常用的几个平台

斗鱼 TV：泛娱乐直播营销平台…014

虎牙直播：游戏直播营销平台…016

花椒直播：明星属性强的社交平台…020

快手：用户量超大的直播平台…023

映客直播：开创全民直播带货先河…024

淘宝直播：绝对的带货大杀器…029

03 不同主播的营销效果

企业官方播：发布专业信息带动营销…034
明星直播：利用粉丝效应打造爆品…041
网络红人直播：流量带货谱写营销神话…044
素人直播：布衣王者成就另类营销…047

04 直播营销需要做哪些准备

直播营销的 3 种模式…056
主播如何选对服装颜色…060
永不过时的几种衣服搭配…064
不同场景下的机器配置…066

05 直播营销的低成本获客秘诀

发布企业日常，塑造品牌形象…070
活动直播，广泛吸引流量关注…074
深度互动，充分黏住忠实粉丝…076
电商营销，快速实现流量转化…079

06 企业主播如何快速涨粉

新主播如何冷启动…084

选择合适的话题…087

与观众愉快互动…090

语言要有个性…094

07 常见的 5 种直播营销行业解析

旅游直播，打造身临其境的感官体验…102

金融直播，资本风口下的吸金大法…110

餐饮直播，万众瞩目的饕餮盛宴…117

教育直播，知识变现的绝佳渠道…124

电竞直播，精彩赛事成就品牌营销…128

08 成功直播案例解析

许知远的文艺自救…142

陆琪的“撒币计划”…144

来伊份的直播综艺…146

当唯品会遇上周杰伦…148
肯德基联手斗鱼直播…150
汰渍与张艺兴合作直播…153
赛事直播，助推游戏之王…155

09 电商 + 直播，收获喜多多

传统电商迎来了机会…162
电商 + 直播的几种玩法…167
哪些产品适合直播售卖…172
农民 CEO 辛有志…176
同程 × 斗鱼：直播南浔游…178

01 直播营销为什么那么火

本质上说，今天的人们捧着个手机看直播，跟过去的人守在电视机前头看《快乐大本营》并没有什么区别。

伴随越来越多的人围观直播，连许知远这样的“文艺中年”，也开始走入直播间“卖艺”。2019 年年末，许知远联手网红主播薇娅，推荐其单向空间书店的“单向历”。这就是潮流的力量，从来不以人的意志为转移。

直播营销的基本概念

直播营销是以直播平台为载体，在现场随着事件的发生和发展过程进行制作播出的一种营销方式。直播营销能够快速提升产品销量，并在短时期扩大企业品牌知名度。

直播营销能够瞬间吸引用户的注意力，因此成为深受欢迎的产品营销手段。

除了常见的直播平台，目前已有较多的电商平台开通了直播，比如淘宝和聚美优品，而美拍等直播平台则是通过口碑来引导用户到淘宝店铺购买。与传统视频相比，直播能获得更高的转化率。

现在越来越多的网络红人和明星也开始直播进行产品营销，他们通过这种方式为企业和品牌带货，并且还能通过直播平台与粉丝互动，增加黏合性。这些网络红人和明星大多在直播中直接推介与售卖产品，或以隐性植入的方式来对产品进行营销。

据相关数据统计显示，2016 年全年，对高清晰度依赖较强的游戏直播在直播带宽中占比最大，但秀场直播是最大黑马，其带宽占比从 2.9% 提升至 16%，可谓异军突起。

此外，之前带宽占比一直偏低的媒体直播，在当年 8 月借助奥运会的热点得以实现带宽占比的增长。同时，2016 年其他类型直播的占比增长态势也很明显，其中就含有刚刚火起来的的旅行直播、电商直播等专门领域的直播形式。

直播平台多样化的商业模式现已初见成效，过去以打赏为主要收入的直播平台，开始逐步利用直播这一流量入口渗透进各种业态。时至2020年，直播已成为各个行业的标配，各行各业都在投入到直播领域。

2020年2月，艾媒咨询发布《艾媒报告|2019-2020年中国在线直播行业研究报告》。该报告显示，2019年中国在线直播行业用户规模已增长至5.04亿人，增长率为10.6%；预计2020年在线直播行业用户规模达5.26亿人。

2019年，VR、AI等技术带动在线直播行业发展，“直播+”的产品与内容创新不断显现，其中“直播+电商”迎来了高速发展的风口。2019年，熊猫直播关闭，快手、抖音等短视频平台加强直播业务，B站直播发展迅速，在线直播行业竞争更加激烈。而技术的革新，如5G的到来，为在线直播行业的发展带来巨大的机遇。在线直播平台应顺应发展趋势，加强技术布局，创造更多优质内容，赢得竞争优势。

2020年3月，淘宝直播发布的《2020淘宝直播新经济报告》。该报告显示，2019年淘宝直播用户数量达到4亿，全年GMV突破2000亿（GMV=销售额+取消订单金额+拒收订单金额+退货订单金额）；其中双十一当天直播GMV突破200亿元，177位主播年度GMV破亿。

报告指出，2019年直播电商爆发，进入真正的电商直播元年。其中，淘宝直播带动的成交额已连续三年增速超150%。

根据报告，截至2019年末，消费者每天在淘宝直播上观看的内容时长达35万个小时，淘宝直播间覆盖了全球73个国家。

在主播及用户方面，2019年淘宝直播有超八成主播分布在80、90后年龄段，超过65%的主播是女性；淘宝直播的用户则既有城镇青年，也有二三线职场人士。

直播其实类似于过去的电视，属于陪伴式的娱乐，观众的依存度较高。在不远的将来，直播与各种业态之间的相互交融会是一种常态化的趋势。一方面，直播平台必须通过强化和其他业态的融合，才能持续更新内容，充实观众的体验；另一方面，其他行业也需要利用直播这一平台，丰富用户的体验、拓展销售渠道，从而使其商业模式尽快变现。

直播营销的3个特点

与传统互联网传播方式相比，直播营销具有3个显著特点（如图1-1所示）。

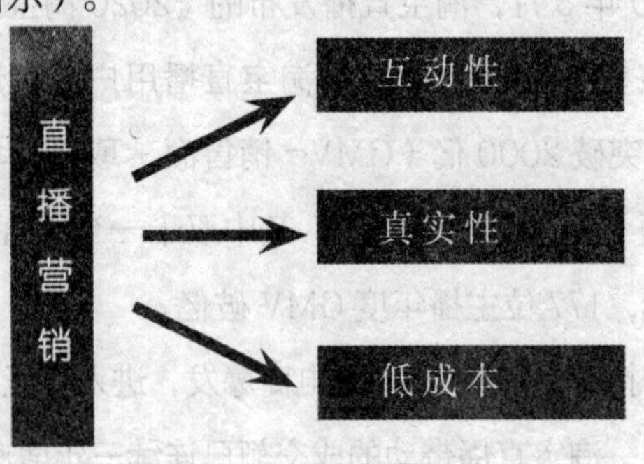

图1-1 直播营销的特点

1. 互动性

由于网络直播具有双向性，信息不仅可以从主播端传至观众端，也可以从观众端传至主播端，这就实现了观众和主播的即时沟通。双方哪怕相隔千万里，彼此也能在直播过程中随心所欲地谈天说地。

2. 真实性

因为直播既不能重来也不能剪辑，主播演的是什么，就向观众呈现什么，所以直播最大程度地压缩了观众和主播之间的时空界限，使得直播成为一个完全真实的过程。

3. 低成本

与传统传播形式相比，直播的成本要低很多。一方面，直播不要求付费获得会员身份也不要求付费下载软件，只需要一部有网络的手机或电脑，就可以从事直播工作或是观看直播表演。

另一方面，由于互动与真实是观看直播的观众所在乎的，他们愿意以降低内容质量为代价来换取。所以直播并不需要花重金去请“大咖”，并搭建价值不贵的场地。

也正是由于直播本身的种种特性，使得直播的发展不仅成就了个体，同时也吸引了企业的参与。例如我们经常看到的苹果手表发布会、小米手机发布会、淘宝光棍节嘉年华 ...... 在中国的各大盛事上都能捕捉到企业直播的踪迹。这无疑给予了其他企业一个重要信号：网络直播早已成为产品营销的必需步骤，企业直播营销已是大势所趋。

直播营销的 8 个流程

现在企业做视频直播是比较常见的事情，有一些企业通过直播带来了不少的订单，还有一些企业在举办大型活动时使用了视频直播，让企业的影响力传播得更远。

企业到底要如何做直播营销？

直播营销从准备到实施，大致可以分为 8 个流程（如图 1-2）。

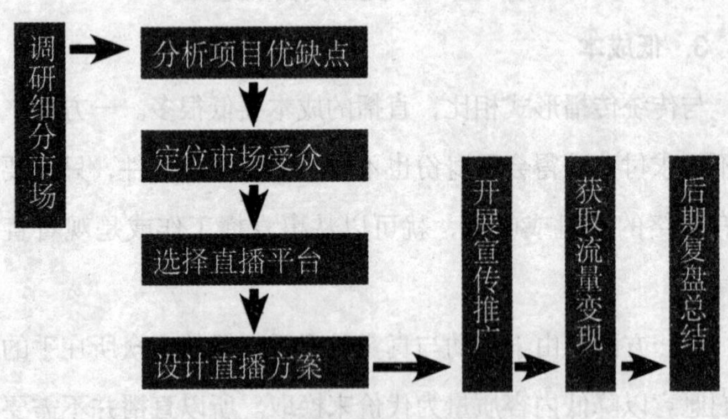

图 1–2　直播营销的 8 个流程

1. 调研细分市场

直播营销是向大众推销品牌或者产品，所以在推销之前一定要深入了解用户需要及市场情况。只有了解这两点，才能避开市场同质化的竞争，精准击中用户的痛点。所以直播营销需要调研先行。

2. 分析项目优缺点

在做直播营销之前，一定要客观分析自身的优缺点，从技术基础、人员设备以及资金、人脉等方面进行详细评估。

3. 定位市场受众

在进行直播营销之前，必须对受众有明确的定位，譬如这款唇膏的受众是 15 岁到 25 岁的年轻女性。

只有明确了受众定位，才能精准分析出：他们喜欢什么、能承受的价格一般是多少。确定受众是整个营销的关键点。

4. 选择直播平台

直播平台虽然五花八门，但是根据属性则可以分为几个不同的领域。有的平台适合做美妆类产品的直播营销，有的平台适合做游戏类产品的直播营销，有的平台适合做服装产品的直播营销。只有选择对了，才能取得良好的营销结果。

5. 设计直播方案

请谁来当主播？脚本怎么写？直播时用多机位直播还是单一镜头都需要提前确定与安排。只有提前做好了方案，直播营销才能有条不紊地开展。

6. 开展宣传推广

要将直播的信息广泛传播出去，让更多的人知晓并参与。

7. 获取流量变现

流量变现是直播最为最为重要的一步，直播的所有目的都是为了完成变现。为了达到这一目的，任何一个环节都不可忽视，所以一定要使变现通道畅通，并且给用户更多、更明确的提示，这会有利于快速变现。

8. 复盘总结

营销最直观的数据依然是转化率。要了解已经完成的直播的效果，一定要及时通过数据反馈调整优化营销方案。只有不断在复盘中修正，才能实现更高的转化率。

适合直播营销的 4 类产品

虽然目前直播在向多领域蔓延，但最适合直播营销的还是这 4 类产品（如图 1-3）

图 1-3　适合直播营销的 4 类产品

1. 难以到现场考察的产品

说到难以到现场考察的产品，很多人都会想到跨境电商并不是所有人都能直接到海外去“买买买”，传统的代购则让人无法了解自己想要购买的产品在国外究竟是什么样的状况、什么样的品牌更加合适自己、如何做好价格选择，等等。正是因为信息的不对称，使消费者在跨境电商购买时难以做出决策。这时若是通过直播，就能相对有效地解决这些问题。

在观看直播时，消费者能全面直观地了解这些商品的详情，然后再根据这些信息迅速做出决策。

与跨境电商相同的还有旅游业。在没有到景点时，人们无法了解到景点的真实状况，而通过直播，人们就可以了解当地的风土人情，并根据所了解的情况做出是否去、去哪儿、何时去等决策。

2. 注重生产过程的产品

在物质水平发展的今天，人们越来越关注产品的质量和服务。以食材品说，消费者关注得较多的是食品生产的过程，是否是有机的，是否有农药，等等。而在艺术品上，人们更关注的是制作过程，是手工制作还是机器制作，等等。人们关注点在不断转变，那么在进行直播营销时，也要突出消费者的关注点，将这些要素给展现出来。

卫龙创办于 1999 年，是集研发、生产、加工和销售为一体的现代化休闲食品品牌。卫龙曾做过一次食品制作流程的直播，将其生产车间的状况和整个生产流程用直播的方式展示给消费者，成功地打消了人们对其食品是否安全的疑问，获得了非常好的宣传效应。

像卫龙的这种宣传方式是传统电商无法做到的，就算传统电商以图文的方式展示了食品的制作过程，消费者也未必相信，但直播却能让人信服。这也就说明，食品企业应该充分利用直播这一有利的营销方式，让广大消费者了解自己的产品，展示出一个安全、卫生、健康的产品形象，以赢得消费者的信赖。

3. 需要体验的产品

当人们在购买高消费的产品，比如房、车以及大的家用电器时，一般需要全方位地了解产品和相关的服务，听取专业人士的意见及分析。但是也有不少人没有时间去亲自体验，这个时候就可以通过直播的方式先行了解。虽然直播无法完全代替真实体验，但是可以通过展示细节等方式在有限的时间内让消费者完成第一轮的筛选，节省到现场了解的时间。

2020 年 4 月 2 日，“淘宝带货一姐”薇娅直播卖房。1900 万人观看，500 张购房优惠券 3 秒被抢光。截至 4 月 4 日下午 4 点，累计成交 7 套，合同金额超 1000 万，来访成交率近 50%——如此高的来访成交率，表明直播的前期了解发挥了重要作用。

与这类产品不同的是早已在电商直播中风靡的美妆产品。不少美妆产品需要讲解化妆技巧，以及上妆时的感受，上妆后的效果。这时，消费者可以通过直播深入了解，觉得满意了，就可以下单购买。

4. 适合团购的产品

众所周知，团购最容易打造爆款，原因是借助团购这一契机吸引到了大量具有相同需求的群体，并成功说服他们埋单。团购其实非常适用于直播，因为它能够在短时间内将一群具有相同兴趣爱好的人聚集起来，这是直播的优势之一。

聚划算是阿里巴巴集团旗下的团购网站，它就曾在这方面进行过尝试。而在 2016 年的 5 月 24 日晚，柳岩在聚划算直播销售 6 款产品，虽然观看人数只有 12 万人，但仅仅枣夹核桃一款就卖爆了。同年 5 月 28 日晚，吴尊通过直播销售惠氏奶粉，在 1 个小时内达成 120 万交易额。

再看现在各种电商节，可以说是“无直播，不营销”。作为企业，完全有必要根据自身产品定位选择恰当的直播形式，只有这样才能为品牌和产品寻找到更好的出路。

02 直播营销常用的几个平台

根据 2020 年艾媒咨询数据显示，直播已经成为一种新的营销方式，渗透到消费者的日常生活。约三成直播电商受访用户称，每周会观看电商直播 4~6 次。艾媒咨询分析师认为，观看电商直播成了当下流行的消遣方式之一。在消遣的同时，用户也减少了为选择商品而花费的信息搜寻成本和时间成本。

斗鱼 TV：泛娱乐直播营销平台

斗鱼一直专注于游戏直播（如图 2-1），最近几年开始拓展到泛娱乐内容。斗鱼的前身为 ACFUN 放送直播，于 2014 年 1 月 1 日正式更名为斗鱼 TV。更名后的斗鱼 TV 是一家弹幕式直播分享网站，主要为用户提供视频直播和赛事直播服务。而今以游戏直播为主，涵盖了户外、综艺、娱乐、体育等多种直播内容。

斗鱼 TV 前 CEO 陈少杰曾这样说过："斗鱼 TV 将更加坚定地走直播多元化、内容精品化的发展道路，在现有基础上把直播平台拓展为包含游戏、御宅、星秀、科技、户外、体育、音乐、影视等集众多热点为一体的综合直播平台。"

斗鱼 TV 的联合创始人兼总裁张文明在接受《长江日报》采访时也称，斗鱼从游戏直播到体育竞技，再到生活、娱乐等，希望能真正打造一个全民的泛娱乐平台。

图 2-1 斗鱼直播

斗鱼 TV 虽然是从游戏直播起家，但现在已经整合了多方面的内容和资源，几乎涵盖了游戏、教育、体育、科技、公益，甚至是综艺和娱乐等多种直播内容。

但斗鱼 TV 的发展也并不是单向性的，而是结合自身平台的特点，将运营模式向娱乐新媒体、游戏以及产品分发渠道、优质视频等方向发展。如今斗鱼 TV 的主要经营内容包括斗鱼 +“大众创业、万众创新”、斗鱼 + 游戏、斗鱼 + 体育竞技、斗鱼 + 娱乐、斗鱼 + 生活、斗鱼 + 就业、斗鱼 + 公益等等。

据第三方权威网站 Alexa 数据统计，斗鱼 TV 在用户和流量数据方面，截至到目前，已经进入全球网站前 300 名，在全国排前 30 名。

在 2016 年，斗鱼 TV 称，晚间高峰时段，网站的访问人数已经接近淘宝的 80%，而在线开播的主播甚至超过了 5000 位。

也有第三方平台的数据显示，在 2016 年，斗鱼 TV 每日的活跃用户高达 1200 万人，月活跃人数则是 1.3 亿到 1.5 亿之间。在百度发布的 2016 年的热搜榜单之中，斗鱼 TV 在“90 后”人群十大热情关注和“00 后”人群的十大新鲜关注中并列前五。

到 2017 年时，斗鱼 TV 直播的累计注册用户已达 2 亿人。平均每天有 9 万到 10 万位主播开播，在晚间高峰时段甚至有 2 万左右主播同时在线开播。

同程作为中国在线旅游行业的龙头之一，历来擅长利用新媒体对旗下旅游产品进行推介，而同程与斗鱼直播南浔游的活动更成为旅游业界津津乐道的典型事件。

2019 年 3 月，武汉东湖高新区监测数据公布了斗鱼直播在 2018 年的营收报告：其中显示 2018 年斗鱼收入超过 40 亿，截至 2019 年 1 月活跃用户数高达 4671 万人。可以明显看出斗鱼在营收和月活跃人数上甩开其他直播平台一个身位。根据移动直播 App 来看，斗鱼用户量也保持在直播行业前列。

虎牙直播：游戏直播营销平台

虎牙直播（如图 2-2），成立于 2014 年 11 月，是一家互动直播平台，主要为用户提供高清、流畅而丰富的互动式视频直播服务。虎牙直播旗下产品覆盖移动、PC、Web 端，而知名的游戏直播平台虎牙直播、风靡东南亚和南美的游戏直播平台 Nimo TV 等也均为虎牙直播品牌所有。

虎牙直播是 YY 直播分离出来的，2014 年 11 月 21 日虎牙直播开了发布会，发布会的形式首次采用了线上直播的方式。虎牙直播也是中国领先的游戏直播平台之一，其覆盖超过 3300 款游戏，并且已经涵盖娱乐、综艺、教育、户外、体育等多元化的弹幕式互动直播内容。

如今随着电竞赛事的发展，虎牙直播汇聚了众多世界冠军级战队和主播，并且引入国内外赛事的直播版权，开始深耕独家 IP 赛事。但虎牙的发展也不仅于此，还通过明星主播化的方式开展了娱乐直播，并且启动全明星主播战略。已有很多娱

图 2–2　虎牙直播

乐明星的直播处女秀在虎牙直播完成。

虎牙直播还为国内的直播行业迎来了一个崭新的新时代，即全网启用 HTML5 直播技术，用户不必安装插件，只要打开虎牙直播就可以享受“远离卡顿发烫，1 秒即开看直播”的畅快体验。

虎牙直播是资深的以游戏内容为核心的直播平台，平台汇聚了目前最为火爆的游戏，如英雄联盟、王者荣耀、守望先锋、炉石传说、绝地求生、球球大作战、绝地求生手游——刺激战场以及全民突击等主题的直播内容。

在游戏电竞上，虎牙汇聚了众多世界冠军级战队和主播，比如“国民电竞女神”miss 和超人气号召力主播董小飒等，他们均与虎牙签约直播，持续为虎牙直播的用户提供独家的直播内容。

在游戏直播上，虎牙独具特色和优势，这主要体现在以下几点。

1. **主播阵容豪华，战队明星大咖空降平台**

虎牙直播以游戏为核心，并以其豪华主播阵容俘获了大批“游戏宅”。豪华主播阵容除了 Miss 和董小飒，还有电竞 BB 机孤影、绝地求生韦神、国服第一露娜、绝地求生战队 4AM，明星主播则有实力演员白宇、著名歌手胡夏、孙耀威，以及青春偶像赵越、腹肌男神宁桓宇等等。

2. **拥有顶级赛事版权，独家直播视角呈现**

虎牙直播拥有多项国际顶级赛事的独播版权和直播，比如《王者荣耀》KPL 职业联赛和《英雄联盟》的 S 系列赛、季中赛等。

2017 年 12 月 27 日，英雄联盟官方宣布虎牙直播成为 2018 年 LCK 独家直播平台。

2018 年绝地求生 PGI 全球邀请赛，虎牙直播不仅拿下官方视角直播版权，而且还拿下 4AM、OMG 的独家第一视角版权。

3. **打造权威赛事，收割巅峰流量**

YSL 联赛 (YY Stars League) 是虎牙直播为观众献上的明星级赛事。联赛创立于 2013 年，在当年举行的首届 YSL 英雄联盟游戏联赛时，曾创下观看量超过 1000 万人次的壮观。近年随着 YSL 联赛的扩大化和精品化，各路优质主播也随之应运而生。

除此之外，虎牙直播还有更多的赛事，收割了一批又一批的超高流量，比如天命杯、虎牙直播手游大赛（HMA）、公会争霸赛、王者荣耀全明星联赛等。各种比赛丰富了虎牙直播的内容生态。

虎牙直播还将游戏置于生活中，在 2016 年，举办了野外技能大赛“寻找中国贝爷”。看过《荒野求生》的人都知道“贝爷”，他以其生存技能被称为“站在食物链顶端的男人”。虎牙直播据此设置了赛事，以“如果你也想像贝爷一样勇敢冒险，就来挑战”，并且设置了 10 万元的现金奖给冠军。这一技能大赛，不仅带动了“游戏宅”，还获得大批喜爱户外活动用户的关注。

虎牙直播不仅将深耕游戏，还将触角伸到了户外直播。其推出的“户外直播”，吸引了大量素人通过手机直播摇身一变成为“户外主播”。2018 年，“户外主播”的日活就高达 1000 万人。“户外主播”有高效搭讪、旅游探险以及美女萌宠等，各种各样新奇有趣的内容层出不穷，这使得许多超高人气主播在短时间内诞生。

早在 2016 年，虎牙直播就实施的明星主播化战略，通过游戏直播和娱乐直播，把明星玩家推到大众面前，使粉丝找到了与明星偶像之间的共同点，增加了用户黏性。

经过一系列的发展，虎牙直播的人气也开始上升。在 2018 年 5 月，虎牙在美国纽交所上市，成为中国第一家上市的游戏直播公司。在 2020 年 2 月 11 日，虎牙宣布开通在线教育服务。

花椒直播：明星属性强的社交平台

花椒属于综合直播平台（如图 2-3），一开始就以两头并进的方式发展游戏直播和泛娱乐直播。

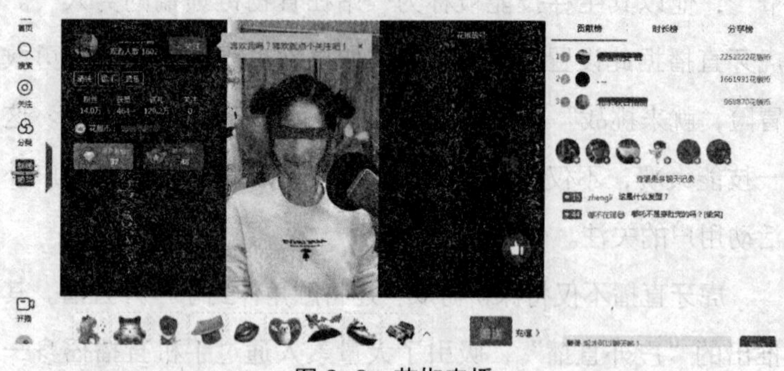

图 2-3　花椒直播

与斗鱼 TV 与虎牙直播不同的是，花椒直播是具有强明星属性的社交平台，不仅有众多明星入驻，还有全程直播间面会与明星选举活动等，比如宋仲基台湾粉丝见面会等活动。

这使得花椒直播组成了明星、网络红人、普通 UGC（User Generated Content，指用户原创内容）、普通用户四类人群的用户生态结构。

通过一系列的造星计划，花椒直播成为移动互联网时代的明星孵化器。这些造星计划打通了普通用户到明星身份转变的通道，使平台的主播成长为“网星”。

比如主播徐大宝参加《美丽俏佳人》录制后，开始作为演员出演多部影视作品。周然则应邀主持了《超级女声》的海选，何蓝逗甚至借助花椒直播参加超女并取得不错的成绩。她们通过花椒直播成为名副其实的明星，这也给那些想成为明星的人提供了舞台。

花椒直播还有很多精彩的内容，比如《玛雅说》《马斌读报》《徐德亮讲鬼故事》等上百档节目，这些均为平台主播自制，内容涵盖明星、主持、相声、体育、星座以及心理咨询和选秀等领域。也有一些入住的电视台主持人和明星、社会名人在花椒直播表达输出自己的观点。

花椒直播还运用了先进的技术，让直播变得更有趣。

1. VR 直播

花椒直播的 VR 直播使用户不仅能看到更加真实的 3D 场景，还采用了渲染层畸变算法处理，使用户在观看的时候减少眩晕感，从而达到更好的沉浸体验。并且还对网络传输过程和客户端进行编解码优化，无论主播在无线网环境还是 4G 网络，均能实现 VR 直播。花椒 VR 直播采用的是双目摄像头，并且还通过了手机陀螺仪数据以及技术优化处理。

VR 直播不仅提升了用户体验，还开启了直播界的先河。

2. 脸萌技术

为了让主播在直播时更加有趣，花椒主播使用了脸萌技术，即通过人脸识别，将帽子、猫咪胡须、兔子耳朵和皇冠等多种表情直接戴在头上或者是出现在用户的脸上。不仅可以直接体现出用户的个性与心情，还能使拍摄的视频更加可爱有趣。

3. **变脸**

花椒直播采用高于行业平均水平的特征定点，针对眼睛、眉毛、嘴角等关键位置的 95 个特征点进行精准检测，并且专门进行了产品优化,使面具能够在10毫秒之内追求到人的脸部，就算用户移动或者做鬼脸，面具也会精准地定位并且随之变化。之所以使用这一技术，是花椒直播为了使细节能够呈现得更加完美。

4. **美颜**

为了让主播在直播时，向粉丝展现自己最好的一面，花椒直播能够对用户的面部进行化妆、美白等。

5. **回放**

花椒直播在基于生产的内容丰富且精彩的情况下，为了使用户不错过任何一个直播，支持所有的直播视频回放。

6. **省流量**

为了节省主播和用户的流量，花椒直播在主播进行直播时，后台会自动进行视频压缩，粉丝看到的直播视频都是经过处理的，能节省一定的流量。

7. **云存储**

用户在看直播视频时，视频会同时上传至云端，不会占用手机内存。

快手：用户量超大的直播平台

快手的前身叫“GIF 快手”，诞生于 2011 年 3 月，最初是一款用来制作、分享 GIF 图片的手机应用。

2013 年 7 月，“GIF 快手”从工具转型为短视频社区。由于产品转型，App 名称中也去掉了“GIF”，改名为“快手”（如图 2-4）。

图 2-4 快手直播

随着智能手机的普及和移动流量成本的下降，快手在 2015 年以后迎来市场爆发。

2017 年 4 月底，快手注册用户超过 5 亿，日活跃用户 6500 万、日均上传短视频数百万条。

2017 年 11 月，快手 App 的日活跃用户数已经超过 1 亿，进入“日活亿级俱乐部”，每天产生超过 1000 万条新视频内容。

2018 年 9 月 14 日，快手宣布以 5 亿元流量计划，在未来三年投入价值 5 亿元的流量资源，助力 500 多个国家级贫困县优质特产推广和销售，帮助当地农户脱贫。9月21日，快手举办首期幸福乡村说，借由农村短视频网红的特产销售经历，宣传“土味营销学”。

快手的推荐算法用一个简短版本说，算法核心是理解。包括理解内容的属性，理解人的属性，人和内容历史上的交互数据，然后通过一个模型，预估内容与用户之间匹配的程度。

快手直播的主要优势是用户量大。2019年5月29日，快手日活跃用户已超过2亿。

之前，快手直播的劣势用户消费力相对低。快手上的用户以小镇青年为主，他们对价格敏感度高。目标客户如果是高端消费者，在快手做直播营销可能不太适合。

映客直播：开创全民直播带货先河

映客直播（如图2-5），主打“素人”理念，并且开创了“全民直播”的先河。用户只需拿出手机，即可打开映客一键直播，让全平台的用户一起观看，点赞分享。

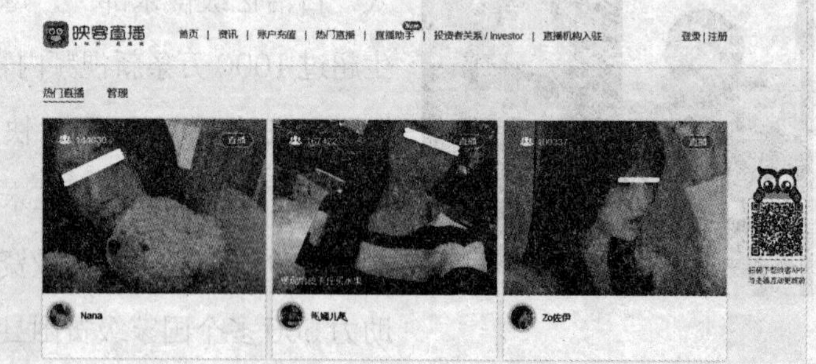

图2-5　映客直播

有不少原本默默无闻的平民主播在映客这个平台上成为直播营销的“带货小能手”，“二姐 Alice”就是其中的一员。

2016 年 4 月 28 日，GMIC 年度盛典颁奖礼上，映客主播“二姐 Alice”拿下了“互联网最具人气主播”的季军。“二姐 Alice”是映客当红女主播，自她开启映客直播起，实实在在演绎了一场由草根到当红主播的精彩大变身。

“二姐 Alice”曾经是一名舞蹈演员，个性率直，用她自己话来说就是“有啥说啥，从不掩饰”。二姐在映客直播时也是如此，从不掩饰或者故意讨好粉丝，总是直白地说出自己的想法，她的率直坦荡吸引了大量粉丝。

二姐成功地将自己的直播间打造成了专属于她自己的秀场：她在直播间布置了大屏的 LED，添置了打碟机，专业的话筒和灯光等。她的直播不是一帆风顺的，一开始二姐的直播间也是寥寥几个人。令她没有想到的是，她的粉丝越来越多，也有了可爱的名字——二粉。

一般来说，网络红人变现的渠道主要包括与电商平台合作、拍摄广告、参与商演等。对于二姐来说变现也是如此。

二姐的直播频率为每天一次，通过直播，二姐将自己真实的生活状态展现给粉丝，就像与自己的好朋友一起分享生活一样。同时，二姐通过自身的影响力，逐渐通过直播和自媒体，将粉丝们引流至电商平台。

2016 年，二姐选择与微盟合作，开立自己的微信商城：诺远商城。每一次直播时，二姐都会穿插一下给自己的商城打广告，最成功的一次，短短2个小时内，商城成交单量达1000以上，收益相当可观。

诺远商城有3款明星产品：洗面奶、丝绒口红、萌萌霜，这3款产品均是二姐以及其团队亲自试用半年以上且全票通过之后，冠名开发上新的。二姐认为，粉丝们购买她的产品是因为信任她，她不能做出任何辜负他们信任的事情。

除此之外，二姐也十分注重打造社群，包括微信群和QQ群，目前二姐通过社群这一方式营运着50万的粉丝们。这些粉丝们有着共同喜欢的人物，共同的兴趣爱好以及人生目标。二姐称这些粉丝们为宝宝，并且经常会在社群中与这些粉丝们互动，高度实现了黏合性以及调动了粉丝们的活跃度。

直播营销高效实现了二姐的粉丝变现。让粉丝喜欢一个网红很容易，同时抛弃一位网红也十分容易。网红如何找到属于自己的持续变现之路，或许二姐的案例可以给予启发。

2020年1月2日，映客旗下微信直播+美妆垂直类社交电商平台“质在U选”上线，该平台采用每日定时秒杀和拼团的形式。此外，在映客嗨购频道的主播直播类型中，还包括服装、食品等。

2020年3月6日，湖南映客互娱网络信息有限公司发生工商变更，公司经营范围新增物流代理服务；贸易代理；美术品、珠宝、贵金属制品、办公设备的销售等。

可见，映客对“带货”的涉足越来越深入。

2020年4月8日，为抗击“新冠”疫情封城76天的武汉正式解封，被“按住暂停”的湖北省开始全面“重启恢复”。下午 3 时，武汉市政府领导出现在抖音直播间，向全国网友介绍重启后武汉的生产生活，并推荐了周黑鸭、蔡林记热干面、良品铺子等湖北优质特产。市政府领导披挂上阵，通过线上“带货”的形式，帮助当地企业复产复工。

为了帮助湖北经济复苏，抖音举办了“湖北重启，抖音助力”直播活动（如图 2-6）。包括武汉在内，湖北省 13 位市（州）长将在抖音直播间介绍当地居民生活情况，并推介当地农产品、食品、消费品，将湖北优质商品推向全国消费者。

图 2-6　抖音用直播助力湖北

抖音是一款音乐创意短视频社交软件，由今日头条孵化，该软件于 2016 年 9 月上线，是一个专注年轻人音乐短视频社区平台。用户可以通过这款软件选择歌曲，拍摄音乐短视频，形成并上传自己的作品。

抖音上线不久，很快赢得了大众的追捧。《2018 短视频行业分析报告》表明，从 2017 年到 2018 年 2 月，抖音日人均启动次数为 5.87 次，人均单日使用时间达到了 48.47 分钟，次月留存率则达到了近65%。在2018年春节期间，抖音持续霸占中国App Store单日下载量榜首共16天，这不仅是其上线以后保持榜首最长时间的佳绩，更是打破了自2017年初以来其他所有非游戏类App所创下的冠军位持续天数的纪录。

2018年5月，抖音正式启动电商商业化，当年第四季度开始规模化产生收入。在2018年“双十一”期间，抖音就开启了电商模式的探索，当日售出商品达10万件，直接转化销售额突破2亿元。

《招商证券调研报告》显示，2019年直播电商的交易额已经达到3000亿元，2020年有望突破1万亿元。显然，抖音看到了这一块大肥肉，因而在2020年开始持续发力。

在直播之前，建议尽量发布一些相关的短视频来吸粉。这样，你在直播时，关注你的粉丝在抖音上能看到你开播的提示，他们很可能点击进入你的直播间。另外，最好在开播的前一个小时发布一个优质的短视频，当别人刷到你的短视频的时候，你的头像会有开播标识，这样也可以起到引流作用。

此外还可以采取的方法是：

（1）直播预热：在每天的直播过程中为下一次的直播进行预热，告知下次直播时间；

（2）个人主页及昵称预告：个人昵称、简介处添加直播预告；

（3）站外流量预热：社群、微博、公众号、小红书引流；

（4）优化直播间标题和封面：标题在10字内，吸引粉丝点击，封面为 1 ∶ 1 的高清方图更能吸引用户。

除了粉丝会来到直播间以外，还会有观众从直播间列表中进入。直播间列表一般会出现在同城，或者是顶部列表之上。

如果你的直播间列表会出现在一个好的位置上，那就相当于有一个绝佳的广告推荐位，引流的力度是很大的。是什么决定你能否上推荐位呢？

——观众留存率。留存的人除以进直播间的人，就是观众留存率。留存率越高，直播间的排名也就越高。而提升留存率的不二法门，就是让你的直播有趣或有料，让人愿意并乐于看下去。

淘宝直播：绝对的带货大杀器

跟其他直播平台是“直播 + 带货”不同，淘宝直播是“带货 + 直播”。淘宝开通直播之后（如图 2-7），大多数店铺的流量和转化都有明显提升。根据阿里公布的 2020 年 Q2 财报显示，已有超过 50% 的天猫商家正在通过淘宝直播卖货。

2019“双 11”全天，淘宝直播带来的成交接近 200 亿，超过 10 个直播间引导成交过亿。其中家装和消费电子行业直播引导成交同比增长均超过 400%。超过 50% 的商家都通过直播获得新增长。2018 年全年，主播薇娅引导成交销售额 27 亿，2019 年高达 30 多亿。

淘宝直播有哪些优势呢？

首先，展示更直观。淘宝直播是一种动态的视听直播的过

图 2-7　淘宝直播

程。相较之前的网上购物的方式是根据图片和文字描述去选择商品和购买商品的，淘宝直播可以通过直播的时候展示产品，对于产品的真实性有着极大的提升，在产品的使用中或者是外观上可以体现的细节会比其他的方式好很多。

其次，互动更直接。没有直播时，店主与顾客也能通过阿里旺旺即时互动，但仅限于文字、图片交流。直播互动更直接，传递的信息更丰富，宛如线下导购。

再者，交流更有趣。不少淘宝主播能说会道，在购物的时候不光是展示产品，还能娱乐大众。有趣是直播的一项“美德”，在说说笑笑、轻松愉快中，顾客会更加乐意打开荷包。

第四，受众更广泛。直播这种一对多销售方式，能同时面对海量顾客进行推销与售卖。根据艾媒咨询的数据，薇娅在 2019 年“双 11”一天的销售额就达到 3.3 亿元。

要想在淘宝做直播营销，你首先要有一个淘宝店。在登陆了手机淘宝 App 之后，搜索 “淘宝直播”，在呈现的界面中点击右上角的“更多”，然后点击新出现界面上方的三个点，接着在新界面当中的最后一行会看到“直播入驻”四个字，点击之后会出现申请页面，根据所要求的项按照实际情况进行填写就可以了，并上传所需要上传的相关照片和视频。

审核通过之后，你就可以做直播了。如果你不想上镜，也可以找淘宝达人合作。

03

不同主播的营销效果

做直播营销，主播的选择至关重要。由企业官方来主播，和由明星、网络红人等来主播，所传达的信息是完全不同的，产生的效果自然也有很大区别。在什么情况下，该选择什么样的人员做主播？

企业官方播：发布专业信息带动营销

企业通过发布会的形式为自己的产品做推广早已有之，并不罕见。但由于目前大部分企业的产品发布会由于其形式单一、内容无聊，特别是缺乏与受众的有效互动而沦为走过场的形式主义。

近年来，以手机厂商为代表的企业，纷纷通过直播平台发布新品，打破了大多数产品发布会沉闷的格局，不但能让观众对企业的发布会产生眼前一亮的感觉，更能让企业在与观众的互动中，为自己新产品的后续宣传打开良好局面。

2016 年 5 月 10 日，小米公司在北京国家会议中心召开夏季新品发布会，重点推出了小米历史上的最大屏手机：6.44 英寸的小米 Max。小米 Max 配备有超大机身，可内置一块 4850 mAh 的电池，除了大屏，小米 Max 还主打“待机时间长”。为了证明小米 Max 具有超长待机时间，发布会结束后，小米公司在 B 站（Bilibili.com）开启了一场旨在突出小米 Max 超长持久续航能力的“小米 Max 超耐久无聊待机直播”活动。

直播开始时，小米 Max 手机被装好 SIM 卡，开启 4G 模式，开机设置成待机状态（不运行任何功能）放在桌上。这种状态将一直持续到手机电量耗尽，自动关机。也就是说，这是一场内容不定、时间不定、不分白天黑夜连续进行的创新性实时直播。

直播过程中，不定时地有各路“二次元”达人作为嘉宾出现（二次元指的是动漫圈，也指人们幻想出来的美好世界——编者注），做客聊天。工作人员随便选唱歌曲、漫无目的地聊天、临时起意地掰手腕、比赛吃鸡、发呆、吃饭、画画、打游戏、扎帐篷睡觉……简直可以用包罗万象来形容。有时直播画面中甚至空无一人，只留下直播间凌乱的现场和墙上“我们也不知道这次直播什么时候结束”等字样。

一些网民认为小米的这次直播“非常无聊”，而另一些人却认为，小米能坚持直播是件很厉害的事情。一位网友说：“虽然没什么意思，但我每天都看。”

截至第 11 天，这场直播已经吸引了超过 2000 万观众，并且观众数量仍在增加，观众们通过发送大量的弹幕表达自己对这次直播和小米 Max 的各种情绪、看法。

到直播进行了 13 天的时候，对于设置在 B 站办公室进出通道的直播摄像头，工作人员们已经能做到“熟视无睹”，可以非常自然地从它前面走过去。

直播绝大部分时间仍被无聊占据着。为了制造情节，驱赶无聊，工作人员想出各种雷人方法，他们把肯德基的纸袋挖了两个洞制成头套，倒扣下来请嘉宾戴上；他们让嘉宾直接上去把正在唱歌的主持人推下来……“我为什么要来这里做这个啊？”著名“鬼畜视频”up 主 T20 在直播时无奈地感叹。

纵是如此漫长又无聊的直播，却仍然还是有很多人在看。据统计，该直播每天吸引超过 200 万独立访客参与，在日常流量较高的时段，同时在线人数通常都超过10万，即使在夜里一两点，也会有1万多人在线。

小米在直播的过程中，还会时不时地从参与互动的观众中抽出幸运儿，送出小米Max手机，被刷爆的弹幕基本上都是关于小米Max的。

5月31日，这场“旷日持久”的无聊直播终于宣告结束。31日上午，小米手机官方微博宣布小米Max全程待机17天21小时，弹幕讨论总条数突破3.17亿，独立访客接近3000万，共送出2238台手机。

关键问题来了：这次直播到底为小米Max的销量带来了什么？

让我们来看一组数据：5月17日上午10时，在小米Max的首轮开放购买中，首批供货的10万台手机在几分钟内销售一空，预约量远超过1500万；开卖以后的两个月内，销量突破150万台。

也许会有人认为两个月150万台的销量并不算大，但是据了解，6寸以上的大屏手机卖到这个量是从未有过的情况。之前同类产品的全年最好销量也只是30万台。对比之下，显见小米Max销售成绩的不可思议。

也许直到这时，我们才看到小米Max这场直播的真正价值，它不只是一场超长、无聊的无意义直播，它意义重大——给小米Max带来了巨大销量，使其获得巨大利润。虽然还有直播中抽奖送手机、预定小米手机活动期间每两小时送一台手机以及其他方面的一些成本，但这次直播活动的后期收益无疑要大得多。我们可以想象此时雷军脸上会心的微笑。

小米的这次直播营销确实非常成功，不仅销量惊人，而且使之前一些关于小米的负面言论不攻自破。更多的人通过这个直播了解了小米 Max，甚至是小米公司。

小米公司的此次直播，其创新之处恰恰在于直播的超长性。新媒体发展繁荣的今天，直播实在已经不是什么新鲜字眼，但是一场具体内容未知，限期未知的超长直播却会对人们具有很大的吸引力。普通的、时间有限的直播，绝对不会引来将近 4000 万人次的围观，也不会具有那么大的宣传作用。

此次直播的宣传对象极为明确，选择了较为合适的直播平台 B 站进行直播。B 站作为知名网站，拥有庞大的年轻人资源，75% 的用户年龄都在 24 岁以下，男女比例相对均衡。这些群体正是小米的主要宣传对象。选择 B 站作为直播平台以挖掘大量潜在客户，这是小米公司这次直播营销成功的又一高明之处。

在小米无人机的发布会上，雷军放弃了过去一直沿用的国家会议中心等场地，而是首次进行了一场完全网上直播的新品发布会。

在一间普通的办公室里，雷军通过直播平台，发布了其最新无人机。当天晚上 7 点半左右，雷军开始上线，小米直播间同时在线人数开始从 10 万起不断攀升，到发布会进入尾声时，同时在线人数已经超过 50 万，新浪直播的在线人数更是一度超过百万。

从小米发布无人机的案例中，我们可以发现当企业的发布会通过直播平台具有了观赏性时，当在发布会上登场的老总成为观众眼中的“偶像”时，即便产品本身结构再怎么复杂、产品介绍本身再怎么枯燥，都足以让大量粉丝在屏幕前守候。

比方 2020 年 4 月 1 日晚上，罗永浩在抖音的直播带货。虽然他对于所带的货完全不了解，对于怎么来带货也一窍不通，但一场 3 小时的直播还是交出了 1.1 亿 GMV 的醒目成绩。这是粉丝在为“老罗”埋单。当然，如果持续输出枯燥干瘪的内容，这也会反过来让“大咖”为此埋单——承担粉丝流失的后果。

另一个值得一提的就是众泰新车的发布：

2016 年 9 月 17 日，华磊众泰 4S 店举行了盛大的“你就是豪门众泰 Z700 发布会”。主办方不但在现场进行了品红酒、百万大抽奖等活动。而且还别具创意地邀请国内知名企业直播平台对本次发布会进行了全程直播。最终活动不光得到了到场众泰新老客户的热烈响应，而且还等到了广大网友的关注。不少观众在为华磊众泰新品发布会点赞，并纷纷表达了自己对众泰汽车的喜爱之情。

从众泰发布新车的案例中，我们可以明显地感受到企业在直播平台上发布要更为随性，其选址不再局限在会场，直播平台的发布形式也更为丰富和生动。

企业借助直播平台专业化的能力对产品的发布会进行直

播，相较于单纯的产品发布形式，综合来看主要具有五点优势（如图 3-1）。

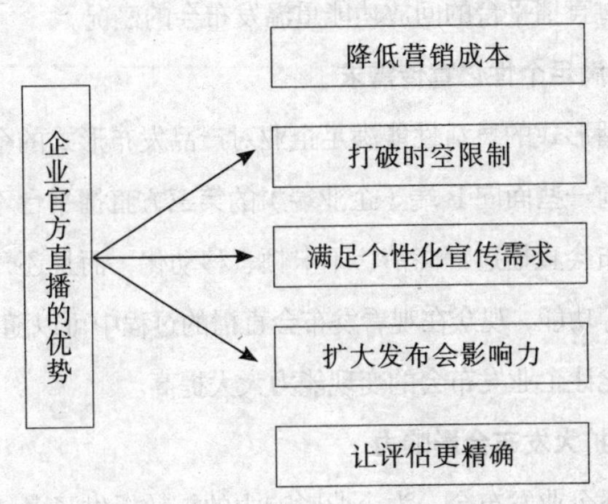

图 3-1　企业官方直播的优势

1. 降低营销成本

就上述的众泰新车发布会来讲，这场新车发布会的实际到场嘉宾只有 100 人左右，而网络观看人数却超过了 7 万人次。假设本场发布会需共花费 10 万元，那么在亲临现场的每个人身上平均的成本就是 1000 元，然而通过直播，实际上最终在每个人身上的成本平均仅为 1 块多。

通过直播花小钱办大事，这对于对成本一向敏感的企业来说，无疑是一笔极为划算的交易。

2. 打破时空限制

能够到现场观看产品发布会的观众毕竟有限，而通过直播，企业能够让更多因种种原因不能来到发布会现场的观众也能同步了解活动进展。即便当时因工作等原因错过了直播，观众也可以通过直播平台的回放功能重温发布会的盛况。

3. 满足个性化宣传需求

直播形式的灵活性能满足企业对产品发布形式的个性化需求。目前一些面向 B 端（企业端）的第三方直播平台不但可以做到发布会直播过程高清、不卡顿、移动化，而且还开通了网上支付等功能，观众在观看发布会直播的过程中可以随时下单，这无疑能让企业发布会的变现能力大大提高。

4. 扩大发布会影响力

直播企业发布会，为企业影响力的扩散提供了多种渠道。例如企业的宣传推广人员可以将企业直播间的相关链接一键分享至自己的微信朋友圈、公司官网、品牌公众号、企业官微等处。想要了解发布会进展的观众只要点开链接就能同步观看，而且在观看过程中还可以和会场人员实时互动，这就在无形中拓展了发布会的传播范围，使更多的人关注到企业的新产品。

5. 让评估更精确

直播发布会结束后，企业可以对直播过程中的数据与效果进行评估和分析，能帮助企业研判发布会的得失以及产品的改进。数据不但使过去看不见、摸不着的营销效果变得直观可读，而且还有助于企业科学地制定后续的产品迭代与销售计划。

对于想要进行产品发布直播的企业来说，需要特别注意的是：以往的新品发布会，主办方可以邀请媒体为自己进行间接的宣传和二次包装，而直播平台的发布完全取决于人气。实际上，并不是每一个品牌都拥有雷军这样可以聚集人气的大佬，这就要求发布直播具备一定的话题性。在魅族的一场新品发布会上，主办方就特意邀请了 23 位美女主播为发布会造势，创造了品牌手机发布会网络红人直播人数最多记录，同时也制造了关注点。

企业将产品发布会搬到直播平台，其意义不仅在于改变了发布会的传播路径，更重要的一点在于企业将发布会的沟通渠道直接打通。从此以后发布会将不再是企业一方的独角戏，而是观众和企业的交谊舞。

明星直播：利用粉丝效应打造爆品

回顾 2019 年的品牌营销，明星直播必然是焦点。在这一年中，见证了直播带货的力量，各路明星也成为各个直播间的常客。

直播营销之所以能呈现火爆的状态，原因之一是其拥有庞大的用户基数及变现模式。2019 年 3 月 30 日，在淘宝举行的直播盛典上，淘宝官方公布了这样一组数据：2018 年淘宝直播平台带货超千亿，同比增速近 400%，创造了一个全新的千亿级增量市场。这震撼的数据必然使淘宝直播成为一个香饽饽，也使得各路明星纷纷入驻。

在淘宝直播中，消费者可以自由选择喜欢的明星直播间。

淘宝在2019年1月份直播策划了明星周，把高露、刘璇、蒋梦婕、苏青、垂楠、赖雨濛等当红明星请入淘宝直播间。随后李湘、汪涵、王祖蓝、谢霆锋等也开始在淘宝和快手进行直播首秀。明星直播带货，多数赢得了不俗的销售战绩，使得直播以更快的速度传播开来。

明星带货之所以火爆，是基于明星巨大流量以及公众对明星的信任。相比于传统主播与网络红人，明星本身就拥有众多的粉丝，这也使得其具有强大的号召力，他们自身携带的流量就能在短时间内迅速集聚人气。这是明星投身直播营销的优势所在。

图 3-2　明星在直播带货

在直播间里，明星带货并不仅仅是为产品宣传，还有互动环节、访谈环节，甚至还有明星砍价。

明星进行直播营销时，最合适的产品应该是服饰以及美妆类产品，因为对于这类产品，明星自身便是一块招牌，能轻易被粉丝所接受。并且也有许多粉丝相信，明星不会为了一些并不好的产品代言，明星同样担心某款产品不好，对自己的人气造成负面影响。

对于企业来说，邀请明星直播需要有选择性。例如有品牌方邀请王祖蓝在快手直播，12 分钟内，王祖蓝卖出了 10 万份面膜。但是，也有品牌方在与他合作时，直播观看量高达 42 万，但成交量却仅仅 64 盒干粉。为什么观看直播的用户那么多，销量却如此低呢？原因即在于信任，消费者会产生疑问，王祖蓝会用干粉吗？他需要用到吗？当消费者产生疑问时，便丧失了对明星的信任感，也带不动货。

李湘也是如此，在淘宝直播间直播时，曾两个小时内卖出了 1 亿的空调，然而她在卖奶粉时，成交量才 77 罐。

可见，并不是明星带货就一定销售火爆。明星带货应该是有所选择，对于产品的选择、对明星类型的选择，等等，都是需要仔细考量的。

直播作为一种新兴的传播媒介，可以让不同的主体在上面任意展示，当企业携手明星在直播间中呼风唤雨时，企业对于观众来讲无形当中就拥有了明星光环，明星的粉丝就成为企业的消费者。让明星在直播间为企业宣传，让观众通过自己偶像的卖力宣传更直观地认识品牌，继而下单购买，这何尝不是一种令人兴奋的全新模式！

网络红人直播：流量带货谱写营销神话

在已经过去的2019年，我们见识到了粉丝的消费能力，也看到了电商行业新的营销方式，即网络红人直播。主播的超强带货能力使销售量节节攀高，这种销售方式是传统的营销模式不可比拟的。

其实网络红人主播带货并不是在2019年才兴起，早在2017年，薇娅就创下了直播5小时成交7000万元的纪录。从这个数据我们可以看到，网络红人淘宝直播确实可以吸引到更多的消费者。

但也有不少人对此发出质疑：网络红人主播带货能力真的这么强吗？为何有的企业请了主播进行直播营销，销量却上不去？

通过分析，我们认为带货效果跟四点因素有关（如图3-3）。

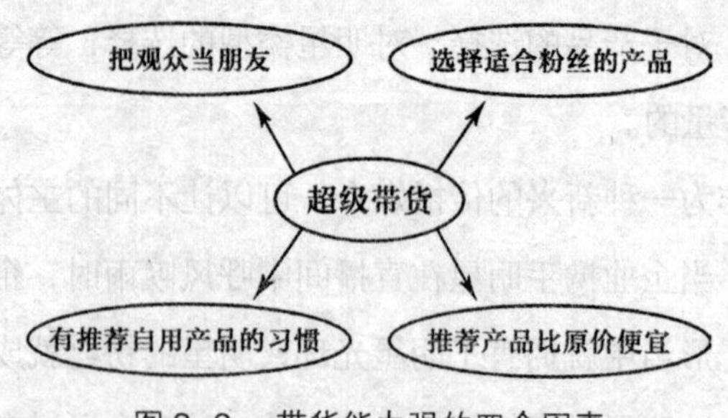

图3-3　带货能力强的四个因素

1. 把观众当作朋友

在观看直播时我们发现，带货能力强的主播往往不像一个销售或导购，而是更像是一个朋友。当我们在线下走入实体店时，导购员便主动一路跟着，只要消费者的眼光落在哪一件商品上，她就会喋喋不休地介绍。这给消费者造成了极大的干扰与压力，让人恨不得赶紧离开店铺。但是，如果和朋友一起走进去，当朋友说这个商品她用过，并且介绍效果时，我们几乎不假思索就会选择购买。

因为朋友是值得相信的，而导购不值得信任——他们之所以推荐，是与提成挂钩。

好的主播在直播时，通常会将自己的使用心得告诉消费者，并且说出它的优点。当消费者看到和听到主播的推荐后，会如听到朋友推荐一样地下单购买。而当消费者在购买产品后，有了较好的使用体验，便会长期关注这个主播，并且不自觉地信赖他所推荐的产品。

2. 有推荐自用产品的习惯

带货能力强的主播一般平时也有分享产品的习惯，如果一位主播平时没有分享过自己喜欢的产品，突然让他去推荐某件产品，粉丝就会察觉出这是一场营销，会反感这位主播。网络红人主播一般是在某个特定的领域有影响力的人物，而他能分享的产品也是他所属的领域的，如果超出那个范围，就会给消费者带来不适。

这一点我们可以拿美妆主播举例，一般的美妆主播在生活中也会给粉丝推荐一些比较好用的产品，在直播时推荐美妆类的产品也容易被粉丝接受。

比如薇娅、李佳琦这类红人，在微博上他们经常会分享好用的产品。在直播时，就算是他们也像导购一样有提成，但他们会以朋友的口吻推荐，这比较容易得到粉丝的信任。

3. 选择适合粉丝的产品

主播确定要在直播间营销某样产品时，首先需要确定的是这类产品的消费群体。以主播分享自己的服装穿搭为例，当主播确定了要合作的商家时，需要从商家的众多服饰中挑选出符合自己粉丝心理定位的产品，而不是盲目地营销。粉丝群体能承受的价位、所喜欢的风格，都是主播需要考虑到的因素。

如果主播盲目推荐，没有使用产品，也没有进行预选，只是对产品进行泛泛地介绍，很快就会失去粉丝的信任。

通过直播销售产品，粉丝拿到实物发现很好用，便有可能成为忠实粉丝；如果不好用，主播的人气也会大打折扣，进而影响到品牌。

4. 推荐产品比原价便宜

一般情况下，主播介绍产品的方式有两种，一种是日常“种草”，另一种是淘宝直播活动。

日常“种草”一般是通过文章和小视频向粉丝推荐自己的使用心得等。这种方式一般容易受到粉丝的青睐，大多粉丝都有这样的心理，即“你既然在用，必然是好的”，也有的人会追求“同款心理”。

淘宝直播需要与商家联系，在收到产品的样品后，配合商家的店铺优惠进行的直播活动，比如“双十一”“女王节”等节日，一般在这些时候，会有相关的优惠券放送。粉丝在观看直播时，主播会在直播界面发放优惠券，或者在直播中开展“秒杀”等活动。很多粉丝看到这类活动就会不由自主地购买。直播红人李佳琦，他在直播间推荐的口红能在短短几分钟之内卖断货。

在各种直播当道的今天，想要寻找优质的网络红人并不难，可以根据自身品牌特色进行筛选。找准一个适合自己品牌及产品的网络红人，才能创下产品销量的高峰。

素人直播：布衣王者成就另类营销

除了明星和网络红人可以进行直播营销以外，素人主播也可以通过直播营销带货。直播并不是网络红人和明星的专利，其实素人虽然没有上镜经验，但也有其独特优势。

在这里，我们先看几个素人直播营销的案例。

1. 京东员工直播营销

在京东的直播平台上，最近出现一些不按常理出牌的主播，他们与普通主播不一样，他们较为冷静。这些人大多是素人，即不是网络红人和主播。他们没有过多的肢体语言和煽动性的语气，而是以专业的知识和丰富的采购经验收获了一大批粉丝。

这些主播的胸前佩戴京东的员工卡，手里拿着京东自营产品。有不少用户对此产生疑惑：京东难道招聘了一批主播？这些主播是京东的正式员工。他们不是专职主播，而是各个品类部门负责采销工作的资深员工。

这些采销经理有着丰富的经验。他们与众不同的直播方式成为直播行业一道不一样的风景线。

值得称道的是，京东将采销经理们推进了直播间。采销经理对于产品有足够的了解，唯有了解产品才能知道消费者对它的期待，才能更好地将它介绍给消费者。

京东的采销经理直播也提醒了企业主，采购人员有着丰富的采购经验，非常熟悉厂商及产品，如果他们能出现在直播间，对于产品的讲述更加全面与深入。

以电脑数码事业部的“NV 哥”董阔为例。他作为电脑产品知名 KOL，又是硬件达人元老，在微博和抖音等社交平台拥有众多粉丝。

“NV 哥”早期在 BBS 分享高端硬件晒单和组装电脑教程的文章，便开始备受关注，并且他还成功地帮助了很多装机爱好者。他还曾被英特尔、英伟达、雷神、华硕、AMD 等十余家知名厂商邀请出席新品发布会直播，累计观看人数超 150 万人次。但是他的发展也并不仅于此，还曾将制作的视频栏目《IT 达人秀》和《攒机攻略》在京东站内及视频网站发布，累计播放量 700 万次。“NV 哥”以专业风趣的内容为资深用户和电脑小白种草电脑产品，他对行业的热爱和专业度也受到了业界的肯定。

像“NV 哥”这样的人隐藏在京东各个部门里，而在的“京东自营推荐官”中则有很多这样具有丰富的采购经验和知识的专业人士，无论是电脑数码还是美妆，又或者是母婴及酒水等领域，都有他们的身影。

对于采销人员而言，直播营销只是将工作场地转移到了直播现场，并借助直播平台将选择产品的秘诀与产品的特点，甚至是一些潜在的规则分享给消费者，但是对于消费者来说，这种直播方式具有较高的可信度。采销人员与网络红人的区别就是，他们没有粉丝光环，他们能做的就是倾囊相授。

京东推荐官的出现是素人直播的一大特色。他们所有的经验都来自真金白银的投入和万千产品之间的对比，他们常年在各自的领域与各大品牌接触，在走近产品一线的同时还需要洞悉消费者的心理。也正因如此，他们推荐产品时虽然没有专业主播的气场，却依然备受消费者喜欢。

2019 年 7 月，京东正式宣布推出红人孵化计划，即“京品推荐官”。在这一计划中，京东投入至少 10 亿资源，其中包括京东 App 发现频道和视频直播等站内资源，以及站外流量资源，如抖音、快手、今日头条等。从这些投入，就可以看出京东对此计划的支持。

2019 年 8 月 27 日，京东蒙牛超级品牌日当天，网络红人主播现场直播，在两个小时的直播中，仅 PURE MILK 牛奶的销量便超过了 10 万箱。

2019 年 9 月的“99 秒杀嗨购日”时，京东专门设置了达人推荐专场，目的在于为消费者提供更多购物乐趣，同时也展现出“京品推荐官”的带货能力。据数据显示，“99 秒杀嗨购日”红人仅用了两小时，两百多台的 ThinkPad X395(0YCD）被一抢而空。

这些数据均证明了“京品推荐官”的带货能力，也说明了这个计划的成功。

“京品推荐官”是京东基于现在的网络红人经济的布局，而“京东自营推官官”则是京东在直播带货模式上的全新尝试。无论是哪一种，对于直播和京东都是创新。在直播的发展过程中，必然还会有类似于“京东自营推荐官”之类的新玩法出现。

2. 法官直播司法拍卖

据悉，最近全国多家法院已经联合阿里拍卖开始了司法网的直播活动，在 2019 年的“双 12”期间更是创造了 1 个小时热销 1 亿的战绩。这些从未直播过的法官走入直播间，销售战绩接近网络红人。

以某法院的 A 法官为例。A 法官在阿里拍卖的一场直播中，为了让消费者能够了解标的物，亲自当起了模特，展示拍卖物。虽然他们对于直播的方法或许不如专业主播，但是其做法却让不少消费者为其点赞。

在直播的过程中，A 法官们还不忘为消费者们讲解法律知识，在展示拍卖物的同时，也提高了消费者的法律知识和素养。有不少消费者表示，这样别开生面的司法拍卖，更像一次普法活动。

随着直播的发展，法院选择网络直播拍卖其实也是顺应了社会的发展。各级人民法院为了更好地实现司法为民、公正司法，纷纷开始探索各种形式的拍卖。其实阿里拍卖多年前就已为各地法院提供了免费平台来协助司法拍卖，但直播拍卖则是近年才有的事。

拍卖通过直播的形式，其实是司法公开多样化的体现。在过去，很多标的物由于缺乏可供宣传的平台，导致估值严重缩水，损害了司法当事人的合法权益。而法官直播法拍，让标的物走近更多人的视野，成为以司法公信力为背书的网络拍卖新形态。

司法拍卖一直以来都比较封闭，因为传统的司法拍卖存在佣金高、周期长、受众面窄、不透明等问题，而现在通过直播进行司法拍卖，上述问题均能得到有效解决。

所有拍卖的产品都在广大网民的监督之下进行，每一个消费者都能通过视频见证司法执行得是否公开透明。这是司法拍卖的进步。

3. 直播带货的副县长

商河“80 后”博士副县长王帅，为了推销扒鸡走进了直播间。他模仿李佳琦说“距离千年老店，只差八百年”“这味道，上头！”等等。

他表情夸张，一口接一口吃着扒鸡，不时学李佳琦的口吻介绍，很快就销售了 3 万只扒鸡。在大家的点赞和转发中，扒鸡的销量节节攀升。平时半年才能卖到的销量，通过这支视频一天内就实现了。

商河县是山东省首批 12 个“村播计划”试点县之一，也是济南目前唯一的淘宝村播试点县。这类直播在商河已经司空见惯，截止到目前，商河县内举办的大型直播活动已达 20 场，最高的在线人数高达 130 万人。王帅并不是商河县直播卖货的第一人，在 2019 年 1 月，商河县副县长陈晓东在网上卖商河年货，成为山东省第一个尝鲜“网络红人”的副县长。他创下了“10 秒卖出 100 个瓜”“1 小时销售额突破 20 万”的直播销售记录。

有很多人对于镜头有点畏惧，面对镜头时会不自然，甚至说话也会结结巴巴，王帅也是如此。但是为了带动销量，他在每次直播之前，都会研究其他主播的直播方式，并分析销售数据，了解什么样的产品比较好卖，什么样的包装更受消费者的青睐，并且还要了解自己所推荐的产品具有哪些优点，在这些产品身上，消费更想知道的是什么，如果自己是消费者，会想要了解什么。当完全搞懂这种问题后，他直播起来也就没那犯怵了。

在 2019 年 8 月的中国淘宝村高峰论坛上，王帅在一个网络红人的直播间里，做了一期针对商河县的专场公益扶贫直播。直播时间 20 分钟，下单量超过了 2 万单。

素人王帅从一个直播小白走向网络红人，他的故事值得所有的企业主借鉴。如果一个企业还没有与网络红人或者明星合作的预算，也可以通过自己的人员储备寻找更加适合的方式。

一种新媒介的出现，将会导致一种新文明的产生，并且每一次的媒介变革都会带来一场营销革命。可以毫不犹豫地说，直播营销之所以能快速受到大众的认可，就在于它的特殊性，而恰当利用直播营销，就能使这场媒介变革成为企业经营发展的助推器。

04 直播营销需要做哪些准备

不打无准备之仗。直播开始之前，主播需要提前了解网络直播需要注意的一些知识，比如，这场直播的观众定位，他们喜欢看的是哪种类型的内容，他们看这场直播的目的是什么，作为主播，自己应该怎样做等等。

只有了解了这些基本知识，再充分地迎合观众，主播才能达到自己做直播的目的。

如果没有提前了解，那么在做直播时，就会不可避免地造成不知道说什么的尴尬场面，这不仅会使粉丝流失，甚至还会对品牌产生一定的负面影响。

直播营销的 3 种模式

现在视频直播主要分为秀场模式、游戏模式和泛生活模式三大类（如图 4-1）。

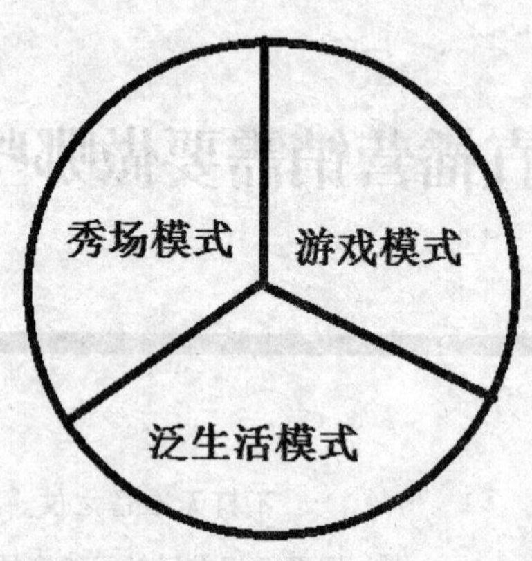

图 4-1 直播的分类

1. 秀场模式

目前最知名的直播模式就是秀场模式。秀场模式衍生于视频聊天室。

有不少人认为秀场模式是美色经济，即利用美色吸引男性用户，形成吸引客户—激励客户—用户付费的完整供应链。然而并非如此，秀场模式的主播一般是帅哥美女，以高“颜值”配合才艺，通过聊天、唱歌、跳舞等内容吸引大量用户。

现在的秀场模式中，国家监督机制已经杜绝了一些主播们的出格表演，所以并没有所谓的美色吸引。有调查显示，在秀场模式中，男性主播占据了大咖的大部分。那么，到底是什么吸引那么多观众参与到秀场模式中来呢?

答案很简单，是归属感。

年轻一代看中的是参与感，他们并不满足于看到你、摸到你，而要能够参与进来，与你一起成长。最明显的例子就是主播参加活动，再带动粉丝进行拉票。这个时候，已经由原来的艺人和粉丝变为了患难与共的队友。

正是这种模式提高了粉丝的归属感，进而增加了粉丝与直播平台的黏性。正因为如此，秀场模式才能吸引很多的观众参与进来。

虽然在秀场模式中，主播可能会有同明星一般的待遇，但是他们与明星之间依然有着本质上的区别。

在秀场模式中，粉丝和主播是相通的。粉丝能够非常方便地与主播互动，粉丝可以在主播进行直播时进行评论，而主播也会根据粉丝的要求表演相关的内容。但是粉丝和明星之间的沟通只能通过第三方的媒介，粉丝无权要求明星做任何事，但是粉丝却要为明星的某些活动埋单。

主播和明星获得报酬的方式也是不一样的，主播的报酬来源于粉丝的打赏，以及与直播平台签约等方式，而明星获得报酬的时间长，拿到报酬的方式也较为复杂。

秀场模式充分挖掘了每一位粉丝的付费意愿，在拉近粉丝与主播距离的同时，也增加了平台与粉丝之间的融合性。

秀场模式最值得举例的便是YY平台。YY平台采取工会机制，利用庞大的普通用户刺激“土豪”的产生，使“土豪”拥有成就感和荣耀感，进而再促进其消费。这也是目前国内大部分秀场平台获得商业收益的核心策略。正是因为秀场模式依靠了良好的变现方式及互动特点，才能吸引大量的主播和观众进入平台，才能使平台采取各种形式增加用户之间的黏性，并刺激粉丝进行消费。

2. 电竞模式

在江西南昌，有一位12岁的小男孩，他很喜欢打lol，于是开始直播lol，曾经18连胜王者，被网友们称为“幼年厂长”。

这位小男孩上线直播时，观看人数高达6万，后来甚至一度高达14万。而他通过直播，月收入已达到3万元，并且还获得了职业赛队的邀请。

在以前，玩游戏的人会被称为玩物丧志，而现在，只要游戏玩得好，不仅能轻松养活自己，甚至还能养活家人。喜欢游戏的玩家对于游戏玩得好的主播，根本不吝啬自己的钱，看到激动之处狂刷礼物打赏。也正因为有一大批人喜欢玩游戏，并且不在乎投入的金额大小，使得游戏直播成为非常赚钱的职业。

根据企鹅智库发布的《2019全球电竞行业与用户发展报告》显示，2019年，中国的电竞用户预计突破3.5亿，产业生态规模将达到138亿元。2019年7月，艾瑞网发布了《2019年中国游戏直播行业研究报告》。报告显示，2018 年游戏直播市场规模达 131.9 亿元，较 2017 年增长超过 60%，预计到 2020 年规模将达 250 亿元。随之，游戏平台用户规模增速也将同步放缓。2018 年，中国游戏直播平台用户规模达 2.6 亿人，预计 2019 年规模将达 3.1 亿。

从这些数据我们可以看出，游戏模式在直播平台越来越受欢迎。平台也越来越注重游戏直播这一板块，而且还有一些平台主打游戏竞技直播。

游戏直播模式与其他的平台不一样，所以收入也有所区别。游戏直播模式主要是依靠广告、游戏和虚拟道具来盈利。

和秀场直播相比，游戏直播模式虽然出现得比较晚，但因为其具有独特的趣味性和高黏性的优势，赢得了许多游戏迷的支持。并且游戏直播模式不仅拯救了被主流行业排斥在外的电竞行业，还借此使游戏直播成为直播产业中不可忽视的一股力量。在目前的三种模式中，游戏模式受欢迎的程度仅次于秀场模式。

3. 泛生活模式

在秀场模式和游戏模式之外，原本属于小众直播的泛生活模式悄悄盛行。当人们开始注重分享与陪伴时，其也被称为视频直播的新引擎。越来越多的人希望将自己的生活搬到摄像头前。

这种模式迅速崛起，比如趣播、花椒、富秀云播等，泛生活模式最大的特点是，直播内容转向了移动的全民化，并且高度去 PC 化。

泛生活模式的红人之一便是 papi 酱，她在 2016 年 3 月，获得了逻辑思维的 1200 万元的融资，在得到巨额资本注入后，其本人的发展更为迅速。而 papi 酱的成长也表明，泛生活模式在运营当中，外来资本注入能使这种模式得到快速发展。

现在，泛生活模式已然从小众行为变成大众行为。其之所以能迅速崛起，就在于泛生活模式直播的受众投递精准，可以满足现代人的需求，所以占据了极高的市场率。并且还以直播与广告营销结合的方式，催生了更加丰富的盈利模式。

现在三大模式谁能称道还值得期待，无论是泛生活还是游戏，又或者是秀场模式，还是会有新模式异军突起，都是值得期待的。

主播如何选对服装颜色

主播在选择颜色时应当做到主次分明，而对主色的选择应当依据自身的肤色来定，毕竟不是所有的颜色适合所有的人。中国人虽然属于黄种人，肤色总体偏黄，但根据肤色的色彩偏向又可以分为几种：偏白、偏黑、偏黄、偏红。根据不同的肤色倾向，应搭配不同的服装色彩，这样才有助于塑造主播的最佳形象。

以下是不同肤色的服装选配。

1. 肤色偏白

肤色偏白的人选择色彩时能够搭配多种颜色，但需要这些主播注意的是尽管选择色彩的范围比较宽泛，但是为了自己的面部看上去有血色，不要显得苍白，还是应尽量避开纯白等冷色调的。

2. 肤色偏黑

肤色偏黑的主播适合纯度较高的深色，但在使用鲜亮的紫蓝两色时要保持谨慎。至于浅黄、粉红等明亮的浅色则应当避免使用。因为当肤色偏黑的主播选择了较明亮的色彩时，自身的肤色会因为强烈的对比而显得更深。此外，金、银色调颜色单一，同样适合肤色偏黑的主播。

3. 肤色偏黄

肤色偏黄的主播为了避免脸部呈现出面黄肌瘦的菜色，应当避免使用绿色，同时由于紫色会和黄色形成互补，造成面部暗沉，所以肤色偏黄的主播也不适合紫色。此类主播适合白色、灰色等浅色柔和色调，还可以适当点缀鲜亮色彩。

4. 肤色偏红

肤色偏红的主播应当使用深浅灰、浅驼、浅蓝等色，同时谨慎使用暖色。而绿色作为红色的互补色，一旦同时使用会使红色显得更加突出，造成很不协调的对比，所以为了使这部分主播看起来不显得艳俗，应当避免鲜亮的绿色。

选好了主色调，接下来还应选好恰当的点缀色，只有两种颜色做到相辅相成，色彩的魔力才会发挥到最佳状态。

主色为淡色应当搭配的点缀色（如表4-1所示）：

主色（淡色）	搭配色
白色	黑色、所有深色、鲜艳的色彩
浅米色	黑色、红色、褐色、绿色
浅灰色	褐色、红色、深绿色、深灰色
天蓝色	褐色、紫色、米色、深绿色、深红色
粉色	米色、紫色、灰色、藏青色
浅黄色	黑色、褐色、灰色、藏青色
浅紫色	褐色、深紫色、藏青色
浅绿色	红色、深绿色

表4-1 主色为淡色应当搭配的点缀色

主色为深色应当搭配的点缀色（如表4-2所示）：

主色（深色）	搭配色
黑色	米色、白色、粉色、柠檬黄、天蓝色
褐色	白色、米色、黑色、橙红、橙绿、深绿色
深灰色	米色、黑色（所有浅色和艳色）
藏青色	白色、紫色、紫红、鲜绿、柠檬黄、紫松色
深绿色	白色、米色、天蓝色、鲜红色、浅黄色
深紫色	天蓝色
深红色	褐色、米色、天蓝色

表4-2 主色为深色应当搭配的点缀色

主色为鲜艳色应当搭配的点缀色（如表4-3所示）：

主色（鲜艳色）	搭配色
蓝色（泛紫）	黑色、白色、鲜绿色
绿松色（蓝色泛绿）	白色、棕黄色、藏青色
绿色（偏蓝）	白色、黑色、藏青色
绿色（偏黄）	白色、米色、棕黄色
金黄色	白色、黑色、褐色
柠檬色	白色、黑色、橙色、深绿色、淡粉、藏青
橙色	白色、黑色、柠檬色、深绿色
紫红色	白色、藏青色
新红色（朱红色）	白色、褐色
紫色	白色、褐色、粉色、天蓝色、绿松色

表 4-3 主色为鲜艳色应当搭配的点缀色

最后，当你实在不知道该如何搭配颜色的时候，还有以下两个规则可以一用。

原则一：全身色彩以三种颜色为佳。当你并不了解自己风格的时候，不超过三种颜色的穿着，能够让你不出大错。一般整体颜色越少，就越能体现优雅的气质，并给观众鲜明清晰的印象。

原则二：色彩搭配有主次之分。全身服饰色彩的搭配的面积要避免1 ∶ 1，尤其是穿着的对比色。一般以3 ∶ 2或5 ∶ 3为宜。

永不过时的几种衣服搭配

讲究的搭配可以提升主播的气质，不合时宜的着装则会使主播的形象大打折扣。下面就从男女两个角度给大家介绍几款搭配：

1. 男主播

（1）连帽卫衣 + 运动裤 + 板鞋

休闲运动版型的套头卫衣，具有校园气质的衬衣款式，凸显超强的时尚感，下装穿搭运动棉质长裤，展现校园达人气质，衬托上装卫衣与衬衫款式搭配的风格，再穿一双板鞋，这种搭配的整体画面就是在塑造一个气质男。

（2）半开襟短袖 T 恤 + 军绿休闲裤

“半开襟短袖 T 恤 + 军绿休闲裤”的搭配，半开襟短袖 T 恤本身具有大多数 T 恤衫贴身凉快的优点，同时还能展现出男士健壮宽广的胸肌，给人以时尚、立体的感觉，在直播间穿着这样一件衣服，会令男主播变得成熟而有魅力。而军绿色休闲裤和短袖 T 恤的搭配则成就了一种经典款式，因为这样的搭配将衣服的颜色和款式完美地协调在了一起。

（3）格子衫 + 白长裤 + 小白鞋

休闲中又透着十足型男味道的搭配，绿色、白色、灰色的格子交织，搭配一条白色的长裤，再加上小白鞋，干干净净的风格着实让人着迷。

2. 女主播

（1）淑女风的夏季长裙搭配

凸显气质又很优雅的长裙适合走成熟知性路线的主播，经典的小黑裙可谓超级百搭，腰间有镂空设计，时尚而又性感，并且超级显瘦显身材，穿上身很有女神的气质，脚上搭配一双裸色高跟拖鞋，极具时尚感，再手提一个立体复古的小包包，超级有范。

收腰百搭修身的连衣裙款式会让你在直播过程中尽显女神风范，简约而不简单的设计让人过目不忘，配上复古穿法的袜子与尖头鞋的搭配更具摩登感！

（2）白 T 恤搭配短裙

小清新的搭配总是能第一时间吸引观众的眼球，如果你认为自身的气质适合小清新的装扮，那么一定不要错过这款小清新搭配，白 T+ 短裙清凉而又好看。

这是完全不挑身材的装扮。将白 T 恤的一角随意扎进裙子里，优化了身材的比例，显瘦的同时又显高，即便脚下踩着一双平底鞋也不用担心。再加上田园风小清新的高腰碎花半身裙，能够很好拉长身材比例，配上腰带，显得更加好看。

（3）短款 T 恤 + 牛仔半身裙

女主播要想充分显示自己的形体美，短款 T 恤、短裙都穿起来就对了，这身甜美又清爽的搭配，观众们难道不喜欢？可爱的短 T 恤，搭配不规则的牛仔半身裙，显高又显瘦。

特别是个头较矮的女生适合这种搭配，因为穿短款的上衣会使身材比例得到拉长，再加上一双随性的懒人鞋，无论是穿上去还是看上去，都会给人很舒服的感觉。不规则设计的牛仔半身裙更能显瘦遮肉，怎么看怎么显得有个性。

不同场景下的机器配置

直播并不是随手拍一段视频，需要专业的设备进行后台支撑，并且不同的场景需要用到的机器配置也是不一样的。

1. 室内直播

通常我们所见到的室内直播分为两种，一种是用手机进行直播，另一种则是利用电脑进行直播。

（1）手机直播

移动互联网时代的今天，利用手机进行直播的用户越来越多，对于这类群体来说，直播时的配置应该按照以下几点进行。

需要提前准备一台运行速度快、像素高的手机，这样才能保证直播时画面可以达到最佳的状态。如果想要自己的声音变得更加动听，或者是在直播的过程中使声音呈现多种效果，主播还需要准备一张手机直播声卡。另外还需要准备的是电容麦克风。这种麦克风有体积小、重量轻的优势，如果主播需要走动或者唱歌、跳舞等，就一定要准备电容麦克风。但是需要注意的是，要距离话筒远一些，以防喷麦，即录音时距离话筒太近，嘴里喷出的气息使话筒噗噗作响，影响录音效果。

（2）电脑直播

使用电脑直播的主播，最好是提前购置一台台式电脑，并且配置要稍微高一些。因为高配置的电脑性能会更好一些。还需要准备两个显示器，一个用来做直播，另外一个则用来与粉丝交流互动。

与手机直播相同的是，电脑直播也要准备麦克风，并且麦克风是电脑直播时的必备装置，无论是唱歌还是喊麦都必不可少。另外还需要准备清晰的摄像头。

室内直播是直播中最为常见的一种直播方式，选择正确的直播机器，是迈出网络直播关键的第一步。

2. 室外直播

室外直播是最为简单的直播方式，主播不需要准备过多的机器设备。如果利用手机进行直播，只需要准备充电宝、三脚架和自拍杆等就可以了。如果是用电脑，那么一定要选择轻便的电脑，其他的设备和室内相同，即摄像头、声卡、耳机、话筒等。

室外直播最重要的是简单轻便，所以建议选择手机进行直播。

05

直播营销的低成本获客秘诀

愈来愈高的获客成本，成为企业不堪承受的重负。而直播正处于高速发展阶段，垄断格局尚未形成，企业还有低成本获取流量的机会。同时直播本身具有的草根属性，使得企业在进行直播营销的过程中不必花费巨额资金聘请明星大腕做代言，有必要的话，让公司老总、企业员工甚至消费者来做主播都是可行的。

发布企业日常，塑造品牌形象

作为中国新媒体产业的最前沿，从世纪之初的蹒跚学步，到今天的高速发展，各大直播平台已经积累了大量的用户数量。而这些观看直播的用户往往都是有一定购买力且娱乐精神较强的青年，而这些人往往也是各类企业产品的消费主体。就像人们看待素颜与化妆之间的关系一样，相较于包装华丽的宣传大片，这些年轻消费者似乎更想关注企业在平日里的表现。

因此，在规模庞大的用户基础和传播效应的驱动下，直播已成为当今时代企业自我宣传的最佳窗口。

直播能够让企业放下对成本的担忧，多层次地向消费者推广品牌知名度，以独辟蹊径的方式激发消费者的兴趣。从目前一些企业在宣传自身经营日常的案例中，我们可以一睹直播对企业社会形象的巨大塑造效应。

首先，我们先来看看万达集团的做法。

在雷军和周鸿祎等互联网巨头们率先加入直播、开企业日常直播先河的时候，实体经济的代表、房地产巨头万达也不甘落后，立即跟进。2016 年年中，万达集团和花椒直播宣布进行深入的战略合作，万达集团整体入驻花椒直播，开通专属万达的企业直播间，向观众全面展现万达的企业文化。通过直播，人们不只可以看到万达的战略发布会，而且还能一睹万达员工食堂和宿舍的真貌。

不仅如此，作为万达领头羊的王健林还率先垂范，多次通过直播的方式，向观众展示自己企业的方方面面。在某年万达的年会上，王健林就在直播过程中以一首自己的《西海情歌》征服了网民（如图 5-1），被很多观众戏称为“灵魂歌手”。

图 5-1　王健林演唱《西海情歌》

万达和王健林通过直播，让许多观众看到了一个有血有肉的万达集团。这种通过向观众展示企业真实自然的表现，继而宣传企业自身形象的行为，在观众看来毫不做作，受众的接受度也较高，不得不让人佩服。

除了地产行业的万达，餐饮行业知名平台“饿了么”也做了相关的尝试。

2016年6月7日，国内著名网上外卖订餐平台"饿了么"三位创始人张旭豪、康嘉、张雪峰进驻YY直播，又一次树立了企业日常和直播相结合的典型。

在YY直播上，三位创始人和观众亲密互动，不但和网友一起分享了企业初创时的青葱岁月，还做起了"导游"，带领观众游览了饿了么公司总部，向观众全面展示这一"外卖帝国"的神秘内在。

就在饿了么三位创始人通过YY直播带着观众参观公司总部的当晚，直播间已吸引了几十万满怀好奇的网友，很多观众通过弹幕、留言等方式纷纷表达了自己对"饿了么"的全新认识。有的观众说今晚总算亲眼看到了自己饮食父母的真容，有的观众则为"饿了么"如此接地气的表演而拍手叫好。

在饿了么创始人之一康嘉看来，之所以要选择直播作为企业首次向公众开放的宣传媒介，是因为饿了么是一家"网络+食品"的企业，饿了么的目标人群就是爱吃爱玩的职场新人，这与直播平台的主要用户群体高度契合。饿了么希望通过直播这一全新的社交方式，让大众印象中的饿了么品牌更亲民，让年轻人心目中的饿了么更为贴近自己的生活。事实证明，他们的目的达到了。

同样，宝马Mini在为自己的新一代车型做宣传时也选择了同样的方式：

2016年5月，为宣传新一代Mini车型，宝马Mini携手《时尚先生》杂志在映客上对时尚大片拍摄过程进行了为期3天的直播。而这场直播的主角就是宝马 Mini 经过层层筛选过后的四位男星——井柏然、杨祐宁、秦昊、阮经天。宝马 Mini 是第一个对拍摄片场开展视频直播的汽车品牌，四位男星在颜值方面足以俘获一大批年轻受众，在直播过程中，共有 530 多万观众同时观看。

对于这次在线直播，宝马 Mini 汽车官方给出的解释是这样说的：之所以要对拍摄片场开展视频直播，原因就在于宝马 Mini 汽车的目标并不是要像以往的宣传模式那样简单地消费明星和话题，而是期望通过直播平台和观众一同塑造全新的内容和价值。

让 Mini 汽车的宣传如此轰动的原因，主要在于它成功地把握住了直播对企业日常的宣传效应。当观众通过直播不仅能看到一个豪华品牌在公众印象中光鲜亮丽的一面，而且还能看到企业在日常经营中是如何打造这种豪华感的，观众怎能不心生好奇，而这种好奇又会驱使着观众通过观看直播来了解他们，直播营销的效果就在这个过程中得以实现。

直播的即时性使得它能在较短的时间里协助企业取得观众的信任与好感，继而提高用户对品牌的美誉度。在不远的未来，当企业的公关人员讨论如何塑造企业形象时，部门领导叮嘱下属的将不再是发朋友圈，而很可能是上直播。

实事求是地讲，花椒、YY、映客等新型在线直播平台的崛起，并不意味着微博、微信等传统企业网上营销形式会走向终结，由于功能属性各异，在未来相当长的一段时间中，直播、微信、微博三方大概率仍会延续并驾齐驱的态势，共同构成企业在品牌营销中最为倚重的三个宣传阵地。

可以想见，在雷军、王健林等企业家的示范引领作用下，未来会有更多的企业选择通过直播来宣传自己的企业日常。无论是互联网企业还是实体企业，通过直播进行自我宣传，可以说是未来企业品牌营销的一种趋势。不光是年会，公司产品的生产环境、员工的工作状态等都可以经直播平台向所有观众展示，这种大胆凌厉的宣传方式就像九十年代末的房地产一样，谁先做，谁就能抢占先机获得更高的品牌价值。

活动直播，广泛吸引流量关注

从来没有一种媒介形式，可以像直播这样使企业、观众、营销、活动和交易连接得如此连贯。当直播能够附着在所有营销形式上时，企业通过直播活动来宣传自己的品牌和产品就变为了可能。企业将品牌活动搬上直播平台，可以在瞬间激发受众的兴趣，同时还能进一步增强企业与消费者之间的感情沟通。

实际上，在企业直播平台上对企业的宣传活动进行精耕细作非常符合企业的需求，直播活动必将成为企业获取在线用户流量的新来源。

现在直播的题材越来越广泛，不仅唱歌跳舞可以直播，甚至连吃饭睡觉也可以直播。对品牌而言也是如此，万事皆有可能，因此直播能够附着在所有可以引起观众兴趣的事情上，这也能带给直播营销更丰富的可能性。

2016年4月26日，杜蕾斯借助在线直播的火热势头，招募了100名情侣在哔哩哔哩、乐视、斗鱼TV等多家网络直播平台对“百人试套”活动进行了全程直播。在长达3个小时的直播过程中，五十对身着白色浴袍的情侣先后进行了搬床、接受采访、做广播体操、吃水果等活动，之后又躺了30分钟，最终这场大张旗鼓地直播在一疑似“空气炮”的爆炸声中结束。

结果可以想见，杜蕾斯这场堪称“奇葩”的直播活动立即引发了轩然大波，有人甚至指出这是史上最负面的营销举措。但从实际效果看，杜蕾斯显然从这场“百人试套”直播活动中获得了巨大的成功。

据有关数据统计，杜蕾斯的这场直播收获了全网超过500万的播放量、过百万的打赏点赞和超高的在线热搜指数，直播当天关于杜蕾斯的消息直接刷爆了年轻人的朋友圈。这场活动通过直播的放大效应甚至影响到了线下，杜蕾斯一度成为坊间热议的话题。

当天马行空的创意遇到了直播，企业的营销活动便具有了话题性。50对穿着统一的情侣，身处一间空旷的空间，并扬言要做一些事。当观众因强烈的好奇心进入直播间想一探究竟时，却发现任何“令人期待”的事都没发生。虽然这种另类的做法难免会招来观众的集体吐槽，但当千万双眼睛齐聚于同一个直播间时，企业通过直播活动制造影响力的目的就已经达到了。

“直播 + 企业 + 活动”的组合让企业在宣传过程中拥有了

营销的核心竞争力，直播既让活动的过程得以充分展现，同时也让直播活动自身拥有了商业价值。成功的活动推广需要合适的平台，而直播恰恰就是最适合品牌活动对外宣传的载体。从现今的国内品牌营销的变化与直播平台自身的嬗变来看，更具差异性、更具内涵的活动内容和直播的结合将成为未来企业营销的发展趋势之一。

深度互动，充分黏住忠实粉丝

尽管当前的直播营销仍处在初步探索时期，但业内已经达成了一点共识：直播最显著的优势在于它能为用户带来更直观更形象的使用体验，甚至能够做到零距离沟通，这是其他传播形式望尘莫及的。聊天、打赏、投票等互动方式对于直播这种潜力无限的媒体形式来讲仍然只是浮于表面，它们并没有把直播实时互动的价值榨取到极致。

纵览中国目前各类品牌的直播营销模式，大部分还是局限在现场互动、老总登场、明星站台、低价促销等手法中，总是缺乏一定的思维跳跃性。“搞事情，博关注”的嫌疑更大一些，而营销战术却相对较弱，无法形成对消费者的黏性。在此情况下，将企业在直播平台上的宣传推广活动引向深入就显得很有必要了。

2015 年 4 月，知名男性护理品牌 Old Spice 在游戏直播平台 Twitch 上发起了一场特别的直播：主办方找到一个人进行了为期三天的野外生存，而他的行为彻底受观众的控制。观众可以像打游戏一样通过聊天控制人物的每一步行动，系统会自动对所有玩家的选择进行汇总，得票最多的动作就是当事人下一步的行动。

2016 年 3 月，宜家英国和知名社交平台 Skype 联手开展了一场名为“护照挑战”的直播，活动当日一些用户的 Skype 界面上会出现活动通知，他们将获准参与宜家的“护照挑战”。倒计时一开始，参加者需要在 30 秒内立即找出护照，并回到镜头前手持护照合影。

能成功在 30 秒内找出护照的参与者将被宜家官方视为收纳能手，这些高手将得到一个价值超过 400 英镑的旅游大奖。而对于那些没有在限定时间内找出护照的参与者也不必丧气——宜家会为这些人赠送一个 Lekman 收纳盒。

不管是 Old Spice 直播野外生存，还是宜家英国直播“护照挑战”，我们都可以从中看出他们的直播活动不同于一般企业直播的关键之处，那就是更深层次的互动。前者让观众成为主播的“指挥官”，而后者则直接把潜在的消费者拉进了直播间，让用户成为直播的主角。这种对企业直播大胆直接的创新无疑能够让参与其中的观众对企业的印象更加深刻，并能打消一些消费者对企业可能进行虚假宣传的疑虑，有助于企业进一步获得受众的信任。

企业之所以要通过在直播平台上和用户进行深层次的沟通和互动，这归根到底其实是互联网在发展过程中所呈现出的两种趋势相互融合的产物。

1. 直播范围扩展

在线直播范围和层次正以令人瞠目的速度拓展，我们现在已经可以在一些诸如斗鱼、花椒、映客等大型直播平台上看到直播内容的丰富。当直播进入“泛生活化”时代，连个人的衣食住行都可以通过直播进行呈现，那么企业在直播平台上还有什么不能做的呢。所以未来的企业直播营销将不再是企业在直播间打广告那么简单，未来在直播平台上，品牌宣传与百姓生活、游戏、高科技等充分结合几乎是一个必然方向。

2. 消费体验升级

社会在进步，科技在发展，生活水平整体向好的消费者自然不会降低对消费体验的要求。因此企业想要让消费者仅仅满足于对企业产品本身的认可是远远不够的，企业产品的体验升级趋势不可阻挡。当传统的体验模式遇到了一个瓶颈，企业就必须想办法进一步从各个维度提升用户的消费体验，而通过不断翻新的直播形式，企业能够让消费者感受到产品从研发到销售最后到售后服务的全套过程，在持续深入的互动中强化消费者对品牌的感性认识和理性认同。

在这两个大趋势的共同推动下，企业通过直播平台和消费者进行更为深入的互动基本上是一件不可避免的事。

当企业的直播营销进入深水区，倘若企业的宣传还局限于走马观花似的简单推广，那必然会落后于直播营销的新时代。要想取得良好的营销效果，不仅需要企业在直播前大造声势，制造噱头，更需要在直播过程中让受众饶有趣味地参与到直播的过程中，不仅要让观众获得视觉、听觉的感官刺激，更要直击观众的心灵，目前来看直播正是满足企业这种需求的最佳手段。

然而知易行难，在过去传播途径有限，信息高度集中的年代，能俘获消费者的成功营销案例尚且少之又少，到了今天这个信息大爆炸，流量高度离散化的时代要想将观众的好感牢牢抓住更是难上加难。但是只要企业营销人员在平时注意留心观察，在直播营销过程中多做总结，总能够抓住和观众深入互动的机会。

电商营销，快速实现流量转化

作为电商，其在日常经营中间始终需要解决的核心问题就是：怎样将自己平台上的产品促销信息和优惠活动准确及时地传达给消费者并转化为购买力。

这时，在线直播就以其超高人气、超强互动性的特点成为电商平台向消费者宣传自己的首选，而直播平台庞大的用户基数与同样惊人的每日活跃用户正好成为促销信息直抵受众的关键。当现今互联网领域最为活跃同时也是最具发展潜力的两大商业模式强强联手，电商的营销模式无疑会发生更为彻底的革新。

直播营销的出现必然会直接改变的传统电商的营销模式，

推动其从单纯卖产品向卖内容转型，在直播中进行现场营销，第一时间实现流量转化。如果融入一些创意，更能够使直播营销起到事半功倍的效果。

2016 年 6 月，聚划算携其平台下六大化妆品商家登录 Bilibili(简称“B 站”)直播，在 B 站进行了一场“我就是爱妆”的角色扮演直播秀。

在这场直播中，六名美女主播亲身体验了聚划算六大化妆品商家提供的化妆品，在和观众分享自己角色扮演过程中的化妆心得时，还不忘向参与互动的观众赠送品牌礼包。整场直播吸引了数万观众热情参与，而聚划算平台下的六大化妆品商家的订单也同步暴增，订单成交总金额接近千万。

聚划算的这场直播探索出了一种现场互动营销的新玩法，成功完成了营销到成交的转变。

京东生鲜在 2016 年端午节期间，与知名直播平台斗鱼 tv 合作的“龙虾激战之夜”网络红人直播活动，可以说是电商平台借助直播进行宣传促销的经典案例。

2016 年 6 月 18 日前后，京东先是通过斗鱼平台举行了“直播烹饪大龙虾”的主播招募赛，3 日内吸引了超过五十名主播参与到直播中，这些主播通过唱歌、相声等多种方式，向观众传达京东生鲜 618 的大促新闻。

紧接着在 618 大促活动的前夕，京东又在斗鱼 TV 上开展了“龙虾激战之夜”活动，其间斗鱼平台上的人气网络红人无尽、Dy 范童等五位直播达人，分别在位于北京的 798 艺术工场、望京、簋街等人气聚集地，在大排档、小吃铺等场所，全程直播麻辣小龙虾的制作过程。

美食与美女的诱惑立即吸引了海量的观众围观。在直播的全过程里，累积的观赏人数达五百万，其中个人同时网上观赏人数最高超过了二十万。不仅如此，京东方面还在直播间内植入了更贴合实际场景和更多样的软性广告，例如京东二维码，网上购买链接等“即点即买”的购买引导，推进直播营销的变现速度。

这场直播在京东的大丰收中结束，截止直播守宫，京东生鲜的产品订单量已超往年同期六倍，实际销量更是达到了往年同期的十倍。

2016 年 6 月，天天果园首席执行官王伟在友加直播上全程直播了公司在美国樱桃园采摘 Ruby 樱桃的过程。

天天果园大费气力直播采摘的 Ruby 樱桃实际上是一种成活率很低的珍稀品种，目前世界上的 Ruby 樱桃仅产于美国的奇兰湖畔。因为品种罕见且产量极低，其种植家族对该樱桃的出口一向极为慎重。而以“水果猎人”著称的天天果园通过长期的交往终于获得了 Ruby 樱桃种植家族的信任，最终取得了 Ruby 樱桃在中国的独家销售权。Ruby 樱桃在清晨被果农采摘后，会经过一系列严苛的拣选过程，在一天半的时间内运抵国内。

王伟亲自直播采摘 Ruby 樱桃过程，首先使受众得以一睹这种神奇果品的真容，感受采摘过程的艰辛不易。更重要的一点在于公司方面要借助现在最受欢迎的直播玩法将公司优质产品的卖点宣传出去。利用观众的猎奇心理和互动感强烈的表现形式，天天果园让原本高高在上的珍稀水果通过直播的形式成功地贴近了年轻受众，打了一场漂亮的直播营销战。

从上述三个堪称直播营销的经典营销案例中我们可以发现，企业通过直播平台进行产品宣传能够实现多赢的局面。

首先，极具创意的现场直播营销方式，为广大消费群体带来了“所见即所得”的直接消费体验。观众看到主播在挑选商品，就好像自己也置身于商场中一样。通过经验丰富的主播专业的解说则更能激发消费者的购买冲动。

其次，企业通过广告、公关与直播的营销组合，通过在场景中植入产品信息，让网购变为了直播内容的一部分，这样不仅可以降低观众的抵触情绪，更能让观众在耳濡目染中接受企业的经营宗旨，这对提升品牌形象有很大的促进作用。

最后，现场直播营销的新尝试，可以进一步加深直播平台在观众内心多元化直播的印象，为其最终成长为综合性直播平台增添筹码。

网上的生意和现实中的许多生意相似，只要做的人一多，再加上恶性无序的竞争，马上就会成为一片见者即逃的红海。当越来越多的企业和个人加入浩浩荡荡的直播大军时，一场直播营销的革命就在所难免了。

06 企业主播如何快速涨粉

作为企业主播，必须面对的一个重要问题就是：怎样快速涨粉？

在直播营销中，粉丝具有无可替代的重要地位，粉丝的多少、粉丝的忠诚度，都直接影响产品的销量。所以在直播营销中，你必须懂得如何吸引关注，赢得青睐，黏住粉丝。

新主播如何冷启动

在直播营销的最初时期，主播要如何吸引第一批用户？

一般情况下，当主播选择好适合产品的平台，并且完成注册后，就需要面对这一问题：如何吸引更多用户来观看？

对于没有人气也没有粉丝的主播来说，可采取以下四个方法来吸引用户（如图 6-1），以完成第一次直播的冷启动。

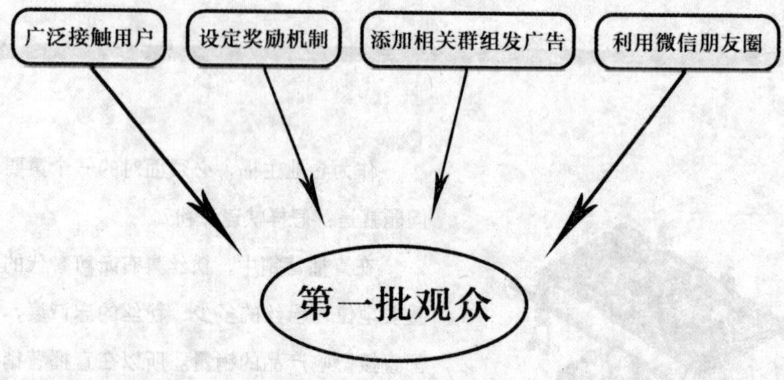

图 6-1　新主播如何冷启动

1. 广泛接触用户

在进行直播之前，需要提前在微博、微信、论坛等社交平台宣传。只要认真观察就会发现，无论是知名主播还是新主播，在进行直播之前，一般会在社交平台上做宣传。

当有用户看到这些宣传时，就会有一些人抱着好奇心去看直播。之后就要依靠主播将这些用户留下来。

没有人能随随便便吸引到成百上千万的粉丝，就算是“带货一哥”李佳琦，也是一步一步走到了今天。所以就算前期观看的用户不多，也不能气馁。

2. 设定奖励机制

刚开始做直播时，可以适当给用户一些甜头。一般情况下，用户能拿到好处，就不会轻易拒绝。但是也需要注意，好处不可以太多，如果所给的太多或者是费用占比过高，会引来很多无效用户，即观看直播却不做出购买行为的用户。

就拿才艺主播来举例。才艺主播开始首场直播时，可以准备一些生活中有趣的小礼物来吸引用户观看，譬如当观看时间达到多少分钟时，抽选几名用户赠出礼物。用户在等待礼物的时候，主播就要利用直播内容打动他。

而游戏主播可以开展诸如 LOL 抽奖送炫酷的皮肤、Dota2 抽奖送精美的饰品，或是炉石抽奖送卡包等等这些活动。

当积累了一定的用户后，还可以进行早上开直播，下午抽奖攒人数等活动，以做到进一步吸引用户观看。在抽奖的频率上，则根据自己的预算来确定。

新主播必须注意的是，无论采用哪种奖励机制，重要的不是产品本身，而是如何吸引第一批粉丝。吸引到第一批粉丝之后，就会产生固定的粉丝，便能根据后台的数据不断地更新直播方式及内容。

所以主播必须根据自身情况灵活把握奖励机制，如果通过这种方法获得了第一批粉丝，奖励机制就可以缩短；如果没有达到预期，就可以延长。但也不可以一味延长，要多寻找没有吸引到粉丝的原因。

3. 添加相关群组发广告

每个类目都会有各种群，比如美妆类有美妆群，饰品类有饰品群。新主播可以搜索相关的 QQ 群，加入后发一些自己的广告，也可以直接建一个属于自己的群。微信群则可以通过与人交换、互相拉对方进群的方式，迅速进入很多大群。

对于这些群，你可以逐步提纯：退掉一些关联度不大的群，以腾出容量加更多关联度大的群。

4. 利用微信朋友圈

现在越来越多人的朋友圈成为营销平台，合理利用微信朋友圈，能够收到不一样的效果。企业新主播除了自己要在朋友圈进行朋友间的第一轮营销，还需要发动企业全体人员加入朋友圈营销之中。

运用以上方式俘获粉丝后，那么就成功地迈出了第一步。但是要明白，距离真正直播营销的成功还有相当大的距离，拥有第一批粉丝只能证明直播事业的开始。要想在直播营销的行业中发展起来，还要稳扎稳打，走好每一步。在这个时候，如果对于第一批粉丝的培养没有做到位，之后的直播营销之路必然也会受到影响。

选择合适的话题

至少有以下 11 个话题，适合作为直播中的话题。

1. 最新的八卦新闻

看直播的主要是年轻人，而年轻人好奇心强，普遍比较喜欢八卦，所以从八卦新闻入手最容易。主播可以跟观众谈谈例如 ××× 明星离婚案、××× 明星最近的言论等全民关注的娱乐圈话题，这样很容易引起大家的共鸣，而且还有新鲜感。

需要注意的是，涉及政治、宗教的新闻，千万不要去“八卦”。对于悲剧类的新闻，也要保持客观公正，不可为了流量而“带节奏”“吃人血馒头”。

2. 感情经历

网络主播可以跟观众聊自己的恋爱经历，故事越离奇越跌宕起伏越好，这样一方面会让观众对你产生好奇心，愿意听你把故事讲下去，另一方面也会跟你产生情感共鸣，增加对你的认同。

不过对于大多数主播来说，恋爱经历实在是没有什么可谈的。对这一点广大主播不用担心，你可以参照媒体中的情节去编故事，也可以找他人去编一些故事。现如今，网络包装已经发展成一个行业了，行业内部的分工也很成熟细化，主播有需要，自然会有专业的编剧提供故事。例如你曾经喜欢一个人喜欢得死去活来，而后来谁又辜负了谁等等，夸张点也可以。

如果聊到被情所伤，观众感觉到了悲伤的气氛，这时作为主播的你再带着情绪唱一首伤感的歌，喜欢你的观众也会受到情感的触动，自然就会鼓励你，为你加油打气。这样一来，很容易“路转粉”“粉转铁粉”。

3. 成长经历

主播可以谈谈自己小时候的故事，例如你和父母的感情，你在上学时的经历，你毕业之后在社会上的打拼的过程，等等，谈这些也很容易让观众感同身受。当观众的情绪受到你的感染时你就可以进一步和粉丝互动，比如你可以反过来劝粉丝，鼓励他们要坚强，要乐观。

4. 谈歌曲

爱说爱唱是时下年轻人普遍的天性，在直播过程中，伴着背景音乐你可以谈谈自己对音乐的理解，比如你为什么喜欢这首歌，自己喜欢的歌星，自己喜欢的音乐风格，等等，还可以问问粉丝他们喜欢的曲目。

5. 脑筋急转弯

脑筋急转弯是很多人小时候经常玩的游戏，不仅有问有答，而且答案往往还天马行空，所以，这类的话题也是不错的选择。

6. 穿着

人靠衣装马靠鞍，穿着是人每天都要做的事情。作为网络主播，你可以先从自己直播时的穿着讲起，谈谈自己今天为什么要选择这身衣服，进而讲讲自己喜欢什么衣服，最后问一下观众的衣着品味。这样不仅与观众有话题可聊，还能顺便问出观众或是粉丝的喜好，以后你在直播时穿着也就可以更有针对性。

7. 游戏

网游是时下年轻人的一个兴趣点，尤其是男青年，几乎没有不爱玩游戏的。跟年轻的观众聊聊彼此喜欢的游戏，能迅速激发对方的兴趣，拉近彼此的距离。

8. 美食

中国人是一个讲究吃的民族。看各式“吃播”以及美食博主那么火，就知道美食绝对是一个大家都喜欢的话题。在直播过程中，你可以谈谈自己平时最爱吃什么、吃饭是自己做还是喜欢在外面吃，抑或最近刚听说的某家味道不错的餐馆，拿出来跟粉丝分享，最后别忘了问问大家都喜欢什么美食，相信很容易找到共同语言。

9. 工作

主播和观众因为屏幕相隔，所以不能了解到彼此，但如果主播能主动问及观众的职业，就会带给观众一种被关心的感觉，对主播敞开心扉，从而让观众主动跟你说话。

在这个过程中主播可以引导观众把自己的工作经历向主播倾诉，如果观众在工作中遇到什么趣事说出来大家一起欢笑。如果观众在工作中遇到了什么烦恼也让观众讲出来，作为主播可以提出建议。这样主播既达到了沟通交流的目的，同时还能更好地了解自己的粉丝。

10. 影视作品

经典的或最新的电影、电视剧、动漫这是属于多数人都关注的话题，谈这些话题很容易找到共同语言，主播可以跟观众谈谈最近大热的电视剧，聊聊自己最喜欢剧中的哪些角色，也可以跟观众谈谈自己喜欢的明星以及他们的作品。

11. 旅游

世界这么大，我要去看看。出门旅行也是时下年轻人喜爱的休闲方式。主播可以跟观众谈一谈自己最近去过什么地方，梦想是去哪里，最近某城市发生了什么大事，等等。尤其是旅游目的地，也许观众就在你旅游过的城市，也许观众也和你一样向往某个景点。这样一来主播个人的话题就可以转变为主播和观众共同的话题，沟通起来也就游刃有余了。

最后需要指出的是，选择话题要注意三点：

一是尽可能选跟自己的直播风格一致的话题，比如主播是甜美可爱风格的，就可以挑选些可爱的舞蹈、游戏等。

二是对于自己不太懂的话题，要预先做好功课。

三是三天内不要重复地讲同一话题。每次直播前应先准备好这次直播要聊的话题，不能临时抱佛脚。

与观众愉快互动

在直播过程中，主播要时时让观众感受“存在感”“参与感”，应当把努力调动他们的主观能动性积极参与。

如果主播和观众能有良好的沟通，成为相谈甚欢的朋友，访客自然会采取积极热情的合作态度。反之，若主播和访客缺乏交流沟通，让观众感觉彼此形同陌路，那恐怕就会造成“一日游”的尴尬了。如果你不知道如何与观众互动，可以试试从以下 5 点入手（如图 6-2）。

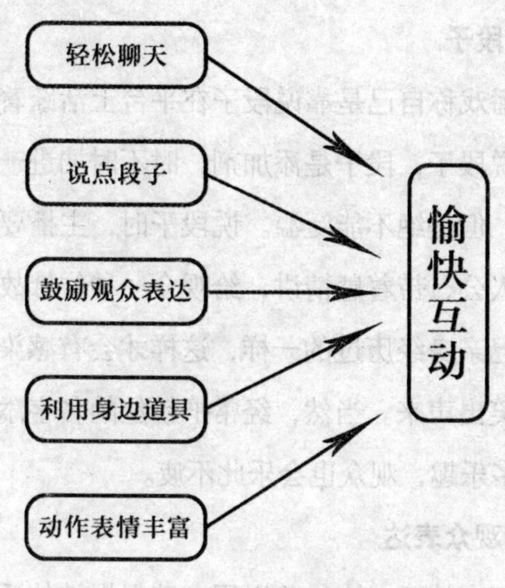

图 6-2　与观众愉快互动的方法

1. 轻松聊天

并不需要谈多么有“意义”的事情，你完全可以多谈一些生活中的鸡毛蒜皮，这样反而容易拉近你和粉丝的心理距离。比如你最近去哪里逛街了或是去哪旅游了，途中遇到了什么有意思的事情。又比如最近网购的时候又看上了哪款自己很中意的包包和裙子，以及很搞笑的买家秀和卖家秀。

无论什么样的观众，都希望主播注意到自己的存在，只要你跟某个粉丝说话，即使是看似简单的问候，那这个粉丝也会很兴奋。所以，一定要跟进入自己房间的观众打招呼，尽可能回复粉丝们在公屏说的每一句话。假如粉丝太过热情，实在不能做到一一回复，也应当及时说明原因。

2. 说点段子

很多主播戏称自己是靠说段子在平台上活跃着的，但是做主播不能只说段子，段子是添加剂，时不时加进一些，会让直播饶有趣味，但是绝不能泛滥。说段子时，主播要把自己当作段子中的主人公，带着感情讲，给观众一种仿佛故事中的情节就是主播自己亲身经历过的一样，这样才会有感染力，观众才会发自心底笑出声来。当然，经常把粉丝的名字添加进段子中也会增添很多乐趣，观众也会乐此不疲。

3. 鼓励观众表达

调动气氛有技巧，比如可以用一些很提神的话，或者用唱歌等才艺让观众动起来。在这里一定要注意，千万不要自顾自地唱完说完就把观众放在一边不管，因为这样很容易引起访客的反感情绪，正确的做法是主播在表演完后主动邀请访客进行点评。

因为直播是由主播和观众双方共同参与的活动，不是主播自行其道的肆意狂欢。表演者只管自嗨，却无视观众的感受。观众怎么会对表演者产生好感呢？多听听访客的点评，一方面可以借他人之口了解自身，知道自己的优点和不足，哪些方面观众喜闻乐见，哪些方面还有瑕疵需要改正，进而提升自己。

另外一方面，主播作为一个倾听者能让观众说出自己的意见，会让观众在心理上有一种做主人翁、被你重视的感觉。这种感觉会使他在心里把你跟一般的主播区分开来，你重视观众，观众自然重视你。有哪个人不希望自己是人群中的焦点呢，哪怕只是几秒钟内的焦点，你让我开心了，我就喜欢你，就这样简单。下次当这些观众看直播时，还会关注你。

长此以往，观众自然就会由你的访客慢慢变成你的粉丝，甚至成为敢于为你一掷千金的“土豪”，这时直播营销的目的自然也就达到了。

4. 利用身边道具

跟观众互动时可以利用身边的一切物体，在直播过程中你可以时而拿出一个苹果、时而拿出一个锤子、时而拿出一本书，还有主播到了饭点直接拿起碗筷吃饭。注意这时一定要拿捏好分寸。还有一种主播，每天穿的都是不同风格的衣服，时而天真可爱，时而冷酷帅气，让粉丝们每天都不自觉地猜测自己中意的主播今天会以什么形象出场。

5. 表情动作丰富

实际上，很多新手在直播时很容易犯的错的就是：神情动作单一而不够多样，这是许多主播无法获得较高人气的重要原因。

只有让表情动作都丰富起来，才能更好地调动观众的情绪，也让观众更好地感知你想传达的信息。

看过李佳琦直播的观众都知道，他在直播的过程中表情动作都是非常丰富的，当陶醉的表情配合着一声声“amazing”“我的妈呀，这样太好用了吧”，总是让观众争先恐后下单购买。

总而言之，主播和观众在现实中相距万里之遥，而直播间则在网络中为二者搭建起一座交流互动的重要桥梁。主播既要做到把握好现场气氛，又要努力加强和观众的沟通，让每一名观众都参与到直播中。

一场成功而又精彩的直播，跟观众的互动是一个非常重要的方面。很多当红主播跟观众的互动时间，甚至要占去他们绝大部分的直播时间。但这丝毫不影响他们的超高人气，所以对于主播这个群体来讲，必须要记住的一点就是主播中的高手，一定也是能和观众互动的高手。

语言要有个性

主播必须有自己鲜明的个性，而打造个性可以从语言风格入手，比如李佳琦的“我的妈呀！”“oh，my god！”“这个颜色也太好看了吧！”“答应我，买它！”“高级！”，还有某美食主播的“放入 66 粒盐”“屈（出）锅啦”。

当主播有了个性化很强的语言，就拥有了清晰的辨识度以及病毒式的传播度。他的语言被人喜欢，被人模仿，被人传播。

主播设计自己的个性化语言，可以从以下 4 个方面去打磨（如图 6-3）。

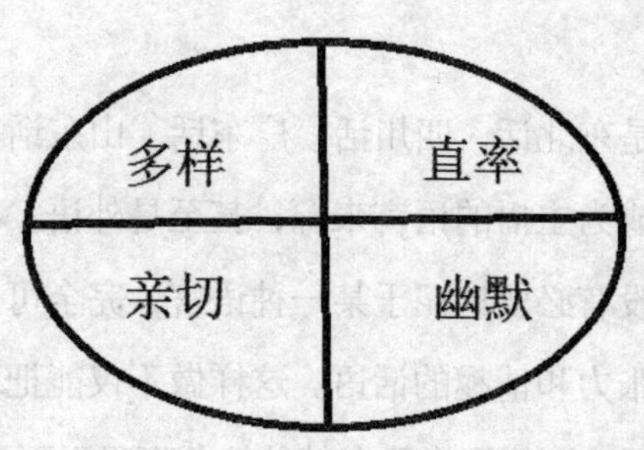

图 6-3　主播的语言设计

1. 多样

网络直播和一般的电视广播等娱乐形式不同，相较于这类传统媒体，网络直播在语言上没有非常严格的要求。并且网络直播本身就具有一定的娱乐属性，所以要显得灵活多变一些。

也有主播为了体现出多样性，会抛弃普通话，转而使用方言进行直播。因为方言具备特别的感觉和独特的音调，并且还能带给观众普通话所没有的亲切感和归属感。所以在有的直播中，主播使用方言和自己的粉丝交流，并且还取得了非常好的效果。

就多样性这一点，我们以最近几年大火的热门主播 MC 高迪来举例。

高迪来自吉林松原。在 2015 年 10 月 1 日，他发行了自己的单曲《一人我饮酒醉》。在这首歌曲中，高迪说着一口粗犷而又细腻、质朴却又充满灵气、简洁却不留余地的东北腔。听起来既亲切又朗朗上口。后来这首歌迅速火遍大江南北，一时传唱各地。

不仅仅是东北话，四川话、广东话、山东话等有地方特色的方言都能成为主播的语言来源，甚至是外语。在进行网络直播时，完全没有必要拘泥于某一种语言，完全可以根据自己的特色说充满张力和情趣的话语。这样做不仅能把观众和主播之间的距离拉近，还能因为具有某种特色而吸引更多的粉丝。

2. 直率

主播在进行网络直播时，一定要直率一些。网络直播与现实生活不一样，在网络上，大家更喜欢直率的人，如果主播委婉地说话，反而会更让粉丝反感。但是如果直率一些，粉丝会认为这个主播不虚伪做作，反而更容易被粉丝接受。

很多人观看网络直播就是为了放松精神，在平日的工作生活中，大家讲话都会有所保留，周围的人说话也会给自己留有余地，如果在观看直播时，主播也这样讲话，那么不仅不能让人放松精神，反而还会让人精神紧绷。所以在直播时，一是需要有话直说，二是表意明确。

这一点依然要用口红一哥李佳琦来举例。李佳琦在进行一次直播时，讲到涂口红的方式时，说起自己当柜哥时的一些经历。他说有的女生涂口红之前总喜欢舔舔嘴巴，像羊一样。虽然也有不少女生觉得他说的“像羊一样”冒犯到自己了，但有更多的女生觉得自己就是这样。如果是在现实生活中说这样的话，那么对方肯定会生气，而在网络直播中，不仅不会生气，还会觉得形容得很贴切。

所以主播在与粉丝互动时，一定要纯朴自然地表达自己的观点，不要拐弯抹角地说。这样能轻易地拉近与粉丝之间的距离，并且这样的主播也能受到更多粉丝的喜爱。

3. 亲切

在进行网络直播时，主播不用像电视台节目主持人那样正襟危坐，而是需要把观众当成朋友，把直播当成大家坐在一起轻松地聊天。

在讲话的时候，也可以先从自身讲起，说一说当天遇见的有趣的事情，或者是讲一讲自己觉得有意思的事情，让用户感觉到屏幕里的是活生生的人，而且要让他们有发出评论的冲动。当用户一旦发出评论，主播就可以根据评论和用户展开聊天，也可以通过这了解他们的想法。

做网络直播切不可有高高在上的态度，也不可以把自己当成导购一般，而要像朋友一样，聊天时谦逊中肯，推荐产品时态度和善。甚至也可以和消费者聊一聊生活中的一些经历和想法，进行接地气、生活化的互动。

4. 幽默

幽默是主播成长道路上的必修课。在现在的网络主播中，或多或少都有幽默因子，有的甚至是幽默高手。对于主播而言，幽默不仅仅是获得好人缘的优质条件，还是缓和气氛、化解尴尬的必要手段。

做主播一定要学会自嘲，这就跟做演员一样，适当自嘲不仅能化解尴尬，还能增加趣味性。在这里我们就以黄渤来举例。黄渤参加《康熙来了》时，小s对黄渤说："你长得很特殊诶。"黄渤笑着回答："一开始长得还挺委婉，后来就越来越抽象了。"在现实生活中，如果有人像小s这样说，气氛一定会很尴尬，但黄渤以机智的自嘲化解了尴尬的气氛。

在进行直播时，也会有用户对主播开启攻击模式，这个时候，适当的自嘲不仅能显示主播的人品，化解尴尬，还能增加粉丝对主播的亲近感。

如果观众只是跟主播开玩笑，主播也可以顺势调侃观众，但需要注意的是，调侃也需要把握好尺寸，玩笑开大就会起反作用。所以当观众开主播玩笑时，主播要学会以幽默的方式化解，但主播不可以过分开观众的玩笑，否则就是得不偿失了。就像黄渤一样，如果他也开小s的玩笑，那么势必就会让人觉得这个人的人品不好了。

有这样一句俗话："一句话能把人说笑，一句话也能把人说哭。"从这句俗话中我们就可以看出语言对人的影响有多大。主播要想得到观众的喜爱，就要把观众"说笑"。

看似不难，但也有难度，毕竟主播不是直接面对人，中间还隔着屏幕，无法直接察觉对方的心情，所以主播更需要提前做好准备，要了解粉丝的喜好，也要了解粉丝近期关注的"梗"，以及热点。只有知道了这些，才能抛出能被观众接受的话题，增加双方的互动。

对于在镜头前表演的主播来说，语言的重要性不言而喻，语言经过口头传播，在达到观众时，他们会产生什么样的想法主播完全不知道。这也使得主播更加注重对自己语言能力的培养。唯有自己对语言的使用变得越来越凝练、随意，才能为后续的直播营销奠定良好的基础。但是有一点需要注意，主播在培养自己的语言能力时，也要根据自己的发展内向，进行定向性的培养，切不可看谁有趣就学习谁。

07

常见的 5 种直播营销行业解析

在如今这个营销为王的时代，高额的获客成本一直是困扰企业的一大难题：从烧钱抢人大战到斥巨资请明星代言，再到节日大促，传统“血本营销”方式使企业面临着巨大的经济压力，直播营销在这样的情况下应运而生，其凭借成本低、转化率高等优势迅速成为各大企业争抢的战场。无直播，不营销，直播营销的诞生，拉开了企业低成本获客时代的帷幕。

旅游直播，打造身临其境的感官体验

对于正处于转型升级关键期的旅游行业而言，在线直播的出现毫无悬念地成为一种极具变革意味的一种营销方式。途牛、同程、携程、去哪儿网等在线旅游巨头切入直播的大动作，在整个旅游产业转向网络化的大背景下仅是冰山一角。

直播和旅游的融合，体现出旅游行业作为一种“轻经济”形式灵活、能够与时俱进的一面。当直播技术的日益成熟，当直播的层次越来越深入地向垂直领域渗透，“旅游 + 直播”将作为一种全新的流行推广方式，在未来获得更大的发展前景。

放眼今日的旅游产业，我们可以看到已有很多企业为了自身的生存和发展，纷纷开始了旅游直播化的尝试，这无疑是网络对线下流行体验真实反馈的进一步升级，而网络直播特有的灵活性也令旅游企业在营销方面的边界得以持续拓宽。虽然目前和旅游有关的直播节目在整个旅游行业营销内容中所占的比重仍然不大，但仅凭直播平台所拥有的海量消费群体和多样化的传播方式上，我们就可以看出其巨大的发展潜力。这从下列案例中可以得到印证：

2016 年 8 月，纷享世界和优酷正式确立战略合作关系，未来双方会在直播、旅游等细分市场进行深入合作，由双方共同制作的全网第一档旅游直播节目已开展前期策划工作并将会在年内正式上线。

纷享世界实际上是澳达控股集团旗下位于北京的子公司，公司的业务主要专注于定制旅游的网上预定。通过“1+1”的专业旅行策划，力图建立一个以“深层次体验”与“私人化定制”为中心的针对千家万户的智能化定制旅行平台。结合网络技术，纷享世界能够满足各类家庭在旅行过程中对于景区、机票、美食、演出、车辆等方面的私人定制化需求，并具备旅游产品网上预订“一条龙”支付功能。

纷享世界这次和优酷合作将借助后者的传播效应向全体大众传递休闲度假的意识，让人们在欣赏优质直播节目的中发现外界的美好并激发群众对休闲度假的热情，让更多的国人对旅游产生兴趣。此次双方的合作在澳达控股集团总裁、纷享世界首席执行官范应龙看来，纷享世界和优酷携手，可以将彼此强大的传播力和专业的运营团队结合起来，在实现资源互通的同时，也能实现优势互补。在直播平台进行旅游推广是澳达控股“改变中国人旅游度假观念”愿景的又一次有益探索，双方强强联合可以为群众的外出度假搭建一个更优质、同时也是更广阔的自我展示分享平台。

此次合作也为优酷方面打造旅游直播节目奠定了坚实的基础，不仅如此，借助纷享世界的高水平服务，优酷也能为观众们提供优质的观看体验，有助于增强观众和优酷之间的黏性。此次合作将会产生良好的宣传效应，为纷享世界塑造更好的品牌形象，有助于吸引旅行达人和潜在消费群体的关注。

旅游的价值不应该仅仅只停留在“白天看庙，晚上睡觉”

的景区当中，光靠门票和景区消费的盈利方式明显不可取，在实地游览中盈利不应成为旅游企业盈利的唯一渠道，这也是当今旅游业界新进达成的共识。

我们很难想象一家从事旅游业务的企业，一直墨守一种商业模式能够走多远，而直播平台和旅游线路、景区相结合，可以起到惊人的推广营销作用。此外，景区、旅行社等旅游业利益攸关方可以利用直播平台多样的内容展现形式，通过直播提升游客对旅游线路的感性认识，进而带动网上销售以实现旅游类企业网上流量变现的新模式。从上述案例中，我们已经看出了现在已有一部分旅游品牌正在向旅游直播领域积极探索，这种大胆地尝试也为“旅游 + 直播”模式的发展树立了榜样。

直播是目前中国传媒市场中最具发展潜力的媒体形式，不仅坐拥着时下最先进的视频技术，而且已经出现了在广大网民群体中颇具品牌影响力的直播平台。在这些直播平台上，活跃着当今中国最活跃的潜在消费群体，而旅游产业经过近 40 年的发展，也进入了要进行“旅游大消费”的专业化、深层次转型阶段。旅游业与直播平台的合作是推进前者消费体验升级战略的重要措施。当越来越多的优质旅行资讯集中于直播平台时，直播就将取代传统的平面媒体成为旅游营销的主流，未来已至，大戏刚刚开始。

网络红人所带来的粉丝集聚效应已经伴随着中国在线直播的火爆蔓延到了旅游行业，虽然现在旅游直播刚刚发轫，但未来必将风头无两。不过，作为时下一种全新的旅游营销模式，旅游直播所暴露出的不足也引起了业界的关注，但有一点是毋庸置疑的：旅游直播不会“昙花一现”，而会在不断的探索和试错中不断走向成熟。

伴随各类企业和品牌商纷纷试水直播营销，现在谈到直播，人们的印象早已不再只是形形色色的“网络红人”。而旅游和直播共同的休闲属性让二者似乎天生就具备了合作的可能，和传统的营销方式相比，直播营销更容易激发游客的共鸣。相信随着旅行直播越来越多地成为人们关注的焦点，直播也会像当年火热的微博、微信那样，成为旅游行业对外展示旅游产品的一个重要窗口。

中国消费者对旅游产品需求正在持续升级，传统的“价格战”已经不能获得眼光日益挑剔的游客的认可，设计巧妙的旅游度假路线、优质的酒店和出行服务，将成为消费者选择旅游产品的主导因素。而旅游直播的模式恰好能够让观众感同身受，主播们在户外的亲临现场的反馈带给了观众真实的视觉体验，而直播的不可剪辑性又让旅游企业在直播中的形象显得更为真实可信。可以说，“靠谱”是观众认可旅游直播的首要因素。

直播帮助旅游业解决了长期以来一直苦恼的如何获得消费者信任的问题。那么，除了真实直观，旅游直播还通过哪些方面促进了旅游业的发展呢，下面我们就结合两个案例进行一番梳理。

1. **旅游直播提升旅游业发展的经典案例**

（1）九寨沟、青城山－都江堰进行世界首场景观直播

2016年2月28日，九寨沟、青城山－都江堰进行了世界首场景观直播活动，将景点的绚丽景色以直播方式展现，进而对游览体验方式加以创新，完成网络何时将的多层次互动。这场景观直播将以九寨沟、青城山－都江堰景区的官微作为主要载体，并实时连线“B站”、熊猫TV、虎牙直播等在线直播平台开展全网同步直播。

这场直播用在线直播的形式展现景点的美景，实际上为旅游景点的智能化建设找到了突破口。直播不光为广大观众提供了无须出门就能观赏两个景点初春景观的机会，而且还首次以深层次、多角度的形式展示了即便置身其中也不见得能一睹真容的壮美景色。

直播活动一共吸引了超过18万名观众在线观看，如花似锦的美景加上新颖的观看体验让两个景区受到了观众的一致好评，观众纷纷在评论区留言，表达自己对景点风光旖旎景色的赞美和对前往景区游玩的向往。

九寨沟、青城山－都江堰两个景区利用在线直播的方式宣传自然景观的举动是景区“走出去”“网络化”的第一步，同时也为更多热爱九寨沟、青城山－都江堰景区的群众提供了一种全新的游览模式。

如果说九寨沟、青城山－都江堰联合开展的直播活动打出了全球景观直播的第一枪，那么龙门石窟专业直播平台的上线

则开创了中国景区“慢直播”的先河。

（2）国内第一个景区慢直播平台龙门石窟上线

2016 年 7 月 15 日，国内第一家慢直播平台正式登录龙门石窟官网。即日起，不管你身处何地，无须出门、更无须买票，仅需一台手机，你就能够在龙门石窟慢直播平台全天候欣赏石窟美景。

有别于人们印象中短则几十秒，长则数小时的普通直播，慢直播采用的是将高清镜头安置在景区中的重点角落，二十四小时连续放送的长期陪伴式直播。在慢直播平台，“游客”们不必粗枝大叶地观看，唯一要做的就是放松身心，细细品味美景。这大大方便了那些旅游时间有限却又想深入体验龙门石窟魅力的游客：拿着手机，打开 App 你就可以足不出户地欣赏四季龙门的山光秀色。

从实际反馈中也可以看出此次龙门石窟进行慢直播起到的良好的效果，本次直播龙门石窟方面仅开放了龙门桥和西山石窟两处游览区。但在开播的第一个月，已有超过四万人通过慢直播平台参观了龙门石窟的风景。根据后台统计，在慢直播全天的直播过程中，在深夜三点还有观众在线观看，从中可见其受欢迎程度。

龙门石窟慢直播平台的开通，在国内旅游景区中还属首例。但是在移动互联发展的大趋势下，未来直播引领旅游行业宣传新风尚将成为不可阻挡的潮流。

上述案例中的两个景区虽然身处一南一北两个自然人文差

别极大的区域，但在对外宣传中却不约而同的采用了旅游直播的推广方式。事实证明直播平台的接入，确实为这两个景区创造了良好的社会反响和可观的经济利益。旅游的本质在于审美和娱乐，而“旅游＋直播”的营销模式正好抓住了这两个本质：观众在充满代入感的观看过程中，不仅得到了美的享受，而且还收获了快乐。

2. 旅游直播对旅游行业发展的促进作用

“旅游＋直播”的推广模式将两种天生具有强大体验性的娱乐模式结合在了一起，激发了很多潜在旅游客户的好奇心，也为旅游行业的发展带来了新的支撑。从上述两个典型案例中，我们可以发现旅游直播对旅游业的促进作用至少有五个方面（如图 7-1）。

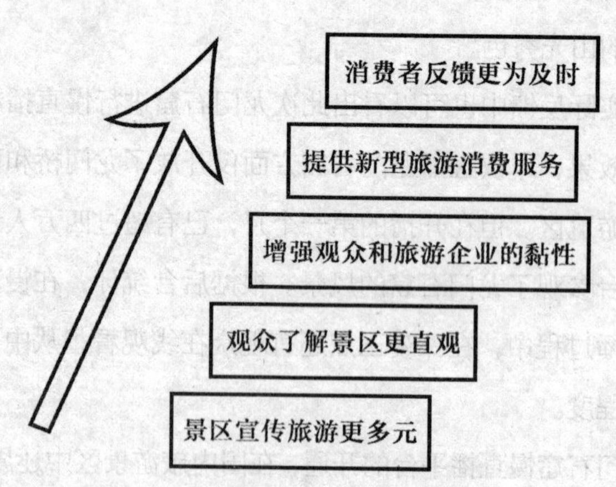

图 7-1　旅游直播对旅游的促进

（1）景区宣传旅游更多元

直播具有的草根属性让旅游宣传的门槛大大降低——旅游

宣传再也不是景区名人和明星大腕的特权，只要是你热爱旅游、喜欢分享，人人都可以在直播平台上成为景区的“宣传推广大使”。

（2）观众了解景区更直观

直播的“实时性”使观众有了宛如身临其境的真实体验，直播过程中不可预测的各种意外会促使观众产生要亲自前往一探究竟的“悸动”。

（3）增强观众和旅游企业的黏性

直播的“互动性”让观众和旅行社、景区等旅游企业的直接沟通成为可能，旅游企业可以在直播中表达自己的想法，观众也可以提出建议，这对消除误会，增进游客对景区的感情具有积极作用。

（4）提供新型旅游消费服务

“旅游 + 直播”不仅是一种新型的营销模式，而且还能衍生出全新的消费体验。景区可以通过直播卖纪念品、打赏等形式就可以在无须观众亲自到访的情况下实现盈利。

（5）消费者反馈更为及时

旅游直播和平面媒体、电视等旅游宣传渠道最显著的区别是，它能更快地让旅游企业得到观众的即时反馈。这不仅有助于旅游企业及时调整营销策略，而且还能大大提高旅游企业的变现效率。

在互联网飞速发展的今天，网络媒介对人们出行的影响越来越明显，而在线直播的形式，则能使消费者在欣赏内容的过程中不知不觉地接触到旅游行业的宣传信息，继而产生旅行的愿望。这对于普遍需要自我突破的旅游行业来说无疑是一条值得尝试的路径。

金融直播，资本风口下的吸金大法

一面是越来越多的金融企业积极拓展全新的营销方式，一面是直播产业愈来愈深层次地向垂直细分领域延伸，当双方的努力汇聚于一处，金融直播这种全新的营销方式就诞生了。当直播间的主播从浓妆艳抹的美女网络红人变成了正襟危坐的财经专家，直播就开始向更具实质性的方向发展。目前已有一些思维活跃、风格大胆的金融机构为招徕客户，开始利用金融直播、网络红人宣传等方式推销金融产品。当金融也参与到了“直播 +”的新游戏中时，直播又能为传统的金融业带来什么新变化呢？

事实上，金融产品的内容自身就具有较强的可直播性，金融与直播结合的历史也比较“久远”。早在专业金融直播平台问世之前，在各类金融主体如券商、财经媒体上就已经出现了少量视频直播节目，电视直播是彼时最普遍的金融直播内容播出途径，例如对于很多股民朋友都耳熟能详的央视财经频道王牌财经直播栏目《交易时间》。而真正让业界认识到网络直播也可以和金融完美结合的是中国平安和微吼直播一系列的直播实践。

平安集团作为保险行业最重视产品营销方式创新的企业，一直都对直播这种宣传方式情有独钟。自 2015 年起，平安先是把车险用户见面会、平安用户新产品发布会等活动放在了直播平台进行直播，利用新媒体扩大产品影响力。接着又在 2016 年“818 财经网络红人节”期间，第一次将平安集团的中报业绩发布会以网络红人直播的方式加以呈现，在整个发布会直播的过程中，平安方面力邀华夏时报总编辑、知名金融专家水皮和人气女主播吴成香搭档做主播，专家和美女的新奇组合吸引了大批观众观看、参与互动。

如果说平安集团是从金融企业的营销需求出发，进行了金融直播的一系列尝试，那么微吼直播则从直播的角度，对金融直播的营销模式进行了专业细化。

作为国内较早出现的专门针对“B 端”客户的直播平台，微吼直播同样是金融直播的先行先试者。早在 2015 年 11 月，微吼直播就正式发布了“金融直播间”，意图为金融企业及财经主播提供直播所需的整体式技术支撑。作为金融直播服务市场的元老，微吼直播在短短的几年时间里已和齐鲁证券、乐视财经、国泰基金、今日财富集团等行业领军企业进行了金融直播方面的合作。在为广大金融企业量身定制直播节目的过程中，微吼的直播业务得到了壮大。而很多金融机构更是通过微吼这个专业的直播平台推动了产品的对外营销活动，优化了金融产品的布局。

上述两个案例分别从金融企业的角度和直播企业的角度阐

释了金融直播这种金融产品营销的新玩法。事实上，在资本的风口上一飞冲天的直播不仅深受时下年轻男女的喜爱，自带传播优势的直播同样是金融企业眼中的“香饽饽”。对于金融这种专业性极强的行业来说，通过直播进行自身内容更新和产品营销模式变革的大门早已开启。

1. 金融直播兴起的原因

金融直播兴起不仅仅是为直播平台增加了一项直播内容，其产生的影响实际上已经扩展到了企业、客户等所有金融行为的参与者中。

（1）为投资者提供更及时的消息

股票、期货等金融产品的信息随时随地都在变动，所以这些金融细分领域对时效性的要求极高。而通过金融直播，世界各地的金融产品投资者都能在第一时间取得自己买入的金融产品的相关信息，直播可以实现财经信息同步性与及时性的完美结合。另外，金融直播还可以在风险即将到来之前及时为客户做出预警，从而避免不必要的损失。灵活、及时的操作建议传达效果对瞬息万变的金融市场有着不言而喻的意义。

（2）传播内容的多样化

相较于常见秀场直播单一的呈现功能，金融网络直播可以根据投资者的需求，在实现高清流畅画面的基础上，设计并提供更丰富、同时也是更具特色的功能。例如录播回放、K 线图演示、在线问答、数据实时汇总、电脑自动生成操作建议等。这样不仅可以使专家的操作建议得到更为及时的贯彻，提高投资者的操作效率；清晰直观的视频画面还能够实现线上客户和现场专家的实时沟通，瞬间消除了场内和场外的隔阂，有利于形成一个对于金融投资者至关重要的金融情报高效率传达的空间，这一切都离不开直播固有的技术优势。

（3）给财经达人提供个人宣传渠道

金融在线直播为“财经达人”开辟了一条快速获得拥趸的通道。不管是一些个人风格鲜明的金融专家，如吴晓波、马光远，或是在某些特定金融领域拥有优秀业绩和独到见解的民间投资者，如徐小平、花荣等都可以利用直播进一步增加社会知名度和关注度。利用直播这一新颖、实时、双向的传播方式，任何经验丰富的财经达人都能够和投资者、粉丝实现无缝互动。

从目前的市场反应来看，金融市场已经通过一系列成功的案例对金融直播这种新“玩法”给予了高度评价。在线直播不仅能做到金融机构和投资者之间最彻底的沟通，而且还能直观地获得客户的反馈和互动。随着这种玩法的花样更新和不断深入，金融直播必将引领未来金融行业宣传营销的风潮走向。

随着社会整体认知水平的不断提高，很多手有闲钱的人开始意识到了理财的重要性，但由于相关财经知识的欠缺，再加上对变幻莫测的金融市场不甚了解，很多本来有理财想法的人最终只能面对着金融市场望而却步，最终打了退堂鼓。而在线直播无疑能够改变这种无奈，直播所具备的实时性和互动性，消除了金融机构和投资者之间的信息不对称。

在直播中，投资者在充分了解金融产品的基础上对于金融投资能够做到心中有数。与此同时，各类金融企业利用移动直播，特别是专家直播，可以吸引到更多的投资者，增加自己的用户规模。可以说，无论是从企业的角度看还是从投资者的角度看，金融直播无疑都具有极大的发展潜力。

“西装革履、不苟言笑”的金融界和热闹非凡的直播圈看似是八竿子打不着的两个领域，但当平日里只能在财经媒体和网站上才能看见的财经大咖出现在直播间，并正儿八经地为投资者提供金融服务时，金融直播便具备了其存在的合理性。

2. 金融直播前景巨大

实际上，未来的金融直播绝对不会止步于目前在金融营销市场中的这一亩三分地，在内在逻辑的驱使下，“金融＋直播”还会继续向着多维度、深层次的方向全面发展。

金融直播的前景之所以如此巨大，原因主要有四点（如图7-2）。

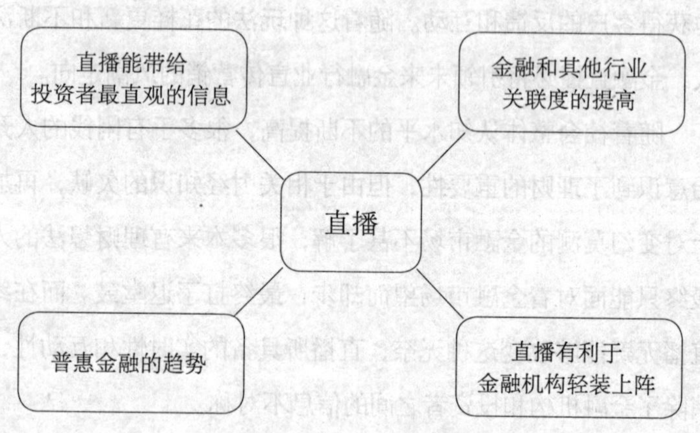

图7-2 直播＋金融的利好

（1）直播能带给投资者最直观的信息

从人的本能角度来看，人们天生对看得清、够得着的具体事物怀有信任。而对于一些高级的、复杂的、抽象的事物，如果没有一个具体的物件做载体，那就很难获得真正的认知，更不能轻易信任。而金融恰恰是一种比较抽象的、很难进行具体描述的东西，所以长期以来人们对金融行业往往是一知半解，很难知悉全貌。这也阻碍了金融产品的销售。

而金融直播作为现在最接近面对面沟通的互动方式，可以首先在感性上带给投资者极大的安全感。同时还能使投资者和金融专业人士得以更深入地交流。在直播间中，所有人都可以畅所欲言、各抒己见，在讨论中任何一方都能够便捷地获取自己想要的内容。

不仅如此，直播的直观性使观众对金融企业的现状一览无余，这样可以让一部分优秀的企业获得投资者的支持和信任，有利于整个行业的优胜劣汰。

（2）普惠金融的趋势

从现在人们的日常生活就可以看出，金融行业已经成为和每一名个体都息息相关的东西，而每一名个体同样需要通过保险、银行等金融企业的服务增加自己生活的福祉。

“金融 + 直播”的模式打破了关键金融信息只在专家和机构、大户等专业投资人之间流通的状态，使普通人也获得了深入学习金融专业知识、了解最新市场动态的机会。这不但使金融产品在“草根群体”中推广成为可能，更为强化大众的理财意识、增加金融产品潜在的用户提供了契机。

（3）金融和其他行业关联度的提高

如今金融和其他各行各业日益紧密地联系。例如现在很多车主在购买车险时，只需打个电话而无须亲临保险公司的营业厅就可以完成车险的购买，此时金融和电信就产生了关联。

作为现代人须臾离不开的互联网同样是金融行业进行跨领域营销的重点，而直播正是当今互联网的最前沿之一。因此，在网上银行、P2P 等金融互联网模式相继兴起之后，金融直播的产生也就成了顺理成章的事。

同时，金融直播可以借助直播这种传播形式固有的娱乐性、互动性等特点，将本身枯燥乏味的金融知识变得趣味化。因此金融直播相较于传统的金融产品营销模式更能激发观众对金融产品的兴趣。从这个角度来说，金融和互联网直播相结合可谓是珠联璧合。

（4）直播有利于金融机构轻装上阵

金融直播的出现，不仅为实体金融机构和互联网金融企业提供了一条全新的产品营销重要渠道，更在一定范围内促进了广大金融机构的转型。在很多业内人士看来，“金融 + 直播”的模式不仅有效避免了以往分析师、研究者只能从个人角度单方面发表研报的片面性，而且还解决了发布时间延迟的弊端。

金融直播可以让金融机构的发布主体更为靠前，同时减少了很多不必要的宣传环节，在对营销部门进行合理瘦身的同时，更有利于金融机构把更多的精力投入吸引用户的工作中。

从晦涩难懂到通俗易懂，从高高在上到平易近人，直播让原本只有所谓专业人士才能“玩得转”的金融产品一下子拥有了广泛的群众基础。这不仅是金融知识普及化的市场需要，而且还顺应了直播的发展趋势——在早期“萝莉”“御姐”火遍整个直播秀场之后，直播的卖点必将向知识型网络红人方向转移。

餐饮直播，万众瞩目的饕餮盛宴

随着现代人的生活越来越多地趋向于线上化，餐饮行业营销也从线下转到了线上。例如近几年逐渐火爆起来的在线外卖、在线零食行业，但是这些新型的网络餐饮业态并不能杜绝实体餐饮业存在的问题。地沟油、黑作坊、乱用添加剂等行业隐忧在网络时代的餐饮业中仍然存在。这时，更加透明更为公开的餐饮营销宣传方式——餐饮直播，便应运而生。它在解决行业内不确定性问题的同时，也让餐饮这个古老的行业重新焕发出了生机。

2016 年 6 月 15 日晚，张天一开通了伏牛堂官方推出的首档直播美食栏目：做粉吧，喵星人。令人感到好奇的是，虽然这个直播号称“栏目”，但却没有专业的摄影师、舞台、灯光、统筹等摄制队伍，而是在经过简单的布景后，全部采用直播秀的形式在直播平台上进行。

该栏目的内容主要是张天一教伏牛堂的一只猫制作湖南

牛肉粉。这只猫的来头也不小——“伏牛堂办公室主任”沈万三。在整个直播过程中，一边充斥着张天一的宣传推广词，一边充斥着猫咪沈万三无可奈何的叫声。

这场直播在网上取得了极大的反响，临近结束时，这场直播已累积将近八十万人次的观看总量，九千多元的打赏总额，以及在新浪微博中关于“做粉吧，喵星人”超过六百万的浏览量。不仅如此，“伏牛堂办公室主任”猫咪沈万三还一度登上了微博萌宠榜冠军位置。

线上的热度直接带动了线下的销售，经过 2 小时的卖力推广，再加上萌宠的助阵，伏牛堂当晚就取得了三千盒米粉的销量。考虑到伏牛堂在此次直播活动中的投入并不高但却取得了惊人的流量变现，张天一对这场直播的效果总体上还是极为满意的。

张天一的这场直播活动，是餐饮行业对餐饮直播这种全新营销模式的有益尝试，它不仅从微观上为餐饮企业的产品销量带来了极大的提升，更从宏观上证明了直播是餐饮行业未来发展的大势所趋。

1. 餐饮业直播的意义

实际上，餐饮直播对于广大餐饮企业的意义和价值远远不是增加产品的销售额那么简单，从理论上说，直播平台在餐饮企业营销过程中所起的作用至少体现在四个方面（如图 7-3）。

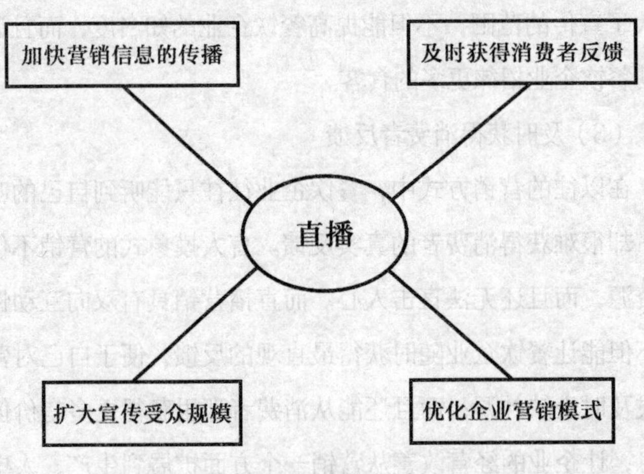

图 7–3　直播 + 餐饮的利好

（1）加快营销信息的传播

通过短时间且集中的线上直播，把餐饮人或者餐饮品牌推荐出去，相比较于其他传统的营销形式，更加快捷直接且反馈迅速。消费者无须亲自到店了解，只需在手机或电脑上进入餐饮企业的直播间就可以轻松获取企业的活动内容。技术的进步大大缩短了信息传递的过程，这能让餐饮企业的营销信息更为及时地传达给消费者。

（2）扩大宣传受众规模

和散发传单、门店广播等传统的营销推广方式相比，餐饮直播营销能在极短的时间里聚集更多的潜在消费者，这些潜在的消费者不仅包括了解店家的回头客，而且还包括只闻店名但从未实际体验过的人，甚至包括其他城市的观众。这样一来就扩大了宣传的范围，不但能提高餐饮企业的知名度，而且还能帮助餐饮企业招徕更多的食客。

（3）及时获得消费者反馈

在以往的营销方式中，餐饮企业往往只能听到自己的吆喝声，却很难获得消费者的真实反馈。盲人摸象式的营销不仅浪费资源，而且还无法直击人心。而直播营销具有双向互动性。这不但能让餐饮企业随时获得最直观的反馈，便于自己对营销方式及时查缺补漏；而且还能从消费者那里获得更多有价值的信息，让企业的经营改善从营销一个方面扩展到生产、人事等更多方面。

（4）优化企业营销模式

直播营销模式的加入可以让餐饮企业的宣传推广模式更为科学。一方面，直播营销的加入，增加了一条餐饮企业对外宣传的渠道，这可以避免企业在营销模式上的单一性，防止企业后期因某一种宣传手段失效而导致业绩下滑。另一方面，直播营销所具备的直观性和网络性能够大大简化营销过程的中间环节，使餐饮企业得以在营销中摒弃一些多余的步骤，这样不仅能大大降低企业的营销成本，同时也间接地提高了企业的运行效率。

毫无疑问，直播正在成为餐饮行业争夺用户流量的新接口。同时，消费者对餐饮的消费需求也从过去的只图吃饱吃好，慢慢提高到了自我展示、文化等更高的层次，而帮助消费者获得这些更高层次的消费体验，同样离不开直播这种先进的传播形式。

直播营销模式在餐饮业的实践，代表了餐饮企业敢于拥抱新科技的进取态度。一部分餐饮企业通过对餐饮直播的尝试，运用成本较低的新科技，主动迎合消费者特别是年轻消费者的生活态度和消费理念，最终都取得了良好的成效。虽然现在的餐饮直播方式还略显单一，实际直播效果还略显生涩，但是在不可阻挡的“直播 +”浪潮的洗礼下，今后的餐饮直播一定会有更为光明的前途。

常言道：知易行难。直播营销虽然具有直观、时效性强、互动性高等优点，但想在实际操作中真正将这些优势充分地发挥出来，仍然不是件轻松的事情。因为餐饮直播这种营销方式目前还处于探索阶段，在行业内部还没有形成一套完整、清晰、科学、成熟的营销模式。一旦相关餐饮企业在直播过程中把握不好各种因素，轻则无法吸引到足够的观众，重则会引起观众的反感。因此，餐饮企业不能把直播这种形式等同于简单的“自拍做广告”，而应当时刻注意对重要环节的优化。

2. 餐饮业直播营销需要注意的三个关键点

外形养眼的帅哥美女和富丽堂皇的现场环境对于餐饮直播这种专业性极强的营销活动来说仅仅是表象，餐饮企业要想在全民直播的风口期成功实现直播入局，就应当注意对以下三个关键点的把握。

（1）产品

餐饮直播营销的本质是通过直播这种全新的宣传媒介，向外界推广餐饮企业的产品。推广产品既是企业进行直播营销的出发点，同时也是落脚点。因此，各大餐饮企业在开展直播营销的过程中应当始终围绕产品这个核心做文章，直播前的宣传造势是为了提高产品的知名度，直播中的各个环节设置和互动安排是为了将产品的卖点直观地展示给观众，直播结束后对直播过程的总结更是为了评估直播对产品销售的作用。因此，广大餐饮企业在直播过程中应当时刻注意将产品推广放在首位，不能让与宣传产品无关的内容过多地占用直播时间。

2017 年 1 月 7 日晚，深圳餐饮界首屈一指的餐饮品牌谭厨小菜首席执行官谭子滔出现在了热门网络直播平台“花椒直播”的专属直播间中，和谭厨小菜的消费者进行了将近 2 小时的坦诚交流。本次直播谈论的内容涉及谭厨小菜的镇店之宝——菊花宴、谭厨小菜的新品，以及未来新店的开张计划等方面，谭子滔还力邀在深圳本地颇具名气的美女主播 Rita 在直播间和观众热情互动。最终，这场直播活动吸引了超过三万名观众观看。

谭厨小菜在直播活动中始终围绕着企业的产品做文章，不但将菊花宴的卖点完整地展示给了观众，而且向观众公开了企业新菜品的推广计划；不但将企业的实力直观地展示给了观众，而且还为潜在的消费者提供了就餐指引。这样专业的直播活动始终不离宣传产品的本质，取得预期效果也是在情理之中的事。

（2）可感的内容

和传统秀场直播的唱歌、跳舞等内容不同，餐饮直播的内容主要就是“吃”，但是唱歌跳舞的感染力只需通过画面和声音即可较好地呈现，而美味菜品的味道则不能通过屏幕和音响传递给消费者。

这就需要广大餐饮企业在直播过程中加入更为丰富可感的内容，一方面不能一味地展示品尝食物的过程，应当让主播时不时地通过语言描述、现场演示来展现产品的卖点；另一方面，餐饮企业可以在直播中适当增加一些歌舞类、语言类的节目，这样既显得宣传活动不那么刻意，让观众更能接受，同时还能丰富节目的内涵，防止单一的直播形式引起观众的心理疲劳。

（3）企业定位

每个餐饮企业都对自身品牌和产品有独特的定位，因此企业的直播营销活动设计也需要和每家餐饮企业的自我定位相适应。例如：咖啡店可以通过名人讲故事的方式宣传自己优雅闲适的小资形象，快餐店可以通过与美女主播互动的形式展示自己时尚前卫的年轻风格。只有主播的人选、直播的内容和餐饮品牌的调性相符，餐饮企业才能真正确立在消费者心中的良好形象，而不合时宜的直播会让观众产生不伦不类的感觉，最终会让企业直播的宣传效果大打折扣。

诚然，直播的内容经过多年的发展，早已摆脱了单纯靠美女秀场来吸引眼球的时代。今天你如果打开直播，不仅能够欣赏到美妙的才艺展示，而且还能看到更多关于人们衣、食、住、行等方面的内容，但是直播内容的多样化并不等同于直播营销的简单化。餐饮企业尤其是那些营销预算比较有限的餐饮企业开展直播营销，本质上是为了实现弯道超车，通过直播这种新的媒介向观众展示自己不同于以往、不同于其他品牌的特别之处。但是直播有直播自身的特点和客观规律，一味地为追求话题效应而忽视了对直播关键要素的把握，只会适得其反，得不偿失。

直播内容的大众化、平民化给广大餐饮企业带来了新的宣传契机，一些餐饮企业在直播营销中取得成功的背后，不仅有这些企业管理层敢于尝试的勇气，而且还有不少营销策划人员善于把握关键要点的细心。

俗话说："食色，性也。"诱人的美食和养眼的美女自古以来就是人们的天然追求。而餐饮直播正好将这两个极具吸引力的因素结合在了一起，看起来会愈加引人入胜，从这个意义上讲，直播和餐饮似乎具有天生的可结合性。但是要想完美地结合，合适的主播人选和较强的吸引力二者缺一不可。只有将人和事的因素全部处理好，餐饮企业在实际操作中才能避免失误，防止"跑偏"，餐饮直播也才能发挥出巨大的营销推广作用。

教育直播，知识变现的绝佳渠道

教育和直播可谓渊源匪浅，直播技术在 2009 年已开始被邢帅教育应用于职业教育领域。"教育 + 直播"在之后也有所发展。只是其发展并非一帆风顺，其他"直播 +"模式纷纷后来居上，使得"教育 + 直播"行业无论在公司估值还是用户接受度等方面均被"后浪"们远远甩在后面。

在网络直播的爆发元年 2016 年，沉睡已久的在线教育也被直播的光芒惊醒，“教育 + 直播”模式也随之兴起。虽然它仍然处于发展的初期，各方面都有待成熟完善，但这已经为陷入困局已久的在线教育带来了一线生机。在线教育已经处于“教育 + 直播”的风口，教育直播变现的大幕已被拉开。

1. 教育直播变现兴起的原因

（1）资本争夺战催生教育直播变现

融资成功的关键是投资者对创业公司的项目有信心，也就是说该项目有盈利的前景，否则，融资很难成功。下面来看一组数据：

清科私募通统计数据显示，2016 年上半年，全国在线教育融资总额仅 4.68 亿美元，比 2015 年同期融资总额有很大下降，下降率达 45.89%。通过互联网教育研究院报告可知，目前所有中国在线教育企业中的 70% 都在亏损中维持。

数据显示，在线教育已经进入了资本的冬天，主要原因就是在线教育行业迟迟无法实现盈利。这意味着在线教育的商业模式打开方式不对，亟待改变。如何解决这个问题？只有努力改变这种商业模式，增加在线教育行业的利润。

作为“娱乐圈最懂教育的人，教育界最懂互联网的人”，疯狂老师教育平台的创始人张浩于在线教育的直播风口下，提出了著名的“南北坡理论”：互联网公司与直播的联系更密切，这使其“近水楼台先得月”，处于在线教育创业的南坡，他们主打工具类型产品切入；传统培训机构则处于在线教育创业的北坡，主要在O2O领域探索。但无论从哪里开始，终会在辅导环节找到共同点。

以前的在线教育软件使用情况表明，工具类型产品和O2O领域的尝试都无法触及用户的消费痛点。在线辅导的方式好像很传统，却可能是最直接的变现切入点。

作业帮联合创始人陈恭明就认为，直播是在线教育辅导的发展大方向，在线教育的盈利点，很大程度上要依赖传统线下教育的变现模式。已经知道课外的补习班等辅导是线下变现最直接的途径，直播辅导自然也成为最有前景的在线教育变现方式。

而且，在线直播教育与以往的录播教育相比，更能促进师生互动，使老师能为学生提供更好、更契合学生需要的帮助。

（2）互联网技术的进步促进教育直播变现

日益进步的互联网技术也为直播教育变现提供了方便。在互联网技术进步的情况下，直播的成本不断降低，这成为吸引创业公司投资在线直播教育的关键。以新东方这类传统的线下教育培训机构为例，他们传统的教育培训方式需要很大的物理空间，随着一、二线城市房租的不断上涨，他们的房租压力越来越大。线上直播教育能很好地解决这个问题，它大大节省了教育的物理空间。虽然这样的话，客户单价会有所下降，但是省下的房租资金会有所弥补。

2. 教育直播变现的方式

那么，教育直播变现的具体方式有哪些呢？从目前来看主要有两种（如图7-4）。

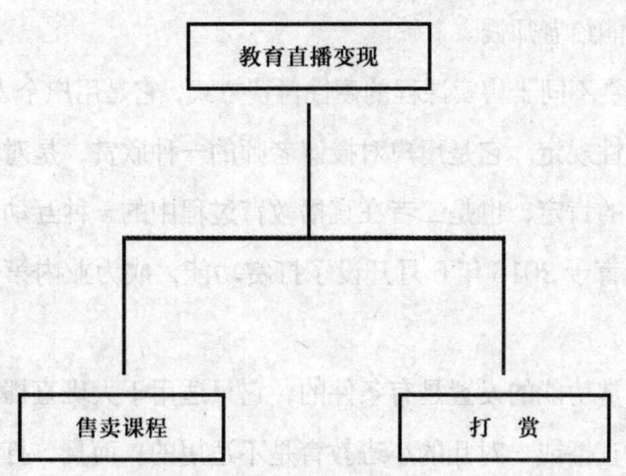

图 7–4 教育 + 直播的常见变现方式

（1）售卖课程

售卖课程就是用户要学习什么课程，首先通过线上支付购买听取这些直播课程的权利，然后根据课程时间安排，通过直播听取课程。

这是目前为止线上直播教育最主要、最稳定的变现方式，也是线下教育培训的主要付费方式。这种售卖直播课程的方式比较符合用户的习惯，因此比较稳定。在线直播需要技术上的支持，这些都需要付出很多精力和很大的心血，充足稳定的资金则是其保证。

（2）打赏

这是随着直播教育的出现而衍生的付费方式，为线上直播教育所独有，具体是指在教育平台开设打赏功能，在培训老师讲授课程时，用户可以根据自己的学习情况，按自己心意通过打赏功能给老师钱。

打赏不同于售卖课程的硬性付费方式，它是用户个人行为，不是硬性规定。它是用户对授课老师的一种欣赏，是对老师授课水平的肯定，也是二者在直播教育过程中的一种互动方式。邢帅教育于2016年6月开设了打赏功能，成为业内第一家试水企业。

打赏功能的设置是有条件的，它只适用于大班直播教育，一对一直播或一对几的小班教育是不适用的。而且，打赏更适合网络红人老师。

除了以上两种变现方式，在线直播教育的变现方式还包括周边教辅资料的销售等。但总体来说，销售课程变现是主体，打赏等变现方式是辅助。

在线直播教育技术促进了教育产业的发展繁荣，也为传统的教育事业带来了便利，甚至可以说是福利。跨时空强互动、因材施教、优质资源共享……这些因素共同推动了教育大数据时代的到来，进而建立起良好的教育生态系统，有利于促进教育公平，使教育均衡发展。

电竞直播，精彩赛事成就品牌营销

根据伽马数据在2019年8月发布的《2019年中国电子竞技产业报告(直播篇)》，2019年电竞直播收入将突破100亿元。2018年，中国电竞直播市场收入比2017年增长了109.7%，预计 2019 年增长率仍保持 40.5% 的高速增长。

面对如此快速增长的市场，实力的大型企业开始自己举办电竞赛事，小企业则在电竞赛事上做广告，甚至传统媒体也开始介入这一盛事，纷纷制作电竞联赛，电竞行业一时间变得热闹非凡。

在中国，电竞行业的投资长期以来一直没有形成规模。除了与电脑外设相关的企业之外，几乎很少有人进入这个与主流价值观不相符合的尴尬领域。但是近年来，随着电竞行业的逐渐火爆，越来越多的商家纷纷将目光投向这一领域，寻找投资和合作机会。

谈及电竞行业在中国兴盛的原因，就不得不提及其背后的重要推手——直播技术。

我们知道，在过去很长一段时间里，中国电竞行业都由于缺乏有效的传播渠道以及稳定的盈利模式，没能形成自身健全的产业链。而另一方面，一直集中于俊男美女，唱歌跳舞之类"秀场"模式的直播也亟待寻找全新的模式破局当前发展困境，在这样的情况下，电竞游戏和直播二者一拍即合：直播的出现极大地扩充了电竞游戏传播渠道这一重要环节，而电竞游戏也使得直播形式更为丰富，为直播提供了更多变现的可能。

促使两者迅速结合的契机发生在 2014 年，美国的一家游戏视频网站 Twitch 被亚马逊以 9.7 亿美元收购。消息传来，国内的投资者们敏锐地感受到游戏直播网站巨大的商业价值。直播平台纷纷转型，大量增加了电竞相关内容。

而随着传播渠道的拓宽，电竞行业重新回到了人们的视线之中，精彩的赛事以及高额的奖金使电竞行业逐渐成为舆论的焦点，越来越高的关注度使电竞行业巨大的商业价值逐渐显现出来。直播成就了电竞行业，电竞行业也成就了直播。

两个新锐行业的结合弥补了彼此的短板，发挥了彼此的优势，产生了近几年最火爆的商业模式——电竞直播。现在已经有越来越多的企业想要通过电竞直播走入日渐增多的电竞玩家群体。

目前为止，电竞直播的主要内容是各大电竞赛事，而在线直播是电竞赛事传播的主要方式。因此为了获得巨量曝光，企业纷纷投入到赛事相关环节的赞助活动。在电竞玩家的眼里，现在的电竞赛事与以前相比，已经不完全一样了。如果足够细心的话我们会在职业战队的队服上，赛事解说台上的饮料上，各大赛事贴片广告甚至于电竞赛事的名称上找到赞助商的影子。

当前，电竞赛事中最主流的赞助商仍然集中在外设、直播平台等领域。显卡和显示器等 PC 硬件厂商是电竞行业最早的赞助商，他们营销的方式很简单，找到最优的战队和选手，为自己的产品做最好的宣传。直播平台赞助主要集中在战队上，比如斗鱼赞助 LGD（全称 LGD-GAMING，成立于 2009 年，是中国老牌职业电子竞技俱乐部，也是目前国内最资深的俱乐部之一）和 Celestial（炉石传说项目的电子竞技战队，战队创始人是小鱼鱼大仙人），虎牙赞助 LCK（韩国赛区最高级的

LOL 英雄联盟比赛）战队。

随着直播平台流量趋稳，平台的媒体属性凸显，它们已经不再依靠战队的名气来为平台引流，而转为转播权的争夺。还有极少数赞助商来自电竞行业衍生品。其中包括以下几大电竞椅品牌：傲风，迪瑞克斯，阿拉丁。它们赞助过许多职业俱乐部、赛事发布会、电竞庆典活动等。在各式电竞活动直播期间，带有赞助商标识的选手，俱乐部将会在强大的曝光量下，为企业的品牌宣传和产品销售发挥重要的作用。

业内人士普遍认为，电竞行业成熟的重要标志是，有越来越多的传统品牌愿意涉足这一领域，借助电竞直播获得更多的曝光量和销售额。事实上，已经有一些原本默默无名的企业因为赞助电竞行业而变得风光无限。

最著名的案例当属 LGD 战队，2009 年，当时名为 FTD 的他们与贵州老干爹食品公司达成合作，战队更名为 LGD。随着 LGD 在各大赛事中的出色表现，老干爹的品牌也被广泛传播。

“老干爹”因为赞助电竞战队而名扬四海，如果没有在电竞行业的投资赞助，至今这个品牌还无法摆脱山寨品牌的质疑。

近年来一些大型电竞游戏已经开始与传统行业大品牌展开合作，这也从另一方面说明，电竞行业的商业价值已经得到了传统行业的广泛认可。以最火爆的英雄联盟为例，LOL（英雄联盟的简称）已经建立起比较完善的联赛体制和俱乐部文化。游戏的活跃用户突破一亿人，另外直播渠道众多，除了官方渠道，全网各大平台均有转播。LOL 在电竞行业和直播行业巨大的影响力获得了国际快消品巨头的青睐。

2015 年，在英雄联盟四周年庆典直播中，英雄联盟宣布与肯德基深度合作，合作内容包括英雄联盟主题套餐，欢聚英雄桶以及肯德基线下主题店等。一时间，吃主题套餐赠闪卡活动成为大量 LOL 玩家的日常话题。此次合作的效果也十分显著，100 万份闪卡在 10 天之内售罄。该案例由此获得亚洲实效营销奖白金大奖，成为电竞行业与传统行业跨界营销最成功的案例之一。

此外，一些传统体育项目的赞助商，比如一直赞助 NBA 的雪碧也向英雄联盟抛来了橄榄枝。

2016 年 5 月，英雄联盟宣布与雪碧深度合作，在其发布会的直播中，雪碧宣布不仅赞助包括 MSI（Mid-Season Invitational，季中邀请赛，每年赛季中期举办的国际顶级赛事）、LPL（League of Legends Pro League，英雄联盟职业联赛，中国大陆最高级别的英雄联盟职业比赛，是中国大陆赛区通往每年季中邀请赛和全球总决赛的唯一渠道），LSPL（lol secondary pro league，英雄联盟甲级联赛，是通往 LPL 的唯一渠道）、英雄联盟城际英雄争霸赛（英雄联盟官方举办的年度大型线下赛事）、英雄联盟高校联赛（英雄联盟官方主办的针对高校学子的校园专属赛事，共覆盖 27 个省、超过 1500 所高校学生）在内的 LOL 系列电竞赛事，还投资推出主题包装、户外广告、电视广告、线下活动等，作为回报，雪碧可以制作

10 亿瓶英雄联盟主题产品。

除了国际著名品牌，一些有先见之明的国内企业早已经开始在电竞行业的赞助商中崭露头角，其中最著名的当属同福碗粥。这家名不见经传的企业早在 2011 年成立了同福电竞俱乐部，并聚集了国内知名的 DOTA（Defense of the Ancients，守护古树，《魔兽争霸》官方认可的多人在线竞技模式）选手，成为目前国内知名的职业战队，曾在 2012 年 WCG（World Cyber Games，世界电子竞技大赛）获得 DOTA 世界总冠军。随着俱乐部知名度的提升，不论是 DOTA 游戏粉丝中逐渐流行的“同福一碗粥，人间有真情”，还是炉石玩家的“同福爆破”都绵绵不绝地传递着同福碗粥企业品牌的影响力。

总而言之，电竞行业中充满了商机，已经有很多企业尝到了合作的甜头。一个有野心的企业应该勇于抓住机会，借助电竞直播的机会，扩大自身的影响力，获得良好的商业效益。电竞直播的到来，为企业开启了一道低成本获客的新渠道。

伴随着直播技术的不断发展，电竞直播已经受到越来越多观众的关注，在凸显巨大商业价值的同时，也让不少企业的营销部门跃跃欲试，那么怎样通过电竞直播切入这个巨大的群体？什么样的活动能够更直接地接触到电竞玩家？企业应该从哪里入手开展直播营销的行动呢？下面，我们就一起来认识一下电竞直播营销的一些主要途径。

通常情况下，企业参与电竞直播的途径主要有 3 种，分别是赛事举办方、俱乐部或战队，以及跟主播合作（如图 7-5）。

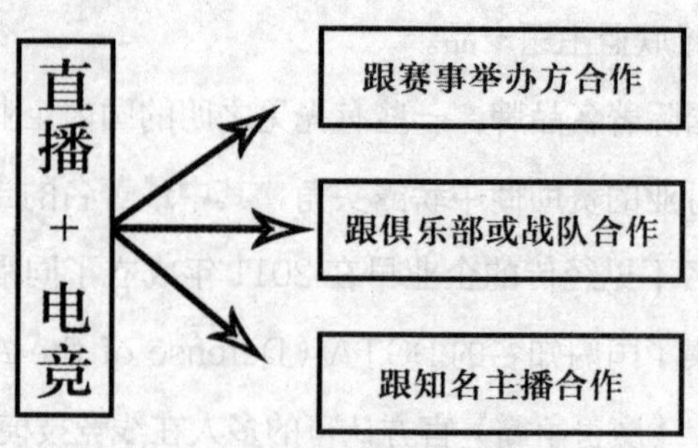

图 7-5　直播 + 电竞的合作方式

1. 跟赛事举办方合作

电竞赛事是电竞行业最核心的环节，是包括电竞直播在内的所有环节流量的主要来源。2015 年电竞赛事的市场规模达到 20.7 亿元，占整个产业市场的 1.2%。长期以来，举办电竞赛事由于投入多，收益少，未能获得较大规模的发展。举办一场的赛事，投入的资金包括奖金池、场地、转播设备、现场工作人员等，但是赛事收入并不乐观。

著名的 WCA 赛事（世界电子竞技大赛）在 2014 年启动时，前期筹备时间超过两个月，其间的宣传推广费占总成本的三分之一。赛事开始刚过 4 天已经花费 7000 万元。

2015 年，WCA 设置的奖金池高达 1 亿元，占总成本的一半以上。受到当时电竞赛事传播渠道的限制，除了门票，商业赞助、赛事转播以及周边的收入基本没有。

随着传播渠道的健全，现在的电竞赛事在规模和数量上都有大幅度的改善。越来越多的企业开展了大量的第三方赛事，国内的电竞赛事逐渐形成了完整的赛事体系。随着电竞赛事影响力不断扩大，赛事的付费意愿也不断提高，赛事众筹，赛事门票，以及赛事周边的付费意愿在 2015 年提升了 89%，这预示着电竞赛事的商业价值还有巨大的潜力。

尤其是 2015 年以来，逐渐涌现出的企业主办的电竞赛事，因其门槛较低，以及平民化的特点，使赛事的影响力迅速扩大，赛事的商业价值获得广泛认可。据业内人士预测，到 2020 年，电竞赛事将达到 120 亿元的市场规模，复合增长率为 42%。当前，已经有一些企业根据自身的行业影响力与相应规模的电竞赛事深度合作，以期借赛事直播的东风，在未来电竞市场占有一席之地。

2016 年 5 月 21 日，乐视体育宣布冠名电竞赛事 WCA，并发布其电竞战略，通过产业化和商业化路径，布局电竞人才教育和电竞生态服务。乐视体育与电竞赛事的资源互补将会给双方带来更多深度合作的机会。

2017 年 1 月，招商银行独家冠名温州市首届电竞联赛总结赛。在活动现场，招商发行了温州电竞协会联名卡，为电竞玩家和协会会员带来特殊福利。

瑞虎 3x 冠名 NEST2016，瑞虎看重的是 NEST 是年轻人最喜爱的电竞赛事之一，电竞赛事的直观互动性，时尚潮流特性与瑞虎倡导的“玩车”概念不谋而合。通过合作，提升瑞虎在电竞玩家中的品牌影响力。

2. 跟俱乐部或战队合作

电竞俱乐部的数量从一个侧面反映出电竞行业的火爆程度。2010 年，国内的电竞俱乐部只有 30 多家，当时的俱乐部运营对赞助商的依赖性很强，赞助商撤资可能导致整个俱乐部的解散。到 2015 年大大小小的俱乐部已达 1000 多家。其中几家顶级俱乐部每年烧钱上千万维持日常运营。大部分俱乐部的主要收入来源于赞助商以及赛事奖金，少量来源于官方店铺收入、直播收入和商业活动出场费。

虽然由于支出巨大，目前大多数俱乐部尚未盈利。但是随着电竞行业生存环境的好转，俱乐部的商业价值已经渐渐被认可。现在的俱乐部已经参照传统体育项目的做法形成了良好的投资方退出机制，解决了俱乐部长期依赖某个赞助商的问题，为俱乐部的发展提供了稳定的支持，使俱乐部变得更加专业化和职业化。现在越来越多的企业开始选择直接赞助俱乐部，比如前文提到的同福和老干爹等，除此之外，许多传统体育企业也纷纷投身其中。

作为传统体育最成功的项目之一，NBA 各球队的老板和球员纷纷建立自己的职业战队或者投资知名电竞俱乐部。例如，前湖人队前锋瑞克创建了自己的电竞俱乐部 Echo Fox。波士顿凯尔特人队前锋乔纳斯买下了 Renegades 俱乐部。大鲨鱼奥尼尔投资了 NRG 俱乐部。

在国内，有很多早期投入电竞俱乐部赞助的企业已经随着俱乐部的火爆变成家喻户晓的大品牌。技嘉是较早参与电竞战队合作的硬件厂商，他们开始赞助的就是职业化开展最早的 WE 战队，当时 WE 战队拥有全球最知名的魔兽战神 SKY。

现在的 WE 由于运营理念领先，已经成为商业道路走得最好的战队，后来加入的 I-Rocks 和金士顿使 WE 的电竞道路越来越成功，现在赞助 WE 的厂商越来越多，而技嘉的商业营销策略也被人奉为圭臬。

企业赞助电竞俱乐部优先考虑的是战绩，因此一流俱乐部的赞助费水涨船高，曾经有媒体爆料，电竞俱乐部的冠名费已经高达千万元，商业推广活动费用高达百万。但是由于顶级俱乐部的稀缺，这一情况短期内很难得到改善。以上两种模式覆盖面广，效果较好，对于提升品牌形象有显著的作用，缺点就是预算较高，时间较长，适合资金比较雄厚的企业。

3. 跟知名主播合作

作为电竞行业最主要的传播渠道，在线直播平台拥有着得天独厚的优质资源——大量的电竞观众。在这些平台上，大部分的流量都来自一些大主播，因此对于知名主播的赞助也是企业的重要选择，坐拥大批粉丝的主播日益成为企业争相合作的对象。

素有“电竞女主播第一人”之称的小苍，曾经做过职业电竞选手，并组建战队，也做过战队管理层，还曾经在电竞媒体从业，可以说是对国内电竞行业了解最全面的女主持之一。作为著名的游戏主播和解说，她参加过包括 WCG，ESWC（Electronic Sport World Cup，电子竞技世界杯）在内的国内外大小赛事的直播，制作出《小苍出品》等解说节目300多部，总播放量超过2亿人次，为英雄联盟在中国的推广做出了很大的贡献。熟练细腻的游戏操作以及优秀的现场解说为她吸引到百万以上的粉丝，小苍也因此成为很多玩家心中的女神。

小苍身上电竞明星的光环为她带来了巨大的商业机遇。2015年小苍受邀代言《西游伏魔》，COSPLAY（Costume Play，利用服装、饰品、道具以及化妆来扮演动漫作品、游戏中的角色）其中的铁扇公主，为游戏吸引了大量的新玩家。

与此同时，小苍身上鲜明的“游戏女生”的标签，吸引了著名PC品牌惠普，邀请其为新出品的ENVY15锐炬显卡游戏本代言，并将此款游戏笔记本命名为“小苍本”，为惠普的市场宣传赚足了关注度。

同样具有超高人气的主播若风（前职业选手，冠军战队WE战队前成员）在退役之后做主播也风生水起，很快成为国内签约费最高的游戏主播。因其游戏操作风格瞬间爆炸和绰号“中路杀神”与游戏的“妖文化”完美融合，因此2015年受邀成为新游戏《师父有妖气》的第49位“特妖代言人”。

在一些著名主播的直播间，如果足够细心，也会发现很多广告。这已经成为目前直播间比较常见的商业推广模式。这种模式的优点是成本小、门槛低，容易实施，适合一般企业；而缺点是粉丝覆盖面窄，营销效果不如前两种方式明显。

此外，由于游戏直播内容的多样性，企业还可以通过赞助一系列发布会，或者赞助电竞行业日常生活直播节目以及年度的游戏嘉年华活动直播进行产品的销售和品牌建设。无论哪种形式，本质上都是企业获得电竞玩家的转化，从而产生巨大商业价值。需要注意的是，不同的企业需要根据预算和产品特色选择合适的途径开展业务。

08

成功直播案例解析

他山之石，可以攻玉。

在本章，我们将走近最近几年里一些有名的或有意思的直播。通过了解、复盘这些直播，给后来者以启迪。

许知远的文艺自救

2020年3月9号晚，自称从来没有在淘宝购过物的许知远发起了一次特殊的直播。这次直播是为了帮助处于同样困难、做实体书店的同行而举办的。

当天的直播中（如图8-1），许知远一共连线了晓风书屋、先锋书店、乌托邦书店等5家书店的创始人，还连线了“旧相识”薇娅，其门店的盲袋也同时进入了薇娅直播间。在2019年的年末，许知远曾经在薇娅的直播间做客过。这次实体书店遇到困难，薇娅也主动连线，进行援助。

图8-1　许知远在直播

直播弹幕中说，要不要推荐几本书吧！许知远拒绝：“阅读就像恋爱，要自我寻找。”喜欢什么样的就自由去读，不要别人介绍。

弹幕中不少人说“超级喜欢你”，他说，希望大家的表达丰富一点，来点“日月同天”这样的，语言丰富了，情感才丰富。于是，弹幕中出现了“今夜月色真美”。

直播了90分钟。根据单向街书店公众号提供的数据，这次直播的观看人数达到了14.5万，总计售出近8000份书店盲袋，销售额超过了70万元。

许知远是1976年生人，2000年毕业于北京大学计算机系微电子专业。从1998年开始为《三联生活周刊》《新周刊》《书城》《21世纪经济报道》等报刊撰稿。作为“传统知识”，许知远向来谨慎地与热闹、时尚保持着距离。

对于许知远来说，直播是一件不容易的事情。在直播中他明确表示了自己是喝了两瓶酒才上的直播，并且直接表明自己觉得直播是一件很奇怪的事情。在2005年，许知远创办了单向街书店。直到2015年，这个原本被当作玩票性质的实体书店，既有入不敷出、被迫搬迁令人无奈的现实；也有粉丝一天内众筹20万租金，属于理想主义的胜利；再到转型成为多方面发展的互联网公司，拥有单向街书店、微在、单读、单厨等品牌，并销售自己的实体产品。到了2020年3月，因为新型冠状病毒引发的疫情，单向街又陷入了经营困境。

许知远对于新技术、新应用总是固执地保持着忧思与质疑。他曾经说过，看网络产品就像吃垃圾。而这次亲自赤膊上阵开启直播，为单向街实体书店解困恐怕只是一个动因，更大的可能是他也开始“觉醒”，要拥抱新技术。

互联网时代，这样的转变并不鲜见。人在发生转变，模式也在发生着改变。许知远这次实体书店和淘宝直播的跨界合作就是一个新的尝试，起码从销量上看是一个好的开始。

陆琪的“撒币计划”

当卫生巾品牌 NONOLADY 遇上情感男性作家陆琪，他们之间会擦出什么样的火花？

2016 年 7 月 3 日， NONOLADY 携手畅销书作者陆琪，在直播平台开启一场名为“撒币计划”的真人秀直播(如图 8-2)。直播创造了 2 小时内 500 万人次收看、最高 30 万人同时在线的优秀成绩。

图 8-2 “撒币计划”海报

在直播中，陆琪扮演探长，带领观看的网友从惊天魔盗团手中夺走 10 万元现金。这些奖金全部以支付宝红包的方式发给了围观的网友。这样的“撒币”行为，自然吸引了很多网友的关注。除此之外，卫生巾和男性情感专家，这两者的结合也足够勾起观众的好奇心了。

在这次的直播 + 真人秀的营销当中，NONOLADY 作为游戏中通关的重要道具出现，有效地降低了它身上的广告属性（虽然还是有些突兀）。这样的方式，能够让观看用户较为自然地接受它的存在。

直播是一种有效的拉近观众跟表演者的距离、加强观众参与感的方式。比如在第二关中，陆琪将会派出他的第一批共 300 个红包，但是这些红包的总金额取决于观众的选择。选择项设计为 3 款 NONOLADY 包装盒，观众选择的结果将直播的气氛推向了第一波高潮。通过这样的方式，既使产品获得了较高频率的展示，又加深了观众的参与感。

直播营销，直播的精彩程度很大程度上决定了观众会不会有购买欲望，是否会冲动购买。在直播中展示产品并能够销售出去，NONOLADY 选择的是将关键点放在支付宝的红包口令上。第二关的口令显示在 NONOLADY 的官方旗舰店上，第三关的口令是官方旗舰店的店名。这两关都有效将观众导入了官方旗舰店，增加了产品销售出去的概率。

男性情感专家和卫生巾这两个较为奇特的跨界合作，做了一次将真人秀和全民互动相融合的尝试。在这次活动中，陆琪展示了一个真实的自己。他是一个笔下情感细腻的作者，他不甘趋于大同，他讲究生活格调，展示着自己的自信、坚强、特立独行等多元化的特性。这也正好与 NONOLADY 所倡导的生活方式——智慧、率性、优雅、独立等契合。

作为陆琪直播第一次的品牌植入尝试，陆琪成功了。他成功地在两个小时的时间里让五百万人知道了NONOLADY。相比较传统的营销方式，直播的优势还在于在很短的时间内，即时地以相对较低宣传成本推广产品，并可以直接根据直播的效果与观众的反馈，做出合适的品牌推广计划。个人直播已经成为一片红海，如何在这片红海中突围出来，只有像陆琪这样，以“直播+”的方式，不断地加入观众喜爱、有趣、好玩的元素。这样的直播才能够为合作的品牌、企业带来更多的关注度。或许在未来某一天，直播会成为一种独立的商业模式。但是要实现这一点，还得由陆琪这类人去努力、完善。

来伊份的直播综艺

泳装小姐姐、小鲜肉、肌肉猛男、时尚模特，是否让你血脉偾张?

40位盛世美颜同步宣传，更有1000种零食疯狂吃吃吃!这就是“618”全民大促前夜，来伊份上交的营销答卷。

来伊份是一家休闲食品品牌和全渠道运营商，拥有数千家线下连锁门店，以及线上电商和移动App。

2017年6月17日，来伊份借助直播做了一场转化率爆炸的直播综艺（如图8-3）。在3个小时内，收获了播放总量突破8200万人次、点赞量超3100万、同时在线人数340万这样惊人的数据。并且来伊份当天晚上的销售额同比增长238%，旗下的来伊份商场在 App Store 购物类搜索榜单排名提升近 15 位，微博“一千零食夜”话题的阅读超 1.2 亿。

图 8-3　来伊份“6.17 直播大趴”海报

在整个直播期间，主持人通过口播不断引导网友下载来伊份商城 App，领取 618 福利。40 位人气主播在自己的直播间里，也会不断口播福利政策，引导观众下载。现场身着泳装的小姐姐、小哥哥们在水下上演湿身诱惑，泳池里围绕来伊份近千种零食进行着各种游戏，整个尺度把握得刚刚好，让三个小时内的售卖过程进行得非常有趣且轻松。

当直播不再是专属于个人的舞台，开始和其他品牌、企业相结合的时候，来伊份告诉了我们有这样一种可能。将直播变成一个事件，邀请了 40 位网红，将他们的个人直播，变成与零食、吃货有关的娱乐秀。在其他品牌都在烧钱投放广告的时代，利益直播事件，更能为品牌带来有效的流量。

回顾来伊份 618 直播营销中的每个环节，每一步都在人物、互动、内容上用心做好。在人物上，利用40位网红主播，带来了大量粉丝流量，小哥哥、小姐姐的组合更是吸引到了更多的直播用户。在互动上，设置了众多的游戏环节，将泳装和美食相结合，极大地加强了和网友们的互动。在内容上，除了视觉上的福利，还有来伊份商城App推出的大量的优惠福利，很好地刺激了网友的消费欲望。由此呈现出来的效果自然才这么令人惊喜、惊叹。

在其他品牌、企业还在使用以前的主流的用单个主播、网红进行品牌的推广、宣传时，来伊份对这些以前的概念进行了升级。一将网红效应最大化，二将直播与电商销售完美结合，实现流量的最大化变现。推广品牌是所有企业直播的最终目的，来伊份此次的直播给所有品牌、公司上了一课，指明了新的营销方向。

随着消费的升级，移动互联网的传播，需要注意流量和实际用户的转换率。只会吸引流量的营销不能算是成功的营销。来伊份的618直播营销已经带来了不少启发，更多的方向，还需要未来更多的企业、品牌一起努力去探索。

当唯品会遇上周杰伦

2016年3月，唯品会携手周杰伦开展全球直播合作，给唯品会带来了巨大的收益。活动吸引了将近400万人在线观看直播，发出互动弹幕有18万，大约有56万人次点击了唯品会发出的购物红包，直播结束后回看人数高达数千万。不管对于周杰伦还是唯品会来说，这都是一次对于自身价值的巨大提升。

此次活动能够获得成功的原因有以下几点：

一、唯品会是“一家专门做特卖的网站”。这样的互联网商业理念和传统电商有很大不同，在网络上逛街的新型购物体验，更让消费者能够感受新奇、惊喜、未知的心理，从而引发购物欲望。但是，电商市场已经是一片蓝海，前有淘宝、京东，后有新生的电商平台，如何形成自身的特点和壁垒，是唯品会的一大挑战。

所以此次唯品会签约周杰伦，希望通过关联好玩、爱玩、会玩的天王周杰伦，表达唯品会懂得消费者的心理，天天有惊喜的概念。开启新型跨界营销、开发明星经济的新型典范，将看货、买货、收货的惊喜与惊奇进行到底。

二、这次的直播，软硬件配置高。顶级技术团队全程参与筹划发布会，新型视觉高清输出的手段，让观看者和周杰伦来一次亲密接触。全球云直播，四屏高清输出，让粉丝能够身临现场一样，和周杰伦进行互动。同时还开展众多的有趣直播互动，充分调动粉丝的热情，并利用社会化媒体制造悬疑概念进行炒作，利用多个官方号与 KOL 参与传播，将唯品会单一品牌事件上升到粉丝追捧热点。

三、周杰伦是一位老少皆知的明星。如果给新世纪以来的华语乐坛找一个最具标志性的人物，这个人非周杰伦莫属。他的存在似乎变成了大家的习惯，但他的影响力也是最被低估的。

在唯品会之前，就有许多品牌邀请了周杰伦做代言，比如美邦、爱玛电动车、伊利、优乐美和途牛等，这些品牌都是通过明示或暗示向周杰伦和他的粉丝示好的策略，通过利用粉丝营销以及二次传播来达到品牌营销的目的。而该次通过直播，让粉丝直接面向周杰伦的营销手段，再次证明了周杰伦的粉丝号召力。

肯德基联手斗鱼直播

2016 年 6 月 30 日到 7 月 4 日，斗鱼 TV 知名电竞主播单车老师在“单车老师不迟到”直播间直播“守望先锋”，直播的间隙，他美美地吃起了肯德基特价早餐。直播间的美味似乎透过屏幕飘到了广大观众的面前，大大刺激了刚刚起床、肚子空空的观众们的味蕾，顷刻间，直播页面便被密密麻麻的弹幕“看饿了”霸占。这个时候，单车老师抓住时机故作惊叹：原来“大家都这么爱吃肯德基”。接着，他顺理成章地告诉大家肯德基的最新优惠活动。在五天的活动中，直播观看人数超过 23 万人次。

而这次活动，无论是对斗鱼还是肯德基而言，都并不是首次探索“餐饮 + 直播”的营销模式。

一方面，在和肯德基合作之前，斗鱼已经尝试过与其他企业和平台的跨领域合作。比如，在 2016 年京东“6 · 18 生鲜大促销”前夕，斗鱼就曾派出 5 名网红主播到北京各大“美食控”

聚集地，对龙虾的制作过程进行全程直播，给用户带来鲜活新奇的直观体验。同时，借制作好的美味龙虾替商家向用户宣传最新优惠活动，吸引用户购买。

另一方面，肯德基也早就尝试过“餐饮 + 直播”的营销模式，而且一直在坚持尝试。2016 年年初，肯德基在 B 站进行吃炸鸡直播活动，美其名曰“KFC 请你去 B 站吃炸鸡”。它先给了大家一段极富煽动性的广告词：“残留指尖的香醇不可抵挡，仅仅咬了一口，我就好像能听到体内血液开始奔腾的声音，我看见自己和 KFC 老爷爷热情相拥，这就是能给人带来幸福的炸鸡啊！”看了这段广告词，人们的馋虫都睡醒了。再加上两位美女主播在直播里用各种方式“对付”50 只炸鸡，观众的食欲被彻底激起来了。两天时间重播次数超过 19 万，其利润转化率可以想象。

总之，对于“餐饮 + 直播”的营销模式，斗鱼和肯德基都并不陌生，且二者均对该模式十分推崇，也正是对该模式的相同认知，促成了双方这次的合作。那么，这次活动对二者又有何意义呢？

首先，对斗鱼直播来说，这次活动是斗鱼为实现对优质流量资源整合的一次有效渠道，斗鱼看准的正是肯德基主要消费群体——年轻一代，而该群体正好也是游戏直播间的主要受众，因此针对这部分群体，斗鱼电竞平台凭其品牌效应提供的精准优质流量，在电竞直播中“顺便”推出肯德基早餐“宅急送天天半价”优惠活动，使这次活动受到年轻人广泛认可，为其吸引了更多年轻受众的同时，也提高了斗鱼优质客户对平台服务的满意度。

其次，从肯德基角度来说，这次活动其实是其在“全民直播”的新环境下，对营销方式的一次全新探索。

1. O2O 模式的衰退，促使肯德基寻找新的营销方式

很明显，自 2014 年以来 O2O 平台营销模式大潮正在渐退。进入 2015 年以后，餐饮业 O2O 竞争日益升温，趋于白热化，为了在大战中胜出，各餐饮企业开始以补贴平台的方式展开“吸客”大战，众多中小平台在“烧钱”大战中退场，即便是顽强存活下来的几家巨头行业也在大战中元气大伤，不得不开始战后的“休养生息”，纷纷减少平台补贴。

在这样的情况下，O2O 的“人口红利”日益削减，热度渐衰，再加上积存已久的食品安问题以及服务态度等众多问题的不断凸显，餐饮行业在 O2O 平台长期做营销的人力成本仍然处于不断提高的状态，前景不容乐观。此时，对于餐饮行业来说，探寻新的营销模式就显得非常必要了。而直播无疑是一个非常好的选择，这次肯德基和斗鱼合作推出的“宅急送天天半价”优惠活动，正是肯德基借助直播进行产品营销的一次新尝试。

2. 直播平台的火爆，促使肯德基尝试新的“餐饮 + 直播”营销模式

自 2016 年以来，直播平台的发展便异常火爆，其凭借互联网特别是移动互联网技术的支持，以及新颖个性 UGC（User Generated Content，用户原创内容）的输出，吸引了一群数量庞大的以年轻人为主的用户群体，并且催生了一个具有较大影响力的主播群体。在 O2O 餐饮营销模式捉襟见肘时期，这些高流量和主播超强的影响力被嫁接到了餐饮行业，“餐饮 + 直播”这种全新营销模式显示出了巨大的力量，并因此开始被广泛应用，这也是肯德基选择和斗鱼合作的一个重要原因。

而分析此次肯德基和斗鱼“餐饮 + 直播”营销模式取得成功的原因，大致可以总结为以下两点：

首先，“餐饮 + 直播”营销活动可以实现流量资源的优化配置，使合作双方互利共赢。通过这种营销活动，直播平台可以整合平台流量资源，把这些资源相对精准地提供给相应的餐饮企业、商家，从中获利；餐饮企业、商家则可通过直播平台或网红主播获得大量优质流量，然后通过自身吸引力以及打折、抽奖等优惠活动促进流量购买，实现获利。

其次，在网络环境下信息传播速度快，“餐饮 + 直播”之类的成功营销活动能够提升合作双方的知名度，进而吸引更多流量。

总之，斗鱼和肯德基对“餐饮 + 直播”新的营销模式的探索，显示出“餐饮 + 直播”营销模式的无限发展潜力。这提醒餐饮行业的企业、商家们：是时候抓住机会，迎头而上了。

汰渍与张艺兴合作直播

张艺兴， 2008 年通过选拔，成为 SM 公司旗下的一名练习生。2012 年以 EXO 团队成员的身份在韩国出道。2015 年回国，成立了个人工作室，开始了他的成名之路。

2016年可谓是张艺兴混得风生水起,霸屏人们视线的一年,不仅影视歌三栖全面发展，自身的商业价值与明星效应也通过屡次打破众多品牌的销售数据向人直观展示。张艺兴从四月开始的《极限挑战》、五月的《好先生》再到正在热播的电视剧《老九门》，连续 6 个月的对于张艺兴有利的新闻消息让张艺兴成了微博热搜榜的常客。与此同时，张艺兴所在团体的回归专辑也再度突破百万销量。

一颗新星就这样升起。

2016 年，汰渍选择了与张艺兴合作，尝试举办一场代言直播活动。结果令人欣喜：直播的点击量达到了 570 万，PV 有 24 万，一举打破当年的电商直播记录。

甚至在直播还没有正式开始，就已收获近 500 万点赞量。直播当年，累计有近 2000 万点赞量，品牌当天爆款销售量高达 5778 套，单日圈粉超 4 万，直播间品牌关注数也是直线增长。这些数据再次证明了张艺兴的商业价值与明星效应。汰渍和张艺兴的此次的代言直播活动对于汰渍本身的品牌营销来说，提升了品牌的价值，获得了巨大的成功。

洗衣液算是最为日常的生活用品，受众普遍都是做家务的年轻妇女、中年妇女。特别是现在汰渍这个品牌，开始逐渐加强产品用户对于年轻化的印象。所以年轻、中年的女性受众就成了汰渍洗衣液的主要用户人群。而张艺兴作为很多年轻、中年女性的偶像，正好与汰渍洗衣液的受众契合度非常高。

其次，洗衣液的购买频次与随机性十分高，购买群体也大多都是用户群体。这些购买群体的购买动机基本上没有，超市的打折、朋友的推荐、导购员的推荐、包装的好看、代言人是否虚幻都能够成为购买者的购买动机。而张艺兴作为一个有一定知名度的偶像明星通过直播的方式，直接面向购买群体进行推荐。这种方式当然更能给予购买群体一个购买动机。以此来证明了张艺兴这位超级偶像的带货能力，与汰渍形成了双赢的局面。这也证明了不论任何品牌，进入互联网就必须遵守互联网的游戏规则。在互联网环境中就必须和用户打成一片，相互之间有一个良好的互动，只有这样才能迎合用户完成品牌的转变，并维持品牌的活力。

赛事直播，助推游戏之王

《英雄联盟》（LOL）于 2009 年 4 月 10 日在美国发行，到 2018 年年底，月活跃用户突破 1 亿用户，2019 年下半年有所下降，但仍是当之无愧的游戏之王。

《英雄联盟》中国区是全球用户最多的分区，据 2018 年的用户数据分析，中国区的用户占全球用户总人数的 80%。自 2012 年在中国举办的第一次国服周年庆典之后，每年的庆典都会成为舆论热点，为这款游戏吸引到新的粉丝。下面以英雄联盟国服四周年庆典直播为例，简要阐述这款游戏的直播营销之路。

英雄联盟四周年线下狂欢庆典于深圳“春茧”体育馆举行（如图 8-4 所示）。

图 8-4　英雄联盟四周年庆典狂欢明星竞技表演赛

在赛事开始前的 6 月 20 日，英雄联盟高层在新闻发布会上宣布将邀请周杰伦担任代言人，创作英雄联盟主题曲，并将出席在深圳举办的四周年线下庆典活动，现场试玩电竞游戏。通过强大的用户网络推送消息，大量粉丝已经提前知晓活动的内容：直播呈现 S5（第五赛季）全球总决赛中国赛区的选拔赛，决出 LOL 的中国代表队；周杰伦与王思聪竞技表演赛以及 cosplay 颁奖礼等活动。另外凡是现场购票的用户均可随票赠送皮肤，这项优惠活动深得电竞玩家喜爱，因此产生了广泛的传播。

为了体现“全民狂欢”的主题，对于不能到场的玩家，英雄联盟官网开展了多种互动活动。比如在 8 月 20 日至 9 月 3 日期间，通过玩游戏获得的狂欢积分可以全服累计开启多重奖励，积分越高，随机发放的奖励越多，这个类似于积分众筹的项目使玩家获得了强烈的参与感。

此外，还设置了与庆典相关的互动环节：英雄愿望项目（在所有玩家许下的愿望中，将被随机抽取 20 个愿望在庆典直播中当场兑现）、选拔赛晋级队伍竞猜活动（猜对赢积分）、常规的分享赛事信息赢积分和召唤朋友现场观赛赢积分。以积分奖励的形式，吸引大批玩家为现场直播庆典盛况造势。

由于前期长时间有节奏的预热、名人效应以及积分皮肤奖励，英雄联盟在狂欢期间的人均在线时长和活跃度均创造了新的纪录。盛典开始之后，通过腾讯专业团队全程策划，圆满地完成了娱乐项目与游戏竞技项目的全部任务，获得了线上线下一致好评，成为当时最大的舆论热点，对英雄联盟赛事的推广起到了巨大的推动作用。

活动期间，“英雄联盟”关键词的百度指数达到半年之间的最高值，是其他热门游戏同期峰值的几倍，盛典直播对于游戏传播的影响力可见一斑。

纵观整个直播过程，虽然内容繁多，但是进行得有条不紊。在直播过程中，通过专业团队的精心编排，圆满完成了预告中的 S5 中国战队选拔赛、cosplay 颁奖礼、明星召唤师表演赛、嘉宾访谈、英雄心愿和现场抽奖等诸多活动。全程亮点不断，为游戏品牌推广以及赞助商红牛和雷蛇均带来了可观的流量和销售转化。

这场直播营销活动有以下 5 大亮点：

1. 开场秀

开场秀的情景再现了游戏玩家的日常，即玩家沉浸游戏的情景，直接拉近了与玩家的距离，期间穿插讲述了 LOL 在中国的发展历程。与线下活动“我的 LOL”和“我的四周年故事”相呼应，通过引导，激发玩家之间的交流欲望，为 LOL 成为一代人共同的记忆创造出很多话题。由于游戏中代入了粉丝自身的情感，因此可以让玩家在游戏群体中找到归属感。

2. S5 全球总决赛的中国区决赛

这也是本次庆典的重头戏，即通过售票环节绑定 20 级以上的玩家，并吸引这些核心玩家到现场参与选拔赛观看，为 10 月份进行的 LOL 全球总决赛提前预热。

3. 明星竞技表演赛

周杰伦与王思聪都是在年轻人中具有较大影响力的明星，两人的粉丝群体与游戏的玩家有很大的重合度。此次跨界合作，吸引力非电竞玩家的粉丝参与活动，为英雄联盟带来新鲜的血液。

4. 兑现心愿

线上线下联动项目，通过这个活动收集到上万玩家的心愿，随机抽取 20 个当场兑现。这个活动极大地提高了粉丝参与的积极性，扩大了品牌知名度和美誉度。

5. cosplay 颁奖典礼

英雄联盟 cosplay 大赛自举办以来，已经成为年轻人中流行的时尚活动。游戏与娱乐的完美结合，使 cosplay 逐渐成为英雄联盟的文化标志（如图 8-5 所示）。

图 8-5　英雄联盟四周年现场 cosplay 表演

英雄联盟周年庆典直播以及英雄联盟 LPL 赛事直播活动，是英雄联盟游戏能成为爆款游戏的重要一环。正是通过前期精心策划，现场完美呈现，制造出轰动效应的社会热点，才使英雄联盟长期具有较高的曝光率，为游戏厂商和相关的赞助商带来直接的商业效益。

作为最年轻的体育项目，电子竞技要走的路还很长，电竞直播作为电竞行业最重要的推手，其发展离不开大量资金的参与。现在电竞直播正处于起飞的风口，每一个与时俱进的企业都不会对这样的机会视而不见。无论时代如何变迁，商业领域的铁律就是关注点在哪里，金矿就在哪里。因此，如何合理利用电竞直播营销，使其帮助企业实现精准、直接、低成本的获客手段，是值得当下许多企业思考的一件事情。

09

电商 + 直播，收获喜多多

电商经历了差不多20年的高速成长，开始蜕变成“传统电商”。从PC到智能手机，从有线到无线，从1G到4G、5G，随时随地看直播的时代来临了。直播带货风起云涌，传统电商原本的货对人，现在被直播电商改造成人对人。多年来行驶在两条道上的电商与社交，终于走到了一起。

传统电商迎来了机会

2019年被称为“直播电商元年”，各大平台纷纷推出直播带货模式。从“双11”全天带动成交近200亿的淘宝直播，到短视频平台入局电商直播；京东红人孵化计划；拼多多直播首秀；小红书也被传将内测电商直播。

直播带货可以引起人们极大的消费欲望，超过50%的人认为，直播带货能引起他们比较大的消费欲望。直播带货的形式通过主播有趣的表现手段对产品的性能进行讲解和展示。在这个过程中，消费者可以充分地融入购物场景中。同时，在直播中消费者可以和主播实时沟通，通过情感互动，更易激发其购买欲望。

2014年，韩承浩的天猫店拿下了韩国某母婴品牌的授权，原本以为能大赚一笔，却发现在天猫运营品牌店铺远非想象中那么简单 。除了日常的运营工作，还要费尽心思考虑如何推广店铺以及获得更多流量。

这对团队和资金实力都不够强的韩承浩来说，无疑是非常大的挑战。与此同时，为了应对其他经销商的竞争，韩承浩提前购买了不少产品，结果积压了大量库存，资金链险些断裂。

直到直播电商出现，韩承浩才等来了转机。传统电商对商家的资金实力和获取流量的能力要求非常高，但是直播电商中的主播不再是一个冷冰冰的卖货账号，更容易借助鲜活的个人IP 形象形成影响力，吸引粉丝不停买买买。

2016 年 9 月，韩承浩开通淘宝直播，通过耐心解答各种护肤方面的问题收获了大量粉丝。2019 年开通快手直播后，韩承浩转型为知识型主播，给这些用户推荐最合适的商品解决他们护肤方面的问题。2019 年，他直播带货成交量最好的一天是 1135 万元营收，单日成交额四五百万则是常事。

据统计，淘宝直播在 2019 年一年带动了 400 万就业。电商发展到社交电商阶段，直播所带来的是高度细分的分工协作。电商平台通过直播技术，聚拢一批有一技之长的、被人们约定俗成地称为“主播”的人，向消费者介绍、推荐、试用货品，创造出一种新的消费场景，并以此获得收入。一直以来，流量成本高的问题都困扰着许多电商企业。早在 2014 年 4 月的《创业家》杂志上，社长牛文文发表了以《移动互联网时代的蝉、螳螂和黄雀》为题的卷首语。他用“蝉、螳螂和黄雀”来类比移动互联网时代创业者所扮演的角色，生动形象地阐述新时代的新规则与新玩法——PC 互联网时代的逻辑是企业大量烧钱，通过低价、免费，获取海量用户，然后再想办法把流量变现（如图 9-1）。如果传统商业是蝉，PC 互联网催生的电商就是螳螂。蝉要么等死，要么也变成螳螂。问题是你没有那个基因，没办法跟它对接，更没有那么多钱可烧。事实上你只有死路一条。

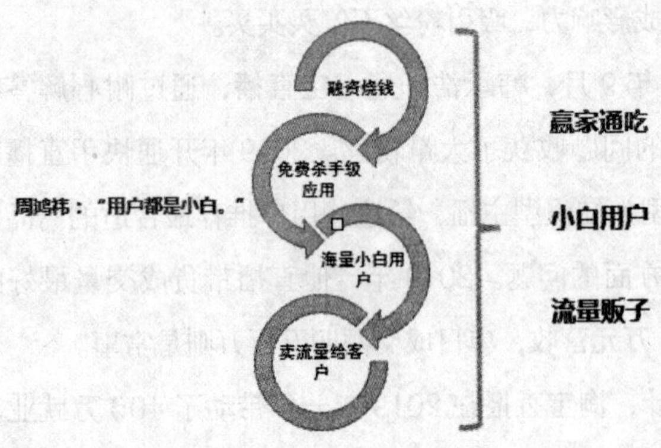

图 9-1 PC 时代的商业逻辑

这就是为什么 PC 互联网时代的巨头们总愿意谈颠覆。PC 互联网仇恨多样性，没有百花齐放，只有你死我活。

可是现在，这个看上去铁定的结局几乎在瞬间就被改变了。以微信为代表的移动互联网，给瑟瑟发抖的传统商业带来了福音。与 PC 互联网时代用户只是一个冷冰冰的 ID、一台 PC 后面可能坐着 10 个人不同，一部手机只有一个人在用，是唯一的，也是几乎随时可以找到的，它的使用者是真实可感的人。这意味着什么？

移动互联网本质上开启了一个可以精确知道用户是谁的时代，同时这个手机用户又是有着付费习惯的。这不恰恰就是传统商业的模式吗：一件一件货物卖给一个一个具体可见的人，交易过程中伴随着情感交流。是的，情感。

PC 互联网时代的名言是，没有人知道你是一条狗——用户不过是海量 ID 里的又一个，没有面目，不直接产生价值。移动互联网使企业与用户之间非常容易形成“粉丝”关系，企业极有可能成为用户的“宠物”而被“供养”（如图 9-2）。所以，对于传统商业，移动互联网带来的不再是颠覆，而是升级：原先你是来我店里买东西，现在你通过手机就可以跟我取得联系并且完成支付，效率更高了。

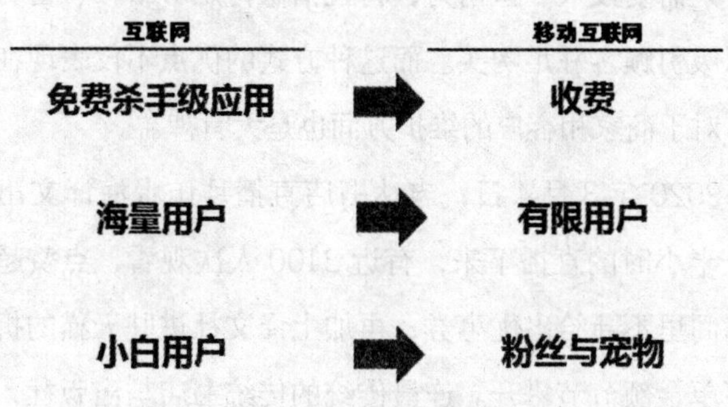

图 9-2　移动互联网让商业升级

有了移动互联网，传统商业终于可以绕过 PC 互联网这只巨大的螳螂，远离非此即彼的悲惨境地。在移动商业中，传统公司甚至一开始就会有收入，因为不必漫无目的去寻找海量用户。

现在的电商直播，正是绕过各种收费的大杀器。变是这个时代唯一不变的真理。移动互联网是一个百花齐放的时代，不是赢家通吃的时代。据国泰君安证券在《5G望重塑短视频行业，MCN或迎高速增长》报告中预测，2019年直播电商的规模超过4000亿。这一巨大的市场诱惑下，电商平台淘宝、京东、拼多多，短视频直播平台快手相继投身直播带货。

当前直播一般不收费，只需要在直播平台上注册就可以了。以淘宝直播为例，如果店家已经是淘宝达人了，就可以直接开启直播；如果还不是，只需等待审核通过即可开通，完全没有资金方面的成本。电商经营者完全可以借助这些平台自己做直播，只需要投入一些精力，将直播做得足够新颖、富有特色就可以吸引顾客驻足购买。而这种方式的优点不仅表现在销量方面，对于商家和客户的维护方面也是大有裨益。

2020年3月4日，志达书店直播拜访上海译文出版社。一个半小时的直播下来，有近2400人次观看，点赞超7万。直播间里不断给出优惠券，再加上译文社进驻天猫的折扣，用户下单金额节节攀升。连最传统的传统书店与出版社，也积极拥抱直播，哪个电商还敢置身事外？

2020年3月24日晚，石家庄市深泽县县长卢明刚走进电商平台“拼多多”直播间，为当地因新型冠状病毒肺炎疫情而滞销的布艺直播带货。直播吸引了26万人次观看，消费者迅速抢单布艺产品4000多件。

县长直播带货一结束，我们市场80%的商户纷纷转战电商平台开启线上销售模式。深泽县布艺产业协会副会长何海尧说，疫情驱动深泽布艺从以批发市场为主的线下销售，加快向线上消费者端转移。

布艺是深泽县的传统产业，经过 30 多年的发展，已形成产业集聚发展态势。位于深泽县小堡村的红柏家纺市场是全国布艺生产集散中心，义乌等地 80% 的经营户都是从这里进货。然而，受疫情影响，红柏家纺市场里只有不到三分之一的店铺开门营业。

直播带货之所以转化率高，是因为直播中更真实，更有温度。

以往的网上购物，客户看到的只是商品的平面图，可能与实物在各方面差别巨大。不少人会因此而心存顾虑，不会轻易下单购买。直播的出现为电商解决了这个问题，因为直播是即时性的，不能重来，也无法剪辑，看到什么就是什么，客户不会因担心自己可能受骗而心存顾虑，下单的客户自然多了。比如，吴尊在淘宝上推荐奶粉的直播让客户们看到了关于奶粉的详细信息，在面对面的直播中，他们心里的疑虑渐渐减少、消失，信任随之建立，客户大增，销量可观。

电商 + 直播的几种玩法

"电商 + 直播"作为一种新兴的营销手段，因其低成本，高转化率日益受到电子商家的欢迎。那么，电商到底应该如何利用直播为自己做营销呢？"电商 + 直播"有不同模式，划分标准不同，其分类也会有所不同：以直播侧重点为划分标准，可将“电商 + 直播”划分为网红类直播和互动类直播两种；从主播身份角度，“电商 + 直播”可被划分为店主直播、网红直播、明星直播三种。

以上两种划分方式下的直播模式都比较容易理解。现在，以电商与直播的结合方式为划分标准，我们一起来了解一下“电商 + 直播”最经典的 3 种模式（如图 9-3）。

图 9-3 “电商 + 直播”的三种模式

1. 电商平台增加直播功能

这类“电商 + 直播”模式的特点是，传统的电商平台如淘宝、天猫、蘑菇街、聚美优品等在自己原有的平台上添加直播功能，卖家申请开通直播功能，通过审核即可进行直播。

实际上，这种方式只是在传统电商平台上被添加了一种以往没有的功能，商家可以选择申请使用或者直接置之不理，传统电商平台并没有因为直播功能的出现而发生质的改变，它售卖的还是以往的那些商品，商品的结构、购物操作流程并没有改变，直播只是为了实现导流。

来看一个比较典型的案例，据统计，2015 年双十一期间，美宝莲（所有品牌都包括在内）共卖出 9000 支口红；2016 年 4 月 14 日，Angelababy 为美宝莲直播宣传，两小时内其新品“唇露”最终卖出 10000 支。

从表面上看，这是天猫、淘宝直播平台的巨大成功，但仔细分析可知，其背后起关键作用的是实际上是那些明星，以这个趋势发展，最终各个电商平台添加直播的模式可能会转化为对优质内容也就是有影响力的明星或网红主播的争夺，而这和传统的请明星为自己代言的广告没有本质差别。

而且这种模式，用户更换平台的成本非常低，可以说几乎为零。举例来说，没有人会为用哪一个软件打车而过于纠结，同样，人们也不会为用哪个电商平台看直播买东西而苦恼，通常是哪一个更实惠就用哪一个。因此，各电商平台的这种与直播结合的模式实际上没有多少新意，但值得肯定的是，这种模式所带来的盈利效果还是非常令人满意的。

2. 直播平台通过商品链接导流到电商平台

简单来说，就是在以往的直播平台比如 YY、映客、花椒等在直播页面添加商品链接，主播在直播时适当地对链接商品进行宣传以使用户有购买意愿。点开链接后，用户可直接进入购物页面了解商品，进而做出购买或不购买的决策。

这种模式目前还没有代表公司，它只是一种发展方向，至于能不能最终实现并普及，还很难说。对于直播平台来说，“电商 + 直播”的变现方式清晰、直接，是目前可以预见到的最诱人的直播变现渠道，但是市场上众多直播软件却都不敢轻易试水。转型的风险大、成本高，能转型成功很好，可一旦转型失败，就可能会竹篮打水一场空——以前的积累也付诸东流。

目前的直播平台大多属于荷尔蒙经济，用户来到直播平台的主要目的不是看主播推荐商品，而更多的是为了放松。如果在平台上加上电商功能，用户会有被要求购物的不良感觉，直播平台可能因此失去大量用户。倾尽所有去打一场没有把握的仗，既得利益者是不会冒这种险的。

3. 新型“电商 + 直播”模式

这种新型的“电商 + 直播”模式以波罗蜜日韩购和小红唇为代表。

波罗蜜是一款于 2015 年初成立的，主打“视频互动直播”的专业日韩自营跨境电商平台。打开 App，用户即可真切感受到日韩当地的购物场景，并能在线与现场工作人员实时互动。波罗蜜在价格方面主打“只卖当地店头价”，即用户飞到日本和韩国所买的商品，其价格和在波罗蜜买到的价格是一样的。而且波罗蜜商品均由当地富有经验的团队负责完成选品、供应链、仓储等，有质量保证。波罗蜜资本注入快速，新型直播购物模式引人注目，加上海外团队搭建了绿色供应链……这些吸引了很多用户和投资人的关注。

小红唇是国内一款针对 15 至 25 岁年轻女性的垂直视频分享社区 + 社会化电子商务平台，用户多为女性，达人在平台分享化妆、护肤、如何选择化妆品等关于如何变美的视频和直播。视频和直播页面链接有达人推荐的各种商品，用户只需点开链接，便可到达购物页面选购商品。目前该公司的发展方向是通过快速融资进一步打造网红、增强变现渠道、强化直播内容 + 流量，以及品牌双向导流（如图 9-4 所示）。

它们一开始既不是以电商平台的形式，也不是以直播平台的形式出现，而是以“电商 + 直播”的综合性平台形式亮相。也就是说，它们从成立时起，就把电商与直播看为不可分割的一个整体，二者是并存关系，这是它们不同于淘宝、天猫等直播的地方——淘宝和天猫只是把直播设置为一种新的功能，电商平台与直播是从属关系。

图 9-4　小红唇 App

做个不甚恰当的比喻，如果淘宝是一棵梨树，直播就是后来嫁接到这棵梨树上的一个小苹果枝，它与淘宝其他的众多梨树枝一起形成整棵树；而波罗蜜和小红唇则是一开始就是梨树和苹果树的合体，它们是“梨苹果”树。

当然，这些“梨苹果”树并不是完全一样的，比如波罗蜜的商品信息和直播视频是在同一个页面的，它的视频并不都是实时直播（那样成本太高，不太现实），而是提前在日本或韩国制作好的，日本或韩国的工作人员介绍商品的视频。可以点开视频看以往的直播。这些视频都被重播过很多次。小红唇则强调通过分享引起用户兴趣，进而购买。相比之下，小红唇的社交属性似乎更强一些。

一般认为，第三种新型“电商＋直播”模式是三种模式中最具有竞争力，发展前景最好的。因为这种新型“电商＋直播”模式平台，直播和电商是紧密联系的一个整体，二者利益相关，是共生互利的关系，其内容带有鲜明的平台属性，同时平台上售卖的商品也是根据直播推荐而来的。

哪些产品适合直播售卖

根据《2019 快手直播生态报告》的数据，快手用户在直播间内购买的商品种类最多的是食品饮料（44%）、面部护理（25%）和居家日用品（10%）。

虽然这只是快手平台上的统计，但具有非常强的代表性。目前，电商直播营销主要集中于跨境电商和美妆两大领域，同时也在向其他领域蔓延。虽然从当前发展局势上来看，“电商＋直播”的营销模式将是未来电商发展的大势所趋，但是值得注意的是，并非所有产品和服务都适合通过直播进行售卖。归纳总结，如下几类产品适合做“电商 + 直播”（如图 9-5）。

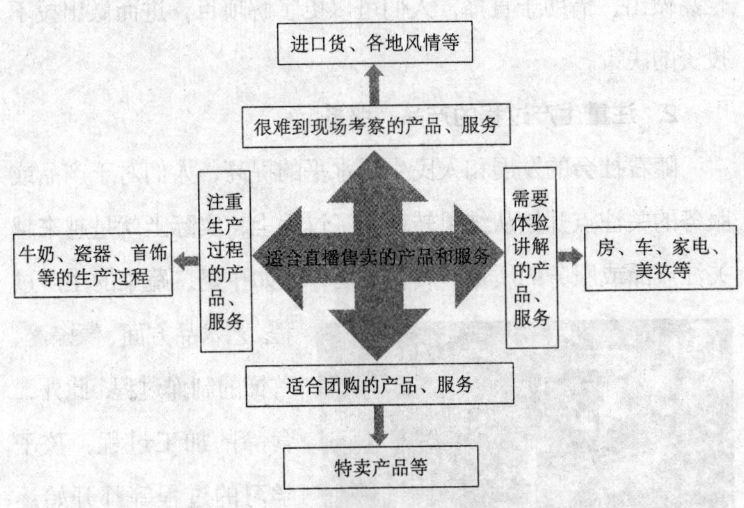

图 9-5　适合直播售卖的产品和服务

1. 很难到现场考察的产品、服务

这类主要指跨境电商所售卖的那类产品或服务。很多用户买进口货时，由于时间、经济等因素而不能直接到当地购买，无法了解自己想要的商品在国外是什么样的状况：有什么品牌、对应的价格区间如何……总之，不能得到对称的信息，但是他们通过电商购买时却要做出无依据的决策。而直播的出现则有效地解决了这个问题，人们通过直播能详细了解进口商品，进而做出购买与否的决策。

比如旅游等的服务类决策，在去现场前人们是不了解的，直播可以解决这一难题。人们可以通过直播了解各地风情，做出去哪儿的决策。项目投资类的决策难以在不到现场的情况下轻易做出，借助于直播，人们可以更了解项目，进而做出投不投资的决策。

2. 注重生产过程的产品、服务

随着社会的发展和人民生活水平的提高，人们对于产品或服务的关注点开始从结果转移到了过程上，实际上就是越来越关注产品或服务的质量。食材方面，比如牛奶、蔬菜的生产过程；艺术品方面，像瓷器、首饰的制作过程；此外，食品的加工过程，孩子学习的过程等都开始逐步成为人们关注的重点。

比如卫龙食品就做过一次展示食品制作流程的直播，其将生产车间的状况和整个生产流程都用直播的方式展示给观众，成功地打消了人们对于食品安全的疑问，产生了非常好的宣传效应（如图9-6所示）。

图 9-6　卫龙食品生产车间直播中

传统的电商只通过图文展示并不能使人们对于这些有一个详细而真实的了解，而直播却做到了这一点。因此，卖此类商品的电商应该抓住机遇，积极利用直播巨大的宣传作用。

3. 需要体验讲解的产品、服务

人们在买大件如房、车、家电等之前，一般都需要先全方位地了解产品和服务，听取专业的意见和讲解，但是可能会有不少人没有那么多时间亲自去体验，直播就非常适合这类产品。这类商品可以通过直播展示细节，虽然不能完全代替真实体验，最起码可以在有限时间里让客户进行第一轮筛选，节省实地考察的时间。

此外，另一类需要讲解化妆技巧的美妆类产品，已经在电商直播中很风靡了，前面我们所提到过的小红唇就是其中之一。作为一款针对年轻女性的“美妆网红”视频电商平台，小红唇主要采用通过达人向大众分享变美过程的形式推销产品。

4. 适合团购的产品、服务

能够在短时间内聚集起一群具有相同兴趣爱好的人是直播最大的特点也是最大的优势之一，电商则可以借助这一点成功吸引到一个有着相同需求群体，然后向这个群体售卖一种或几种产品或服务，这种情况实际上是一种新型的团购，它和团购一样有着群体行为属性。因此，过去在团购尤其是限时团购中销量较大的产品和服务非常适合采用“电商 + 直播”这种营销模式。就像团购容易在无意中打造爆款一样，电商 + 直播同样可能成为爆款生产机。

聚划算在这方面进行了有益的尝试：吴尊通过直播使惠氏奶粉一小时内售出 120 万元；柳岩在聚划算直播叫卖 6 款产品，其中枣夹核桃卖出 2 万多元，在观看人数仅 12 万的基础上，必须承认这是一个不错的成绩。相信未来，聚划算以及主打限时特卖的唯品会都极有可能成为直播电商界的大佬。

虽然当今电商直播发展势头喜人，可以说“无直播，不营销”，但是各商家也不能因此被繁荣的大形势蒙蔽双眼而不顾实际情况盲目跟风模仿，而是应该根据自己产品的情况选择适合自己的营销模式，做到“知己知彼，百战不殆”。

农民 CEO 辛有志

辛有志，90 后网络红人，被称为“农民 CEO”。

截至2020年3月28日，辛有志在快手有4500多万粉丝（如图 9-7）。作为快手带货王，2019 年他带货共计 60 亿。

在 2020 年“3.8 女王节”期间，辛有志做了 7 小时的直播，总观看人数高达 1700 多万，总销售商品数量 500 多万，总营收 4 亿多元。平均每小时有 80 万单成交，每 1 秒钟就有 200 多人同时完成了购物支付动作，堪称奇迹。

10 天之后的 3 月 18 日，辛有志协助徒弟蛋蛋直播。

这场直播刚开始，蛋蛋以 39.9 元包邮的价格带货一款成本为32元的内衣，辛有志当场发火斥责她“拿公司的钱不当钱”“没长脑子”，随后当即在 39.9 元的价格上加了 5 元运费，并对为此而不满的用户说不要威胁他、退款请便。

这种耳目一新的打法，有风险，也有收益。一部分人会为此不满，一部分人会认为价格真是太实诚了。若以结果来论的话，辛有志的“策略”非常有效：开播 80 分钟就突破了 1 亿销售额，整场带货破 3 亿。

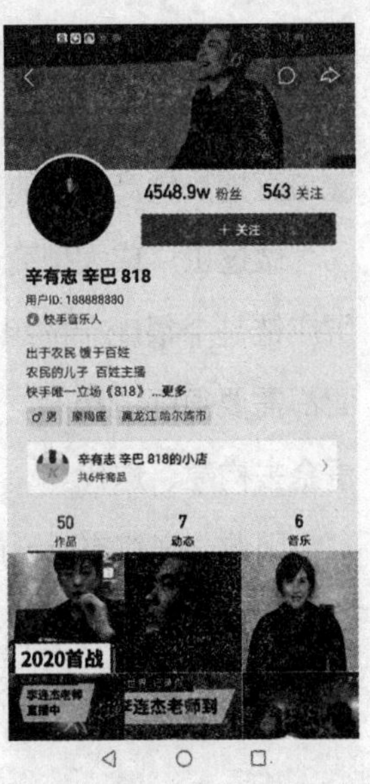

图 9–7　辛有志的快手账号

直播就是这样，有人格，有温度，有个性，甚至有点小情绪，效果会更好。

站在顶峰的辛有志曾表示，他要培养出一批高流量带货主播，打造“辛有志严选”这个自主品牌（如图 9–8）。他要拿到全网最低价回馈给用户，要靠本事做出“最强供应链”。

图 9–8　辛有志严选

“辛有志严选”是他正在努力打造的个人 IP 品牌。这应该是参考了网易严选，不过网易严选走的“精品 + 自营”路线，而“辛有志严选”瞄准的是高性价比生活用品，目前大多是定制或者品牌方合作。

每一个主播都有自己的“人设”以及擅长带货的领域，辛有志也不例外，他的人设是“农民的儿子”“淳朴的商人”。人设有长处，必然有短板。所以，他正在搭建“艺人主播团”矩阵，全方位覆盖直播热销产品。他自己则逐步退居幕后，专心搞好供应链。

做过工厂或大型商超的人都知道，供应链整合是非常难的。供应链是个很庞杂的组成，需要信息流、资金流和物流三个方面都需要很强的控制。像阿里、京东这样企业都需要长时间花重金去构建、迭代。

因此，辛有志所说的供应链，应该是中小工厂的供货资源。这些生存艰难的工厂，将努力抱紧辛有志的“大腿”。从这一点看，“辛有志严选”还是大有前途的。

同程 × 斗鱼：直播南浔游

同程作为中国在线旅游行业的龙头之一，历来擅长利用新媒体对旗下旅游产品进行推介，而同城与斗鱼直播南浔游的活动更成为旅游业界津津乐道的典型事件。

2016 年 6 月 8 日，同程旅游宣布联手斗鱼直播平台在浙江省湖州市千年古镇——南浔进行一次“斗鱼网红带你探索南浔”的在线旅游直播活动。在同程旅游专属的直播间内，观众可以在人气主播菲悦、瘦子娟的引领下在线畅游南浔，期间主播不仅会带领观众领略当地美食，而且还会亲自体验充满当地特色的传统水上婚礼等活动（如图 9-9 所示）。

图 9-9　斗鱼网红直播南浔游

自直播活动和开播之日起，用户不仅可以登录通过斗鱼手机应用或者在斗鱼官网在线观看，也可以在同程旅游官网购买门票亲临景区体验。

在这场历时两天的直播活动中，观众在菲悦、瘦子娟两位“代班导游”的带领下先是游览了南浔独具特色的文园、百间楼等著名景点，接着又参观了菱湖安澜桥、荻港渔庄等地，期间还品尝了桑果干、橘红糕、菱湖雪饺等美食。南浔山明水秀的美景和深厚的人文底蕴在两位人气网红的直播中，得到了三百六十度的全景展现。

不仅如此，菲悦、瘦子娟两位人气主播还在南浔景区现场和游客开展户外游戏，更与网上观看的几万名观众频频互动，极大地展示了南浔景区游览的趣味性。同程将南浔景区的特色通过直播进行了充分地展示，网友在弹幕评论区纷纷表达了自己对南浔古镇的喜爱之情。

在“斗鱼网红带你探索南浔”活动举行的第一天，就已有几万名网友通过直播欣赏到了南浔的古镇风情。

同程通过这场“斗鱼网红带你探索南浔”的旅游直播活动，把旅游和现在最流行、最受欢迎的“在线直播”形式结合了起来，通过斗鱼平台和当红主播菲悦、瘦子娟对南浔古镇的景区硬件、配套设施进行了深层次的曝光，使更多的观众领略到了南浔古镇的独特魅力。

在同程旅游公关经理樊常亚看来，“旅游 + 直播”的模式对于景区来说是极具积极意义的，首先主播再带一定的粉丝数量，通过主播的推介直播，景区能够得到一定的曝光度；其次，在直播间，主播能够通过弹幕和网友开展有效互动，并能以口述 + 影像的传播形式为网民展示景点并做重点推介，这种推广方式十分形象。

这次南浔景区直播活动进一步彰显了同程旅游持续发掘直播价值、谋划并制作更多符合景区定位、给予观众更多精彩节目内容的宏伟愿景。

在同程旅游景区事业部首席执行官孙旭看来，同程和斗鱼联手开展的这场“斗鱼网红带你探索南浔”活动是业界对旅游直播的一次绝佳尝试，同时也得到了南浔景区官方的高度肯定。旅游直播在未来将会有巨大的发展空间和旺盛的产业需求。今

后同程还会和其他直播平台合作，积极探索多渠道、深层次的游玩方式。

据悉，现在已有很多景区表态要和同程旅游进行在线直播领域的合作。

毫无疑问，同程旅游尝试“旅游 + 直播”模式，联手斗鱼直播开展南浔游的活动为整个旅游业的市场主体树立了成功的榜样。那么，其他从事旅游业务的企业和个人应当从这个典型案例中汲取哪些成功经验呢？下面我们就细细做出剖析：

1. 积极利用新媒体

同程旅游在对南浔古镇的旅游资源进行宣传的过程中，没有采用传统的平面媒体和广播电视，甚至直接绕过了深耕互联网多年的很多大型视频网站，而是直接与直播行业巨头斗鱼进行合作。这说明同程对新媒体的传播作用非常重视。实际上，当景观图片、旅游宣传片等传统的推广载体已不能激发用户新的兴趣时，“旅游 + 直播”的模式必然会兴起，旅游企业早一天拥抱直播，就能早一天收益。

2. 创造新奇的旅游消费体验

从商业的角度讲，同程方面利用直播将景区和观众紧密地结合在了一起。想要去南浔旅游的观众不再需要亲自前往目的地购票，取而代之的是在观看直播的过程中，观众只需点击直播间中的相关链接就可以直接完成对景区门票和相关旅游产品的预订，这个过程一气呵成而又让人感到奇特，这正是广大旅游企业在拓展旅游消费体验方面的成功尝试。

3. 满足年轻消费者的需要

同程和斗鱼双方在选择活动主持时之所以会看中菲悦、瘦子娟两位网红，显然是为了针对此次直播的目标人群——年轻游客。在线直播发展势头火爆，离不开 80、90 后的追捧，而同程旅游这样的 OTA 企业之所以能生存并发展，同样离不开年轻群体的支持。所以“得青年者得天下”，旅游企业必须在营销中向年轻群体倾斜。

4. 旅游产品宣传主体的多元化

带领观众参与此次旅游直播的菲悦、瘦子娟两位主播，在成名前都是籍籍无名的“素人”，其实和普通人没什么两样，但她们却最终成为这场旅游直播中的景区“推广大使”，这要得益于直播的草根属性，而这种草根属性又很容易拉近景区和观众之间的距离。所以，景区如果想取得更好的传播效果，就不仅需要名人代言，将景区宣传主体的范围扩展到平民中间，也是值得尝试的。

5. 牢牢把握旅游的本质

在开展“斗鱼网红带你探索南浔”的直播活动中，同程方面始终没有脱离“旅游”的本质。在直播前，同程即为自己平台下的南浔旅游产品大力宣传；在直播中，同程还进行了限时旅游产品优惠活动；甚至直播结束之后，同程依然将相关旅游产品的链接在直播间放置了很长时间。可以说，同程不仅是旅游直播的参与者，更是收获者。只有在直播过程中牢牢把握旅游的本质，旅游企业才能真正让“旅游 + 直播”模式发挥出实际效果。